诺/贝/尔/经/济/学/奖/获/得/者/丛/书

Library of Nobel Laureates in Economic Sciences

经济学与消费者行为

Economics and Consumer Behavior

安格斯·迪顿（Angus Deaton）
约翰·米尔鲍尔（John Muellbauer） 著
龚志民 宋旺 解烜 向洪金 译
龚志民 校

中国人民大学出版社
·北京·

序　言

本书阐述的是消费者行为的经济理论和它在经济分析中的作用。它是关于效用理论的工具和语言以及它们在包括商品需求的实证分析和社会选择的抽象问题这一领域的应用。基本理论是熟知的，但我们推广了成本函数和相应的“对偶”概念，使得描述理论的方式被简化。这一点，以及主题的范围——比任何以前的消费者行为方面的著作更广——是本书最突出的特点。我们写作本书的主要目的是为效用理论提供一个完整的工具箱，并同时展示这些工具在广泛的经济学前沿应用中的威力。虽然效用理论的运用是贯穿全书的一条主线，但只有一部分篇幅分析线性约束下的选择这样的标准教科书模型。近些年，通过把消费者理论应用到非标准情形，经济学的很多领域都产生了重要的成果。比如把消费者理论应用到离散选择、配给、劳动供给、生育、质量选择，再到由税收和保障系统、流动性限制、不确定性等导致的复杂的非线性预算约束下的选择问题。大部分研究工作强调消费者面对的约束的精细模型的构造，包括统计和计量结果。我们相信这是一个建设性的方法，本书的许多部分都是有关它的讨论。一个新的经济学领域在近些年取得了迅速的进展，它利用消费者理论作为基本的前提。这就是福利经济学的领域，包括指数理论和社会选择。该领域的许多重要进展是基于本书中所讨论的理论的直接应用，我们把这些例子列入效用理论在经济学中的有用性的清单。

本书的设计可满足本科生最后一年（尤其第一部分）和硕士、博士研究生的理论和应用经济学课程教学的要求。它对于对消费者行为有直接或间接兴趣的专业经济学家也应该是有用的。本书的设计使得它在使用上有最大的弹性。第一部分涵盖基本理论及其应用，包括消费函数、耐用品和劳动供给，是一个独立的体系。除了言明的地方，所组织的这些材料是高年级本科生能够理解的，并且对于那些需要需求理论中对偶的直接表述的人来说，它可以作为一个完备的入门课程或进修课程。第一部分也是本书其他部分的准备。第二部分主要是对加总和分离性的理论讨论；经济理论的专家（如，在研究生理论课程中）对此将有最大的兴趣，但主要的议题在章节的前面部分有非正式的讨论。第三部分是关于福利经济学的内容。关于指数理论和家庭福利比较的章节是直接的并形成第一部分——适用于本科生——的一个自然的扩展。关于社会选择和不公平的章节不可避免地会更加困难，与分离性材料的水平相当。第四部分内容更杂，主要是为研究生设计的。在第一部分的基础上，从第 10 章到第 14 章能以许多方式与第二部分的和第三部分的单元组合起来。我们也可设想把这里的很多材料，特别是关于劳动供给、消费函数和耐用品的第 11 章、第 12 章和第 13 章以及第一部分的第 3 章作为应用计量经济学课程的一部分。尽管如此，虽然我们讨论似然函数的表达式并提供实证结果，但我们几乎没有花时间讨论特别的计量经济学议题，这主要是篇幅的原因。

对于本书，除了对微积分，包括偏微分的充分了解，以及对凹的概念和数理统计的基本概念的熟悉以外，不需要其他数学准备。与其他消费理论的教科书不一样，本书除了使用向量和点积的符号以外几乎没有用到矩阵代数。第 1 章至第 8 章，包含的材料一般适合于本科生，其中较难的用（*）或（**）标出；后者即使对于继续学习第四部分的读者来说，在第一次阅读时也可以跳过。我们包含了300多个练习，其目的是完善、加强或推广课文中的材料。那些比邻近更难的习题用星号标示；其中一部分的确十分困难。每章最后有一个进一步阅读的指南，所有提及的工作全部一起列举在书的末尾。

在写作本书的过程中，我们欠了很多人的“债”。知识上的“债务”是最重要的也是最难计量的，但R. 斯通和T. 戈尔曼两人的影响、他们的工作和例子，对于我们进入这个学科的方式有很大的长期的影响。更特别地，那些阅读深入论题章节初稿的同事们给予很多建议和评论，这对我们是极其重要的。借此机会我们想感谢D. 德默瑞、P. 哈蒙德、O. 哈特、T. 杰克逊、R. 莱亚德、R. 勒坎伯和A. 森。作出一般评论，特别是对于早期一些章节的初稿作出评论的有E. 迪沃尔特、A. 迪克特、B. 法恩，以及已故的M. 弗莱明、A. 默克斯、J·冯·奥弗哈根和H. 锡尔。我们特别感谢G. 肯纳利，他阅读了全书并作出评论。一定要提到的还有，Amsterdam大学，Bristol大学和伦敦Birkbeck学院的几组学生忍受了早期的版本；特别地，J. 里格尔斯沃斯的意见在修订工作中是最中肯的。最后，在检查第一版中存在的一些缺陷的过程中，T. 巴顿、M. 布朗宁和B. 默菲给予了我们帮助。打印过程是由愉快而不知疲倦的M. 哈森和G. 贝克完成的，他们的工作快速、准确。最后，我们向赫尔格和凯瑟琳表示最大的感谢，感谢她们在本书写作过程中对我们的宽容。

Bristol 大学　安格斯·迪顿

Brikbeck 学院　约翰·米尔鲍尔

目　录

第一部分　消费者需求分析

第二部分 可分离性与加总

第三部分 福利与消费者行为

第四部分 扩展与应用

表格与图示索引

表格索引

图示索引

第一部分

消费者需求分析

第 1 章　选择限制

消费者行为一方面常常用偏好来表示，另一方面也用可能性来表示。讨论的重点通常是偏好、选择公理、效用函数及其性质。实际可供选择的阐述则是次要的，而且经常只考虑消费者行为非常简单的可能性。在本书中，我们有很多关于偏好的研究，它们的讨论从第 2 章开始。不过，我们从选择限制开始，而不是从选择本身开始。与偏好不同，选择机会经常可以直接观察到，因此，从选择机会的变化窥测行为变化的意义上，我们能对观察到的现象作出一个直接且客观的解释。我们的观点是这种解释方法可以解释很多问题，而在决定人的行为中偏好所起的作用往往被高估。因此，第 1 章考虑的问题是关于消费者行为我们能说些什么，而没有具体讨论如何作出选择。本书的大部分， *3*

即从第 2 章至第 9 章，我们在一个关于机会集的特别假设下讨论，即选择受到以下约束：价格已知且固定，而且被选择对象的总价值不超过某个事先确定的总量。这种情形下我们说消费者面对线性预算约束。更复杂情形的详细考察将在第 10 章至第 14 章进行，届时基本材料都已涉及。虽然后面的分析在技术上更加困难，但非线性预算约束也会频繁出现在练习中，并且我们在 1.1 节中给出一个线性和非线性情形的以图示性为主的综述。这既是本书其余部分所涉及的专题的一个预览，也为后面的材料提供一个基本概况。为了用法统一，即使眼下没有优化的对象，我们也把选择限制表述为消费者面临的“约束”。事实上，我们没有关于选择本身的正式假设；在大多数情形下，所考虑的约束的可能的含义将是足够明显的。

1.2 节着重讨论简单线性预算约束，这是许多后续分析的基础。与前面类似，无须对选择作特殊的假设，我们可以作出关于消费者行
4 为的相当深刻的推断，并探索它们在实证分析中的应用。最后，作为第 2 章的准备，我们利用贝克尔（Becker，1962）提出的非理性选择模型说明偏好排序只是描述完备消费行为模型的方法之一。

1.1 机会集的性质

线性预算约束

最简单也是唯一最重要的一类机会集产生的情形是：当家庭有一个给定的外生预算 x 时（也就是在一给定的时期，花费在部分或全部 n 种商品上的费用或总支出为 x），在给定的固定价格 p_i 下，可以购买的商品数量为非负的 q_i。约束可以写成

$$x \geqslant \sum_{i=1}^{n} p_i q_i \tag{1.1}$$

当 $n=2$ 时，由于 q_1 和 q_2 必须是非负的，(1.1) 就是图 1—1 中三角形 $A0B$ 表示的区域。A 点和 B 点的坐标在图中已标出；在 A 点，所有预算花费在第二种商品上，从而 $q_2=x/p_2$ 且 $q_1=0$，但 B 点表示相反的情形。我们注意如果有一个基本的生存约束，情况就会立即变得复杂。一个例子如图 1—1 所示。

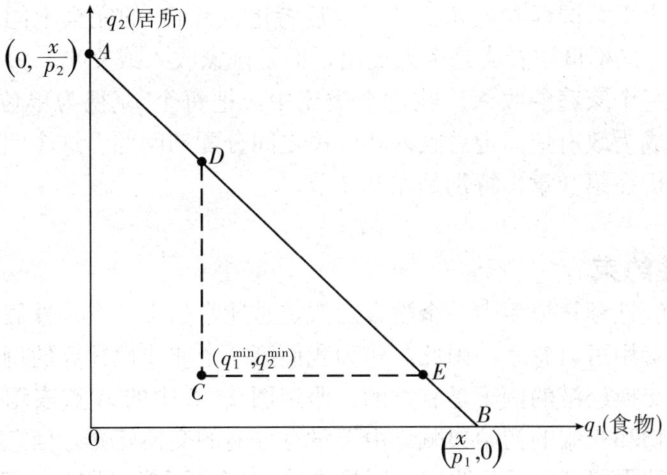

图 1—1　有生存约束的线性预算限制

这里 $q_1^{\min}$ 和 $q_2^{\min}$ 表示在给定时期生存所需的两种物品的最小数量。因 5
此，选择被限制在△DCE 内，所以对于一个预算低至 $x = p_1 q_1^{\min} + p_2 q_2^{\min}$ 的家庭来说，没有其他选择；它必须按 C 点的数量购买，否则不能生存。一般来说，生存约束可以采取各种形式，例如，只有很少居所时，生存所需的食物比有很多居所的情形下所需食物更多。

在线性预算约束下形式化表述选择问题是第 2 章的主要议题。尽管有局限性，但下面更多的关于 p、q 和 x 的重新解释表明，在适当而且经常是限制性的假设之下，(1.1) 有广泛的应用。如果把 q_1 当作闲暇，把 q_2 当作某个物品组合，则图 1—1 可以解释为一个有固定货币收入但没有非劳动收入和收入所得税（容许有与收入成比例的收入税）的消费者面对的情形。我们将在 4.1 节中接着讨论。另外一种方式是，q_1 和 q_2 也可以视为两个不同时期的物品组合，p_1 和 p_2 是两个相应的价格水平。如果消费者在第一个阶段没有资产，假设他可以以零利率储蓄或借贷，而且两阶段的收入 y_1 和 y_2 全部用完，则预算约束为

$$y_1 + y_2 \geqslant p_1 q_1 + p_2 q_2 \tag{1.2}$$

当 $x = y_1 + y_2$ 时，此式就是方程 (1.1)。在 4.2 节中，我们将看到，资产和利率可以包含在 (1.2) 中而不会影响它与基本约束 (1.1) 的相似性。这种相似性甚至能够推广到耐用品购买的情形，尽管是在限

定假设之下，同样参见 4.2 节。最后考虑（1.1）的完全不同的另一种解释，x 不再被看成是个人支出，而是国家收入或支出，并且把 q_i 解释为每个家庭的收入。在这个类比中，把每个 p_i 视为单位 1，则（1.1）成为政府把固定总收入在公民之间分配的问题。这个问题的进一步分析在第 9 章，特别是在 9.2 节。

非线性约束

在线性预算模型中一个隐含的假定是通常的市场有效性假设，并且交易费用可以忽略。因此，作为我们第一个非线性预算的例子，考虑货物交换经济的例子是有益的。假定图 1—2 中的 A 点表示一个家庭的食物和衣服的初始禀赋。由于没有普遍的交换媒介，信息和交易的费用使得愿意沿 AB 线用衣服换食物的家庭不能与那些愿意沿 AC 线用食物换衣服的家庭进行交易（原文如此，但 AB 似应与 AC 交
6 换。——译者注），从而在两个不同方向交换率有差别。不同的家庭可能会面对一对不同的差别交换率。交易站的发展和交易活动的集中化有可能减少交换率的差异，然而可以论证，完全以货币为导向的竞争性经济能有效彻底地消除这种差异性。不过，我们后面将要看到的例子表明，即使在发达的市场经济中，信息问题也可能会使得一个家庭面对的买卖价格之间出现差异。

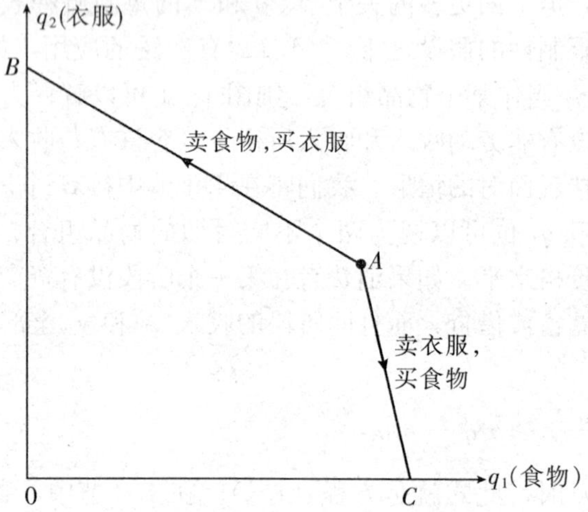

图 1—2　货物交换经济中的预算约束

即使在最简单的情形下，即在一个时期把固定费用花费在特定的商品上，非线性约束也可能产生。比如，在许多国家，家庭在支付能源如燃气或电力费时，会面对两段或三段价格。最初购买的几个单位通常要支付较高价格而超过一定数量的购买后有价格折扣，从而产生如图1—3所示的预算约束。类似的情形是对于大量购买给予折扣。相反方向的非线性定价的一个极端情形是，超过某一个特定的购买水平时价格为无穷。这正好相当于规定购买上限的强制性配给，比如，战争时期发生的情况。对于家庭不能直接控制的一些特定消费品如短期内的住房或国防花费，各种类型的配给是可能产生的。在这种情况下，家庭可能被强制消费超过其自愿消费的量。我们在4.3节再回到配给的议题。

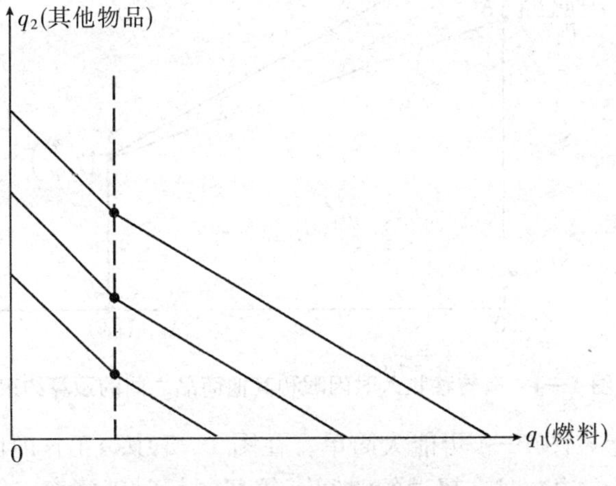

图1—3　两段价格的预算约束

当我们转到闲暇选择或跨期选择行为的问题时，非线性变得更加普遍。首先考虑的情形是，消费者可以选择工作时间的长短，工资率 ω 固定，但有一个转移收入，比如说，μ。因此，如果 T 是总的可支配时间，q_0 是闲暇时间，则预算约束为 7

$$\mu + \omega(T - q_0) \geqslant \sum p_i q_i \tag{1.3}$$

图1—4是对两个 ω 值，即 ω^1 和 ω^2 的情形作出的解释。注意，这个预算约束与图1—1不一样，它在 A 点是向外拐的。这种类型的拐点是我们将要考虑的许多非线性预算约束的特征。像 A 这样的点有非

常实际的重要性，因为有充分的理论根据来预期有一部分消费者会作出这种特定的选择。我们将在后面继续正式讨论这个问题。在现在这个例子里，在 A 与 B^1 或 B^2 之间某个点的选择就是在参加或不参加劳动力市场之间的选择，这个问题将在 11.1 节中讨论。一般地，我们可以认为消费者是根据爱好、环境等因素在预算线上连续分布的，并且如果 A 右边的点可行的话，我们预期也有人选择它们。实际上，所有这样的消费者都必定选择 A，从而，与沿 AB 的其他点不同，有一部分人将聚集在 A 点选择。

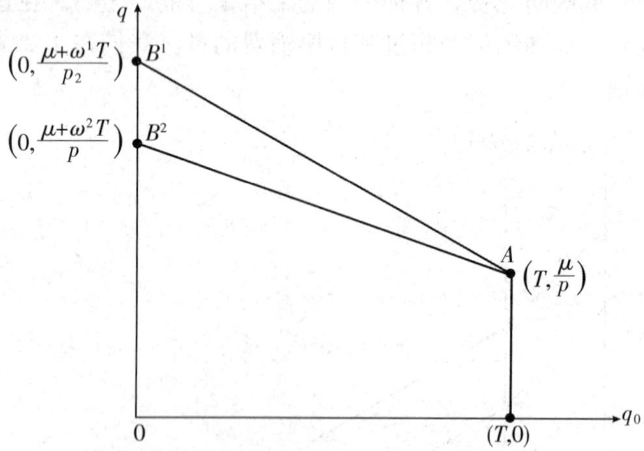

图 1—4　有转移收入时闲暇和其他商品之间的预算约束

实际上，图 1—4 可能太简单。在图 1—5 中，工作时间超过某个数量（C 点左边）时，超过的时间有较高的超时工资率；但如果时间达到 D 点的左边，工人必须交纳收入税。于是，我们有两个向外的拐点（在 D 点和 B 点）和一个向内的拐点（C 点）。考虑如何作出选择的
8 具体模型时，我们将发现这样的拐点有重要的影响，因为在许多这样的模型下，外拐点常常被选择而在内拐点的情形则有相反的结论。作为闲暇—商品讨论的最后一个例子，应注意预算集未必是目前为止所表示的区域，而可能是点或线。图 1—6 说明了有三个不同时间长度及不同工资率的工作时可能的选择。显然，有各种可能性把图 1—4 到图 1—6 中的因素组合起来，其中一些将在第 11 章讨论。在本章，我们将论证正确设定选择集以便理解和解释劳动力市场行为的重要性。在更广泛的议题中，自愿和非自愿失业的分析依赖于我们假定消费者在劳

动力市场面对的约束，从而许多宏观经济学分析也依赖于这种约束。

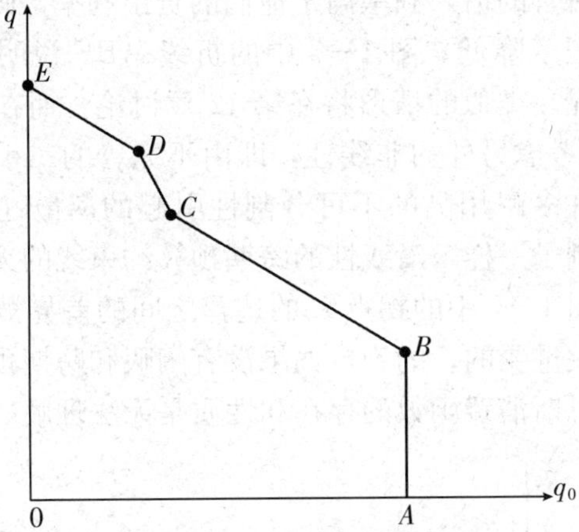

图 1—5　有超时奖励工资率和收入税时闲暇和其他商品之间的预算约束

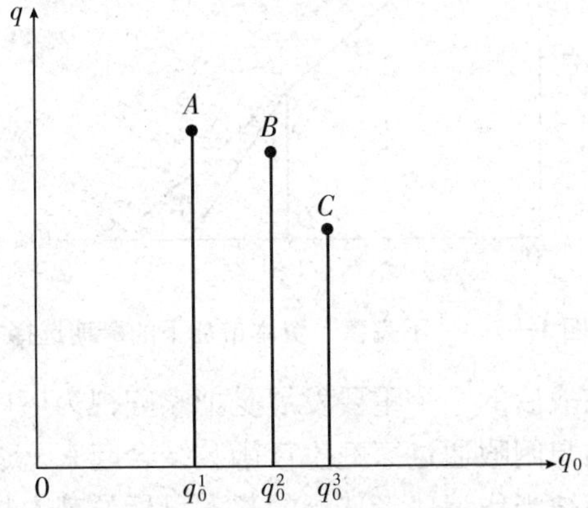

图 1—6　有三个被选工作的预算约束

当我们考虑物品与闲暇按照它们被消费的时期进行区分的机会集时，与上述不同但同等重要的非线性就会产生。方程（1.2）解释的是零利率且无资产条件下的两期线性预算约束。如果该模型中的消费者希望在第一阶段的花费多于收入，则要求第一阶段借贷第二阶段还贷。不过，消费者并不总是能够借到钱，因此，如图 1—7 所示，预算约束不是 ABC，而是 ABD，从而再一次出现外拐。B 点的消费者花费他们所有的当期收入，如果他们选择该点保持不变，则他们的消

10 费倾向为 1。如果我们减少这种情形的极端性，即考虑非零的利息率，但假定消费者的借入利率高于他们的贷出利率，则预算约束仍然有拐，但拐的程度降低。图 1—7 中的折线 ABE 说明借入利率高于贷出利率的情况。类似的情形将在第 12 章讨论，而在讨论耐用品的第 13 章，我们考虑另外的非线性，即由不完善的二手市场（买卖价格不统一）和许多耐用品的不可分割性引起的离散性所导致的非线性。与闲暇的例子一样，沿线性的跨期预算约束线的无限制选择与相对有制约的如图 1—7 中的拐点 B 的选择之间的差异被证明对于宏观经济分析是至关重要的。的确，如果没有闲暇和跨期预算约束中的非线性存在，凯恩斯消费函数的存在和性质是无法理解的。

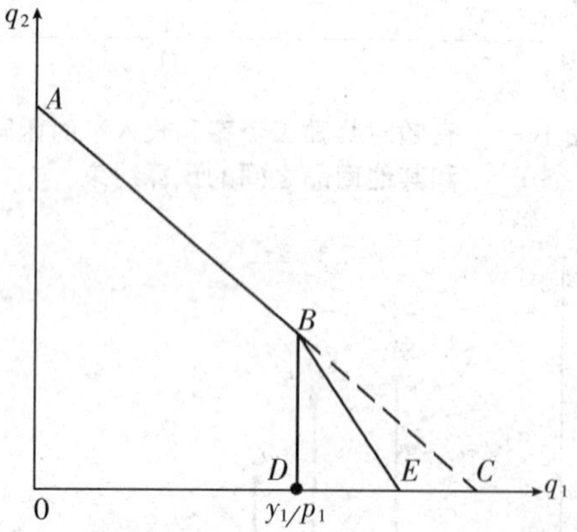

图 1—7　“不完善”资本市场下的跨期选择

消费理论在战后的一个重要发展是把家庭视为生产者的模型的构造，把各种商品与闲暇通过家庭生产函数结合起来。这些活动的目的是生产有限几种被当作消费者选择的真实目标的基本物品。假定有两
11 种这样的基本物品 z_1 和 z_2，它们的输出受到家庭生产的时间、工资率和市场商品价格的限制。如果生产函数允许作为投入品的时间和市场物品之间的光滑替代，则一个典型的预算约束可能是图 1—8 所显示的那样，这与最小成本厂商的类似是显然的。常常假定这种技术是固定系数型。图 1—9 解释著名的“食谱”问题，这里家庭需要两种产出 z_1（蛋白质）和 z_2（卡路里）。它们由四种不同的市场食品提供，并且如果总的食品费用都用于购买这四种食品中的一种，则导致
12 点 A，B，C 和 D。通过购买食品组合可以达到连线上的点，但因为

没有一种食品包含百分之百的蛋白质或百分之百的热量，所以预算不会到达两个坐标轴。我们在第 10 章进一步讨论家庭生产模型。

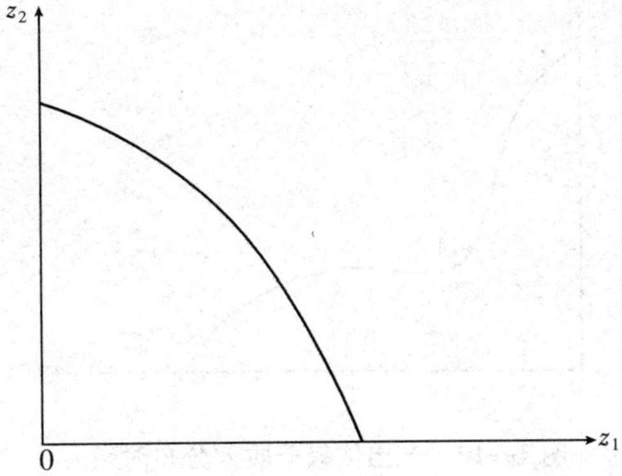

图 1—8　家庭生产产出的预算约束

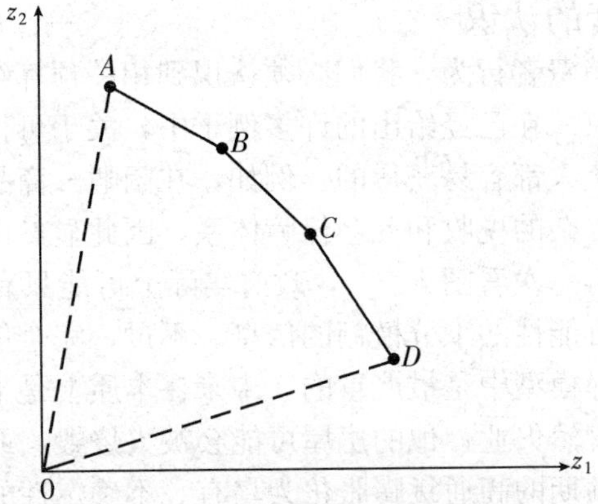

图 1—9　有四种市场商品的食谱问题的预算约束

作为个人选择之外的最后一个例子，我们再次考虑政府试图把总产出在公民之间分配的情形。如果总产出与分配无关，则约束是线性的且与两坐标轴成 45°角。但实际上，平均分配的承诺可能会影响工作和生产的积极性，因此平均主义的分配可能与低总产出相联系，反之亦然。一个极端的情形如图 1—10 所示，这里 x_1 和 x_2 是每个家庭的分配数量。要在区域 A 实施平均分配，会导致两个家庭的境况都相对恶化。不过，其他的方法仅能为其中一个家庭提供大量分配而不能同时为两个家庭提供。这个问题的最优解是复杂的，第 9 章将讨论它所涉及的问题。

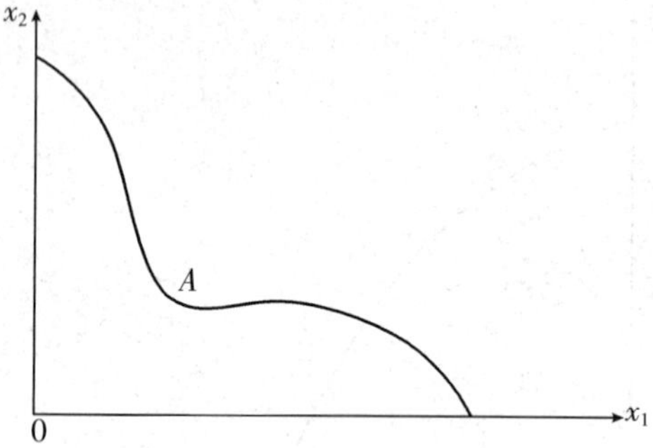

图 1—10　产出依赖于收入分布时两人之间的分配问题

信息和消费者的认识

为了理解消费者行为，我们必须认识到相关预算约束应该是决策者观察到的约束。在已经给出的许多例子中，关于可得机会的充分信息可能不是每个人都容易获得的。例如，在闲暇—商品的选择中，许多国家有极其复杂的税收和社会保障体系，因此显然许多消费者没有完全的信息。再一次看图 1—10，政府实际上可能只有用效率交换全
13 局整体公平的可能性的十分模糊的信息。不过，完全信息假设中的无效性在实际选择模型中是最严重的。未来在本质上是不确定的。工人消费者可能会突然失业，他的房屋可能会被火烧毁，或者他的金融资产可能被不可预期的高通货膨胀化为乌有。不确定性的正式分析相当困难，且在某些方面是不太令人满意的（见第 14 章）。但是，至少在某些模型下，跨期内容的不确定性将增加行为的预防性因素，特别是关于储蓄和流动性资产的持有。这样的行为强烈地受到消费者面对的约束的影响，并且，再一次提及，预算集中的拐点是重要的。在图 1—7 中，在抵抗不可预期的金融灾难方面，不能借款的消费者（ABD）比能借款的消费者（ABE 或 ABC）处于困难得多的境地。类似地，消费者如果知道本期购买的耐用品在下期只能大打折扣出售，那么他就将对本期的购买持谨慎的态度，并且将尽可能避免买得太多。第 12、13 和 14 章将继续深入讨论这个问题。

参与者之间的相互影响

对许多问题而言，构造单个消费者模型已经够用，每个人在自己的预算约束下作出自己的选择。群体行为可由它的个体加总而得到。不过有些时候，任何一个消费者的可得机会严重依赖于其他人的行为，因此必须在机会集模型中反映这种依赖性。一个经典的例子是公共产品的供应：一旦有公共产品提供，剥夺任何人的使用权都是不可能的，这使得个人分析是不合适的。我所享受的国防服务的多少不是取决于我准备资助什么（可能很少），而是取决于其他公民同胞已经提供了什么。考虑到这一点的消费者总是不情愿购买较多的公共产品，因为他的货币换来的是如此低价值的服务，而且这种服务没有反映出他赋予额外贡献单位的真正价值。最近，关于如何重新设计预算集（通过税收和补贴）从而使得消费者在个人基础上选择满足集体要求的数量的问题，已经有极其精巧的工作。

没有认识到消费者之间的相互依赖性的危险之一是我们可能会错误地把高度受限制的行为当作自由选择。如果我们想赋予行为以福利含义，这种错误是极其严重的，因为自由选择的结果一般认为是最优的而被迫的选择显然不是。在个体水平下这方面的经典例子是保险博弈（assurance game)，参见森（Sen，1967)，典型的数据如表 1—1
所示。两囚犯 A 和 B 都有罪，被单独审讯。如果两个人都抵赖，则 *14*
两人都被释放，这显然是双方都喜欢的结果。不过，如果 A 抵赖但 B 招供，则 A 被判刑 20 年，所以“不招供”是极其危险的策略。相反，“招供”尽管排除了彻底释放的可能性，但导致的最坏的结果是 5 年徒刑。因此，如果 A 不喜欢风险本身，他可能会选择更安全的策略，特别是当他知道 B 也在作同样的算计，并且他还知道 B 知道他知道这一点时，等等。如果这些推理正确，两个囚犯都可能招供，尽管对他们两人来说这个结果比他们都拒绝招供时更坏。

表 1—1　保险博弈：囚徒 A 和 B 的支付（被判刑的年数）

A 的行动	B 的行动	
	招供	抵赖
招供	5（A)，5（B)	2（A)，20（B)
抵赖	20（A)，2（B)	0（A)，0（B)

这样的例子不仅仅是一个哲学悖论。凯恩斯所说的“合成谬误”，

即整体不仅仅是个体的简单加总，在本质上是一个类似的现象。如果雇主知道他们没有雇用的失业工人，会把他们尚未挣到的额外收入花费在雇主因为需求不足而尚未生产的商品上，集体行动将会减少失业，尽管个人行动不能。如果没有认识到这样的约束，我们就会陷入把大量失业解释为选择闲暇的自愿性失业的明显谬论，进而诋毁任何试图解决这个问题的政策。

1.2 线性预算约束的含义

尽管 1.1 节中非线性和其他问题具有重要性，但许多消费需求分析都是建立在简单线性预算的假设上。我们把它写成方程形式

$$x=\sum_k p_k q_k \tag{2.1}$$

这里 x 是总支出，p_k 是价格，q_k 是数量。与（1.1）中不等号不同，这里等号的使用在消费者总是达到机会集的上边界（upper boundary）的情况下是合适的。如果消费者在预算约束下不能完全满足其需求，这种情况就会发生；总有希望更多一点的某种商品存在。（2.1）
15 的使用排除了 1.1 节中的非线性、不可分离性、不确定性和相互依赖性。它还假定花费总量 x 的决定与它的具体构成方式是不相关的。这样做可能的理由将在第 5 章中讨论。应特别注意的是，x 是总的支出而非收入，我们将在全书中保持这些概念上细微的差别。

需求函数的性质

假定需求函数存在，且面对给定的价格和总费用，消费者有某种方式确定的法则以决定每种商品的购买量。我们把这些函数写成

$$q_i=g_i(x,p) \tag{2.2}$$

这些关系把数量表示为价格和总支出的函数，我们将它称为马歇尔需求函数，其他类型的需求函数将在第 2 章引入。我们将假定马歇尔需求函数连续可微，并且也推迟到第 2 章再讨论为什么可能是这样。

需求函数满足预算约束（2.1）的事实立即导致对函数 g_i 的约束。具体地，

$$\sum_k p_k g_k(x,p) = x \tag{2.3}$$

我们在下面将看到，并不是任意选取的函数 g 都能满足这个条件。由于明显的原因，称方程（2.3）为总量相符限制，但这没有揭示预算限制所有的含义。考虑某个购买向量 q，假定它使（2.1）对某个价格 p 和费用 x 成立。从而，由于预算对 x 和 p 是齐次线性的，对 x 和 p 的任何倍数，q 都能满足这个预算；如果总支出和价格都变为两倍，预算约束不变。正式地，对任何正数 θ，以及 i 从 1 到 n，

$$g_i(\theta x, \theta p) = g_i(x,p) \tag{2.4}$$

这个限制说明需求函数是零次齐次函数，从而（2.4）被称为齐次限制，也称它是"货币缺位错觉"，原因是价格和费用的表示单位对购买没有影响。注意为了得到这个结果，我们作了一个关于行为的弱的但不平凡的假设。这就是价格和费用除了在决定预算约束时的作用以外，在选择过程中不起作用，从而价格和费用的度量单位不会影响消费者对机会的认识。违反这种假设的一种情形发生在当一种商品的质 16
量由它的绝对价格来判断时（虽然当质量由商品的相对价格来判断时，齐次性仍然成立，见练习 1.13）。

方程（2.3）和（2.4）在需求分析中是重要的工具，但有时把它们表示为对需求函数的导数的限制而不是对需求函数本身的限制，是一种有用的方法。由练习 1.7 知，总量相符限制可导出（$i=1, \cdots, n$）

$$\sum_k p_k \frac{\partial g_k}{\partial x} = 1;\ \sum_k p_k \frac{\partial g_k}{\partial p_i} + q_i = 0 \tag{2.5}$$

从而 x 和 p 的变化引起购买量在预算约束范围内的重新安排，（2.5）中的两个部分分别称为恩格尔加总（Engle aggregation）和库诺特加总（Cournot aggregation），由练习 1.8，齐次性限制可以导出（$i=1, \cdots, n$）

$$\sum_k p_k \frac{\partial g_i}{\partial p_k} + x \frac{\partial g_i}{\partial x} = 0 \tag{2.6}$$

这无异于说 p 和 x 成比例的变化不会引起商品 i 的购买量的改变。如果我们引进一些重要的新概念，这些公式在某种程度上能更加简洁。

预算份额 ω_i 定义为

$$\omega_i = \frac{p_i q_i}{x} \tag{2.7}$$

它们是总支出被用于每种物品的部分，马歇尔需求的对数偏导数是总费用弹性和价格弹性；前者 $e_i(i=1, \cdots, n)$ 是

$$e_i = \frac{\partial \log g_i(x, p)}{\partial \log x} \tag{2.8}$$

而后者 $e_{ij}(i, j=1, \cdots, n)$ 是

$$e_{ij} = \frac{\partial \log g_i(x, p)}{\partial \log p_j} \tag{2.9}$$

对角元素 e_{ii} 是自身价格弹性（own-price elasticities），而非对角元素 e_{ij} 是交叉价格弹性（cross-price elasticities），这些马歇尔弹性又称为非补偿弹性或总弹性，其理由将在第 2 章变得明显。

因此，作为一个简单的练习就可以证明（2.5）等价于

$$\sum_k \omega_k e_k = 1; \sum_k \omega_k e_{ki} + w_i = 0 \tag{2.10}$$

而（2.6）等价于

$$\sum_k e_{ik} + e_i = 0 \tag{2.11}$$

实证模型

17 弹性概念容易理解的特性和它本身是纯数字的事实，使得许多经济学家把弹性的估计视为实证需求分析的基本目标，因此方程

$$\log q_i = \alpha_i + e_i \log x + \sum_k e_{ik} \log p_k + u_i \tag{2.12}$$

经常利用支出、费用和价格的时间序列数据来估计。对于 k 的某个相应的范围（通常是那些被认为与 i 密切相关的商品），e_i 和 e_{ik} 的估计可以通过普通最小二乘法得到，每次对一种商品和（2.12）应用最小二乘回归。齐次性约束可以通过观察估计量是否满足（2.11）来验证，更精确地说，就是把限制作为一个先验假设并利用标准的统计方法来检验它的有效性。与此相反，总量相符限制不能与双对数模型兼容。为了说明这一点，把（2.7）写成

$$\log\omega_i = \log q_i + \log p_i - \log x \tag{2.13}$$

在双对数模型下

$$\log\omega_i = \alpha_i + (e_i - 1)\log x + (e_{ii} + 1)\log p_i + \sum_{k \neq i} e_{ik} \log p_k \tag{2.14}$$

总量相符限制（2.10）告诉我们 e_i 的以 ω_i 为权数的加权和是 1，从而要么所有的 e_i 都等于 1，要么至少有一个大于 1。如果前者成立，则这个模型不是很有意义，因为它导致在所有支出水平上相同的支出模型，但简单的数据检验证明这是错误的。因此考虑第二种可能，即至少有一个对应于 $e_i>1$ 的“奢侈品”和至少一个对应于 $e_i<1$ 的“必需品”。我们把所有奢侈品放在一起并用 E_1 表示它们的总支出，而 E_2 表示总费用减去用在必需品上的总支出（对应于 $e_i=1$ 的商品可以放在任何一组）。于是方程（2.12）可用来分析当 x 增加时 E_1 和 E_2 的性质，并且可以证明（见练习 1.14）两个总费用必定具有图 1—11 所示的形式，其中 E_1 和 E_2 在 0，B 和 C 三点相等。在 B 和 C 之间的区域，两个总费用的和小于预算；在其他区域，除原点外，两个总费用的和超过预算。因此，双对数模型仅当我们改变原始假设并令 $e_i=1$ 对所有商品成立时，才能满足一般总量相符限制。这时，需求具有如下形式

$$p_i q_i = \alpha_i^* x, \quad \text{这里} \quad \alpha_i^* = e^{\alpha_i} \tag{2.15}$$

尽管有这种对总量相符限制隐含的否定，有时仍可争辩说，
（2.12）的使用对于一种商品的分析而言并不意味着我们面对一个尚 18
未确认的方程的对数形式。倘若双对数模型仅仅用于总支出的有限制的范围，则这一辩解是可以接受的。注意，当 x 充分大时，即使在一种奢侈品上的花费也会超过总预算；而对于充分小的 x，一种必需品上的花费也会超过 x。这两种情形都不可能发生，否则由这个模型预测的需求模式将是非常扭曲的。因此我们看不到使用这个模型的益处，况且存在同样简单但同时更加满意的模型。

需求分析不仅仅是关于时间序列数据的分析，而且还涉及横截面研究中不同家庭的行为差异的解释。在这样的研究中，通常假定所有家庭面对相同的价格从而行为差异的解释着眼于总支出的差异和家庭

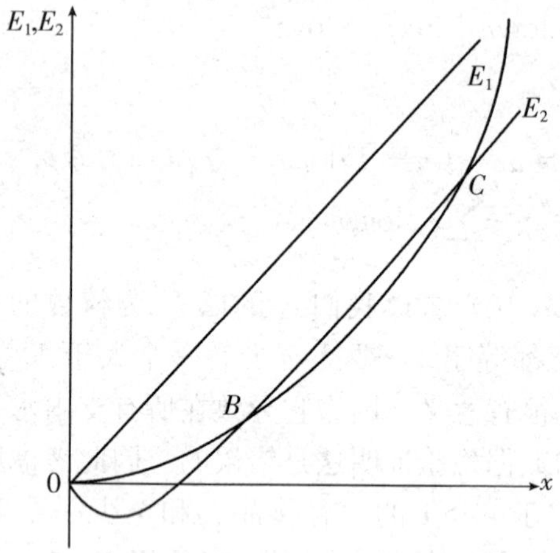

图 1—11　有常数弹性的需求函数对总量相符限制的违背

特征的差异，尤其是与家庭组构成有关的特征。因为观察不到价格变化，需求函数的齐次性在这样的分析中不起作用，但限制总支出弹性的总量相符限制仍是重要的。尽管如此，家庭预算的传统研究是按拟合度的原则选择购买量和总支出之间的函数形式，而没有关注以上的要求。

19　如果现在我们提炼家庭构成效应（第 8 章有更充分的讨论），并且如果价格并入函数形式，则（2.2）变为

$$q_i = g_i^*(x) \tag{2.16}$$

这个关系通常称为恩格尔曲线。（2.16）两端乘以 p_i 使得 p_iq_i 成为 x 的函数并且也能被称为恩格尔曲线。因为 p_i 对所有家庭相同，因此，购买量与家庭费用的关系图只要乘以一个固定倍数就变成支出关系图，可以利用恩格尔曲线把商品分为奢侈品、必需品和低档品。奢侈品就是在较富裕家庭预算中占较大比例的那些商品，而必需品是占较小比例的商品。从方程（2.14）可以看出一种商品的预算比例会随总支出的上升而增加或减少，依 e_i 大于或小于 1。因此，有时用 $e_i>1$ 和 $e_i<1$ 分别定义奢侈品和必需品。低档品是绝对购买量（不是按比例）随 x 增加而减少的那些商品；这时 $e_i<0$。

对恩格尔曲线的函数形式的各种选择在文献中有广泛研究，例如，普雷斯（Prais）和霍撒克（Houthakker）在恩格尔曲线的经典

研究中试验了双对数模型、半对数模型（$q_i=\alpha_i+\beta_i\log x$）和对数倒数模型（$\log q_i=\alpha_i-\beta_1 x^{-1}$），每一个都有一些优点，至少是对某些商品和总支出的部分范围。更复杂的形式，如对数分布的累积分布函数，被认为结合了简单形式的许多好的特性。这些形式都不完全符合总量相符限制，并且虽然这个问题不像在时间序列分析中那样严重，但不满足这个要求使得这些模型的理论正确性没有得到支持。一个极其有用且符合总量相符限制的形式是沃金（Working，1943）首先估计的，然后莱塞（Leser，1963）成功地使用了这个形式，在本书中将有各种方式的推广。它把预算份额表示为总费用对数的线性函数：

$$\omega_i=\alpha_i+\beta_i\log x \tag{2.17}$$

这里 α_i 和 β_i 是待估参数。总量相符限制要求 $\sum\omega_i=1$，它成立的条件是

$$\sum\alpha_i=1,\sum\beta_i=0 \tag{2.18}$$

的确，如果用普通最小二乘法对方程（2.17）逐个进行估计，参数估计量，比如说，$\hat{\alpha}_i$ 和 $\hat{\beta}_i$ 将自动满足（2.18），见后面的练习 1.12。这个模型适用于奢侈品（$\beta_i>0$）、必需品（$\beta_i<0$）和低档品。对应于模型的可能的恩格尔曲线如图 1—12 所示。

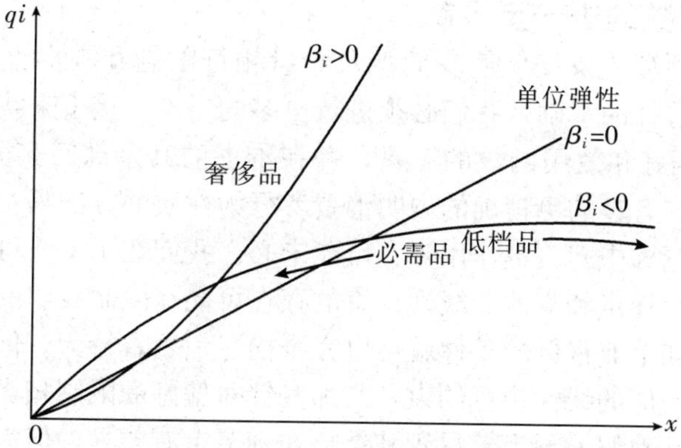

图 1—12　模型（2.17）中的恩格尔曲线

作为一个实际的例子，表 1—2 显示了 α 和 β 的普通最小二乘估计量，它是利用英国 1974 年家庭花费调查中，由一男一女且年长者 *20*

在 65 岁以下的家庭支出数据得到的。$\hat{\alpha}$ 之和为 1，$\hat{\beta}$ 之和为 0，这是必定成立的。如果因变量用份额形式估计，R^2 统计量比较高，并且如果方程重新表示为水平形式，则 R^2 统计量会更高。不过，应注意到，每个回归仅基于 6 次观察，所以处理不理想的拟合度的方法是有限的。食物、饮料和烟草（1 组）以及住房和燃料（2 组）被划分为必需品（$\beta_i<0$），而其余两组就是奢侈品（$\beta_i>0$）。因此服装和耐用品、服务和交通等的恩格尔曲线是向下凸的，而食物和饮料、住房和燃料的恩格尔曲线是向下凹的。这个模型的一个扩展形式将在第 3 章中进一步讨论。

表 1—2　　四种恩格尔曲线的参数估计　　（括号中是标准差）

组	$\hat{\alpha}$	$\hat{\beta}$	R^2
1. 食物、饮料和烟草	0.947	−0.164	0.959 1
	(0.063)	(0.017)	
2. 住房和燃料	0.492	−0.077	0.877 1
	(0.054)	(0.014)	
3. 衣服和耐用品	−0.180	0.092	0.897 5
	(0.058)	(0.016)	
4. 服务、交通和其他	−0.259	0.149	0.965 8
	(0.052)	(0.014)	

对需求函数的进一步限制

21　线性预算约束仅仅使我们涉及总量相符限制和齐次性。更进一步，关于选择的基础，我们必须进行更多的讨论。接下来我们将在第 2 章引入偏好和效用函数的工具，并在本书的其余部门充分利用它。但这是唯一有趣的更精确的说明消费者行为性质的方法吗？偏好在描述消费者行为中起关键作用吗？可能未必。我们在 1.1 节可看到，不可分割性、拐点和其他非线性约束的存在可能在限制我们的选择，以至于只需加上非常弱的条件就可以完全描述消费者行为。但即使对于选择范围最广的线性预算约束，与那些针对偏好的限制相类似的限制也可以由其他假设导出，尽管其结果在细节上有差异，但需求的重要特性可能被保持。我们的观点是，偏好和效用的真正重要性在于它为我们提供了一个有广泛应用的讨论消费者行为的语言，并且我们希望在本书中证明，这种语言的系统使用在帮助和指导我们思考方面具有巨大的力量。毫无疑问，也可以发展其他语言达到同样的目标，但目前还没有，至少没有达到同样的程度。不过，为了说明我们使用偏好以外的其他工具的可能的方向，值得看看贝克尔（Becker，1962）提出的“非理性”选择模型。

贝克尔考虑线性预算约束，并把“冲动”行为描述为消费者沿预算线随机选择一点并且每个点被选择的机会相同的情形。把消费者行为限制在预算线上（而不是在里面）的含义是多比少好，在定义偏好时将说明这也是一个重要假设。不过，对于整个市场，这种类型的冲动行为将导致预算线中点的平均选择。因此，对于两种商品的情形，平均市场需求由下式给出

$$q_1=\frac{1}{2}\frac{x}{p_1},q_2=\frac{1}{2}\frac{x}{p_2} \tag{2.19}$$

这样的需求函数不仅在函数形式上特别，而且它们除了齐次性和总量相符限制外还向下倾斜。这个具体的例子是不真实的，但它包含的一般原理是重要的。当相对价格变化时，仅仅是预算线上位置的变化就足够说明需求极可能转向相对价格已经下降的商品。在图 1—13 中，初始预算线是 AB，假定选择点为 X。$A'B'$ 表示商品 1 的价格下降且总支出下降时的预算线，从而 X 在新的预算线上。两种情形的比较说明，尽管在两种情形下区域 $0A'XB$ 都可供选择，但当 q_1 变得便宜 22
之后 $AA'X$（q_2 高 q_1 低）被排除，而变化之后增加了 $XB'B$（q_1 高 q_2 低）。所以不论采用什么选择原理，商品 1 的价格下降很可能导致

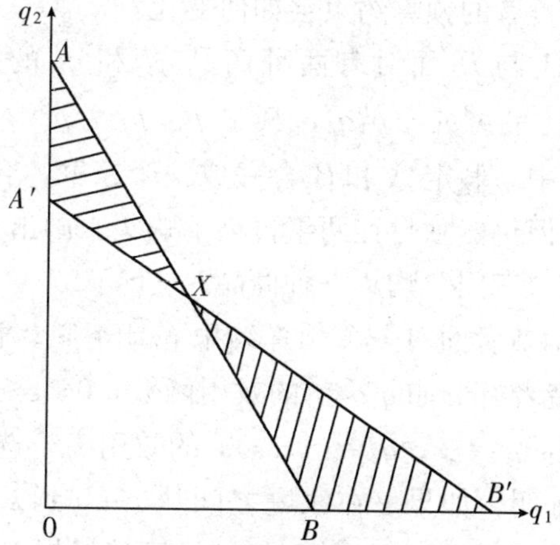

图 1—13　向下倾斜的需求曲线的根据

它的需求的增加。贝克尔的例子通过把市场需求置于预算限制的中点而直接说明这一点，不难想到其他原理也可以得出类似的结果。当然，一般来说，如此特殊的行为模型应当在应用中避免；正如我们将要看到的，利用偏好的优势之一是它导致的模型的实证性质是我们事先知道和理解的。

练习

注：为了把问题解释得更清楚，练习 1.1、1.4 和 1.13 可利用效用函数和无差异曲线。这些练习可以推迟到学习第 2 章之后再做，但也可以利用第一原理解答。

1.1 完成图 1—5，即画出凸向原点的无差异曲线，使得追求最高可能的偏好的消费者分别选择（1）D，（2）B，（3）沿 CB 的一点，（4）E。如果不同消费者的无差异曲线有不同的斜率，解释为什么更多的消费者喜欢选择 D 或 B，而不选择 ED 或 CB 上任何单个点。能否画出一条无差异曲线使得 C 点是最佳选择？

23 **1.2** 画出消费者的预算约束：消费者在“汽车服务”和“食品”之间选择，假设在两者上的总支出是预先给定的，并且获得汽车服务的唯一方式是不拥有汽车（零服务），拥有 1 辆汽车（低等服务）和拥有 2 辆汽车（高等服务）。（假定拥有 3 辆汽车的成本超过消费者的预算。）如果消费者可以按一个比拥有汽车更不利的替代率租用或租出汽车服务，消费者的预算约束会如何变化？

1.3 两人 A 与 B 面对有两种商品 q_1 和 q_2 的预算约束 $x^A=p_1^Aq_1+p_2^Aq_2$ 和 $x^B=p_1^Bq_1+p_2^Bq_2$，其中 $p_1^A/p_2^A\neq p_1^B/p_2^B$。把两个约束画在同一个图形中。假定 A 和 B 合并成一个家庭，合并 x^A 和 x^B 以及他们的消费，但仍然独自在两组价格下购买。画出“家庭”预算约束。是否每个人“专门”购买一种商品？

1.4 所有消费者面对一个预算约束 $q_1+q_2\leqslant x$ 和一个附加限制 $q_2\leqslant a$。每个消费者有形如 $q_1^{\varepsilon}q_2^{1-\varepsilon}$ 的效用函数，$0\leqslant\varepsilon\leqslant 1$。证明，对于 $\varepsilon>1-a/x$，选择 $q_1=\varepsilon x$，$q_2=(1-\varepsilon)x$ 的效用高于选择 $q_2=a$，$q_1=x-a$ 的效用。证明，如果 ε 在家庭之间从 $\varepsilon=0$ 到 $\varepsilon=1$ 之间均匀分布，且如果 $x=100$，$a=40$，则 60%的家庭选择拐点 $q_2=a$。

1.5 叙述使下述需求函数满足“总量相符限制”的条件。

(a) $p_i q_i = \alpha_i + \beta_i x + \sum_{j=1}^{n} \gamma_{ij} p_j$

(b) $\omega_i = \alpha_i + \beta_i \log x + \sum_{j=1}^{n} \gamma_{ij} \log p_j$

(c) $p_i q_i = \alpha_i + \beta_i x + \gamma_i x^2$

1.6　叙述使上题中需求函数成为齐次函数的条件。

1.7　预算约束方程（2.1）依次对 x 和 p_j 求导以证明（2.5）。

1.8　写出方程（2.2）的全微分并用 dx 和 dp_j 表示 dq_i。利用当 $dx/x = dp_j/p_j = \alpha$ 时 $dq_i = 0$ 的事实证明（2.6）。利用（2.6）验证练习 1.6 的结果。

1.9　假设 ω_i 作为 x 和 p 的函数表示为 $f_i(x, p)$。证明当且仅当 $\partial f_i/\partial x > 0$ 时，商品 i 是奢侈品（也就是总支出弹性大于 1）。相应地，证明 $\partial\omega_i/\partial\log x > 0$ 是奢侈品的一个等价条件。

1.10　设商品 1 具有常数弹性的恩格尔曲线 $p_1 q_1 = \lambda_1 x^{\beta_1}$，其他商品的恩格尔曲线具有形式 $p_i q_i = \alpha_i + \gamma_i x + \lambda_i x^{\beta_1}$。什么样的参数限制容许总量相符限制成立？

1.11　所有仅涉及有限几个参数的恩格尔曲线函数对某些总支出的值可能是不真实的。假定在每种商品上的费用必须非负且满足总量相符限制，并且（对本例而言）没有商品是低档品，那么对下面的函数形式中 x 的范围必须施加什么限制？

(a) $\omega_i = \alpha_i + \beta_i \log x$

(b) $p_i q_i = \gamma_i + \lambda_i x$

(c) $p_i q_i = \gamma_i + \lambda_i x + \mu_i x^2$

1.12　为了从 ω_i 和 $\log x$ 的 T 次观察中估计方程（2.17），把矩阵 X 表示为 $\boldsymbol{X} = [\boldsymbol{\iota} \log \boldsymbol{x}]$，这里 $\boldsymbol{\iota}$ 是 $T \times 1$ 向量，每个分量均为 1；$\log \boldsymbol{x}$ 是 $\log x$ 的观察向量。$\boldsymbol{\beta}_i$ 的普通最小二乘（OLS）估计量，即第 i 个回归的参数向量，是 $\hat{\boldsymbol{\beta}}_i = (\boldsymbol{X}'\boldsymbol{X})^{-1}\boldsymbol{X}'\mathbf{w}_i$，$\mathbf{w}_i$ 是 ω_i 的观察向量。用 $\boldsymbol{j}$ 表示向量 $\binom{1}{0}$。

(a) 证明 $\sum_{i=1}^{n} \boldsymbol{w}_i = \boldsymbol{X}_j$； 24

(b) 进一步证明 $\sum_{i=1}^{n} \hat{\boldsymbol{\beta}}_i = \boldsymbol{j}$ 从而 OLS 估计量自动满足总量相符限制；

(c) 证明以上论证可以推广到练习 1.5 (b) 所给形式的模型。

1.13 假定效用函数是 $q_1^{\varepsilon}q_2^{1-\varepsilon}$，$0<\varepsilon<1$，且预算约束是线性的。如果 $\varepsilon=\varepsilon(p_1)$，证明需求函数违背齐次性；而当 $\varepsilon=\varepsilon(p_1/p_2)$ 时，证明它们不违反齐次性。

1.14 把常数弹性模型改写为 $q_i=a_i x^{e_i}$，这里 a_i 是价格的函数，把 E_1 和 E_2（如课文中所定义的）写为 x 的函数。证明 $\mathrm{d}E_1/dx>0$，$\mathrm{d}^2E_1/\mathrm{d}x^2>0$，$\mathrm{d}^2E_2/\mathrm{d}x^2>0$ 以及 $\mathrm{d}E_2/\mathrm{d}x_2\to-\infty$（当 $x\to 0$），$\mathrm{d}E_2/\mathrm{d}x_2\to 1$ ($x\to\infty$)。由此构造图 1—11。

文献注释

本章所讨论的几乎所有论题都将在本书的后面部分继续讨论；线性预算约束模型在紧接下来的章节中讨论，而非线性预算约束则在第 10 至 13 章讨论。参考文献的说明在这些主要章节的末尾给出。

乌尔夫和乌尔夫（A. M. Ulph and D. T. Ulph，1971）对交易费用做了一个文献综述，而尼豪斯（Niehans，1971）则用类似的方式讨论货币的作用。决策者的相互依赖性在森（Sen，1973a）的囚徒困境问题中被讨论和剖析，囚徒困境与保险博弈有关，但前者有利益的冲突。公共产品仅在本书的第 9 章再次简要地提到；完全的处理可以在马林沃德（Malinvaud，1972）、鲍莫尔和奥茨（Baumol and Oates，1974）的书中找到。也可见格罗夫斯和莱迪亚德（Groves and Ledyard，1977）最近的（但更困难）论文，它是关于预算集的构造并由此导出“搭便车”问题的解。斯蒂格勒的历史性文献（Stigler，1954）讨论了恩格尔曲线的实证分析，而普雷斯和霍撒克（Prais and Houthakker，1955，2nd ed.，1971）则继续经典的实证研究。可以参见霍撒克（Houthakker，1957）纪念恩格尔定律诞生百周年的综述论文。布朗和迪顿（Brown and Deaton，1972）的论文在第三部分概括了各种函数形式。需求函数的总量相符限制成立的必要条件在沃斯威克和钱珀瑙恩（Worswick and Champernowne，1954，1955）的论文以及尼科尔森（Nicholson，1957）的论文中被推导出来。贝克尔在他后来的著作（Becker，1971）中利用了他 1962 年的模型，这里他采用了类似于我们的观点，即需求函数的基本性质主要是由预算约束而不是由偏好导致的。

第 2 章　偏好与需求

在第 1 章中，我们不加证明地假设需求函数存在。在本章中，我们通过考虑个人偏好为这个假设提供一个基础。在这个过程中，我们不仅仅追求更加完整地描述需求的性质，而且要建立一个用于本书其余部分的分析框架。2.1 节讨论选择公理以及它们如何导出效用函数和由效用最大化所描述的选择系统。2.2 节是关于效用到需求函数的变换，并讨论了传统的约束条件下求最大值的方法及其缺陷。2.3 节中用成本最小化而不是用效用最大化表示消费者需求。定义在价格和效用上的马歇尔非补偿需求函数与定义在价格和总支出上的希克斯补偿需求函数形成对照，成本函数的中心概念被引入。2.4 节利用成本最小化工具推导了需求性质。对称性与负定性（需求定律）以斯勒茨基方程联结补 *25*

偿需求的价格导数和非补偿需求的价格导数的方式呈现。这些结果的一般性与那些传统方法导出的结果形成对照。2.5 节是关于消费理论中“对偶”的意义，我们显示了成本函数如何能被用来代替效用函数表示偏好。这有非常重要的实证意义并使我们能讨论“可积性”问题，也就是一个给定的需求函数集是否与效用最大化相一致。最后，作为备选的 2.6 节和 2.7 节讨论两种其他方法。第一种方法说明显示性偏好分析如何融入效用理论的框架，而第二种则讨论用“距离”函数表示偏好的问题。这对于对偶理论的进一步解释是重要的，而且在描述逆需求函数（这里价格是需求数量的函数）和指数理论中有有效的应用。

2.1　公理与效用

26 原则上，我们一开始就可以假设效用函数的存在性并研究它的性质。不过，如果我们希望确切地知道这样一个假设的含义，我们可以试图找出一组选择公理，接受它们就等价于承认效用函数的存在。这不仅本身是有用的，而且如同我们将要看到的，它容许我们保持偏好和效用函数之间有用的区分。

公理在某个选择范围定义。按通常的表示方法（这是为了方便我们将要遵循的方式），个人对商品的购买量是选择的目标。原则上，选择可以在广泛得多的领域进行，比如，不同的生活模式，每一个选择的范围都赋予一个它自身的偏好系统。实际上，我们将以相当广泛的意义解释“商品”，以便可以应用到闲暇选择、跨期选择和社会选择等。尽管如此，一个清晰的定义在实际中可能是重要的，因为如果有未被认识的因素存在，两个表面上类似的选择在实际上可能是非常不同的。例如，如果我们没有认识到天气的相关性，要预测不同时间的闲暇选择是困难的。消费者之间存在相互依赖性时类似的困难也会产生（见 1.1 节）。为了避免混淆，特别注意，选择范围或选择集与机会集或预算集之间将作明显的区分。我们在 1.1 节中看到，后者可能会受到各种限制，然而消费者却可以在不可获得的可能性上表达偏好。

我们将讨论 6 个公理：反身性、完备性、传递性、连续性、非饱和性和凸性。并不是所有的都同等重要。有些公理对于某些目的是必要的，但在另外的场合是不需要的，同时有些公理没有多少经济含义。当我们进一步展开并依次讨论每一个公理时，它们所起的作用会变得清晰。用符合$\succsim$表示“至少一样好”，而向量的上标，如q^1，被用来区分不同的向量。因此，比如说，$q^1 \succsim q^2$ 表示商品向量或商品束 q^1 至少与商品束 q^2 一样好。

公理1：反身性。对任何束 q，$q \succsim q$。

每个束与它自己一样好。这在数学上是需要的，但如果选择集被适当定义的话，它是平凡的。

公理2：完备性。对于选择集中的任何两个束 q^1 和 q^2，或者$q^1 \succsim q^2$，或者 $q^2 \succsim q^1$。

这个公理说的是任何两个束可以比较；消费者可以在任何两个束之间作出判断。这个公理有时被称为“连通性”或“可比性”。注意 27
“或者/或者”并没有排除两者都成立的可能。如果同时有 $q^1 \succsim q^2$ 和 $q^2 \succsim q^1$，我们写为 $q^1 \sim q^2$ 并说“q^1 与 q^2 无差异。”

公理3：传递性或一致性。如果 $q^1 \succsim q^2$ 且 $q^2 \succsim q^3$，则 $q^1 \succsim q^3$。

如果消费者愿意用一个橘子交换10美元，同时愿意用10美元交换一台彩电，我们预期他愿意用一个橘子交换一台彩电。

这个公理是选择理论的中心，它在与偏好的存在性相关的那些公理中有最多的实际内容。不过想出一个恰当的反例相当困难。通常提到的很多例子涉及时间变化，从而在一致性检验中偏好发生改变。这当然没有说明问题的要点。更严重的情形，像皮尔斯（Pearce，1964）给出的例子，选择集的定义不正确使得 q^1、q^2 和 q^3 的一些重要因素没有包括进去，从而隐性因素变化时表面上的不一致性就产生了。

公理1到3在选择集上定义了一个预排序关系，更经常的说法是把它简单地称为一个次序或一个偏好排序（preference ordering）。不是所有的偏好排序都可以用效用函数表示，只有当我们能够赋予每个束一个数字并使得对应于较大数字的束偏好于对应于较小数字的束时，才能用效用函数表示偏好。要做到这一点，只要求通过每一个束 q 能够作出一条无差异曲面（indifference surface）使它成为两个集合的公共边界，其中一个集合是至少和 q 一样好的束构成的集合，另一个集合则由所有不比 q 更好的束组成。倘若出现下面的情况，这是不可能的，即在偏好中出现突然的间断，这使得我们能找到一些束，它们无限地接近，但它们的偏好排序却相隔很远。不连续偏好最著名的例子就是字典排序。例如，如果 q^1 比 q^2 包含更多的食品，则 q^1 偏好于 q^2，不论 q^1 和 q^2 所包含的其他物品有多少。不过，如果 q^1 和 q^2 包含相同的食品但 q^1 包含更多的服饰，则 q^1 仍然偏好于 q^2，不论其他因素。束的排序根据字典或辞书中字词排序原理，先根据食物排序，其次是服饰，等等。在这种情况下，每个束都没有与之无差异的束（除它自身以外），不能作出无差异曲面，效用函数不存在。

虽然字典排序代表了一种十分合理的选择系统，但把它们排除便于我们的讨论。这由下面的公理来实现。

公理 4：连续性。对任何 q^1，定义 $A(q^1)$ 为"至少与 q^1 一样好
28 的集合"而 $B(q^1)$ 为"不比 q^1 好的集合"，即 $A(q^1)=\{q \mid q \succsim q^1\}$，$B(q^1)=\{q \mid q^1 \succsim q\}$。则 $A(q^1)$ 和 $B(q^1)$ 是闭集，就是说，对选择集中的任何 q_1，$A(q^1)$ 和 $B(q^1)$ 都包含它们自己的边界。

公理 1 至 4 已经足够允许我们用效用函数 $v(q)$ "表示"偏好排序。这意味着论断 $v(q^1) \geqslant v(q^2)$ 和 $q^1 \succsim q^2$ 是等价的，其中一个成立时，另一个必定成立。这使我们可以通过函数 $v(q)$ 利用通常的数学工具来处理偏好，因为最好的选择就是使 $v(q)$ 最大的束。在实践中，方便的做法是限制偏好以使最好的选择位于预算约束上而不是其内部。这可以由另一个公理来保证。

公理 5：非饱和性。效用函数 $v(q)$ 作为每一个分量的函数都是非减的，且对于选择集中所有 q，至少作为一个分量的函数是递增的。

这就完成了从公理到效用的转变，公理 1 至 5 把消费者的选择问题转化为效用的约束最大化问题。

注意，我们说存在一个表示偏好排序的效用函数，但没有说它是唯一的。事实上它不可能是唯一的，任何一个产生相同的消费束排序的其他函数有同样的作用。因此，如果 $v(q)$ 是表示一个排序的效用函数，而 $f()$ 是任意单调递增函数，则 $f[v(q^1)] \geqslant f[v(q^2)]$ 当且仅当 $v(q^1) \geqslant v(q^2)$。按照它们对消费束的排序，$v(q)$ 和 $f[v(q)]$ 是相同的效用函数，这个事实经常表述为"在允许相差一个单调递增变换的意义上，效用函数的定义是唯一的"。这等于说 $v(q)$ 是序数（ordinal）的效用函数，而不是基数（cardinal）的效用函数。它唯一

的目的就是为消费束 q 排序，它的实际取值本身对于描述消费选择是没有意义的。

根据这样的解释，术语“效用”的使用需要说明理由，的确，更恰当的做法是把效用函数称作“偏好表示函数”。不过，经济学家在19世纪中叶首次使用效用的时候，一些作者如戈森、杰文斯、门格尔和瓦尔拉斯（Gossen，Jevons，Menger and Walras）毫无疑问地把物品当作产生心理快乐的东西，这种快乐的度量可由效用函数来实现，从而效用可以像温度一样进行估算。既然这样的度量被确切地定义，效用可以完全像货币收入一样在人际间相加，从而每个家庭的效用函数是整个社会经济的效用计算的基础。从帕累托开始，效用的这些陷阱被逐渐拆除，当今，消费者理论以偏好为基础，把效用仅仅作为一个序数概念。这并不是说，以基数方式定义的效用函数在福利经 *29*
济学中不起作用，实际上我们将在第7至9章论述相反的情形，我们只是说，在选择理论中，实际效用的考虑是多余的。

公理1至5以及根据与它们等价的效用最大化原则所作选择的表示，是我们进一步讨论所必需的。在这之前，我们进一步讨论一个我们今后时常要用到的“公理”，但我们不假定它总是成立。

公理6：凸性。如果 $q^1 \succsim q^0$，则对于 $0 \leqslant \lambda \leqslant 1$，有 $\lambda q^1 + (1-\lambda) q^0 \succsim q^0$。等价地说，公理4中定义的“至少与 q 一样好的集合” $A(q)$ 是一个凸集。这是无差异曲线凸向原点的一个正式表述。例如，在图2—1中，q^1 和 q^2 在同一无差异曲线上，从而它们的任何组合偏好于它们。反例在某种意义上也是人为的，布利斯（Bliss，1975）给出的一个例子是消费者在棕色鸡蛋和白色鸡蛋之间无差异，但因为迷信而相信同时拥有棕色和白色鸡蛋将有灾难降临。缺乏想像力的例子或许是，不能混合“葡萄和谷物”的禁令使得人们只能在不同的晚上享用威士忌和白兰地但不能在同一晚上同时享受这两种酒。我们要经常注意凸和严格凸的差别。严格凸要求对于 $0 < \lambda < 1$，线性组合 $\lambda q^1 + (1-\lambda) q^0$ 必须严格偏好于 q^0，但如果这个组合与 q^0 无差异，凸性本身仍然成 *30*
立。图2—2显示了凸性偏好两种重要的情形。在较低的无差异曲线上，点 q^5 和 q^6 彼此无差异，从而在图示的范围内两种商品是完全替代品。这样的偏好是凸的但不是严格凸的。较高的无差异曲线在 q^2 点与 q_1-轴（原文是 a_1-轴，疑误。——译者注）相连并在该点终止。q^3 和 q^2 之间的点严格偏好于 q_2，所以偏好是严格凸的。在这种情形下，消费者为得到一个单位的商品 2 所放弃的商品 1 有一个上限，如果要求放弃的商品 1 的数量大于这个极限，他将宁愿没有商品 2。当商品 2 是食物时这是不恰当的，比如说，当人们没有食物时就会用大量的其他物品换取食物。但如果某些商品不是必需品，这无疑是一般情形，无差异曲线就会与坐标轴相交，如图 2—2 对两种商品的图示，这里商品 2 是非必需品。

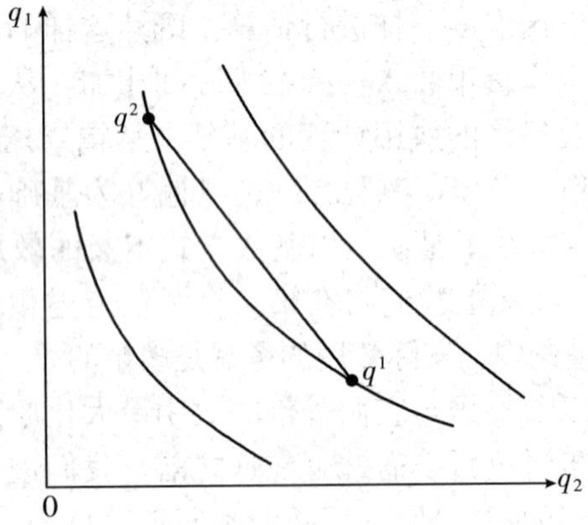

图 2—1　严格凸性偏好

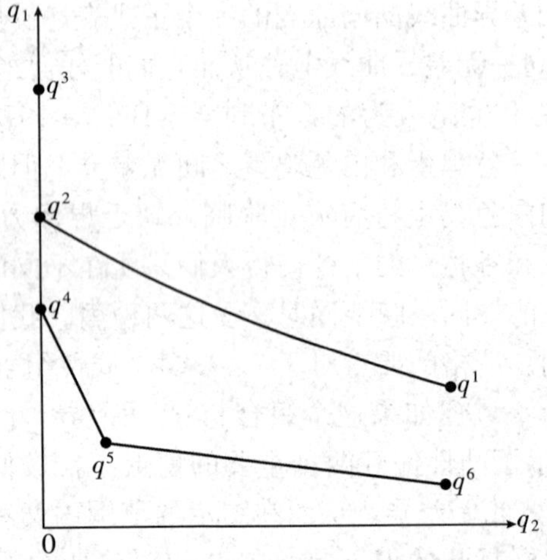

图 2—2　凸性但非严格凸性偏好

偏好的凸性如何转化为效用函数的性质？变量 x_1，…，x_n 的一个标量函数 $\theta(x_1, x_2, \cdots, x_n)$（$n \geqslant 2$）被称为是拟凹的（quasi-concave），如果对于满足 $\theta(x^1) \geqslant \theta(x^0)$ 的 x^1 和 x^0，以及 $0 \leqslant \lambda \leqslant 1$，有 $\theta(\lambda x^1 + (1-\lambda)x^0) \geqslant \theta(x^0)$。由这个定义和公理 6，直接得到结论：偏好是凸的，当且仅当表示效用函数是拟凹的。

练习

2.1　在描述字典排序偏好的二维图形中，把商品 1（字典第一 *31*
元素）置于水平轴，商品 2 置于垂直轴。标出坐标为正数 q_1 和 q_2 的任意点 A。用阴影图示“比 A 好的集合”并证明只有部分边界在这个集合中。（为验证，可参见，比如 Phlips（1974，p. 7）。）

2.2　两种商品的线性支出系统来自效用函数

$$v(q_1, q_2) = (q_1 - \gamma_1)^{\beta_1}(q_2 - \gamma_2)^{\beta_2}$$

其中 γ_1，γ_2，β_1 和 β_2 是常数，且 $\beta_1 > 0$，$\beta_2 > 0$。

（a）我们能否假设 $\beta_1 + \beta_2 = 1$？

（b）$\beta_1 \log(q_1 - \gamma_1) + \beta_2 \log(q_2 - \gamma_2)$ 是否代表同样的偏好排序？

（c）$-\beta_1 \log(q_1 - \gamma_1) - \beta_2 \log(q_2 - \gamma_2)$ 是否代表同样的偏好排序？

（d）$q_1 q_2 + (q_1 - \gamma_1)^{\beta_1}(q_2 - \gamma_2)^{\beta_2}$ 呢？

2.3　描出下列效用函数的无差异曲线，在每一种情形，回答潜在的偏好排序是否是（1）凸的，（2）严格凸的。

（a）$v(q_1, q_2) = q_1 + \alpha q_2$，$\alpha > 0$

（b）$v(q_1, q_2) = (q_1 - \gamma_1)^{\beta_1}(q_2 - \gamma_2)^{\beta_2}$，$\beta_1 + \beta_2 = 1$

（c）$v(q_1, q_2) = q_1^2 + q_2^2$

（d）$v(q_1, q_2) = \min\{\alpha_1 q_1, \alpha_2 q_2\}$，$\alpha_1$，$\alpha_2 > 0$

（e）$v(q_1, q_2) = \alpha - \beta_1 e^{-\gamma_1 q_1} - \beta_2 e^{-\gamma_2 q_2}$

2.4　有时说效用理论是同义反复，没有可检验的含义。我们将在下面反驳这一点，但你能想出任何理由说明为什么同义反复系统也可能有用？

2.5　讨论选择公理的含义以及对无差异曲线所作的假定的含义：只有当数量上的差异大于某个可以感知的最小数量时，个人才能认识数量上的差异。

2.6　如果在分析之前就假设练习 2.3（a）中的 α 和练习 2.3

(b) 中的 γ_2 是购买量 q_2 的递增函数，那么实际上我们对偏好和无差异曲线作了什么假设?

2.2 效用和需求

如果我们把偏好和 1.2 节中传统的线性预算约束结合起来，选择问题就转化为一个标准的效用最大化问题：

$$\max v(q)\text{：约束条件} \sum p_k q_k = x \tag{2.1}$$

原则上，显然方程（2.1）的解必是马歇尔需求函数系统

$$q_i = g_i(x, p) \tag{2.2}$$

但利用（2.1）到（2.2）的导出过程对（2.2）进行一般的分析被证明是非常困难的。

32 考虑图 2—3 至图 2—6 的 4 个图形。这些是那种可以在任何一本微观经济学教科书中找到的例子。在每种情形下画出了两个有代表性的无差异曲线 I_1 和 I_2，在所有情形下 I_2 都偏好于 I_1，预算线 AB 表示 q_1 和 q_2 的可容许的组合。把这些图形想像成是 n 维问题（2.1）的一个二维横截面或许是有帮助的，并不是所有的 n 维无差异图都可能在任何一个图形中展示。

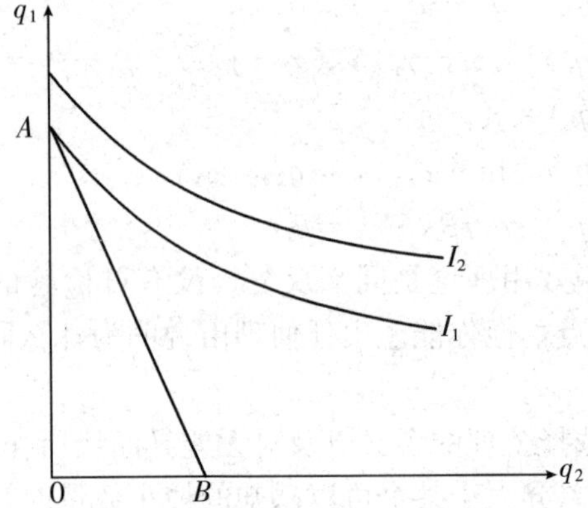

图 2—3　情形（1）

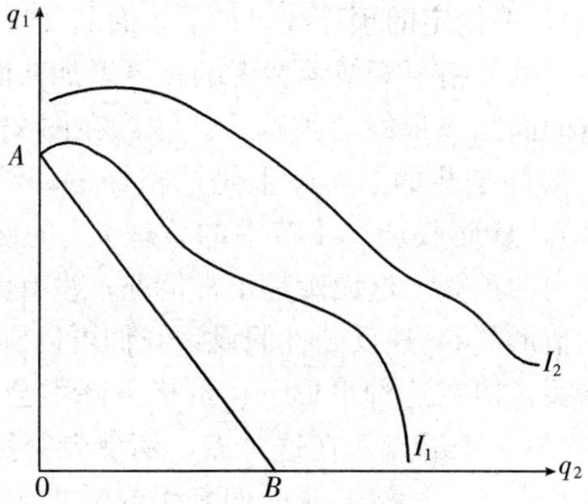

图 2—4　情形（2）

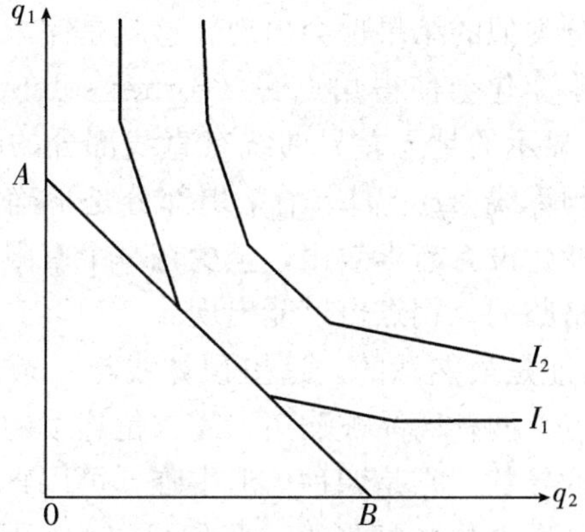

图 2—5　情形（3）

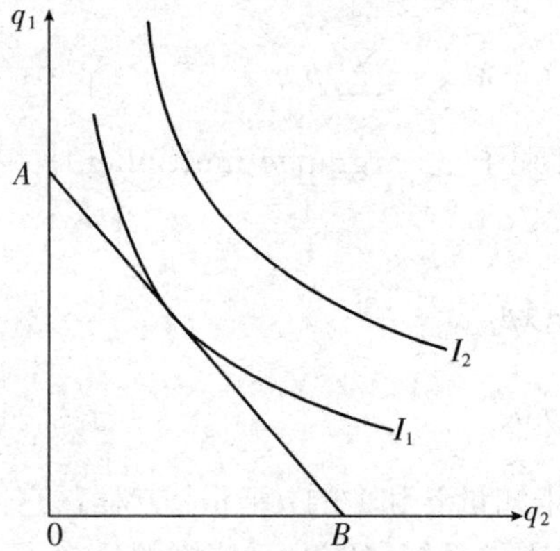

图 2—6　情形（4）

情形（1）中，在给定的预算线 AB 下，商品 2 根本没有被购买。不过，如果商品 2 的价格下降或消费者的预算增加从而使 AB 向外移动，则一定数量的商品 2 最终会被购买。注意在图 2—3 中，没有施加极端的假设；偏好是凸的（实际上是严格凸的，因为纵轴上在 A 上方的点好于 A），从而服从 2.1 节中的公理 6。的确，对于所有消费者的一定范围内的预算，这无疑是正常情况；没有消费者购买每一种商品。不过，情形（2）违反凸性假设，我们可以看到后果。同样，商品 2 没有被购买，但在这种情形下，价格下降不会立即产生效用，除非 B 达到 I_1 的另一个端点。在这一点，消费者突然转到全部购买商品 2 而不购买商品 1。显然，非凸偏好引起需求函数（2.2）的间断。在实际中，如果非凸偏好少见，这可能并不重要，但当无差异曲线是直线时，十分类似的结果也会出现。这就是完全替代的情形，再
33 一次，价格的微小变化会使得角点解（corner solution）从一个跳到另一个。图 2—5 显示的是无差异曲线有直线部分的凸性偏好，在这种情形下，对于预算线 AB，需求沿平坦部分是不确定的。不过，在这个拐点，价格变化没有需求效用，至少在一个有限范围是这样。注意即使偏好是严格凸的，拐点也可能出现。

情形（4）可能是最熟悉的。这里预算线与一条光滑的无差异曲线相切于唯一的点，两种商品被购买，需求是连续的、确定的，并且关于价格有非零的导数。它是四种情形中唯一可以直接用微积分学的方法求解的情形。在这样的情形下，我们可以为问题（2.1）构造拉格朗日（Lagrangean）算式

$$\phi = v(q) + \lambda(x - \sum p_k q_k) \tag{2.3}$$

这里 λ 是拉格朗日乘子（Largrange multiplier）。它有一阶条件，即对 $i=1$，…，n，

$$\frac{\partial v(q)}{\partial q_i} = \lambda p_i \tag{2.4}$$

$$x = \sum p_k q_k \tag{2.5}$$

这是关于 $n+1$ 个未知量 q 和 λ 的 $n+1$ 个方程，它们的解，如果存在
35 的话，就是马歇尔需求系统（2.2）。拉格朗日乘子 λ 的值就是当约束放宽 1 个单位（x 增加 1 个单位）时最大需求量所增加的数量。它可

以自然地被解释为总支出的边际效用。当然，我们必须记住效用函数没有可以观察的度量单位，从而一个额外的美元所能购买的效用数量依赖于对效用函数所选取的（任意）规范化。

一阶条件（2.4）和（2.5）可经常用来从具体函数形式推导需求函数，特别见练习 2.7 中线性支出系统的例子。一般来说，为了研究 p 和 x 变化的效用，可以对（2.4）和（2.5）求全微分，然后利用矩阵或行列式计算求出导数 $\partial q_i/\partial x$ 和 $\partial q_i/\partial p_j$，参见，如希克斯（Hicks，1946，附录）、巴顿（Barten，1968）或锡尔（Theil，1975）。这里我们将使用不同的方法，但值得看看标准的比较静态论证，如图 2—7 对商品 1 的价格的上升所作的说明。原先的预算约束 DA 移动到 DB，均衡从 A 变到 B，并且 q_1 的购买从 $0Z$ 降到 $0X$。这个下降可分解成两个部分。第一部分是当相对价格发生变化时对消费者进行收入补偿使其位于先前的无差异曲线上时，消费数量发生的变 *36*
化。设想的均衡点是 C，从 A 到 C 的移动是价格变化的替代效应，而需求量 q_1 从 $0Z$ 到 $0Y$ 的变化是价格上升的自身价格替代效应。保持相对价格不变时，从 C 到 B 的移动所代表的由价格变化引起的收入效应必须加上。因此 p_1 的上升对 q_1 的收入效应是需求的下降 YX。这个论述的关键是，因为无差异曲线是凸的，只要保持效用不变，q_1 的相对价格的上升必然引起它的购买量的下降。因此替代效应是负的（如果无差异曲线在 A 点有拐，则替代效应最多为 0）。

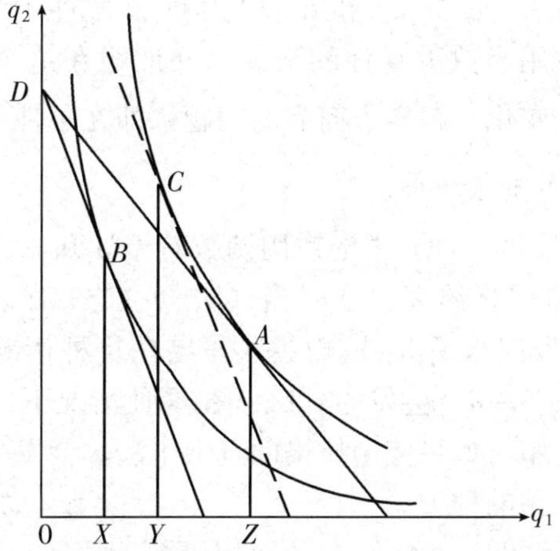

图 2—7　情形（4）中的收入效应和替代效应

以上进行的论证是完全有效的，但它有几个重要的缺点。首先，替代效应的非正性似乎依赖于偏好的凸性。这是否意味着在类似图2—4或者甚至图2—3中的情形，替代效应是正的？其次，它依赖于相切的论证。正如我们已看到的，只有在非常特殊的假设下，相切才总是成立，比如，包括每个消费者购买每一种商品！进一步，基于(2.4)和(2.5)的正式分析不仅要求偏好的严格凸性，而且要求效用函数足够"光滑"以至可求微分((2.4)一次可微，比较静态分析二次可微)。我们的公理不能保证这一点，也没有引入新的公理来服务于这个目的且不产生明显的不真实的假设。因此我们需要的是仅仅依赖于2.1节中公理1到5的分析需求函数的一般方法，它不要求为了保证一阶条件或使用图2—7的合法性的许多辅助假设。这样的方法是下面两部分的论题。

练习

2.7 证明练习2.2中给出的线性支出系统的效用函数在约束条件 $p_1q_1+p_2q_2=x$ 下最大化时，产生如下需求函数

$$p_1q_1=p_1\gamma_1+\beta_1(x-p_1\gamma_1-p_2\gamma_2)$$

$$p_2q_2=p_1\gamma_2+(1-\beta_1)(x-p_1\gamma_1-p_2\gamma_2)$$

通过画出无差异曲线，解释为什么如果 λ_1 和 λ_2 为正时，拉格朗日乘子法总是可行的。如果 λ_1 和 λ_2 均为负会发生什么？利用练习2.2(b)中的效用函数重复你的推导，并证明在这个解中仅有拉格朗日乘子发生了变化。解 n 个商品的问题，即在条件 $\sum p_kq_k=x$ 下求 $\prod(q_k-\gamma_k)^{\beta_k}$ 的最大值。

2.8 就练习2.3(a)中的效用函数对于 α 和 p_1/p_2 的各种值描绘无差异曲线和预算约束。证明当 $(p_2/p_1)>\alpha$ 时仅有 q_1 被购买，而当 $(p_2/p_1)<\alpha$ 时仅有 q_2 被购买。写出在每种情况下最大可得效用。如果 $(p_2/p_1)=\alpha$，会发生什么？在这种情况下，为什么拉格朗日乘子法不能使用，如果使用拉格朗日乘子法，会发生什么？讨论适合这个模型的商品的种类。

37 **2.9** 对于练习2.3(d)中的效用函数，用图形描述需求函数。在这种情形下，拉格朗日乘子有什么问题？讨论这个模型的经济

应用。

2.3 成本最小化与成本函数

在生产理论中，我们习惯于成本函数的概念，它以产出和投入品的价格为自变量，并告诉我们在给定的投入品价格下生产给定产出的最小成本。足够明显的是，对任何给定的投入成本选择投入以使产出最大的企业，必定以尽可能便宜的方式生产这种产出。成本最小化和对应于固定支出的产出最大化不过是表现生产效率中的两种替代方式。消费者选择能用完全相同的方法处理。在 2.2 节我们把消费者问题表述为给定支出或成本的效用最大化问题。这个问题的解将产生某个效用水平，比如说，u。因此我们能把这个问题重新表述为选择商品以达到效用 u，但使必要的支出最小，显然，在两种情形下，所选择的商品向量必定相同。

这两个问题经常被称为“对偶”（dual）问题。让我们系统地比较它们。

原问题：

在条件 $p \cdot q = x$ 下最大化 $u = v(q)$

对偶问题：

在条件 $v(q) = u$ 下最小化 $x = p \cdot q$

这里我们采用点积符号 $p \cdot q$ 表示 $\sum p_k q_k$。在两个问题中我们能使用同样的 u 和 x，因为在对偶问题中我们简单地用 u 表示在原问题中的最大可达值。进一步，因为效用最大化和成本最小化必定导致相同的选择，原问题中的支出必是对偶问题中的最小成本。在两个问题中，要求的都是 q 的最优值。正如我们已经看到的那样，原问题的解是一组马歇尔需求 $g(x, p)$。不过在对偶问题中，决定变量是 u 和 p，不是 x 和 p，因此我们得到同样的解，但是它是作为 u 和 p 的函数。这些新的成本最小化需求函数，记为 $h(u, p)$，被称为是希克斯（Hicksian）或补偿需求函数。它们告诉我们当 u 保持不变时 q 如何受价格的影响，这就是名称“补偿”的来由。因为两个解重合，我们

有（$i=1,\cdots,n$）

$$q_i=g_i(x,p)=h_i(u,p) \tag{3.1}$$

38 每一个解都可以代入它们相应的问题并得出：第一，最大可达效用；第二，最低可能成本。因此，

$$\begin{aligned} u &= v(q_1,q_2,\cdots,q_n) \\ &= v[g_1(x,p),g_2(x,p),\cdots,g_n(x,p)] \\ &= \psi(x,p) \end{aligned} \tag{3.2}$$

$$x = \sum p_k h_k(u,p) = c(u,p) \tag{3.3}$$

由（3.2）定义的函数 $\psi(x,p)$ 是给定价格 p 和支出 x 的最大可达效用。称它为间接效用函数，并且它可由另一种方式定义

$$\psi(x,p)=\max_q[v(q):p\cdot q=x] \tag{3.4}$$

就是说，作为原问题的解。由（3.3）定义的函数 $c(u,p)$ 是在给定价格 p 获得 u 的最小成本，称为成本函数。显然，作为对偶问题的解，它可以定义为

$$c(u,p)=\min_q[p\cdot q;v(q)=u] \tag{3.5}$$

成本函数和间接效用函数是密切相关的。因为 $c(u,p)=x$，我们可以重排或“颠倒”把 u 作为 x 和 p 的函数从而给出 $u=\psi(x,p)$。类似地，$u=\psi(x,p)$ 的逆直接得出 $x=c(u,p)$。这两个函数只不过是表达同样信息的两种可以互相替代的方式。图 2—8 总结了相关结构。

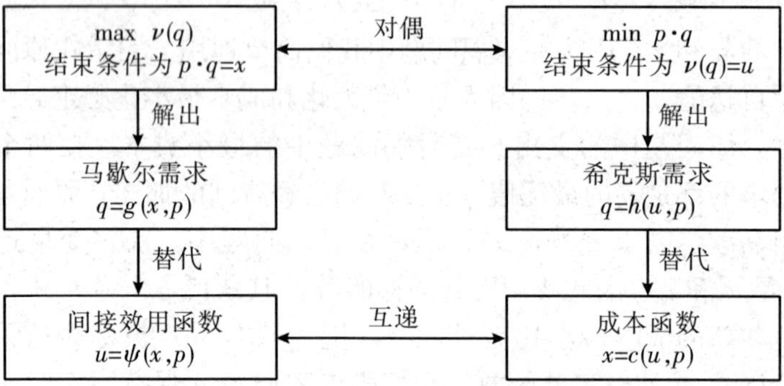

图 2—8　效用最大化和成本最小化

下一个步骤是把图 2—8 的顺序倒过来并说明如何从成本函数或间接效用函数开始回到需求或偏好。不过，首先，我们需要对这些函数了解得更多，特别是成本函数。我们列举 5 个性质。

性质 1　成本函数是价格的一次齐次函数，正式的表述就是，对 *39*
于标量 $\theta>0$

$$c(u,\theta p)=\theta c(u,p) \tag{3.6}$$

这是（3.5）的直接推论，如果价格翻倍，2 倍的支出才能保证在同样的无差异曲线上。

性质 2　成本函数是 u 的递增函数，p 的非递减函数，并且至少是一个价格的递增函数。

这个性质直接由非饱和公理得出。在给定的价格下，消费者为了生活得更好不得不花费更多，而价格上升时要求至少同样多的支出才能保持同样的状况。

性质 3　成本函数是价格的凹函数。

图 2—9 显示了成本函数的一个截面，即只有一个价格变化，效用和其他价格保持不变的成本函数。凹性意味着当价格上升时，成本上升不会快于线性增长。这是必然的，因为消费者使成本最小化，重新安排商品购买量以利用价格结构变化。正式地，定义在向量 z 上的标量函数 $f(z)$ 称为是凹（concave）的，如果对于 $0\leqslant\theta\leqslant1$，

$$f[\theta z^1+(1-\theta)z^2]\geqslant\theta f(z^1)+(1-\theta)f(z^2) \tag{3.7}$$ *40*

如果把$\geqslant$换为$>$，就是严格凹。（与图 2—9 比较，这里 $AC>BC$。）为了证明凹性对成本函数成立，考虑两个价格向量 p^1 和 p^2 并令 $p^3=\theta p^1+(1-\theta)\ p^2$，用 q^3 表示当价格为 p^3 而效用为 u 时的最优商品选择。因此，由（3.3）和 p^3 的定义，$c(u,p^3)=\sum q_k^3p_k^3=\theta\sum q_k^3p_k^1+(1-\theta)\sum q_k^3p_k^2$。但在 p^1 或 p^2 下 q^3 不一定是对应于 u 的最小成本束，从而 $c(u,\ p^1)\leqslant\sum q_k^3p_k^1$，且 $c(u,p^2)\leqslant\sum q_k^3p_k^2$。所以，在 $c(u,\ p^3)$的表达式中进行替换得到

$$c(u,\theta p^1+(1-\theta)p^2)\geqslant\theta c(u,p^1)+(1-\theta)c(u,p^2) \tag{3.8}$$

这就确定了凹性。重要的是注意到这个证明不以任何方式依赖于偏好

的凸性；对应于图 2—3 至图 2—6 所示的各种无差异曲线的成本函数是凹的。

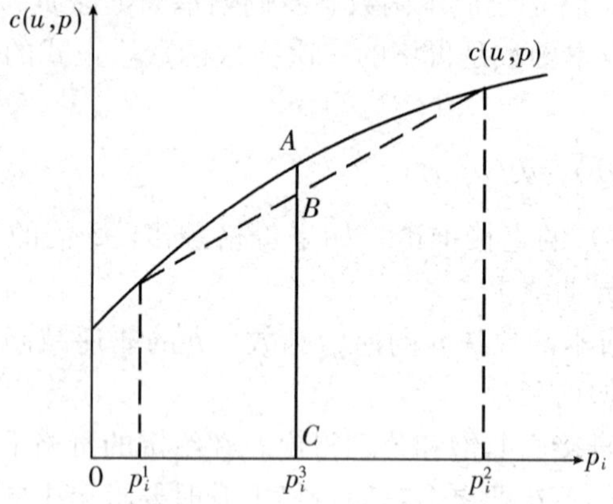

图 2—9　成本函数的凹性

性质 4　成本函数是 p 的连续函数，除了一个特定的价格向量集（用技术语言说，这个集合是"零测集"），成本函数对 p 的一阶和二阶导数处处存在。

数学上，性质 4 由性质 3 导出，即由成本函数的凹性导出。我们不准备在这里提供证明，但对于说明这些性质的成本函数的几何性质，我们将在 2.5 节中讨论。同时，性质 4 导致性质 5：

性质 5　成本函数关于价格的偏导数如果存在，则它们就是希克斯需求函数，即

$$\frac{\partial c(u,p)}{\partial p_i}\equiv h_i(u,p)=q_i \tag{3.9}$$

为证明此式，考虑一个任意的价格向量 p^0，效用水平 u 和相应的最优选择向量 q^0。对任何其他价格向量 p，定义函数 $Z(p)$ 为

$$Z(p)=\sum_k p_k q_k^0 - c(u,p) \tag{3.10}$$

因为 q^0 不一定是对应于 p 的最优选择，在价格 p 下 q^0 的成本必定大于或等于在价格 p 下最优选择的成本，即 $c(u,\ p)$。因此 Z 总是大于或等于 0。但我们知道当 p 等于 p^0 时，Z 等于 0，也就是达到最小值。因此，如果在 p^0 点导数存在，则

$$\frac{\partial Z(p^0)}{\partial p_i}=q_i^0-\frac{\partial c}{\partial p_i}(u,p^0)=0 \tag{3.11}$$

因为 p^0 是任意的，由此证明了（3.9）。

导数性质5有时被称为谢泼德（Shephard）引理，对这里采用的方法具有中心作用。由图2—8，我们可以从任何已知成本函数回到 41
其潜在的成本最小需求。不过，实际上，我们希望从成本函数能产生马歇尔需求，这是一个直接代入的问题。在（3.9），数量是 u 和 p 的函数；（3.4）中的间接效用函数 u 用 x 和 p 表示，因此把 $u=\psi(x, p)$ 代入希克斯需求得出用 x 和 p 表示的 q 的表达式，也就是马歇尔需求。正式地，

$$q_i=h_i(u,p)=h_i[\psi(x,p),p]=g_i(x,p) \tag{3.12}$$

当然，整个过程可以反过来，从马歇尔需求开始并利用成本函数写出用 u 和 p 表示的 x 的表达式。从而

$$q_i=g_i(x,p)=g_i[c(u,p),p]=h_i(u,p) \tag{3.13}$$

结合导数性质，这些方程确定了图2—8中间一行和底行的关联。重新改写导数性质使我们能从间接效用函数到马歇尔需求也是方便的。因为成本函数和间接效用函数是互逆的，我们有等式

$$\psi[c(u,p),p]\equiv u \tag{3.14}$$

保持 u 不变对 p_i 微分并利用链式法则给出

$$\frac{\partial \psi}{\partial x}\cdot\frac{\partial c}{\partial p_i}+\frac{\partial \psi}{\partial p_i}=0 \tag{3.15}$$

因此，由导数性质

$$q_i=g_i(x,p)=-\frac{\partial \psi/\partial p_i}{\partial \psi/\partial x} \tag{3.16}$$

虽然我们将更频繁地使用原始形式（3.9），但被称为罗伊等式（Roy's identity）的（3.16）有时更加方便。方程（3.9）、（3.16）、
（3.12）和（3.13）被总结在下面的图2—10中。我们今后最常用到 42
的线路是从成本函数开始并遵循下列步骤：(1) 微分 $c(u, p)$ 得到希克斯需求，(2) 求 $c(u, p)$ 的逆得到 $\psi(x, p)$，(3) 把 $\psi(x, p)$ 代入 $h_i(u, p)$ 得到马歇尔需求。

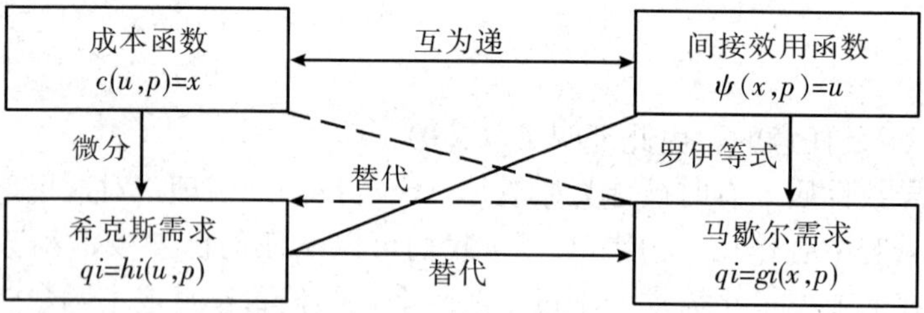

图 2—10 需求、成本和间接效用函数

关于序数性的一个注记

这部分的发展用到了生产的类似性，即把 u 作为产出来处理。但产出可以用自然单位来度量而效用则不能。那么我们如何解释，比如 $c(u,\ p)$ 中的 u，如果对 $v(q)$ 进行单调递增变换，比如 $f()$，会发生什么？首先要注意，$c(u,\ p)$ 应被理解为“达到标注为 u 的无差异曲线的最小成本”。无差异曲线不受 $v(q)$ 的变换的影响，从而转自考虑 $f(v(q))$，只是意味着我们就简单地重新标注了无差异曲线。达到任何给定的曲线的成本不变。如果变换之前一条曲线标注 u，且 $f^{-1}()$是 $f()$ 的反函数，则 $f^{-1}(u)=v(q)$，从而新的标注是$f^{-1}(u)$。因此，对于成本函数，我们有 $x=c\{f^{-1}(u),\ p\}$ 而不是$c(u,\ p)$。因为 $c(u,\ p)$ 和 $c(f^{-1}(u),\ p)$ 总是代表同样的偏好从而代表同样的行为，所以 $c(u,\ p)$ 关于 u 的导数，即“效用的边际成本”或它的倒数，“总支出的边际效用”是不可客观变量的。这与生产理论形成对照，生产理论中规模报酬是通过成本对产出的依赖性来讨论的。从消费者的角度，重要的正是 $c(u,\ p)$ 对 p 的导数而不是对 u 的导数。在实际中，虽然效用的序数性必须牢记在心，但 $f()$ 有时被称为“基数化”或“规范化”的一个方便的选择，常常会简化代数运算，但在图 2—8 和图 2—10 中从一个方框移到另一方框时，必须保持同样的规范化。也可以见下面的练习 2.12 和 2.15。

练习

2.10 利用效用函数 $u=q_1^{1/2}q_2^{1/2}$ 和预算约束 $x=p_1q_1+p_2q_2$ 填充图 2—8 和图 2—10 中的盒子，检查每一个箭头表示的运算。推广到 $u=q_1^{\beta}q_2^{1-\beta}$ 和 $u=(q_1-\gamma_1)^{\beta_1}(q_2-\gamma_2)^{\beta_2}$。

2.11　把练习 2.10 推广到完全线性支出系统，效用函数为 $u = \prod(q_k - \gamma_k)^{\beta_k}, \sum\beta_k = 1$。验证马歇尔需求，希克斯需求，成本函数和间接效用函数为

$$p_i q_i = p_i\gamma_i + \beta_i(x - \sum p_k\gamma_k) \tag{3.17}$$

$$p_i q_i = p_i\gamma_i + \beta_i\beta_0 u \prod p_k^{\beta_k} \tag{3.18}$$

$$x = \sum p_k\gamma_k + u\beta_0 \prod p_k^{\beta_k} \tag{3.19}$$

$$u = (x - \sum p_k\gamma_k)/\beta_0 \prod p_k^{\beta_k} \tag{3.20}$$

这里 β_0 仅是参数的函数。

2.12　利用 $u^* = \frac{1}{2}\log q_1 + \frac{1}{2}\log q_2$ 考虑练习 2.10 中的问题，并证明用 e^{u^*} 代替 u 之后以前所有的公式仍然成立。

2.13　直接从成本函数和间接效用函数推导预算份额常常是方便 *43*
的。证明 ω_i 由 u 和 p 的如下函数给出

$$\omega_i = \partial\log c(u,p)/\partial\log p_i \tag{3.21}$$

也可表示为 x 和 p 的函数

$$\omega_i = \frac{\partial\log\psi/\partial\log p_i}{\sum\partial\log\psi/\partial\log p_k} \tag{3.22}$$

2.14　利用以下成本函数

$$\log c(u,p) = \sum\alpha_k\log p_k + u\prod p_k^{\beta_k} \tag{3.23}$$

推导希克斯需求、间接效用函数和马歇尔需求。参数 α_k 和 β_k 应满足什么条件？什么决定商品是奢侈品或必需品？

2.15　偏好由 $u = v(q)$ 表示，由此可计算成本函数、间接效用函数和需求。如果同样的偏好由 $u^* = f[v(q)]$ 表示，这时函数 $f()$ 是单调递增的，证明 $c(u, p)$ 变为 $c[f^{-1}(u^*), p]$，$u = \psi(x, p)$ 变为 $u^* = f[\psi(x, p)]$，$h(u, p)$ 变为 $h[f^{-1}(u^*), p]$。通过代换证明马歇尔需求不受影响。利用这些结果写出方程（3.17）至（3.20）的适当形式，$f()$ 取自然对数形式。

2.4 需求性质

现在我们可以给出希克斯和马歇尔需求函数性质的比较一般的特性。其中两个我们已经看到，但为了完备性我们重新叙述。

性质1：总量相符。希克斯需求和马歇尔需求的总价值均为总支出，即

$$\sum p_k h_k(u,p) = \sum p_k g_k(x,p) = x \tag{4.1}$$

性质2：齐次性。希克斯需求是价格的零次齐次函数，马歇尔需求是总支出和价格的零次齐次函数，即对于标量 $\theta>0$，

$$h_i(u,\theta p)=h_i(u,p)=g_i(\theta x,\theta p)=g_i(x,p) \tag{4.2}$$

由（3.9），希克斯需求是零次齐次函数的导数从而本身也是零次齐次的；给定无差异曲线，相对价格足以决定需求。

性质3：对称性。希克斯需求的交叉价格导数（cross-price derivatives）是对称的，即对于 $i\neq j$

$$\frac{\partial h_i(u,p)}{\partial p_j}=\frac{\partial h_j(u,p)}{\partial p_i} \tag{4.3}$$

44 因为 $h_i(u,\ p)$ 就是 $\partial c(u,\ p)/\partial p_i$，$\partial h_i/\partial p_j$ 就是 $\partial^2 c/\partial p_j \partial p_i$，类似地，$\partial h_j/\partial p_i$ 就是 $\partial^2 c/\partial p_i \partial p_j$，因此两者的唯一差别在于求偏导数的次序。杨定理（Young's theorem）断言，如果有连续偏导数，则求导次序没有影响，从而两个导数相等。下个性质之后，我们作出（4.3）的经济解释。

性质4：负定。由 $\partial h_i/\partial p_j$ 构成的 $n\times n$ 矩阵是半负定的，即对任何 n 维向量 ξ，二次型

$$\sum_i \sum_j \xi_i \xi_j \partial h_i/\partial p_j \leqslant 0 \tag{4.4}$$

如果 ξ 与 p 成比例，不等式变成等式从而二次型为0。（用线性代数语言，该矩阵是半负定的，价格向量位于它的零空间（null-space）。）这个结果也可以由导数性质得出；（$\partial h_i/\partial p_j$）是一个凹函数 $c(u,\ p)$ 的二阶导数矩阵，因此是半负定的。$\sum_j p_j \partial h_i/\partial h_j$ 为零的事实由齐次

性得出，见练习 2.18。（(4.4) 的结果容易推广到价格有限变化的情形，见练习 2.22。）

为了方便，用 s_{ij} 表示 $\partial h_i/\partial p_j$，从而矩阵用 S 表示。这是补偿价格反应的替代矩阵或斯勒茨基矩阵；由性质 3 和 4，它是对称和半负定的，为负的性质把整个一列的不等式限制施加到 S 的元素；最重要的是，对角元素必是非正的；对所有 i，

$$s_{ii}\leqslant 0 \tag{4.5}$$

因此，效用保持不变时，价格的上升必定引起这种商品的需求下降或至少保持不变。至于（4.4）所体现的更广的限制，想像某个出售的“复合”（compound）产品，它按固定比例包含其他物品并按它所含成分的价格来定价。这种产品对于它们自身（复合）的价格必定有非正自身价格替代效应。表达式（4.5）当然是“需求定律”，即补偿需求函数不可能向上倾斜，这已经在 2.2 节结束的时候讨论过。这里的差别是（4.5）仅仅由成本函数的凹性得出，正如已强调的那样，不论偏好是否为凸它都成立。负定性与图 2—7 中无差异曲线的曲率没有关系；如果无差异曲线凹向原点，需求将是角点解，不会在切点。

因此，需求函数有四个基本的一般性质：它们是总量相符的，它们是价格和总支出的零次齐次函数，它们的补偿价格反应是对称的并 *45*
形成一个半负定矩阵。总量相符和齐次性已在第 1 章中讨论，在那里我们看到它们是一个线性预算约束模型的结果。另一方面，对称性和负定性由偏好一致性得出。如果不与成本函数联系起来，消费者替代矩阵的对称性是不容易解释的。比如在直观上几乎不明显，为什么每磅苹果价格的增加引起的补偿货币会增加被购买的肥皂块的数量，并且这个数量恰好是由于每块肥皂价格上升所引起的补偿货币导致的更多苹果被购买的数量。不过，对称性是消费者选择的一致性的保证和检验；没有它，会产生不一致的选择。负定性由成本函数的凸性导出，如同我们已经看到的那样，凹性完全是由成本最小化或等价的效用最大化引起的。因此对称性和负定性是理性选择公理 1 至 5 的直接结果。

如果使对称性和负定性可以检验，那么对替代矩阵 S 的观察是可能的，这就意味着用马歇尔需求定义它。这可以通过斯勒茨基方程

来完成，斯勒茨基方程可以利用（3.13）中最后一个等式对 p_j 求导得出，利用（3.9），

$$s_{ij}=\frac{\partial h_i}{\partial P_j}=\frac{\partial g_i}{\partial x}q_j+\frac{\partial g_i}{\partial p_j} \tag{4.6}$$

最后一项 $\partial g_i/\partial p_j$ 是 q_i 关于 p_j 的非补偿价格导数。为了"补偿"它，数量 q_j（最小成本对 p_j 求导）乘以 $\partial g_i/\partial x$（q_i 对总支出的导数）必须加上。（4.6）右边的所有都与原则上可以通过 x 和 p 的变化而直接观察到的数量相关联。因此，S 可以进行实验计算，对称性和负定性可以实证检验，这种检验的结果在第 3 章报告。最后注意 S 不受效用函数变换的影响，因为（4.6）的右端不受其影响。

方程（4.6）通常把 $\partial g_i/\partial p_j$ 放在左边从而非补偿价格反应被分解成价格变化的替代效应（s_{ij}）和价格变化的收入效应（$-q_j\partial g_i/\partial x$）。这是一个分类工具，它使我们能够利用替代矩阵和支出反应的知识推导非补偿导数的性质。例如，我们能看到需求定律应用于马歇尔需求函数。虽然自身—价格补偿反应 s_{ii} 是负的，但它有可能小于正的收入效应，虽然可能性不是很大。因此，仅当一种商品是十分低档的且被大量购买时，正的价格导数才会出现；这样的商品称为吉芬
46 商品（Giffen good）。注意所有吉芬商品必是低档的，反之不然；实际上，低档品非常普通然而吉芬商品极其少见，如果它们的确存在的话。替代矩阵具有把商品分为互补品和替代品的重要功能。虽然其他定义是可能的，但希克斯（Hicks，1936）的定义是现在的标准定义（虽然也可见 2.7 节）。由此定义，如果 s_{ij} 是负的，则商品 i 和 j 是互补品；如果 s_{ij} 为正，则商品 i 和 j 是替代品，这与通常术语的用法比较一致；如果咖啡相对变贵，我们可能买更多的替代品（茶）和更少的互补品（奶油）；不过，在预期技术定义与我们的先入之见之间的一致性时，应当谨慎一些（见练习 2.16）。

练习

2.16 画出练习 2.3（d）中效用函数的直角无差异曲线。用图形求解需求函数并证明 $c(u, p)=u(\alpha_1^{-1}p_1+\alpha_2^{-1}p_2)$。证明 $S=0$。这种情况下你认为商品 1 和商品 2 是互补品吗？

2.17 如果效用函数的形式为 $u=q_1+\alpha q_2$，$\alpha>0$（见练习 2.3

(a))，则常说商品 1 和商品 2 是“完全”替代品。证明 $c(u, p)=u\min(p_1, p_2/\alpha)$。证明当 $p_1 \neq p_2/\alpha$ 时，$S=0$。而当 $p_1=p_2/\alpha$ 时，S 无定义。讨论这个例子的经济学含义。

2.18 对于 r 次齐次函数 $f(x)$ 的欧拉定理是 $\sum x_k \partial f/\partial x_k = rf(x)$。利用希克斯需求的零次齐次性证明，对于 $i=1, \cdots, n$，

$$\sum_k s_{ik} p_k = 0 \tag{4.7}$$

2.19 利用（4.7）和（4.5）证明不是所有的商品都是互补品。联系考虑练习 2.16。

2.20 利用斯勒茨基方程（4.6）与库诺特加总［第 1 章，方程（2.5）］证明，对于 $i=1, \cdots, n$，

$$\sum_k s_{ki} p_k = 0 \tag{4.8}$$

2.21 证明对称且齐次的需求函数自动满足库诺特加总，可加总的对称需求自动满足齐次条件，对于两种商品的情形，满足总量相符的齐次需求是对称的。

2.22 设 q^1 和 q^0 分别是与 u、p^1 和 p^0 相关的最小成本向量。证明 $c(u, p)$ 的凹性可推出

$$c(u,p^1) \leqslant c(u,p^0) + q^0 \cdot (p^1 - p^0)$$
$$c(u,p^0) \leqslant c(u,p^1) + q^1 \cdot (p^1 - p^0)$$

因此证明

$$(q^1 - q^0) \cdot (p^1 - p^0) \leqslant 0 \tag{4.9}$$

解释这是（4.4）的推广。

2.5* 需求对偶理论

我们在前面两个部分采用的方法通常称为“对偶”方法。许多读者从数学规划理论中熟悉对偶，并且虽然需求理论中的对偶与之相近，但仍然值得单独地考察它。对偶方法的本质特征是变量的改变。偏好和效用最初定义在选择目标的数量上，并且这种用 q 表示 u 的 47

“基本”表示方法肯定是最明显的。不过，如果消费者面临一个线性约束，则由 p 和 x 定义的环境决定了最大可达效用，从而用经济学的术语说，u 也可以视为 x 和 p 的函数（间接效用函数）或者反过来，视 x 为 u 和 p 的函数（成本函数）。2.3 节中的操作过程把包含在 $v(q)$ 的直接形式中的偏好的信息转化为间接形式 $\psi(x, p)$ 和 $c(u, p)$。在线性预算约束和凸性假设下，偏好可用每点的切点来表示。

图 2—11 说明相切条件成立时用数量表示的无差异曲线与用价格
48 表示的无差异曲线之间的关系。练习 2.23 讨论了其他重要情形。图 2—11 中数轴表示价格和数量。从代表某个任意数量向量的 0Q 开始，画出通过 Q 的无差异曲线 $u=v(q)$。由切点条件，使 Q 被选择的价格比 p_1/p_2 由 $(\partial v/\partial q_1)/(\partial v/\partial q_2)$ 给出，也就是无差异曲线在 Q 点的斜率。AB 是切线。画一条线 0P 与 AB 垂直；这条线上任何点的价格坐标的比率都等于 AB 的斜率。沿 0P 的点 P 被选择从而 $0P \cdot 0Q=x$，因此 0P 的价格坐标是在给定 x 时使 0Q 被选择的价格向量。因此 P 一定位于价格坐标所表示的无差异曲线上，其效用水平与 $v(q)$ 的数用水平相同，也就是 u，并且这条曲线可以通过在 $v(q)$ 上移动 Q 让 P 描出 $\psi(x, p)$ 的方式得到。（注意 q 坐标中“较高”的无差异曲线在 P 坐标中是“较低”的无差异曲线，这是因为 $v(q)$ 是 q 的递增函数而 $\psi(x, p)$ 是 p 的递减函数。）

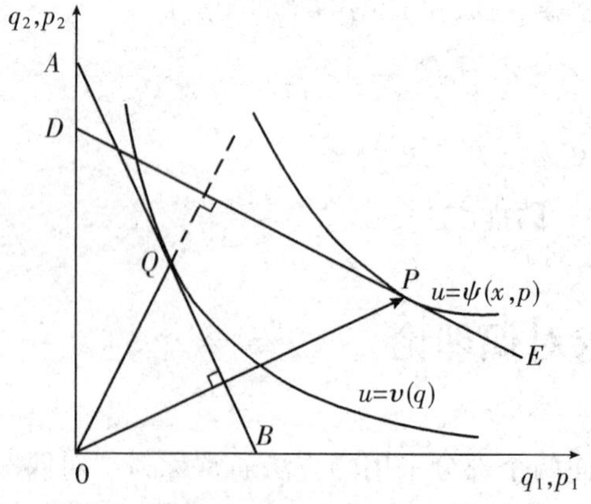

图 2—11　原始无差异曲线和对偶无差异曲线

这个过程可以完全反过来，从 P 到 Q。从 P 点开始，切线 DE

有斜率 $(\partial\psi/\partial p_1)/(\partial\psi/\partial p_2)$，按罗伊恒等式（3.16），它等于 q_1/q_2。转到数量坐标，画出 0Q 与 DE 垂直并使其长度满足 $0Q \cdot 0P = x$。这当然又使我们回到先前的 0Q。由这个技术，如果我们知道间接效用函数（或等价地，成本函数），则我们可以“恢复”直接效用函数。包含在 $v(q)$ 中的原信息在对偶函数 $\psi(x, p)$ 和 $c(u, p)$ 中重新编码；再实施一次重编码过程使我们回到开始。因此对偶被称为反射技术；两次反射恢复原像。由对偶可重新获得偏好的性质（在下面要讨论的条件下）是“对偶基本定理”，有时称之为谢泼德-乌兹瓦对偶定理（Shephard-Uzawa duality theorem）。

正是在这个意义上，偏好的凸性起重要作用，因为如果偏好是非凸的，非凸部分不会“翻译”成对偶中的编码从而不能由此恢复。图 2—12（a）利用成本函数来解释这一点；图 2—12（a）中原来的无差异曲线有非凸部分位于 A 和 B 之间。面对线性预算约束，消费者不会选择无差异曲线上 A 和 B 之间的点，因为 A 或 B（或两者）在较低的成本水平提供同样的效用。成本函数“失去”了 A 和 B 之间的信息。在图 2—12（b）中，$c(u, p)$ 被表示为 u 和 p_2 固定时 p_1 的函数，低水平的 p_1 使购买量达到 B 的右边，而当 p_1 增加时，A 和 B 两点被压缩成 C，这里形成拐点。当偏好由 $c(u, p)$ 重构时，A 和 B 之间的非凸部分用一条直线“跨越”，并产生新的无差异曲线，在图中用阴影显示。当然，只要预算约束是线性的，新的无差异曲线在操作上与老的无差异曲线等价，损失的仅仅是经济上无关的信息。 49

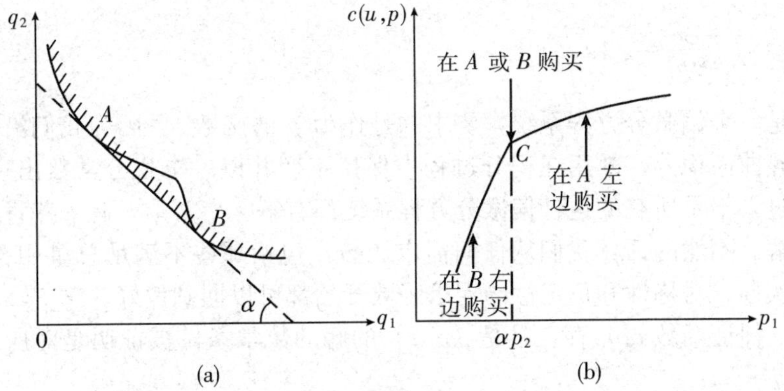

图 2—12　无差异曲线和非凹成本函数

基本对偶定理允许我们超越把 $\psi(x,\ p)$ 和 $c(u,\ p)$ 作为某个已知效用函数 $v(q)$ 的替代表示方法的范围。我们现在能从对偶表示开始，特别地，任何满足 2.3 节性质 1 至 4 的函数 $c(u,\ p)$ 能被当作代表某个潜在偏好排序的成本函数；没有必要要求能够明确写出 $v(q)$。在实证工作中这具有最大的方便性，因为考虑 $c(u,\ p)$ 和 $\psi(x,\ p)$ 的模型相对容易并且利用简单的微分运算或罗伊等式就能立即把它们转换为需求函数。这与一阶条件（2.4）和（2.5）常常是难以处理的情形形成对照。

在理论工作中，这个定理使历史上引起许多困难的一个问题有一个直接的解答。这就是在什么条件下我们能从给定的一组需求函数回到偏好的问题，通常称之为可积性问题。因为是用直接效用和马歇尔需求来表示，因此如何由需求函数得到效用是很不明显的。不过，一旦效用最大化作为成本最小化问题对待，则变得十分明显的就是需求函数必定可以积分为一个凹的齐次线性函数，也就是成本函数。正是由于这个原因，需求函数与偏好一致所需的条件被称为可积性条件。当然，实际上，给我们的需求函数是马歇尔需求函数，以总支出和价格作为自变量，而希克斯需求函数才是成本函数的导数，其积分回到
50 希克斯需求。这使得问题稍微复杂一些，但原则上没有改变。假设我们已经发现马歇尔需求函数系统，也许是通过实证的方法，

$$q_i = g_i(x, p) \tag{5.1}$$

利用（3.9）把它变成恰当的形式写出

$$\frac{\partial c}{\partial p_i} = g_i(c, p) \tag{5.2}$$

这是一个偏微分方程系统，要求的是作为 p 的函数 c。因为我们沿无差异曲面积分，效用在积分过程中保持不变并以一个积分常数出现。不过，不是所有的这种偏微分方程系统都有解。事实上，有一些肯定无解。不然的话，我们从任何需求函数，包括那些不满足总量相符、齐次性、对称性和负定性的需求函数开始都可以回到偏好。

保证函数 $c()$ 存在且是（5.2）的解的数学条件被证明是对所有 $i,\ j$

$$\frac{\partial g_i}{\partial x} g_j(x, p) + \frac{\partial g_i}{\partial p_j} = \frac{\partial g_j}{\partial x} g_i(x, p) + \frac{\partial g_j}{\partial p_i} \tag{5.3}$$

参见，如赫维茨和乌兹瓦（Hurwicz and Uzawa，1971）。但（5.3）的左边就是计算替代项 s_{ij} 的计算公式，见斯勒茨基方程（4.6）。因此（5.3）告诉我们斯勒茨基替代矩阵是需求理论的基本可积性条件。当然，为了使由积分得出的函数是一个适当的成本函数，它必须是凹的线性齐次函数。如果替代矩阵不仅是对称的而且是半负定的，同时满足奇异性质（4.7），则它是自动成立的。因此，我们转了一圈。效用最大化导致的需求函数满足总量相符和零次齐次条件，并且有对称的、半负定的补偿价格对应。反之，满足总量相符、零次齐次性且具有对称和半负定的补偿价格反应的需求函数可以积分为满足一致性的偏好排序。这是一个非凡和有用的结果。在实际中它是重要的，因为它告诉我们 2.4 节导出的条件不只是效用最大化的结果，而且是效用最大化仅有的结果。如果我们把它们应用到实证研究，我们实际上是在应用一个偏好排序。反之，如果它们被实证检验并被发现有效，则可以说偏好存在。

下面的练习 2.25 至 2.27 提供了积分和可积性条件的一些具体例子。

练习

2.23 对于下列效用函数构造相应于图 2—11 中的图形： 51

（a）$u=q_1q_2$

（b）$u=\min\{q_1, \alpha q_2\}$，$\alpha>0$

（c）$u=q_1+\alpha q_2$，$\alpha>0$

（d）图 2—5 表示的效用函数

2.24 推广前面的练习，证明直接无差异曲线上“平坦部分”变为间接无差异曲线中的拐，而拐变为“平坦部分”。（这说明了一个重要推论，即效用函数的严格拟凹性导致成本函数的可微性，而效用函数的可微性导致成本函数的严格拟凹性。因此凹和可微是对偶性质。）

2.25 一般的齐次线性支出系统可以表示成如下形式，其中 α_i 和 β_{ij} 是参数，

$$p_iq_i = \alpha_i x + \sum_j \beta_{ij} p_j \tag{5.4}$$

计算替代矩阵并证明，如果对于参数 γ_j，定义克罗内克记号（Kronecker）δ：$\delta_{ij}=1$，$i=j$；$\delta_{ij}=0$，$i\neq j$ 和

$$\beta_{ij}=\delta_{ij}\gamma_i-\alpha_i\gamma_j \tag{5.5}$$

则替代矩阵是对称的。

［提高：证明这个条件是对称的必要条件。答案见斯通（Stone，1954b），迪顿（Deaton，1975a，pp. 22－24）或菲利普斯（Phlips，1974，pp. 122－137）。］

2. 26 把（5.5）代入（5.4）得到线性支出系统

$$p_iq_i = p_i\gamma_i + \beta_i(x - \sum p_j\gamma_j) \tag{5.6}$$

把（5.6）写成（5.2）的形式，代入 $z=c-\sum p_j\gamma_j$，并证明对某个常数 u，$z = u\prod p_k^{\beta_k}$ 是这个方程的解。由此导出这个线性支出系统成本函数（3.19）。

2. 27 利用 $w_i=\partial\log c/\partial\log p_i$，证明需求函数

$$w_i = \alpha_i + \beta_i(\log x - \sum\alpha_k\log p_k)$$

积分为（3.23）。（提示：按练习 2.26 的步骤。）

2.6* 显示性偏好理论

个人选择理论的现代研究中令人神往的一个工作就是把理论建立在最少的一组公理上。萨缪尔森（Samuelson，1938）从消费行为一个简单直接的公理导出需求性质的想法就是这个精神。假定消费者总是作出某个选择，我们可以说一个束 q^0 显示性偏好于另一个束 q^1，如果 q^0 被选择而 q^1 在可以选择的情形下没有被选择。则公理断言，没有选择同时显示 q^1 是 q^0 的显示性偏好。它的一个直接的含义是“需求定律”，或更一般地，2.4 节中讨论的负定条件的一个描述。

52 考虑图 2—13 中的预算约束 A^0B^0，其上的 q^0 被选择。当 p_2 增加时，A^0B^0 移动到 A^0B^1 且 q_1 被选择。现在假设消费者得到一个补偿增加预算，使得老的束 q^0 在新的预算约束 A^*B^* 下再次成为可达束。在这种情况下，公理告诉我们 A^*B^* 上在 q^0 右边的点不会被选择。因为在预算约束 A^0B^0 下原先的选择已经说明 q^0 是这些点的显示

性偏好。因此，A^*B^* 上的最优选择 q^* 必为 q^0 或位于它的左边，即 $q_2^* \leqslant q_2^0$。就是说，p_2 的补偿增加不可能增加 q_2 的需求。如果 q^* 不同于 q^0，在先前情形下它不可能是可达的，从而 $\sum p_k^0 q_k^* \geqslant \sum p_k^0 q_k^0$。因为 q^* 和 q^0 都在 A^*B^* 上，有 $\sum p_k^1 q_k^* = \sum p_k^1 q_k^0$，把它与前面的不等式联系起来，我们得到这种情形下负定条件的一般形式，

$$\sum (p_k^1 - p_k^0)(q_k^* - q_k^0) \leqslant 0 \tag{6.1}$$

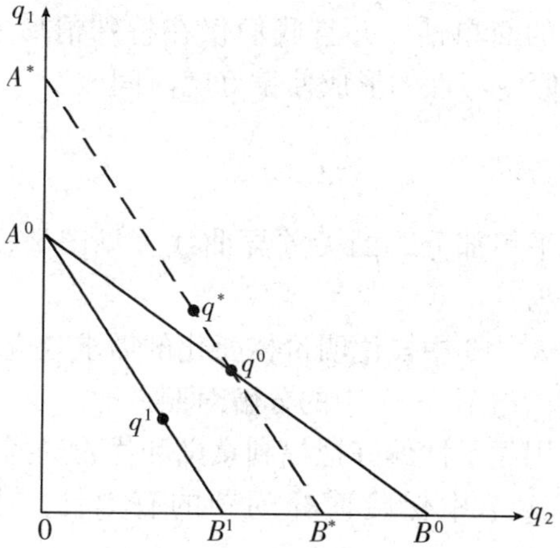

图 2—13　显示性偏好和需求定律

这个负定条件的形式与 2.4 节给出的非常类似，特别见（4.9）。唯一的差别是在我们这里的讨论中的补偿是以原始（original）选择束 q^0 来定义的，而不是以原始（original）无差异曲线 u^0 来定义的。实际上补偿的前一种定义是被斯勒茨基（Slutsky，1915）所使用的定义，我们可以定义斯勒茨基补偿需求函数 $q_i = g_i\left(\sum p_k q_k^0, p\right)$ 而不是希克斯补偿函数 $q_i = h_i(u, p)$。考虑从基价向量 p^0 开始的一个变化，斯勒茨基给出的斯勒茨基方程原表达式是 53

$$\left.\frac{\partial q_i}{\partial p_j}\right|_{\text{补偿}} = \frac{\partial g_i(x^0, p^0)}{\partial x} q_j^0 + \frac{\partial g_i(x^0, p^0)}{\partial p_j} \tag{6.2}$$

这个方程与（4.6）有相同的形式，并且如果通过 q^0 的无差异曲线存在且（4.6）像（6.2）一样用无穷小的形式表示，则（6.2）与（4.6）是相同的。

到目前为止我们已经讨论了有两个束的显示性偏好。强显示性偏好公理断言，如果通过中间束的比较传递链 q^0 间接显示性偏好于 q^1，则 q^1 不可能间接显示性偏好于 q^0。萨缪尔森猜测，并由霍撒克（Houthakker，1950）证明，强显示性偏好公理可以导出效用函数的存在性。更多最近的研究已经确定了各种显示性偏好公理和需求函数性质之间的等价性，例如，对称性但没有负定性，负定性但没有对称性，等等。这些结果和相应的工作说明不必通过假定效用函数的存在也能获得需求函数的一些限制。不过，为了我们的目的，我们喜欢利用效用函数分析的简单性，并且我们仅在特殊情形才放松传递性公理，比如，通过假定习性的形成使偏好随时间改变。

练习

2.28 有"平坦部分"的无差异曲线（见图 2—5）与（弱）显示偏好公理一致吗？

2.29 在图 2—13 中，说明价格变化的需求效应如何分解成收入效应和替代效应。与图 2—7 中的分解对照。

2.30 经常用显示性偏好把福利意义和优先选择联系起来。讨论这个方法对于 1.1 节中保险博弈问题的有效性。也可见森（Sen，1973a）。

2.7** 距离函数

2.5 节强调偏好的直接表示和间接表示之间的对偶，直接效用函数和间接效用函数之间的对偶。不过，正如我们利用成本函数而不是
54
间接效用函数更加方便一样，有一个效用函数的逆表示是方便的。这称为距离函数。为定义它，见图 2—14。$0B$ 代表某个任意的数量向量 q，u 是一个任意的无差异曲线；它们之间没有任何关系，特别地，没有假定 u 和 q 满足 $u=v(q)$。定义在 u 和 q 上的距离函数 $d(u,q)$ 是这样一个数量，q 必须除以它才能位于无差异曲线 u 上。几何上，$d(u,q)$ 是比率 $0B/0A$。数学上，我们通过隐含的方式定义 $d(u,q)$ 为

$$v[q/d(u,q)]=u \tag{7.1}$$

如果 q 恰好在 u 上，则 $u=v(q)$，B 和 A 重合从而 $d(u, q)=1$，因此，

$$u=v(q) \quad \text{当且仅当} \quad d(u,q)=1 \tag{7.2}$$

因此我们总是可以把直接效用函数表示为等价的隐函数形式。注意这里与偏好的间接表示的类似性：$u=\psi(x, p)$ 当且仅当 $c(u, p)=x$。我们可以把 $d(u, q)$ 想像为对于固定的 u，q 的相对于 u 的一个标量测度；在这个意义上，它像我们将在第 7 章中所要看到的数量指数。也应注意，像成本函数一样，距离函数的值完全是序数性的；它是利 55
用无差异曲面来定义的，而不是基于偏好的基数性。

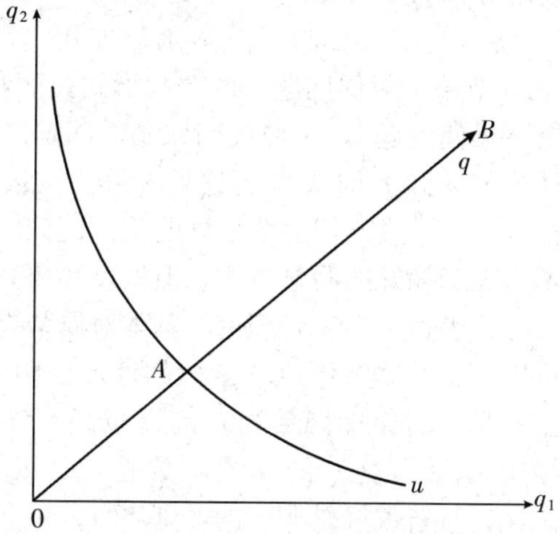

图 2—14　距离函数

为了把距离函数和成本函数联系起来，回到图 2—14 并把 $d(u, q)$ 的值（在这个图形中等于 $0B/0A$）写为 λ。令 $q^*=q/\lambda$（$q^*=0A$），从而

$$d(u,q)c(u,p)=\lambda c(u,p)\leqslant \lambda q^* \cdot p=q \cdot p \tag{7.3}$$

对任何 u、p 和 q 成立。(7.3) 中的不等式由成本函数的定义得出；q^* 产生 u 但不一定是在价格 p 下最便宜的方式。我们可以把它改写，对所有 u、p 和 q 得到 $d(u, p)\leqslant q \cdot p/c(u, p)$。不过，如果给定 u 和 q，我们选择一个价格 p 使得消费者购买与 q 成比例的向量，(7.3) 中的不等式变为等式。因此至少存在一个向量 p，使得 $d(u,$

56 $q)=q\cdot p/c(u,\ p)$。对任何其他的 p，这个比例大于 $d(u,\ q)$。故

$$d(u,q)=\min_{p}[p\cdot q;c(u,q)=1] \tag{7.4}$$

现在回顾成本函数的定义（3.5）。如果把（7.2）代入（3.5），我们能把这个定义改写为

$$c(u,p)=\min_{q}[q\cdot p;d(u,q)=1] \tag{7.5}$$

于是，成本函数和距离函数显然互为对偶。如果我们用 q 代替 p，用 c 代替 d，则方程（7.4）变为（7.5），再做一次，可回到（7.4）。这两个表达式是 2.5 节讨论的基本对偶定理的核心，它们告诉我们如何在偏好的直接表示和间接表示之间来回变动。如果我们从 $v(q)$ 开始，方程（7.1）将产生 $d(u,\ q)$。成本函数能用（7.5）估计，它（即 7.5）正是 2.3 节中“对偶问题”的改写形式，而利用成本函数，（7.4）给出一个“对偶问题”，它使我们回到原问题。这可以给出经济解释；正如在给定 u 和 p 时成本函数寻求最优数量一样，距离函数寻找一个价格诱使与 q 成比例的向量被购买以达到 u。虽然一开始距离函数似乎不是表示偏好的明显方式，但（7.4）和（7.5）之间的关系用最清楚的形式表达了消费者理论的基本对偶结果。

现在读者可以通过 2.3 节中成本函数的性质证明 $d(u,\ q)$ 的完全类似的性质。它是 q 的递增函数和 u 的递减函数（唯一的差别），它是 q 的一次齐次函数，是 q 的连续函数且几乎处处可微［如果（7.4）被当作定义，且若偏好是非凸的，则 $d(u,\ q)$ 代表“被跨越”的偏好］，它还是 q 的凹函数。这里也有可用完全类似的方法证明的导数性质，即

$$\frac{\partial d(u,q)}{q_i}\equiv a_i(u,q)=\frac{p_i}{x} \tag{7.6}$$

函数 $a_i(u,\ q)$ 是希克斯需求函数的对偶并且由（7.6）知它们正是补偿逆需求函数；对于任何数量向量和任何效用水平，它们给出一个与 x 成比例的价格，使得 u 在某个与 q 成比例的点达到。图 2—15 给出了说明。给定 q 和 u，$a_i()$ 是 u 的切平面与坐标轴的交点的倒数，切点就是 u 被 q 穿过的点。注意到函数 $a_i()$ 与 $h_i()$ 一样是 q 的零次齐次函数，这一点可由图形中 q 的长度的无关性看出。因为当价格不存在或者被人为地扭曲时逆需求常常是有用的，所以（7.6）给出的

p_i 经常被称为与 u 和射线 q 相关联的影子价格。它们可以想像为效用为 u 且拥有与 q 成比例的向量的个人愿意为每种商品的额外一个单位支付的货币数量。如果我们希望把这些价格与 q 直接联系起来（而不是通过 u），则可把 $u=v(q)$ 代入（7.6）得到非补偿逆需求函数 57 $b_i(q)$，即

$$p_i/x=a_i(u,q)\equiv a_i[v(q),q]\equiv b_i(q) \tag{7.7}$$

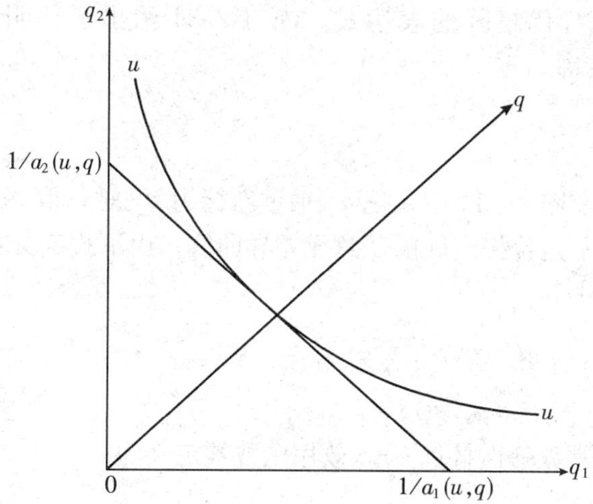

图 2—15　补偿逆需求

最后，如同 $c(u, p)$ 的二阶导数形成对称半负定矩阵一样，$d(u,q)$ 的二阶导数也是如此。这个矩阵称为安托内利矩阵（Antonelli matrix）A，即

$$a_{ij}=\partial^2 d/\partial q_i\partial q_j \tag{7.8}$$

这些项描述了当一个消费者保持在同一无差异曲线上时 q_j 的增加对他准备为额外一个单位的商品 i 支付的价格的影响。希克斯（Hicks, 1956）建议使用 a_{ij} 对互补品和替代品分类；如果 $a_{ij}>0$，他称 i 和 j 是“q-互补品”，如果 $a_{ij}<0$，他称 i 和 j 是“q-替代品”。这些定义与 2.4 节给出的原定义不等价（按希克斯的术语它们是“p-替代品”和“p-互补品”），但直观上仍是合理的。如果消费者在无差异曲线上移动并被给予更多的咖啡时他们就准备为奶油支付更多，则咖啡和奶油就是互补品；替代品正好相反。在商品税收的分析中，q-定义

被证明是非常有用的，比如见迪顿（Deaton，1979）。

正如我们可能预期到的，安托内利和斯勒茨基矩阵彼此是密切相关的。事实上，它们满足下面的对称关系：

$$S = xSAS \tag{7.9}$$

$$A = xASA \tag{7.10}$$

于是它们是彼此的广义逆。这些关系以及与之相关的关系可以经常用来简化涉及替代矩阵的表达式。练习 2.34 给出了证明（7.9）和（7.10）的轮廓。

练习

2.31 在图 2—14 中，把 q-轴重新标为 p-轴，取 $0B$ 为任意的价格向量而 u 是价格空间的任意无差异曲线。由下式定义对偶距离函数 $d^*(u, p)$

$$\psi[1, p/d^*(u, p)] = u$$

证明 $d^*(u, p) = c(u, p)$。

2.32 常数弹性替代 CES 效用函数被定义为

$$u = \left(\sum \alpha_k q_k^{-\rho}\right)^{-1/\rho} \tag{7.11}$$

推导距离函数并证明成本函数和距离函数有相同的函数形式。

58 **2.33** 一个效用函数称为位似的（homothetic），如果存在某个一次齐次函数 $\theta()$。使得 $u = f\{\theta(q)\}$，这里 $f()$ 是单调递增函数。证明

$$d(u, q) = f^{-1}(u)/\theta(q) \tag{7.12}$$

利用（7.5）证明

$$c(u, p) = f^{-1}(u)\phi(p) \tag{7.13}$$

这里 $\phi(p)$ 是一次齐次的。

2.34

(a) 定义 $r_i \equiv p_i/x$ 并证明 $c(u, p) = xc(u, r)$。从而证明 $s_{ij}^* = xs_{ij} = \partial^2 c(u, r)/\partial r_i \partial r_j$。

(b) 用 $\nabla c(u, r)$ 表示第 i 个元素是 $\partial c/\partial r_i = h_i(u, r)$ 的向量，

而$\nabla d(u, q)$表示第 i 个元素是$\partial d/\partial q_i = a_i(u, q) = r_i$ 的向量。证明

$$h(u,r) \equiv h\{u, \nabla d[u, \nabla c(u,r)]\}$$
$$a(u,q) \equiv a\{u, \nabla c[u, \nabla d(u,q)]\}$$

因此，利用偏微分的链式法则，证明（7.9）和（7.10）。

（c）证明

$$q_i/d(u,q) \equiv h_i[u, \nabla d(u,q)]$$

进而证明

$$S^* A = I - qr' \quad 和 \tag{7.14}$$
$$AS^* = I - rq' \tag{7.15}$$

这里撇“′”表示转置。

文献注释

如果要描述本章中思想的历史发展，将占用很多篇幅，这样的讨论也超出了我们的范围（和能力）。效用的早期历史文献可在舒马皮特（Schumpeter，1954）中找到，更加简明的可见斯蒂格勒（Stigler，1950）。这里采用的对偶方法虽然有很长的历史，但直到最近才受到学界的重视。迪沃尔特的论文（Diewert，1974a，1978）提供了比这里更高级的处理，用同样的方法处理生产理论，并给出了广泛的参考文献和历史注记。我们只提及一部分对偶的早期先驱者的名字，特别是安托内利（Antonelli，1886，1971），希克斯（Hicks，1946），霍特林（Hotelling，1935，1938），孔勒斯（Konüs，1924，1939），麦肯齐（Mckenzie，1956－1957），罗伊（Roy，1942），萨缪尔森（Samuelson，1947），谢泼德（Shephard，1953），维利（Ville，1946）和沃尔德（Wold，1943－1944，1953）。在其中的几个情形，发展是在生产方面而不是在需求方面，但这差别是很小的。以一阶条件为基础的更传统的方法，通常与斯勒茨基（Slutsky，1915），希克斯（Hicks，1936）、希克斯和阿兰（Hicks and Allen，1934）和萨缪尔森（Samuelson，1947）的名字联系在一起。

作为补充阅读材料，鲍莫尔（Baumol，1977）提供了消费理论中对偶的一个基本入门。莱亚德和沃尔特斯（Layard and Walters，1978）走得更远，但他们的处理不如这里精细。特别对于对偶的更高

级的处理，富斯和麦克法登（Fuss and McFadden，1978）——关于生产的讨论——以及迪沃尔特（Diewert，1981）值得推荐。前者包
59 含了本章中讨论的命题，如成本函数是连续可微的证明，以及基本对偶定理的证明。

特别的一点是，成本函数的可微性质的证明我们归于（未发表）戈尔曼（Gorman）。迪克西特（Dixit，1976）证明，在约束最优化问题中，目标的最优值一般有类似的微分性质。萨缪尔森（Samuelson，1950b）在适当的简单水平上讨论了可积性问题，涉及更多数学细节的讨论可见奇普曼、赫维茨、里克特和索南夏因（Chipman，Hurwicz，Richter，Sonnenschein，1971）编写的论文集。一个实证例子在迪顿（Deaton，1978）中给出。关于显示性偏好，除了萨缪尔森（Samuelson，1938）和霍撒克（Houthakker，1950）的经典文献，维利（Ville，1946，1951－1952）证明了显示性偏好公理的一个微分形式等价于需求函数的对称条件。有兴趣的读者可以再一次参见奇普曼等人编写的论文集，特别是第 2 章（里克特）和第 3 章（赫维茨和里克特）。伴随着德布鲁（Debreu，1951）和马姆奎斯特（Malmquist，1953）的重要论文，距离函数也有很长的历史；一个相当直接的解释在迪顿（Deaton，1979）中给出，它比以上 2.7 节走得更远。

第 3 章　理论与实践

第 2 章提出的理论提供了一个框架， 60
在这个框架下，我们可以试图组织和解释数据。本章通过讨论四个具体模型的应用开始这一任务，每一个模型力求描述总支出被花费的方式。这些解释不仅说明理论如何用于具体情形，而且允许我们检验在实际工作中理论的有用性。在这部分内容中，我们会在讨论的同时指出各种问题和困难。确认这些问题和困难能为我们从下面三章开始的理论的扩展和修改提供许多动力。

虽然我们不打算提供需求理论应用的历史综述，但我们将大致按时间顺序展开这些研究。这是自然的，因为实际工作建立在理论基础之上的程度已经有了稳步的上升。在 3.1 节，我们讨论斯通（Stone）1954 年十分著名的专著《消费者支出度量与行为》(*The Measurement of Consumers's Expenditure and Behaviour*)中的一些方法和结果。这种研究追随以前所有的逐个地建立个人商品需求模型的方式，因此如果有必要，函数形式可以变化，特殊的解释变量可以引入。这种方法具有灵活性的最大优势并且无疑是为孤立的单个商品建立需求模型的最好方式。不过，就理论而言，仅齐次性限制对一个单方程有一些直接影响，因此在早期研究中理论只起相当小的作用。当我们转到方程的完备系统时，理论变得更加直接相关。本章的剩余部分讨论这些模型的应用。

3.2 节主要讨论线性支出系统——第一个完全基于理论的实际模型。一个更一般的第一次试图检验理论的方法在 3.3 节引入。这里我们遇到 Rotterdam 模型及其竞争者。3.4 节引入一个新的模型，它是 1.2 节中沃金-莱泽模型（Working-Leser model）的推广，并且它在非常一般的意义上允许理论的实际应用。最后，3.5 节罗列未解决的问题和从结果中产生的困难。

在本书中我们将不讨论计量经济方法，它是被用来推导我们要讨
61 论的估计的方法。除非有另外的声明，我们将使用极大似然原则，因为它们为假设检验和估计提供了自然完整的基础。本章末尾的文献注释为那些想了解这些结果的技术背景的读者提供参考文献。

3.1 斯通的分析

实证需求分析的早期历史不是以对理论的关注为标志，而是以围绕弹性度量的单方程方法的广泛使用为标志。凯恩斯（Keynes, 1933）告诉我们，马歇尔为发现弹性概念而兴奋，并且从此他的热情集中在许多应用经济学领域。这不令人惊奇；弹性容易理解，它具有没有维数的方便，且可以作为对数购买量、对数支出和价格的线性回归方程的参数直接进行估计。这样一个模型（见 1.2 节）的总量相符问题总是能很好地理解，但通常被认为是不重要的，因为所有的早期研究本质上只考虑了总预算的一部分。在这里，它对于我们区分已经强调过并将继续强调的收入和总支出或总费用之间的差别并不是特别关键。如果不试图满足总量相符，那么有可能作出哪些解释变量给出更好的拟合的或多或少更实际的选择。

斯通的研究（Stone，1954a）与这个传统有关，但区别是斯通一直用理论来定义和修改应用于数据的方程，因此它架起新旧方法之间的桥梁。

模型表示

研究的始点是对数需求函数［第1章，方程（2.12)］，

$$\log q_i = \alpha_i + e_i \log x + \sum_{k=1}^{n} e_{ik} \log p_k \tag{1.1}$$

这里e_i是总支出弹性，e_{ik}是第k个价格对第i种需求的交叉价格弹性。斯通希望用（1.1）和英国的数据估计1920－1938年的48种食物消费的需求函数。因仅有19个观察数据，必须把解释变量的数目保持在最低限度（不超过5个左右)，而（1.1）含有50个解释变量。显然，为了估计（1.1)，我们需要预先的限制。明显的方法，即把大 62
部分交叉—价格弹性设为0，对我们没有吸引力。价格弹性包含了收入效应和替代效应，而后者对于“不相关商品”将为0，有充分的理由认为前者为非0，斯通利用斯勒茨基方程通过分解交叉弹性的方法解决了这个问题，从第2章弹性形式的方程（4.6)，我们有

$$e_{ik} = e_{ik}^{*} - e_i \omega_k \tag{1.2}$$

这里e_{ik}^{*}是补偿交叉价格弹性，而ω_k像以前一样是预算份额。把（1.2）代入（1.1）我们得到

$$\log q_i = \alpha_i + e_i \{\log x - \sum_{k} \omega_k \log p_k\} + \sum_{k=1}^{n} e_{ik}^{*} \log p_k \tag{1.3}$$

注意表达式$\sum \omega_k \log p_k$完全可以想像为**总**价格指数的对数$\log P$，因此（1.3）变为

$$\log q_i = \alpha_i + e_i \log(x/P) + \sum_{k=1}^{n} e_{ik}^{*} \log p_k \tag{1.4}$$

一方面，它给出一个用实际支出表示的需求；另一方面，它给出用“补偿”价格表示的需求；直观上，我们能看到，从（1.1）到（1.4)，我们已经从马歇尔需求函数到达希克斯需求函数，至少近似如此。这个变换在Rotterdam模型中将再次出现，见3.3节，并在练习3.4中探讨。

斯通继续加上齐次性限制；从第 1 章的方程（2.11）和这里的（1.2），这可以写成

$$\sum_k e_{ik}^* = 0 \tag{1.5}$$

可以利用它并通过总指数 P 允许（1.4）中所有价格紧缩。由（1.5），下式与（1.4）近似 等价：

$$\log q_i = \alpha_i + e_i \log(x/P) + \sum_{k\in K} e_{ik}^* \log(p_k/P) \tag{1.6}$$

注意这里求和的范围被限制在“相近”的替代品和互补品。这是完全可以接受的，因为没有理由不排除不相关商品之间的零替代。

方程（1.6）是斯通大部分分析的基础。不过，为了保存自由度，支出弹性 e_i 首先是由预算研究来估计的，并且其估计值被作为估计（1.6）的先验信息。最后，为了解释口味的持续变化，斯通引入一个
63 时间趋势，比如说 $\theta_i t$，并取一阶差分以最小化残差的序列相关的效应。如果 Δ 是一阶微分算子，最后要估计的方程就是

$$\begin{aligned}&\Delta[\log q_i - \tilde{e}_i \log(x/P)]\\ &= \theta_i + \sum_{k\in K} e_{ik}^* \ \Delta \log(p_k/P)\end{aligned} \tag{1.7}$$

这里 $\tilde{e}_i$ 是从预算研究中估计的支出弹性。

实证结果

这个方程用于建立 48 种不同商品的需求模型，在大多数情形中有几个变量。这个结果提供了引人入胜的阅读材料，也是精细研究的回报。表 3—1 复制了 5 种食品按方程（1.7）的样本回归：黄油、人造黄油、奶酪、柑橘和香蕉。

表 3—1　斯通食品分析的样本结果

1. 黄油	收入弹性[a]	0.37 (0.08)[b]
	自身价格	−0.38 (0.16)
	人造黄油价格	0.06 (0.18)
	R^2=0.30　d.w.=1.84	
2. 人造黄油	收入弹性	−0.16 (0.11)
	自身价格	0.06 (0.24)
	黄油价格	0.67 (0.20)
	R^2=0.46　d.w.=1.74	

3. 奶酪	收入弹性	0.21 (0.08)
	自身价格	0.17 (0.11)
	黄油价格	−0.60 (0.16)
	牛肉和牛犊肉价格	0.84 (0.23)
	$R^2=0.61$　d. w. =1.39	
4. 柑橘	收入弹性	0.92 (0.17)
	自身价格	−1.00 (0.26)
	新鲜绿色蔬菜价格	0.53 (0.27)
	香蕉价格	0.28 (0.30)
	$R^2=0.56$　d. w. =2.31	
5. 香蕉	收入弹性	0.95 (0.18)
	自身价格	−0.62 (0.22)
	柑橘价格	−0.41 (0.19)
	$R^2=0.48$　d. w. =1.65	

英国数据：预算调查（budget survey），1937—1939 年，时间序列 1920—1938 年。

a. 斯通在回归中利用收入而不是总支出。强加的弹性（imposed elasticities）是预算研究中估计的支出弹性的 0.9。

b. 估计标准差。

注意，黄油和奶酪看来像必需品，而人造黄油像低档品。柑橘和香蕉的弹性都小于 1，但在这些食品中是相对奢侈品。黄油、柑橘和香蕉的补偿自身—价格弹性像分析中大多数商品一样都是负的。不 64
过，应注意，与理论相反，人造黄油和奶酪的自身—价格弹性被表明是正的；尽管如此，在上面说明的情形没有参数显著异于 0。按照斯勒茨基对称限制［第 2 章，方程（4.3）］来检查表中的数字也是有趣的。用弹性形式，这就是

$$\omega_i e_{ij}^* = \omega_j e_{ji}^* \tag{1.8}$$

首先注意到这与以下事实矛盾，即当黄油价格在奶酪方程中看似显著时，黄油的需求独立于奶酪的价格，大概是由于没有发现显著的弹性。对黄油和人造黄油的需求的确满足这个条件时，至少近似如此，用于黄油的价值份额大约是用于人造黄油的价值份额的 10 倍，即 0.06≃0.67/10。柑橘和香蕉又产生问题；根据柑橘方程，香蕉是柑橘的一个替代，但根据香蕉方程，它们是一对互补品。显然，要以一致的方式度量互补性和替代性，必须采用其他方法。

3.2 线性支出系统

我们可以再次从所有马歇尔需求函数的集合

$$q_i = g_i(x, p) \tag{2.1}$$

开始。如果我们想不求助于理论而进行估计，我们必须首先选择一个函数形式，然后必须测量 n 个总支出和 n^2 个价格反应。在 3.1 节中，我们看到斯通是如何利用对数函数形式和应用齐次性限制来减少待估参数数目，进而来处理这些问题的。不过，通过除掉大部分补偿交叉价格弹性能获得自由度的大量增加。另外的方法是从一开始就加上理论限制。如果总量相符、齐次性和对称性都被施加，则 n^2+n 个原价格和支出导数将减少到 $(n-1)\left(\frac{1}{2}n+1\right)$；对于一个有 10 个方程的系统，这代表 56 个额外自由度。实际上，这可能产生能估计和不能估计之间的差别，所以计量经济学家不断地以这种方式来利用理论是不足为怪的。

再重复一次，主要研究是斯通所做的（Stone，1954b）。他从需求的一般线性表示开始，即

65

$$p_i q_i = \beta_i x + \sum_{j=1}^{n} \beta_{ij} p_j \tag{2.2}$$

并以代数方式施加总量相符、齐次性和对称性的理论限制。（2.2）的唯一满足这些限制的形式是（见练习 2.25）线性支出系统

$$p_i q_i = p_i \gamma_i + \beta_i \left(x - \sum p_k \gamma_k\right) \tag{2.3}$$

其中 $\sum \beta_k = 1$。（2.3）的成本函数——见练习 2.11——是

$$c(u, p) = \sum p_k \gamma_k + u \prod p_k^{\beta_k} \tag{2.4}$$

如果所有的 β_i 是非负的且 x 不少于 $\sum p_k \gamma_k$，从而 $q_i \geqslant \gamma_i$ 对所有 i 成立，则 $c(u, p)$是凹的。如果这些限制不成立，则 $c(u, p)$不是凹的；从而我们知道（2.3）不能从约束效用最大化导出。

虽然没有要求任何 γ_i 是正的，但这些参数常常被理解为最小要求数量或生存数量，从而（2.3）有非常简单的解释。必须的支出

$p_i\gamma_i$ 先用掉，留下一部分“多余的费用” $x-\sum p_k\gamma_k$，它按固定比例 β_i 在商品之间分配。因此，除了生存支出 $\sum p_k\gamma_k$，总支出按一个不变的模式在商品之间分配。这个解释体现在成本函数的结构中；(2.4) 展示了一个根本不容许替代的固定成本部分 $\sum p_k\gamma_k$ 和允许效用以固定单位价格 $\Pi p_k^{\beta_k}$ 被“购买”的项。因为 β 加总为 1，所以最后一项可以想像为价格的加权几何平均，从而可以想像为代表边际成本的价格指数。

线性支出系统的直接和间接效用函数为（见练习 2.11）

$$v(q)=\prod(q_k-\gamma_k)^{\beta_k} \tag{2.5}$$

$$\psi(x,p)=(x-\sum p_k\gamma_k)/\prod p_k^{\beta_k} \tag{2.6}$$

方程（2.5）经常被变换成等价形式 $\sum \beta_k \log(q_k-\gamma_k)$。用“实际支出”可以清楚地解释间接效用形式。如果 γ 代表生成要求，则仅有 $(x-\sum p_k\gamma_k)$ 可以随意分配，它用价格的几何平均紧缩（折算）以给出福利的“实际”指标。

线性支出系统最显著的特征之一是它有 $2n$ 个参数，其中 $2n-1$ 个可以独立选择。对于大于 3 的 n，这比我们所知道的理论所允许的 $(2n-1)\left(\frac{1}{2}n+1\right)$ 要少很多，但从(2.2)到(2.3)的过渡仍只涉及那 66
些严格要求的限制。这个明显的差异是因为函数形式的选择本身就是一个限制。在第 1 章，我们看到，常数弹性函数形式的选取意味着如果总量相符必须成立，则只容许单位弹性。(2.2)的线性不会引起严重问题，但它意味着线性支出系统比我们在实际中可能需要的更特殊。比如（见练习 3.5 和 3.6），(2.3)的微分证明低档品只能发生在 β_i 为负的商品，但这违反凹性，并且如果允许，会导致这种商品有正的价格弹性。类似地，如果凹性成立，则任何两种商品都不是互补品，每种商品是其他任何一种商品的替代。这些限制并不意味着这个模型不能在实际中应用，只是它的应用必须限于那些其限制不会被认为是严重问题的情形。即使这样，在解释结果时必须小心，并且还要小心分辨模型的性质、附加的先验假设和数据的性质。例如，我们不能说利用从线性支出系统而获得的结果“发现”商品是替代品。

虽然由定义，模型对变量是线性的，但它对参数 β 和 γ 不是线性的。这在今天几乎不成问题，但在 1954 年多数计算者是人而非机器，斯通发现了一个简单的算法使他能估计模型。如果参数 γ 已知，那么(2.3)对 β 是线性的，反之亦然，见练习 3.8。因此，从任意初始值开始，有可能采用从 β 到 γ 再回到 β 的迭代直到参数停止变化。用现代的标准来衡量，这个方法不是非常有效也不是十分精确，但它使得斯通把这个模型应用到 6 组商品，依然是英国从 1920—1938 年的数据。他的结果显示在表 3—2 中，有 R^2—统计量的计算值，支出弹性 e_i 和自身—价格弹性 e_{ii}。在两次战争间隙，英国消费者支出没有一直延续开战以来的上升趋势，所以 R^2—统计量显示了预测和实际之间的一个相当好的对应。在更多最近的利用英国、美国、比利时和其他国家的战后数据的研究中，R^2—统计量不可避免地高很多。

表 3—2　　斯通的线性支出系统结果

	β_i	γ_i^{a}	R^{2b}	e_i^{b}	e_{ii}^{b}
1. 肉和乳制品	0.12	14	0.94	0.7	−0.4
2. 水果和蔬菜	0.04	3	0.94	0.9	−0.4
3. 饮料和烟草	0.06	10	0.32	0.5	−0.2
4. 家庭管理	0.23	11	0.66	1.2	−0.06
5. 耐用品和交通	0.30	12	0.94	1.3	−0.7
6. 其他支出	0.25	15	0.94	1.1	−0.5

英国数据：1920—1938 年。

a. γ_i 以 1938 年的价格单位度量。

b. 由斯通的结果间接计算。

支出和价格弹性与预先期望没有冲突，但注意一个奇怪的特征：商品按价格弹性的排序与按支出弹性的排序是一致的；事实上，所有的价格弹性都接近于（负）支出弹性的一半。第 2 章中发展的一般选择理论没有给出理由说明这两种弹性之间会有任何密切的关系。不过，表 3—2 的结果不是偶然的。如同我们将在第 5 章中看到的那样，
67 线性支出系统属于一类需求模型，这类模型都有价格弹性和支出弹性近似成比例的性质。除非我们有根据相信弹性应该是成比例的，如果有包括先验和实证的许多证据，否定这样的结论，甚至对大的商品分组也是如此，则我们有足够的理由考虑线性支出系统太严格的可能并转到更一般的模型。

3.3　理论检验

线性支出系统是通过对具体函数形式用代数方法施加理论限制的形式来推导的。一个明显的替代方法是统计地利用限制；一般函数形式在有无限制时都能估计，从而检验这个限制是否被有效地施加。这当然违背了原先增加自由度的目的，从而这个方法只能用于一组较少的商品。据我们所知，在这方面，总支出的最高分解在巴顿（Barten，1969）的研究中已有成功的尝试，其中 16 个组被使用。与此对照，线性支出系统可以应用于 40 种或更多商品，比如见迪顿（Deaton，1975a）。不过，利用相对粗糙的分解来检验理论本身是相当有意思的，并且如我们将在第 5 章中看到的那样，这种分析可以推广到更精细的分解，只要我们准备作出必要的假设来支撑“多重”预算——凭此，利用组支出和组价格作为决定变量，在第一阶段决定的组支出可以进一步分配。

Rotteram 模型

经常被用来检验理论的模型首先是由锡尔（Theil，1965）和巴顿（Barten，1966）提出的，因此根据他们当时的住所命名为 Rotterdam 模型。在很多方面，这个方法非常类似于斯通（Stone，1954a）的方法，但它不是用对数表示，而是用微分表示。如果对（1.1）全微分，我们有 68

$$\mathrm{dlog}q_i = e_i \mathrm{dlog}x + \sum_j e_{ij} \mathrm{dlog}p_j \tag{3.1}$$

但现在我们没有假设弹性 e_i 和 e_{ij} 是常数。像斯通最早的分析一样，利用斯勒茨基分解可以写出 $e_{ij} = e_{ij}^* - e_i \omega_j$，这里 e_{ij}^* 是补偿交叉—价格弹性，从而（3.1）变为

$$\mathrm{dlog}q_i = e_i(\mathrm{dlog}x - \sum \omega_k \mathrm{dlog}p_k) + \sum_j e_{ij}^* \mathrm{dlog}p_j \tag{3.2}$$

这就是斯通方程（1.4）的微分。不过，照目前的情况，（3.2）本身并不能施加对称性限制，因为由（1.8），这个限制也涉及可变的预算份额。这可以通过在（3.2）两端乘以预算份额 ω_i 来避免，从而我们最后有

$$\omega_i \mathrm{dlog} q_i = b_i \mathrm{dlog} \bar{x} + \sum_j c_{ij} \mathrm{dlog} p_j \tag{3.3}$$

其中

$$\mathrm{dlog} \bar{x} = \mathrm{dlog} x - \sum \omega_k \mathrm{dlog} p_k = \sum \omega_k \mathrm{dlog} q_k \tag{3.4}$$

$$b_i = \omega_i e_i = p_i \frac{\partial q_i}{\partial x} \tag{3.5}$$

$$c_{ij} = \omega_i e_{ij}^* = \frac{p_i p_j s_{ij}}{x} \tag{3.6}$$

这里 s_{ij} 是斯勒茨基替代矩阵的（i，j）项。（3.4）中第一个等式是 $d\log\bar{x}$ 的定义；第二个等式由预算约束得出。数量 $d\log\bar{x}$ 应该被认为是表征在总支出中成比例的变化的指数。在下面的练习 3.4 中，我们证明它可以被当作效用变化的一个度量。从而像斯通方程一样，（3.3）表示希克斯需求。方程（3.5）说明 $b_i = \omega_i e_i$ 是第 i 种商品的边际消费倾向。

限制检验

如果微分用有限逼近来代替并且我们准备把 b_i 和 c_{ij} 作为常数处理，则(3.3)能被估计。不过，这里似乎都是斯通（Stone，1954a）分析的冗长的重复。但这多少有些奇怪的 Rotterdam 模型的形式已经得到足够的补偿，即它的参数具有能与理论限制相关联的简单性。

69 总量相符要求在每种商品上的边际消费倾向相加为 1，且价格变化对预算的净效应为零。把后者写成第 2 章中方程（4.8）的形式并利用 b_i 和 c_{ij} 的定义，我们得到对 Rotterdam 模型的意量相符限制；对所有 j

$$\sum_k b_k = 1; \quad \sum_k c_{kj} = 0 \tag{3.7}$$

这些是不能检验的限制。如果像通常那样数据是可加的，则（3.4）成立从而（3.3）中因变量的和将等于第一个自变量。在实际工作中，微分的离散逼近的选择，通常是确保它事实上会发生。因此，总量相符方程没有对方程的解释力施加限制；事实上，如果使用普通最小二乘法，参数估计将自动满足（3.7），见练习 1.12。

齐次性是另外一个问题。从第 2 章方程（4.7），Rotterdam 模型

将是齐次的，如果对所有 j

$$\sum_{k} c_{jk} = 0 \tag{3.8}$$

这可以逐个方程地施加和检验。替代矩阵的对称性导致矩阵 C 的对称性。因此，对称性是简单的，对所有 i 和 j，

$$c_{ij} = c_{ji} \tag{3.9}$$

最后，因为所有价格是正的，C 为半负定，当且仅当 S 是半负定。于是，S 的对称性和负定性的检验可以通过检验 C 的同样的限制而完成。（不过，注意对称性、总量相符和齐次性不是独立的，见练习 2.21。）

第一个齐次性和对称性的检验是由巴顿（Barten，1967，1969）完成的，他利用荷兰数据，包括战前和战后的观察。在早一些的研究中，仅仅分为四大组并利用非正式检验程序，巴顿没有发现他的数据和理论的明显冲突。不过，1969 年的研究要精细得多，分为 16 组，采用并明明确的极大似然法。这种方法允许利用极大似然值对于赋予不同限制的模型进行正式的比较。为了允许品味的连续变化，巴顿对加载截距项的(3.3)进行估计。在第一阶段，不加限制地估计方程，当然总量相符限制除外，因为它是体现在数据中的。接着应用齐次性条件（3.8）。这引起极大似然估计值大幅度下降，比可以想像的当 70
数据恰好满足特定齐次性时偶然发生的下降要大得多。因此，巴顿断言，对于这些数据，有证据表明价格和总需求的成比例变化将不会保持需求模型不变。于是他继续检验对称性，并且再一次发现理论和事实之间的冲突。不过，从技术上说可以怀疑这个具体检验的有效性，见迪顿（Deaton，1972a）。因此，可能的情况是给定齐次性，对称性不是太苛刻的进一步限制。这个怀疑不影响巴顿对齐次性的结论。

迪顿也利用极大似然估计法，对于英国从 1900 年至 1970 年排除战时数据的九组分解进行了估计。结果与巴顿的非常类似；需求的齐次性显然与事实不符，但对称性作为一个附加限制没有造成特别的损害。尽管如此，一个以产生自由度的理论的使用为基础的研究程序是没有前景的。Rotterdam 模型以一般和无限制的方式利用对称性的成功仅在于发现了更加基本的齐次性假设总是被拒绝。表面上看，这会

使得相对简单的斯通（Stone，1954a）研究方法失效，更不用说基于Rotterdam或其他表示的更高级的技术。我们将回头再继续这里的讨论，但首先，积极地看待Rotterdam模型产生的结果对我们是有价值的。因为我们现在第一次有了一个仅在对称条件约束下估计替代矩阵的模型，所以有可能直接从估计来确认替代与互补，也有可能观察负定性是否与事实相符。

表3—3显示了来自于迪顿（Deaton，1974a）以Rotterdam模型的对称形式对b、C和截距所做的估计。因为C矩阵是对称的，为了避免拥挤，仅仅显示下三角形；标准误差被省略，超过其标准差两倍的估计量用星号标记。最后一行给出1963年的预算份额；它们能被用来从公式$e_{ij}=c_{ij}/\omega_i$把数字转换弹性系数，见（3.6）。它们也可以与第1列的边际预算份额b_i比较，如果边际预算份额在平均预算份额以下，这种商品是1963年的必需品，奢侈品正好反过来。因此，这个表说明，食品、住房、旅行及通信、娱乐和服务是必需品，而衣服、燃料、饮料和烟草以及其他商品是奢侈品。不过，注意四个组有显著的截距项；显示的值可以解释为预算份额每年的变化量，这是实
71 际总支出和相对价格不变时也将发生的变化。我们能看到，在20世纪，住房、旅行和通信以及服务份额的上升趋势，我们还看到这些上升趋势被酒精和烟草预算份额的下降趋势大幅度抵消。这些变化也许是本世纪英国需求模式最重要和最明显的变化，并且令人醒悟地发现它们不能用实际收入和价格结构的变化来解释。不论在这里的研究还是更早一点的巴顿的研究中，任何想除掉截距的尝试都引起似然值下降且超出可以接受的程度。

尽管如此，Rotterdam模型最有趣的特征或许是它建立整个替代矩阵的模型的能力，我们可以在表的右端看到结果。注意正如我们预期的那样，所有的对角元素都是负的。没有商品是特别富有价格弹性的；最高补偿自身价格弹性大约为$-\frac{1}{2}$，也没有显著的交叉—价格反应。在36个非对角元素中，仅有其中9个的t-比率（t-ratios）在2以上，因此隐含的交叉—价格弹性也不是特别大。用商品之间的关系试图解释这个表所揭示的替代性和互补性模式是诱人的，但经验显示这不是特别有用的；这是过于简单的实证方法，可能说明几乎任何给定的结果。不过建议读者考虑表3—3是否与我们预期的不同。

71

表 3—3　　**对称 Rotterdam 模型：英国 1900—1970 年**

	b	*C* 食品	衣服	住房	燃料	饮料和烟草	旅行及通信	娱乐	其他商品	其他服务
食品	0.151 6*	−0.072 8*								
衣服	0.191 4*	0.021 2	−0.016 5							
住房	0.074 7*	0.010 5	−0.027 0*	−0.016 0						
燃料	0.099 7*	0.002 4	−0.003 5	0.000 1	−0.022 5*					
饮料和烟草	0.214 0*	0.010 7	0.031 6*	−0.004 5	0.010 8*	−0.062 2*				
旅行及通信	0.093 0*	0.042 1*	−0.025 5*	0.020 0*	−0.005 1	−0.000 8	−0.046 5			
娱乐	0.019 3*	−0.014 0*	0.014 0*	0.002 2	0.003 3	0.005 5	0.000 8	−0.019 4*		
其他商品	0.076 9*	−0.001 4	0.010 2	−0.001 2	0.001 6	−0.001 9	0.005 4	0.001 3	−0.008 6*	
其他服务	0.079 6*	0.001 1	−0.004 5	0.015 9	0.013 0*	0.010 7	0.009 6	0.006 3	−0.005 4	−0.046 7*
	截距	0.000 4	−0.000 8	0.001 1*	−0.000 7	−0.002 1*	0.001 0*	0.000 1	0.000 2	0.000 8*
	价值占比	0.284	0.100	0.153	0.053	0.133	0.097	0.033	0.051	0.096

* =超过标准差 2 倍的估计量。

从表上看不明显的一个方面是负定所隐含的符号条件是否完全满足，因为所要求的比对角元素为负还要多。实际上，矩阵 C 不是半负定的，但十分接近半负定。负定意味着 C 所有的特征值是非正的；只要有一个不显著异于零就会导出矛盾。最近的研究，特别是巴顿和盖肯斯（Barten and Geyskens，1975）的研究，在估计中实际上加上了负定限制并且一般没有发现与事实很大的冲突。

无疑，Rotterdam 模型使我们更进一步并使我们以从前不可能的方式估计参数和施加限制。不过，我们仍然面临齐次性被拒绝的问题，以及这些拒绝对于或许是基于不令人满意的近似或函数形式的选择的 Rotterdam 模型是否是特有的，或者它们是否是现实的真实反映的问题。类似的这种限制的检验已对双对数模型实施，尤其是拜伦（Byron，1970a，1970b）利用巴顿的数据也得到负的结果。但这不是决定性的。我们在 1.2 节中看对数到线性模型不能精确地满足理论，从而齐次性或对称性的拒绝可能仅仅反映近似的质量而不是数据的内在性质。事实上，在拜伦的工作中，有清楚的近似法失败的证
73 据。他的数据根据结构相加，但恩格尔加总检验仍然失败，从而说明这只能是模型而不是理论的失败。

一个类似的论证常常是直接反对 Rotterdam 模型的，例如，菲利普斯的论证（Phlips，1974）。这是基于麦克法登没有发表的工作中的发现，即如果理论是对的，则 Rotterdam 模型中的 b 和 C 不可能严格为常数，除非总支出弹性为 1，所有自身—价格弹性为 −1，并且所有交叉—价格弹性为 0，见练习 3.10。这个结果的出现，并非因为 Rotterdam 模型直接违反理论，而是可微需求函数（3.3）仅仅与所述条件下各种水平的需求函数即 $q_i=g_i(x, p)$ 相一致。显然没有人相信这些条件在实际中成立，但我们在评估麦克法登的结果的实际相关性时必须特别谨慎。例如，菲利普斯所作的论述是不正确的，即用 Rotterdam 模型检验理论实际上是隐含地假设单位弹性成立。首先，从表 3—3 和其他利用这个模型的研究中可以十分明显地看到弹性显著地异于 1。其次，反对 Rotterdam 模型的论证仅对单个消费者有效，而在实际中模型是对加总数据估计的。正如我们将在第 6 章中看到的那样，即使假定潜在理论的有效性，也没有理由一般地假定在总需求和总支出之间存在稳定的关系。不过，事实证明，在总需求函数存在的那些情形，不论它们是否满足理论，它们不太可能产生不变的

模型要求的参数 b 和 C。所以就最乐观的方面，Rotterdam 模型必须被当作一个近似，尽管在相当大的范围，这种近似很可能是好的。不过，我们知道近似不是全局有效的，可能的情形是在某些样本阶段，真正的齐次需求函数能用不满足齐次限制的 Rotterdam 模型的一种形式进行最好的近似。直观上，这似乎是非常不可能的。不过，我们想不出方法来自然排除这种情形。想像出理论为真但 Rotterdam 模型却是很不好的近似的人为的情形肯定是十分自然而简单的。例如，如果每个家庭的行为符合线性支出系统并且所有人有相同的品味，在 Rotterdam 系统下，一个精确的表示将要求矩阵 C 随实际总支出系统地变化，见练习 3.9。

弹性函数形式

最近，从迪沃尔特（Diewert，1971）的重要论文开始，若干研究利用被称之为“弹性函数形式”的方法已经接近检验问题。基本方 74
法是用具体函数形式逼近直接效用函数、间接效用函数或成本函数，这种具体的函数形式有足够多的参数从而被认为是对任何真正的未知函数的合理的近似。例如，克里斯坦森、乔根森和劳（Christensen, Jorgenson and Lau，1975）利用他们的一种模型，也就是“间接对数转换模型”，用价格与支出比的对数的二次型逼近间接效用函数，即

$$\begin{aligned} u = \psi(x, p) &= \alpha_0 + \sum_k \alpha_k \log\left(\frac{p_k}{x}\right) \\ &\quad + \frac{1}{2}\sum_k \sum_j \beta_{kj} \log\left(\frac{p_k}{x}\right) \log\left(\frac{p_j}{x}\right) \end{aligned} \tag{3.10}$$

其中 α_0，α_k 和 β_{kj} 是参数。注意，因为 ψ（x，p）是零次齐次，利用 p 对 x 的比率而不是变量本身没有引出限制。因为（3.10）可被当作任意效用函数的二阶泰勒逼近，作者认为如果数据与（3.10）导出的需求函数（这种情形下用罗伊定理）不对应，则需求理论必是错的。结果的确如此。作者对 1929—1972 年的美国消费的考察作出没有保留的结论说：“我们的结果……使得对需求理论的一个明确的否决成为可能。”这个明确的断言是错的。没有理由认为个体消费者的效用函数或加总恰好是“对数转换形式”，从而（3.10）是一个近似并且像其他近似一样，精确度或高或低。只能保证在某些点的局部，对于

价格—收入比的特定值是精确的。但价格—收入比对于给定样本不是常数，实际上如果是常数则不可能估计模型。因此，就理论检验来说，来自于对数转换模型的拒绝与来自于 Rotterdam 模型或对数线性模型的拒绝完全是等同的；我们不能知道假设是否错误或近似是否不精确。不过，给人的印象是结论的一致性。Rotterdam 模型、对数线性模型和对数转换模型都作了不同的近似但仍得到相同的结果；理论限制不成立，至少对于总需求数据是如此。有许多理由说明为什么可能是这样，并且我们将在本章的最后部分列举一些最重要的理由。

简短地谈谈弹性函数形式的方法，注意到虽然说它们对任何效用函数都能成立是不正确的，但它们提供了产生具体效用函数、成本函数或需求的一个重要方式。按我们的观点，间接和直接对数转换形式（后者可见练习 3.12）不是这种类别中特别有吸引力的。从（3.10）得出的需求函数形式很复杂从而不便于估计，而直接对数转换模型通
75 常在实际为荒谬的假设下估计，这个假设是，所有商品的价格由数量决定而不是相反。在下一部分，我们尝试修补这个缺陷，即提出一个模型，虽然它像对数转换模型一样有一般性但使用起来要简单得多。我们将在第 6 章看到，当我们明确地考虑家庭加总时它也有很多优点。它也将给予我们进一步的关于理论是否有效的见解。

3.4* 一个新的需求模型

在 1.2 节我们利用沃金和莱塞提出的模型估计了恩格尔曲线。这个模型把份额值和总支出的对数联系起来，就是

$$\omega_i = \alpha_i + \beta_i \log x \tag{4.1}$$

为了把这个模型用于时间序列分析，我们必须把这个模型推广使它包含价格效应。显然，有很多方式使得参数 α 和 β 成为价格的函数。作为第一步，注意由

$$\log c(u,p) = a(p) + ub(p) \tag{4.2}$$

定义的成本函数总是产生形如（4.1）的需求（利用 $\omega_i = \partial \log c / \partial \log p_i$ 验证），这里 $a(p)$ 和 $b(p)$ 是价格的函数。

由于将会变得明显的理由，选择

$$a(p)=\alpha_0+\sum_k \alpha_k \log p_k+\frac{1}{2}\sum_k \sum_\ell \gamma_{k\ell}^* \log p_k \log p_\ell \quad (4.3)$$

$$b(p)=\beta_0 \prod p_k^{\beta_k} \quad (4.4)$$

这里 α、β 和 γ^* 是参数。容易验证，为了使 $c(u, p)$ 是 p 的齐次函数，应有

$$\sum_1^n \alpha_k=1, \quad \sum_k \gamma_{k\ell}^*=\sum_\ell \gamma_{k\ell}^*=\sum_1^n \beta_k=0 \quad (4.5)$$

如果把（4.3）和（4.4）代入（4.2），预算份额 ω_i 可由 $\partial \log c/\partial \log p_i=\omega_i$ 导出，替换 u 之后给出

$$\omega_i=\alpha_i+\sum_j \gamma_{ij} \log p_j+\beta_j \log (x/P) \quad (4.6)$$

这里 P 是价格指数，由下式定义

$$\log P=\alpha_0+\sum \alpha_k \log p_k+\frac{1}{2}\sum_k \sum_\ell \gamma_{k\ell} \log p_k \log p_\ell \quad (4.7)$$

这里参数 γ 的定义为

$$\gamma_{ij}=\frac{1}{2}(\gamma_{ij}^*+\gamma_{ji}^*)=\gamma_{ji} \quad (4.8)$$ 76

（4.6）至（4.8）定义的模型是迪顿和米尔鲍尔（Deaton and Muellbauer，1980）的 AIDS（almost ideal demand system——几乎理想的需求系统）。

首先注意这个模型保持了 Rotterdam 模型和对数转换模型的一般性。方程（4.6）可以认为是 ω_i，$\log x$ 和 $\log p$ 之间一般未知关系的一阶近似。像 Rotterdam 模型一样，对（4.6）的理论限制直接应用到参数。总量相符要求对所有 j，

$$\sum_k \alpha_k=1, \sum_k \beta_k=0, \sum_k \gamma_{kj}=0 \quad (4.9)$$

齐次性被满足，当且仅当对所有 j，

$$\sum_k \gamma_{jk} = 0 \tag{4.10}$$

而对称性被满足的条件是

$$\gamma_{ij} = \gamma_{ji} \tag{4.11}$$

显然，(4.9) 至 (4.11) 均由效用最大化导出；(4.9) 和 (4.10) 由 (4.5) 得到，(4.5) 的成立要求 $c(u, p)$ 的齐次性，而 (4.11) 由 (4.8) 得到。不过，模型 (4.6) 的无限制估计将会自动满足总量相符限制，从而 AIDS 再一次提供了通过 施加 (4.10) 和 (4.11) 来检验齐次性和对称性的机会。注意元素为 γ_{ij} 的矩阵不要求是半负定的；如果由下式

$$c_{ij} = \gamma_{ij} + \beta_i\beta_j \log(x/P) - \omega_i\delta_{ij} + \omega_i\omega_j \tag{4.12}$$

定义的矩阵 C 是半负定的 (δ_{ij} 是克罗内克符号，当 $i=j$ 时为 1，其他情形为 0)，则负定条件满足。

从计量经济学的观点看，(4.6) 最有趣的特征是非常接近线性。除了涉及 (4.6) 中的参数的表示 P，像无限制的 Rotterdam 系统一样，可以用最小二乘法逐个方程地进行估计。至于 P，对于 α 和 γ 的限制能够确保 (4.7) 可以把 P 定义为单个价格的齐次线性函数。在许多价格相对共线性的情形，P 将近似地与适当定义的价格指数成比例，例如斯通用过的指数，其对数是 $\sum \omega_k \log p_k$。这样的指数可以在估计之前直接计算从而 (4.6) 的估计变得简单，它与对数转换模型的估计形成鲜明对照。

AIDS 的参数 β 决定商品是否奢侈品或必需品。当 $\beta_i > 0$，ω_i 是 x
77 的递增函数从而商品 i 是奢侈品。类似地，$\beta_1 < 0$ (β_1 似乎应改为 β_i。——译者注) 对应于必需品。参数 γ_{ij} 度量 (x/P) 保持不变时 p_j 的一个单位比例的变化引起的第 i 个预算份额的变化。注意这并不意味着或者相应的补偿交叉—价格弹性或者非补偿交叉—价格弹性为 0，见练习 3.13。不过，仍有可能在原斯通模型中 e_{ij}^* 一样使用 γ_{ij}，把相对无关商品的交叉效应设为 0。

这里我们没有足够的空间充分地讨论估计模型的结果，见迪顿和米尔鲍尔 (Deaton and Muellballer，1980)。我们限于与本章主题最相关的结果的讨论。表 3—4 给出 1954—1974 年英国第二次世界大战

后年度数据的齐次性检验的相关结果。这是基于（4.6）的一个形式，即（4.7）中指数 P 用 $\log P=\sum \omega_k \log p_k$ 来近似，目的是为了避免本质上的非线性。前两列给出非限制模型的 R^2 和德宾—瓦尔森统计量。第 3 列和第 4 列是对应于满足齐次性模型的两个相应统计量。最后一列给出每个方程单个限制的有效性的 F 检验；对于 5％的显著性水平相应的临界值是 4.84，而对于 1％的显著性水平临界值为 9.65。首先注意这两种情形都有很高的 R^2 值；这里的因变量是价值份额，它比数量或支出更难预测。作为比较，如果线性支出系统与同样的数据拟合，且同样以价值份额的形式，则第 8 组的 R^2 值为－0.16。不过，最后一列的 F 比率显示出对于其中四组，R^2 的下降比我们相信齐次性的真实性时所预期的 R^2 的偶然下降要大得多。因此，我们再一次必须拒绝齐次性，至少对于食品、衣服、住房和交通是如此。这里对于新模型和新数据，结果再一次出现。这个表包含另一个十分有趣的事实。对于每个齐次性不能被 F－比率接受的商品组，齐次性的强加会导致德宾—瓦尔森统计值大幅度下降。换句话说，齐次性的强加产生了残差序列的正序列相关性。这暗示一个相反的命题，齐次性的拒绝可能源于不适当的行为动力学模型。例如，如果模型不同并且不同方程允许不同的截距，则对于齐次性的 F 统计量会大大减少，尽管对于食品、交通和通信的非齐次性仍然存在。这说明时间趋势和可能的滞后因变量是静态模型中被遗漏的变量并由此引起价格系数的偏差。也可能是价格预期比需求分析中一般认为更重要，至少短期如此。事实上，第 12 章我们将论证，关于单个商品价格的错误预期对加总消费函数和涉及齐次性放弃问题能产生重要影响。但这个论题仍在研究和争论中，我们尚未得到一个满意的模型来解释这里研究的现 *78*
象和那些加总消费函数中出现的现象。这里是一些需要解答的诱人的问题。这个模型也被用于检验对称性条件（4.11）。加上对称性会引起似然估计进一步下降但下降幅度变小，特别是当模型用一阶差分来估计时。因此，对于这些数据，我们不清楚是否必须把对称性作为齐次性以外的限制来拒绝。因此，最后我们得到巴顿在 1969 年的论文中发现的同样的结果。我们考察了不同的模型，每个模型采用不同的近似，并且用几个国家不同的数据组来拟合，但同样的结论反复出现。与加总时间序列数据拟合的需求函数不是齐次的并且可能不是对称的。

表 3—4　　英国数据 1954—1977 年的齐次性检验

	无限制		齐次		检验
	R^2	d. w.	R^2	d. w.	$F_{1,11}$
1. 食物	0.999	2.33	0.998	1.74	19.4
2. 衣服	0.984	2.29	0.955	1.55	20.3
3. 住房	0.999	1.89	0.992	1.29	82.8
4. 燃料	0.883	2.25	0.870	2.03	1.2
5. 饮料和烟草	0.969	2.96	0.969	2.93	0.2
6. 交通和通信	1.000	2.24	0.992	1.36	171.6
7. 其他商品	0.885	1.92	0.880	1.91	0.5
8. 其他服务	0.843	2.27	0.788	1.98	4.0

3.5　一个评估

从整个这一章的讨论中，我们能得出哪些一般的结论？如果需求分析的最终目的是确定一组“正确”的需求函数，并且有很好地定义和精确估计的弹性，那么我们离完美尚有距离。从所有研究中基本明显的是，单个需求对总支出的反应是相对容易测量的，并且支出弹性通常能比较精确地确定。像在预算中的情形一样，它们在多数情形下异于 1 从而有适当定义的奢侈品和必需品。哪些商品进入哪个组取决
79 于所用的数据，但这个分类很少违背术语通常的含义。价格弹性，特别是交叉—价格弹性更难获得。尽管如此，从 Rotterdam 模型和 AIDS，有相当一致的证据表明自身价格弹性（绝对值）小于 1，至少对这里采用的商品分解的水平是如此。我们预计当商品区分更明细，潜在替代范围更广时，价格反应将会更大。事实上，在斯通原始的研究中有这样的证据，尽管当实际的完全替代存在时可能被预期出现的高的价格弹性没有存在的迹象。更进一步，有一些证据表明价格和支出弹性之间弱的关联。这与线性支出系统毫无关系，这样的结果对于线性支出系统是自动成立的，但它是基于一般模型中更广的观察。例如，在表 3—1 和表 3—3 中这种倾向是明显的，并且在斯通的其余的结果以及 Rotterdam 模型的其他应用中相当普通。这样的结果据推测来源于这样的观察：必需品倾向于几乎没有替代而奢侈品有很

多替代品。

用时间序列数据度量交叉—价格弹性一般似乎是困难的工作。在1954年的研究中，斯通发现这种相互关联的明确证据并且他的几个参数估计似乎十分明确。但正如已经指出的，斯通的结果与理论的先入之见有明显的冲突。尝试克服它们便导出如Rotterdam系统这样的模型，用这里考察的形式，仅能处理商品的粗略分组。也许并不惊奇，在这样的商品加总水平上，能很好地被决定并且可靠的交叉—价格弹性效应是稀少的。似乎不可能找到替代品和互补品的一个明确的分类。

就预测而言，它必定依赖于本章整个方法的有效性，但按这个观点，我们最后讨论的模型与过去数据拟合得很好，很容易对新的数据重新估计，并且只要令非显著的参数为零，则很可能预测良好。尽管如此，像所有一般模型一样，我们遭遇缺乏自由度的困境，并且如果我们通过施加限制来克服这个困难，我们又回到限制和数据之间的基本矛盾。也要注意到，有证据表明动态模型误差的存在，并且给定Rotterdam模型和AIDS一阶差分模型中截距的重要性，则存在价格和总支出以外的重要的解释变量。

在方法论层面，我们学了更多。能看到斯通原方法的优缺点，并且很清楚。除了对数函数形式的使用，建立精细的商品需求模型最好在单个方程中完成。我们将在第5章中说明这个方法如何扩充到能处理小的需求函数子系统。线性支出系统的过度限制也是清楚的，并且这个模型提供了一个重要的客观教训，即度量可能会受到置入模型而没有被认识到的理论限制的严重影响。Rotterdam模型、 *80*
对数转换模型和AIDS模型证明了非常一般的系统能被建立和估计，至少对于广泛定义的商品组是如此，但这些模型产生了与理论的冲突。对线性预算约束和选择公理非常基本的齐次性和对称性总是被数据拒绝。

在评估这个结果的时候，必须认识到在几乎所有的工作中，理论使用的方式都非常武断，方便时拿来，不方便时忽略掉，不太注意从理论抽象到现实的问题或理论能应用到哪些变量和不能应用到哪些变量的问题。在本书中，倘若能在观察数据之前用某种方式处理这些问题，将会令人感到智力上的满足。我们不必如此做，反映了在应用文献中对它们注意不够从而有可能描述大部分实证工作而不提及除了大多数基本理论以外的其他东西。按我们的观点，从理论到应用的一个小心的转换是一个好的计量工作的基本前提，并且我们发现当前许多的实证工作由于缺少这个基础而根本不令人满意。我们相信迄今我们遇到的许多问题可以通过仔细的理论分析来解决，并且更好的模型有更大的解释力。但这不仅仅是一个发现拟合得好的模型的问题。真正的挑战是智力诚实；我们必须构造基本上可信的能反映消费者行为和我们力图理解的现象的模型。在本章我们将列举一个论题的清单，包含我们目前处理尚不满意而且我们认为对理解消费者行为是基本的那些论题。在下一章，我们将继续详细讨论这些论题。

第一个问题与商品加总有关。在第 2 章中，只有 n 种商品，方便地用 n 表示一种代数抽象。但在实际中，有成千上万的商品，在这一章一定要弄清楚，计量分析仅仅希望能处理比较而言非常少的商品数量。因此有必要处理商品组而不是个体商品。允许我们这样做的理论和必要的假设绝不是平凡的，它们是第 5 章的部分内容。

第二个问题有更大的潜在的严重性。这里提到的所有的研究都把加总数据看作是单个消费者的数据。正如我们将在第 6 章中看到的那样，没有一般的理由说明这样做是有效的。尽管如此，忽略加总现象的模型常常显示出与那些明确允许加总的模型有同样好的拟合。这已
81 经被许多作者用作论述加总不重要的根据。这是我们基本不能同意的观点。对于很多问题加总是不重要的，但对于更多的问题，其正确的处理要以满意的理论和实证分析为基础。在第 6 章，我们将讨论加总问题和一般理论，但同样的考虑将在第 7 章的指数分析、第 9 章的社会选择和经济不平等、第 11 章的劳动供给和第 13 章中耐用品的购买以及其他几个方面起重要作用。我们相信个人加总的困惑既广泛又危险，这本书其余大部分将致力于解释其原因。

第三个问题是关于劳动供给、储蓄和总支出的定义。总支出由外生给定并且必须全部花费掉是显然不真实的。在第 5 章、第 11 章和第 12 章我们将给出这个假设的理由，但我们也将阐明在实际中它是不太可能成立的。个人支出是总支出的决定因素，反过来也是如此。同样的论证适应于总收入的外生性。大部分消费者有一些方法控制他们工作的时间，有更多的方式控制与工作有关的努力、技术和受教育程度。因此，收入是一个选择变量，从而可能受到商品价格的影响，特别是闲暇时特有的互补品或替代品的价格的影响。即使没有选择余

地，比如当一个工人被限定每周工作40小时并且他的薪水独立于他的努力和能力，工作环境的改变也可以改变独立于收入的消费。一个从事短时间工作但有全职收入的人可能会以不同的方式花费他不变的预算。我们将在第11章继续更详细地讨论这个论题。

第四，本章讨论的这类实证研究中一个值得注意的事情是缺乏对耐用品的特别处理。在某些情形，把它们跟其他类同样地处理；有时把它们去掉而当作积累。没有一个是明显满意的，两者都需要根据。耐用品是不可分割的，它们的单位成本高，持续时间超过一个阶段，它们的消费和购买显然不是一回事，并且它们不是经常被购买。所有这些都要求重新考虑选择理论如何应用于耐用品。我们将在第13章作这方面的尝试。

第五，注意在第2章中，需求是作为价格的函数被推导出来的，在实证研究中毫无疑问地采用这个表达式。这仅仅当价格是外生的（比如由生产者决定），并且供给数量有弹性，满足需求所表现的特征时才有意义。这可能是现代工业社会大多数商品的情形，虽然食品可能是部分例外，并且一件有趣的事情是注意到食品是许多作者在估计其“敏感”价格弹性时一直有困难的一种商品。在满足需求方面也可 *82*
能有更直接的困难，如某些商品短缺，或者在短期或者在某些国家是持续的，从而有明显或不明显的配给发生。我们将在第4章讨论处理这些情形的一些技术。

最后，关于不确定性我们没有说什么。可能会认为这仅在储蓄行为或耐用品购买中是一个严重的问题，事实上它在这些情形的确是重要的。不过，即使在短期，也有许多不确定性的来源。例如，消费者可能常常不知道他们购买的商品的质量从而不知道它们在偏好排序中的位置。另一个短期不确定性的来源是在每一次个人购买时缺乏当前价格的有关信息；当相对价格或绝对价格变化非常快时，这可能是特别严重的。在这样的环境中，价格预期和它们随时间而改变的方式变得极其重要。我们将在第12章和第14章继续讨论这个论题。

这些仅仅是其模型必须修改的最重要的一部分领域。有很多其他情形问题并不严重，例如商品质量的改变引起的数量的修正和处理调整成本的模型。当我们进行这些或其他议题时，本章中提出的一些问题将会得到阐明。不过，我们接下来的主要任务，是在基本理论基础上建造一个足够灵活足够实际的体系来处理广泛而重要的实际和理论问题。我们不认为在这个阶段面对本章的结果时有必要放弃选择公理。当然，最终如果有足够令人信服的理由，我们应当准备这样做。但是，由于以上最后部分给出的理由，很显然有更多明显的模型误差应当首先修正。

练习

3.1 假定对于家庭 h，在商品 i 上的支出 $p_i q_i^h$ 是家庭总支出 x_h 和家庭人数 z_h 的线性函数，即（在下式和 3.1（b）中的 q_{ih} 疑为 q_i^h。——译者注）

$$p_i q_{ih} = \alpha_{ih} + \beta_i x_h + \gamma_i z_h$$

这里 β_i 和 γ_i 是不依赖于 h 的参数，而 α_{ih} 是从商品到商品和从家庭到家庭变化的参数。

（a）证明，如果在作为一个整体的经济中，平均家庭大小在整个时间不变，那么在商品 i 上的平均支出和平均总支出之间将存在稳定的线性关系。

（b）在（$p_i q_{ih}$）对唯一 x_h 的横截面回归中，你能预期观察到线性关系吗？

（c）在时间序列分析中，比如像斯通所做的，对于横截面参数的估计，这个例子得出了什么结论？

83 **3.2** 给出两种商品，如雪茄和帐篷，在消费上不相关所指的含义的直观解释。对于这样的一对商品，为什么认为 $e_{ij}^* = 0$ 比 $e_{ij} = 0$ 更加貌似合理？

3.3 对许多国家来说，数量序列是通过独立地获得价值数据和价格指数并用一个去除另一个得到的。假定两个原始序列都有测量误差。什么偏差会产生在（a）q_i（或 $\log q_i$）对 p 和 x 的回归（如，线性支出系统），（b）ω_i 对 p 和 x 的回归（比如，AIDS）？

3.4 对间接效用函数 $\mu = \psi(x, p)$ 求全微分，利用罗伊等式证明，存在一个比例常数 α，使得

$$\mathrm{d}\mu = \alpha(\mathrm{d}x - \sum q_i \,\mathrm{d}\, p_i)$$

对 α 能作何解释？利用等式 $\mathrm{d}x \equiv x\mathrm{d}\log x$，$\mathrm{d}p_i \equiv p_i \mathrm{d}\log p_i$ 等证明我们也可以写成 $\mathrm{d}u = \alpha^*(\mathrm{d}\log x - \sum \omega_k \mathrm{d}\log p_k)$ 并利用它重新解释作为希克斯需求系统的 Rotterdam 模型。利用（a）预算约束，（b）第2章中的一阶条件，方程（2.4）来证明（3.4）中最后一个等式。

3.5 在线性支出系统中，定义 $\phi = -(x - \sum p_k\gamma_k)/x$，并证明非补偿交叉—价格弹性能写为

$$e_{ij} = \delta_{ij}\phi e_i - e_i\omega_j - e_i\beta_j\phi$$

这里 $\delta_{ij}=1$，若 $i=j$；$\delta_{ij}=0$，若 $i\neq j$。利用这个方程，证明

（a）$e_{ij}^* > 0$，$i \neq j$，如果 $\beta_k > 0$ 对所有 k 成立，且 $x > \sum p_k\gamma_k$ 从而所有商品都是替代品。

（b）$e_{ii} \simeq \phi e_i$，只要商品数目足够大。

（c）e_{ij} 一般是比 e_{ii} 小的数量。

3.6 利用线性支出系统的成本函数，证明 $\beta_k > 0$ 对所有 k 成立，且 $x > \sum p_k\gamma_k$ 是 $s_{ii} < 0$（所有 i）成立的充分条件。从而证明低档品不可能在线性支出系统中产生。

3.7 利用已发表的线性支出系统方面的研究［如，Goldberger and Gamaletsos（1970），Phlips（1974），Solari（1971），Deaton（1975a），或 Lluch，Powell and Williams（1977）］，看看已发表的 e_{ii} 和 e_i 的估计在多大程度上符合 $e_{ii} \simeq \phi e_i$。为什么分类更多时［如，Deaton（1975a）］比分类较少时［如，Lluch，Powell and Williams（1977）］对应更紧密？这是否意味着当应用于少量商品数目时，线性支出系统受到较少限制？检验弹性估计不是基于线性支出系统［如，Stone（1954a），Goldberger and Gamaletsos（1970），Deaton（1976b）］并作出比例关系是否成立的非正式评价。

3.8* 为了估计的目的，线性支出系统可以写为

$$y_{it} = p_{it}\gamma_i + \beta_i(x_t - \sum_k p_{tk}\gamma_k) + \varepsilon_{it}$$

这里尾标 t 表示一次观察而 ε_{it} 是随机误差。β 和 γ 的最小二乘估计可以通过值的选择使 $R = \sum\sum_{it}\varepsilon_{it}^2$ 最小而获得。分别计算 R 关于 β_i 和 γ_i 的导数，并证明通过令它们为零便可建立计算 $\hat{\beta}$ 和 $\hat{\gamma}$ 的方程组，

反之亦然。[见 Deaton（1975a，p. 56－58)，关于为什么这不是一个有效的计算技术的解释。]

3.9 如果 b_i 和 c_{ij} 不被当作常数，Rotterdam 模型（3.3）是非常一般的。证明线性支出系统可以写为

$$\omega_i d\log q_i = \beta_i d\log\overline{x} - \phi\sum_j(\delta_{ij}\beta_i - \beta_i\beta_j)d\log p_j$$

84 这里 ϕ 和 δ_{ij} 如同练习 3.5 中的定义。为什么这个方程不是 Rotterdam 模型中 b_i 和 c_{ij} 被视为参数时的特殊情形？

3.10* （麦克法登对 Rotterdam 模型的评论）利用定义（3.5）和（3.6）以及斯勒茨基方程，证明在 Rotterdam 模型中

$$\frac{\partial q_i}{\partial x} = \frac{b_i}{p_i}, \frac{\partial q_i}{\partial p_j} = \frac{xc_{ij}}{p_i p_j} - \frac{b_i}{p_i}q_j$$

很好定义的需求函数仅当杨定理（Young's theorem）成立时，即如果 $\partial^2 q_i/\partial x\partial p_j = \partial^2 q_i/\partial p_j\partial x$ 时，才存在。从以上方程证明如果 $c_{ij} = -(b_i\delta_{ij} - b_i b_j)$，则以上条件仅当 b_i 和 c_{ij} 是常数时才能满足。从斯勒茨基方程 $e_{ij} = e_{ij}^* - e_i\omega_j$，利用 $e_{ij}^* = c_{ij}/\omega_i$，证明这种形式的 c_{ij} 导致 $e_{ij}=0$，$i\neq j$，$e_{ii}=-1$ 和 $e_i=1$。什么样的需求函数对应这些限制？

3.11 霍撒克（Houthakker，1960）提出如下定义的间接对数相加模型

$$\psi(x,p) = \sum\frac{\alpha_i}{p_i}\left(\frac{x}{\beta_i}\right)^{\beta_i}, \beta_i > 0$$

证明在这样的变量下，对所有 i 和 j

$$\log q_i - \log q_j = \log\left(\frac{\alpha_i}{\alpha_j}\right) + (\beta_i + 1)$$

$$\log\left(\frac{x}{p_i}\right) - (\beta_j + 1)\log\left(\frac{x}{p_j}\right)$$

对 $\log x$ 和 $\log p_k$ 求导，利用恩格尔和库诺特加总推导总支出和非补偿价格弹性。对模型的限制作出评论。

3.12 利用罗伊的定理推导（3.10）的间接对数转换模型的需求函数。利用相应的直接效用函数 $v(q)$ 的二阶逼近（近似）定义直接对数转换模型。利用第 2 章的一阶条件，即方程（2.4），证明 $\omega_i =$

$\partial v/\partial \log q_i / (\sum \partial v/\partial \log q_k)$ 并利用它导出 ω_i 作为向量 q 的函数。解释这个方程并评价它在实际工作中的有用性。

3.13　推导 AIDS 的补偿和非补偿价格弹性。证明只要 $\beta_i\beta_j$ 很小，u 是常数时 $\partial\omega_i/\partial\log p_j$ 近似为 γ_{ij}。

3.14*　假定 AIDS 仅对长期有效，从而（4.6）有误。如果正确模型的形式是

$$
\begin{aligned}
&\omega_{it} - \delta_i\omega_{it-1}\\
&= \alpha_i + \sum_{L=0}^{M}\sum_j \gamma_{ij}^L \log p_{jt-L} + \sum_{L=0}^{N}\beta_i^L \log\left(\frac{x}{P}\right)_{t-L} + u_{it}
\end{aligned}
$$

这里 M 和 N 是最大的滞后长度，u_{it} 是序列不相关误差：

（a）什么样的参数值容许模型在各种水平下的估计？

（b）什么样的参数值容许模型的一阶差分估计？

（c）假定 $M=N=0$。你预期 AIDS 在各种水平下的估计会导致齐次性的拒绝吗？

（d）相对于以上给出的更一般的模型，你如何检验课文中讨论的模型？

文献注释

本章从斯通的工作开始，我们忽略了在这之前的许多优秀的工作。再次，斯蒂格勒（Stigler，1954）被建议作为早期的历史，而在 85
20 世纪舒尔茨的著书（Schultz，1938）和沃尔德的著作（Wold，1953）是实证需求分析的主要里程碑。20 世纪 50 年代，斯通在剑桥有许多著名的合作者和大量的消费者行为方面的实证论文，合作者是霍撒克、普雷斯、布朗、法雷尔以及那个时候以来的其他人。这些以及直到 1970 年的其他发展由布朗和迪顿总结（Brown，Deaton，1972）。更多的近期工作，稍稍侧重于强调对偶和有关弹性函数形式的早期历史文献，由巴顿进行了综述（Barten，1977）。最近，卢克、鲍威尔和威廉姆斯（Lluch，Powell and Williams，1977）已发表了线性支出系统应用的大型集册，但他们的工作由于没有清楚地区别被考察的数据的性质和所使用的模型本身的属性而存在缺陷。锡尔（Theil，1975，1976）的两卷集大量地使用 Rotterdam 模型，他还估计了一个变化形式，即假定价格是内生的。估计需求函数的完备系统

的研究可在巴顿（Barten，1969），斯劳瑞（Sloari，1971），帕克斯（Parks，1971）和鲍威尔（Powell，1974）中找到。迪顿（Deaton，1975a，第4章）考虑了线性支出系统的一般问题；迪顿（Deaton，1974a）处理其他模型。检验方法的讨论见巴顿（Barten，1969），拜伦（Byron，1970b）——拜伦利用拉格朗日乘子检验，以及迪顿（Deaton，1978）——"非嵌入"检验应用于需求方程。

第4章 基本模型的扩展

在第2章中推导出来的并在第3章中应用的消费者行为模型在范围和现实性两个方面存在着明显的局限性。按各种方向扩展和改进模型的过程将占用本书其余部分的大量篇幅，并且是第四部分一个特定的主题。在这一章，我们开始这些扩展但仅仅以非常有限制的方式进行。特别地，在4.1节和4.2节，我们说明，在效用函数的变量和约束都可以适当地重新定义的条件下，劳动供给决定、储蓄行为和耐用品的购买如何能在服从线性约束的效用最大化框架中处理。我们将称这些模型为新古典，用以表明有固定已知价格的线性预算约束假设。在现有的讨论中，没有一个新古典模型被证明是十分现实的，从而更多的注意力集中到第四部分它们的改进上。不过，理解它们是特别重要的。首 86

先，它们在现代经济分析中起重要作用，并且正确理解理论有效性所依赖的假设是必不可少的。其次，它们提供重要的被我们危险地忽略了的见解，并且在第四部分，它们是我们试图建立更加实际和相关的模型的平台。

4.3 节是对当一些商品的数量固定时需求理论的解释。模型的这个重要扩展与长期和短期需求对照的讨论相关，与配给和公共财产分析有关，与把消费者当作常常受到商品市场或劳动力市场的数量约束的大部分现代宏观经济学文献的理解有关。我们也讨论影子价格如何被导出以及它们如何适应迄今已经发展的工具。

4.1 劳动供给的简单新古典模型

劳动供给的主要分析在第 11 章；接下来对新古典假设的基本描述是以后工作必不可少的先决条件。

预算约束和偏好

87 我们的分析从把选择理论应用到最简单的有约束的新古典模型开始。这里讨论单个人或含一个劳动者的家庭，面对在给定价格向量下购买不同商品束的选择问题，这些购买的资金来源是非劳动收入 μ 和劳动收入 $\omega\ell$，这里 ω 是给定的工资率而 ℓ 是个人选择的工作时间。正式地，

$$\mu+\omega\ell=\sum p_i q_i \tag{1.1}$$

因为非饱和假设公理保证了等式成立而不是不等式。除此之外，

$$q_i \geqslant 0 \text{ 对所有 } i \text{ 成立，且 } T \geqslant \ell \geqslant 0 \tag{1.2}$$

这意味着购买的商品数量不能为负，工作时间不能为负，劳动供给不能超过时间禀赋 T。如果流量以天为单位度量，我们可以把 T 想像为 24 小时减去睡眠和其他最小维持生存的必要时间。但我们也可以以更长的时间长度度量流量，如一年或更长。在某种意义上，长期解释使得忽略储蓄变得合理并且可以应对短期考虑招致的批评，即多数劳动者工作的时间不得不达到工作规格所要求的长度：从长期来看，

我们可以认为劳动者可以通过选择不同的工作来选择他们的工作时间。另一方面，保持预算约束的线性假设似乎不合理，因为工资率不太可能随所提供的劳动时间的变化而变化。不过，让我们把它作为一个简化近似来采纳。

设效用函数是

$$u = v(q_0, q_1, \cdots, q_n) \tag{1.3}$$

这里我们用 q_0 来表示闲暇时间，$T-\ell$ 表明闲暇可与其他商品比较，工资率就是它的价格。为了使表示简单，我们将在随后的大多数情况下假定只有一种消费商品，并简要说明如何把结果推广到 n 种商品的情形。只考虑一种消费品并非像表面上显示的那样相当不真实：如果 n 个相对价格不变，则我们将在第 5 章中看到，商品向量的总的加权价格（希克斯加总）可以当作一个商品的价格来对待。因为在横截面数据中我们假设每个人面对同样的商品相对价格，故在横截面分析中，采用这样的模型是自然的。我们可以在图 4—1 中说明在约束条件（1.1）和（1.2）下的最大化问题（1.3）。消费和闲暇的可达组合由四边形 OCAD 给出。$OC=(\mu+\omega T)/p$ 代表最大消费水平并且可以通过使闲暇时间为零而达到。于是 $OD=T$ 是闲暇的上限且 $AD=\mu/p$ 是相应的消费水平可以通过供给为零的工作时间而达到。因此劳动供给量由闲暇轴上从 D 沿负方向移动的距离来度量。由图 4—1 很清楚，对于形状不同的无差异曲线，效用最高水平可能不是在内点解 88

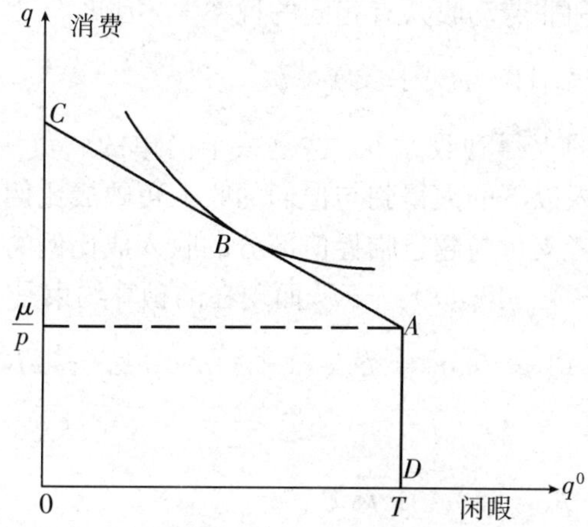

图 4—1　消费—闲暇选择

如 B 点达到而在角点解 A 点达到，在这点劳动供给时间为零并且通常的满足最大化的边际条件可能不成立。是否供给一个正的劳动时间或零劳动时间的选择通常称之为“参与决定”，它的分析将在第 11 章中处理。同时我们将限于讨论形如 B 的内点解的情形。

应该十分明显，现在的选择问题类似于第 2 章分析过的问题，其中一种商品为闲暇 $q_0=T-\ell$，其价格为 ω。不过这里有一个小的但重要的差别，当我们直接用 q_0 和 q 重新表示预算约束时，这种差别立即变得明显。从（1.1）中可得到

$$pq+\omega q_0=\mu+\omega T \tag{1.4}$$

因此作为 q_0 的价格，ω 似乎不仅仅在（1.4）的左边起通常的价格作
89 用，而且在计算时间禀赋的价值时是预算的一部分。因此，正如将要看到的，ω 变化的行为效应超过了一个普通商品的价格变化的行为效应并且这决定性地改变了收入效应和替代效应的分析。数量 $\mu+\omega T$ 代表消费者可达的总的购买力，它将花费在闲暇和商品上并被称为完全收入（full income）。我们将用 X 表示它，因为没有包括储蓄，它是一个更类似于现在常用的总支出的概念。

在继续讨论之前，先考虑税收对预算约束（1.4）的影响。在处理商品价格时，不必把税收部分从生产者价格中分离，但对于劳动供给，情形要复杂得多，因为即使只考虑线性税收，税收也影响劳动和非劳动收入。不过，在这种情形下，ω 和 μ 能重新解释为净值。比如，假设劳动和非劳动收入有相同的税率 τ，因此

$$\text{税收支付}=\tau(\mu+\omega\ell)-b \tag{1.5}$$

这里没有收入的人得到收益 b。这是一个简单的“负所得税”系统，在某个临界收入以下的人得到与他们的收入短缺成比例的补贴，正如临界收入以上者支付与超过临界值部分的收入成比例的税收一样。税后收入是（$1-\tau$）（$\mu+\omega\ell$）$+b$ 从而现在的预算约束是

$$pq+(1-\tau)\omega q_0=b+(1-\tau)\mu+(1-\tau)\omega T \tag{1.6}$$

或

$$pq+p_0q_0=\mu^*+p_0T \tag{1.7}$$

这里 p_0 是净工资（$1-\tau$）ω 或闲暇的价格，μ^* 是净非劳动收入 $b+$

(1−τ) μ。在其他方面，(1.7) 与 (1.4) 相同。税率 τ 的变化改变净工资和净非劳动收入，从而与工资变化的收入效应相比，税收的收入效应有一个额外的部分。在实际中，税收系统经常不是线性的，我们将在第 11 章讨论它引起的一些问题。

收入效应和替代效应以及斯卢茨基方程

图 4—2 比较工资变化的收入、替代效应与更通常的商品价格变化的收入、替代效应。如果 B 是预算线 AC 上的起点，则 ω 的增加将引起绕 A 的向上的旋转至 AF。把它与传统情形作对照，即当水平轴上商品的价格增加时引起预算线向内的旋转，从 AC 到 CG。CG 和 FA 之差是由于 ω 的变化对完全收入 X 的额外收入效应，是通过 T 的重新估价引起的。因此，虽然价格变化的替代效应通常是从 B 到 90
E 的移动，但总的收入效应不是从 E 到 B_2 的移动，而是从 E 到 B_1 的向上的移动。因此，ω 的增加对商品和闲暇两者的需求的收入效应是正的（因为两者都可以假定是正常商品），与之相对应的是商品价格上升时负的收入效应。关于劳动供给 ℓ，收入效应当然是负的。

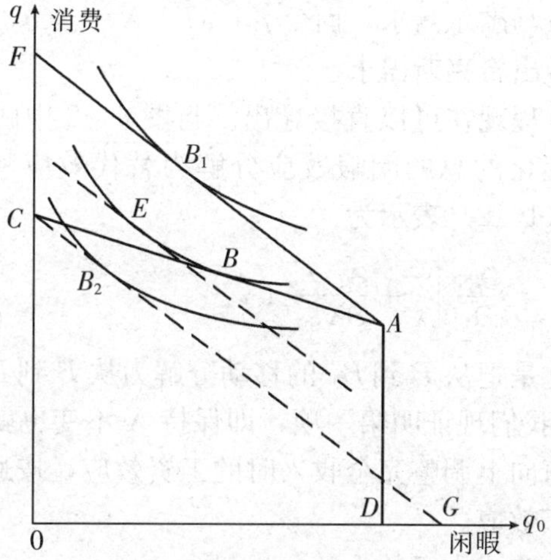

图 4—2　标准情形和工资变化情形下收入和替代效应比较

这个分析可以沿着第 2 章的思路并利用适当定义的成本函数和间接效用函数来形式化。定义“完全”成本（full cost）函数为

$$c(u,\omega,p) = \min_{q_0,q}\{\omega q_0 + pq; v(q_0,q) = u\} \tag{1.8}$$

从而，效用最大化时，$c(u,\ \omega,\ p)=X$，类似地，最大可达效用定义在 $X(=\mu+\omega T)$，ω 和 p 上，

$$u=\psi(\mu+\omega T,\omega,p) \tag{1.9}$$

因为闲暇仅仅是另一种商品，其价格也仅仅是另一个价格，所以 $c(u,\ \omega,\ p)$ 具有第 2 章导出的成本函数的所有性质。例如，它是 ω 和 p 的凹函数并且希克斯需求函数是由对它求微分导出的：

$$q_0=h_0(u,\omega,p)=\partial c(u,\omega,p)/\partial\omega \tag{1.10}$$

$$q=h(u,\omega,p)=\partial c(u,\omega,p)/\partial p \tag{1.11}$$

91 容易看到当 p 和 q 是向量时，(1.11) 变为 $q_i=h_i(u,\ \omega,\ p)=\partial c\ (u,\ \omega,\ p)/\partial p_i, i=1,\ 2,\ \cdots,\ n$。像第 2 章中一样，“在条件 (1.4) 下最大化效用 (1.3)”的问题的解由马歇尔需求函数

$$q_0=g_0(\mu+\omega T,\omega,p)=g_0(X,\omega,p) \tag{1.12}$$

$$q=g(\mu+\omega T,\omega,p)=g(X,\omega,p) \tag{1.13}$$

给出，这里有适当的向量扩展。利用 $\ell=T-q_0$，劳动供给方程由 (1.10) 和 (1.12) 给出。像商品的情形一样，用 (1.9) 代替希克斯需求中的 u 导致马歇尔需求，而令 $\mu+\omega T=X=c\ (u,\ \omega,\ p)$ 并代入马歇尔需求则导出希克斯需求。

斯卢茨基方程现在可以直接导出。与图 4—2 中的讨论平行，我们希望把工资变化的总的闲暇效应分解为替代效应和收入效应。q_0 的总效应通过 (1.12) 表示为

$$\left.\frac{\partial q_0}{\partial\omega}\right|_{\mu}=\left.\frac{\partial g_0}{\partial\omega}\right|_{X}+\frac{\partial g_0}{\partial X}\cdot T \tag{1.14}$$

从图形上看，这是把从 B 到 B_1 的移动分解为从 B 到 B_2 的移动和 B_2 到 B_1 的移动。我们现证明第一项，即保持 X 不变也就是没有对时间禀赋的重新估值向上调整完全收入时的工资效应，按通常方式分解为替代效应和收入效应。

由 (1.12) 和成本函数

$$q_0=g_0\{c(u,\omega,p),\omega,p\}=h_0(u,\omega,p) \tag{1.15}$$

对 ω 求导得到替代效应

$$\left.\frac{\partial q_0}{\partial\omega}\right|_{\mu}=\frac{\partial h_0}{\partial\omega}=\frac{\partial g_0}{\partial X}\cdot\frac{\partial c}{\partial\omega}+\left.\frac{\partial g_0}{\partial\omega}\right|_{X} \tag{1.16}$$

由于 $\partial c/\partial \omega = q_0$，第一项等于（$\partial g_0/\partial X$）$q_0$，是通常的收入效应并且在图形上表现为从 B_2 到 E 的移动。如果闲暇是正常商品，它是正的。把（1.16）代入（1.14）给出

$$\begin{aligned}\left.\frac{\partial q_0}{\partial \omega}\right|_{\mu} &= \left.\frac{\partial q_0}{\partial \omega}\right|_{u} - \frac{\partial q_0}{\partial X} q_0 + \frac{\partial q_0}{\partial X} \cdot T \\ &= \left.\frac{\partial q_0}{\partial \omega}\right|_{u} + \frac{\partial q_0}{\partial X} \cdot \ell \end{aligned} \tag{1.17}$$

从图形上看，（1.17）中第一个等式把 B 到 B_1 的移动（总效应）分解为 B 到 E 的移动（替代效应），E 到 B_2 的移动（通常的收入效应，如果闲暇为正常商品则为负）和 B_2 和 B_1 的移动（时间禀赋重新估值效应，总是正的）。注意总的收入效应不可能为负。

这个斯卢茨基方程也能用劳动供给表示为 92

$$\left.\frac{\partial \ell}{\partial \omega}\right|_{\mu} = \left.\frac{\partial \ell}{\partial \omega}\right|_{u} + \frac{\partial \ell}{\partial X} \cdot \ell \tag{1.18}$$

它看起来像（非常误导）通常的斯卢茨基方程。不过，特别注意成本函数的凹性导致 $\partial q_0/\partial \omega|_u$（$=\partial^2 c/\partial \omega^2$）是非正的从而 $\partial \ell/\partial \omega|_u$ 是非负的；类似地，$\partial \ell/\partial X$ 在正常情形下为负而不是为正。因此，劳动供给曲线至少对于 ω 和 μ 的某些水平向下倾斜（$\partial \ell/\partial \omega|_{\mu} < 0$）是十分正常的。一个可能出现的情况在图 4—3 中由 BB' 解释，这里劳动供

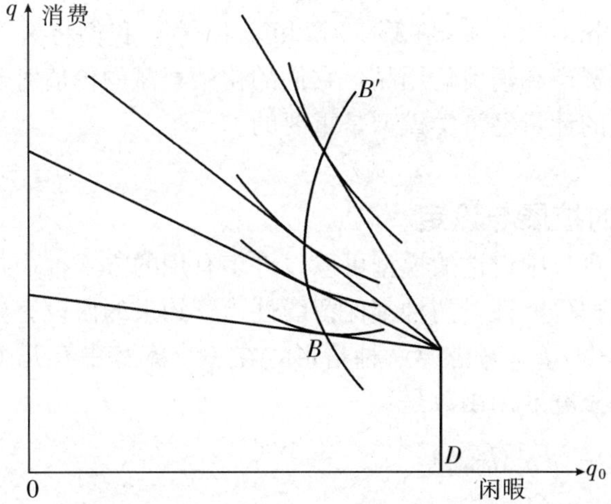

图 4—3　向后弯曲的劳动供给曲线

给的度量是水平轴上由 D 开始从右到左。在实际中劳动供给曲线是否向后弯曲，如果是，对哪一类工人劳动供给曲线向后弯曲，这些问题是主要的实证问题并且与——比如说所得税的激励效应分析——有明显的实际关联。

最后，我们考虑商品价格 p 的变化的劳动供给效应。因为完全收入独立于 p，对（1.15）微分并重新排序得出通常的斯卢茨基方程

$$\left.\frac{\partial q_0}{\partial p}\right|_{\mu} = \left.\frac{\partial q_0}{\partial p}\right|_{u} - \frac{\partial q_0}{\partial X} \cdot q \tag{1.19}$$

或用劳动供给表示

$$\left.\frac{\partial \ell}{\partial p}\right|_{\mu} = \left.\frac{\partial \ell}{\partial p}\right|_{u} - \frac{\partial \ell}{\partial X} \cdot q \tag{1.20}$$

93 （注意在所有这些公式中，我们完全可以用关于 μ 的导数代替关于 X 的导数）如果不是一个消费商品而有很多，则 p 用 p_i 代替，q 用 q_i 代替之后（1.19）和（1.20）仍然成立。虽然消费商品作为整体不可能是闲暇的互补品，但单个商品却有可能。如果第 i 种商品是闲暇的互补品，则闲暇的补偿需求会随这种商品价格的上升而下降从而补偿劳动供给增加。最后注意，我们可以把这部分的方法推广到消费者不仅有初始的时间禀赋而且也有一部分或所有商品的初始禀赋的情形。这可以给出一般竞争均衡理论讨论中个体的“额外需求函数”（Arrow and Hahn，1971）。在第 12 章和第 13 章，我们将看到有两种商品，即金融资产和消费耐用品，它们的初始禀赋的价值对于推导需求函数的合理的计量经济学模型是重要的。

需求函数的扩展与设定

在前面章节中讨论的模型可以以许多有用的方式推广，在这里我们将考虑两种可能性，两种都保留线性预算约束的假设。更复杂的推广推迟到第 11 章。考虑第一种情形，在一个家庭中有几个潜在的养家者。于是家庭效用函数是

$$u = v(q_0^1, q_0^2, q) \tag{1.21}$$

这里 q_0^1 和 q_0^2 分别是两个人的闲暇时间。在任何横截面应用中，这个效用函数还要包括一个在这里没有明确表示的给定的家庭特征的向

量。在（1.21）中，商品共同消费而不是分离成两个束 q^1 和 q^2。这样的分离原则上是可能的，但与单个劳动供给不同，q^1 和 q^2 通常是不可观测的，所以这样做没有什么意义。方程（1.21）在约束条件

$$pq + \omega^1 q_0^1 + \omega^2 q_0^2 = \mu + \omega^1 T^1 + \omega^2 T^2 \tag{1.22}$$

下最大化，这里 ω^1 和 ω^2 是两个工资率且 T^1 和 T^2 是两个时间禀赋。再一次，我们有一个“标准”问题和标准解，比如，两个劳动供给作为家庭总收入 $\mu+\omega^1 T^1+\omega^2 T^2$，价格 p 和工资率 ω^1 和 ω^2 的函数被决定。因为 q_0^1 和 q_0^2 是像其他商品一样的两种商品，我们可以讨论它们之间通常的替代或互补关系。一个明显的例子是，丈夫和妻子在照料孩子方面其闲暇是替代而在度假方面是互补。不过，这个分析没有对 94
以下的观点提供支持：主要养家者的劳动收入是辅助劳动供给的一个恰当的决定因素。这仅当主要养家者的劳动和闲暇选择是外生给定而非家庭内联合决定时才有意义。否则，如果以上描述的模型被接受，两个**工资率**都应该出现在劳动供给方程中。

一个非常不同但同样有趣的扩展是基于这样的假设：经济中有不同种类的闲暇。特别地，我们采用刘易斯（Lewis，1957）和汉诺克（Hanoch，1980）的建议，即工作期间的闲暇不同于非工作期间的闲暇。进一步，上班的交通时间（和费用）的日常固定成本因素表明，把闲暇转变为全天休假而在工作期间只保留最基本的闲暇是一种经济的方式。根据汉诺克（1976），我们可以把工作期间年度闲暇时间 q_0^W 定义为工作天数 D 与每天工作时间禀赋 T 减去交通时间 δT 及每天工作时间 ℓ 的乘积。因此可得到

$$q_0^W = D[T(1-\delta) - \ell] \tag{1.23}$$

类似地，非工作闲暇 q_0^N 定义为

$$q_0^N = T(365 - D) \tag{1.24}$$

年度预算约束为

$$pq + p^T D = \omega D \ell + \mu \tag{1.25}$$

这里 p^T 是每天的交通货币成本。如果利用（1.23）和（1.24）导出 D 和 ℓ 并把结果代入（1.25），则用 q_0^N 和 q_0^W 表示的预算约束变为

$$pq + \left(\omega(1-\delta) - \frac{p^T}{T}\right)q_0^N + \omega q_0^W = X \tag{1.26}$$

这里 X 是完全收入。再一次得到了标准形式，其中工作闲暇价格为 ω，非工作闲暇价格为 $\{\omega\ (1-\delta)\ -p^T/T\}$。显然如果工作交通时间和成本 δ 和 p^T 比较大，则 q_0^N 的价格比 q_0^W 的价格低得多。在 q_0^N、q_0^W 和 q 之间的最终选择将通过 v（q_0^N，q_0^W，q）在约束（1.26）下的最大化而得出，它给出用两个闲暇价格、商品价格和 X 表示的闲暇需求函数。由（1.23）和（1.24），供给日函数完全由非工作日闲暇函数决定，而时间供给函数将取决于两个闲暇需求函数。

这些模型的应用，不论是简单或扩展模型，都要求设定具体的效
95 用函数或需求，与第 3 章中商品情形下所做的完全一样。几个作者的确已经利用加总时间序列数据的 Rotterdam 模型和间接对数转换模型估计了线性支出系统的扩展形式。我们认为，没有考虑加总的修正、工作时间约束的修正、失业或参与决定修正的简单新古典劳动供给模型离现实太远，因此对基于它的实证结果不能作出有意义的解释。不过，具体的函数形式是相当有意思的，一方面增加了理论讨论的内容，另一方面更复杂和更真实的理论可以作为基本材料。

作为一个直接的例子，考虑扩展到闲暇的线性支出系统。对于一种消费商品和一种闲暇，效用函数是

$$u = \alpha_0 \log(q_0 - \gamma_0) + \alpha \log(q - \gamma) \tag{1.27}$$

这里 $\alpha_0+\alpha=1$ 而 γ_0 和 γ 可以分别解释为“必要的”（committed）闲暇和消费。在约束 $\omega q_0+qp=X$ 条件下求最大化得到 LES（线性支出系统）形式的需求

$$q_0 = \gamma_0 + (\alpha_0/\omega)(X - \omega\gamma_0 - p\gamma) \tag{1.28}$$
$$q = \gamma + (\alpha/p)(X - \omega\gamma_0 - p\gamma)$$

以及用 μ 和 ω 表示的相应的劳动供给函数

$$\ell = (T - \gamma_0) - (\alpha_0/\omega)[\mu + \omega(T - \gamma_0) - p\gamma] \tag{1.29}$$

如果把时间禀赋作为一个待估参数来处理，这个方程说明只有 $T-\gamma_0$，即超过必要的闲暇那一部分被识别。γ 参数给出一个自然方式，把品味和家庭环境的差异合并成截面劳动供给函数，而这种差别通常是由（1.29）中增加的针对种族、性别、家庭大小、位置等的虚拟变

量来表示的。这个模型可用于分解商品需求的时间序列分析，运用效用函数 $\alpha_0 \log(q_0-\gamma_0)+\sum \alpha k \log(q_k-\gamma_k)$ 和相应的需求函数。这个模型在以下方面像通常的 LES（线性支出系统）：商品（和闲暇）之间的替代有非常严格的规定，其理由在第 3 章中有简要的解释并且在第 5 章我们将再回到这个问题。

练习

4.1 对于间接效用函数 $u=\psi(\mu+\omega T, \omega, p)$，写出罗伊等式（参见 2.3 节）。从而通过对

$$g_0(\mu+\omega T, \omega, p) \equiv h_0[\psi(\mu+\omega T, \omega, p), \omega, p]$$

求导，导出斯勒茨基方程（1.17）。

4.2 在劳动供给的线性支出系统中，从方程（1.28）到 96
（1.29），证明如果 $\mu<p\gamma$ 则劳动供给曲线向后倾斜，如果 $\mu>p\gamma$ 则劳动供给曲线向前倾斜。解释这一结果。

4.3 假定在两个养家者的家庭的模型中，主要养家者的劳动供给是在假设第二个养家者不工作条件下通过最大化（1.21）给出的家庭福利而选择的，而第二个养家者的劳动供给选择是假设主要收入固定时最大化同样的福利函数。利用线性支出系统的效用函数证明，主要养家者供给向后倾斜而辅助养家者的劳动供给向前倾斜是有可能的。评价这个结果对于解释实证发现“已婚妇女的工作时间对于她们工资率的敏感程度，超过男性工作时间对工资率的敏感程度”的相关性。

4.4 在效用函数 $v(q_0^1, q_0^2, q)$ 中，设 q_0^1 是丈夫的闲暇而 q_0^2 是妻子的闲暇。讨论家庭复合变量（如，小孩数量，小孩年龄，父母年龄）会如何影响 q_0^1 和 q_0^2 之间的互补或替代的程度。讨论家庭劳动供给的工资效应的含义。

4.5 什么因素的考虑可能倾向于使得本章讨论的劳动供给模型对于男性制造业工人的情形失效？这个模型对于他们的妻子的劳动供给更合适吗？如果丈夫不能自由地选择他工作的时间，那么在他妻子的劳动供给分析中他的收入应如何处理？如果一个工人的工资增加，他妻子工作更多还是更少？

4.6 在最优商品税的分析中，知道闲暇与商品 i 之间的补偿交

叉—价格弹性 e^*_{i0} 不依赖于 i 的条件是有趣的。证明，如果我们能把完全成本（full cost）函数写成 $c(u,\ \omega,\ p)=\gamma\{u,\ \omega,\ \eta(u,\ p)\}$，条件是满足的。证明，沿给定的无差异曲线，这样的成本函数意味着预算份额独立于 ω。我们如何能检验这个条件是否成立？更难的问题：证明 e^*_{i0} 独立于 i 且 w_i 独立于 ω 导致以上显示的成本函数。

4.7 在实证研究中，有时方便的做法（比如，对加总的情形，见第 6 章）是假定劳动收入或“闲暇支出” ωq_0 对 X 和 ω 是线性的。证明成本函数

$$c(u,\omega,p)=\alpha(p)+\omega\beta(p)+u\omega^{\delta}\gamma(p) \quad \text{这里 } \delta \text{ 是常数}$$

具有这个性质。函数 $\alpha()$、$\beta()$ 和 $\gamma()$ 必须满足什么齐次条件？假设家庭 h 有如下形式的成本函数

$$c_h(u_h,\omega_h,p)=\alpha(p,z_h)+\omega_h\beta(p)+u_h\omega_h^{\delta}\gamma(p)$$

这里 $\alpha(p,\ z_h)$ 是特征向量 z_h 的线性函数，p 给定。证明，给定 $\omega_h q_{0h}$、ω_h、z_h 和 μ_h 的截面数据，δ 以及与 α 和 z_h 相关的参数可用线性回归来估计。

4.8 在劳动供给的实证研究中经常假定劳动供给对工资率是线性的。证明如果 $c(u,\ \omega,\ p)=-\alpha(u,\ p)\ e^{\omega/\beta(p)}+\omega\gamma(p)+\delta(p)$，则假设成立。此时要求 $\alpha(u,\ p)$、$\beta(p)$、$\gamma(p)$、$\delta(p)$ 满足什么齐次条件？证明为了满足凹性并使 $c(u,\ \omega,\ p)$ 为 u 的递增函数，应有 $\partial\alpha/\partial u<0$ 且 $\alpha>0$。给出一个满足这些条件的函数的例子。更难的问题：给出的成本函数是使劳动供给对 ω 线性的必要条件。（提示：注意，因为 ω 既作为价格出现又在 $X=\omega T+\mu$ 中出现，所以 ℓ 关于 ω 和 X 必为线性。）

4.2 跨期扩展、消费函数和耐用品

97 消费者作出的许多最困难和最重要的选择涉及购买时间的确定。在没有时间选择并给定总支出的单一时期，这样的问题被假设排除。在现实中，今天的支出可能是以牺牲明天或将来某个不确定时间的支出作为代价，而对耐用品的支出将会改变将来选择的条件。这部分着手处理这些问题，我们仍主要在新古典框架下讨论。阐述主要针

对简单的两期模型进行，尽管在适当的时候对多期扩展也将作出说明。

原则上，一个完全的新古典分析模型不仅要考虑时期上的需求结构还要考虑劳动供给结构，两者的相互作用可能是重要的。例如，预期通货膨胀率或资产收益的变化可能会影响退休时间的选择。我们将在第 12 章中更精细地考察这些相互影响，但暂时我们将按照消费函数的大多数文献那样，把现在和将来的预期收入视为给定的，假设个人基本上不能控制他们的工作时间，或者根本不能控制是否工作。我们遵循这个前提主要是因为这样的分析更加简单和更加熟悉。然而，应该强调，两种方法产生相当不同的结果：如果劳动供给对消费者是外生的，则消费是现在收入和将来的预期收入（和其他变量）的函数；而当劳动供给是内生的，消费是现在的工资率和预期工资率的函数，而不再是现在收入和将来预期收入的函数。这意味着，建立以下的一个宏观模型是没有意义的：在这个模型中，消费函数可视为劳动收入，这对消费者而言是一个外生变量生变量的劳动收入，而劳动市场处于就业与劳动供给相等的持续均衡。这类消费函数体现了宏观非均衡的特征。在这样的情形下劳动供给仍是重要的，但其作用与均衡设定下十分不同。

再一次，接下来讨论的材料是第四部分第 12 章和第 13 章的准备。

预算约束和偏好

我们再一次从简单情形开始。有一种非耐用品，其中 q_1 在第 1 期消费而 q_2 在第 2 期消费。相应的价格是 p_1 和 p_2，收入（在每期开始时支付）为 y_1 和 y_2。p、q 的记号可能会引起与一个时期两种商品的情形相混淆，但类比在本质上是恰当的，因此实际上应该是有帮助 98
的。两个时期由一个金融资产 A 连结，数量上可以为正或负，在每个时期末度量，在每期开始时支付利息。为了简化，我们假定 A 是固定的货币数量且不涉及重新估值问题；它可以想像为支付利息的银行存款或贷款。我们假定共同的利率为 r，适应于借入和贷出，不过它可以从一期到另一期地变化，从而一般来说，在 t 期的开始，消费者有数量为 $\gamma_t A_{t-1}$ 的支付（正或负）。

在建立消费模型时，将来的计划是一个基本因素。不过，如果第 1 期代表当前，第 1 期和第 2 期（或以外）的决策是相当不同的，因为前者是现在实施的，而后者作为计划需求在下期重新评估所作决策时可以进行修改。因此这个模型是一个连续地在“实际”时间再计划的模型，当期总是第1期。这意味着第1期以外的所有数量大、小价格、收入或利率在第1期作出计划时都不能确切地知道。最简单的解决办法，也就是我们将在本章中采用的，是假定消费者对所有将来他需要知道的数量有一个单值预期。不过，正如我们将在下面看到的，y_2、r_2、p_2 仅仅被预期而不知道这一事实对于解释和理解模型是特别重要的。

如果 A_0 是第0期末资产的值，则对于两个后续期，有

$$A_1 = A_0(1+r_1) + y_1 - p_1q_1 \tag{2.1}$$

$$A_2 = A_1(1+r_2) + y_2 - p_2q_2 \tag{2.2}$$

这里，正如上面强调的，r_2、y_2 和 p_2 是预期在第2期实现的值。当然，这两期模型是表示消费者生命计划的 L 期模型的代表。在这样的框架下，资产被简单地当作在不同时期之间传递购买力的工具，从而通过令 A 在最后一期末为零的方式对遗产进行的抽象处理是适当的。在目前情况下，这意味着 $A_2=0$。假设它成立，(2.1) 和 (2.2) 能合并给出一个两期约束

$$p_1q_1 + \frac{p_2}{1+r_2}\cdot q_2 = A_0(1+r_1) + y_1 + \frac{y_2}{1+r_2} \tag{2.3}$$

相同地，(2.3) 可以通过令消费的贴现值与资产和收入的贴现值相等而直接导出。r_1A_0 可以视为“财富”收入，从而 y 仅指劳动收入。

99 因为 (2.3) 是两阶期跨期模型的基本预算约束，把它写为“实际”与货币表示是有意义的。如果以当前价格 p_1 为基础，定义 $y_2^* = y_2/(p_2/p_1)$ 为第2期实际（预期）收入，并重写 $p_2/(1+r_2)$ 为

$$\frac{p_2}{1+r_2} = p_1\frac{[1+(p_2-p_1)/p_1]}{1+r_2} = \frac{p_1}{1+r_2^*} \tag{2.4}$$

这里 r_2^* 由下式给出

$$1+r_2^* = \frac{1+r_2}{1+(p_2-p_1)/p_1} \simeq 1+r_2-\frac{(p_2-p_1)}{p_1} \tag{2.5}$$

只要 $(p_2-p_1)/p_1$ 足够小就能使以上近似成立。r_2^* 是货币利率 r_2 减去成比例增加的预期价格水平，因此它是预期的实际利率（尽管这个

解释与近似的精确度无关）。因此在（2.3）中替换 y_2 和 p_2 我们得到实际预算约束

$$p_1 q_1 + \frac{p_1}{1+r_2^*} q_2 = A_0(1+r_1) + y_1 + \frac{y_2^*}{1+r_2^*} \tag{2.6}$$

（2.3）和（2.6）常常是有用的并且两者都可写成“标准”形式

$$p_1 q_1 + p_2^* q_2 = W_1 \tag{2.7}$$

这里 $p_2^* = p_2/(1+r_2) = p_1/(1+r_2^*)$ 是未来价格的贴现，并且总的终生财富 W_1 由下式给出

$$\begin{aligned} W_1 &= A_0(1+r_1) + y_1 + \frac{y_2}{1+r_2} \\ &= A_0(1+r_1) + y_1 + \frac{y_2^*}{1+r_2^*} \end{aligned} \tag{2.8}$$

像通常一样，偏好由效用函数 $v(q_1, q_2)$ 来表示，其中以现在和未来的消费作为自变量，从而均衡如图4—4所示在 E 点达到。与标准分析的惟一差别在于（a）预算线的位置取决于资产、利率和收入，（b）预算线的斜率随 p_2^* 从而随 r 的变化而变化，（c）W_1 的要素（这种情形为 y_2）和 p_2 在第1期未知因此必须用某种方式预测。我们将在下面接着讨论这些问题。

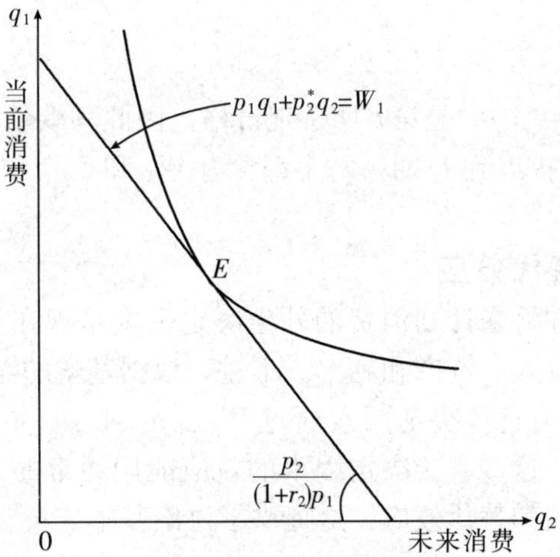

图4—4　跨期消费分配

对于这样建立的问题，标准工具能用于成本函数 $c(u，p_1，p_2^*)$，希克斯需求 $h_i(u，p_1，p_2^*)$，间接效用函数 ψ（W_1，p_1，p_2^*）等等。我们将最关注采取如下形式的马歇尔需求

$$q_1 = g_1(W_1, p_1, p_2^*) \tag{2.9}$$

$$q_2 = g_2(W_1, p_1, p_2^*) \tag{2.10}$$

100 特别注意，当期需求 q_1 原则上是立即有效的，而 q_2 是计划需求，当消费者有后续机会重新计划时有可能不会实现。

这个模型的 L 期扩展是直接的。惟一稍微复杂的地方是贴现公式。如果 y_t 是第 t 期预期收入，则第 $t-1$ 期等价的预期收入将为 $y_t/(1+r_t)$，第 $t-2$ 期为 $y_t/(1+r_t)(1+r_{t-1})$ 等等。因此 y_t 在第 1 期的现值为 $y_t/(1+r_t)(1+r_{t-1})\cdots(1+r_2)$，为了 $\rho_t y_t$，这里 ρ_t 被称为贴现因子。类似地，对应于实际利率 r_t^* 的实际贴现因子 ρ_t^* 为 $1/(1+r_t^*)(1+r_{t-1}^*)\cdots(1+r_2^*)$。由此，$L$ 期的终生财富为

$$\begin{aligned} W_1 &= A_0(1+r_1) + \sum_{t=1}^{L} \rho_t y_t \\ &= A_0(1+r_1) + \sum_{t=1}^{L} \rho_t^* y_t^* \end{aligned} \tag{2.11}$$

这里 $\rho_1 = \rho_1^* = 1$ 并且 $y_t^* = y_t/(p_t/p_1)$ 是第 t 期实际收入，这里以第 1 期价格为基础。于是，L 期预算约束为

$$p_1 q_1 + p_2^* q_2 + \cdot + p_L^* q_L = W_1 \tag{2.12}$$

这里 $p_t^* = p_t \rho_t = p_1 \rho_t^*$ 是第 t 期贴现价格。因此马歇尔需求（2.9）和（2.10）简单地扩展到 L 期，每个都含有 W_1 和 L 个贴现价格。

收入效应和替代效应

101 因此现在和将来计划消费的外生决定因素是现在和未来的价格、现在和未来的收入、资产和利率。不过，根据基本的需求函数（2.9）和（2.10），所有这些决定因素通过 W_1、p_1 和 p_2^* 中的一个或几个起作用。显然，这些直接决定因素的效应能用通常的方式进行分析，有必要区别收入和替代效应，这提供了讨论基本变量对消费的效应的丰富途径。

（a）p_1 的变化是最直接的。p_1 增加的收入效应降低 q_1 和 q_2，而

替代效应使现有消费被替代，进一步降低 q_1。仅有二期的情形，替代将有利于增加第2期的计划消费；对于多期情形，或有弹性劳动供给的情形，可能有更加复杂的替代或互补的模式。实际上，替代效应可能会因为以下的认识被减弱：因为 p_2 未知因此必然预期 p_1 的增长有可能延伸到将来。如果 y_2 受到 p_1 增加的影响而向上变化，则收入效应也可能会减弱；不过，特别注意，y_1 和（特别地）资产 A_0 被给定从而一些收入效应必定被保持。因为 $y_1+r_1A_0$ 给定，根据消费 q_1 的成比例的下降大于或小于价格水平 p_1 的随比例的增加，货币储蓄 $y_1+r_1A_0-p_1q_1$ 将会增加或减少。

（b）当 p_1 保持不变时 p_2 的变化实际上是预期通货膨胀率的变化。替代效用的作用使当前的消费增加（"今天购买因为明天更贵"）而收入效应的方向相反（"储蓄以保证在明天更高的价格下可达到一个满意的生活标准"）。净效应是不明确的。另一方面，两个效应的作用都减少未来计划的消费。在文献中有许多貌似合理但实际上不完全正确的论证声称通货膨胀率上升可能减少或增加当前储蓄。这些论证没有坚实的理论基础并且明确的答案要求具体的函数形式和实证分析。最后注意 p_2 的变化可能伴随或引起其他预期的变化，尤其是未来预期收入和利率。在任何具体的分析中应仔细考虑这些变化。

（c）利率的变化通过 p_2^* 和 W_1 有广泛的效应。对于前者，r_2 的增加等价于 p_2 的下降（因为两者都导致 r_2^* 的增加）并且有相同的效应，包括对当前储蓄的不确定的影响（就是说，储蓄在将来更值钱，但为满足同样的需要只要求较少储蓄）。对于 W_1，r_1 增加的直接效应是通过财富收入（或支付债务成本）的增加，预算线依 A_0 为正或负向内或向外移动。不过，在构造 W_1 时，将来利率用来折算将 102
来的收入，从而利率增加将会减少未来收入现值的总量。如果我们放松 A 有固定名义值的假定，并考虑它是一个未来收入（支付）流的凭证的情形，则 r_t 的变化根据情况会额外地引起资本收益或损失。不过，注意这样的资本收益或损失将影响未来资产价格的预期从而进一步影响当前的储蓄行为；这样的效应在目前的框架下是不容许的。这里容许的即使有限的复杂性的一个重要特征是利率变化对不同家庭有不同影响。对于一个有大量抵押且大部分终生收入在未来获得的年轻家庭来说，总的利率水平的上升会使其福利状况大幅度地变坏。与此对照，对于一个刚刚继承一笔遗产并追求放纵生活的年轻贵族来说，他将受益于利率的上升（当然，如果他的财产投资于长期政府债券，他可能不会如此幸运）。

(d) 初始资产 A_0 的变化简单地把预算约束向外移动，并且如果所有时期消费正常，则它会增加当前消费和将来的计划消费。在任何一期效应的大小将取决于我们考虑有多少期，从而，比如在生命周期模型中，在保持其他因素不变的情况下，资产的边际消费倾向可能随着年龄的增加而增加。

(e) y_2 保持不变时当前劳动收入 y_1 的变化移动预算约束的方式与 A_0 的变化引起的移动方式完全相同。事实上，由 W_1 的定义，(2.4) 或 (2.8)，y_1 和 A_0 的变化对 W_1 从而对当前消费有完全相同的效应。这使得许多这个理论的支持者指出收入的短期边际消费倾向应当很低。不过，尽管实证肯定地支持论断“短期边际消费倾向比长期边际消费倾向低许多”，但资产和收入有相同系数的推测没有得到支持。为了弄清楚为什么如此，我们必须再一次认识到未来预期对当前事件的依赖性。特别地，y_2 和多期模型中的 y_3，…，y_L 可能依赖于 y_1，于是，从 (2.9) 和 (2.10)

$$\frac{\partial q_1}{\partial y_1}=\frac{\partial q_1}{\partial W_1}\left(1+\rho_2^*\ \frac{\partial y_2^*}{\partial y_1}+\cdots+\rho_L^*\ \frac{\partial y_L^*}{\partial y_1}\right) \tag{2.13}$$

这里利用了实际收入 y_1^* ($=y_1$)，…，y_L^* 和实际贴现因子 ρ_2^* 到 ρ_L^*。
103 (2.13) 的右边可能比资产的边际消费倾向 $\partial q_1/\partial W_1$ 大很多，虽然大多少将取决于预期如何形成。有可能预期对 y_1 持续变化的敏感超过对短暂变化的影响从而 (2.13) 与较大的长期消费倾向的一致性超过短期。不过即使在非常短的短期内 y_1 的变化对未来预期也可能有一些影响，从而短期边际消费倾向可能比 $\partial q_1/\partial W_1$ 大很多。

实际模型的构造和这里讨论的效应的表示是颇困难的工作，并且在文献中受到很多关注。我们将在第 12 章回到它的讨论。

一些特殊情形和传统的消费函数

在莫迪利亚尼和布伦伯格（Modigliani and Brumberg，1955a，1955b）消费函数的生命周期方法的著名论文中，他们通过假设具体的偏好简化他们的分析。用行为术语，他们假定总的资源允许在各期分配从而每一期的货币支出与终生资源的比率独立于总资源的大小。

例如，在两期模型中，如果我计划在本期花掉资源的三分之二，在下期花掉三分之一，并且如果我得到 300 美元，则我将在现在花 200 美元，在下期花 100 美元。如果当效用水平变化时 q_1 和 q_2 之间的无差异曲线保持同样的形状，则以上是效用最大化行为；这是**位似**条件，我们将在第 5 章进一步讨论。

正式地，在位似条件下，(2.9) 的形式变为

$$p_1 q_1 = k(p_1, p_2^*) W_1 \tag{2.14}$$

$k()$ 是某个函数。注意 q_1 必定是 p_1、p_2^* 和 W_1 的零次齐次函数，而 k 仅是相对价格函数。但利用方程 (2.7) 后面 p_2^* 的定义，$p_1/p_2^* = (1+r_2^*)$，从而 k 仅仅依赖于实际利率，这是一个可以立即推广到 L 期情形的结果。因此，在实际利率相对地保持不变的一个时期内，k 的观察值将近似为常数且 q_1 的变化将归因于 (W_1/p_1)，即当前价格下的资产估值、现在和未来的折算收入的变化。不过，假定 k 是绝对常数是有可能错误的，这只在效用函数 $v(q_1, q_2)$ 具有柯布—道格拉斯形式 $Aq_1^k q_2^{1-k}$ 才会发生，其相应的现在和未来消费之间的替代弹性为 1。考虑当 p_2 相对于 p_1 上升而 y_2 相对于 y_1 有成比例的增加的情形，将会发生什么。如果 r_2 保持为常数，W_1 将随 y_2 的增加而增加。如果 k 是常数，(2.14) 说明 q_1 的增加，本质上是由于起主导作用的替代效应引起当前消费相对于未来消费的增加。虽然一些消费者（如债务人）可能以这种方式行动以对本质上的实际利率下降作出反应，但把它作为一般结果并推断不同时期的消费之间的替代的范围比常数 k 所容许的有更多的限制似乎是不合理的。的确，对应于 $v(q_1, q_2)=\min(q_1, q_2)$ 的零替代的极端情形或许有较少的不合理性。在这样的偏好下，消费者将在所有情况下都会计划选择 $q_1=q_2$，使之满足预算约束，我们必定有 104

$$q_1 = W_1/(p_1 + p_2^*) = \frac{1}{2}W_1 \Big/ \frac{1}{2}(p_1 + p_2^*) \tag{2.15}$$

在 L 期情形，这可以想像为给出 q_1 作为 W_1 的 L 期份额，用现在和未来预期（贴现）价格水平的平均值来折算。显然，其他表示也是可能的，但这简要的讨论说明 (a) (2.14) 中 k 为绝对常数的假定是不合理的，(b) k 对于相对跨期价格的依赖性对于容许作为消费函数理论突出特征的一般收入效应和替代效应具有中心作用。

大多数现代有关消费函数的计量经济研究是基于少数几个理论中的其中一个。费雪（Fisher，1907，1930）、拉姆齐（Ramsey，1928）和后来的莫迪利亚尼及布伦伯格、安杜和莫迪利亚尼（Ando and Modigliani，1963）的生命周期模型强调财富是一个决定变量，这基本上与我们的跨期方法一致。同样的说法对于基于主要的替代模型，即源于弗里德曼（Friedman，1957）的工作的永久收入假说的实证工作是不太正确的，虽然有许多相似性和方法上的相似点。永久收入模型通常写为（虽然有变形形式）

$$q_1 = \kappa y^P \tag{2.16}$$

这里 y^P 是实际永久收入，κ 是一个数值，原则上是一个变量（弗里德曼提出了一个所有可能变量的目录）但通常被当作是固定的，至少在实证研究中如此。y^P 存在几个定义方法是可能的。使其最接近刚刚给出的展开式的永久收入模型，使永久收入成为与资本存量 W_1 相关的流量。如果计划范围无限，对于给定的实际常数利率 r^*，W_1 产生每期的实际收入流量 $r^* W_1$。因此对于一个预期和计划永远生存的消费者来说，实际的 y^P 是 $r^* W_1$ 从而代入（2.14）

$$\begin{aligned} p_1 q_1 &= k(p_1, p_2^*, \cdots, p_t^*, \cdots) y^P / r^* \\ &= \kappa(r^*) y^P \end{aligned} \tag{2.17}$$

因为，正如我们在上面看到的，$k()$ 仅仅是实际利率的函数。在这种情形下，永久收入模型与选择理论一致，但前提是 κ 对实际利率的依
105 赖性得到明确的承认。在有限计划阶段的更加实际的情形，y^P 仍可定义为这样的实际收入，在第 1 期价格下，它在整个计划期内由 W_1 提供。例如，在两期的情形，y^P 定义为

$$y^P + \frac{y^P}{1 + r_2^*} = \frac{W_1}{p_1} \tag{2.18}$$

从而解方程并代入（2.14），我们再次发现 q_1 和 y^P 成比例，且比例参数再一次依赖于 r^* 现在和未来的值。在 L 期情形，这常数还另外依赖于 L。

这都很好，但在利用模型的实际工作中，不仅是（2.16）中的 κ 被当作待估的参数处理，即使对于价格、利率和实际利率在变化的时期也是如此，而且 y^P 也很少按上述方法度量。通常用应用于实际收

入测量值的修匀过程建立 y^P 的模型。这些方法可能提供也可能不能提供未来收入的充分的预测，虽然，正如我们将在第 12 章看到的，许多流行的方法不太可能做到这一点。不过，所有这些，由于侧重于收入方面，忽视了资产 A_0 的潜在的重要影响。也不能断言 A_0 和 y 总是一起变化从而只要 y 被包括进去，A_0 的忽略并不重要。明显的反例是第二次世界大战之后英国和美国消费者的行为，那时战争对花费的限制导致 A_0 与 y 的不正常的高的比率，或者又有 20 世纪 70 年代的通货膨胀导致的不正常的低的比率。因此作为总结，根据该部分提出的新古典消费理论，我们对许多利用永久收入模型的实证工作提出三点批评：（a）比例常数应依赖于期与期之间的相对价格和利率，（b）许多标准的修匀方法可能相当不准确地预测将来的收入，（c）注意力都集中于收入，从而忽略了资产的潜在重要作用。

在第 12 章，我们将把现有模型作进一步推广并且超越这里提出的简单分析。一旦其他复杂性被引入，特别是借款约束、不确定性和不“完全”加总的存在，传统的永久收入模型更不可行。不过，这里讨论的基本跨期分析将会为更加实际的模型提供一个非常有用的基础。

耐用品的新古典模型

具有线性预算约束和完全市场假设的消费者行为的简单新古典模型也能推广到有耐用品的情形。我们将看到，这样的分析所需要的假设是非常不合理的，甚至比劳动供给分析或消费函数分析所要求的假设更不合理，但再一次，至少由此可获得一个重要见解。 *106*

我们将讨论有一种非耐用品和一种耐用品的简单两期模型。用 S 表示耐用品的存量，同样在每期的末尾度量。原则上，效用来源于耐用品提供的服务流量，并且对于给定的耐用品存量，这种流量随使用密度或其他商品或劳动的投入而变化。这里我们考虑最简单的可能情形，即服务流量与 S 成比例，从而 S 本身出现在效用函数中。因此，在两期模型中，偏好可由

$$u = v(q_1, q_2, S_1; S_0) \tag{2.19}$$

来表示。这里 S_0 仅仅放在分号的后面表明，虽然它影响偏好，但它现在不受消费者控制。显然，其他“条件”变量，特别是（外生的）

工作时间可以加上。存量 S 以每期为 δ（不必为常数）的速率递减，从而第 t 期末的 S_t 变为第 $t+1$ 期末的（$1-\delta$）S_t。这种递减是非常特殊的类型；没有通常与耐用品相关联的“葡萄酒”效应，而是存量的一部分 δ 在每一期“蒸发”而留下原存量的（$1-\delta$），它与原存量是难以区分的（除数量外）。如果这真的可行，我们必须想像存量是以“效率单位”度量的，从而，例如，如果一辆新车是一个效率单位，则用过一年的旧车代表（$1-\delta$）个单位。也要注意到 δ 代表物理衰减，它与市场价值发生变化时描述实际资产的金融贬值是不同的概念。我们用 d_t 表示第 t 期耐用品的购买；把衰减因素考虑进去，

$$S_t = d_t + (1-\delta)S_{t-1} \tag{2.20}$$

它必须并入消费者的预算约束。

第二组假设与消费者面对的耐用品的市场机会有关。耐用品能以每单位同样的价格买卖而与谁是买者和卖者无关。这里没有不可分割性。二手商品也能像新商品一样以每个效率单位同样的价格出售，虽然，给定假定的衰减类型之后，没有信息问题时这样是合理的。因此，如果消费者在第 t 期投资一给定数量的货币于耐用品，如果耐用

107 品价格保持不变直到下期，他的投资将值原价值的（$1-\delta$）。像消费函数的情形一样，也假定消费者可以以固定利率借贷，只要他保持在跨期预算约束之内。（这一段中的假设的放松是第 13 章的主要任务。）

有了这些基础，类似于（2.1）和（2.2）的两个预算约束是

$$A_1 = A_0(1+r_1) + y_1 - p_1q_1 - v_1d_1 \tag{2.21}$$

$$A_2 = A_1(1+r_1) + y_2 - p_2q_2 - v_2d_2 \tag{2.22}$$

这里 v_t 是 1 个单位的（新）耐用品在第 t 期的价格。因为偏好定义在存量上，我们利用（2.20）从（2.21）和（2.22）中消去 d_1 和 d_2，并像在（2.1）和（2.2）中一样，我们假设终点资产的价值 $A_2+v_2S_2$ 为 0。这严重地依赖于前段所作的假设，因为它容许，比如一个没有金融资产的消费者能以他的耐用品存量贷款，在期末通过实现他的二手存量资本的剩余值来清偿债务。替代之后，我们得到单个预算约束

$$p_1q_1 + \left(\frac{p_2}{1+r_2}\right)q_2 + \left[v_1 - v_2\,\frac{(1-\delta)}{1+r_2}\right]S_1$$

$$= y_1 + \frac{y_2}{1+r_2} + A_0(1+r_1) + v_1(1-\delta)S_0 \tag{2.23}$$

或由（2.5）的类似性得到

$$p_1 q_1 + p_2^* q_2 + v_1^* S_1 = W_1 \tag{2.24}$$

这里 W_1 是（2.23）的右端并且现在包含了初始的耐用品存量的估值 $v_1(1-\delta)S_0$，而 $v_1^* = [v_1 - v_2(1-\delta)/(1+r_2)]$。显然，效用函数（2.19）和预算约束（2.24）在新古典框架内定义了一个标准问题，从而第2章的工具再一次可以运用。

因此耐用品的新古典理论的贡献是允许我们把耐用品合并到非耐用品的标准分析中来。特别地，（2.23）定义一个“价格” v_1^* 代表一个时期内持有一个单位的耐用品存量的成本。因为这个原因，v^* 经常被称为租赁等价价格，或更简单地，使用者成本。这个概念结合了价格、资本收益、利率负担和衰减各种因素。因此，如果价格保持不变，使用者成本等于衰减加上利息负担；在 δ 为1的极端情形，$v^* = v$，非耐用品情形可以视为有限制的特殊情形。当 v_2 大于（小于）v_1 时，资本收入（损失）将会产生，从而使用者成本不像正常价格，有可能变为负。如果它发生，那么原则上消费者将愿意持有“无限”数量以收获“无限”资本收益。不过，注意这里的分析不仅 108
忽略了这种行为引发的价格信息反馈，也忽略了倾向于阻止早期购买的因素（如贮藏成本，v_2 的不确定性和交易成本）。

使用者成本的概念以及它为耐用品提供价格的作用是极其重要的。不过，基于在约束条件（2.24）下最大化（2.19）的需求函数缺乏合理性，因为这个模型所预测的由使用者成本变化引起的需求的大幅度波动在实际中没有存在的迹象。这有很多原因，但其中的一个分析将使我们走出新古典模型，因此推迟到第13章，那时我们将更加系统地考察证据。

练习

4.9　实际上所有学生在学生期间，当前收入相对于未来预期收入是低的，也就是说 y_1 相对于 W_1 与全体人口的平均比率比较是低的。观察到大多数学生保持与当前收入而不是 W_1 更加适应的消费标准。借款限制足以解释这一现象吗？什么样的其他因素可能起作用？

4.10 你预期 y_1 和 W_1 的比率在生命周期中如何变化？这对于储蓄率与年龄的关系有什么含义？

4.11 证明两期模型中，如果 $u=\beta q_1^k q_2^{1-k}$，则（2.14）对绝对常数 k 成立。与（2.14）相对照，为什么在不同时期的消费数量应该是相对弱的替代？

4.12 同样是两期模型，对于线性支出系统效用函数 $u=\beta_1\log(q_1-\gamma_1)+\beta_2\log(q_2-\gamma_2)$ 推导（2.9）。作出解释，与练习 4.11 比较，并讨论这个结果的合理性。

4.13 本章讨论的位似条件［见（2.14）前的段落］如果应用于商品需求，将导出每个商品的单位支出弹性（也见第 5 章）。为什么这个条件用于跨期选择比用于商品需求分析更合理？

4.14 列昂惕夫(Leontief) 效用函数写为

$$u=\min(\alpha_1 q_1,\alpha_2 q_2,\cdots,\alpha_n q_n)$$

讨论把这个函数应用于（a）跨期选择和（b）商品需求分析的相对合理性。

4.15* 对于练习 4.14 中的效用函数，如果 $\alpha_1=\alpha_2=\cdots=\alpha_n=1$，$q_1=W_1/(p_1+p_2^*+\cdots+p_n^*)$ 是（2.15）的直接扩展。如果 q_t^1，$t=1,\cdots,n$ 是第 1 期计划的第 t 期消费，用 W_1 和价格解出 q_t^1。如果预期实现，证明 $q_2^1=q_2^2$，并证明如果第 t 期的实际消费 q_t 由 $q_t=q_t^t$ 给出，则除了没有实现的预期，$q_t=q_{t-1}$。如果预期没有实现会发生什么？实际上，我们期望 q_{t-1}是 q_t 的一个好的预测吗？

4.16 政府领导开放市场出售长期公债。利用本节模型，分析它对消费的效应。

4.17 利用某个耐用品的实际价格序列和假定的折旧率，计算消
109 费的使用者成本 v_1^* 的时间序列，这里假定下期的价格确切地知道。你预期能观察到负的 v_1^* 吗？你会根据耐用品的不同特性，如意大利面条、衣服、汽车或房屋，作出不同的回答吗？

4.18 假定劳动供给在两期模型中是内生的从而在（2.1）和（2.2）中 y_1 和 y_2 分别被 $\omega_1\ell_1$ 和 $\omega_2\ell_2$ 代替，而效用函数是 v（q_1，$T_1-\ell_1$，q_2，$T_2-\ell_2$）。把由此导致的消费需求方程与（2.9）比较，由此导致的劳动供给方程与闲暇需求（1.12）比较。

4.19 假设消费者在每期期初收到收入 y_1 并花费 p_1q_1，利息支

付在每期期末，$y_1 - p_1 q_1$ 和 A_0 均有利息收入。讨论相应的期与期之间的预算约束模式 $A_t = (A_{t-1} + y_t - p_t q_t)(1 + r_t)$ 如何改变表达式（2.3）至（2.11）。这些差别重要吗？

4.20　假定在练习 4.11 中，修改效用函数使其包含 A_2：$u = \beta q_1^{k_1} q_2^{k_2} (A_2/p_3)^{k_3}$，$\sum k_i = 1$。对这样的修改你能给出什么样的经济学解释？它对于（2.14）的形式有什么结果？

4.21　假设不考虑不易于重新估值的资产 A，两期模型中惟一金融资产是债券 B，其中 $p^B = 1/r^B$ 是债券价格而 r^B 是债券利率。写出类似于（2.1）到（2.2）的期与期之间的预算约束并讨论表达式（2.3）至（2.11）如何变化。假定两种资产同时存在并继续假定点预期和零交易费用。显示对于不同的 r 值和 r^B 值的组合预算约束能达到的不同位置，这里假定消费者在 A 点或 B 点持有他们的资产。消费者会愿意持有两种资产的正的数量吗？你认为资产持有形式如何受交易费用和不确性的影响？

4.3　购买和配给约束

到现在为止提出的理论把所有购买作为消费者选择的对象来处理，从而所有被消费的商品的数量可以依意愿变化，只要满足预算约束就行。在实际中，必须面对若干其他约束，其中最简单的是一些商品的数量是外生固定时出现的情形。我们已经在 4.2 节中遇到了一个极其重要的这样的例子，当时在分析消费函数时，消费者把他们的雇佣时间当作给定。正如我们在那里强调的，这样的约束将影响劳动市场以外的行为，从而商品的需求，实际上就是消费函数对于劳动为外生或内生将有不同的形式。一个类似的情形出现在 1.3 节中考虑的多个养家者的家庭的情形；当一个家庭的主要劳动力失业之后，了解其他家庭成员的劳动供给将会发生什么变化常常是重要的。另一个约束很重要的情形是在长短期需求的比较分析中。有几种商品——住房是一个重要例子——对其消费的逐日波动是不可能的，并且，再一次，这将影响对其他商品的需求。所有之中最明显的情形是直接配给，像在战时一样，这里再一次指出，它对非配给商品的需求的影响对政府 110
政策是相当重要的。不过注意这种情形，即配给通常是规定最大值，从而被迫消费太多的这种在其他情况下可能发生的情形不可能在这里发生。作为最后的例子，公共物品提出了很多同样的问题。它们是集体提供的，虽然不是排他的，但通常是免费使用的，并且正是因为供给总量进入每个效用函数，消费者不能控制他消费的数量。

为了简单起见，我们将讨论一个配给商品的情形，虽然其结果可以直接推广到一般情形。设配给商品为 q_1 并用 z 表示被消费的固定数量；为了一般性，设支付的价格为 p_1 但这也可以为 0（如果 z 为有穷）。核心概念又是成本函数。定义限制成本函数（有时称为条件成本函数）$c^*(u, p, z)$ 为当价格向量为 p（包括 p_1）、商品 1 必须购买的数量为 z 且获得效用 u 的最小成本。正式地，如果 p^- 和 q^- 分别是价格向量和数量向量除去第一个分量，

$$
\begin{aligned}
c^*(u,p,z) &= \min_q [pq; v(q_1, q^-) \geqslant u, q_1 = z] \\
&= p_1 z + \min_q [p^- \cdot q^-; v(z, q^-) \geqslant u] \qquad (3.1)
\end{aligned}
$$

因为约束的存在不可能使消费者的福利变得更好而有可能使其更差，$c^*(u, p, z)$ 不可能小于非限制成本函数 $c(u, p)$。事实上，如果配给 z 恰好是在其他任何情况下他正好选择的量，则 $c^*(u, p, z) = c(u, p)$，这可用来从非限制成本函数非常一般地导出限制成本函数，见练习 4.23。因此，我们有重要的联系限制和非限制成本函数的性质

$$
c(u,p) = \min_z c^*(u,p,z) \qquad (3.2)
$$

方程（3.2）是厂商理论中长期成本函数（资本存量是可变的）“包络”短期成本函数（有固定资本）的方式的精确类比，比如见，鲍莫尔（Baumol，1977，p. 291）。图 4—5 解释了当一个价格 p_i（$i \neq 1$）变化而其他价格和效用水平保持不变时的情形。虚线代表长期成本函数，其中 z 是变量并且对 p_i 的每个值可以确定成本最小化的 z 值。逐个显示的短期成本函数说明当 z 保持为某个固定值时成本如何随 p_i 的增加而增加。图中显示了 $z_1, \cdots, z_5$。由（3.2），各种短期成本函数永远不会在长期成本函数的下方。例如，z_1 为常数的短期成本函数除了 A 点外处处在虚线上方，z_1 是对于 p_i 的最优值；对于 B 点的 z_5 有类似的结论。长期或无限制成本函数比任何短期限制成本函数
111 更凹的事实说明短期替代效应总是小于长期替代效应。这个相当一般

的结果经常称之为蔡特利尔・李（Le Chatelier）原理，它最早由萨缪尔森（Samuelson，1947）在相关讨论中提出，下面的方程（3.6）是一个正式的表述。注意它不依赖于我们要分析其替代性的商品和数量固定的商品之间的任何特殊关系。事实上，它经常在非常一般的情况下被引用，比如，为了支持论断“政府的控制和限制使得个人行为对经济环境变化的弹性和敏感性减少”。

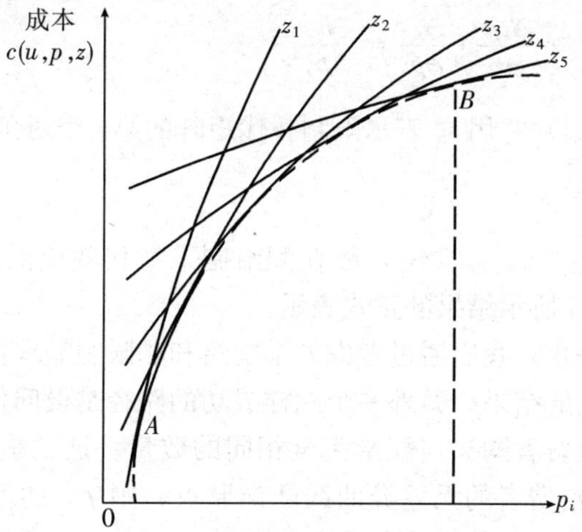

图 4—5　长期和短期成本函数

从（3.1）我们能看到，配给商品的价格 p_1 出现在限制成本函数中的惟一方式是在固定成本项 $p_1\boldsymbol{z}$。因此，当我们通过对 p_i 求导来推导限制希克斯需求函数时，结果将不依赖于 p_1。用 h_i^*（u，p^-，$\boldsymbol{z}$）表示这些限制或条件需求。现在如果 $\boldsymbol{z}$ 是消费者无限制时本已购买的，即 $h_1(u,\ p)$，则其他需求也必定相同。因此可得

$$h_i^*[u,p^-,h_1(u,p)] = h_i(u,p) \tag{3.3}$$

关于 p_1 求导；重新整理，只要 s_{11} 非零，则有

$$\left.\frac{\partial q_i}{\partial z}\right|_{u=\text{常数}} = \frac{\partial h_i^*}{\partial z} = \frac{\partial h_i/\partial p_1}{\partial h_1/\partial p_1} = \frac{s_{i1}}{s_{11}} \tag{3.4}$$ 112

这里 s_{i1} 和 s_{11} 是（i，1）处和（1，1）处非限制需求的交叉价格替代项。特别注意所有这些导数与它们之间的关系仅当配给被设定为没有限制时将被购买的量时才能成立；这总是可以通过评估非限制需求来

保证，但不是在 u，p_1 和 p^- 时的需求，而是在 u，p_1^* 和 p^- 时的需求，这里 p_1^* 是 z 的"影子价格"。方程（3.4）是一个重要的且直观上可接受的结果。因为自身价格替代效应 s_{11} 是负的，这个方程表明配给商品的供给量的增加将减少替代品的需求（$s_{i1}>0$）并增加互补品的需求（$s_{i1}<0$）。如果现在再次对（3.3）微分，这次是关于 p_i 微分，得到

$$\frac{\partial h_i^*}{\partial p_i}+\frac{\partial h_i^*}{\partial z}\cdot\frac{\partial h_1}{\partial p_i}=\frac{\partial h_i}{\partial p_i} \tag{3.5}$$

从而利用（3.4）并用 s_{ii}^* 表示限制替代矩阵的第 i 个对角元素，得到

$$s_{ii}^* = s_{ii}-s_{i1}^2/s_{11} \tag{3.6}$$

因此，由于 $s_{11}<0$，$s_{ii}^*\geqslant s_{ii}$，故在配给制下替代效应的绝对值减小。这就是图 4—5 所示结果的正式表示。

到现在为止，我们通过考虑如果配给和非限制需求重合将发生什么来导出我们的结果。另外一个同样成功的路径是设问什么样的价格设定将诱使消费者购买与配给完全相同的数量。这就是 q_1 的影子价格 p_1^*。如果消费者的无差异曲线凸向原点，则 p_1^* 的值由商品 1 的边际效用 $\partial u/\partial q_1$ 与总支出的边际效用 $\lambda=\partial u/\partial x$ 的比值来决定，见第 2 章方程（2.4）。图 4—6 解释了二维情形下完全相同的方法。在有限制的最优选择 A 点的切线定义了使当前束，包括 z，成为需求的价格。在点 B，切线与 q_1- 轴相交给出 x/p_1^*，从而给定 x、p_1^*。注意凸性假定在这里是十分关键的，没有它影子价格没有这么容易定义。通过考虑限制和非限制成本函数之间的关系，能够证明

$$\frac{\partial c^*}{\partial z}=p_1-\frac{\partial u/\partial q_1}{\partial u/\partial x}=p_1-p_1^* \tag{3.7}$$

113 这里影子价格 p_1^* 是 u，p^- 和 z 的函数（见练习 4.25）。该方程容易作出解释。p_1 就是每个单位 z 的固定费用，而 p_1^* 度量的是保持在给定无差异曲线上时 z 的一个单位的增加而引起的最小成本的减少。事实上，在零价格下通过（3.7）把影子价格定义为一个单位 z 的货币估值（等于最小成本的减少）是完全合理的。显然，如果 z 被置于在价格 p_1 下自由需求的水平，则 $p_1=p_1^*$ 且 $\partial c^*/\partial z=0$ [参见方程（3.2）]。当 z 的供给增加超过最优水平，则 $p_1>p_1^*$，当消费者处于

短缺时相反的结论成立。

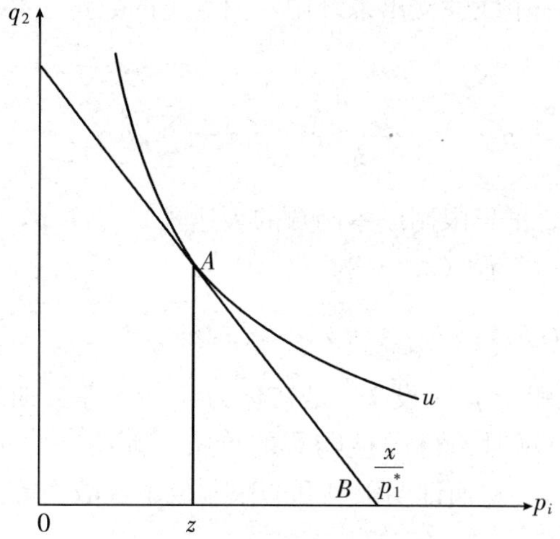

图 4—6　配给 z 的影子价格

限制成本的价格导数是数量而数量导数是影子价格的事实可以用来定义一组著名的对称结果，它与第 2 章讨论的斯勒茨基对称性平行。首先（3.7）对 p_i 微分并利用 $\partial c^*/\partial p_i = q_i$ 给出

$$\frac{\partial^2 c^*}{\partial p_i \partial z} = -\left.\frac{\partial p_1^*}{\partial p_i}\right|_u = \left.\frac{\partial q_i}{\partial z}\right|_u = \frac{\partial^2 c^*}{\partial z \partial p_i} \tag{3.8}$$

因为求导顺序不受影响。因此 z 的增加引起的 q_i 的补偿下降等于 p_i 的一个单位的补偿增加导致的 z 的影子价格的增加。这将在某种程度上澄清，如果我们利用（3.4）给出

$$\left.\frac{\partial p_1^*}{\partial p_i}\right|_u = \frac{s_{i1}}{-s_{11}} \tag{3.9}$$ 114

从而 p_i 的补偿增加引起替代品影子价格上升和互补品影子价格下降。最后，如果有两种配给商品 z_1 和 z_2，（3.7）给出

$$\left.\frac{\partial p_1^*}{\partial z_2}\right|_u = \left.\frac{\partial p_2^*}{\partial z_1}\right|_u \tag{3.10}$$

这个方程直接类似于斯勒茨基对称但不是外生价格决定内生数量，这里是外生数量决定内生（影子）价格。这样的结果有许多可能的应用，特别是在福利经济学中。

练习

4.22 在一个线性支出系统中，商品 1 的数量 z 必须被购买。证明，对于 $i=2$，n

$$p_i q_i = p_i \gamma_i + \frac{\beta_i}{1-\beta_1}(x - p_1 z - \sum p_k \gamma_k)$$

解释这个结果。推导限制成本函数的表达式 $c^*(u, p, z)$。

4.23 改写方程（3.1）为

$$c^*(u,p,z) = p_1 z + \gamma(u,p^-,z) \tag{3.11}$$

这里 $\gamma()$ 不依赖于 p_1。设 p_1^* 是在标为 u 的无差异曲线上和价格向量 p^- 下且无限制时使得 z 被购买的价格。证明 $p_1^*(u, p^-, z)$ 是 $\partial c/\partial p_1 = z$ 的解。从而证明限制和非限制成本函数由等式

$$c^*(u,p,z) = p_1 z + c[u, p_1^*(u,p^-,z), p^-] - p_1^*(u,p^-,z)z \tag{3.12}$$

相关联。

4.24 利用（3.12）(a) 检查（3.2），(b) 检查练习 4.22 中推导的限制成本函数，(c) 证明（3.3）和（3.7），(d) 计算对应于

$$c(u,p_1,p) = up_1 a(p^-) + p_1 b(p^-) + d(p^-)$$

的限制成本函数，这里 $a(p^-)$，$b(p^-)$ 和 $d(p^-)$ 是函数。

4.25* 按（3.11）和（3.1）的记号

$$\gamma(u,p^-,z) = \min_q [p^- \cdot q^-; v(z,q^-) \geqslant u]$$

注意 z 仅仅出现在约束中而没有出现在最小需求中。考虑这个问题相应的拉格朗日乘子和相应的一阶条件，证明 $\partial\gamma/\partial z = -(\partial\gamma/\partial u) \cdot (\partial v/\partial z)$。重新解释 $\partial\gamma/\partial u$ 并证明（3.7）。[这类方法的更进一步细节，见迪克西特（Dixit，1976，第 3 章）。]

文献注释

115 劳动供给分析将在第 11 章进一步深入讨论，消费函数分析将在第 12 章讨论，耐用品分析在第 13 章讨论。更完全的参考书目在这些章的末尾给出。这里的材料可与那些微观经济学教材上发现的材料相

比较，至少可与处理劳动供给和消费的材料相比较。很多不能比较，据推测是因为简单劳动供给模型本质上的不合理性且储蓄被当作是宏观经济学上独有的课题。莱德勒（Laidler，1974）的每一章讨论一个专题。莱亚德和沃尔特斯（Layard and Walters，1978，chap. 11）讨论劳动供给，但没有讨论消费函数。宏观经济学教材对后者的讨论现在是采用标准术语［如，埃文斯（Evans，1969），格拉赫（Glahe，1973），布兰森（Branson，1972a，1979）］但除了最后一个以外它们很少使用或根本不用选择理论。迪沃尔特（Diewert，1974b）用类似于我们自己的术语提出了耐用品的新古典模型。关于劳动经济学的并有劳动供给的简单讨论和实证例子的好的教科书有弗莱舍（Fleisher，1970）和里斯（Rees，1973）。在配给方面，经典的文献是托宾和霍撒克（Tobin and Houthakker，1951）和托宾（Tobin，1952）的综述论文，他涉及了战时和战后出现的理论和实证研究的大部分工作。也应该提到罗思巴思（Rothbarth，1941）关于影子价格的早期工作和萨缪尔森（Samuelson，1974，1972）对蔡特尔·李原理的阐述。直到最近，相对来说对这个论题还没有什么兴趣，但参见波拉克（Pollak，1969，1971b）和戈尔曼（Gorman，1976）对偶方法的应用。一篇最近的重要论文是尼亚里和罗伯特（Neary and Roberts，1978）。这个领域似乎发展迅速，当前的兴趣在基于配给行为的宏观经济模型。

第二部分

可分离性与加总

第5章　对偏好的限制

在第1章，我们讨论了选择理论，最初的发展是为了分析应用于固定总支出在若干商品上的配置问题的理论，怎样扩展到处理劳动供给、收入在储蓄和消费之间的配置和耐用品的购买问题。到目前为止，我们把它作为独立的问题来考察这些扩展，但原则上，每个消费者不得不同时处理它们。在任何给定的时间，当前资产与现在和未来的收入必须在当前和未来的非耐用品和耐用品之间配置，而对于一个可以自由决策的消费者，必须作出一个计划把他的时间分配在当前和未来的工作和闲暇上。还有实际资产和金融资产的类型选择的复杂性以及不确定性的处理问题。配置问题的各个部分可能相互作用：未来工资率的变化可能改变退休计划从而对现在耐用品的购买产生重要影响；资产价值 *119*

在三年之后的预期上涨可能会刺激得意的投资者购买更多他喜欢的美味佳肴，如此等等。这样的相互作用提出了难以对付的问题，不仅对消费者，而且对试图描述消费者行为的经济学家也如此。如果作出今天的购买需要30年后鞋带价格的预测，日常生活几乎是不可能的。如果考虑所有可能的相互作用，则也没有很大的可能对行为作出预测。因此找到简化问题的方法是重要的，或者通过加总，从而将总体化为个体来处理，或通过分离，从而问题可以在更小的、更易处理的范围来讨论。例如，把整个消费支出而不是一部分视为财富、价格和利率的函数，实际上是一个加总过程。类似地在第3章中，在单一商品上的支出被加总成大组并且它们与组价格指数和总支出联系起来。后者还涉及决策分离，因为组支出不是与它们的最终决定因素（资产、工资率、价格、利率）相关而是与当前期的总支出相关。因此我们假定当前总支出如何在各个大类商品之间配置的决策可以与如何安
120 排跨期流量的决策相分离。当劳动供给的分析独立于商品需求结构时我们需要关于决策的类似的假设。

有各种方式使得这类假设是合理的。特别地，我们能对偏好施加容许决策分离的限制，或者我们能限制外生变量，特别是价格的范围。各种可能性及其组合在5.1节和5.2节中讨论。这些可能性中的第一个是非正式的且为5.2节中更详细和更复杂的材料提供一个概览。第一次阅读时，5.1节中复合商品定理的阐述，两期预算的阐述、效用树的阐述以及偏好分离种类的阐述将给出更多重要结果的充分信息。5.2节的讨论，虽然仍不严格，将概述一些推论并更加深入。

5.3节和5.4节将进一步探索偏好约束的类型。知道什么样的偏好结构能产生有趣的性质经常是有用的。类似地，我们必须清楚具体的偏好假设对实证分析的影响，从而利用合理的限制产生计量经济分析所需的自由度而同时避免不合理的限制。5.3节考察强分离性或基本需求独立性；这在计量经济研究中用得十分普遍，对其后果和影响的理解常常是不充分的。5.4节讨论位似偏好的情形，这种情形下支出比例不依赖于总费用。从理论的角度来看这种情形是极其容易处理的，并且我们将在本书的后面看到，它将作为几类似乎是饶有趣味的结果的必要条件反复出现。不过，在计量经济研究中，位似性的可应用性是十分有限的，我们将讨论它的重要推广从而导致线性恩格尔曲线。

5.1　商品组和可分离性：一个基本概览

在该部分和下部分，我们将转到第2章中的模型，事先确定的总支出在 n 种商品之间配置的问题，大部分是正式的讨论。不过如果像第4章一样模型扩展到使得 N 期的每一期都包含 n 种商品以及耐用品和劳动供给，分析仍可实施。在讨论过程中我们将指出重要应用，证明细节可通过类似方法或练习补充完成。

商品组：复合商品定理

第一组商品加总的条件我们归功于希克斯（Hicks，1936），虽然本质上类似的结果也由列昂惕夫（Leontief，1936）证明。这是复 121
合商品定理，它断言，如果一组价格平行移动，则相应的商品组可以当作一种商品处理。我们用三商品模型来说明，其中两个价格总是成比例变化。令三个价格为 p_1，p_2，p_3，并假定 p_2 和 p_3 对某些基期价格 p_2^0，p_3^0 有某个固定比率 θ；即

$$p_2 = \theta p_2^0, \quad p_3 = \theta p_3^0 \tag{1.1}$$

这里 θ 随时间变化但对两个价格是公共的从而比率 p_2/p_3 保持为固定值 p_2^0/p_3^0。明显的可能性是 θ 可以作为一个新复合组的“价格”，其“数量”的定义是利用基期价格 p_2^0 和 p_3^0 对单个数量加权。为了明白为什么如此，定义复合数量 $p_2^0 q_2 + p_3^0 q_3$。成本函数 $c(u, p_1, p_2, p_3)$ 可以写为 $c(u, p_1, \theta p_2^0, \theta p_3^0)$，它可以认为仅是 u，p_1 和 θ 的函数，因为 p_2^0 和 p_3^0 是固定的，从而 $c^*(u, p_1, \theta)$ 是组成本函数，即

$$c^*(u, p_1, \theta) = c(u, p_1, \theta p_2^0, \theta p_3^0) \tag{1.2}$$

作为一个练习可以证明 $c^*(u, p_1, \theta)$ 满足一个“恰当”的成本函数的所有性质；它是 u，p_1 和 θ 的递增函数，它是 p_1 和 θ 的一阶齐次凹函数。进一步，如果我们求 $c^*(u, p_1, \theta)$ 对 θ 的导数，有

$$\frac{\partial c^*}{\partial \theta} = \frac{\partial c}{\partial p_2} \cdot \frac{\partial p_2}{\partial \theta} + \frac{\partial c}{\partial p_3} \cdot \frac{\partial p_3}{\partial \theta} = p_2^0 q_2 + p_3^0 q_3 \tag{1.3}$$

因此，$p_2^0 q_2 + p_3^0 q_3$ 被证明是对应于价格 θ 的复合商品的数量。因为成本函数提供完全的偏好图，这个证明说明只要（1.1）成立，新的偏好

可定义在 q_1 和 $p_2^0q_2+p_3^0q_3$ 上，并且这些偏好导致与原生相同的选择。推广到全部 n 种商品的任意大小的分组是直接的，见练习 5.2。

这个定理在用于实证分析的商品组构造中的作用可能受到某种程度的限制。如果我们采用这样的观点：相对价格基本上与需求模式无关，至少在长期如此，则商品组的选择应该使生产中相近的替代组合在一起。例如，如果两种粮食作物要求相近的土地率、劳动率和肥料率，并且品种改良的进程相似，则我们预期相对价格不应有大的波动。相对价格不变性的更完全的处理包含在练习 5.7 和 5.8 中。在这样的基础上，有可能构造一个数目相对小的加总。不过，在一个存在浮动汇率的开放经济中，相对价格的较大波动是可以预期的，并且即
122 使不是这样，也不清楚我们是否能够合理地说明通常的加总类型。例如，鱼的价格的相对易变性使它不能与其他食品归于同类，并且我们应该认识到加总的定义会随规则的改变如关税变化或政府内部政策的变化而发生改变。当我们考虑每期内所有购买的加总从而给出如 4.2 节中所考虑的总的消费时，发生的困难将会少一些。作出跨期选择的时候，消费者不大可能有未来时期有关相对价格变化精确的信息或预期。因此简单化的观点“在将来相对价格将保持不变”有一些优点，从而仅仅考虑绝对价格水平预期的变化。于是这将允许每个未来时期只有一个价格和一个复合商品从而消费函数的分析可像 4.2 节中那样进行。对于我们的目的，这或许是这个定理最有用的应用。

效用树和两期预算

如果我们不能依赖于外部因素，即相对价格的不变性来定义商品组，我们必须问偏好本身是否不能提供某个自然的商品构造。在这里第一个重要的想法是偏好的可分离性。如果它成立，则商品能划分成不同的组使得每组之内的偏好可以独立描述而不依赖于其他组的数量。例如，如果食物是一个组，则消费者按定义好的排序来确定不同的消费束次序，而这个定义好的排序与他在住房、燃料、娱乐以及该组以外的所有其他物品的消费无关。由 2.1 节中的论证，我们对于每个组有一个子效用函数并且每个子效用的值组合起来得出总的效用。例如，假设有 6 种商品，q_1 和 q_2 是食物，q_3 和 q_4 是住房和燃料，q_5 和 q_6 是电视和运动观赏。因此如果形成可分离组：食物、住所和娱乐，则效用函数可以写成

$$
\begin{aligned}
u &= v(q_1, q_2, q_3, q_4, q_5, q_6) \\
&= f[v_F(q_1, q_2), v_S(q_3, q_4), v_E(q_5, q_6)]) \qquad (1.4)
\end{aligned}
$$

这里 $f()$ 是某个递增函数，v_F，v_S 和 v_E 是分别对应于食物、住所和娱乐的子效用函数。没有理由说明为什么每个子效应函数在其中不能有一个或更多层次的分组，也不应该排除某些组可能只含一种商品的可能性。如果我们把所有这些放在一起，我们得到效用树；单个商品是外层的细枝，它们连在一起形成枝，枝再联结形成树。一个可能的效用树如图 5—1 所示。

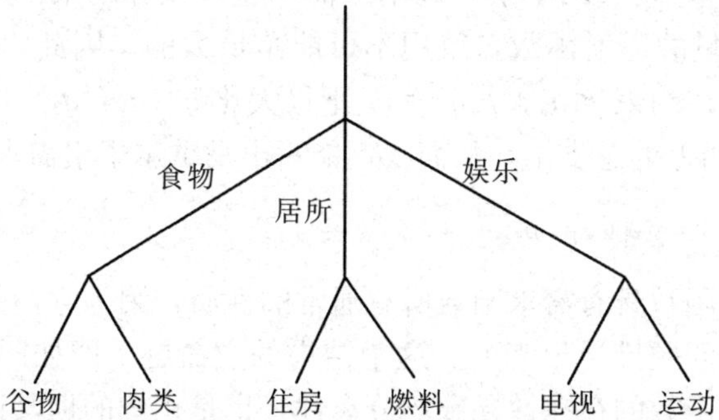

图 5—1　一棵可能的效用树

这个图提出了第二个重要思想，即两期预算。也就是消费者在两 123
个阶段配置总支出。在第一阶段或高级阶段，支出在大组商品（图 5—1 中的食品、居所和娱乐）之间配置，而在第二阶段或低级阶段，组支出在组内商品之间配置。在每个阶段，仅仅要求与该阶段对应的信息。在第一阶段，给定总支出的信息和适当定义的组价格，配置必须是可能的，而在第二阶段，单个支出必须仅仅是组支出和组内价格的函数。两种配置在以下意义上必须是完美的：两阶段的预算结果与完全信息下一个步骤的预算配置相同。这是两期预算的基本定义，它可以用若干方式扩充和修改。一个可能情况是要求每个阶段的决定可以认为是对应于它自身（阶段）的效用最大化问题。例如，不同食物被选择使得食物子效用在食物预算约束条件下最大，而总（full）效用函数将决定总支出在食物、衣服、燃料等等之间的配置。注意为了使后者可行，我们必须能对组定义适当的价格和数量指数，使得人为的效用最大化过程能够得到定义。两期预算的一个弱形式是仅要求一旦最优配置达到，面对价格和总支出变化它仍可以保持。注意两期预算包括加总（构造大组）和可分离决策（每个组的子问题）。

这两个概念，偏好的可分离性与两期预算，彼此密切相关但绝不
124 是等价的；说一个导致另一个是不对的。正确的说法是，(1.4) 所显示的可分离性——经常称之为弱分离性，是两期预算的第二阶段的必要和充分条件。如果商品的任何子集仅出现在可分离的子效用函数中，则组内商品的购买数量总是能写成组支出和组内价格的函数，这可以直接从形如 (1.4) 的结构中看出；(1.4) 中效用最大化必定导致 v_F、v_S 和 v_E 分别在食物、住所和娱乐的花费约束下达到最大。如果不是这样，v_F、v_S 或 v_E 可以增加而不违背预算约束，从而，因为 f 是它的变量的递增函数，效用不可能是最大的。因此，在 q_1 和 q_2 上的支出是在约束 $p_1q_1+p_2q_2=x_F$ 下最大化 $v_F(q_1, q_2)$ 的结果，其中 x_F 是食物上的总支出，从而我们能写出马歇尔子组需求

$$q_i = g_{F_i}(x_F, p_1, p_2), \quad i = 1,2 \tag{1.5}$$

这样的需求函数具有需求函数所有通常的性质，因为它们是从标准的效用最大化问题推导出来的。这个结果的逆命题，即如同 (1.5) 中的子组需求函数的存在性导致弱分离性，也是正确的但其证明更加困难，一个轮廓在下部分给出。

我们暂时把两期预算的第一阶段问题放在一边，联结弱分离性与第二阶段的结果的有用性如何呢？首先，偏好的可分离性对行为施加限制，它限制了不同组的商品之间可能的替代效应。我们将在下部分进一步研究这些限制，但由图 5—1，基本原理是足够清楚的。排除收入效应，（比如说）谷物价格的变化影响燃料需求的路径只能与食物枝上其他商品价格变化引起需求变化的路径相同，从而影响方式相同。不过，这是足够自然的限制，并且如果彼此之间作为替代或互补在消费上有特殊关系的商品总是放在同一组，则这个限制是满足的。由此，可分离性结果至少在四个方面是重要的。

第一，我们可能希望假定偏好是弱跨期分离的，从而每期内商品形成一个紧密关联的组，但不同期的组之间只有一般关系。这个假设的合理性严重依赖于时间段的选择，现在的午餐与二十分钟后的午餐是非常接近的替代。即使对于更长的时期，有些商品如假期或经济学课程中的单元在不同时期可能是密切相关的，从而违反了跨期分离性。反之，采用这个假定允许每个时期的商品需求的表达式作为该期

的总支出和价格的函数，这与第3章讨论过的通常的实际做法是一致 125
的。也要注意，没有其他方法证明这种做法的合理性；需求对当前变量的回归排除了不同时期消费的商品之间那些特殊的相互作用。

第二，如果闲暇与商品是弱分离的，则总支出的配置与时间决策无关。这对于闲暇的近似互补品（娱乐商品，电视等）或替代品（工作旅行、商业午餐等）是明显不合理的，但对大部分消费支出是可以接受的。然而，由于两期预算导致弱分离性且反之亦然，故没有考虑工作时间的所有支出的配置仅当所有商品与闲暇可分离时才有效。

第三个重要应用是明显的；详细的商品支出能与组支出和组内价格联系起来。这具有明显的经济计量的优点，因为有可能通过少得多的变量给出行为的解释。

第四，可能最不明显的，是配给的应用。如果任何一种商品或商品组有配给约束，并且如果其他商品组与配给商品或配给组中商品可分离，则配给对分离组中商品的唯一影响是通过总的组支出实现的。因此，如果仅有一种商品有配给约束而其他商品与它是可分离的，则购买配给所需的支出从总支出中扣除，所剩的在其他商品之间配置，配置方式独立于配给数量。这里最重要的例子是闲暇。如果一个消费者在工作时间上不能选择并且如果商品与闲暇是弱分离的，则可以不考虑实际工作时间而对相应的收入的花费方式作出解释。其逆命题是同样重要的。如果商品与闲暇不是弱分离的并且如果消费者受工作时间的约束，工作时间在支出配置中必定以外生变量的形式出现。这些结论以及密切相关的论证在本书的其余部分占大量篇幅。

两期预算的第一阶段，利用组价格指数，把总支出在大组之间配置比第二个阶段更难以处理。一个不需要复合商品定理的确切的解决方案是要求比弱分离性苛刻许多的条件（合理性减少）。不过，我们将在下部分看到，若干有用的近似是可行的，从而通常的（很大程度上是必然的）处理大组的实际方法可能不会引起很大误差。即使如此，像消费函数这样的关键概念的存在依赖于定义这种加总的能力，
于是值得注意的是，似乎所有理论假设都具有明显的合理性，从而确 126
切地保证把消费作为拥有单一价格的单一商品来处理。我们将在第12章回到这个论题。

最后，我们把细节放在下节讨论，但必须强调有许多刚刚讨论的“弱”分离性以外的分离性的类型，并且这些不同类型中的大部分导

致不同类型的两期预算或由不同类型的两期预算导致。所有可能性的分类已完全超出我们现在的目的并且别处有很好的文献，见布洛科比和其他人（Blackorby et al，1978）的论文，在这里只处理一种其他类型。这就是隐含或拟分离性，在这样的假设下，不是直接效用函数中的数量而是成本函数中的价格被分裂成可分组。隐含分离性也容许一个两期预算形式，其第一阶段完全是利用作为效用水平函数的组价格指数来完成，而在第二阶段，组支出进入每种商品的部分是总效用和组内价格的函数。这个结构目前为止在理论和实证研究中用得相对较少，但我们感觉把它包括在下一节中并作某些详细讨论有很大的潜在重要性。

练习

5.1 证明，如同（1.2）所定义的 $c^*(u, p_1, \theta)$ 是 p_1 和 θ 的一次齐次函数和凹函数。

5.2 假定价格向量能划分为 $p=(p_1, \cdots, p_G, \cdots, p_N)$，这里 p_G 是价格子向量。假定，对所有 G，$p_G=\lambda_G p_G^0$，$\lambda_G>0$ 是标量而 p_G^0 是不变的基期价格。按课本中的步骤，定义 u 和 $\lambda_1, \cdots, \lambda_G, \cdots, \lambda_N$ 上的成本函数并证明它是齐次凹函数，并且导数性质对于适当定义的数量指数成立。

5.3 证明对于线性支出系统，任何商品组与任何其他非重叠组是可分离的。这对于模型中商品之间的替代意味着什么？（也见下面的 5.3 节。）

5.4 （*Samuelson*，1956）讨论家庭内部决策模型的合理性：每个成员有一个效用函数，其值在某个适当的规范化后是全家效用函数的一个变量。证明如果没有商品联合消费（如，为全家供暖），分散预算是可能的。联合消费可以如何处理？

5.5 线性支出的一个跨期形式具有效用函数

$$u=\sum_{t=1}^{T}\sum_{k=1}^{n}\beta_{tk}\log(q_{tk}-\gamma_{tk})$$

这里下标 t 表示时期而下标 k 表示商品。它在通常的跨期预算约束（见第 4 章方程（2.7））

$$\sum_{k}\sum_{t}p_{tk}^{*}q_{tk}=W_1$$

下最大化。与通常的线性支出系统相类比，写出用（$T_n \times 1$）维向量 p^*、W_1 和参数表示的需求函数 q_{tk}。用同样的变量解出 127
$x_t^* = \sum_k p_{tk}^* q_{tk}$，并证明，通过替代，$q_{tk}$ 能用 x_t^* 和 p_t^* 表示。

5.6 对于单期，具有效用函数 $\sum \beta_k \log(q_k - \gamma_k)$ 的线性支出系统是可分离的。商品 1 的配给数量为 z。证明在约束 $x = \sum p_k q_k$ 和 $q_1 = z$ 下最大化效用等价于在约束 $\sum_2^n p_k q_k = x - p_1 z$ 下最大化 $\sum_2^n \beta_k \log(q_k - \gamma_k)$。评论这个结果。

5.7* （关于相对价格变化的根源）假定在一个经济中生产可能性用成本函数 $\sum c_i(r) e^{-\beta_i t} q_i$ 表示，这里 r 是投入要素价格向量，$c_i(r) e^{-\beta_i t}$ 是第 i 个部门在时间 t 的单位成本，β_i 是该部门技术进步率。证明有效配置要求产出的相对价格等于相对单位成本。从而讨论在商品的相对价格的决定中要素比例和技术进步的作用。我们如何用投入—产出表测量基本投入如能源的价格变化引起的相对价格的结果？

5.8 （5.7 续）如果每种消费商品价格能写为几种基本投入品价格的具有固定权重的线性组合，讨论（1.2）所表示的希克斯复合商品定理能怎样推广。讨论这个方法的实际应用问题。

5.2* 可分离性和两期预算：进一步的结果

可分离性的定义

我们开始用偏好排序给出可分离性的特征。如果我们把商品向量 q 写成（q_G，$q_{\bar{G}}$），这里 q_G 是组内向量而 $q_{\bar{G}}$ 是被排除商品的向量，因此对任何任意的固定向量，比如 $\bar{q}_{\bar{G}}$。消费者在 q 上的偏好将定义 q_G 上的一个排序。这是组内商品上的“条件”排序，并且一般来说，组内不同商品束在排序中的位置取决于事先选取的值 $\bar{q}_{\bar{G}}$. 如果不是这样，当组内商品的条件排序独立于组外商品的消费水平时，该组称为是可分离的。在这种情形也仅在这种情形，条件排序可用该组的子效用函数，比如说 v_G（q_G）来表示。如果整个商品向量 q 能被划分成

N 个这样的组，我们说偏好是可分离的（弱分离的）。可分离偏好由形如

$$u = f[v_1(q_1), v_2(q_2), \cdots, v_G(q_G), \cdots, v_N(q_N)] \tag{2.1}$$

的效用函数来表示，其中 q_1，…，q_G，…，q_N 是子向量而 f 是某个函数并且是所有变量的递增函数。

按以上 5.1 节中的论述，形如（2.1）的效用函数导致如下形式的子组需求或条件需求，对于属于 G 的所有 i

$$q_i = g_{G_i}(x_G, p_G) \tag{2.2}$$

128 这里 $x_G = \sum_k p_{G_k} q_{G_k}$ 是组 G 的总支出。为了证明（2.2）导出（2.1），考虑如下的基于戈尔曼（Gorman，1971）的启发性论证。假定效用函数 $v(q)$ 是不可分离的，但我们划分它的变量从而给出 $v(q_G, q_{\bar{G}})$，保持 $q_{\bar{G}}$ 为固定值，比如 $\bar{q}_{\bar{G}}$，在约束条件 $\sum p_k q_k = x$ 下最大化 $v(q_G, q_{\bar{G}})$。这等价于在约束条件 $\sum_{k\in G} p_k q_k = x_G = x - \sum_{k\in \bar{G}} p_k q_k$ 下最大化条件效用函数 $v_G(q_G; \bar{q}_{\bar{G}}) = v(q_G, \bar{q}_{\bar{G}})$。这将导出，$x_G$ 和 p_G 的所有条件需求函数

$$q_i = f_{G_i}(x_G, p_G; \bar{q}_{\bar{G}}) \tag{2.3}$$

因为（2.2）和（2.3）处处同时成立，条件需求必定等同于（2.2）从而独立于条件变量 $\bar{q}_{\bar{G}}$。因此 v_G 必定也独立于 $\bar{q}_{\bar{G}}$ 并且效用函数是可分离的，与我们原先的假设矛盾。

可分离性与组之间的替代

弱分离性对于不同组之间的商品的可替代程度施加了严格的约束。再一次，按戈尔曼（Gorman，1971）的方法，设 $i\in G$，$j\in H$，这里 $G\neq H$。在（2.2）中关于 p_j 求微分并保持 u 为常数，唯一的效应必定是通过 x_G。因此，

$$s_{ij} = \frac{\partial q_i}{\partial x_G} \cdot \frac{\partial x_G}{\partial p_j}\bigg|_{u=\text{常数}} \tag{2.4}$$

但由对称性

$$s_{ji}=\frac{\partial q_j}{\partial x_H}\cdot\frac{\partial x_H}{\partial p_i}\bigg|_{u=\text{常数}}=s_{ij}\,,\tag{2.5}$$

因此，相除得到

$$\frac{\partial x_G/\partial p_j}{\partial q_j/\partial x_H}\bigg|_{u=\text{常数}}=\frac{\partial x_H/\partial p_i}{\partial q_i/\partial x_G}\bigg|_{u=\text{常数}}\tag{2.6}$$

(2.6) 的左边不包括 i，右边也不包含 j；因此整个表达式独立于两者并且可以用，比如说 λ_{GH} 来表示。故

$$\frac{\partial x_G}{\partial p_j}\bigg|_{u=\text{常数}}=\lambda_{GH}\frac{\partial q_j}{\partial x_H}\tag{2.7}$$

又由（2.4），对于 $i\in G$，$j\in H$ 且 $G\neq H$，

$$s_{ij}=\mu_{GH}\frac{\partial q_i}{\partial x}\cdot\frac{\partial q_j}{\partial x}\tag{2.8}$$

这里

$$\mu_{GH}\frac{\partial x_G}{\partial x}\frac{\partial x_H}{\partial x}=\lambda_{GH}\tag{2.9}$$ 129

虽然我们不准备在这里给出证明，参见戈尔曼（Groman，1971），关系（2.8）对于弱分离性是必要和充分的，从而这个方程总结了可分离性的实证含义。注意不同组的商品之间的可替代性以十分自然的方式受到限制。数量 μ_{GH} 总结了组与组之间的相互关系；单个商品必定满足它，除了像总支出反应所作的修正。因为树的枝是不同组的商品之间接触的唯一路径，对价格和总支出变化的反应必定使用同样的传递途径从而彼此之间有密切关系。因此，例如，每个组是另外一个组的替代品或互补品，并且除了低档品，所有的包含每组一个商品的商品对，依情形必定是替代品或互补品。

现在我们能用商品大组之间的配置问题的表达方式解释项 λ_{GH}。用 p_j 乘（2.7）并对属于 H 的所有 j 求和，我们得到

$$\sum_{j\in H}p_j\frac{\partial x_G}{\partial p_j}\bigg|_{u=\text{常数}}=\lambda_{GH}\sum_{j\in H}p_j\frac{\partial q_j}{\partial x_H}=\lambda_{GH}\tag{2.10}$$

因此，λ_{GH} 是组 G 的支出关于组 H 中所有价格成比例变化的补偿导数。因此当每个组被定义为希克斯加总并且在组内具有固定的相对价格时，λ_{GH} 是组与组之间的替代表达式。如果我们把元素 λ_{GG} 定义为

每个希克斯加总G对自身（总）价格的补偿自身一价格反应，则我们得到一个由λ组成的$N \times N$矩阵，它可以解释为在希克斯条件下对于组加总的斯勒茨基替代矩阵。因此弱分离性给出两层斯勒茨基矩阵结构。在每组内部对替代性没有限制，从而我们有N个完全一般的组内斯勒茨基矩阵。在组与组之间，替代性受（2.8）的限制，它反映了组与组之间完全一般的替代模式，虽然不是商品之间的。这个“上层”替代矩阵由数量λ_{GH}表示。不过，注意，虽然λ一矩阵反映了大组之间的替代，但我们仍然没有组与组之间的配置原则，除非复合商品定理的条件能够满足。

大组之间的配置

弱分离性和两期预算之间的对应与子效用函数的存在，意味着我
130 们能用通常方式定义组间接效用函数和成本函数。例如，我们能定义

$$c_G(u_G, p_G) = \min_{q_G}\left[\sum_G p_k q_k ; v_G(q_G) = u_G\right] \tag{2.11}$$

由它又产生组间接效用函数

$$u_G = \psi_G(x_G, p_G) \tag{2.12}$$

所有这些函数有齐次性、凹性等等与第 2 章所讨论的完全对等的性质。方程（2.12）和（2.1）允许我们把总效用函数u写为

$$u = f(u_1, u_2, \cdots, u_G, \cdots, u_N) \tag{2.13}$$

大组之间的配置问题于是可以通过最大化（2.13）来解决，其约束条件是预算约束

$$\sum_1^N c_G(u_G, p_G) = x \tag{2.14}$$

一般地，如果对函数c_G或ψ_G没有限制，这个最大化问题的解需要所有单个价格的信息。因此一般不可能用只涉及每个大组的一个价格指数和一个数量指数的最大化问题代替（2.13）和（2.14）。允许这样做的条件已经由戈尔曼（1959）推导。一个可能性是每个组成本函数$c_G(u_G, p_G)$可以写成某个一次齐函数$b_G(p_G)$和某个单调递增函数$\theta_G(u_G)$的乘积$\theta_G(u_G)\,b_G(p_G)$。作替代$v_G = \theta_G(u_G)$，最大化问题变为

$$\max u = f[\theta_1^{-1}(v_1), \cdots, \theta_G^{-1}(v_G), \cdots \theta_N^{-1}(v_N)] \tag{2.15}$$

使得

$$\sum b_G(p_G)v_G = x$$

显然，v_G 能理解为组的数量指数，其相应的价格指数为 $b_G(p_G)$，因此（2.15）给出了大组之间配置问题的一个完全的效用最大化解。不幸的是，正如我们将在 5.4 节中看到的，c_G 的这个具体形式意味着每个组的支出份额与总的组支出无关。因此，我们永远不能把必需品和奢侈品组在一起；每组中的所有商品必须有相同的总支出弹性。这个条件和复合商品定理的条件本身都相当苛刻且都没有为大组之间的配置提供满意的一般基础。

戈尔曼建议的第二个解决方法是间接效用函数 ψ_G 取戈尔曼广义极形式

$$\psi_G(x_G, p_G) = F_G[x_G/b_G(p_G)] + a_G(p_G) \tag{2.16}$$ 131

这里 $F_G()$ 是一个单调递增函数，而效用函数应取一个明确的组之间可加的形式，即

$$u = v_1(q_1) + v_2(q_2) + \cdots + v_G(q_G) + \cdots + v_N(q_N) \tag{2.17}$$

在这种情形下，（2.13）是可加的，利用本质上与以前相同的替代，即 $v_G = x_G/b_G(p_G)$，（2.15）变为

$$\max u = \sum F_G(v_G) + \sum a_G(p_G)$$

使得

$$\sum b_G(p_G)v_G = x$$

再一次，v_G 和 b_G 可以解释为数量指数和价格指数，而效用的可加结构意味着 a_G 与最大化无关因而无须被消费者知道。有非 0 的 a_G 的戈尔曼广义极形式比没有非 0 的 a_G 的戈尔曼广义极形式的限制弱很多。虽然它对可能容许的形式有限制，见练习 5.13，但组内支出和组支出之间的非线性关系是允许的。不过，可加限制（2.17）既苛刻且在我们看来又不真实；它将在 5.3 节更充分地讨论。戈尔曼证明，除只有两个组的情形，这里的条件或前面的条件对于弱分离框架下资源在

大组之间的配置是必要而且充分的条件。一个合理的一般解必定要么是一个近似解，要么就是放弃弱分离性的解。

一个近似解可以通过回到原问题来推导，即在约束（2.14）下使（2.13）最大化。在第 7 章我们将讨论如何利用成本函数定义价格和数量指数。根据这个想法，选择基期价格向量 p^0 与相应的子向量 p_G^0，令

$$c_G(u_G, p_G) = c(u_G, p_G^0) \cdot \frac{c(u_G, p_G)}{c(u_G, p_G^0)} \tag{2.18}$$

（2.18）右边的第一项是在基期组价格 p_G^0 下获得效用水平 u_G 的货币成本。它本身是效用的一个满意度量，我们把它写为 v_G 从而 u_G 由 $\psi(v_G,\ p_G^0)$ 给出。第二项，正如我们将在第 7 章看到的它是一个对于组 G 的实际生活成本价格指数；我们把它写为 $P_G(p_G,\ p_G^0,\ u_G)$ 以强调它对 u_G 的依赖。于是，（2.13）到（2.14）的问题，就是最大化

$$u = f\{\psi_1(v_1, p_1^0), \cdots, \psi_G(v_G, p_G^0), \cdots \psi_N(v_N, p_N^0)\}$$

使得

132

$$\sum v_G P_G(p_G, p_G^0, u_G) = x \tag{2.19}$$

这已经是非常标准的形式，其相应的价格和数量指数分别是 v_G 和 P_G。实际上，在实际工作中，我们很少有可行的数量上的自然度量而是考虑数量和价格指数。因此，通常设想预算约束有（2.19）的形式。困难在于 P_G 是 u_G 的函数并且如果我们明确考虑这种依赖关系，我们当然就回到了（2.13）和（2.14）。不过，正如我们将在第 7 章看到的，有可能 P_G 随 u_G 的实际变化不是很大从而（2.19）涉及的指数能由帕氏指数或拉氏指数近似，它们正是当需求系统按加总组的国民账户数据来估计时所涉及的指数。因此（2.19）的构造可能为标准的做法提供某个合理性的说明，尽管是以近似的方式。

组价格指数随组效用变化反映的事实表明组内恩格尔曲线一般不是从原点出发的直线。不过，如果组成本函数的形式取为 $x_G = a_G(p_G) + \theta_G(u_G)\ b_G(p_G)$，这里 a_G，θ_G 和 b_G 均为函数，则 5.4 节中将证明，这将给出一个线性的组内恩格尔曲线（不一定通过原点）。在这样的成本函数形式下，只需有弱分离性，则容易看到（见练习

5.14)，总的组支出能写为总支出和由 a 和 b 构造的两组价格指数的函数。完全同样的思想，即假定弱分离性但考虑用导数表示的局部近似，已经为那些研究不同需求系统的人所主张，特别见巴顿和塔马斯基（Barten and Tumorsky，1966）（原文为 Turnovsky，疑有误。——译者注）、巴顿（Barten，1970）和锡尔（Theil，1975）。利用 Rotterdam 方程［第 3 章，(3.3)］的代数推导是最简单的，虽然推导是十分一般的，因为没有假设参数为常数。方程（2.8）和（2.9）可以改写，对所有 $i\in G$ 和 $j\in H$，以及克罗内克符号 δ_{GH}（$\delta_{GH}=0$ 当 $G\neq H$；$\delta_{GH}=1$ 当 $G=H$），

$$p_i p_j s_{ij} = \delta_{GH} s_{ij}^G p_i p_j + \lambda_{GH} p_i \frac{\partial q_i}{\partial x_G} p_j \frac{\partial q_j}{\partial x_H} \tag{2.20}$$

除以 x 给出 Rotterdam 参数 c_{ij}，把齐次性应用到（2.20），导致 $\sum\limits_{i\in G} p_i s_{ij}^G = 0$ 对 G 和所有的 j 成立，见练习 5.10，从而把（2.20）代入第 3 章中的（3.3）并对 $i\in G$ 求和给出

$$\begin{aligned}\sum_{i\in G}\omega_i \operatorname{dlog} q_i &\equiv x^{-1}\sum_{i\in G} p_i \mathrm{d}q_i \\ &= b_G(\operatorname{dlog} x - \sum \omega_k \operatorname{dlog} p_k) \\ &\quad + \sum_{j\in H}\sum_H x^{-1}\lambda_{GH} p_j \frac{\partial q_j}{\partial x_H}\operatorname{dlog} p_j \end{aligned}\tag{2.21}$$

这里 $b_G=\sum\limits_{i\in G} b_i$ 是该组的边际消费倾向。于是我们能定义两种不同的组价格指数

133

$$\begin{aligned}\operatorname{dlog} P_G^1 &= \sum_{k\in G}\left(\frac{p_k q_k}{x_G}\right)\operatorname{dlog} p_k \\ \operatorname{dlog} P_G^2 &= \sum_{k\in G}\left(p_k \frac{\partial q_k}{\partial x_G}\right)\operatorname{dlog} p_k\end{aligned}\tag{2.22}$$

其中一个用组内预算份额作为权数，另一个以组内边际倾向作为权数。因此方程（2.21）变为

$$\begin{aligned}\sum_{i\in G}\omega_i \operatorname{dlog} q_i &= x^{-1}\sum_{i\in G} p_i \mathrm{d}q_i \\ &= b_G(\operatorname{dlog} x - \sum \omega_G \operatorname{dlog} P_G^1) \\ &\quad + \sum \lambda_{GH}^* \operatorname{dlog} P_H^2\end{aligned}\tag{2.23}$$

这里 $\omega_G=\sum_{k\in G}p_kq_k/x$，$\lambda_{GH}^*=\lambda_{GH}/x$。除了出现两个价格指数存在而非一个以外，（2.23）是在大组商品之间配置的另一个 Rotterdam 系统，进一步，可以很容易地证明 b_G 和 λ_{GH}^* 具有模型中这种参数的所有一般的性质。因此，（2.23）提供了一个保持最优配置的方法，一旦它达到，仅仅需要每个组的两个价格指数的信息。在实践中，如果所有价格一起运动，则两个价格指数应该会彼此接近从而完全可以用一个价格指数来代表。注意这个结果不需要弱分离性以外的其他限制。

隐含分离性和两期预算

弱分离性绝不是可分离性的唯一类型，目前定义的两期预算也不是分层决策的唯一有用的形式。隐含分离性或拟分离性，最早是由戈尔曼（1970）描述的，提供了另一个替代的且在很多方面更简单的结构。偏好被称为是隐含可分离的当且仅当成本函数可以写为

$$\begin{aligned}&c(u,p)\\&=C[u,c_1(u,p_1),\cdots,c_G(u,p_G),\cdots,c_N(u,p_N)]\end{aligned}\tag{2.24}$$

这里像以前一样，商品被划分成 N 组，其价格子向量为 p_1，…，p_N。函数 $c_G(u,\ p_G)$ 是 u 和 p_G 的递增函数。特别注意，正是总效用出现在每个函数 $c_G(u,\ p_G)$ 中；与弱分离性形成鲜明对照的是这里没有组子效用。

求（2.24）关于 p_i 的微分，这里商品 i 属于组 G，可得到

$$q_i=h_i(u,p)=\frac{\partial c(u,p)}{\partial p_i}=\frac{\partial C}{\partial c_G}\cdot\frac{\partial c_G}{\partial p_i}\tag{2.25}$$

因此组支出 x_G 由下式给出

$$x_G=\sum_{i\in G}q_i\,p_i=\frac{\partial C}{\partial c_G}\sum_{i\in G}p_i\frac{\partial c_G}{\partial p_i}=\frac{\partial C}{\partial c_G}\cdot c_G(u,p_G)\tag{2.26}$$

134 因为每个 $c_G(u,\ p_G)$ 是线性齐次的。因此令 $\omega_G\equiv x_G/x$ 为组预算份额，得到

$$\omega_G=\frac{\partial\log C}{\partial\log c_G}\tag{2.27}$$

而对于组内预算份额 $\omega_{iG}\equiv p_i q_i/x_G$，由（2.25）和（2.26）得

$$\omega_{iG}=\frac{\partial\log c_G(u,p_G)}{\partial\log p_i} \tag{2.28}$$

如果我们准备对我们的概念作一些修改，方程（2.27）和（2.28）显示隐含分离性提供了一个极其简单又十分一致的两期预算形式。首先，由（2.26）很清楚函数 $c_G(u,\ p_G)$ 不等于组的总支出 x_G；更确切地说，它们应该认为是依赖于效用水平 u 的组价格指数。因此 2.24 告诉我们，给定隐含分离性，我们可以定义组价格指数 $c_G(u,$ $p_G)$——p_G 恰当的齐次函数——以此为基础来定义宏观成本函数 $C(u,)$。我们能利用这个宏观成本函数并按照对数形式（2.27）的导数性质来把支出配置在大组之间。实际上，我们能走得更远，我们将证明对每个组，数量指数可以定义为偏导数本身。因此如果偏好使得（2.24）成立，则两期预算的第一阶段一定可以按“宏观”效用函数最大化来实施。第二阶段，或低级阶段，由（2.28）给出。每组之内的配置也可以由适当定义的成本函数导出并且导数准则对对数形式有效。从（2.25）我们看到，q_i 不等于 $\partial c_G/\partial p_i$，从而（2.28）是我们将所能得到的。但这实际已经足够了；微观配置的实施只需利用总效用和组价格。

隐含分离性和距离函数**

如果我们考察隐含分离性对 2.7 节讨论的距离函数的含义，前面的讨论可以推广。定义（直接）隐含分离性成立当且仅当距离函数对 q 的某个划分能写成

$$\begin{aligned}&d(u,q)\\&=D[u,d_1(u,q_1),\cdots,d_G(u,q_G),\cdots,d_N(u,q_N)]\end{aligned} \tag{2.29}$$

这显然是用成本函数（2.24）定义的隐含分离性的对偶。可以证明这两个定义不仅类似而且相同。按照戈尔曼（1976）的做法，从第 2 章（7.4）开始，把（2.29）代入

135

$$\begin{aligned}&c(u,p)\\&=\min_q\left[\sum p_k q_k;d(u,p)=1\right]\\&=\min_q\left\{\sum_G\sum_{k\in G}p_k q_k;D[u,d_1(u,q_1),\cdots,d_N(u,q_N)]=1\right\}\end{aligned}$$

$$
\begin{aligned}
&= \min_{v}\Big\{\sum_{G}\min_{q_G}\Big[\sum_{k\in G}p_k q_k\,;d_G(u,q_G)=v_G\Big];D(u,v)=1\Big\}\\
&= \min_{v}\Big\{\sum_{G}\min_{q_G^*}\Big[\sum_{k\in G}p_k\,q_k^*\ v_G\,;d_G(u,q_G^*)=1\Big];D(u,v)=1\Big\}\\
&= \min_{v}\Big[\sum_{G}v_G\,c_G(u,p_G);D(u,v)=1\Big]\\
&= C[u,c_1(u,p_1),\cdots,c_G(u,p_G),\cdots,c_N(u,p_N)] \qquad (2.30)
\end{aligned}
$$

这里 v_1，…，v_N 是一组正的标量，$q_G^* = q_G/v_G$，C 是某个函数，且 $c_G(u,\ p_G)$ 被定义为

$$c_G(u,p_G) = \min_{q_G}\Big[\sum_{k\in G}q_k p_k\,;d_G(u,q_G)=1\Big] \qquad (2.31)$$

一个完全类似的相反过程的论证说明（2.30）可导出（2.29）。因此，在隐含分离性假设下，可分离性的结构在原形式和对偶表示下是相同的。似乎没有其他形式的可分离性具有这样极其优美和简单的性质。

由（2.31）的定义，如果效用由 $d_G(u,\ q_G)=1$ 隐含地定义，则 q_G 将是在价格 p_G 下获得 u 的最便宜的方式。因此，与第 2 章方程（7.3）比较，得到

$$x_G = \sum_{k\in G}p_k q_k = d_G(u,q_G)\cdot c_G(u,p_G) \qquad (2.32)$$

与（2.26）比较我们立即得到

$$\frac{\partial C(u,c_1,\cdots,c_G,\cdots,c_N)}{\partial c_G} = d_G(u,q_G) \qquad (2.33)$$

方程（2.33）为论断“隐含分离性提供了一个完美的大组之间的配置机制”给出了一个合理性的说明。表达式 $d_G(u,\ q_G)$ 是组 G 的数量指数，它依赖于效用，但它是 q_G 的线性齐次函数。指数 c_1，…，c_N 是价格指数，每组一个，并且再一次依赖于效用水平 u。于是宏观成本函数 $C()$ 定义在 N 个指数和效用 u 上；它也是指数的线性齐次凹函数。最后，（2.33）说明数量指数由宏观成本函数关于价格指数的导数给出。因此，只要我们能适当地定义指数，隐含分离性容许我们把大商品组当作单个商品来处理。

弱分离性和隐含分离性的实证比较

136 我们已经看到，尽管彼此不同，弱分离性和隐含分离性各自是如

何导出两期预算方案的。在第一层次上，也就是大组之间的配置，在两种结构之间也许没有什么差别。隐含分离性给出了一个理论上“完全”的解决方法，但价格指数和数量指数依赖于总效用水平，并且在实证研究中这可能需要一些近似。对于弱分离方案（2.24）类似的近似也是需要的。尽管如此，细致的实证比较也可能会揭示没有预期到的差别。

在预算的第二阶段，情形是非常不同的。用希克斯的术语，弱分离性意味着数量需求是组效用和组内价格的一个函数而隐含分离性意味着组内预算份额是总效用和组内价格的一个函数。后者也意味着，比如，组外的补偿价格增加——不论什么商品——将按同样比例改变组内支出。这对于弱分离性来说是与（2.8）给出的替代限制相对应（匹配）的。这些差异对于理论和经济计量学两者都是重要的。在实际工作中，最明显的运用是关于需求方程系统的应用。正如我们以前论述的，把商品需求和总支出 x 及当前价格 p 联系起来实际上是假定偏好的弱跨期分离性。而如果偏好是隐含跨期分离的，则预算份额不应该与 x 和 p 而应该与跨期效用和 p 联系起来。这将要求引入终生预期财富 W_1 与未来预期价格进入需求系统，并且可能对通常获得的结果的类型有重要意义。这是有待去做的工作。实证任务是复杂的，原因是我们在比较因变量相同但解释变量不同的模型。为限制检验（像齐次性或对称性）所设计的传统统计检验不能处理这种情形，我们需要“非嵌入”模型检验。这些检验最近已在计量经济学文献中得到发展［对于需求分析的基本应用，见迪顿（Deaton，1978）］，但为了确切知道它们在实际中的性质，还需做相当大量的工作。

练习

5.9　商品 i 和 j 之间的边际替代率由 $MRS_{ij}=(\partial v/\partial q_i)/(\partial v/\partial q_j)$ 给出，内部均衡时它等于 p_i/p_j，见2.2节。证明，在弱分离性假设下，如果 i 和 $j\in G$ 且 $k\in H\neq G$，则 MRS_{ij} 不依赖于 k。这个结果的逆命题也成立并称之为列昂惕夫分离性定理，见 Leontief (1947)。

5.10　利用（2.8）和（2.10）给出的 λ_{GH} 的定义，证明 (a) $\sum_G \lambda_{GH}=\sum_H \lambda_{GH}=0$，(b) $\lambda_{GH}=\lambda_{HG}$，(c) $\sum_{i\in G} p_i s_{ij}^G=0$。

137 **5.11** 证明补偿交叉价格弹性 $e_{i1}^{*}=\partial\log q_i/\partial\log p_1\Big|_u$ =常数，不依赖于 i 当且仅当所有其他商品与商品 1 是隐含分离的。

5.12 称间接弱分离性成立，如果用价格－支出比率 $r=p/x$ 表示的间接效用函数 $\psi(x, p)$ 对某个价格的划分可以表示为 $\psi(x, p)=\psi^{*}(r)=f[\psi_1(r_1), \cdots, \psi_G(r_G), \cdots, \psi_N(r_N)]$。证明，在间接分离性假设下，组内价值份额 $\omega_{iG}=\omega_i/\omega_G$ 仅仅依赖于总支出和组价格。这个结果与隐含分离性假设下的表示的差别是什么？

5.13 间接效用函数的戈尔曼“广义极形式”（在组层次）是 $u=\theta[x/b(p)]+a(p)$。利用相应的成本函数证明，这导致预算份额之间如下形式的关系：

$$\omega_i=A_{ij}(p)\omega_j+B_{ij}(p)$$

5.14 假定效用函数是弱分离的，并且在组的层次上偏好表示为 $c_G(u_G, p_G)=a_G(p_G)+u_G b_G(p_G)$。证明组支出能写成总支出和价格指数 a_K、b_K（$K=1, \cdots, N$）的函数。这个结果是否或多或少比课文中讨论的巴顿（Barten）和登沃斯基（Turnovsky）的结果更一般？

5.15* 利用距离函数 $d(u, q)=1$ 给出偏好的特征，证明 $MRS_{ij}=(\partial d/\partial q_i)/(\partial d/\partial q_j)$。从而证明对于 i，$j\in G$ 和 $k\notin G$，弱分离性意味着 MRS_{ij} 独立于 k 而隐含分离性意味着 MRS_{ij} 沿一条无差异曲线独立于 k。当一个单独的数量变化时我们如何解释术语“沿一条无差异曲线”？（练习 5.28 继续）

5.3 强分离性和可加性偏好

可加性定义

偏好最普通的一个假设，也是最苛刻的一个假设，是强分离性或可加分离性。在这种情形下，直接效用函数又是由每组子效用函数组成，但不像弱分离性，它们以可加的方式结合。因此，效用函数被写成

$$u=F[v_1(q_1)+v_2(q_2)+\cdots+v_N(q_N)] \tag{3.1}$$

从而在某个单调变换下，效用函数具有明确的可加形式。特别注意强分离的或可加分离的是偏好而不是效用函数。从而，例如

$$u = \prod \exp[v_k(q_k)] \text{ 与 } u = \sum v_k(q_k) \tag{3.2}$$

都是同一个可加分离性偏好的表示形式。在每组只有一种商品的情形下，偏好称为是可加的，或有时说“需求是独立的”。术语强分离性或块可加性通常为多个商品组的情形保留。在消费者理论的历史中，可加偏好起到了重要的作用。消费者理论的创造人，戈森和杰文斯显 138
然认为效用是以这种方式产生的，后来的作者如马歇尔和庇古经常使用独立需求的假设。在最近的论文中，理论工作者发现它是一个重要假设，而计量经济学家发现这个限制对于产生估计所需的自由度有重要的帮助。例如，作为显然的最普通的需求模型，线性支出系统，是由第 3 章中效用函数（2.5）导出的，容易看出它代表可加性偏好。

可加性的实证含义

公式（3.1）的限制在于一个基本的事实：没有组占有特殊的位置。因为函数是可加的，我们可以通过任意组合而任意产生新组，并且这有效地阻止了组与组之间任何特殊关系的存在。我们将在本节末正式讨论这个问题，那里我们将证明如果 i 和 j 是不同组中的两个商品，它们之间的替代效应只能有如下形式

$$s_{ij} = \mu \frac{\partial q_i}{\partial x} \frac{\partial q_j}{\partial x} \tag{3.3}$$

注意 μ 独立于 i 和 j 所在的组。如果偏好是可加的，则公式（3.3）对所有商品都成立。这是我们今后要进一步研究的情形；如果偏好是块可加的，我们的结论适应于被当作希克斯加总的大组。

方程（3.3）定义了斯勒茨基矩阵的非对角元素。对角元素能利用关系 $\sum_k s_{ik} p_k = 0$ 来补充，给出

$$s_{ii} = -\frac{\mu}{p_i} \frac{\partial q_i}{\partial x}\left(1 - p_i \frac{\partial q_i}{\partial x}\right) \tag{3.4}$$

用弹性术语，利用 $e_{ij}^* = s_{ij} p_j / q_i$ 和 $e_{ij} = e_{ij}^* - e_i \omega_j$，

$$e_{ii} = \phi e_i - e_i\omega_i(1 + \phi e_i) \quad i = 1, \cdots, n \tag{3.5}$$
$$e_{ij} = - e_i\omega_j(1 + \phi e_j) \quad i \neq j$$

这里 $\phi = -\mu/x$ 是一个不依赖于 i 的标量。最后一个关系（3.5），首先是弗里希（Frisch，1959）观察到的，说明为什么可加性是如此有用和如此苛刻。除了参数 ϕ，支出弹性的信息就足够决定所有的自身和交叉价格弹性。结果是，为了估计价格弹性，计量经济学家几乎不需要数据中的相对价格变化，从而，比如，一个价格弹性的信息就足
139 够允许截面家庭预算数据被用来“测量”价格弹性。这里的测量当然主要是通过假设。

所有这些信息以价格的形式出现。方程（3.3）和（3.4）给替代矩阵一个特别简单的结构，并且除了非常特殊的情形，当 μ 为正（从而 ϕ 为负）且每个支出弹性为正时替代矩阵只能是半负定的。因此，低档品立即被排除，而方程（3.3）排除了互补品从而只允许替代品。方程（3.5）导出的条件甚至更加苛刻。因为所有份额值为正并且相加为 1，每一个与商品数目的倒数有相同的绝对值。因此，如果商品数目——在块可加情形是商品组数目——很大，我们在一个合理的精确度下，由方程（3.5）得

$$e_{ii} \simeq \phi e_i \tag{3.6}$$

支出弹性和价格弹性近似成比例的性质，实际上对 8 到 10 个商品已趋于十分精确，考虑到庇古对同样方法的建议，它被迪顿（Deaton，1974b）称为庇古定律（Pigou's law）。即使对于商品的大组加总，我们也没有理由提出方程（3.6）是正确的先验性假设，从而如果我们假设可加性，我们就冒着测度严重扭曲的危险。对于相当精细的商品分解，扭曲是明显的，并且对于线性支出系统，迪顿（Deaton，1975a）对逐个商品扭曲进行了考察。实际上，通常情况下数据中总支出的变化比相对价格的变化大很多，从而价格弹性往往受到最严重的扭曲。图 5—2 是从迪顿（Deaton，1975b）中复制的，它解释了 37 种商品分解情形的英国消费者支出的这种特征。它显示了从线性支出系统的估计量计算的价格弹性与其他不是从可加偏好导出的模型的价格弹性之间的关系图。后者与第二个非可加模型进行交叉核对并证明有比较紧密的对应。不过，在线性支出系统和不可加模型之间，如图 5—2 所示，对应实际上是不存在的。这强烈地表明可加性及其推

论，方程（3.5）和（3.6），对度量根本没有帮助，实际上不利于度量。

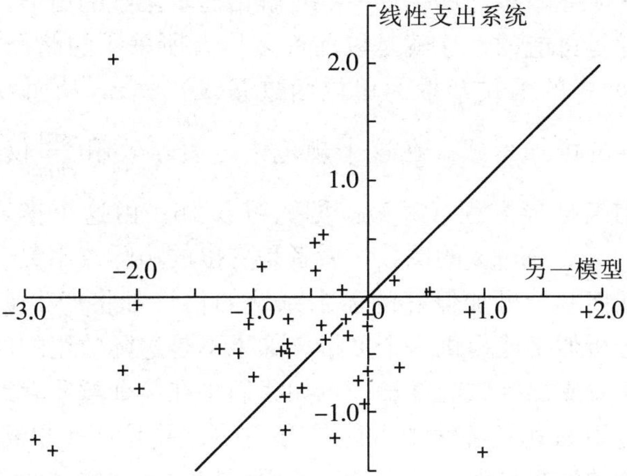

图 5—2　线性支出系统和一个替代模型的价格弹性估计

资料来源：A. S. Deaton，*European Economic Review*，Vol. 6，1975.

尽管如此，仍可争辩，对足够大的商品大组，成比例限制和没有低档品及互补品不是明显不合适的。证据似乎否定这一点。例如，在 Rotterdam 模型内检验方程（3.3）和（3.4）是可能的。在这种情形下［见第 3 章（3.6）］，Rotterdam 模型的 C 矩阵有如下形式（见练习 5.20），

$$c_{ij} = \phi(\delta_{ij} b_i - b_i b_j) \qquad (3.7)$$

这里 ϕ 与前面一样而 b_i 是商品 i 的边际消费倾向，这个限制的检验能用与第 3 章检验对称性和齐次性同样的方法。巴顿（Barten，1969）利用荷兰数据对 16 种商品的分解做了这样的工作但发生了似然估计量大幅度下降的情况，显示了对可加性假设的强烈拒绝。迪顿（Deaton，1974a）利用 9 种商品和英国的数据，得出类似的结论，并且也发现同样也是可加的线性支出系统，对于可加的 Rotterdam 模型给出类似的结果。即使对于高度加总商品和仅仅 4 个组，锡尔（Theil，1976）也没有发现可加性是可以接受的。在迪顿（Deaton，1978）中对于线性支出系统使用非嵌入检验程序的进一步证据进一步支持了这个结论。因此显然，强分离性和可加性是太强的假设从而不能用在实证研究中，尽管它们有毫无疑问的经济计量的优点。 140

可加性和边际效用的"度量"

在用一阶导数条件$\partial v/\partial q_i=\lambda p_i$解出需求函数的情形，(3.5) 的另一个推导是可能的，这就是以前许多作者所采用的路径。特别地，方程 (3.1) 中的函数F取为单位函数$F(x)\equiv x$，从而效用的规范化给出明确的可加形式。在这个规范中，边际效用$\dfrac{\partial v}{\partial q_i}$仅是$q_i$的函

141 数，这可用来推导方程 (3.5)，见练习 5.16。由这个推导，数量ϕ被证明是$\partial\log\lambda/\partial\log x$的倒数，后者是支出的边际效用关于支出的弹性。因为任何基于可加偏好的需求系统的估计都将产生ϕ的一个估计，需求分析似乎能提供一个度量，如果不是边际效用的度量，它至少也是关于总支出导数的度量。正如我们将在第 9 章要看到的，这样的度量在应用福利经济学中可能是有用的，并且从弗里希 (Frisch, 1932) 开始的许多作者，已经尝试了用可加性做这样的计算。这样的应用产生了相当一致的结果；ϕ的估计通常接近-0.5，给出的边际效用的弹性估计为-2。

在评估这些结论的时候，首先注意方程 (3.5) 原先的推导在较大程度上独立于F的选择。如果，比如效用为$\sum v_k(q_k)$或$\prod\exp[v_k(q_k)]$的方程是相同的并且ϕ也是相同的。换句话说，ϕ是一个偏好排序的参数并且独立于被选择用来代表它的具体效用函数。于是它不可能与边际效用有关，后者随规范的不同而变化。对于$u=\sum v_k(q_k)$，无疑有$\phi=(\partial\log\lambda/\partial\log x)^{-1}$，但当效用函数经非线性变换之后，比如变为$\exp[\sum v_k(q_k)]$，$\phi$不再有这样的解释，虽然偏好、可观察到的行为和$\phi$的估计保持不变。因此，我们只能在如下条件下接受$\phi$作为边际效用的弹性的倒数的度量：(a) 我们承认消费者确实有一个效用水平（即除了数学表达偏好的方便性外，效用函数有实际的意义）；(b) 有可加偏好的消费者总是利用明确的可加形式来度量效用。我们看不到可以想像的基础用来检验 (a) 或 (b)，从而把ϕ的估计作为边际效用解释似乎没有根据，仅仅是一个推断。ϕ的估计本身的一致性也不令人惊奇。按方程 (3.6)，ϕ的估计将接近于价格与总支出弹性的平均比率。大多数研究已考察过 6 到 16 种商品的情形，在这样的分解水平下，-0.5的平均水平是完全合理的。

方程（3.3）的正式推导*

从方程（3.1）开始，取三种商品 i、j 和 k，每个属于不同的组 I、J 和 K。因为强分离效用函数必定是弱分离的，我们可以利用 5.2 节的结果，特别是（2.8）。我们采用两种方法，首先承认三个组，然后合并 J 和 K 成为一个新组 L，由强分离性，L 也是与 I 可分离的。由（2.8），存在 μ_{IJ}，μ_{IL}^{*}，μ_{IK}，使得

$$s_{ij}=\mu_{IJ}\frac{\partial q_i}{\partial x}\cdot\frac{\partial q_j}{\partial x}=\mu_{IL}^{*}\frac{\partial q_i}{\partial x}\cdot\frac{\partial q_j}{\partial x}\tag{3.7}$$ 142

$$s_{ik}=\mu_{IK}\frac{\partial q_i}{\partial x}\cdot\frac{\partial q_k}{\partial x}=\mu_{IL}^{*}\frac{\partial q_i}{\partial x}\cdot\frac{\partial q_k}{\partial x}\tag{3.8}$$

因此，用 s_{ij} 除以 s_{ik}，$\mu_{IJ}=\mu_{IK}$，并且因为 J 和 K 是任意的，μ_{IJ} 仅仅依赖于 I。不过，由对称性，$s_{ij}=s_{ji}$，$\mu_{IJ}=\mu_{JI}$，故 μ_{IJ} 不依赖于 I 和 J。因此令 $\mu_{IJ}=\mu$，（3.7）变为方程（3.3）。

练习

5.16　由第 2 章中的一阶条件（2.4）按下面的步骤证明（3.5）。对第 2 章中（2.4）取对数给出 $\log(\partial v/\partial q_i)=\log\lambda+\log p_i$。依次对 $\log x$ 和 $\log p_j$ 求微分，记住在可加性假设下，$\partial v/\partial q_i$ 仅是 q_i 的函数。因此，令 $\omega=\partial\log\lambda/\partial\log x$ 和 $\theta_i=\partial\log\lambda/\partial\log p_i$，证明 $\omega e_{ij}=e_i\theta_j+\delta_{ij}e_i$。最后，利用总量相符限制 $\sum\omega_i e_{ij}+\omega_j=0$ 和 $\sum\omega_i e_i=1$ 解出并消去 θ_j。验证 $\phi=\omega^{-1}$。

5.17　在庇古（Pigou，1910）原先的论文中，他断言，在可加性条件下，单个价格增加一个百分点对货币的边际效用的成比例效应是可以忽略的。根据前面方程中 θ_i 的解评价这个结论。

5.18　证明，在可加性假设下，交叉—价格弹性相对于自身价格弹性和总支出弹性总是小的。

5.19　卢克、鲍威尔和威廉姆斯（Lluch，Powell and Williams，1978）对于许多国家的四个商品组（其中之一通常是所有食物）估计了线性支出系统并且声称他们几乎没有发现迪顿（Deaton，1974b）关于 $e_{ii}\simeq\phi e_i$ 的“断言”的证据。为什么在这种情形下的近似可能失效？这意味着线性支出系统对于很大的商品组是一个较弱的限制吗？

5.20　利用方程（3.5）证明，在可加性假设下，Rotterdam 参

数 c_{ij} 满足 $c_{ij}=\phi(\delta_{ij}b_i-b_ib_j)$。对于线性支出系统验证这个结果，并推出这种情形下 ϕ 的表达式。如果在线性支出系统的估计量的基础上计算，你预期 ϕ 如何随时间变化？

5.21 称间接可加性成立，当用 $p/x\equiv r$ 表示的间接效用函数能够写成 $\psi(x,p)\equiv\psi^*(r)=f[\sum\psi_k(r_k)]$。证明条件“对所有 i，j，$i\neq j$，e_{ij} 独立于 j”是间接可加性的必要且充分的条件。（必要性是直接的，充分性更难。）

5.4 位似和拟位似

位似偏好

我们已经几次提到位似偏好，现在我们有机会更加完整地讨论它。一个偏好称为是位似的，如果对效用函数的某个规范化，数量翻倍时效用也翻倍。由生产理论的相似性，偏好称为是位似的如果效用
143 的产生能保持规模报酬不变。在这种情形下，每条无差异曲线都是其他无差异曲线的扩大或缩小。正如图 5—3 所解释的，任意从原点出发的射线与所有无差异曲线的交点处的斜率相同，由此可得出几个直接的结果。首先，由于斜率是常数，保持 p 不变而增加 x 的扩展路径

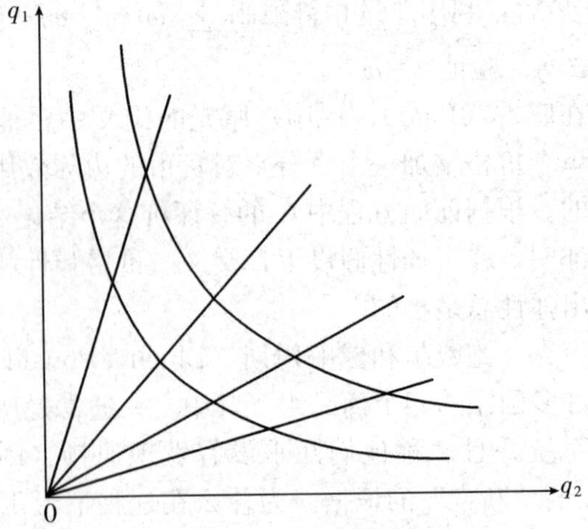

图 5—3 位似偏好

将是从原点出发的直线。显然，其含义是预算构成不依赖于总支出或效用。因此，所有的支出弹性为 1。第二个结论是关于成本函数的结构。如果我们沿任意一条从原点出发的射线标注不同的无差异曲线使得两倍的效用对应于两倍到原点的距离，那么可以发现 u 的成本必定与 u 成比例。

这两个性质，由图 5—3 知是明显的，也容易给出一个正式的证明。首先，偏好是位似的当且仅当对任意的标量 $\theta>0$ 我们能表示

$$u = F[v(q)];\ v(\theta q) = \theta v(q) \tag{4.1}$$

就是说，效用是某个一次齐次函数的单调递增函数。由序数性，我们能选择 $v(q)$ 本身作为效用表示。在这样的规范下有 $c(u, p) = \min[\sum p_k q_k;\ v(q) = u]$。因为 $v(q)$ 是齐次的，u 翻倍可由 q 的翻倍来实现从而可由成本翻倍来实现。故

$$c(u,p) = ub(p) \tag{4.2}$$

这里 $b(p)$ 是 p 的某个线性齐次凹函数。再一次利用与生产理论的相 144
似性，效用的边际成本与平均成本都是常数且它们相等。如果我们对公式（4.2）取对数并求关于 $\log p_i$ 的微分，我们有

$$\omega_i = \frac{\partial \log c(u,p)}{\partial \log p_i} = \frac{\partial \log b(p)}{\partial \log p_i} \tag{4.3}$$

因为 $b(p)$ 不依赖于 u，上式表明预算份额与 u 无关从而与 x 无关。所有的支出弹性为 1 的结论与所有已知的家庭预算研究相抵触，更不用说当总费用增加时支出模式系统变化的大多数时间序列证据。因此，规模报酬（效用）不变的假设在消费理论研究中的作用比它在生产理论中的作用要小得多。

拟位似与线性恩格尔曲线

位似的大多数数学上的方便性可以在经济上有益得多的“拟”位似假设下保持，戈尔曼（Gorman，1961，1976）对后者进行了广泛的研究。按其表示，一个固定的成本项被加到成本函数（4.2）中，从而我们得到戈尔曼极形式［比较(2.16) 中 $F_G(x) \equiv x$ 的情形］

$$c(u,p) = a(p) + u\,b(p) \tag{4.4}$$

数量 $a(p)$表示 u 为 0 时的生活成本，因此可以解释为生存支出。例如，在线性支出系统中，其成本函数有公式（4.4）中的形式，$a(p)$ 的形式为 $\sum \gamma_k p_k$ 从而生存支出是生存数量 γ 的成本。由公式（4.4），间接效用函数为

$$u=\psi(x,p)=\frac{x-a(p)}{b(p)} \tag{4.5}$$

它可以明显地解释为生存所需的额外支出的实际价值。微分公式（4.4）并把公式（4.5）代入，得出

$$q_i=a_i(p)+\frac{b_i(p)}{b(p)}[x-a(p)] \tag{4.6}$$

这里 $a_i(p)$ 和 $b_i(p)$ 分别是 $a(p)$ 和 $b(p)$ 的第 i 个偏导数。这个方程显示拟位似是如何限制行为的；所有的恩格尔曲线是直线。在位似
145 假设下，恩格尔曲线是从原点出发的直线，从而所有的支出弹性为 1；在“拟”位似假设下，直线不一定经过原点，且弹性仅当总支出增加时趋于 1。这是一个重要的推广，虽然对于狭义定义的商品它仍然不大可能是真实的。即使对于像食物这样的大组，家庭预算研究倾向于给出非线性恩格尔曲线。不过，由定义，这样的数据没有显示费用增加时个人或家庭的反应。对于时间序列数据，虽然在加总水平下，恩格尔曲线的线性与大组商品的证据的矛盾并不太明显。

如果拟位似有效，它为需求模式如何随总费用变化提供了一个方便的表达方式。用预算份额形式，由函数（4.6）可得

$$\omega_i=\left(\frac{p_i a_i}{a}\right)\left(\frac{a}{x}\right)+\left(\frac{p_i b_i}{b}\right)\left(1-\frac{a}{x}\right) \tag{4.7}$$

从而第 i 个份额值是两个表达式的加权平均，权数依赖于固定成本 a 与总支出的比率。第一个表示式 $p_i a_i/a$ 是当 $x=a$ 时的第 i 个份额值；因此，该项代表那些刚好符合固定成本约束者的支出模式，当 $x=a$时其权数为 1，当 x 趋于无穷时，其权数递减到 0。与之相对照，$p_i b_i/b$ 是当 x 为无穷时在“享乐”方面的第 i 个份额值，并且当 x 增加到无穷时，它的权数从 0 增加到 1。因此，在拟位似假设下，实际支出模式适应非常富的和非常穷的消费者的份额值的加权平均。

最后注意，在任何给定点，成本函数（4.4）没有对价格反应施加限制。函数 $a(p)$和 $b(p)$除了是线性齐次凹函数以外可以取任何形式，并且替代矩阵是它们的海赛矩阵（Hessian matrix）的效用加权组合。因此，如果我们认为穷消费者在商品之间的替代能力比富消费者弱（必需品比奢侈品有较小的替代性），那么可以通过选择函数 a 和 b 容许这种情况。公式（4.4）所体现的唯一的限制是恩格尔曲线的线性，而拟位似是其必要充分条件。并且，即使在线性似乎对于全局不合理的情况下，需求函数（4.6）仍可能是一个很好的局部近似；正如迪沃尔特（Diewert，1980a）所正式证明的，成本函数（4.4）可以作为任意成本函数的一个局部二阶近似，从而函数（4.6）能当作任何需求函数系统的一个局部一阶近似。我们将在下章回到戈尔曼极形式，那里它在消费者加总理论中起关键作用。

练习

5.22　位似偏好导致所有的支出弹性为 1，它对价格弹性有什么限制，如果有的话？ *146*

5.23　考虑二次效用函数 $u=\sum\sum(q_k-\beta_k)\alpha_{kj}(q_j-\beta_j)$，这里矩阵（$\alpha_{kj}$）是对称矩阵且负定。证明这些偏好是拟位似的。

5.24　货币的边际效用 λ 能用它（边际效用）的倒数，即效用的边际成本 $\partial c/\partial u$ 来刻画。证明存在效用的一个规范化使得 λ 独立于 u 当且仅当偏好是拟位似的。

5.25　证明线性支出系统是拟位似的，并且在这个模型内，较富的家庭有较高的替代可能性。

5.26　（Samuelson，1965）结合函数（3.5）与练习 5.17 的结果，证明如果同一偏好排序既是直接可加又是间接可加的，则 $\omega_i+\phi e_i\omega_i$ 必定独立于 i。它成立的最一般的条件是 $e_i=-\phi=1$ 并证明这个条件是位似的充分必要条件。

5.27*　证明偏好是位似的当且仅当距离函数具有形式 $d(u,q)=\beta(q)u$，其中 $\beta(q)$ 是线性齐次凹函数。[提示：利用第 2 章方程（7.4）]

5.28*　（续练习 5.15）证明，一般有

$$\frac{\partial}{\partial q_k}\left(\frac{\partial v/\partial q_i}{\partial v/\partial q_j}\right)=\frac{\partial}{\partial q_k}\left(\frac{\partial d/\partial q_i}{\partial d/\partial q_j}\right)+\frac{\partial}{\partial u}\left(\frac{\partial d/\partial q_i}{\partial d/\partial q_j}\right)\frac{\partial u}{\partial q_k}$$

由此证明仅当子组效用函数是位似时弱分离性和隐含分离性才同时成立。

5.29* 通过改写（3.3）为 $s_{ij}=\gamma(\partial q_i/\partial u)(\partial q_j/\partial u)$，或其他形式，证明位似性和可加性共同导出 $c(u,\ p)=u(\sum \beta_i p_i^{\alpha})^{1/\alpha}$。$\alpha$ 能取哪些合理的值？[把它扩展到拟位似的情形，见波拉克（Pollak，1971a）。]

文献注释

函数结构和商品加总之间的关联似乎首先由索诺（Sono，1962）和列昂惕夫（1947）的论文描述。斯特罗茨（Strotz，1957）关于效用树的实证意义的论文引发了戈尔曼（1959）对于两期预算的充要条件的特征的描述。5.2 节的大部分讨论是基于戈尔曼（1971）在伦敦经济学院的讲稿，他也发表了关于偏好和分离性（Gorman，1968）的论文。戈德曼和乌兹瓦（Goldman and Uzawa，1964）提供了不同分离结构的实证结果的一个方便的清单。生产理论中本质上相同的课题也由布利斯讨论过（Bliss，1975，第 5 章）。对于同一问题的不同方法，见格林（Green，1964）[总结在格林（Green，1976）中]。一个有用的总结由吉尔里和莫里希马（Geary and Morishima，1973）给出。配给和可分离性之间的关系在波拉克（Pollak，1969，1971b）的论文中描述。隐含分离性最完备的讨论是戈尔曼（Gorman，1970）没有发表的手稿，虽然大部分材料在戈尔曼（1976）中。皮尔斯（Pearce，1961，1964）和布洛科比（Blackorby，1978）等人讨论了其他类型的分离性及其结果。尽管现代分析的先驱无疑是弗里希（Frisch，1932，1959），但可加性有漫长的思想史。尽管有创记录的打印错误，霍撒克（Houthakker，1960）的论文也是重要的。ϕ 的估
147 计的综述包括在布朗和迪顿（Brown and Deaton，1972）以及萨托（Sato，1972）中。迪顿（Deaton，1974b，1975a，b）讨论了可加性假设的实证结果，而格林（Green，1961）讨论了容许低档品的（十分）特殊的情形。线性恩格尔曲线在加总理论中有它们最大的理论重要性，它们的历史能够追踪到安托内利（Antonelli，1886）以及现代的戈尔曼（Gorman，1953）和锡尔（Theil，1954）。戈尔曼极形式出现在戈尔曼（Gorman，1961），更广的讨论可见于戈尔曼（Gor-

man，1976）。位似性像可加性一样，很早就被认识到是一种重要的特殊情形，比如见，伯格森（Bergson，1936）早期的重要论文。对于可分离性理论在国际贸易流量和价格的分析上的有趣的应用，见阿明顿（Armington，1969a，1969b，1970）、布兰森（Branson，1972b）和约翰逊、格林纳斯和瑟斯比（Johnson，Grennes and Thursby，1977）的论文。

第6章　市场需求理论

148 近来，在应用经济学领域中一个最重要的发展就是可以取得越来越多的关于个体家庭的大样本数据，尤其是在美国。虽然这样的数据分析本身存在着难以克服的问题，但是至少在理论上可以应用前面章节的微观经济理论。不过，像我们经常遇到的情况一样，如果只能得到家庭的加总数据，那么没有明显的理由表明为什么针对个体家庭表述的理论可以直接应用。从消费者行为的微观经济学过渡到市场需求的分析就是我们经常所说的“加总问题”。加总被认为是令人讨厌的问题，是将理论直接应用到数据中的暂时障碍。从这一点来说，加总理论的作用就是提供必要条件，在这些条件下有可能把总体消费行为看成是寻求最大化的一个消费者个体的决策的结果；这就是我们称之为精确加总的情形。这些加总条件通常是苛刻的，这曾诱使许多经济学家掩盖整个问题的困难或把它贬为不重要问题而忽略它。事实上，有些经济学家，例如见希克斯（Hicks，1956），认为微观经济理论与加总数据有更强的相关性，并在很大程度上凭直觉认为个体家庭情况的变化平均来说对总体的影响是微不足道的，仅有价格和预算的变化产生的系统效应。如果这些观点是正确的话，那么这个理论就可以不加修正地用来处理市场数据，但这需要给出明确的论证。

一般来说，要使精确加总成为可能，不一定要把微观基础搬到宏观关系上，这也未必是可取的。事实上强求这样做常常从根本上阻碍了令人满意的市场关系的推导。例如，绝大多数的商品并不会被所有的消费者所购买，尽管购买任一商品的消费者的比例预计会随价格的下降而上升。因此，价格的下降不仅使得已经购买该商品的人购买更多的数量，而且使新的消费者首次购买该商品。一个正确的处理方法 149
要求在建模中充分考虑这两种效应。但是如果总需求被认为是来自于购买每一种商品的具有代表性的消费者的话，这是不可能的。同样，正如我们将在第 11 章所看到的，我们要能适当地建立劳动总供给模型，只有一方面仔细区分工资和收入的变化对参与决策的影响，另一方面区分它们对工作时间长短的影响。尽管这样的情况普遍存在，但是考虑是否以及在什么条件下存在市场需求函数，并且市场需求函数具有个人需求函数的一些或全部性质依然是一个相当有趣的问题。6.1 节和 6.2 节在标准模型下继续讨论这些问题，即将固定的总支出在特定的一些商品上配置。在 6.1 节中，我们讨论线性加总、考察基本的结论以及它们的含义和它们对实证分析的适用性。在 6.2 节中，提出广义线性作为实现精确加总的另一种方法，我们探讨的是它将分配因素引入到需求函数中的可能性。6.3 节把该模型扩展到了闲暇的价格（工资率）在消费者之间变化这一现实情形中。在这三节中，我们要求加总是精确的，而且无论总费用在家庭之间如何分配它都成立。6.4 节降低了这些要求，并讨论加总可能性被拓宽的方式。

6.1　精确的线性加总

首先，我们必须考虑在什么条件下的确存在总需求函数，从而能够写出作为价格和总费用函数的总需求。如果能够做到这一点，我们就有可能进一步探讨这一需求是否可以通过某一效用函数的约束最大化来得到。这个总效用函数以及被认为它可以代表的“偏好”绝不是某一社会选择过程的结果。这只是一个方便的“比喻性”解释，如果归结为一个假想的拥有全部费用的、具有代表性的消费者，将导致市场需求等于个人需求的加总。在本节和下一节中，我们将假设每个家庭的总支出 x^h 是外生的而且在家庭之间是变化的。但是，n 种价格对于所有的消费者是一样的（至少我们在 6.3 节中考虑闲暇价格之前是这样的）。这个假设在实际中完全可能是不正确的——有证据表明穷人支付得更多，见卡普洛维茨（Caplovitz，1967）和皮亚丘恩德（Piachund，1974）（原文为 Piachaud，疑误。——译者注）——但是这对于分析是很关键的。其作用是确保每个消费者所面对的（$n+1$）
150 个变量中，n 个价格是一样的，只有总支出的差异需要处理。因此，为了得到精确加总，我们必须考察恩格尔曲线的形状应该如何限制。然而要注意的是如果单个消费者受到各种约束，比如说受到配给或交易成本的约束，并且如果这些约束在消费者之间是不同的，那么我们事实上回到了不同消费者面对不同价格的情形，这样精确加总的条件将会更加严格。

我们用上标 h 表示第 h 个家庭，例如，q_i^h 表示对商品 i 的需求，那么我们把需求函数表示为

$$q_i^h = g_i^h(x^h, p) \tag{1.1}$$

如果总共有 H 个家庭，则（1.1）意味着对于平均需求 $\bar{q}_i$，我们可以令

$$\bar{q}_i = f_i(x^1, x^2, \cdots, x^H, p) = \frac{1}{H}\sum_h g_i^h(x^h, p) \tag{1.2}$$

其中 f_i 是一个函数。如果把（1.2）写成具体的形式，精确的加总就是有可能的，即对于某一 g_i 和所有的 i，有

$$\bar{q}_i = g_i(\bar{x}, p) \tag{1.3}$$

一般来说，函数（1.3）这样的函数是不存在的，且可能的形式只能是（1.2）；同时注意，要求 $g_i(\bar{x}, p)$ 与一个效用函数相一致通常比

只要求它简单存在严格得多。

为了弄清楚任一形式的函数（1.3）的条件，注意到公式（1.3）与公式（1.2）不同，它不依赖于支出 x^h 的分布。因此为了使方程成立，一单位货币从一个人转移到另一个人的重新分配并不改变市场需求。这只有在 n 个不同边际消费倾向对于所有的消费者都是一样的情况下才有可能发生。富有的消费者与贫穷的消费者必须以完全相同的方式调整他们的费用开支。这个结论意味着函数（1.1）是 x^h 的线性函数，也就是说，存在仅与 p 有关的函数 α_i^h 和 β_i，使得

$$q_i^h=\alpha_i^h(p)+\beta_i(p)x^h \tag{1.4}$$

这里，尽管 $\alpha_i^h(p)$ 标有 h，但 $\beta_i(p)$ 没有。注意到因为需求必须是非负的，所以如果 α_i^h 或 β_i 是负的，那么 x^h 所允许的范围必须受到限制。加总后，我们有

$$\overline{q}_i=\alpha_i(p)+\beta_i(p)\overline{x} \tag{1.5}$$

在此我们假设没有任何个人的 x^h 使 $q_i^h\leqslant 0$。但是如果我们希望对 x^h 的范围不加任何限制，并要求加总对于所有 $x^h\geqslant 0$ 都是可能的，我们就必须去掉公式（1.4）和公式（1.5）中的截距项，因为不然的话有些需求将为负。因此这个“全局”加总意味着 q_i^h 和 $\overline{q}_i$ 分别与 x^h 和 $\overline{x}$ 成比例。

目前为止，我们尚未讨论效用最大化问题，事实上，公式（1.4） 151
是公式（1.3）的充要条件，不论我们是否要求加总效用最大化。现假设个人效用最大化。在这种情况下，公式（1.4）成立当且仅当每个家庭具有成本函数

$$c^h(u^h,p)=a^h(p)+u^hb(p) \tag{1.6}$$

其中 $\beta_i(p)=\partial\log b(p)/\partial p_i$，$a^h(p)$ 满足 $\partial a^h(p)/\partial p_i-\beta_i(p)a^h(p)=\alpha_i^h(p)$。函数（1.6）的充分性是一个简单的微分问题，必要性证明的轮廓在练习 6.3 中给出。类似的，这些成本函数的平均是构成（1.5）的基础的成本函数，也就是

$$\overline{x}=c(u,p)=\overline{a}(p)+ub(p) \tag{1.7}$$

其中，$\overline{a}(p)$ 是 $a^h(p)$ 的平均。因此只要个人最大化和个人偏好满足加总条件，则平均需求就自动与效用最大化一致。

方程（1.6）是拟位似偏好的成本函数，其性质在5.4节中曾详细讨论过。被认为是加总必要条件的拟位似偏好，或与之等价的线性恩格尔曲线是极其严格的。例如，在低预算水平不消费的任意商品将被立即剔除。因此，如果线性加总的确可行，那么对于广义的商品组合同样可行。甚至在这样的水平下，绝大部分人习惯认为额外支出在大组之间的分配对于贫穷的消费者和富裕的消费者有着系统性的差别，他们常引用横截面预算研究的证据作为支持。但是这一证据不是令人信服的。观察函数（1.4）和函数（1.6），我们看到家庭之间的偏好差异是允许的；公式（1.6）中的函数 $a^h(p)$ 和公式（1.4）中的截距 $\alpha_i^h(p)$ 都标有 h。这是非常重要的，因为它允许，例如，家庭构成效应的存在而不破坏加总的条件。但是这又意味着从预算数据检验线性性是困难的，因为如果截距依赖于诸如年龄、性别、户主的受教育程度、孩子的数量以及种族等家庭特征，并且如果在横截面中这些特征与收入或总家庭支出非线性相关，那么需求的数量将反映仅与总支出的非线性关系，例如见练习3.1。加总时间序列数据并不是那么明显地与函数（1.6）相抵触，虽然由卡尔瓦诺（Carlevaro，1976）、博伊斯和普利蒙特（Boyce and Primont，1976）所做的间接检验表明线性是不可接受的。在下一节我们将讨论支持这一结论的一些新结果。即使是这样，目前过多地重视这些结论可能是一个错误，并且虽然仍然有点不合理，但是在大商品组情形拟位似确有可能是一个合理的近似。

152 从（1.4）可以看出，当 $\alpha_i^h(p)$ 大于0时商品是必需品，当 $\alpha_i^h(p)$ 小于0时商品是奢侈品。对于 $\alpha_i^h(p)<0$ 的商品，恩格尔曲线如图6—1所示。方程（1.4）给出直线 CAB，但是由于 q_i^h 不能为负，只有当 $x^h\geqslant-\alpha/\beta$ 时的 AB 是可能的恩格尔曲线。如果所有的家庭都有如图所示的恩格尔曲线，并且如果所有的家庭都有高于 A 的充足费用，那么加总条件就可以得到满足，所有的问题都容易解决。但是，如果真正的恩格尔曲线是 OAB 而非 CAB，并且如果有些家庭有 $x^h<-\alpha^h/\beta$，那么加总就不成立。显然，支出从高于 A 的家庭向低于 A 的家庭转移的重新分配将改变需求类型，因为两类家庭的边际消费倾向不同，一个为 β，另一个则为0。这绝不会违背定理，因为 OAB 不是线性的，而只是“分段”线性的。在这种情况下，对于高于和低于 $-\alpha^h/\beta$ 的 x^h，表明固定支出分配下平均需求如何随平均预算变化

的平均恩格尔曲线有可能像 0 到 B 的虚线所描述的那样是非线性的。下面的练习 6.5 详细讨论了一个总量关系是二次的具体例子。

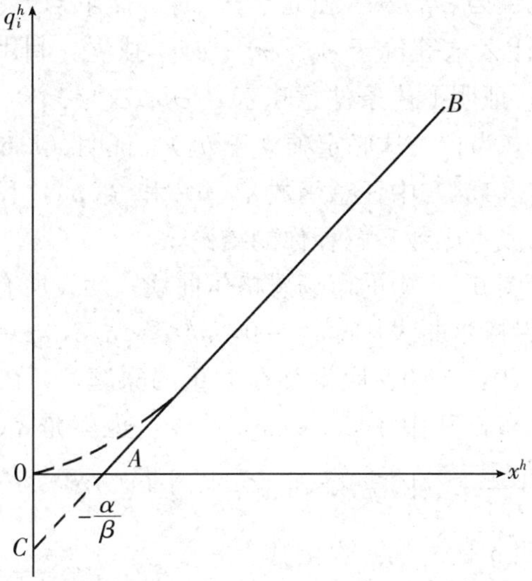

图 6—1　线性恩格尔曲线

这一讨论很直观地表明，如上所述，线性恩格尔曲线的假设对于 153
一个极度不可加的商品分类而言可能看似不那么合理。因为在这样一个详细分类的层次上，许多消费者将不会购买某一特定商品，总支出对市场需求的反应的大部分是由“广延”而非“集约”边际上的变化引起的，也就是由新消费者进入市场引起的。正如我们已看到的，这可能会产生非线性的市场反应。事实上，微观曲线的非线性性正好抵消以致产生线性市场需求的巧合的可能性很小。

练习

6.1　利用你所知道的任何家庭预算数据来源（英国，由劳动就业部公布的年度家庭支出调查；美国，劳动统计署的消费支出调查，例如，1971—1972），草画出狭义和广义的商品选择的恩格尔曲线。评论用直线近似你所画的曲线的恰当性。有什么统计检验可用于估计非线性？为了对加总的可能性作出明确估计需要哪些更多的信息？

6.2　解释为什么有可能对于某些商品存在像公式（1.3）一样的市场需求函数，而对另一些却不存在。下列商品有可能归为哪一类：

(a) 食物,(b) 阿司匹林,(c) 香烟,(d) 高保真度的音响设备,(e) 黄油,(f) 牛排,(g) 发胶?

6.3 当且仅当 $\partial q_i^h/\partial x^h$ 独立于 x^h 时,需求与方程(1.4)保持一致。解释为什么这等价于 $\partial q_i^h/\partial u^h$ 与 u^h 独立。利用 $q_i^h=\partial c^h/\partial p_i$,或其他的关系,证明上述条件意味着 $\partial/\partial p_i(\partial c^h/\partial u^h)$ 独立于 u^h。设 $\partial c^h/\partial u^h=b(p)$(为什么这必定独立于 h?),证明(1.6)。

6.4 给定(1.4)中任意函数 $\alpha_i^h(p)$ 和 $\beta_i(p)$,我们是否总能找到像(1.6)的成本函数?解释你的结论。

6.5 估计图 6—1 中的市场恩格尔曲线,假设所有的家庭都有相同的分段线性恩格尔曲线,即 $q_i^h=0$,$x^h\leqslant-\alpha/\beta$,$q_i=\alpha+\beta x^h$,$x^h\geqslant-\alpha/\beta$,其中 $\alpha<0$,$\beta>0$。假设存在大量的家庭,x 在区间(γ,$\gamma+r$)内呈均匀分布,其中 $\gamma<-\alpha/\beta<\gamma+r$,也就是密度函数为 r^{-1}。证明 (a)$\bar{x}=\gamma+\frac{1}{2}r$,(b)$\bar{q}=r^{-1}[\alpha(\gamma+r)+\alpha^2/\beta-\alpha^2/2\beta+\beta(\gamma+r)^2/2]$。由此,证明 $\bar{q}$ 是 $\bar{x}$ 的二次函数。

6.6 证明如果成本函数 $c^h(u^h,p)$ 的形式为 $a^h(p)+F^h(u^h,p_{r+1},p_{r+2},\cdots,p_n)b(p)$,那么对于商品 1 至 r 而言精确的线性加总是可能的,而对于商品 $r+1$ 至 n 而言精确的线性加总是不可能的,除非对 F^h 作出进一步的限制。更复杂的问题:证明成本函数的这一形式是商品 1 至 r 可精确加总的充分必要条件。

6.7* 在(1.4)中,通过 $\alpha_i^h(p)$ 项而允许家庭偏好的差异。证明如果 z^h 是某一家庭特征,则对所有的 i,为了把函数 $q_i^h=g_i(x^h,z^h,p)$ 加总为 $\bar{q}_i=f_i(\bar{x},z_0,p)$,其中 z_0 是 $(z^1,\cdots,z^H)$ 的一个函数,我们要求 $q_i^h=\alpha_{i0}(p)+\alpha_{it}(p)v(z^h)+\beta_i(p)x^h$。证明如果有 m 种特征,这可推广到 $q_i^h=\alpha_{i0}(p)+\sum_{j=1}^{m}\alpha_{ij}(p)v_j(z_j^h)+\beta_i(p)x^h$。要是平均需求依赖于每种特征的平均水平又会怎样?

6.2* 精确的非线性加总

154 在定义精确的线性加总时,要求平均市场需求应该是平均总支出的函数。这一条件的约束限定恩格尔曲线是线性的,而且对于每个个体而言其斜率相等。在本节中，我们以另一个完全不同但又十分有用的方式来定义精确加总。与加总数量不同，我们对不同消费者的不同支出模式进行加总。

设第 i 种商品的平均加总预算份额是 $\overline{w}_i$；因此得到

$$\overline{w}_i = \frac{p_i \sum_h q_i^h}{\sum_h x^h} = \sum_h \frac{x^h}{\sum x^h} \cdot w_i^h \tag{2.1}$$

从而需求的市场模式是个体家庭模式的加权平均，权数与每个家庭的支出成比例。

一般而言，$\overline{w}_i$ 是价格和每个家庭总支出的函数。因此加总的一个方法就是限制 $\overline{w}_i$ 使其只依赖于价格和平均支出，但这会直接回到6.1节中线性加总的条件。故我们只要求 $\overline{w}_i$ 依赖于价格和总支出的一个代表性水平，比如说，x_0，它本身是支出分布和价格的函数。如果这是成立的，那么需求的市场模式可以认为是从一个具有代表性的个体行为中导出的，他被赋予初始总支出 x_0 并面对市场价格 p。注意，该个体仅是市场行为的代表而不是任何民主意义上的代表。

正式地，我们说一个具有代表性的消费者存在，如果我们能定义某一效用函数 $\psi(x, p)$ 与相应的成本函数 $c(u, p)$，使得对于某一 $u_0 = \psi(x_0, p)$，有

$$\begin{aligned} \overline{w}_i = w_i(u_0, p) &= \frac{\partial \log c(u_0, p)}{\partial \log p_i} \\ &= \sum_h \frac{x^h}{\sum x^h} \frac{\partial \log c^h(u^h, p)}{\partial \log p_i} \end{aligned} \tag{2.2}$$

其中 $c^h(u^h, p)$ 是家庭 h 的成本函数，而 $u^h = \psi^h(x^h, p)$。定义了精确的非线性加总之后，式子（2.2）可以通过变化 u^h 来操作——比如说，保持 u_0 不变。这给出了一些偏微分方程，它们结合起来给出了必要的偏好和成本函数以确保具有代表性的消费者的存在。可以证明，对于家庭 h，成本函数必须取以下形式

$$c^h(u^h, p) = \theta^h[u^h, a(p), b(p)] + \phi^h(p) \tag{2.3}$$

其中 $a(p)$、$b(p)$ 以及 $\phi^h(p)$ 是价格的线性齐次函数，θ^h 是 a 和 b 的线性齐次函数。假设 $\theta^h()$、$a()$ 和 $b()$ 是它们的变量的递增函数，

我们预计 $\theta^h()$ 是 a 和 b 的凹函数而后者是 p 的凹函数，从而每个成本函数作为一个整体在 x 的某个相关范围内是凹的。在所有的消费者之间 $\phi^h(p)$ 必须加总为 0，从而具有代表性的成本函数有以下形式

$$c(u_0,p)=\theta[u_0,a(p),b(p)] \tag{2.4}$$

155 其中 $a(p)$ 和 $b(p)$ 是不变的函数。这些函数可以认为是两种中间商品的“价格”，它们与效用一起定义了宏观成本函数（2.4），它也是线性加总的特殊情形，即方程（1.7）的一个可行的解释。从（2.4）中，代表值的份额具有形式

$$\begin{aligned}\overline{w}_i &= w_i(u_0,p)\\ &=\frac{\partial\log\theta}{\partial\log a}\cdot\frac{\partial\log a}{\partial\log p_i}+\frac{\partial\log\theta}{\partial\log b}\cdot\frac{\partial\log b}{\partial\log p_i}\end{aligned} \tag{2.5}$$

由于 θ 是 a 和 b 的一次齐次函数，$\partial\log\theta/\partial\log a=1-\partial\log\theta/\partial\log b$，从而式子（2.5）可被写成

$$\overline{w}_i=(1-\lambda)\frac{\partial\log a}{\partial\log p_i}+\lambda\cdot\frac{\partial\log b}{\partial\log p_i} \tag{2.6}$$

其中 $\lambda=\partial\log\theta/\partial\log b=\lambda(x_0,\ p)$，用来替代 u_0。因此，像在拟位似情形中一样，价值份额是与两个函数 $a(p)$ 和 $b(p)$ 相关的价值份额的加权和，权数依赖于代表性效用或总支出以及对所有商品都相同的价格。故在不变的价格下每一个价值份额 $\overline{w}_i$ 是每个其他价值份额的线性函数；给定没有相对价格变化的时间序列数据，这可以很直接地进行检验。在微观经济学水平上，表达式 $\phi^h(p)$ 的存在妨碍了直接的检验，但成本函数（2.3）仍对恩格尔曲线族加了强限制条件；注意，例如，对每一个家庭而言不同的恩格尔曲线的斜率在不变价格下会随总支出的变化而相互线性地变化。当然这并不意味着恩格尔曲线本身是线性的。

由于这些线性关系的存在以及式子（2.3）是线性成本函数（1.7）的一个明显的推广，所以一致非线性加总的条件称为广义线性（GL）。因此式子（2.4）是宏观 GL 成本函数，其微观成本函数由式子（2.3）给出并允许有最大的偏好变化。根据定义，代表性的支出 x_0 将是支出分布上的某一点，它的位置由恩格尔曲线的非线性程度

156 和价格向量 p 决定。当代表性的支出水平独立于价格并仅依赖于支

出分布时，是一个特别有趣的情形。这一被称为价格无关的广义线性（PIGL）的情形发生在微观成本函数取以下形式

$$c^h(u^h,p)=k^h[a(p)^{\alpha}(1-u^h)+b(p)^{\alpha}u^h]^{1/\alpha} \tag{2.7}$$

时，其中 k^h 和 α 是标量，且代表性的成本函数是

$$c(u_0,p)=[a(p)^{\alpha}(1-u_0)+b(p)^{\alpha}u_0]^{1/\alpha} \tag{2.8}$$

在 PIGL 形式中两个指数之间的加权甚至更加清晰；式（2.8）给出的成本函数是效用在两个指数之间的 α 阶加权平均。当 α 趋向于 0 时，式（2.8）变为

$$\log c(u_0,p)=(1-u_0)\log a(p)+u_0\log b(p) \tag{2.9}$$

这一对数形式被称为 PIGLOG。我们已经讨论过第 2 章中的例子、练习 14 和 27 以及 3.4 节中新的需求模型。也可参见后面的练习 6.11 看看它与 5.2 节中的戈尔曼的广义极形式的关系。

参数 α 在决定恩格尔曲线的非线性性方面起关键作用，因此，就像我们将要看到的一样，它在决定代表性水平支出和平均支出的关系时很重要。显然，当 α 为 1 时，成本函数取线性形式，恩格尔曲线也是线性的。一般而言，恩格尔曲线具有形式

$$w_i=\gamma_i+\eta_i(x/k)^{-\alpha} \tag{2.10}$$

或在 PIGLOG 情形下的形式

$$w_i=\gamma_i^*+\eta_i^*\log(x/k) \tag{2.11}$$

其中 γ_i 和 η_i 只是价格的函数。因此当 $\alpha=-1$ 时，恩格尔曲线是二次函数，当 $\alpha=2$ 时，恩格尔曲线有线性项和双曲项等等。可以通过加总个体价值份额方程并使其结果等于原先利用代表性支出而不是家庭或平均支出的函数形式而得到现在的代表性支出。以 k^h 为 1 的情形来解释，运用式（2.10）有

$$\begin{aligned} w_i &= \sum_h \frac{x^h}{\sum x^h}\cdot w_i^h=\gamma_i+\eta_i\sum_h\frac{(x^h)^{1-\alpha}}{\sum x^h} \\ &=\gamma_i+\eta_i x_0^{-\alpha} \end{aligned} \tag{2.12}$$

因此，代表性支出 x_0 表示为

$$x_0 = \left[\frac{\sum_h (x^h)^{1-\alpha}}{\sum x^h} \right]^{-1/\alpha} \tag{2.13}$$

只有在 PIGL 情形中才有这样的公式，但它仍具有足够的一般性从而
157 是有意义的。注意到它是 x 的线性齐次函数，从而，例如，我们可以令 $x_0=\kappa_0\bar{x}$，其中 κ_0 反映的是非线性恩格尔曲线和支出的不均等分布的联合效应。事实上，对于任意给定的 α，κ_0 可以解释为由 α 刻画的精确函数形式所对应的分散度的指标。例如，当 α 为-1时，恩格尔曲线是二次的，κ_0 表示为

$$\kappa_0=1+\sigma^2/\bar{x}^2 \tag{2.14}$$

其中 σ^2 是支出分布的方差。当 α 为 0（PIGLOG）时，我们有

$$\kappa_0=H/Z \tag{2.15}$$

其中 H 是家庭的数量，$\log Z$ 是锡尔（Theil，1967）关于分散程度的熵测度。当所有的 x 都相同时 Z 取到最大值 H；否则 $\kappa_0>1$。一般而言，κ_0 是 α 的递减函数从而当且仅当 α 小于 1 时，代表性的支出高于平均支出，正是这一情形似乎在实证研究中很重要。

至此，我们已经讨论了每个家庭偏好相同的 PIGL 情形。但是像式子（2.7）、（2.10）以及（2.11）表明的那样，参数 k^h 可在家庭之间变化。这提醒我们，家庭预算的差别不是家庭之间唯一重要的差别，并且我们可以预期 k^h 会随家庭大小和人口构成的变化而显著变化。实际上，这似乎是综合上述效应的一个相当合理的方法：通过 k^h 来折算 x^h 类似于从人均的角度来计算家庭预算，但 k^h 还能考虑到孩子的较低的消费要求和家庭大小的经济性，而不是粗略地计算人头。在第 8 章我们将再次看到这一观点以及它的扩展。就目前而言，注意到如果我们考虑这些效应，x_0 不仅把预算分布的变化而且把人口构成的变化考虑在内，也就是说，式子（2.13）变为

$$x_0 = \left[\frac{\sum_h (x^h/k^h)^{1-\alpha}}{\sum x^h} \right]^{-1/\alpha} \tag{2.16}$$

那么对于加总时间序列数据用于实证估计需求系统而言这一分析的意义是什么呢？像我们在 6.1 节中看到的一样，当支出分配可以发

生变化时，如果恩格尔曲线是线性的，平均支出可能只能作为回归量，那么甚至个人总支出必须足够大以保证非负需求。广义线性超越了这一点，它允许在采用代表性支出而非平均支出的价格时非线性恩格尔曲线存在。从前面的讨论可知，如果支出分布不变，以及 k^h 有差异时人口构成保持不变，则 κ_0 是常数，从而代表性的支出与平均 158
支出成比例。因此，如果参数乘以支出能被重新解释，而且支出的分布和人口构成确实是不变的，那么总支出模式能与平均支出精确对应。但这是一种相当消极的观点。更令人振奋的是，代表性支出允许用一种直接和极其精美的方法将分布和人口因素引入到需求方程中。一种可行的方法是从家庭预算数据中估计 α 和 k^h，并利用其结果和支出分布数据来估计分布参数 κ_0 和 x_0。于是这可以像第 3 章的方程（4.6）一样用在总需求函数中替代 $\bar{x}$。遗憾的是，很少有国家拥有足够数量和质量的总支出（与收入相对）分布数据以制定出上述可行的方案。作者已经进行了某些间接的实验但未获得显著的成功；很有可能的是最近 20 年内英国支出分布是足够稳定的，使得用 $\bar{x}$ 来近似 x_0 的误差与模型误设或度量的其他误差相比是小的。[某种类似的实验，但使用的是收入分布作为替代变量，可以参见伯恩特、达拉夫以及迪沃尔特（Berndt，Darrough and Diewert，1977）的报告。] 因此，利用 PIGL 形式的实证研究至今仍局限于像 3.4 节中讨论的加总模型。但是，我们几乎不会怀疑在恩格尔曲线中允许更大的一般性将被证明甚至对时间序列数据而言也具有巨大的实证意义。例如，运用形式 $a(p)=\sum a_k p_k$ 和 $b(p)=\beta_0\prod p_k^{\beta k}$，由式子（2.7）导出的需求函数与 1954—1974 年的战后英国数据对于八组商品是拟合的。α 的估计值很接近－1，从而又说明与二次恩格尔曲线接近，但 α 为＋1 的假设检验，即恩格尔曲线是线性的假设检验被果断地拒绝了。这不仅会支持 6.2 节中提到的否定线性恩格尔曲线的证据，而且也表明 PIGL 提供了一实质性的改进，尽管我们尚未考察它分析分配效应的能力。

练习

6.8 运用练习 6.1 中同样的数据来源，针对（2.3）中 $\phi^h=0$ 的情形，对于各种 i 和 j，通过画出 w_i 对 w_j 的散点图并检验其线性性，来考察（2.3）在实证中的有用性。

6.9 对于不同数值的 α，根据方程（2.10）和（2.11）画出恩格尔曲线（q_i 对 x）的草图。以下情形要求对 x 的限制条件是什么，如果有限制的话。（a）确保 $0\leqslant w_i$，（b）（2.7）是凹状的，（c）要求 $\partial c/\partial u>0$?

6.10 运用（2.13），（a）证明当 $\alpha=-1$ 时（2.14）成立，（b）当 $\alpha=0$ 找到求 Z 的明确表达式，证明当所有的 x 都相同时有 $Z=H$，而且这是它的最大值，（c）证明当 $\alpha=1$ 时 $\kappa_0=1$。

159 **6.11*** 广义戈尔曼极形式 $u=\phi[x/b(p)]+a(p)$ 曾在两期预算中讨论过，见第 5 章方程（2.16）。通过对 θ、b 和 a 的适当选择，证明 PIGL 是广义戈尔曼极形式的特殊情况。证明后者又是 GL 的特殊情况。

6.12* 说明 GL 成本函数（2.3）所隐含的预算份额如何加总成形式（2.6），以及 λ 怎样依赖于总支出的分布。

6.13* 假设对于每一个家庭而言每一商品的需求函数可以写成预算的一个多项式，也就是，$q_i=g_i(x,p)=\sum_{j=1}^{m}\beta_{ij}(p)x^{\alpha j}$，其中 $\sum\alpha_j=1$。证明平均需求现依赖于向量（x_1，…，x_H）的 m 个函数而不是像 GL 或 PIGL 情形一样仅仅依赖于两个函数。更复杂的问题，见戈尔曼（Gorman，1980）或劳（Lau，1980）：如果每个家庭最优化，那么对 β_{ij} 和 α_j 有什么额外的限定条件?

6.3 存在外生劳动供给的加总

为了扩展分析使之包括劳动供给，我们使用在 4.1 节中提到的完全成本函数。作为回顾，令

$$c(u,\omega,p)=\omega T+\mu=X \tag{3.1}$$

其中 ω 是工资率，T 是时间禀赋，μ 是“非劳动”收入或转移收入。X 被称为完全收入。在这一框架下由于闲暇就是具有价格 ω 的另一商品，那么显而易见的是如果所有的消费者面对的是相同的工资率和不同的时间禀赋（有一些消费者比其他人需要更多的睡眠）或转移收

入，则完全的线性加总是可能的，条件是 $c(u,\ \omega,\ p)$ 具有（1.6）的形式，也就是，

$$c^h(u^h,\omega,p)=a^h(\omega,p)+u^h b(\omega,p) \tag{3.2}$$

平均闲暇需求 $\bar{q}_0$ 将是平均完全收入 $\bar{X}$、工资 ω 以及价格 p 的函数，这与商品需求函数（1.3）完全一样。用这种方式阐述问题清楚地表明，为什么劳动供给的处理不同于其他商品：尽管可以假设 p 对于所有的家庭都相同，但闲暇的价格 ω 显然在不同消费者之间是变化的。由此产生的问题可从式子（3.2）中看出；如果 ω 用 h 指数化，那么 $b(\omega,\ p)$ 在家庭之间变化。因此，商品 i 的边际消费倾向 $\partial \log b/\partial \log p_i$ 也会依赖于 h 从而精确加总将是不可能的。只有对式子（3.2）中的函数进一步作出限制，这种情况才能避免。

事实上，寻找 $\bar{q}_0$ 的总需求并不是很有用。更有效的是对货币价值 $q_0^h\omega^h$ 而非 q_0^h 加总。如果 T 对所有的消费者是相同的，这相当于对 $(T-q_0^h)\omega^h=\ell^h\omega^h$，即劳动收入进行加总。因此，如果可以相信相对工资率反映工人的相对效率的话，那么 $\omega^h\ell^h$ 将与用效率单位度量的劳动供给成比例，同时它也是加总的自然变量。根据本章剩余部分的精神，我们也将要求对商品和闲暇都能进行精确的加总（更弱的条件，见以下的练习 6.17）。使这成为可能的充要条件是（ω^h，p）被限于形式 $(\omega^h)^\delta b(p)$，其中 δ 是某一个标量，而 $a^h(\omega^h,\ p)$ 必须具有线性形式 $a^h(p)+\omega^h d(p)$，也就是， 160

$$c^h(u^h,\omega^h,p)=a^h(p)+\omega^h d(p)+u^h(\omega^h)^\delta b(p) \tag{3.3}$$

其中 $a^h(p)$ 和 $b(p)$ 是一次齐次函数，$d(p)$ 是零次齐次函数。源于式子（3.3）的加总偏好表示为

$$c(u,\bar{\omega},p)=\bar{a}(p)+\bar{\omega}d(p)+u\bar{\omega}^\delta b(p) \tag{3.4}$$

就商品需求而言，式子（3.3）和（3.4）并不是明显地比式子（1.6）和（1.7）受到更多的限制，尽管需求必须是工资率和完全收入的线性函数。对式子（3.3）进行微分，并代入间接效用函数得到

$$\begin{aligned} q_i^h=&a_i^h(p)+\omega^h d_i(p)\\ &+[b_i(p)/b(p)][X^h-a^h(p)-\omega^h d(p)] \end{aligned} \tag{3.5}$$

其中 a_i、d_i 和 b_i 的下标表示对第 i 种价格的偏微分。劳动供给方程

也许更加严格；劳动收入可表示成

$$\omega^h \ell^h = (1-\delta)\omega^h[T-d(p)] - \delta\mu^h - \delta a^h(p) \qquad (3.6)$$

从而劳动收入关于非劳动收入和时间禀赋价值的导数对每个人都是一样的，它们的差别必定为1。尽管如此，式子（3.6）肯定不是没有实证意义的，而且它并不比劳动供给研究中用到的典型函数受到更多的限制。另外，如果把 T 当作是不能观察到的，那么式子（3.6）允许利用横截面数据进行无条件限制的线性估计，函数 $a^h(p)$ 允许考虑具体家庭特征的效应。

本节的分析不仅可应用于劳动供给为外生时的加总，而且还能用于任一单个价格在家庭之间变化的情形。推广到多个价格发生变化的情形也是可能的；每一个这样的价格必须从式子（3.3）中的一般函数（general functions）中"提取"出来，并与该方程中的 ω^h 一样处理。并不惊讶，这样的价格越多，精确加总所要求的函数形式就越严格。最后我们注意，劳动供给为外生的广义加总也是可能的，它允许非线性恩格尔曲线和比式子（3.6）更一般的劳动供给方程。

练习

6.14 "扩充"的线性支出系统有效用函数 $u=\beta_0\log(q_0-\gamma_0)+\sum\beta_k\log(q_k-\gamma_k)$，它在条件 $\omega q_0+\sum p_k q_k = X$ 下最大化。写出商品需求函数、劳动供给方程以及完全成本函数。证明在模型中对
161 q_0^h 和 ℓ^h 进行精确加总是不可能的。证明对 $\omega^h q_0^h$ 或 $\omega^h \ell^h$ 进行精确加总是可能的，并且扩充的线性支出系统是式子（3.5）的一个特殊情形。

6.15 证明扩充的线性支出系统要求所有的商品都是闲暇的替代品但对一般形式（3.5）不是这样。

6.16 验证式子（3.3）隐含式子（3.6）。你对 $d(p)$、$a^h(p)$ 以及 δ 能给出什么解释？

6.17 证明：如果成本函数 $c^h(u^h, \omega^h, p)$ 能写成 $a^h(p)+\omega^h d(p)+F^h(u^h, p)(\omega^h)^\delta b(p)$ 的形式，那么精确的线性加总对于劳动供给是可能的，但若对 $F^h()$ 没有进一步的限定则不可能对个别商品需求进行精确的线性加总（比较练习6.5）。由于预算约束的存在，证明精确的线性加总对于所有商品的总支出仍是可能的（除了闲暇以外），并且讨论前文对横截面数据的分析结果的有用性。

6.4　有条件限制的加总

虽然在前面几节中已经讨论了一些既有趣又有用的函数形式，但与我们想用来建立行为模型的几乎无穷尽的函数形式相比，它们毫无疑问是极其特殊的。因此，自然要问，精确加总是否要求太苛刻？例如，为什么一定要求加总的需求模式本身应从“貌似”效用最大化过程中导出？本来，我们可以仅当支出分布保持不变或至少受到某个有望实现且不太苛刻的限制时才要求精确的加总。最后，有一个直观的想法，即如果偏好相同，那么加总肯定会变得更容易。我们在最后这一节讨论这些可能性。

首先，我们从这个问题开始，即当不要求总需求与效用函数保持一致时，精确的加总是否更容易。对其简单的回答是“有时候是的”，特别是当限制加在支出分布上时。假设所有的消费者都面对相同的价格，那么精确加总的可能性由恩格尔曲线的形状决定。有时加上效用最大化的额外要求，精确加总所要求的个人恩格尔曲线的限制条件不会发生变化。精确的线性加总和精确的广义线性加总就是这样的例子。在 6.1 节中，恩格尔曲线的线性性的推导没有涉及最大化行为，从而没有通过最大化而对恩格尔曲线加额外限制。类似地，在广义线性下恩格尔曲线斜率之间的线性关系是存在代表性支出水平的基本条件，与效用最大化没有必然的联系。当然，在非最大化的情况下，我们不能谈论成本函数从而加总条件必须写成另一种不同的形式。但这已经足够直接了。存在代表性的而不一定追求最大化的消费者当且仅当存在某些函数 $\gamma_i()$、$\eta_i()$、$\xi^h()$ 以及 $\delta_i^h()$ 使得家庭预算份额有如 162
下形式

$$w_i^h=\gamma_i(p)+\eta_i(p)\xi^h(x^h,p)+\delta_i^h(p)/x^h \tag{4.1}$$

但是当 $\xi^h(x^h,\ p)=1/x^h$ 时，会发生 $x_0=\bar{x}$ 这一特殊情况。检验它们分别是通过 GL 和线性成本函数导出的份额进行的，这是一个简单的事情，尽管在非最大化的情况下，p 的函数不需要是可积的。然而，无论是在最大化情形下还是非最大化情形下，对恩格尔曲线的限制都是一样的。但是，在总支出 x_0 的代表性水平独立于价格的条件下，若不考虑最大化行为，家庭 h 的预算份额必须满足

$$\omega_i^h = \gamma_i(p) + \beta_i(p)(x^h/k^h)^{-\alpha} + \delta_i^h(p)/x^h \tag{4.2}$$

在考虑最大化行为时，若 $\alpha \neq 1$，它加总成 PIGL 成本函数（2.7）。但是对于所有的 i 和 h，这一隐含的预算份额为 $\delta_i^h = 0$。因此，在这种情况下，可积性实际上限制了单个家庭的恩格尔曲线的形式。另一方面，δ_i^h 项在加总时相互抵消使得代表性的消费者是最大化行为者这一假设不会增加对加总的恩格尔曲线的进一步限制。

对支出分布的变化加上一些限制是非常有益的，并导致在最大化情形和并非必然是最大化情形之间形成鲜明的对比。从消费者是最大化行为者的情形开始。先设想这样一种系统，通过连续即时的一次性支付转移，政府能保证效用分布不变。因此，对于“代表性”的效用的某一完全任意的水平 u_0 而言，存在常数 π^h 使得 $u^h = \pi^h u_0$ 总是成立。那么我们可以定义一个总成本函数 $c^*(u_0, p)$ 为

$$\sum_h c^h(\pi^h u_0, p) = c(u_0, p; \pi^1, \cdots, \pi^H) = c^*(u_0, p) \tag{4.3}$$

它具备所有一般的性质并且显然能推出总需求。当然，完全补偿的情形并不是很现实的；政府不会，即使它们希望也不能以这种方式行事。然而，这一特殊情形清楚地表明为什么一个不变的支出分布对于追求效用最大化的消费者的完全加总是不够的。在这种情形下，价格的变化会影响效用水平，从而对代表性的消费者的恩格尔曲线的限制与一般情况下的限制非常相似。事实上，在固定的支出分布条件下，一致的最大化的加总的必要条件被证明非常接近于广义线性。

但是，在一个固定的支出分布条件下，如果我们在加总中去掉最大化的要求，则加总本身也总是可能的。我们可以令 $x^h = \delta^h \bar{x}$，其中 δ^h 是常数，从而类似于式子（4.3），有

163

$$\sum_h g_i^h(x^h, p) = \sum_h g_i^h(\bar{x}\delta^h, p) = g_i(\bar{x}, p; \delta) = g_i^*(\bar{x}, p) \tag{4.4}$$

但是，注意到一个隐含的条件，即家庭特征和支出的联合分布在此保持不变——否则 $g_i^*()$ 的形式会随时间而变化。同时也要注意没有理由认为 $g_i^*(\bar{x}, p)$ 会满足总量相符限制和拟位似以外的需求理论的任何其他限制条件，即使所有的函数 $g_i^h(x_h, p)$ 是由追求最大化的行为导出的。实际上，当总需求函数 $g_i^*(\bar{x}, p)$ 无论在什么条件下

都存在时，没有理由认为这些函数与产生它们的微观函数有任何明显关系。最近的理论研究已表明，任意一组仅满足总量相符条件的总需求函数 $g_i^*(\bar{x},\ p)$ 可由偏好和支出分布的某种组合推导出来。为了强调这一点，以下的练习 6.18 举了一个例子，其中虽然两种商品对每个消费者都是完全替代品，且没有消费者同时购买两者，加总后，数据将表明两种商品的购买呈现出明显的光滑替代关系。相反的情况也可能发生，即对任意的个人而言不存在替代关系但加总后呈现明显的替代关系，见练习 6.19。基本要点是，一般来说，从“微观”和“宏观”函数形式我们所了解的关于对方的信息很少。特别是，在宏观经济现象观察的基础上推断微观经济行为是极其危险的，如果这些推断又用来对经济福利作出价值判断则尤为危险。我们将在下面三章中多次回到这一问题的讨论上来。

替代固定支出分布方法并采用弱得多的假设的另一个有用的方法是一个随机表达式。家庭需求函数的微分形式写为

$$\mathrm{d}q_i^h = \frac{\partial q_i^h}{\partial x^h} \cdot \mathrm{d}x^h + \sum_h \frac{\partial q_i^h}{\partial p_j}\ \mathrm{d}p_j \tag{4.5}$$

利用斯勒茨基方程代换后，可以写为

$$\mathrm{d}q_i^h = \frac{\partial q_i^h}{\partial x^h} \cdot (\mathrm{d}x^h - \sum_k q_k^h \mathrm{d}p_k) + \sum_j s_{ij}^h \mathrm{d}p_j \tag{4.6}$$

其中 s_{ij}^h 是第 h 个家庭的斯勒茨基矩阵中第 i 行第 j 列的项。平均需求表示为

$$\mathrm{d}\bar{q}_i = \frac{1}{H}\sum_h \frac{\partial q_i^h}{\partial x^h}(\mathrm{d}x^h - \sum_k q_k^h \mathrm{d}p_k) + \sum_j \bar{s}_{ij}\,\mathrm{d}p_j \tag{4.7}$$

方程（4.6）是一个希克斯需求的微分方程，效用的变化用 $(dx^h - \sum q_k^h dp_k)$ 来表示。现在，如果每一个组成部分 S^h 是对称的，$\bar{S}$ 将是对称的，于是式子（4.6）将给出完全加总和平均支出 $\bar{x}$，只要 *164*

$$\frac{1}{H}\sum_h \frac{\partial q_i^h}{\partial x^h} \cdot (\mathrm{d}x^h - \sum_k q_k^h \mathrm{d}p_k)$$

$$= \frac{\partial \bar{q}_i}{\partial \bar{x}}(\mathrm{d}\bar{x} - \sum \bar{q}_k \mathrm{d}p_k) \tag{4.8}$$

我们已经遇到了这一情况发生的两个条件：当 $\partial q_i^h / \partial x^h$ 独立于 h

时——平行的线性恩格尔曲线——或当效用分布是固定的从而（$dx^h-\sum_k q_k^h dp_k$）独立于 h。但是如果总支出分布和价格的变化以及恩格尔曲线使得式子（4.8）在任何情况下都成立，那么加总将是可能的。本质上，边际消费倾向在总体分布上必定独立于实际收入变化的分布，从而如果消费者数量很大，则协方差接近0。

一般来说，没有理由认为这是有效的，虽然给出一个额外的加总条件之后，在一些特殊的情形中它可能是有用的。否定式子（4.8）成立的主要理由与否定线性恩格尔曲线的理由一样。富裕的消费者花费他们的总费用的边际增量的方式几乎肯定与贫困的消费者的方式不同，因此如果价格变化和支出分布的变化同等程度地影响他们的福利，那么加总只有在式子（4.8）成立时才能进行。认为这一条件对于20世纪美国或英国好几个独立时期是成立的观点看上去是不合理的。我们相信这也同样适合于其他经济。

最后，我们讨论施加相同品味（tastes）的条件的问题。毫无疑问，给定微观函数，这将减小加总函数的推导的难度。如果支出 x^h 是家庭之间存在差异的唯一原因，我们可以将 $\bar{q}_i$ 表示为 $\sum_h g_i(x^h,p)/H$ 。假设支出的分布完全可以通过仅由少数几个参数，比如说，θ_1 和 θ_2 控制的某一分布函数来表示。那么，加总后我们有 $\bar{q}_i=f_i(\theta_1,\theta_2,p)$，它可能与 $g_i()$ 没有相似性。若不存在相同品味的假设，我们将需要有关 x^h 和相关家庭特征向量的联合分布的更多信息以便能用上述方式进行讨论而不需限制 $g_i^h()$ 的形式。然而，如果我们要在代表性消费者存在条件的意义上进行精确的加总，那么从相同品味的假设中不能获得任何特别的好处。在6.2节中，广义的线性成本函数（2.3）是作为代表性消费者存在的必要充分条件给出的。显然这并不意味着所有的消费者品味相同，但品味的变化受限于函数 $\theta_h()$ 和 $\phi_h()$；函数 $a(p)$ 和 $b(p)$ 在消费者之间必须相同。如果我们从相同品味的假设出发，我们只要回到式子（2.3）但用 $\theta()$ 替代 $\theta_h()$［疑为 $\theta^h()$ 之误。——译者注］
165 并且消除 $\phi_h()$（疑为 $\phi^h()$ 之误。——译者注）。一个直觉上看似合理的观点，即相同品味会使精确加总变得更容易，是建立在相同偏好等价于相同支出模式的错误理解上的。没有比这更荒谬的想法。一个富人和一个穷人可能有相同的品味，但他们不大可能用差异很大的收入购买相同的商品。

练习

6.18　假设对每一个消费者而言，商品1和2是完全替代品，并且它们之间的选择使 $u=q_1+aq_2(a>0)$ 在约束条件 $p_1q_1+p_2q_2=x$ 下最大。粗略画出作为 p_1 的函数的 q_1 的个人需求曲线并证明在 $p_1=p_2/a$ 处它是不连续的。如果 a 在家庭之间连续变化且具有密度函数 $\beta a^{\alpha-1}$，其中 α、β 是常数，证明如果所有的消费者都有相同的费用 x，$\bar{q}_1$ 就是 p_1，p_2 和 x 的连续函数。解释 q_1 和 $\bar{q}_1$ 的行为为什么存在不一致性。

6.19　假设对每一个消费者而言，商品1和2是完全互补品，并且它们之间的选择使 $u=\min\{q_1/a_1，q_2/a_2\}$ 在约束条件 $p_1q_1+p_2q_2=x$ 下最大。证明对每一个消费者来说，希克斯需求独立于 p_1 和 p_2 并推导马歇尔需求。又设 x 对所有的消费者都相同，但 $\alpha=a_1/a_2$ 在 $(\alpha_0，\alpha_1)$ 上呈均匀分布，证明

$$\bar{q}_2=\frac{x}{p_1(\alpha_1-\alpha_0)}\log\left\{\frac{p_1\alpha_1+p_2}{p_1\alpha_0+p_2}\right\}$$

推导出 $\bar{q}_1$ 的对应表达式。证明这些并不是加总意义上完全互补品的需求函数，并解释为什么加总过程明显地引入了替代。

6.20　为什么拥有相同品味的消费者并不总是表现出相同的行为？什么类型的相同品味会产生相同的行为？

6.21　假设所有的消费者有不通过原点的平行的线性恩格尔曲线。证明有可能每一个总需求的总支出弹性为单位弹性。反之，如果每一个家庭的总支出弹性等于1，加总支出弹性也等于1吗？

6.22　对于属于PIGLOG类型的AIDS模型［见第3章，方程(4.6)］

$$w_i=\alpha_i+\sum_j\gamma_{ij}\log p_j+\beta_i\log(x/P)$$

如果支出分布是固定的，讨论参数 α_i，γ_{ij} 以及 β_i 中的哪一个可以在家庭之间变化而又不破坏精确的加总。

文献注释

直到最近，加总理论一直是消费者理论中相当受轻视的一个分支。许多作者直接地把这一论题贬为不重要的，例如，菲利普斯（Phlips，1974），同时我们在格林（Green，1976）这样的一本好书中发现一个论断，大意是精确地刻画在什么条件下加总是不可能的。线性恩格尔曲线的条件首先由安托内利（Antonelli，1886）给出，见奇普曼等人（Chipman et al.，1971）的译本，后者无疑为威克塞尔（Wicksell）和凯恩斯等经济学家所知。然而，尽管一个相关的问
166 题已被萨缪尔森（Samuelson，1952b）讨论过，但戈尔曼（Gorman，1953）首次真正地对市场需求对应于一个效用函数的必要条件这一问题及其结论进行了系统阐述。戈尔曼（Gorman，1961）使成本函数形式的含义明确化。还应提到锡尔（Theil，1954）关于一般线性加总的研究工作。我们把广义线性概念归功于米尔鲍尔（Muellbauer，1975b，1976），尽管 PIGLOG 恩格尔曲线已经在早期文献的不同内容中出现，并且迪沃尔特（Diewert，1974a）给出的一个例子证明是一个特例。对存在内生劳动供给或有几个价格发生变化的线性和非线性加总的讨论，见米尔鲍尔（Muellbauer，1981b）、西蒙斯（Simmons，1979）以及米尔鲍尔（Muellbauer，1978b）。对效用分布保持不变的加总的研究，见萨缪尔森（Samuelson，1956）。奇普曼（Chipman，1974）也已证明了 x 的分布固定的情况下，位似偏好保证总效用最大化，但这并不是能保证该结果的最一般的假设。为了解释这一点，皮尔斯（1964）列举了一个精确加总的二次恩格尔曲线的例子。锡尔（Theil，1975，1976）和巴顿（Barten，1974）一直主张随机加总，这些观点近来已被巴尼特（Barnett，1979）所扩展。戈尔曼（Gorman，1980）和劳（Lau，1980）曾考察过一些条件，在这些条件下市场需求可以用总支出和家庭特征向量的几个函数来表示。

第三部分

福利与消费者行为

第 7 章　消费者价格指数

价格指数、产出指数和福利指数是经济学家争论中的部分常见话题。经济指数理论虽然长期以来吸引了经济学界的一些精英，但直到不久之前它还并不时新。涉及指数理论时，大多数教材仅仅是简单地提及。这一领域似乎被置于不甚重要的角落。但是近年来通货膨胀率的上升使人们重新关注价格指数的度量，同时，人们意识到通货膨胀对不同的群体有不同的影响，致使量化这些差异成为估计家庭或个人之间不公平的一个重要因素。 *169*

讨论消费者时，经济指数试图构造一个简单的比率以度量两种事物中的一种。第一种是生活成本指数，它度量在两种不同的情况下达到给定生活标准所需的相对成本；第二种是实际消费指数，以某些适当单位比较不同的生活标准。正如我们将看到的，最方便的福利度量尺度是在价格不变时为维持所考虑的各种福利水平所必需的支出。这些用货币度量福利变化的概念只能应用到福利只与货币相关的情形。当然，对消费者的福利重要但不是通过市场购买的物品就不是这种情形，例如卫生保健、公共停车场、清新的空气、无噪音的环境或某种教育。因此，正如大多数国家的消费者价格指数那样，本章讨论的指数只限于对市场上出现的那些数量和价格的度量。

本书所用的一般方法使指数理论非常简单明了。我们经常用到的成本函数概念首先以文献中熟知的形式出现在 20 世纪二三十年代孔勒斯（Konüs）所做的先驱性贡献中，这并非偶然。7.1 节定义了孔勒斯价格指数或实际生活成本指数，并解释了关于派氏指数和拉氏指数的著名的不等式。贫富家庭间实际指数的差异也有讨论，并提供了
170 一个实例以表明如何计算指数和在过去的十年里，通货膨胀率如何对英国不同收入群体产生不同影响。7.2 节处理实际消费或福利的度量问题；这是首先通过成本函数然后根据某个参照商品束来做的。7.3 节讨论分指数理论。传统价格指数和数量指数仅包含当前变量，但原则上，对未来的预期显然会影响当前福利水平。如果一个消费者单元的生活水平既依赖于当前消费又依赖于下一时期预期消费数量，那么在其他因素不变的情况下，如果下一时期的预期价格上涨，生活成本也会上涨。即便如此，我们可能会对使价格指数依赖于个人对未来的主观预期的做法产生怀疑，所以我们希望能够为当前时期构建独立于未来变量的分指数。7.3 节讨论了它的可能性的条件并且这一分析也可用于构建商品子类的价格和数量指数。最后，7.4 节讨论了消费者剩余并把它与以指数为基础的福利度量联系起来。

7.1 实际生活成本指数

生活成本指数是把 p^1 和 p^0 这样的两个完全价格向量的比较简化成一个标量的工具。如果两个向量成比例，例如 p^1 比 p^0 高 5%，那么我们可毫不困难地说 1 处的价格比 0 处的价格高 5%。然而，相对价格变化时，就需要某个比较标准。几乎由定义即知，生活成本指数以生活标准度量作为参照。这类度量之一是参照商品束，比如说，

q^R。这种技术，也就是固定“商品篮子”，产生一个价格指数

$$P(p^1,p^0;q^R)=p^1\cdot q^R/p^0\cdot q^R \tag{1.1}$$

为简化记号，我们采用“点积”符号 $p\cdot q$ 表示 $\sum p_k q_k$。（1.1）把 p^1 相对于 p^0 的价格水平作为在两套价格之下购买固定商品篮子 q^R 的相对成本。然而，单一商品束未必是对不变生活标准含义的限制性解释。明显的替代办法是取特定的保持不变的无差异曲线作为参照概念。根据这样的解释，生活成本指数是在两组价格之下达到参照无差异曲线所必需的最小支出的比率。因此，如果 u^R 是作为参考的无差异曲线的标示，那么实际生活成本指数由下式给出

$$P(p^1,p^0;u^R)=c(u^R,p^1)/c(u^R,p^0) \tag{1.2}$$

如果利用指数（1.1）或（1.2）并在同样的基础上比较很多不同价格，可以选择一些方便的且有“代表性”的 q^R 或 u^R。然而，在只比较两种不同的价格情形下，自然会选择 q^0，u^0 或 q^1 和 u^1 作为参照。图 7—1 和图 7—2 显示了当 p_1 不变 p_2 上升的情况下两个相应的指数。 171

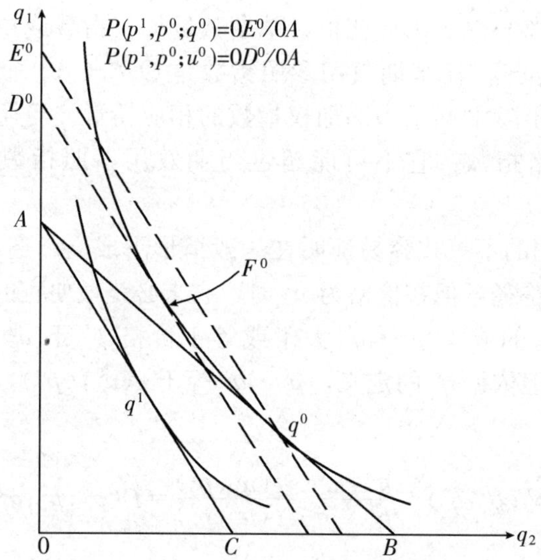

图 7—1　基期加权实际和派氏价格指数

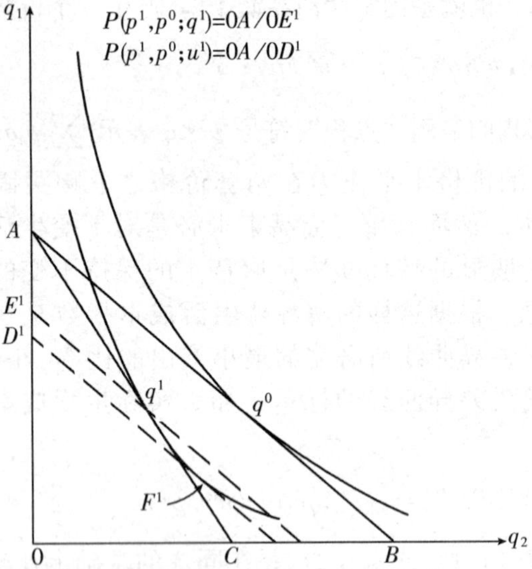

图 7—2　当期加权实际和派氏价格指数

两幅图中，随着 p_2 的上升，原预算线 AB 旋转至 AC。在图 7—1 中，新价格之下能够购买 q^0 的预算线与纵轴相交于 E^0；然而在 F^0 可达到相同的生活水平而相应的预算线交 OE^0 于 D^0。既然 p_1 不变，沿 OE^0 的距离与总支出成比例；基期数量加权指数或拉氏价格指数由 OE^0/OA 给出，而基期效用参照指数是 OD^0/OA。很明显，前者超过后者。图 7—2 显示当期加权指数的相应情形。当期数量加权指数是派氏价格指数，它不可能超过当期效用参照指数 $P(p^1, p^0; u^1)$。

图中说明的不等式容易证明在一般情形下成立。商品束 q^0 是达到 u^0 的一种途径，但在价格为 p^1 时，它未必是最便宜的；因此，在价格 p^1 下 q^0 的成本 $p^1 \cdot q^0$ 大于或等于价格 p^1 下 u^0 的最小成本
172 $c(u^0, p^1)$。但依据 q^0 的定义，$p^0 \cdot q^0$ 等于 $c(u^0, p^0)$。因此，立即得到

$$P(p^1, p^0; q^0)=\frac{p^1 \cdot q^0}{p^0 \cdot q^0} \geqslant \frac{c(u^0, p^1)}{c(u^0, p^0)}=P(p^1, p^0; u^0) \qquad (1.3)$$

类似地，既然 q^1 是在价格 p^0 下达到 u^1 的一种途径，故 $p^0 \cdot q^1 \geqslant c(u^1, p^0)$，从而由 $p^1 \cdot q^1 = c(u^1, p^1)$，可得

$$P(p^1,p^0;q^1)=\frac{p^1\cdot q^1}{p^0\cdot q^1}\leqslant\frac{c(u^1,p^1)}{c(u^1,p^0)}=P(p^1,p^0;u^1) \qquad (1.4)$$

注意，这些可追溯到孔勒斯（Konüs，1924）的不等式并不意味着实际指数在派氏指数和拉氏指数之间。一般来说，不存在独一无二的实际指数，以拉氏指数为上限的基期加权效用指数是与大于或等于派氏指数的当期加权效用指数是不同的。实际上，派氏指数甚至可能超过拉氏指数！

实际生活成本（1.2）对 u^R 的依赖性意味着，即使对于一个遵循选择公理的个人来说，一般不可能谈论此价格指数，因此，即使个人 173
的偏好相同，只要他们的总支出水平不同，价格变化对不同个人的生活成本就会产生不同的影响。只有在非常特殊的情况下才不会出现这些差异。我们在 5.4 节可看到，如果偏好是位似的，从而所有的无差异曲线形状相同，支出模式不随费用变化，那么成本函数与效用成比例，即对某个函数 $b(p)$ 有，$c(u,\ p)=ub(p)$。如果把它代入到公式（1.2），则基于效用的价格指数就是 $b(p^1)/b(p^0)$，它独立于 u。很明显，这也是它发生的唯一情形。因此，位似是这种价格指数成立的充要条件。也只有在这种情形下，实际指数处于派氏指数和拉氏指数之间。如我们所见，位似在现实中不大可能是真的，因此，总是有必要考虑福利对生活成本指数的影响。我们在下面的实证分析中再回到这个问题上来。

价格指数的度量

如果我们知道成本函数 $c(u,\ p)$，那么实际生活成本指数 $P(p^1,\ p^0;\ u^0)$ 和 $P(p^1,\ p^0;\ u^1)$ 可利用公式（1.2）直接计算。最直接的途径是通过估计一个完全的需求方程系统。正如在第 3 章中见到的，如果要保持一般性，这个工作需大量数据，即使可得到这些数据，结果也不会总是与理论预设相符。因此人们自然想问是否少一些信息也行。实际指数 $P(p^1,\ p^0;\ u^R)$ 的计算涉及两个单独的问题。第一个问题涉及指数对 u^R 的依赖性，从上面可看到，这种依赖性是由偏好的非位似性导致的。如果家庭有不同的支出模式，价格变化对不同家庭有不同影响。为处理此问题，我们需要恩格尔曲线的信息和家庭构成如何影响消费的信息。下面我们着手研究这些影响。第二个问题涉及由相对价格变化引起的替代效应。图 7—1 和图 7—2 中，拉氏指数、派氏指数和相应的实际指数之间的差异因替代效应而生，无论偏好是否位似，这些差异一般是存在的。

可以假设，在最低限度下，有两种情况下的价格和数量 p^0，q^0，p^1 和 q^1 的信息。因为派氏指数和拉氏指数只需这些信息，它们很容易估计并在实践中被自由运用。如果商品之间不能相互替代，即对于数量 $\alpha_k(u)$ 来说，当成本函数采取如下形式

$$c(u,p)=\sum_k \alpha_k(u)p_k \tag{1.5}$$

174 它们刚好等于相应的实际指数。这个结果很容易得到验证，参见练习 7.3，或从图 7—1 和图 7—2 在直角无差异曲线的情况下直接看出。即使函数（1.5）不成立，拉氏给出实际指数的一阶近似。在 u^0，p^0 附近取 $c(u^0,\ p^1)$ 的泰勒展开式的前两项，得

$$\begin{aligned} c(u^0,p^1)=&\ c(u^0,p^0)+\sum q_k^0(p_k^1-p_k^0) \\ &+\frac{1}{2}\sum\sum s_{kj}^0(p_k^1-p_k^0)(p_j^1-p_j^0) \end{aligned} \tag{1.6}$$

因为 $\partial c(u^0,\ p^0)/\partial p_i=q_i^0$。因此，如果 p^1 很接近 p^0，或者如果 p^1 几乎与 p^0 成比例（回忆 $\sum s_{kj}^0 p_j^0=0$），或者如果替代有限，最后一项将很小，于是

$$P(p^1,p^0;q^0)=\frac{c(u^0,p^1)}{c(u^0,p^0)}\simeq\frac{q^0\cdot p^1}{q^0\cdot p^0}=P(p^1,p^0;q^0) \tag{1.7}$$

类似地，可证明派氏指数给出了当期加权实际指数的一阶近似。这些近似相当大程度上鼓励人们使用派氏和拉氏指数，尽管警惕替代可能是异常显著的情形是重要的，比如，在不同国家之间相互比较的情形。

人们经常尝试在不增加信息需求的情况下改进派氏和拉氏的公式。迪沃尔特（Diewert，1976a）最近的工作之后，其中可能最有用的是以下定义的托奎斯特（Törn-qvist，1936）的价格指数

$$\log P(p^1,p^0;T)=\sum_k \frac{1}{2}(w_k^1+w_k^0)\log(p_k^1/p_k^0) \tag{1.8}$$

这里 w^1 和 w^0 是两种情况下的预算份额。迪沃尔特证明，如果成本函数的对数是价格对数和效用对数的二次型，那么托奎斯特指数是实

际指数 $P(p^1, p^0; u^*)$，其中参考效用 u^* 是 u^0 和 u^1 的几何平均数。如果我们认为用 u^* 标记的参考无差异曲线是恰当的，那么托奎斯特指数的这一性质是吸引人的，因为二次模型可以为任意成本函数提供一个二阶近似值。然而，因为不知道成本函数的参数，我们缺乏更多的关于参考无差异曲线的具体信息（例如相应的预算水平和价格向量），那么结果无助于构建有超过两项的常数效用的生活成本指数序列。成对的托奎斯特指数链式序列总能构建起来，但在这一序列中的每一链接都有不同的参考无差异曲线。

另一近似值方法是通过构建 Divisia 指数。这一指数不是比较两种离散价格情形，而是通过分析价格变化对生活成本的连续影响而产生的。记价格水平成比例的变化比率为 $d\log P(p; u)$；它等于 $d\log c(u, p)$，从而 *175*

$$\begin{aligned} d\log P(p;u) &= d\log c(u,p) \\ &= \sum w_k(u,p) d\log p_k \end{aligned} \tag{1.9}$$

因此，对于任意固定效用水平 u，我们总能写成

$$\log P(p^1, p^0; u) = \int_{p^0}^{p^1} \sum w_k(u,p) d\log p_k \tag{1.10}$$

这提示我们通过实际观察的预算份额 w_k 替代公式（1.9）和公式（1.10）中的 $w_k(u, p)$ 来构建一个价格指数，这个指数就是比较 p^1 和 p^0 的 Divisia 指数。然而，除非偏好是位似的，不变效用预算份额不等于实际预算份额，积分中 u 的变化意味着如果价格逐渐变化，并且经过一些变化又返回以前的值，那么计算的积分一般不能给出 $P(p^0, p^0)=1$。实际上，数量或价格都不能连续观察，那么公式（1.9）不得不用一些包含有限变化的公式来近似；托奎斯特指数（1.8）显然是可能的，但还有许多其他可能。因此，这样有差异的价格指数可以“链接”起来给出公式（1.10）的近似值。

不同家庭的价格指数

最后我们回到实际指数如何在不同生活标准的家庭间变化的问题。这种现象独立于商品替代程度，并且可以观察到，例如通过考虑托奎斯特指数（1.8）。如果假设 $\log(p_k^1/p_k^0)$ 对所有家庭都相同，那

么如果家庭之间的平均预算份额$\frac{1}{2}(w_k^1+w_k^0)$不同，指数就存在差异。但在非位似偏好之下，富裕家庭的奢侈品预算份额将更大而必需品预算份额将更小，从而如果价格变化涉及奢侈品和必需品的相对价格变化，贫富家庭间生活成本指数将呈系统性差异。

我们用实际指数阐明这些效应，实际指数是通过假设的成本函数计算的，而这种成本函数的参数是通过计量估计得到的。第 6 章讨论了一类独立于价格的广义线性偏好。这类偏好的对数形式（PIGLOG）的成本函数是

$$\log c(u,p)=(1-u)\log a(p)+u\log b(p) \tag{1.11}$$

其中，函数 $a(p)$ 和函数 $b(p)$ 是价格的正线性齐次凹函数。这给出 126
基期加权的实际生活成本指数一个特别简单的形式

$$\log P(p^1,p^0;u^0)=(1-u^0)\log\frac{a(p^1)}{a(p^0)}+u^0\log\frac{b(p^1)}{b(p^0)} \tag{1.12}$$

其中基期效用水平 u^0 等于 $\log[x^0/a(p^0)]/\log[b(p^0)/a(p^0)]$。因此，对面临相同价格的不同家庭而言，$u^0$ 是 $\log x^0$ 的线性函数。方程（1.12）当然是 PIGLOG 模型的一个特例，它清楚地表明价格指数如何随家庭生活标准的变化而变化。富裕家庭的生活成本指数更接近 $b(p^1)/b(p^0)$，而 $a(p^1)/a(p^0)$ 对不太富裕的家庭更恰当。

可以对成本函数（1.11）微分从而给出商品需求，并且如果选择函数 $a(p)$ 和 $b(p)$ 的具体形式，在这里分别是$\sum\alpha_k p_k$、$\beta_0\prod p_k^{\beta_k}$，则可以估计模型并且计算出生活成本指数。使用 1965—1976 年间四种不同家庭类型的合并的时间和截面的英国数据；表 7—1 显示四种类型的家庭和四种不同支出水平的相应的指数，它们以 1970 效用水平为基础并表示成年度增长率。

从 1965—1971 年通货膨胀是相对中性的。事实上，从这些数据看，至少对于有孩子的家庭是正确的，如果对富裕家庭这些数据稍有偏离。但从 1971 年起，急剧上涨的食品价格产生对这些指数强烈的“反穷”偏移。如数据所示，甚至英国政府在 1974 年引入的食品补助也不能阻止这种趋势，当它们在 1975—1976 年间被最终逐渐废除时，食品价格和燃料价格的上涨产生了英国战后历史中最强劲且最持久的相对价格回归变化。

表 7—1　　**通货膨胀在英国 1965—1976 年的分配效应：对应于 4 种家庭和 4 种支出水平的年通货膨胀率**

	1970 年的周支出水平															
	£15				£30				£50				£80			
	两个家长和他们的孩子															
	0	1	2	3	0	1	2	3	0	1	2	3	0	1	2	3
1965—1971	5.52	5.35	5.36	5.36	5.43	5.39	5.41	5.41	5.36	5.43	5.44	5.44	5.30	5.46	5.48	5.47
1971—1975	14.17	14.18	14.34	14.45	13.82	13.94	14.07	14.14	13.56	13.77	13.88	13.93	13.33	13.58	13.68	13.70
1974—1975	24.66	24.69	24.88	25.09	24.21	24.50	24.53	24.57	24.24	24.36	24.27	24.18	24.06	24.23	24.03	23.84
1975—1976	16.39	16.39	16.53	16.94	15.42	15.55	15.64	15.85	14.69	14.94	15.95	15.05	14.05	14.38	14.40	14.33

176

阿兰（Allen，1958）、布里顿（Brittain，1960）、蒂平（Tipping，1970）、皮亚丘恩德（Piachund，1978）、米尔鲍尔（Muellbauer，1977a）对英国的若干研究表明，可以按价格变化的偏差程度把战后时期分为几个恰当定义的阶段。战争年代呈现相当大的有利于穷人的偏差，但战后直到 1961 年相对价格变化基本上是不利于穷人的。到 1966 年，这种偏差更小，但方向不变，1966—1971 年间完全消失。在开放经济中，我们往往把这种现象与国际贸易条款变化相联系。对于美国，参见霍利斯特和帕尔默（Hollister and Palmer，1972），有证据表明 20 世纪 50 年代和 60 年代的通货膨胀相对中性，因此这一时期，用单一价格指数度量生活成本就已经足够。然而到 70 年代，相对价格向不利于穷人的方向移动，参见威廉姆逊（Williamson，1977）和劳动统计局的每月劳动评论。加拿大似乎同样如此，参见阿夫雷特（Afriat，1977）。和欠发达国家发生的现象比起
178 来，这些变化显得微不足道，在欠发达国家经常因为结构原因造成主要食品价格相对于其他商品价格剧烈波动。森（Sen，1977a）记述了 1943 年的孟加拉大饥荒中主要食品价格大幅上涨的结果，导致 300 万人～500 万人死亡。显然，在这种情况下，价格系统能引起实际消费分布的极大变化，这种变化我们不能通过货币收入或货币支出来认识。在这种情况下，使用单一价格指数的简单化做法是非常危险的。

练习

7.1 证明价格指数 $P(p^1, p^0; u^R)$ 满足下列结论并逐一解释：

(a) $P(\lambda p^0, p^0; u^R)=\lambda$

(b) $P(p^0, p^0; u^R)=1$

(c) $P(p^1, p^0; u^R)=1/P(p^0, p^1; u^R)$

(d) $P(p^0, p^1; u)P(p^1, p^2; u)=P(p^0, p^2; u)$

(e) $\min(p_i^1/p_i^0) \leqslant P(p^1, p^0; u^R) \leqslant \max(p_i^1/p_i^0)$

(f) 因此证明两个实际指数的上下界都可以导出，即

$$\min(p_i^1/p_i^0)\leqslant P(p^1,p^0;u^0)\leqslant P(p^1,p^0;q^0)$$
$$P(p^1,p^0;q^1)\leqslant P(p^1,p^0;u^1)\leqslant\max(p_i^1/p_i^0)$$

7.2 如果偏好是柯布-道格拉斯偏好，证明生活成本指数 $\log P=\sum w_k\log(p_k^1/p_k^0)$ 等于 $\log P(p^1, p^0; u)$。

7.3　证明根据成本函数（1.5）给出的拉氏指数就是实际生活成本指数，用无差异曲线形状解释此结果。更难：函数（1.5）是实际指数成为拉氏指数的必要条件吗？

7.4　证明拉氏指数 $P(p^1，p^0；q^0)$ 可写成 $\sum w_k^0(p_k^1/p_k^0)$ 的形式。如果预算份额采用PIGLOG的形式 $w_i^0=\alpha_i^0+\eta_i^0\log x^0$，其中 α_i^0 和 η_i^0 是 p^0 的函数，证明 $P(p^1，p^0；q^0)$ 具有形式 $P_A+P_B\log x^0$。在评估价格变化对不同生活水平的家庭的不同影响中，P_A 如何与 P_B 相关？

7.5（续练习7.4）假设不同家庭有相同的参数 α_i^0、η_i^0 和不同的 x^{0h} 水平，找出与市场支出相应的拉氏指数 $P(p^1，p^0；q^0)$，这里 $q^0=(1/H)\sum_{h=1}^{H}q^{0h}$。证明对于预算水平为 $x^*>\bar{x},\bar{x}=(1/H)\sum x^{0h}$（比较6.2节）的代表性消费者，拉氏指数相同。这个结果对于解释公布的总价格指数有什么启示？

7.6*　证明：如果偏好是位似的并且成本函数是 $c(u，p)=u(p\cdot Ap)^{1/2}$，其中 A 是负定矩阵，则费雪理想指数——派氏和拉氏的几何平均数——是实际指数。[这个结果与布希昆斯（Buschegunennce，1925）的著名定理相关，它证明如果效用函数是二次的，费雪指数是实际指数；参见阿夫雷特（Afriat，1977）和迪沃尔特（Diewert，1980）更详细的论述。]

7.7*（Diewert，1976a）证明：如果 $\log c(u,p)=\alpha_0+\sum\alpha_k\log p_k+\frac{1}{2}\sum\sum\alpha_{kj}\log p_k\log p_j+\beta_0\log u+\frac{1}{2}\sum\beta_k\log p_k\log u+\frac{1}{2}\gamma(\log u)^2$，则托奎斯特指数是关于 $u^*=(u^0u^1)^{1/2}$ 的实际指数。

7.8*　这组练习中所有其他结果要求偏好从0到1不变。相反 179
假设消费者作为效用机器逐步变得更有效、有位似的偏好且有一个以时间 t 作指数的成本函数，$c_t(u，p)=e^{-\alpha t}ua(p)$，$\alpha>0$。解释由 $c_t(u，p^t)/c_{t-1}(u，p^{t-1})$ 给出的“基数”生活成本指数 $P_c(p^t，p^{t-1}，u)$，并比较它和更常见指数的性质。[进一步论述参见菲利普斯（Phlips，1974），米尔鲍尔（Muellbauer，1975a），波拉克（Pollak，1976a）。]

7.2 数量指数和实际消费指数

效用的货币度量

成本函数不仅能用于构建价格指数而且能构建真实消费指数或效用指数。既然我们已有福利、效用本身的标量度量，构建实际消费指数的问题在本质上是选择方便的效用函数的问题，或者等价地是，选择用于标记无差异曲线的适当体系的问题。图 7—3 描述了两条无差异曲线，比如说 u^0 和 u^1，选择任何参照价格向量 p^R；如图所示，这确定了斜率 p_2^R/p_1^R。于是对于任何无差异曲线我们可以计算在参照价格处达到它的最小成本，这变成了效用本身的货币度量。按照一般说法，福利水平 u^1 对应于“每年 20 000 美元的家庭”。u^0 对应于“每年 15 000 美元的家庭”，两个数分别是达到各自生活标准所需的最小
180 数目。u^1 相对于 u^0 的实际消费或福利指数是比率 $0Y/0X$；我们称之为“福利指数”（不是效用指数，效用指数是经常用于效用函数本身的术语）。

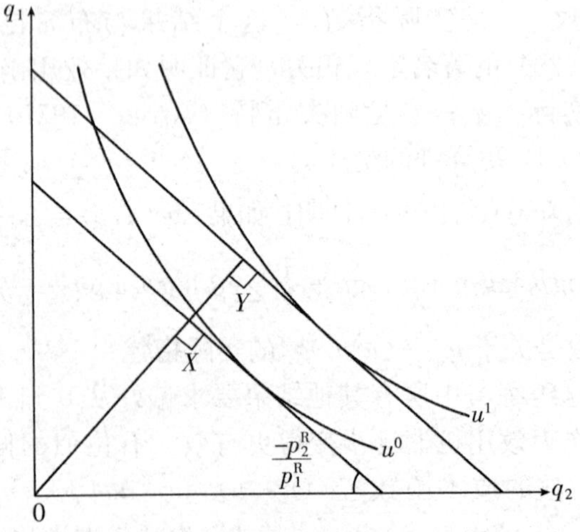

图 7—3 效用的货币度量

形式上，效用的货币度量在参照价格 p^R 下是 $c(u, p^R)$，因为 $c(u, p)$关于 u 是递增的，p^R 是常数，$c(u, p^R)$ 是 u 本身的单调递增函数。因此它本身可作为效用指标。福利指数 u^1，u^0 写成 $U=$

（u^1，u^0；p^R）并被定义为

$$U(u^1,u^0;p^R)=c(u^1,p^R)/c(u^0,p^R) \tag{2.1}$$

注意式子（2.1）和式子（1.2）间的异同；价格指数由 u 不变 p 变化时 $c(u, p)$ 的变化度量，而福利指数则将 u 当作变量而 p 固定在参照水平。像以前一样，只比较两种效用水平，p^R 的自然选择是 p^0 和 p^1，从而分别给出基期加权和当期加权的福利函数。它们通过支出指数 x^1/x^0 直接地与两种实际价格指数相关联。以下方程可通过把式子（1.2）直接代入式子（2.1）得到验证

$$P(p^1,p^0;u^0)\cdot U(u^1,u^0;p^1)=x^1/x^0 \tag{2.2}$$

$$P(p^1,p^0;u^1)\cdot U(u^1,u^0;p^0)=x^1/x^0 \tag{2.3}$$

因此，支出指数除以基期加权价格指数给出当期加权福利指数，且支出指数除以当期加权价格指数得出基期加权福利指数。

给定对于偏好的完全信息，我们能立即应用这些概念以获取一个比例尺度的无差异曲线的比较。然而，关于经济指数的相当多的文献讨论在较少信息情况下获得较弱结果的问题。例如，给定两个价格和数量向量（p^0，q^0），（p^1，q^1）而无其他信息，我们可以寻找能判断 q^1 是否至少和 q^0 一样好的指标。一种途径是通过显示性偏好的概念，参见2.6节：如果不需要更大成本就可以选择 q^0 时却选择了 q^1，则 q^1 至少和 q^0 一样好。因此，如果 $p^1\cdot q^1\geqslant p^1\cdot q^0$，也就是派氏数量指数大于或等于1，则 q^1 至少和 q^0 一样好。类似地，如果 $p^0\cdot q^0\geqslant p^0\cdot q^1$，也就是派氏数量指数不大于1，则 q^0 的排序至少和 q^1 一样好。如果两个条件都不成立，我们便没有充分信息把商品束排序，例如参见萨缪尔森（Samuelson，1938，1947），I. M. D. 利特尔（Little，1957）。对商品束排序似乎比在一个比例尺度下比较无差异曲线的要求弱。但这两种明显不同的度量指数的方法在本质上是相同的。正如我们从练习7.1看到的，两种生活成本指数 $P(p^1,\ p^0;\ u^0)$ 和 $P(p^1,\ p^0;\ u^1)$ 的上下界很容易推导出来。因为相应的福利指数从式子（2.2）和（2.3）获得，我们能马上写出它们相应的界限。它们的宽度反映了可得到的有限信息，阿夫雷特（Afriat，1967，1969）显示了在我们有与同一偏好次序一致的两种以上的价格和数量向量时，限制范围如何拉得更小。有许多数据点时，我们可估计需求函数，它会给出潜在成本函数的近似表达，在极限状态下，就会导致对于偏好的完全信息。 181

福利的数量度量和数量指数

这里定义的福利指数绝对不是度量实际消费的唯一方法。另一种重要方法是不用达到无差异曲线所需成本来标记它们，而是用沿着某一参照商品束它们离开原点的相对距离来标记它们。例如，图 7—4 中，以 q^R 为参考的 u^1 和 u^0 福利指数是 $0B/0A$，以 q^S 为参考的是 $0B'/0A'$。一般来说，这些指数是不同的，尽管直观上很明显，如果偏好是位似的，指数将独立于 q^R。

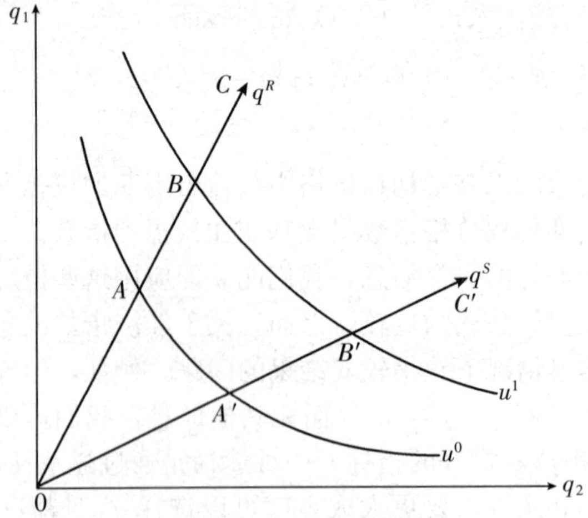

图 7—4 效用的数量度量

这一技术反过来也可用于定义基于某个基础无差异曲线的数量指数。为了说明，设图中的 u^0 就是基础无差异曲线。通过比较每个向量为达到 u^0 必须按比例缩小的数量，来构造 q^R 相对于 q^S 的指数。在这种情况下，q^R 必须除以 $0C/0A$，q^S 必须被 $0C'/0A'$除，这样数
182 量指数 $Q(q^R, q^S; u^0)$ 由 $0C/0A \div 0C'/0A'$度量。这些首先由马姆奎斯特（Malmquist，1953）定义的指数是以上 7.1 节讨论的实际价格指数的对偶。然而注意，不像福利指数 $U(u^1, u^0; p)$，这些概念根本不要求价格起媒介作用。因此，它们拥有不依赖于价格存在也可加以应用的优势，例如在配给或非线性预算约束条件下应用。正式的讨论需要运用 2.7 节距离函数，在以下练习 7.12 中展开。

练习

7.9　派氏和拉氏数量指数分别由$\frac{p^1 \cdot q^1}{p^1 \cdot q^0}$和$\frac{p^0 \cdot q^1}{p^0 \cdot q^0}$定义。证明派氏数量指数小于或等于$U(u^1，u^0；p^1)$，拉氏数量指数大于或等于$U(u^1，u^0；p^0)$。证明派氏和拉氏数量和价格指数和类似于（2.2）和（2.3）的方程相关。何时指数$U(u^1，u^0；p^R)$独立于p^R？

7.10　通过对费用x全微分，说明如何作出类似于 Divisia 价格指数（1.9）的 Divisia 数量指数的定义。

7.11　画出图 7—4 的"对偶"图，标记轴$r_1=p_1/x$和$r_2=p_2/x$并标示相应于间接效用函数的无差异曲线。遵循图 7—4，选择一个参照无差异曲线和两个任意的正规化价格向量（r_1^0，r_2^0）和（r_1^1，r_2^1）。使r^0和r^1回到参照效用u^R所必须的"约化因子"比率如何与实际生活成本指数$P(p^1，p^0；u^R)$相关？

7.12*　马姆奎斯特数量指数的正式定义是$Q(q^1，q^0；u^R)=d(u^R，q^1)/d(u^R，q^0)$。相应的福利指数是$U(u^1，u^0；q^R)=d(u^0，q^R)/d(u^1，q^R)$。证明下列方程成立并逐一解释：

(a) $Q(q^1，q^0；u^0)=U(u^1，u^0；q^1)$

(b) $Q(q^1，q^0；u^1)=U(u^1，u^0；q^0)$

(c) $Q(q^1，q^0；u^0)\leqslant Q(q^1，q^0；p^0)$

(d) $Q(q^1，q^0；u^1)\geqslant Q(q^1，q^0；p^1)$

(e) $U(u^1，u^0；q^0)\geqslant U(u^1，u^0；p^0)$

(f) $U(u^1，u^0；q^1)\leqslant U(u^1，u^0；p^1)$

(g) 对于某个λ，$0<\lambda<1$，和$u^*=\lambda u^0+(1-\lambda)u^1$，$P(p^1，p^0；u^*)Q(q^1，q^0；u^*)=x_1/x_0$。

这些定理属于马姆奎斯特（Malmquist，1953）；更易理解的证明由迪顿（Deaton，1979）和迪沃尔特（Diewert，1980b）给出。

7.3　生活成本分指数

很多情况下，我们希望不仅能说总价格指数，而且有针对特定部分的特定成分的指数。"食品价格"和"房租"总被认为是在政治上特别重要的指数，为了便于描述，能把总指数在某一特定时间的变化　183

归因于它的一个或多个组成成分常常是重要的。从根本上说，正如波拉克（Pollak，1975）有说服力的论述，甚至总价格指数本身在跨期决策中也是分指数，尽管如我们在引言中所说，对未来的忽略导致完全跨期指数的高度主观性。在构建分指数时产生了两个紧密相关的问题：第一，我们能不能以某种方式设计分指数使总指数从它的各组成成分推出？第二，我们可以以独立于其他部分的方式赋予个别分指数什么含义？考虑一个很重要的例子，我们能否定一个传统的市场商品生活成本指数而没有明确考虑消费者在劳动力市场或使用公共产品的情况？

在 7.1 节中，偏好的存在是定义生活成本指数的基本前提。同样，商品子类的生活成本指数要求子类的偏好存在。正如我们在第 5 章所见，这些偏好一般依赖于组外商品的消费，仅当子类与其他商品可分时，这些偏好才独立于组外商品消费的变化。这是我们可定义子类效用函数 $v_G(q_G)$ 的唯一情形，并可与一个成本函数 $c_G(u_G, p_G)$ 相关联，它按通常的方式被定义成为达到某一组效用水平 u_G 的最低组支出。由此，实际组价格指数 $P_G(p_G^1, p_G^0; u_G^R)$ 为

$$P_G(p_G^1, p_G^0; u_G^R) = c_G(u_G^R, p_G^1)/c_G(u_G^R, p_G^0) \tag{3.1}$$

它与式子（1.2）类似。注意如果偏好是不可分商品，那么任何构建这种指数的努力将导致组价格指数随组外的商品价格的变化而变化。这点可从构建部分条件成本函数看出来，与第 4 章式子（3.11）比较，条件成本函数定义为达到某一给定的总效用水平而对考虑的商品集的最低支出，其他商品的水平是预先设定的。如果这些预定水平不变，所考虑商品集的价格指数可按通常方法由部分成本函数构建。然而，如果这些指数独立于条件变量，就要求弱分离性，我们就回到了式子（3.1）。

尽管式子（3.1）给出一个十分满意的组价格指数并可以应用到跨期选择情形下的单个时期，或用于商品的子类，但把个体指数 P_G 并入到总指数 $P(p^1, p^0; u)$ 一般是不可能的，参见练习 7.15。除非偏好是位似的，把子类成本函数并入到总成本函数也不可能。用隐含的而不是弱分离性，似乎可在某种程度上减轻这些问题的严重性，
184 参见布洛克比和拉塞尔（Blackorby and Russell，1978），但即使在这种情况下，也必须对成本函数施加严格限制才能使指数的加总成为可能，参见普利蒙特（Primont，1977）。最后，我们注意到正如分离性简化配给商品的需求分析一样，参见 5.1 节，同样的假设使得存在配

给的情况下构建非配给商品的子类生活成本指数成为可能。在更一般的不可分的情况下，成本函数仍可用于度量配给的影响。例如，给定预算时，比如由于供给减少，引起价格上涨，从而使家庭状况恶化。如果价格控制和短缺商品的配给结合起来，则可能政府的价格指数没有上升，但家庭状况却恶化了。如果我们知道偏好，我们可比较配给和非配给情形下的效用水平，并用无条件成本函数给它们定价，参考练习 7.16。

练习

7.13　$p_G^1 \cdot q_G^0 / p_G^0 \cdot q_G^0$ 给出组拉氏价格指数。证明由这些组指数的信息加上每个组的基期预算份额就足以构造总拉氏指数。派氏价格指数有类似的结果吗?

7.14　在可加性偏好的情况下，如果每一组中只有一样商品，组价格指数是价格比 p_i^1/p_i^0。通过选择合适的例子证明只知道价格比 p_i^1/p_i^0 一般是不可能计算 $c(u, p^1)/c(u, p^0)$ 的。

7.15　(波拉克，1975）参见第 5 章，在弱分离性情况下，对于类成本函数 $c_G(u_G, p_G)$，类效用 u_G 和价格子向量 p_G 有 $c(u,p)=\sum c_G(u_G,p_G)$。证明 $c(u^0,p^1)\leqslant \sum c_G(u_G^0,p_G^1)$；因此，我们得到拉氏型不等式 $P(p^1,p^0;u^0)\leqslant \sum w_G^0 P_G(p_G^1,p_G^0;u_G^0)$，其中 P_G 由式子（3.1）给出而 w_G^0 是在基期内用于 G 组的预算份额。

7.16*　令 $c^*(u, p, z)$ 是在价格为 p 下且必须购买的数量为 z 时为获得 u 的最小成本，参见第 4 章式子（3.1)。你如何解释被当作 z 的函数而 u、p 为常数的指数 $c^*(u, p, z)/c(u, p)$? 如果 $\psi^*(x, p, z)$ 是相应于 $c^*(u, p, z)$ 的间接效用函数，解释 $c[\psi^*(x, p, z), p]/c[\psi(x, p), p]$，它再次被视为 z 的函数。把 z 当作闲暇，讨论这些概念如何用于失业导致的福利损失的度量? [参见赫德（Hurd，1976)，阿什菲尔特（Ashenfelter，1980)]。这种度量令人满意的程度如何?

7.4　消费者剩余

消费者剩余的基本思想是用货币价值度量消费变化或价格和预算

变化导致的福利变化。例如，我们可能会问对于某个具体的商品家庭愿意支付多少而不是不愿意使用这种商品，或对于价格的上升这些家庭应得到多少补偿。迪普特（Dupuit，1844）早期根据边际效用的表述后来被马歇尔（Marshall，1890）的定义取代，其思想是用马歇尔（非补偿）需求曲线下面部分的面积来定义消费者剩余（参见图 7—5）。然而，早在 1947 年，萨缪尔森就意识到，消费者剩余对于消
185 费者行为理论来说基本上是多余的。如我们将要见到的，恰当的表述有已经讨论过的指数的精确的等价形式，这并不总是能被理解，把消费者剩余作为经常使用的分析工具似乎会导致错误和混乱。

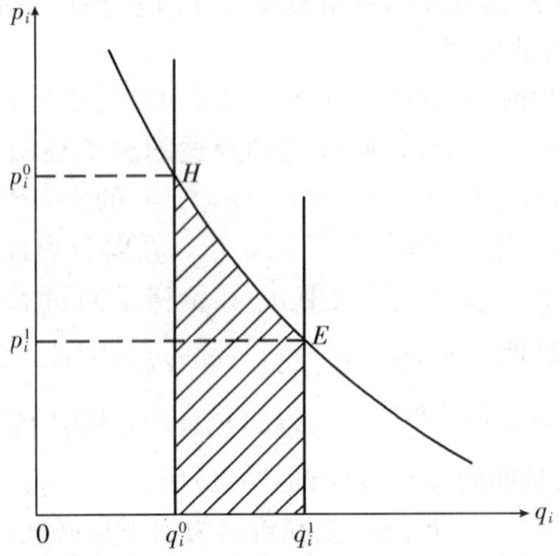

图 7—5　马歇尔消费者剩余

马歇尔观点的直观的理论基础是足够清楚的。由效用最大化的一阶条件，$\partial v(q)/\partial q_i=\lambda p_i$，效用的全微分可写成 $\mathrm{d}u=\sum\lambda p_i \mathrm{d}q_i$。如果可假设总支出的边际效用 λ 是常数，如果把 p（消费者准备支付的边际单位价格）当作 q 的函数，那么我们能在区间［q^0，q^1］对效用变化积分给出总福利变化，它等于 λ 乘以该区域商品的总数，也就是图 7—5 阴影部分的面积。另外，我们可从间接效用函数和第 2 章方程（3.16）：$-\lambda q_i=\partial\psi(x, p)/\partial p_i$，$\lambda=\partial\psi(x, p)/\partial x$ 开始。在这种情况下，我们将在区间［q^0，q^1］上对微元 $\mathrm{d}u=-\sum\lambda q_i \mathrm{d}p_i$ 积分，把 q 当作 p 的函数，并再次假设 λ 为常数。这得出 λ 乘以商品的总数，它就是图 7—5 的 $p_i^0HEp_i^1$ 部分。然而，正如最早由帕累托（Pareto，

1892）意识到的那样，λ 为常数是不可能的，因为它意味着，例如，可获得的最大效用独立于价格。事实证明，无论我们是对价格还是对数量积分，位似偏好 $p_i^0 HE p_i^1$ 或 $q_i^0 HE q_i^1$ 成为福利变化的有效度量的唯一情形是偏好为位似的情形，参见奇普曼和穆尔（Chipman and Moore，1976）及练习7.20。

此问题的一个解答是采用补偿或希克斯需求曲线下的又在价格线以上的部分的面积而不是采用数量变化。因为希克斯需求函数是成本函数的导数，积分给出在不同的两种价格下达到相同的无差异曲线的成本之差。消费者剩余这种十分恰当的使用能以成本函数的方式描述，但不是像前面部分那样把指数建立在比例的基础上，我们用差异表示“等价”和“补偿”变化的概念。这将产生一个实际的现金总量而不是指数理论中的纯数字，并且这有时也是有用的，比如，如果要求比较两个相互排斥的政府政策的福利效用。 *186*

希克斯（Hicks，1956）把补偿变化（CV）定义为使消费者在价格变化之后与价格变化之前同样富裕而必须给予的最小补偿量。因此，

$$\mathrm{CV}=c(u^0,p^1)-c(u^0,p^0) \tag{4.1}$$

注意与式子（1.2）比较。另外，CV也可以通过间接效用函数隐含地定义；显然 $\psi(x^0+\mathrm{CV},\ p^1)=\psi(x^0,\ p^0)$ 与式子（4.1）等价。另一方面，等价变化（EV）是在预算水平 x^1 下消费者为避免 p^0 到 p^1 变化，准备支付的最大数量。显然，$\psi(x^1-EV,\ p^0)=\psi(x^1,\ p^1)$，从而得到

$$\mathrm{EV}=c(u^1,p^1)-c(u^1,p^0) \tag{4.2}$$

很明显，CV和EV是基期和当期效用加权实际价格指数 $P(p^1,\ p^0;\ u^0)$ 和 $P(p^1,\ p^0;\ u^1)$ 以差的形式的精确类似。这里正是为了强调这种类似，我们采用了给定的定义而不是在一些文献中经常看到的与式子（4.1）和式子（4.2）的符号相反的定义。用 p^1 和 p^0 作为参照，类似的差异能定义为效用变化的货币价值；这总共给出了四种类型的消费者剩余的概念。因为这些概念几乎总是用于 x 不变而价格变化的情况，CV和EV也能用于福利变化的度量。例如，因为，以 p^0 为参考，货币度量效用变化是 $c(u^1,\ p^0)-c(u^0,\ p^0)$，因为 $c(u^0,\ p^0)=c(u^1,\ p^1)=x$，所以 $c(u^1,\ p^0)-c(u^1,\ p^1)=-\mathrm{EV}$。同样，由

于 x 不变，故 $c(u^1, p^1)-c(u^0, p^1)=-\mathrm{CV}$。这很有意义；如果要求正补偿或等价变化，变化后的福利必定低于原来的情形。

对于可与之比较的价格指数所讨论的相应概念的评估方法，很多文献都有论述，参见前面的 7.1 节。和以前一样，对于成本函数，或等价地用以效用为基础的需求函数系统的完全信息，足以精确地计算出 CV 和 EV。然而，正如派氏和拉氏价格指数是对实际价格指数的
187 一阶近似，在当前情况下也存在相应的公式。如果我们在 $c(u^0, p^0)$ 附近展开 $c(u^0, p^1)$，在 $c(u^1, p^1)$ 附近展开 $c(u^1, p^0)$，我们得到[比较式子（1.6）和练习 7.18]

$$\mathrm{CV}\simeq q^0\cdot(p^1-p^0),\quad \mathrm{EV}\simeq q^1\cdot(p^1-p^0)\tag{4.3}$$

我们在图 7—6 中用单一价格变化来说明这些公式。初期状况在 E 点，以价格 p_i^0 购买 q_i^0，总支出是 x^0。这将与 p_i^0 上升到 p_i^1 后的状况进行比较，我们需要度量消费者福利的减少。CV 用位于 EA 和 JB 之间的希克斯需求曲线 $h_i(u^0, p)$ 下方的面积 $EJBA$ 来度量它。式子（4.3）近似值由 $EFBA$ 的面积表示，它明显超过了 CV。等价变化 EV 是以参照效用水平 u^1 为条件，在此图中 u^1 处于 u^0 下面。因此，它是在 KA 和 HB 之间的希克斯需求曲线 $h_i(u^1, p)$ 以下的面积 $KHBA$，它与矩形 $ABHG$ 面积近似（低估）。

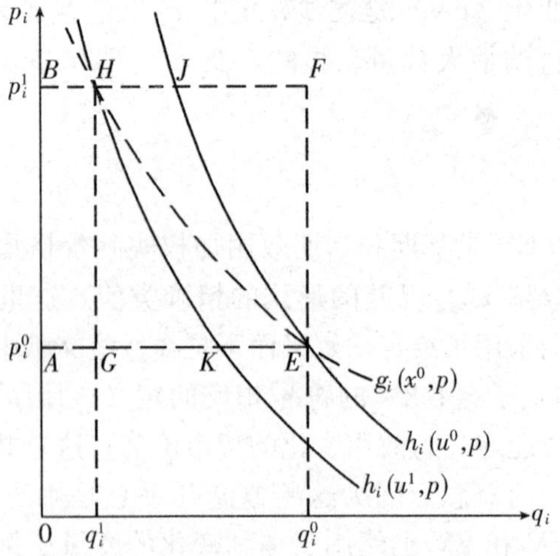

图 7—6　等价和补偿变化

我们注意到了文献给人的普遍印象是 CV 或 EV 的计算实质上比马歇尔需求函数下方的面积的计算更困难或需要更多信息。参考，例如，伯恩斯（Burns，1973），希德（Seade，1978）或威利格（Willig，1976）——他提供了用马歇尔测度近似估计 CV 和 EV 的最大误差公式。实际上并非如此，还有几个只以非补偿需求函数信息为基础的计算 CV 和 EV 简单的方法，参见瓦蒂亚（Vartia，1983）。当然，如果我们不知道需求函数，我们又回到 7.1 节和 7.2 节讨论过的更有限的信息的情形，没有什么更多可说的。当只有基期和当期价格和数量向量信息时，在 7.1 节我们看到，一个实际指数以拉氏指数为上界而另一个实际指数以帕氏指数为上界，这一事实引起许多经济学家想把派氏指数和拉氏指数结合起来，以得到在某种意义上更好的指数。类似地，在消费者剩余文献中提出了基于式子（4.3）的平均值。考虑总费用不变的购买力变化指标 188

$$H^{*}=\frac{1}{2}(q^{1}+q^{0})\cdot(p^{1}-p^{0})$$

$$=-\frac{1}{2}(p^{1}+p^{0})\cdot(q^{1}-q^{0}) \tag{4.4}$$

其中，第二个等式依赖于 $p^1\cdot q^1=p^0\cdot q^0$。第一个度量由希克斯（1946）提出，第二个由哈巴格尔（Harberger，1971）提出。试图把 H^* 解释为 CV 或 EV 的近似值（如果将 H 和 E 连成直线，它就是面积 $BHEA$）的想法似乎没有道理，因为正如以前定义的那样，CV 或 EV 度量的两种数量在概念上是有区别的。不过，如果我们想做的只是判断，当 x 不变时，从 p^0 到 p^1 的移动是否会引起福利上升或下降，那么 H^* 本身就可能是有趣的。因为福利上升总会使得 CV 和 EV 变为负值（参见练习 7.18），它们的任何结合都是如此，并且从式子（4.3）可见，H^* 是 $\frac{1}{2}$（CV+EV）的一阶近似值。此外，由练习 7.18，很容易证明，当价格改变式子（4.3）中的指数时，$q^0\cdot\Delta p$ 和 $q^1\cdot\Delta p$ 符号一致，它们的均值 H^* 给出福利变化的正确方向。福利变化的迹象不明确时，迪沃尔特（1976a）证明如果偏好被二次的但未必位似的效用函数局部逼近，则实际上是费雪“理想指数”的 H^* 将正确显示变化的方向，如参见练习 7.18。

最后注意，本章所有讨论，无论是指数还是消费者剩余的讨论，都是以单个家庭为背景。不论如何，强调从一个到多个家庭的推广远非平凡都不会过分。例如，只有在非常特别的假设下，把从总量数据中构造出来的指数解释为总福利的度量的普遍做法才是恰当的。我们在后面的第 9 章回到这个问题。

练习

189 **7.17** 使用一些方便的效用函数和相关的需求函数，推导 EV 和 CV 的表达式以及给定单个价格增加量时它们的各种近似。讨论估计这些表达式的实际问题。式子（4.4）给出的 H^* 正确显示了对应于你的模型的效用吗？

7.18 (a) 证明如果 $u^1>u^0$，则 $c(u^1, p)>c(u^0, p)$ 对所有价格向量 p 成立。因此，证明 CV 和 EV 总有相同的符号。(b) 假如总费用给定，令 $q^0\cdot(p^1-p^0)=\Delta P_L$（拉氏或基期加权价格变化）和 $q^1\cdot(p^1-p^0)=\Delta P_P$（派氏或当期加权价格变化）。为什么 $\Delta P_L\geqslant$CV，$\Delta P_p\leqslant$EV？证明 $\Delta P_P>0$ 和 $\Delta P_L<0$ 违反了选择公理（和显示性偏好公理）。证明 $\Delta P_P\geqslant 0$ 和 $\Delta P_L>0$ 意味着福利下降，$\Delta P_L\leqslant 0$ 和 $\Delta P_P<0$ 意味着福利上升，如果 $\Delta P_L\geqslant 0$ 和 $\Delta P_P\leqslant 0$，则福利或上升或下降。$H^*=\frac{1}{2}(\Delta P_L+\Delta P_P)$ 的有用性的含义是什么？

7.19* 证明：$c(u, p)=[p\cdot B(u)p]^{1/2}$，其中 B 为矩阵，其元素依赖于 u，那么 H^* 将正确显示 u。对于 $B(u)$ 要求它满足什么条件，你如何证明它们的合理性（参见迪沃尔特（1976a）对此的进一步讨论和以前的练习）。

7.20* 如果偏好是位似的，那么马歇尔需求曲线下面的面积

$$\int_{p^0}^{p^1}\sum_i g_i(x^0,p)\mathrm{d}p_i$$

是有效的福利指标。[提示：证明如果成本函数为 $c(u, p)=ub(p)$，则积分是 $x^0\log[b(p^1)/b(p^0)]$，它是 CV 的单调函数。]

7.21 给出一个效用函数 $u=q_1+\phi(q_2)$，证明希克斯需求函数和马歇尔需求函数对于 q_2 是相同的。证明在这种情况下，马歇尔消费者剩余的概念形式上是合理的。讨论 q_1 如何扩展至希克斯加总或 q_2 以外的商品的线性齐次函数。

文献注释

本章所介绍的方法通常被当作指数的经济理论，这是相对于更明显的统计方法或源于费雪（Fisher，1922）创立的“检验”方法。弗里希（Frisch，1936）的早期综述文章，对此进行了区分，仍然具有经典地位。阿兰（Allen，1975）的教材在指数的历史、实践和理论方面都很有用。森（Sen，1979）关于国民收入度量的综述文章不仅包含指数理论的有用综述，而且在个人和社会两个层次上对指数和福利的关系进行了有意义的区分。指数经济理论的首要地位属于奥斯皮茨和利本（Auspitz and Lieben，1889），孔勒斯（1924，翻译稿1939），也可参见孔勒斯和布希昆斯（Konüs and Buschuguennce，1925）和孔勒斯（Konüs，1939）。其他重要参考文献有阿兰（Allen，1949）及更近期的阿夫雷特（Afriat，1972，1977），波拉克（Pollak，1971c），萨缪尔森和斯沃密（Samuelson and Swamy，1974）以及迪沃尔特（Diewert，1976a）。马姆奎斯特（Malmquist，1953）的论文具有基本的重要性和原创性，但不容易读懂。迪顿（Deaton，1979）对他的结论进行了简单的讨论，而迪沃尔特 190 （1980b）提供了整个领域一个精彩的综述。“效用的货币度量”这一术语应该归功于萨缪尔森（1974）。7.1节的价格指数计算来自米尔鲍尔（Muellbauer，1977a）；从米尔鲍尔（1978a）可以找到练习7.4中方法的一个例子，应用于美国、英国和匈牙利的价格比较。与分指数相关的问题首先由波拉克（1975）提出；进一步的讨论和相关结论，参见布洛科比和拉塞尔（Blackorby and Russell，1977），普利蒙特（Primont，1977）和瓦蒂亚（Vartia，1976）；在存在配给时，生活成本度量的早期讨论由尼科尔森（Nicholson，1942—1943）提出，他也提出对战时英国官方价格指数的修正的实证估计。较老的文献中，消费者剩余经常和迪普特和马歇尔的名字联系在一起，尽管杰文斯（Javons，1871）、奥斯皮茨和利本（Auspitz and Lieben，1889）作出了重大贡献。在更近的时代，希克斯（1946，1956）和萨缪尔森（1942，1947）是经典之源。在大量不甚富有启迪意义的文献中除了文中引用的外，有用的参考文献是萨缪尔森（1947），西尔伯格（Silberberg，1972），豪斯（Hause，1975），奇普曼和穆尔（Chipman and Moore，1976）以及米沙恩（Mishan，1977）。

第 8 章　家庭特征、家庭需求与家庭福利比较

191 家庭在大小、年龄构成、受教育程度以及其他特征方面是不同的。一般情况下，我们可以认为，不同特征的家庭具有不同的支出模式。正如我们希望对价格和预算水平差异的需求效应建立模型一样，通过总结大量信息，建立家庭特征效应模型是自然且有用的。在截面研究中，我们或者可以得到几种类型的家庭相当粗略的加总数据，或者，更难得的是，大量的微观经济的信息。在上面两种情况下建立家庭特征效应模型都是有用的，只要模型是合理的。在前一种情形中，通过综合不充分的数据，我们可以得到有关价格和预算反应的更加准确的估计；在后一情形中，模型提供了一个概括信息的简便方法，否则的话，每个不同的家庭类型，将有一个不同的需求系统。

一般我们可以通过使需求不仅依赖于价格和总支出而且依赖于某些家庭特征，而使模型反映行为差异。经常反映在模型中的有家庭构成、人口、类型和家庭成员年龄的影响。但是，原则上任何其他的特征都可以包括进来。正如将要看到的，我们可以用不同的方法做到这一点。一种最粗糙的方法是先忽略所有其他影响，用家庭大小折算需求和总开支，从而在人均的意义下，所有家庭的消费是预算和价格的相同的函数。这种方法产生了一个问题，即这种人均的需求函数是否构成不同家庭福利比较的基础，实际上许多有关家庭特征的文献的动机都是为了搜索这样一个基础。当然，似乎有充分理由做如下结论，即如果人均的预算和需求模式有关，那么它也应该反映福利水平。然而，我们必须意识到，这种福利比较是在不同家庭之间进行的，从而通过从行为到福利的过渡，我们实际上在假设：两个行为相同的家庭具有相同的福利水平。我们可以接受也可以不接受这个假设。但是许 192
多年来，我们一直在探索进行福利比较的行为基础，因此，我们必须研究这种方法能给出什么样的系统性基础。

一个明显的基础是把上一章中提出的指数概念进行扩展，以便能对不同大小和不同构成的家庭的福利或实际收入进行比较。我们把这些用来进行比较的指数称为等价尺度。这些等价尺度对于具有不同特征的家庭之间的福利比较相当于生活成本指数对于同一个家庭面临不同的价格时的福利比较。同样，生活成本指数的基础是不变偏好的假设，而等价尺度是基于以下假设：不同家庭之间的偏好的唯一差异是由可观察到的一些特征的变化引起的。

在许多情况下，知道一个家庭成员相对于另一个家庭成员的富裕程度是很重要的。假定两个家庭面临相同的价格时，进行比较的方法之一是计算和比较人均预算水平，就像上面提到的方法。然而，这种方法却忽略了需求随年龄的变化：婴儿比成年人的需求要少。而且在消费中也可能存在规模经济，例如，三个人与两个人比较，不需要按比例增加浴室或小汽车；批量购买和烹饪食品更便宜；大小孩的衣服可以传给年幼小孩。家庭等价尺度相当于压缩机，比清点人头更为复杂，通过它，不同类型家庭的预算可能转化为一个需求—校正基础。这些等价尺度是政府福利政策的基础。例如，在收入保障政策中，有较多孩子或者年龄较大的孩子的家庭通常比孩子少的或者孩子年龄小的家庭得到更多的福利。等价尺度在确定贫困线时也起着重要作用，因为最低消费标准必定随着家庭的构成而变化。

各种指数具有或应该具有多大数值的问题多年来引起广泛的关注。简单地说，等价尺度可选择的度量根据主要有：(a) 营养和生理研究；(b) 压力集团的政治、投票和行政议会的随机干涉；(c) 家庭支出行为的实证研究。方法 (a) 和贫穷的生理性定义因同样的理由受到广泛的攻击。阿特金森（Atkinson，1975）指出：需要是一个社会性的概念。方法 (b) 显然提出了等价尺度到底应该是什么的问题。它把问题留给 (c)。自从恩格尔（Engel，1895）开创性的工作后，有关这方面的文献非常多。参考文献可见布朗和迪顿（Brown and Deaton，1972）、普雷斯和霍撒克（Paris and Howthtaker，1955）以及本章结尾部分。

8.1 恩格尔的方法

193 我们第一个模型从恩格尔的著名的论断开始，即贫穷家庭花在食物上的支出占总支出的比例比富裕家庭相应的比例要大。他还断定对于有相同总支出水平的两个家庭来说，大家庭的食物开支的比例比小家庭的要大。恩格尔由此得到一个启示，即食物支出的份额（或者份额随总支出系统地变化的其他商品）可以作为家庭福利的一个间接表示。因此，两个具有相同食物份额的家庭一定有相同的实际收入水平，而与家庭大小无关。通过比较相同的食物份额时的货币收入，可以得到一个相对于维持一个较小家庭来说维持一个较大家庭的成本指数，这就是等价尺度。

在构造这个模型并阐述其意义之前，让我们先对一些记号作一些说明。设 m^h 是维持家庭 h 在某个福利水平上的最低支出，表示在相同的福利水平下维持某个标准的参照家庭最低成本的倍数。从一个简单的观点出发，我们设 m^h 只是家庭特征的函数，假设它与价格和福利水平无关。因此，我们把它写成

$$m^h = m(a^h) \tag{1.1}$$

这里 a^h 是家庭 h 的特征向量。通常，a^h 的第一个分量可以是五岁以下儿童的人数；第二个分量可以是学龄儿童人数；第三个分量是成人

人数，等等。如果参照家庭仅仅包含一个成人，则 $m(a)$ 的一种最粗略的形式是一个计数函数，m^h 就是家庭 h 的人数。但是这是很荒谬的。如果两个成人和一个小孩的家庭的支出是单个成人家庭的支出的三倍，则前者比后者要富裕得多。这可以通过以下的方式看出，即不是把 m^h 表示为人数而是表示为成人等价数目，其中小孩折算成分数。存在几组权数；表 8—1 是斯通（Stone，1954a）在有关食物支出的一章中采用的阿姆斯特丹（Amsterdam）尺度。因此，一对夫妻 *194* 等价于 1.90 个成年男子；一个三口之家等价于 2.42 个成年男子，等等。虽然这些指数原则以专家确定的营养“需求”为基础，正如我们现在要说明的那样，这些尺度也能由行为决定。

表 8—1　　**阿姆斯特丹尺度**

年龄组	男性	女性
14 岁以下	0.52	0.52
14～17 岁	0.98	0.90
18 岁以上	1.00	0.90

我们已经看到，$m^h=m(a^h)$ 的假设仅仅是一种计算人数的复杂方法。因此，一旦用等价成人人均来表示，不同家庭的需求函数、直接和间接效用函数、成本函数都是相同的。因此，成本函数可以表示为

$$c^h(u^h,p,a^h)=m(a^h)c(u^h,p)=x^h \tag{1.2}$$

这里 $c(u,\ p)$ 是人均成本函数，即参照家庭的成本函数（对应的 $m=1$）。类似地，直接效用函数可写成

$$u^h=v^h(q^h,a^h)=v(q^h/m(a^h))=v(q^{h*}) \tag{1.3}$$

这里 $q_i^{h*}=q_i^h/m(a)$。于是需求函数具有人均的形式

$$q_i^h/m(a^h)=g_i(x^h/m(a^h),p) \tag{1.4}$$

使用预算份额形式，上式可表示成

$$w_i^h=\frac{p_iq_i^h}{x^h}=\frac{p_ig_i(x^h/m(a^h),p)}{x^h/m(a^h)} \tag{1.5}$$

它是 $x^h/m(a^h)$ 的函数，但不是独立的 x^h 或 $m(a^h)$ 的函数。因此，如果 h 是具有特征 a 的家庭，k 表示 $m(a^k)=1$ 的参照家庭，并且 h

和 k 具有相同的预算份额，则我们一定有

$$\frac{x^h}{m(a^h)}=\frac{x^k}{m(a^k)}=x^k \tag{1.6}$$

从而

$$m(a^h)=x^h/x^k \tag{1.7}$$

图 8—1 用图形解释了一个大家庭相对于一个小的参照家庭的方法。这个图形表明，一般来说，如果选择其他的预算份额，而不是 OA，则尺度完全可能是不相同的。很容易通过允许等价尺度依赖于效用水平来考虑这种情况。则直接效用函数可隐含地定义为

$$u^h=v[q^h/m(u^h,a^h)] \tag{1.8}$$

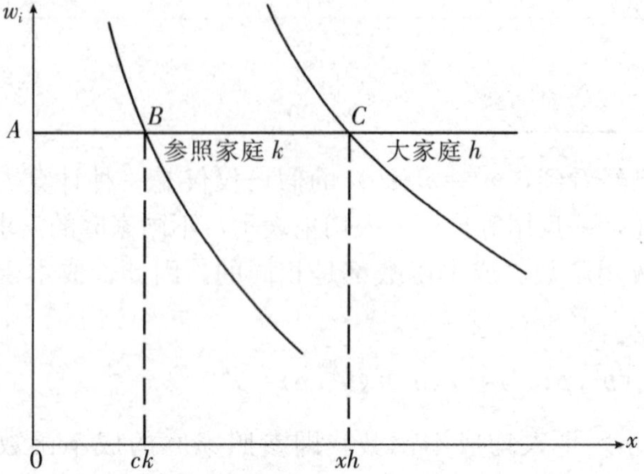

图 8—1　度量等价尺度的恩格尔模型

或者更直观地，成本函数（1.2）变为

$$c^h(u^h,p,a^h)=m(u^h,a^h)c(u^h,p) \tag{1.9}$$

195 恩格尔的方法已得到广泛的应用。例如，米尔鲍尔（Muellbauer，1977b）用来自《英国家庭支出调查》的数据在式子（1.1）的假设前提下估计了等价尺度

$$m=1+\delta_1 a_1+\delta_2 a_2 \tag{1.10}$$

这里 δ_1 和 δ_2 是参数，a_1 是 0～5 岁儿童的人数，a_2 是 5～16 岁小孩

的人数。在这个例子中，一个没有小孩的夫妻组成的家庭是参照家庭，从而 m 不是“成人”的等价数，而是没有小孩的夫妻的等价数。对于两个成人和一个年龄较小的小孩的家庭，我们得到等价尺度为 1.08（标准差为 0.016）；对于两个成人和一个年龄较大的小孩的家庭，等价尺度增至 1.21（标准差 0.008）。米尔鲍尔给出了许多技术性的原因，说明为什么认为这些数值可能被低估，即使恩格尔模型是正确的。但是，尽管如此它们强化了年龄较大的小孩比年龄小的小孩的支出要大的观点。虽然这些数字是以式子（1.10）中对尺度严格限定形式的有效性为条件，但与不考虑家庭的大小或用家庭成员数目进行折算的情形相比，相应的需求函数的拟合度得到很大提高。

练习

8.1　证明：如果效用函数是 $u=v^*[f(q/s), s]$，s 是家庭大小，那么 $q_i/s=g_i(x/s, p)$，它对于效用函数 $u=f(q/s)$ 是相同的。由此评价把 x/s 当作是福利的适当的货币度量的隐含假设。 196

8.2　利用任意家庭预算数据来源（关于美国和英国的数据来源可参见练习 6.1），用以食物份额为基础的恩格尔方法去计算相对两成人家庭的等价尺度：(a) 一个成人的家庭；(b) 两成人加一个小孩的家庭；(c) 两成人加两个小孩的家庭。你计算的尺度怎样随所考虑的总支出的变化而变化？解释你的结论。两个人的生活支出是否有可能接近一个人的支出？在这种研究中，我们经常发现：第二个小孩的边际效应比第一个小孩的大得多。为什么会这样？如果你用其他商品份额代替食物份额来重复上面的练习，会得到什么结果？

8.3　证明：如果成本函数形式为 $c(u, p)=p_1^{f(u)}g(p_2, \cdots, p_n, u, a)$，这里商品 1 是食物，$f()$ 是关于 u 的单调递减函数，$g()$ 是关于价格的 $1-f(u)$ 次齐次函数，则食物预算份额给出家庭之间福利的一个唯一排序，这个排序与价格无关。讨论如何把图 8—1 中的方法应用到这里。这种情形怎样才能一般化？[提示：考虑利用 $f(u, p_2, \cdots, p_n)$ 替换 $f(u)$ 的结果] 你认为对偏好的这种限制在实际上的合理性如何？

8.4*　假设恩格尔的等价尺度模型是正确的，利用距离函数推导出 $m(a^h)$ 的一个公式。

8.2 恩格尔模型对特定商品的推广

在一个重要方面，恩格尔模型缺乏合理性。实际上我们假设，相对于成人需求以及消费中的规模经济，小孩的需求对所有商品来说是同样的。然而在现实中，一个有小孩的家庭，冰淇淋与香烟或酒的消费相比较，在前一种情形，它可能“等价”更多的单个成人。最先注意到这一点的是塞登斯特里克和金（Sydenstricker and King，1921），他们的方法后来被普雷斯和霍撒克（Prais and Houthakker，1955）所采用。恩格尔曲线（1.4）可推广成

$$\frac{q_i}{m_i}=g_i\left(\frac{x}{m_0}\right) \tag{2.1}$$

这里的 m_0 是一般尺度，定义为单个商品尺度 m_i 的加权平均。注意：对式子（2.1）的解释和恩格尔模型中的解释相同；等价人均数量与平均等价总支出相关。但是，我们现在有一个关于等价更一般的定义。和前面一样，对于参照家庭，我们设所有的 m_i 和 m_0 为 1。与 8.1 节中恩格尔模型进行类比，给定式子（2.1），每一个 q_i 都是参照家庭相应量的 m_i 倍的家庭，它的富裕程度似乎也和参照家庭相同。因此直接的效用函数可以写成

197 $$u=v\left(\frac{q_1}{m_1},\frac{q_2}{m_2},\cdots,\frac{q_n}{m_n}\right) \tag{2.2}$$

这种理论假设最先由巴顿（Barten，1964）提出。然而，这种类比只有在特殊情形下才是正确的，巴顿和普雷斯-霍撒克的表述一般情况下不等价。让我们来看看为什么。

在巴顿模型中，和 8.1 节中一样，定义 $q_i^*=q_i/m_i$。（2.2）的预算约束是 $\sum p_iq_i=x$，如果 $p_im_i=p_i^*$，则它可写成 $\sum p_i^*q_i^*=x$。这样，巴顿的问题转化为在约束 $\sum p_i^*q_i^*=x$ 下最大化 $v(q^*)$。这时成本函数由下式给出

$$c(u,p^*)=x \tag{2.3}$$

在这种形式下，可以看出巴顿的分析是恩格尔模型的推广。但这个成本函数引出了一个重要的见解；家庭构成的改变，是为了修正价格，

像在恩格尔模型中一样，不仅是绝对价格，而且是相对价格。生养小孩会使冰淇淋、牛奶和一些软饮料变得相对昂贵，而使威士忌和香烟变得相对便宜。用戈尔曼（Gorman，1976）的话来说："如果有妻子和一个孩子，一便士的小面包将花三便士"。当然，这里的要点是，可能预期价格的相对变化会导致对较贵商品的替代。但这一点在普雷斯-霍撒克模型中没有体现出来。在式子（2.1）中，q_i^* 只是福利水平x/m_0的一个函数；没有出现不同商品规模的相对价格效应。假设不同商品的 m_i 不相同，则普雷斯-霍撒克模型只有当效用函数不允许不同商品之间的替代时（见练习 8.2），才与消费者选择理论相一致。产生这个结果的无差异曲线一定与图 8—2 中的一样。注意无差异曲线是直角的事实并不一定意味着扩展线 OA 是一条过原点的直线。事实上，排除次品，这样的偏好无论如何没有限制恩格尔曲线的形状。

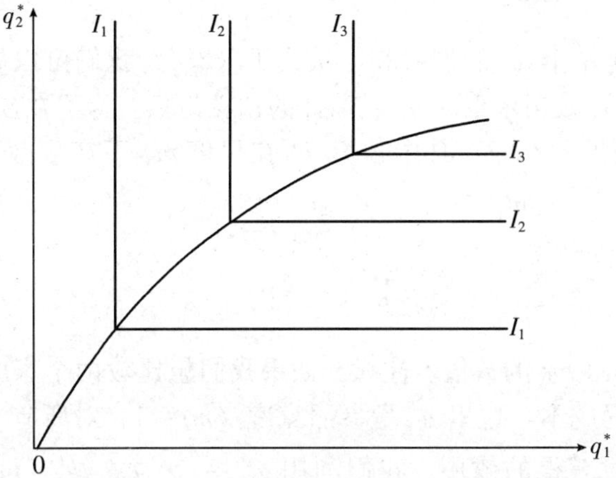

图 8—2　普雷斯-霍撒克模型的无差异曲线

因为普雷斯-霍撒克模型中不存在商品之间的替代，所以希克斯需求函数与价格无关。因此

$$q_i^* = \beta_i(u) \tag{2.4}$$

对某些函数 $\beta_i(u)$ 成立，从而该模型的成本函数由下式给出

$$c(u,p,a) = \sum_i p_i^* \beta_i(u) = \sum_i p_i m_i \beta_i(u) = x \tag{2.5}$$

等式（2.5）表明最小成本就是购买给定商品束 $\beta(u)$ 的成本；把它

与(2.3)给出的巴顿模型中的成本函数比较。

198 普雷斯-霍撒克成本函数(2.5)为我们提供了一个直接定义(2.1)中一般等价尺度 m_0 的方法。在那些对所有家庭来说价格都是一致的截面中,家庭 h 相对于参照家庭 k 的生活成本由 $\sum p_i m_i^h \beta_i(u) / \sum p_i \beta_i(u)$ 给出,其中 u 取某个参照效用水平,通常是 u^h 或 u^k。因此,对家庭 h 来说,式中(2.1)中对折算系数的自然选择是

$$m_0^h = \frac{\sum p_i m_i^h \beta_i(u^h)}{\sum p_i \beta_i(u^h)} = \sum v_i^h m_i^h \tag{2.6}$$

其中

$$v_i^h = \frac{p_i \beta_i(u^h)}{\sum_k p_k \beta_k(u^k)} \tag{2.7}$$

因此,m_0 是单个 m_i 的加权和,从式子(2.4)我们可以看出,权重是参照家庭在效用水平为 u^h 时估计的预算份额。为了在预算为 x^h 时实际估算式子(2.6),其中预算 x^h 在尺度 m_i^h 下产生效用水平 u^h,我们注意到 $\sum p_i m_i^h \beta_i(u^h) \equiv x^h$ 和 $\beta_i(u^h) = g_i(x^h / m_0^h)$,后者给出

$$\frac{x^h}{m_0^h} = \sum p_i g_i\left(\frac{x^h}{m_0^h}\right) \tag{2.8}$$

由此可以解出 m_0^h 的数值。注意,如果我们想比较两个家庭在效用水
199 平为 u^k 时的成本,这里 u^k 是参照家庭($m_i=1$,对所有 i 成立)在预算为 x^k 时获得的效用,我们利用 $x^k = \sum p_i \beta_i(u^k)$ 和 $\beta_i(u^k) = g_i(x^k)$ 把参照家庭(即在 x^k)在实际预算份额为 ω_i^k 时的相对成本估计为 $\sum p_i m_i^h \beta_i(u^k) / \sum p_i \beta_i(u^k) = \sum p_i g_i(x^k) m_i^h / x^h = \sum \omega_i^k m_i^h$。注意,如果我们利用合并的时间序列和截面数据,从而同时从参照特征和参照价格来定义参照家庭,则当参照价格为 p^0 时,家庭 h 和 k 之间的生活成本比率为 $\sum p_i m_i^h \beta_i(u) / \sum p_i^0 \beta_i(u)$;这个指数不仅包括价格指数,而且包括一个等价尺度。

我们现在可以用一个简单图形来说明在使用普雷斯-霍撒克模型和巴顿模型时出现的差异。图 8—3 与第 7 章中已讨论的图形相似。

假设存在两种商品 q_1 和 q_2，增加一个小孩使 m_1 增加，m_2 不变。因为数轴以 q_1^* 和 q_2^* 度量，这个小孩的增加使预算约束线从 $B'B$ 移到 $B'E$。假设最初的消费量在 A 点。在 A 点的成直角的无差异曲线是普雷斯–霍撒克模型的无差异曲线，而过 A 点的光滑曲线是巴顿模型 200
的无差异曲线。前者的生活成本指数或等价尺度是由 $C'C$ 给出的支出。然而，在巴顿模型中，由于发生相互替代，直线 $D'D$ 现在离原点足够远，以致恢复到原来的效用水平。既然 m_2 是不变的，尺度的大小可以从纵轴上得到；OC'/OB' 是普雷斯–霍撒克尺度，OD'/OB' 是巴顿尺度。

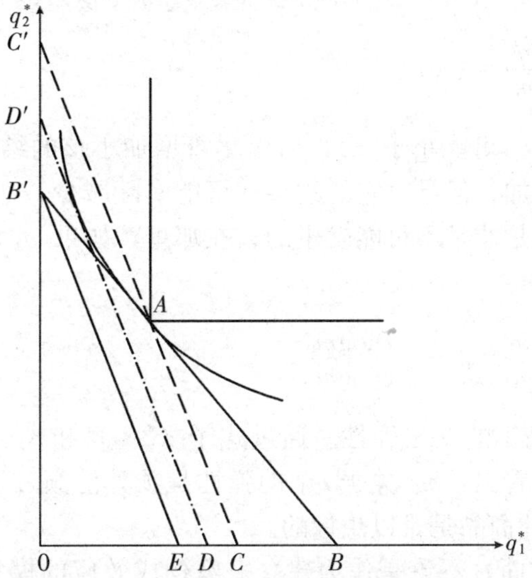

图 8—3　普雷斯–霍撒克模型和巴顿模型等价尺度的变化

如果我们有相同的起点和相同的两组 m_i 进行比较，则巴顿模型的等价尺度一般低于普雷斯–霍撒克模型的等价尺度，准确的原因是前者允许商品之间的相互替代。当然，这个结果和第 7 章中的证明相似，即给定相同的基，实际生活成本指数小于拉氏价格指数。

巴顿模型中价格和等价尺度之间形式上的相似性有一个家庭构成变化效应的有趣的特征描述。例如，额外增加一个小孩会对需求产生两个相互独立的效应。因为

$$q_i=m_i(a)g_i(x,p^*) \tag{2.9}$$

通过 m_i 的变化，将产生一个直接的效应；小孩需要牛奶、取暖、玩具等等。通过对“调整后”价格 p^* 的影响将产生一个间接效应，根据需求的价格弹性，这种效应将引起其他商品对儿童用品的替代。一般地

$$\frac{\partial \log q_i}{\partial \log m_j}=\delta_{ij}+e_{ij} \tag{2.10}$$

这里 δ_{ij} 是克罗内克符号，e_{ij} 是商品 i 关于第 j 种价格的马歇尔（非补偿）价格弹性。以图 8—3 的解释为例，增加小孩只影响 m_1，我们有

$$\frac{\partial \log q_1}{\partial \log m_1}=1+e_{11} \tag{2.11}$$

因为原则上，e_{11} 可能小于 -1，所以尽管增加小孩的结果会使商品 1 的“需求”增加，但是对它的购买却可能实际减少。而这在普雷斯-霍撒克模型中是非常不可能发生的。在那里，如果 m_1 增加，从式子（2.1）可得

$$\frac{\partial \log q_1}{\partial \log m_1}=1-e_1\frac{\partial \log m_0}{\partial \log m_1} \tag{2.12}$$

这里 e_1 是商品 1 的支出弹性。通过式子（2.5）和式子（2.8）的微分，我们可以看出，m_0 关于 m_1 的弹性是预算份额 ω_1，从而使式子（2.12）为负的商品是难以想像的。

201 在某些方面，不论是作为建立家庭构成效应的模型的方法，还是作为估计等价尺度的方法，这两个模型都存在极端性。一个不允许商品的相互替代，而另一个则暗示在现实可能的情形是家庭构成的变化导致商品的过度替代。在 8.4 节中，我们考虑一些其他的可能。

练习

8.5 我们经常观察到，小孩较多的家庭和小孩较少的家庭相比，前者酒的平均消费量大。对于这种现象，我们有哪些可供选择的好的解释？

8.6 在线性支出系统中，把巴顿类型的家庭构成效应考虑进去

并证明，家庭构成变化的边际效应独立于家庭预算水平，边际消费倾向独立于家庭构成。你认为这些性质有多大的合理性？[可参看帕克斯和巴顿（Parks and Barten，1973）的一个应用。]

8.7　考虑 PIGLOG 成本函数

$$\log x=(1-u)\log a(p)+u\log b(p)$$

讨论下面两种假设对需求函数中家庭构成效应的作用的影响：

(a) $a(p)$ 和 $b(p)$ 都是柯布-道格拉斯（函数）；

(b) $\log b(p)/a(p)=\gamma_0\prod p_i^{\gamma_i}$。

描述（b）和第 3 章的 AIDS 模型的联系。

8.8　可以证明：存在一类可加性的偏好，它们可以产生形如式子（2.1）的恩格尔曲线，但没有把 x/m_0 作为效用显示或把 m_0 作为等价尺度 $c(u,p,a)/c(u,p,a^0)$ 的解释。下面是一个解释：证明成本函数

$$c(u,p,a)=\sum\alpha_i p_i m_i+u\prod p_i^{\gamma_i m_i/\sum_j \gamma_j m_j}$$

这里 $m_i=m_i(a)$ 产生可满足（2.1）的需求函数。证明

$$x/m_0=\frac{x-\sum\alpha_i p_i m_i}{\sum\gamma_i m_i}+\sum\alpha_i p_i$$

并且 m_0 不具有 $c(u,p,a)/c(u,p,a^0)$ 的形式。比较这种将家庭构成效应并入偏好的方法和线性支出系统背景下巴顿模型的方法。

8.9　假设存在两种商品，$p_1=p_2=1$，$x=20\ 000$，$m_1=3$ 和 $m_2=2$ 以及

$$g_1(x/m_0)=-0.15(x/m_0)\log(x/m_0)+2(x/m_0)$$

和

$$g_2(x/m_0)=0.15(x/m_0)\log(x/m_0)-(x/m_0)$$

用偏好和实际效用作为权重，计算一般的等价尺度 $\sum p_i m_i^h\beta_i(u)/\sum p_i\beta_i(u)$。

8.3 实证应用

202 表面上，用家庭特征给出等价尺度的表述后，可以用预算数据估计普雷斯-霍撒克模型式子（2.1）和（2.5），或者巴顿模型（2.9），遗憾的是，情况并不是这样。可以证明：如果只用家庭的一个截面数据，对两个模型中的任何一个来说，每一种商品的等价尺度都是在相对而不是在绝对意义上确定。我们不打算在此对非确定性（lack of identification）给一个正式的解释；读者可参看克拉默（Cramer，1969）和米尔鲍尔（Muellbauer，1974b，1980a），也可见练习8.11。然而，直观上，这个问题就是通过考察n个不同的恩格尔曲线来确定n个随家庭构成而变化的参数m_i。但是恩格尔曲线必须满足总量相符限制，从而产生$n-1$个独立的证据。这使得我们缺少一个完全确定等价尺度的条件。这意味着，例如，没有更多的限制条件，巴顿用他的模型从预算数据中去估计价格弹性的最早的想法是行不通的。类似地，确定尺度本身需要额外的信息。

对巴顿模型来说，相对价格的变化是足够的，从而一个自然的解决办法是把时间序列和截面数据结合起来。但这种做法对于普雷斯-霍撒克模型却不奏效，因为没有替代品，价格变化的作用和总支出的变化的作用完全一样。起作用的只有绝对价格变化而不是相对价格变化。因此，等价尺度的确定需要作为出发点的先验信息，例如营养需求数据，或者更令人感兴趣的如“小孩不喝酒或不吸烟”之类的限制。不幸的是，酒和香烟消费的预算数据可靠性非常差，这妨碍了我们使用这种特殊的方法。

米尔鲍尔（1977b）利用成本函数（2.3）的一个PIGLOG模型和《英国家庭支出调查》中1968—1973年的截面和时间序列合并的数据估计了巴顿模型。假设$m_i(a)=1+\delta_{1i}a_1+\delta_{2i}a_2$，这里对于两成年人有$m_i=1$，$a_1$代表年龄0～5岁小孩的人数，$a_2$是5～16岁小孩的人数。样本中所有家庭都由两个成年人和0～4个或更多的小孩组成。对于巴顿模型，估计食物的δ之后，再用同样的数据在相同食品尺度的条件下对普雷斯-霍撒克模型进行估计。表8—2报告了每个模型分别应用于两个成人加一个0～5岁的小孩和两个成人加一个5～16岁的小孩的两类家庭的商品尺度。并且还给出了（渐近的）标准差和一般的等价尺度，它们是在三种不同的预算水平下计算出来的，即两成人的参照家庭在 1975 年的价格水平下，每星期的支出水平分别为 20 英镑、40 英镑、70 英镑。

表 8—2　巴顿模型和普雷斯-霍撒克模型应用于有一个年幼小孩的家庭和有一个年龄较大的小孩的家庭时特定商品等价尺度和一般等价尺度 203

	巴顿模型		普雷斯-霍撒克模型	
	2 成人＋1 小孩（0～5 岁）	2 成人＋1 小孩（5～16 岁）	2 成人＋1 小孩（0～5 岁）	2 成人＋1 小孩（5～16 岁）
燃料和照明	1.12（0.10）	1.27（0.06）	1.03（0.02）	1.17（0.01）
食物	1.25（0.11）	1.47（0.08）	1.25（ficed）	1.47（fixed）
酒精	0.89（0.17）	1.20（0.13）	1.25（0.21）	2.19（0.14）
烟草	1.36（0.13）	1.27（0.08）	1.41（0.06）	1.17（0.04）
衣服	1.50（0.27）	1.48（0.30）	1.36（0.21）	2.74（0.15）
耐用品	0.80（0.27）	1.09（0.14）	1.48（0.28）	2.49（0.19）
混杂食物	1.34（0.15）	1.09（0.07）	1.40（0.07）	1.80（0.04）
私人交通	0.81（0.19）	0.90（0.06）	1.82（0.44）	3.53（0.31）
公共交通	1.17（0.26）	1.44（0.17）	1.17（0.14）	1.54（0.09）
服务	0.80（0.20）	0.98（0.09）	0.95（0.14）	2.22（0.08）
一般等价尺度：[a]				
低支出	1.16	1.30	1.24	1.82
中等支出	1.09	1.22	1.36	2.00
高支出	1.04	1.17	1.46	2.15

注：括号中是标准差。

a. 低支出 20 英镑、中等支出 40 英镑、高支出 70 英镑，均按 1975 年价格计算，两成人参照家庭每周的水平。

也许，表 8—2 一个最明显的特征是两个模型的结果之间的显著差异；不论是商品尺度还是一般尺度，巴顿模型给出的值都要比普雷斯-霍撒克模型给出的值低得多，且巴顿模型给出的一般尺度随总支出的增加而减少。单个商品中尺度差别最大的是私人交通，根据我们前面讨论过的基础理论来解释这个发现是最有说服力的。数据清楚地显示，如果保持预算不变，有一个小孩的家庭，尤其是有一个年龄较大小孩的家庭，私人交通的支出要比没有小孩的家庭大许多。在普雷斯-霍撒克模型中，这种情况仅当这种商品的尺度比平均商品尺度更高时，才能发生。但在巴顿模型中，并不需要这个条件；正如我们看到的，如果一种商品的自身价格弹性足够大，则一个比平均商品尺度 204

更小的尺度就和我们所观察到的支出模式是一致的。事实上，私人交通比其他商品具有更大替代效应估计值。程度较轻的同样的现象也说明为什么在普雷斯-霍撒克模型中，服务、耐用商品和酒的尺度的估值要比巴顿模型中的要大。这同样也解释了为什么在巴顿模型中一般等价尺度随预算的增加而减小，而在普雷斯-霍撒克模型中情况刚好相反：那些预算份额随预算增加而增加的商品（奢侈品），在巴顿模型中的商品尺度比平均水平低，而在普雷斯-霍撒克模型中的尺度比平均水平要高。

普雷斯-霍撒克模型没有替代性，再加上它的令人困惑的结果——即使在中等支出水平，一般的等价尺度不合情理地表明维持一对夫妻外加一个年龄较大的小孩的费用是维持一个没有小孩的家庭的费用的 2 倍——这似乎足以表明普雷斯-霍撒克模型**不**是家庭构成效应的一个合适模型。另一方面，尽管我们不会太看重表 8—2 中的估值，然而，巴顿模型还是显得更加合理些。一个直接的问题是，在家庭耐用商品和私人交通这些商品上的支出包含投资因素，正如我们在 4.2 节中看到的，把这些商品当作非耐用品处理是不恰当的。我们将在 8.4 节中将更详细地讨论这个一般性问题。然而，我们可以把考虑了与不同类型家庭的合并数据相拟合的限制条件的需求函数的拟合度同仅与每一类家庭单独拟合，从而没有施加巴顿限制的需求函数的拟合度相比较来检验巴顿模型。米尔鲍尔（1977b）做了这个工作，并且得出了两个结论。第一，增加巴顿限制条件时，则拟合度将下降很多；第二个结论是，当加上限制条件后，替代效应的估
205 计值一般似乎呈下降趋势，这一点似乎表明与家庭构成差异相关的拟—价格替代反应与同实际价格相联系的替代反应不同。不过，除非用更好的数据来重复这些检验，否则，这个结论应该被看作是尝试性的。

最后，把巴顿模型中估计的等价尺度和旨在对低收入家庭进行帮助的英国福利补助系统所采用的尺度进行比较，可能是一件有趣的事。1975 年的福利支出表明：有一个 0～5 岁小孩的家庭的尺度是 1.18，有一个 5～10 岁小孩的家庭的尺度是 1.21，有一个 11～12 岁小孩的家庭的尺度是 1.26，有一个 13～15 岁的小孩的家庭的尺度是 1.32。我们在低支出水平下的估计和这些数值非常接近，但鉴于已经讨论过的问题，我们不应太看重这种相似性。

练习

8.10　将巴顿的家庭构成效应并入第3章讨论过的AIDS模型。在什么意义下我们可以说模型中家庭构成效应独立于预算效应？与练习8.6中从线性支出系统得出的结果进行比较。

8.11*　对于普雷斯-霍撒克模型，证明：

$$\frac{\partial\log(p_iq_i)}{\partial\log a}=\frac{\partial\log m_i}{\partial\log a}-\frac{\partial\log(p_iq_i)}{\partial\log(x/m_0)}\frac{\partial\log m_0}{\partial\log a}$$

或者用明显的记号表示为 $f_i=h_i-\eta_i h_0$，以及 $\frac{\partial\log m_0}{\partial\log a}=\sum\omega_j\frac{\partial\log m_j}{\partial\log a}$ 或者 $h_0=\sum\omega_j h_j$。把所有的 f（关于小孩人数的需求弹性），所有的 η（预算弹性）和所有的 ω（预算份额）看作可观察量，考察一下能否得到未知量 $h_i(i=0,\ 1,\ \cdots,\ n)$ 唯一的解。[提示：在矩阵形式下有 $f=(I-\eta\omega')\ h$，并且考虑 $\sum\omega_i=1$ 对于矩阵 $f=(1-\eta\omega')$ 的秩的含义——参看米尔鲍尔（1980a）。]证明：如果一个 h_i 可知，则其他的 h_i 都可确定。

8.12*　你怎样把上题中的结论推广到巴顿模型中去？在巴顿模型中允许商品之间的相互替换，而且所有的数据是一个单一截面的数据。[见米尔鲍尔（1974b）。]

8.4　等价尺度的回顾与透视

把家庭构成效应并入由行为最优化导出的需求函数的最一般的方法是将成本函数写成 $c(u,\ p;\ a)$ 的形式。于是任意等价尺度只是一个不变的效用、不变的价格和将具有特征 a 的家庭的生活成本同某个具有特征 a^R 的参照家庭的生活成本相关联的生活成本指数。这样，对于参照效用水平 u^R 和价格 p^R，如果 $c(u^R,\ p^R,\ a^h)$ 是给定特征 a^h 时在价格 p^R 下达到效用水平 u^R 的最小成本，则

$$m^h=\frac{c(u^R,p^R;a^h)}{c(u^R,p^R;a^R)}\tag{4.1}$$

戈尔曼（Gorman，1976）提出了一个比巴顿成本函数更具一般性且不太可能有过度替代问题的成本函数，它只不过是在巴顿成本函数的 206

基础上增加了一些随家庭特征而变化的固定成本，因此，

$$c(u,p,a)=\sum\gamma_i(a)p_i+\hat{c}(u,p^*) \tag{4.2}$$

这里 $p_i^*=p_i m_i(a)$ 和前面一样。波拉克和威尔士（Pollak and Wales，1979）比较了式子（4.2）的两种特殊情形的拟合优度：其一是巴顿的假设，即 $\gamma_i(a)=m_i(a)$，对所有的 i 成立；另一种情形是，对所有 i，$m_i(a)=1$，并且所有的家庭构成效应通过 γ 起作用。前一个假设似乎拟合得更好。

我们应该注意到，作出家庭决策的一些其他方法已被提出，它们是基于可分离性概念的使用。特别参见萨缪尔森（Samuelson，1956）和米尔鲍尔（Muellbauer，1975a）。

闲暇与跨期选择

在本章中，到目前为止，我们一直限于构成效应和在家庭构成条件下当期商品的等价尺度，即把家庭构成看作是外生的。保持最后一个假设，无疑可以把等价尺度的概念推广到更大范围的商品。例如考虑包含工资率的完全成本函数（见 4.1 节），类似于式子（4.1），我们可定义一般等价尺度为

$$\frac{c(u^R,p^R,\omega^R;a^h)}{c(u^R,p^R,\omega^R;a^R)} \tag{4.3}$$

当然，这里假设闲暇尤其是家庭中辅助劳动力的闲暇的预算约束是线性的。这个假设虽然不总是很现实，但是它至少提供了一个考虑已知的劳动供给敏感度的方法，尤其是当有小孩时妻子的劳动供给敏感度的方法。巴顿模型中的乘法设定是否完全适合闲暇，现在还不清楚，但至少它往往给出效应的正确符号。关于闲暇尺度的闲暇弹性等于 1 加上闲暇的工资弹性，只有在闲暇的工资弹性小于 -1 这种很少的情形中，额外增加一个小孩的效应才是劳动供给的增加而不是减少。

为了说明跨期选择引出的问题，考虑由下式给出的两期效用函数

$$u=v(q_1,q_2;a_1,a_2,) \tag{4.4}$$

这里的 q_t 是在第 t 期的（非耐用商品）消费向量，a_t 是第 t 期的家庭

207 构成向量。以家庭构成特征 a 为条件，决策变量是 q_1 和 q_2，预算约

束是第 4 章中的等式（2.3）的约束。

相应的成本函数可以以效用水平和当前价格以及未来的贴现价格预期来定义，且以 a_1 和 a_2 为条件。原则上，我们可以通过成本函数来定义一个一般等价尺度，它对应于式子（4.4）所涉及的效用的长期计划概念。然而，它依赖于对价格或收入的某种主观预期，这些价格或收入或者直接出现或者通过效用水平间接出现在成本函数中。通过跨期需求函数来估计这种函数的参数显然需要有很强的先验参数限制。

如果效用函数是跨期可分离的，即

$$u=v[v_1(q_1;a_1),v_2(q_2;a_2)] \tag{4.5}$$

则有另外一种更简单的替代方法。如果 $u_t=v_t(q_t;\ a_t)$，正如我们在 5.2 节中看到的，则两期预算是可能的，我们可写出每期的子成本函数如下

$$c_t(u_t,p_t;a_t)=x_t \tag{4.6}$$

这是对我们到目前为止在本章中已讨论的静态需求函数和成本函数最好的解释方法。涉及的效用或福利的概念当然比较窄，但作为第 7 章中讨论的价格指数或实际消费的基础的效用，也是一个较窄的概念。再从收入保障政策的角度来看等价尺度，大多数政府都是根据当前收入状况而不是根据长期财富来定义基本需要，并且只维持当前的消费水平，不允许家庭利用救济金去还债或提高资产水平。

正如我们在 4.2 节中看到的，当市场是完全市场时，只要我们把耐用品的价格定义为租用价格［像第 4 章式子（2.24）一样］，把它们的数量定义为存量的服务流或存量本身，并且相应地定义当期的预算，则耐用品并不会产生任何特殊问题。例如，在第 1 期

$$x_1=p_1q_1+v_1^*S_1 \tag{4.7}$$

在类似于式子（4.5）中的可分离性假设下，它给出 $c_1(u_1,\ p_1,\ v_1,\ a_1)$ 作为相应的第 1 期成本函数。困难在于，在许多关于预算考察中，我们所知道的只是当前耐用品的购买量 $d_1=S_1-(1-\delta)S_0$［比较第 4 章的式子（2.20）］。虽然租用价格 v_1^* 可以采用合理的近似，但如果缺乏有关最初存量的信息，则 S_1 是未知的。除非在截面中 d_1 的预期值和 S_1 成比例，否则利用 d_1 替代将发生偏差。有小孩的 208

家庭的购买量与存量的比率高于平均值，如果使用耐用品的支出数据而不是存量数据来计算，则家庭构成效应的估计值往往会产生偏差。

小孩从哪里来?

在这种情形下，“鹳叼来”的回答并非像表面看起来那么荒唐。本章到目前为止，我们已讨论了以家庭构成为条件的需求函数和成本函数。如果家庭构成不是外生的（如果鹳是小孩的决定因素，则家庭构成就像假设的一样是外生的），一个潜在的问题是统计上的偏差。毕竟，如果家庭同时对小孩人数和商品购买来做决定，那么利用其中一个去解释另一个，相当于用一个内生变量解释另一个内生变量，因此难免会导致偏差。在实际中，这些偏差可能并不严重，尤其是方程拟合得好的时候。在短期内，小孩人数的内生性比商品购买的内生性要小得多。相对来讲，很少有家庭每天或每年都在做是否要另一个小孩的边际调整。家庭现有小孩是家庭过去处于一个不同的环境或对未来有一个不同的预期时计划的。也许与政府的收入政策相关的那些家庭更是如此。正如托宾（Tobin，1973）指出：孩子不是易于出售或用其他方法来处理的动产。这一点，在生育经济学的有关的文献中有时被忽略，生育经济学从 20 世纪 60 年代开始得到迅速发展。例如，参见贝克尔（Becker，1960）、舒尔茨（T. P. Schultz，1969）、舒尔茨编辑的 1973 年版的专题论文集以及莱宾斯坦（Leibenstein，1974）。

除了统计偏差外，另一个问题是家庭构成效应内生性如何影响在这种外生性假设下所估计的等价尺度的福利解释。波拉克和威尔士（Pollak and Wales，1979）认为这种尺度与福利比较没有任何关联，但我们认为，这个结论显得太消极。以家庭构成为条件的成本函数可以明确地解释为达到一个给定的效用水平的成本，该效用水平与给定家庭构成的市场商品消费相关。给定普遍的家庭伦理和持家水平（其中如何在家庭成员之间保持效用水平平均化只是一个可能的特征），随着受赡养人的数量的增加，达到给定水平效用的成本肯定也会增加。作为小孩成本的一个度量，条件成本函数对于分析父母决定生育小孩数量的完全决策问题是一个非常有吸引力的工具。我们可以用一个高度简化设计的计划模型来说明这一点。让我们把当前和未

来糅合到一个阶段来讨论，并令

$$W=F[v(q;a),a] \tag{4.8}$$

为成人的效用函数；$u=v(q;a)$ 是给定小孩数量 a 时商品的效用，且 u 随 a 递减。然而，给定 u 的值时，由于以自私、利他主义或宗教传统为基础的各种动机的综合作用，至少在一定范围内，$F(u,a)$ 随 a 递增。预算约束最简单的形式是 $x=p\cdot q$，这里的 x 可以认为和 a 有关，如果小孩对市场收入起作用的话。在预算约束下，式子 (4.8) 关于 q 和 a 的最大化可分两步。第一步，成人在给定 a 的情况下找到预算在商品之间的最佳配置，其解可以通过成本函数 $x=c(u,p;a)$ 来表示。第二步，选择 u 和 a 作为 x 和 p 的函数，使 $W=F(u,a)$ 的值在约束 $x=c(u,p,a)$ 下最大。这个问题的解可在图 8—4 中说明。如图 8—4 所示，我们可以合理地假设不同夫妻的条件成本函数是相似的。如果我们假设 u 是被正规化以便用来度量消费的实际价值，参看 7.2 节，则等值线 x 将是凸向原点的，而 W 等值线将保持通常的形状，见练习 8.16。如果可以假设对所有夫妻来说，福利函数 $f()$ 也是相似的，这将为我们进行福利比较提供一个基础。在这个假设下，当福利比较是以 u 而不是以 W 为基础时，我们可以推测产生的偏差的性质。下面的判断似乎是合理的，即 u 的水平越低，小孩的人数的增加所引起的福利的增加也越小，在某个临界 u^* 的水平以下，如图 8—4 所示，不要小孩是最佳选择。从图 8—4 我们可以看出，除非小孩能实际带来市场收入，否则，最贫困的夫妻将选择不要小孩。然而，由于小孩的不可逆性，父母可能因为避孕的失败或者因为对潜在收入的过于乐观的估计而生育小孩。让我们按图8—5 的说明来比较一下，当给定一个福利水平时，一对有小孩的夫妻和没有小孩的夫妻为了维持这个福利水平所需的预算水平。没有小孩的夫妻的预算水平为 x^0，它产生福利水平 u^0，无差异曲线标为 ω_0。一对有 a^* 个小孩的夫妻，为了达到同样的效用水平 u^0，需要预算 x^1。但是这个预算产生一个较低的福利水平 $\omega_1<\omega_0$。这个论证表明传统的等价尺度 $x^1/x^0=c(u^0,p;a^*)/c(u^0,p;0)$ 低估了有小孩的这种困难家庭为了达到和一个没有小孩的家庭同样的效用水平需要的补偿 x^{11}/x^1。容易看出，在 u^* 以上时，传统的等价尺度高估成本水平，而在 u^* 附近，偏差较小。 209

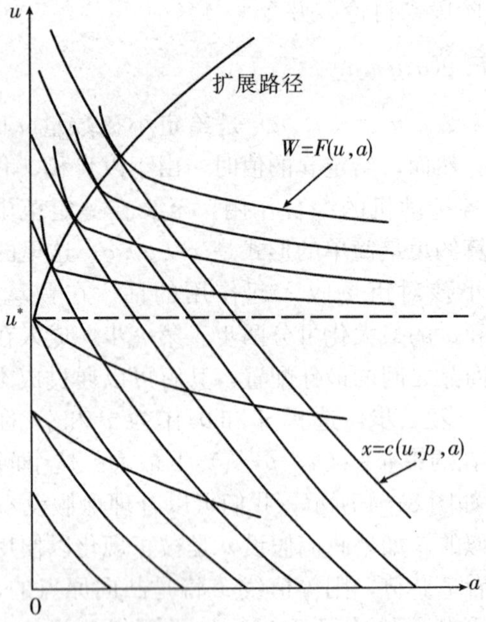

图 8—4　在小孩和消费效用之间的选择

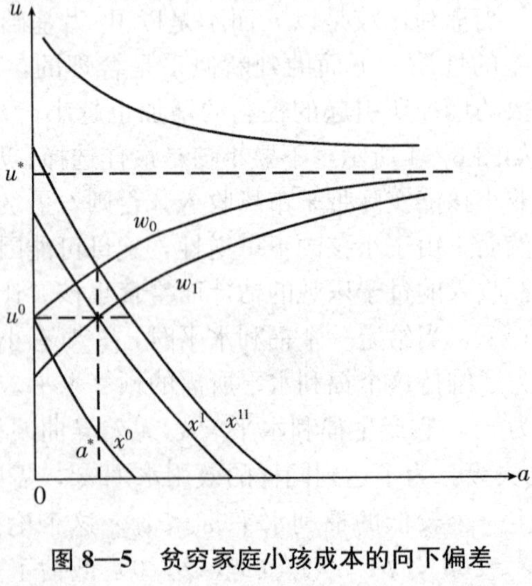

图 8—5　贫穷家庭小孩成本的向下偏差

给定了估计的条件成本函数，原则上我们可以从计划的生育行为
210 估计出无差异曲线，二者的结合可得出完全的成本比较。然而，除了其他问题，成年夫妇的偏好可能发生大的变化，这使福利比较变得困

难。如果我们认为我们的目的是找出不同家庭面临的相对预算约束的综合性统计，而不是像上面所说的“福利比较”，那么我们可以通过选择一组用来进行比较的参照偏好，来克服这个困难。不管怎样，对这样的应用来说，估计的条件成本函数是一个重要信息。

我们已经看到，赞成在收入保障政策中使用由条件成本函数估计的传统等价尺度的一个论点是，如果政策所要支持的成人最低生活水 211
平在 u^* 附近，则即使相对福利概念是 W 而不是 u，也几乎没有偏差，但是还有另一个论证。

考虑小孩的福利。小孩不参与家庭决策计划，对他（她）们来说，福利概念 W 是不相关的。对小孩来说，相关的只是福利概念 u，因为 u 实际地决定他们参与的消费量是多大，而且对 u 的货币度量是从条件成本函数导出的。因此，如果把收入分配到小孩的唯一方法是通过父母，并且收入保障政策的目标是保证所有小孩的收入水平在某个最低值以上，则支付给有不同小孩人数的夫妻的相应福利补贴由条件成本函数定义的等价尺度（4.1）来确定。在这种特殊的情形中，收入保障政策和福利比较二者之间存在一致性，我们一般不能预期这种一致性。例如，在设计一个税收体制时，政府不仅应该考虑到税收对劳动等其他要素供给的影响，而且应考虑税收对生育的影响。因此，我们不会期望被认为有相同生活水平的两个家庭必定支付相同份额的所得税。

这完成了我们关于家庭福利比较的考虑。为了澄清一些基本问
题，我们关于生育的讨论是特别设计的。不过，可以对它进行修改以 212
使其更加现实并明确考虑以下问题：跨期计划问题、生育控制技术、家庭中有关教育的时间和投资的配置、小孩人数的离散性和不可逆性、小孩对家庭生产潜在的贡献问题以及有关预算约束将来部分的不确定性、关于父母和小孩的存活率的不确定性、生育控制方法的有效性的不确定性以及父母的生育能力的不确定性。这些都是生育经济学方面的文献讨论的要点。为了使单期条件成本函数能在这样的跨期分析框架中应用，我们必须假设在给定家庭构成下，市场商品的福利计划函数是弱跨期分离的，见以上的式子（4.5）。有了这个假设，单期条件成本函数在生育问题的分析中仍是一个有用的工具。

练习

8.13　在戈尔曼模型（4.2）中，假设成本函数是 $c(u,p,a)=$

$\sum \gamma_i(a) p_i + \hat{c}(u,p)$。证明：关于每一个需求的总效应是一个直接效应和一个预算效应的和；把这个结果和巴顿模型 $c(u, p, a) = \hat{c}(u, p^*)$ 中的总效应的分解进行比较。

8.14 把巴顿的家庭构成效应并入扩展到闲暇的线性支出系统。讨论额外增加一个小孩对劳动力供给的影响。比较在劳动供给是固定的和可变的两种情形下的一般等价尺度。你怎样看待下列观点：妻子的收入损失是一个小孩的成本的合适度量？

8.15 讨论如下观点：父母对小孩的显示性选择表明被选择的比没有被选择的更好，因此收入保障政策没有根据给那些有小孩的家庭更多补助。

8.16 假设构成效应的恩格尔模型是正确的，利用这个分析框架来讨论在图 8—4 和图 8—5 中，二阶导数 d^2u/da^2 沿着等值线 $c(u, p; a)=$ 常数的符号。关于小孩人数的规模经济有什么重要作用？就使用货币度量效用的可能性，讨论 u 的正规化选择的效应。

文献注释

与全书的方法相一致，我们介绍了基于效用理论的所有等价尺度模型。但是，必须强调，不论是恩格尔（Engel，1895），还是塞登斯特里克和金（Sydenstricker and King，1921），或者是普雷斯和霍撒克（Prais and Houthakker，1955）最初都不是在这种框架下提出他们的模型。

事实上，巴顿的模型（Barten，1964）最先明确地把效用理论应用于等价尺度问题；巴顿的（庞大的）矩阵代数和成本函数法的简明之间的对照是对对偶方法的威力的一种最好的说明。在恩格尔、塞登斯特里克和金之后，早期重要的有关小孩"成本"的研究是尼科尔森
213 （Nicholson，1949）和亨德森（Henderson，1949－1950a，b）的研究。布朗（Brown，1954）提出了一种利用对数线性恩格尔曲线引入家庭构成效应的方法，这里的对数线性恩格尔曲线被证明和对数线性需求函数的巴顿形式是完全一致的。然而，直到最近，普雷斯和霍撒克（1955）研究的影响仍然最大。普雷斯和霍撒克好像没有意识到甄别问题，而许多后来的作者例如幸格（Singh，1972）、幸格和纳格尔（Singh and Nagar，1973）、布洛克兰德（Blockland，1976）以及麦

克克莱门茨（McClements，1977，1978）都面对这个问题，但用苏格兰说教者的话来说就是忽视它。不过福赛思（Forsyth，1960）和克拉默（Cramer，1969）讨论了这个问题，后者还对整个领域给出了一个精彩的一般性讨论。米尔鲍尔（Ball，1974）和米尔鲍尔（Muellbauer，1980a）分别有巴顿模型和普雷斯-霍撒克模型中甄别问题的一个正式的证明。米尔鲍尔（1977b）讨论了恩格尔方法和普雷斯-霍撒克方法的效用偏差。

劳、林和约图波罗斯（Lau，Lin，and Yotopoulos，1978）提出了另一种在需求函数中引入家庭构成效应的有点不同的方法。他们建议利用包括间接效用函数中的家庭构成变量的有弹性的函数形式，不过他们的表述被证明与巴顿模型等价。

作为一个实际问题，政策中所用的等价尺度实际上有唯一的实证基础，这个基础似乎具有某个恩格尔模型的形式，例如见杰克逊（Jackson，1968），或者是以由专家组设计的详细的公开发行的预算计划为基础的等价尺度。例如原联邦德国就属于后一种情况，然而，美国关于不同类型家庭贫困线的正式定义是以一组食品计划为基础的，按照一个固定的比例考虑维持生活的基本必需品。

第 9 章 社会福利和不公平

214 前面两章已经讨论了单个家庭的福利分析和度量。现在我们转向讨论作为一个整体的社会福利问题。组成本章题目的两个主题本身都是经济研究的主要领域，但我们这里只能给出一个概述，事实上，我们更关注本书其中一个主题的解释，即我们已经提出的消费者理论对其他经济学分支具有很大的分析价值。社会福利函数与个人效用函数有概念上的明显关联并且我们将在 9.1 节探讨这些思想。我们将利用前面的分析讨论福利函数可能的结构，并且我们将表明第 7 章和第 8 章讨论的指数概念可用来为个人之间的福利比较提供自然的单位。9.2 节讨论不公平的度量。描述的方法是基于与社会福利的一个明确的关联，先驱者是科姆（Klom，1969，1976）和阿特金森（Atkinson，1970），我们将展示如何用 9.1 节中的分析使收入不公平的传统度量适应于福利不公平度量这个更基本的目的。

9.1　社会福利函数及其自变量

社会福利函数是福利分析的一个基本工具，本节我们讨论它的发展和性质。它将被用到 9.2 节具体的实际问题中。我们从讨论福利函数不能做什么开始，并且我们把我们将要用到的福利函数的类型与阿罗（Arrow，1951b）基于个人价值的社会选择的不可能性分析的结果联系起来。讨论人际效用比较的各种方法之后，我们接着指出第 7 章和第 8 章的价格指数和等价尺度为修正收入提供了一个自然的方法，使其作为福利比较的一个合理的基础，它至少在不公平度量的范围内有效。

阿罗不可能定理

基于个人偏好的社会选择的不可能性是每个经济学学生都知道的。 *215*
不过，阿罗的结果对福利经济学的含义并不总是被清楚地理解。我们不打算为这个提供一个完全的解释——为此可详见阿罗（Arrow，1963）或森（Sen，1970）——我们只简要地总结这个结果及其含义以便我们后面的分析。在表示上，我们遵循森（Sen，1977b）根据达斯布雷蒙特和格瓦斯（d'Aspremont and Geves，1977）的工作提出的有用的框架，后两人的工作又与森（Sen，1970）的工作有关联，特别是第 7 章和第 8 章。

社会偏好，不论个人的还是社会的，都定义在一组社会“状态”上，比如说 s_1，s_2，…，s_m，这里 m 可以是无穷。例如，每个状态可能是一个包含 H 个家庭中每一个家庭对 n 种商品中每一种商品的消费水平的 Hn 一向量。每个家庭或个人（我们将在下面探讨这种差别）有关于社会状态的偏好，并且我们将假定偏好能用定义在社会状态空间上的效用函数 $v^h()$ 来表示。因此，所有个人的偏好作为这个问题的基本数据由一列函数 $v^1()$，…，$v^H()$ 表示。在阿罗的框架下，社会选择必须仅依赖于个人偏好，而不依赖于这些偏好特定的表示。因此，如果每个 $v^h()$ 经过任意单调递增变换，比如 $\phi^h()$，并且对每个 h，变换 $\phi^h()$ 可以不同，则基于 $v^h()$ 的任何社会偏好排序必须不受影响。表达这个含义的方式之一是说在阿罗的社会选择规则下个人是序数不可比较的。如果是这样，效用函数 $v^h()$ 仅仅是作为每个人独立的潜在偏好排序从而不能为不同个人之间的福利比较提供基础。用通常的说法，就是人际比较是不可能的。如果是这样，我们正在寻找的就是某个从一列效用函数到社会偏好排序的规则。如果我们暂且设想后者用一个社会效用函数来表示，则社会选择的规则是构建一个函数的程序，所有其他函数（个人效用函数）的组合是函数的自变量。这个规则的输入，或如阿罗所称的，“社会构成”，是个人偏好或个人偏好所代表的个人信念，不是个人效用值，而输出本身也是一个偏好排序；因此这个规则不仅仅是一个为个人效用水平向量排序的一个程序，而是一个从个人偏好产生社会偏好的“装置”。数学上称这样的规则为泛函（functional）（或函数的函数），但它必须与我们更加熟悉的把一个数字与一组其他数字对应的函数清楚地区分开。举一个简单的例子，考虑一个社会正在设计一个所得税制度。每个人有一个定义在所有不同的可能的设计上的 $v^h()$，它反映了（据推测）
216 他的观点，不仅是在各种制度下关于他自己的福利也是关于其他人的福利以及他认为社会受欢迎的程度，公平等等的观点。社会福利泛函，或简写为SWFL，将根据个人关于各种税收制度的偏好排序，来定义社会关于各种税收制度的偏好排序，这可以用来在各种不同环境下设计税收制度并在必要时进行修改。这比社会福利函数（SWF）的程序要广得多，后者的自变量不是个人效用函数，而是在备选税收体系下的个人效用函数值。在这种情形下，社会选择仅仅是以某种方式对个人福利水平加权。显然社会福利函数（SWF）是社会福利泛函（SWFL）的特殊情形，并且对于本章的大部分讨论这个较窄的框架已经够用。不过，对于像自由和公正这些可能被当作社会选择的基本议题的问题，只能利用SWFL这样更丰富的结构来处理。

能期望SWFL有什么性质？一个可能的性质，即序数不可比较性已经讨论过，其他性质通过要求SWFL实际上产生一个满足通常的完备性、反身性和传递性的偏好而被施加上去。一般来说，这个规则排除了像多数投票法这样的SWFL，多数投票法意味着如果 s_i 比 s_j 有更多的赞成票则 s_i 偏好于 s_j。如果对偏好没有限制，这容易导致 s_i 社会偏好于 s_j，s_j 社会偏好于 s_k，且 s_k 社会偏好于 s_j，就是说，导致传递性的严重破坏。阿罗要求四个进一步的条件，他认为这些条件对于一个满意的SWFL来说是必要的——虽然未必是充分的。第一个条件，即定义域无限制条件，是 SWFL 或社会选择规则应该对任何能想像到的偏好组合［$v^1()$，$v^2()$，…，$v^h()$ …］有效。这几乎是显然的，因为仅仅考虑，比如说，所有消费者有相同偏好和相同禀赋的一个社会，社会选择问题容易得多。另一个例子，如果个人对状态的排序仅仅是根据每个状态唯一的一维特征，则多数投票中本质上的非传递性被排除；这是被称为单峰的条件，比如，参见，阿罗（1963，75 页）。第二个条件体现了（弱）帕累托原则，即如果 $v^h(s_1)>v^h(s_2)$ 对所有 h 成立，即对所有个人来说状态 1 严格偏好于状态 2，则 s_1 社会偏好于 s_2。第三，应当没有独裁；没有单个的消费者的偏好可以决定社会选择而与其他人的偏好无关。第四，任何两个状态之间的选择必须仅仅依赖于所有个人在 s_1 和 s_2 之间的偏好而与其他无关。这个无关备选项的独立性条件要求，比如说，如果家庭偏好改变但没有改变个人对两个状态 s_1 和 s_2 的排列，则如果在个人偏好改变之前 s_1 社会偏好于 s_2，那么个人偏好改变之后也是如此，反 *217*
过来也成立。

阿罗定理断言这些条件是一个互相矛盾的集合。不存在 SWFL 保持序数的不可比较性，又有无限制的定义域，且满足帕累托准则和无独裁条件，并且选择独立于无关的备选项。对这个结果如何作出反应，在很大程度上取决于对社会选择理论的利用，许多文献探讨通过放松各种假设导致的 SWFL 的类型。对于本章的目的，最丰富的途径显然是放弃序数不可比较的要求，并细致地研究人际比较如何进行，以及以什么样的单位使得有意义的福利度量能够加总。许多年来，大多数经济学家的立场是，作出人际比较，如果不是不可能的，则不是经济学家分内的事情。根据阿罗定理，这样的观点使得社会经济学家没有什么事情可做，并且 20 世纪 40 年代和 50 年代体现这个立场的所谓新福利经济学，按现代标准看其见解是贫乏的。与此相对照，现代方法牢固地建立在人际比较上。

人际比较

因此实质问题不是人际比较是否应该进行，而是如何进行，并且这个问题将占用本章的大部分。森（Sen，1977b）把这个问题看作是确切地说明在社会福利函数的构造中什么样的个人偏好信息是允许的或不允许的。在推导不可能定理时，要求每个 $v^h()$ 的单调变换应该使社会偏好不变，这明显地排除了许多潜在的有用信息。因此很自然从各个方向减弱序数条件开始。

一个被证明不是十分有用的方法是仅要求 SWFL 关于个人效用函数的正的线性变换不变。因此，如果对于 $\beta^h>0$，每个 $v^h()$ 用 $[\alpha^h+\beta^h v^h()]$来代替，我们要求社会福利函数不变。因此每个个体被赋予“基数”效用函数而不是序数效用函数，并且这个因素在构造 SWFL 时被考虑进去。这个方法只有在效用函数的度量允许相差一个线性变换而不是非线性变换的情况下才有效。常有人说可加偏好假设使得这样的基数化可由能观察到的行为导出，但如 5.3 节的论证，“货币的边际效用”或它的弹性的度量在这样的模型中没有坚实的基
218 础，并且是由本质上任意的未经检验的假设导出。完全同样的结论对于基于我们将在 14.2 节中显示的冯·诺伊曼-摩根斯坦（Von Neumann-Morgenstern）“基数”效用的度量也是正确的。但这样的度量不仅缺乏基础，而且是不相关的，因为甚至在“基数”不可比较假设下，阿罗不可能结果仍然成立。因此，所尝试的利用消费者行为度量边际效用对于作出人际比较有任何有益的作用的断言是没有充分根据的。

有用的人际比较需要更强的假设。其中一个确能产生可能的 SWFL 的假设是森所称的基数单位比较。这个假设是我们能以某种方式以可比较的单位度量福利的变化。对于个人间的福利水平我们仍然不能说什么，但像“从 s_1 到 s_2 的改变而使家庭 h 增加的福利是家庭 j 所减少的福利的 2 倍”这样的断言被当作是有意义的。显然，有这些信息我们就能够通过加总效用构造功利社会福利函数；如果 s_1 和 s_2 之间总的效用差为正，则 s_1 社会偏好于 s_2，并且如果把每个 $v^h()$ 变换为 $\alpha^h+\beta v^h()$，其中 $\beta>0$ 且对所有的 h 相同，则这样的选择是不变的。也可以证明如果我们把以前的条件稍微加强，——非独裁变为匿名性（从而起作用的是效用水平，它们是谁的效用水平无关紧要）和帕累托原则，从而如果一个人福利改进而其他人福利没有变坏，则状态是社会所偏好的——功利 SWFL 是由基数单位可比较性、无限制定义域、匿名性和无关备选项的独立性所刻画的唯一的（强）帕累托 SWFL，见达斯布雷蒙特和格瓦斯（d'Aspremont and Gevers，1977），森（Sen，1977b），图 9—1 说明了定义在 u^1 和 u^2 上的社会福利函数。曲线 AB 表示 u^1 和 u^2 可能的组合，I_nI_n'是一个

一般非功利福利函数，比如说 $V(u^1, u^2)$ 的一条无差异曲线，而 $I_\mu I'_\mu$ 是功利福利函数 u^1+u^2 的无差异曲线。如果 $\mho^h$ 经过变换使得 u^h 由 $\alpha^h+\beta\mho^h()$ 给出，其中 $\beta>0$ 是某常数，则把坐标轴重新标为 $\bar{u}^h=(u^h-\alpha^h)/\beta$ 不会改变效用可能性边界。但从 u^h 到 $\bar{u}^h$ 的转换一般会改变无差异曲线 $V(u^1, \cdots, u^h, \cdots)=$ 常数的形状，除非 $V()$ 取简单可加效用的功利形式，也可见练习 9.5。

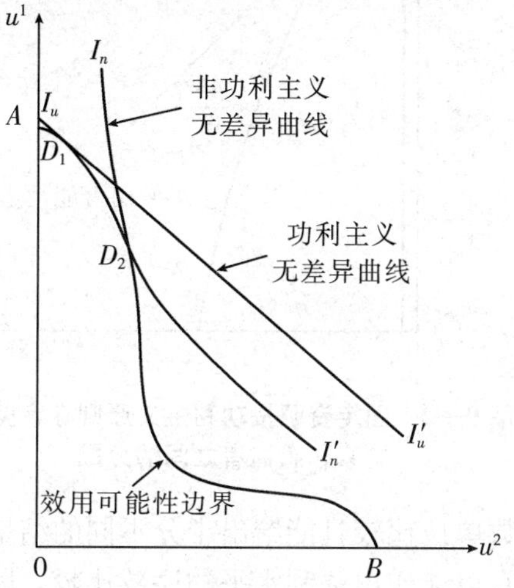

图 9—1　功利主义和非功利主义社会福利函数

功利原则当然是作出社会选择的经典的方法。商品（和收入）的分配使得它们的效用和尽可能大，许多人将发现这是可取的。不过，考虑在功利主义框架下推广我们的假设的影响，即把假设推广到使我们既可比较福利变化又可比较福利水平，并且仅允许形如 $\mho^h()=\alpha+\beta^h()$ 的变换，其中 $\beta>0$ 且 α 和 β 两者对所有的 h 相同。因此，如果我们对资源在家庭之间的分配感兴趣，并且希望我们的社会准则弘扬公平而抑制不公平的福利分配，在其他条件不变情况下，功利主义原则不可能是十分有用的。例如，如果鼓励公平的政策导致产出的成本增加的结论是对的，则效用可能性边界可能如图 9—1 所示。在这种情形下，功利主义原则几乎总是导致极端不平等的福利分配。一个经典的例子是把固定总资源在两人之间分配，其中一个具有敏感且高度发达的享乐感知系统（审美学家），而另一个是不敏感的且未开发的（愚钝）。如图 9—2 所示，功利主义结果是极其不公平的，并且 219

有充分理由认为这是不令人满意的。当然，如果我们固守仅有基数单位才能比较的假设，则水平比较是不可能的，且这样的问题不会产生。

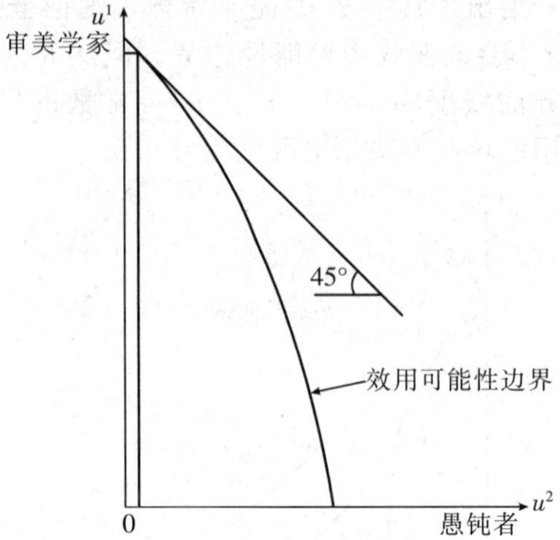

图 9—2　固定资源按功利主义原则在审美学家和愚钝者之间的分配

一个代替基数单位比较且能给出十分不同的结果的一个信息假设是，在个人之间有可能作出福利水平的序数比较。因此我们能判断出
220 任何两个人是否境况变好、变差，或变好的程度相当，即使我们不能度量他们的福利水平或他们的福利水平的差异。如果这种情形下社会选择是可能的，则当 $v^h()$ 经过一个共同的单调递增函数 $\phi()$ 的变换后社会偏好必定不受影响，因为这样的变换不影响水平的序数比较。给定这个条件和前面的条件，再加上体现偏好公平性的条件（例如，如果除两人以外的每个人在两个状态之间无差异，但这两个人不一致，则对境况最差者的观点应给予某种优先权），则 SWFL 是导致有差异个体中境况最差者的"独裁"的类型。这是字典式的最小的［或罗尔斯（Rawls，1971）］SWFL，它比较两种状态的方法如下：如果状态 s_i 下的最差者比状态 s_j 下的最差者（不论他们是否同一人）的境况好一些，则 s_i 社会偏好于 s_j。如果在状态 s_i 和 s_j 下的境况最差者（可以多人）有相同的福利水平，我们转到第二最差者，等等。注意字典式的最小的 SWFL 是（强）帕累托的，如果 $v^h(s_i) > v^h(s_j)$ 对所有 h 成立，且严格不等式至少有一个 h 成立，则 s_i 偏好于 s_j。这

对于与其相关但更简单的极大极小准则不成立，极大极小准则**仅**考虑境况最差者的福利。后者由图 9—3 中的直角无差异曲线所示。效用 221
可能性边界 AB 显示了 $u^h=v^h()$ 可能的组合。像图 9—2 那样，把数轴重新标为 $\phi^{-1}(u^{-h})$ 将给出 $\tilde{u}^h=\phi[v^h()]$的可能性边界。但因为 $\phi()$ 是单调递增的，$\min(\tilde{u}^1, \cdots, \tilde{u}^h, \cdots)=$常数的等值线总是与 $\min[\phi^{-1}(\tilde{u}^1), \cdots, \phi^{-1}(\tilde{u}^h), \cdots]=$常数的等值线相同从而无差异曲线没有改变。因此，依据罗尔斯 SWFL，也仅在这种情形，社会选择在个人效用函数的共同的（非线性）单调递增变换下不变。在图 9—3 中，一个完全公平的位置总是最优的，并且如果效用可能性边界与 45°线相交就是这种情形。

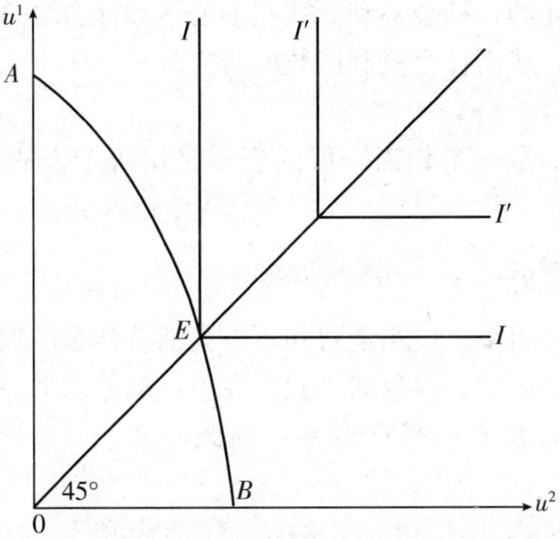

图 9—3　罗尔斯社会福利等值线以及基数的不重要性

注意在真正的意义上，字典式的最小不是独裁的，因为境况最差的有差异个体是匿名的。一个字典式的最小的 SWFL 不等价于一个特定个体的效用最大化；而是它赋予社会最不偏爱的成员极度的关注，不论他们是谁。字典式的最小社会排序，像 2.1 节所讨论的字典式个人排序一样，是不连续的，从而状态的小的变化可能引起社会选择的大的改变，并且这被当作反对使用这个原则的重要因素，见阿罗（Arrow，1977）。例如，在字典式的最小原则下，一个使得境况最差者的福利状况不变但带给其他每个人很大利益的变化对社会是可取的。但在同样的标准下，几乎相同的变化，如果引起境况最差者有几乎感觉不到的恶化，则对社会来说它是不可取的。大多数人可能发现 222

这是不可接受的，并且喜欢某些容许福利水平之间的某种交换的社会准则。不过，在下部分我们将对公平问题倾注相当大的注意力，并且字典式的最小或最大最小社会福利函数将提供特别关注贫穷问题的重要的限定情形。

等价尺度和人际比较

在实践中，前两部分讨论的问题将由政府、计划部门，或由研究反福利函数的有兴趣的个人来"解决"，福利函数反映了代理人关于社会选择应如何决定的观点。虽然对于很多目的，正是政府的社会福利观点起重要作用，但社会福利函数决不限于这个作用。正如我们将在 9.2 节中论述的，社会福利函数在不公平和社会加总消费的度量中是有用的概念，从而社会福利函数的研究对于阐明个人和社会道德是重要的。

社会福利函数一个相当一般的表示是用每个人的消费向量来表示，即

$$W=f(q^1,q^2,\cdots,q^n,\cdots,q^H) \tag{1.1}$$

虽然它容许有关每个人应当消费和不应当消费什么的观点的表达，但如果没有进一步限制，它忽略了我们在上一部分所考虑过的因素，因为它与个人偏好没有必然的联系。因此，式子（1.1）最明显的约束是

$$W=V(u^1,u^2,\cdots,u^h,\cdots,u^H) \tag{1.2}$$

这里 $u^h=v^h(q^h)$，$h=1$，…，H。这就是伯格森-萨缪尔森社会福利函数；当式子（1.1）取这个形式时，社会福利有时被称为是个人主义的，因为它是基于个人偏好。在这里应该不需要重复，与我们开始讨论的 SWFL 比较，这种社会福利函数体现了社会选择受很大限制的观点。不仅仅是社会状态的排序的确依赖于个人福利**水平**，并且我们假定效用的完全可比较性，从而这些水平本身用个体之间能进行有意义的比较的单位来表示。虽然对采用不同的 $v^h()$ 的基数化所导致的不同的社会选择进行比较显然是有趣的，但一般来说，所涉及的社会选择不是关于这种变化不变的。因此，谈论定义在序数效用上的伯格森-萨缪尔森福利函数不是很有用的。

式子（1.2）的功利主义形式和最大最小（maxmin）形式的等值线已经在图 9—1 和图 9—3 中说明，可以直接构造两者的中间情形例如 223

$$W = \frac{\sum_h [v^h(q^h)]^{1-\varepsilon}}{1-\varepsilon}, \varepsilon \neq 1$$
$$= \sum_h \log v^h(q^h), \varepsilon = 1 \tag{1.3}$$

被经常用到，因为 ε 为 0 时它是功利主义的，而当 ε 变得很大时社会无差异曲线变得越来越像直角。注意式子（1.2）的形式使人联想到弱分离偏好的形式，见第 5 章，虽然对于后者 q^h 形成商品的一个划分，但这里 q^h 包含所有商品（潜在地）但仅由一个家庭消费。不过，像弱分离的情形一样，式子（1.2）中 W 的最大化必然导致其中每个函数 $v^h()$ 在家庭总支出是社会最优的约束下的最大化。因此，采用式子（1.2）意味着计划者只需关心总支出（或收入）在家庭之间的分配，然后依靠每个家庭对这个所分配的总量根据计划者（和自己）的偏好进行配制。因此，式子（1.2）是尊重家庭的偏好的，至少在计划者假定家庭最清楚如何安排它自己的支出这个意义上。尽管表面上如此，但实际上对于计划者来说事情未必容易很多，因为为了分配对每个家庭的最佳支出，需要每个家庭偏好的充分信息。这正是在第 5 章中当我们在两阶段预算的第一阶段试图找出大组之间的最优配置时遇到的完全同样的问题。在现在的情形，公共产品的存在提出了另外一个问题，公共产品是许多消费者联合消费的因而不能以任何简单的方式分拆成分散化的过程。

不仅仅是计划者的选择通过让式子（1.1）具有式子（1.2）的形式而受到限制。仅在个人的消费向量上定义每个人的效用函数，我们排除了许多有趣和重要现象的考虑。很多作者认为福利不仅是个人消费的结果，而且与相对其他人的相对消费量有关，从而效用不仅是 q_i^h 的函数，而且是，比如说 $q_i^h/\bar{q}_i$ 的函数。从福利的观点，如果这是对的，意味着式子（1.2）给出的是社会福利严重失真的描述。类似地，基于式子（1.2）的政策，比如说追求经济增长的政策，很可能远远不是最优的。我们将在 9.2 节的末尾再来简要地讨论这些问题并在第 12 章和第 13 章讨论相关的相互关联效应；同时，虽然我们继续 224

在个人主义的框架下讨论，但应强调，在 SWF（社会福利函数）的框架下处理更一般的情形本质上是可能的。

对于许多目的来说，形如 $V(u^1, u^2, \cdots, u^h, \cdots, u^H)$ 的社会福利函数可能是一个足够好的描述。例如，像最优税率理论中许多结果的形式一样，仅涉及帕累托有效的结果不需要更多的细节。不过，如果我们希望计算实际的最优税率或者要把一个给定的收入分配与理想的收入分配来比较，则需要 u^h 的更加精确的描述。如果我们认为偏好的差异是由特征的差异引起的，我们可以对所有的家庭取一个共同的效用函数，但又使它是家庭特征，比如说 a^h 的一个特定函数。因此

$$u^h = v(q^h, a^h) = \psi(x^h, p, a^h) \tag{1.4}$$

$c(u^h, p, a^h)$ 是相应的成本函数。通过取共同的函数 $v()$、$\psi()$ 和 $c()$，我们确保有相同特征和相同总支出的家庭被认为同样的富有。它本身是一个相当弱的假设，但对包含在 a^h 中的特征进行限制会使它苛刻很多。比如说，从相同消费束中“挖掘效用”时，一些家庭比另外的家庭更有效率（否则有类似的特征），则如果我们把“作为效用机器的效率”排除在特征的清单之外，我们实际上对每个效用函数作了相同的基数规范化。在任何情况下，对于给定的共同的函数形式，我们可以自由地选择方便的单位来度量效用。通常，不变价格下的货币度量是方便的，像第 7 章和第 8 章一样，我们用一个具有参照特征的家庭在某个参照价格下为达到一条无差异曲线所需的最小货币数量，来标注这条无差异曲线。因此，如果参照价格和特征分别是 p^0 和 a^0，我们用

$$u^h = c[\psi(x^h, p, a^h), p^0, a^0] \tag{1.5}$$

来代替式子（1.4）。注意，例如，如果 $p=p^0$ 且 $a^h=a^0$，则 $u^h=x^h$，因此如果价格从不变化且所有的家庭相同，我们能简单地用货币收入或总支出表示福利。不过，更一般地，我们能把式子（1.5）改写为

$$\begin{aligned} u^h &= x^h \cdot \frac{c[\psi(x^h, p, a^h), p^0, a^0]}{c[\psi(x^h, p, a^h), p^0, a^h]} \cdot \frac{c[\psi(x^h, p, a^h), p^0, a^h]}{c[\psi(x^h, p, a^h), p, a^h]} \\ &= x^h / m^h P^h \end{aligned} \tag{1.6}$$

这里 m^h 是第一个比率的倒数给出的等价尺度（=等价标准或参照的

数量，如等价于一个家庭的成人数目，或具有特征 a^h 的个体数目），而 P^h 是由第二个比率的倒数给出的家庭 h 的真实生活成本指数（其 225
细节见第 7 章和第 8 章）。这种指数对于效用的度量提供了利用总支出作为概念上直接的福利度量的诱人的可能性，这里的总支出是通过价格指数和家庭大小及特征指数来折算（deflated）的。我们应特别注意价格的重要性；如同我们在第 7 章看到的，因为处于不同福利水平的消费者有不同的消费模式，所以相对价格变化和绝对价格变化都影响福利。

事实上，如果偏好的差异能解释为特征 a 的差异，则式子（1.6）提供了一个直接的福利度量，它对于个体之间的比较是一个非常棒的候选。但如果偏好不能用这种方式解释，如果像阿罗（Arrow，1977）所说的“把个人简化成一个特定的品质组合在深层次上是否定他的个性”，又如何呢？如果是这样，我们仍然能为式子（1.6）提供一个有力的辩护，因为有理由说在进行人际比较或在不公平度量中我们所关心的不是福利水平的比较，而是客观环境——每个个体所面对的约束——的比较。按这样的解释，如果所有个体有同样的偏好，则每个个体的福利水平仅仅是他面对的约束的一个方便的标量测度。实际上，如果所有人面对相同的价格以及预算 x^h 以外的其他相同环境，则我们不妨把人际比较建立在预算上，而预算是每个人所面对的环境的一个完全的标量指标。事实上，在这些条件下我们完全可以说，如果个体之间没有偏好差异，我们应该放弃基于个人福利水平的比较，而采用基于个人预算水平的比较。

实际上，价格和特征肯定是变化的，采用式子（1.6）的形式，我们实际上是利用某个参照偏好作为估算不同价格和特征并校正它们对预算的影响的一种方法。因此，虽然每个个体的确有真正的个人嗜好，式子（1.6）仍将告诉我们他的预算对于一个有标准偏好的消费者在给定其客观的特征和他面对的价格下值多少。事实上，“实际收入”或“实际人均收入”包含了一些这样的基本原理：式子（1.6）所做的就是利用选择理论使这些概念形式化。不过，必须指出，u^h 由式子（1.6）所定义，而称式子（1.2）为“社会福利函数”可能会产生误导：最好认为它是我们所讨论的不同的个体所面对的个体机会集的总的加权函数。

如果特征 a^h 可以直接度量（比如，小孩的数量、年龄、发色），则第 8 章所描述的这类计量分析能估计式子（1.5）中的参数，至少是在偏好和行为模式受其影响的意义上。等价尺度和价格指数能够计算，并且利用所有这些信息计划者可以通过税收补贴系统选择适当的
226 x^h 的值，而使社会福利 $V(u^1, \cdots, u^H)$ 最大。不幸的是，这个理想目标不可能实现，虽然我们将在 9.2 节中看到，等价尺度在度量中能起重要作用。

除度量之外，最优化还有三个问题。首先，在给定价格下达到一个给定的生活标准的成本与家庭特征之间的关系可能是随机的，从而，比如说，虽然一般来说个头较高者较富，但这种关联根本没有普遍性。因此，值得怀疑的是，是否有可能根据这样的特征对居民征税而不考虑他们的支付能力。第二个方面，a^h 的许多因素至少部分地在家庭的控制下，如果在短期不然，则至少从长期看是如此，小孩就是一个明显的例子。这不仅引起计量分析的困难（虽然不是不可逾越的），见 8.4 节，而且更严重的是，它意味着政府制定的税收和补贴将改变人们的特征，因为消费者在对税收和补贴系统作出反应时会改变他们的行为。这可能意味着充足的补偿不再是可取的，因为，比如说，补偿孩子的家庭津贴可能导致不想要的高人口增长率。第三个问题有点类似，它的产生是因为许多重要的特征或者不可度量或者只能通过向当事人直接询问的方式才能度量。经典的例子是“能力”，它影响个人挣钱的力量以及他的偏好。经济计量分析现在要困难许多，因为缺乏有关基本的自变量的数据，虽然，估计含有不可观察变量的方程的现代进展——比如见，戈德伯格（Goldberg，1972，1974）、格利切斯（Grilches，1974）或佐利斯格（Jореskϕg，1973）——可能最终允许我们同时测量不可观察变量及其影响。不过，即使在某些随机样本中我们试图度量能力及其影响，并利用这个信息设计基于能力的税收和补贴制度，但在作为一个整体的全体人口中实施这种制度仍然是不太可能的。其理由是这样的分析基础是通过行为特征确认能力（比如，你可以从一个人喝酒的方式来判断一个人），但一旦这些规则为人所知，个人可以再一次调整行为以操作系统使之符合自己的利益。

最后，我们应注意在处理儿童时产生一些困难的原因。到目前为止，我们武断地忽略了家庭和个体之间的差异，或多或少交替地处理这两个术语。在分析行为时我们的偏爱是把家庭作为基本的决策单位

来处理，通过等价尺度 m^h 来建立家庭构成对行为的影响模型。如果社会福利函数以家庭福利水平作为其自变量，则这个方法把家庭人均等价实际收入作为每个家庭的福利指标。但这不是完全令人满意的。 227
社会福利是在个人福利上形成的，从而社会不可能不关注对家庭成员的处理方式，即使在某种意义上，家庭认为它本身是富有的。因此，社会福利函数应该有每个个体的"输入口"，如果每个家庭成员有同样的福利水平，家庭人均等价实际收入可以作为每个家庭成员的福利指标。例如，如果社会福利是功利主义的，这个方法等价于用每个家庭人数对按家庭大小折算的家庭收入加权。介于这两个极端情形之间的情形是社会加权反映等价尺度。虽然这最后的方法在实际中是一个合理的折中，但没有在家庭内的分配理论（至少是关于分配的一些假设），这些方法都不是令人满意的。

练习

9.1 如果 SWFL 是功利主义的从而 $W=\sum u^h$，如果我们用"$\geqslant$"表示社会偏好，证明如果 $u^h=v^h(s)$，$s_1\geqslant s_2$，则对于 $u^h=\tilde{v}^h(s)=\alpha^h+\beta v^h(s)$，$s_1\geqslant s_2$，其中 $\beta>0$。在 s_1 与 s_2 的比较中，关于公平性我们能说些什么？为什么用 β^h 代替 β 这个结果不成立？

9.2 （孔多塞悖论）证明如果对三个人和三个状态 s_1，s_2 和 s_3，有 $v^1(s_1)>v^1(s_2)>v^1(s_3)$，$v^2(s_2)>v^2(s_3)>v^2(s_1)$，且 $v^3(s_3)>v^3(s_1)>v^3(s_2)$，则多数投票准则导致"偏好循环"，$s_1\geqslant s_2\geqslant s_3\geqslant s_1$。

9.3 （博尔达原则）设有 m 个社会状态，s_1，s_2，…，s_m 并且 m 是有限数。定义 $\rho^h(s_i)$ 为个人 h 认为优于 s_i 的社会状态的数目，并且设博尔达 SWFL 定义为：$s_i\geqslant s_j$，当且仅当 $\sum_h\rho^h(s_i)\geqslant\sum_h\rho^h(s_j)$。证明博尔达原则满足序数不可比较性和定义域无限制条件，满足帕累托原则和无独裁条件，但不独立于"无关"备选状态。[见森（1970，p.39）或森（1977b，p.1544）。]

9.4 如果社会通过从古至今的圣书规则作出所有的决策，那么对应的 SWFL 满足或违反哪些阿罗条件？

9.5 在两人经济中，有每个人的消费和总消费 Q 之间的约束 $q^1+q^2=Q$。社会福利是 $W=u^1+u^2$。证明如果在情形（a）中有 $u^h=$

$\theta^h \log q^h$，在情形（b）中有 $u^h=\alpha^h+\beta\theta^h \log q^h$，则在两种情形（a）和（b）中，有 $q^1=\theta^1 Q/(\theta^1+\theta^2)$ 和 $q^2=\theta^2 Q/(\theta^1+\theta^2)$。在这两种情形中效用的分布是否相同？如果情形（b）下有 $u^h=(q^h)^{\theta^h}$，你能得到同样的结果吗？叙述这些结果背后的一些原理。

9.6 利用练习 9.5 中同样的约束，但利用社会福利函数 $W=\min(u^1, u^2)$ 且在情形（a）中有 $u^h=\theta^h \log q^h$，在情形（b）中有 $u^h=\alpha^h+\beta\theta^h \log q^h$，在情形（c）中有 $u^h=(q^h)^{\theta^h}$，证明，与练习（9.5）中的配置相对照，q 的社会最优配置在情形（a）和（c）下相同，但在情形（b）下不同，除非 $a^h=\alpha$ 对所有 h 都成立。

9.2 社会福利和不公平

前部分发展的伯格森-萨缪尔森社会福利函数能够作为福利度量的基础也能用于政策的设计以改进政策。在这部分，我们继续讨论前
228 一问题，主要关注社会福利到它的构成部分的分解。我们的出发点是方程（1.2）和（1.6），它们结合给出的社会福利 W 为

$$W=V(x_*^1, x_*^2, \cdots, x_*^H) \tag{2.1}$$

这里 $x_*^h=x^h/m^h P^h$ 是家庭 h 的实际等价人均收入。如果价格保持不变，则 $P^h=1$，而如果家庭有同样的必需品需求，则 $m^h=1$，这是社会福利可以定义在总支出上的特殊情形，如果跨期维数被加上，则它定义在收入或终生收入现值上。

图 9—4 解释了一类典型的社会福利函数的两条等值线。它们关于 45°对角线对称，并与它相交成直角。这意味着如果仅仅只有家庭的名称被改变，则社会福利不变；没有关注是谁拥有这些给定的福利水平。这个性质称为匿名性（或对称性），但如果式子（2.1）仅仅定义在支出上这个性质是不恰当的，因为不同的家庭的必需品不同。实
229 际上，x_* 是通过 m^h 对必需品的校正，通过 P^h 对微小价格变化的效应的校正，并且匿名性似乎是恰当的。这里的几何特征是容易检验的，只要注意到，由于匿名性，每个点关于 45°对角线的反射必定在同一无差异曲线上。另外两个重要的性质已在图 9—4 中作出假定。首先，我们已经把 $V()$ 当作拟凹的。从而社会无差异曲线凸向原点。

在这里的情形，给定匿名性，拟凹性导致 x_* 的更公平分配的偏好。因此，A 和 B 都涉及一个不公平的分配，A 和 B 之间的每个点都偏向于其中一个。第二个性质是位似，由 $V()$ 的序数性，我们不妨当作线性位似：如果每个家庭的 x_* 翻倍，则社会福利也翻倍，其含义是社会福利等值线不受 x_* 增加的影响。毫无疑问，可以对这个性质提出异议，但这里它具有允许分配不公平的度量独立于它的平均值的优点。（阅读 2.7 节会发现把下面的分析推广到非齐次情形是一个简单的练习，也可见练习 9.12。）

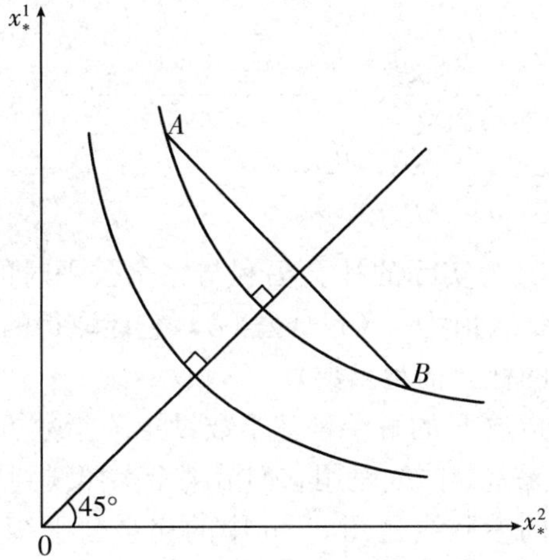

图 9—4　匿名齐次社会福利函数

由齐次性，我们可以把式子（2.1）改写为

$$W=\bar{x}_* \cdot V\left(\frac{x_*^1}{\bar{x}_*},\cdots,\frac{x_*^h}{\bar{x}_*},\cdots,\frac{x_*^H}{\bar{x}_*}\right) \tag{2.2}$$

这里 $\bar{x}_*$ 是平均的实际人均等价支出。如果 x_* 被公平分配，W 与 $\bar{x}_*$ 成简单比例关系，比例常数是 $V(1，1，\cdots，1)$。如果这个常数不等于 1，我们可以通过调整原社会福利函数的尺度方便地做到这一点，从而在完全公平下，我们有

$$W=\bar{x}_* \tag{2.3}$$

社会福利由平均实际（等价）人均总支出来度量。这个（传统的）度量通常被认为是对社会福利相当程度的高估，因为正如在图 9—4 中能看到的，V 的拟凹和对称性意味着公平的分配总是受（社会）偏爱

的。因此，由 V 的齐次性并利用 $V(1，1，\cdots，1)=1$，得到

$$\begin{aligned}\bar{x}_*&=\bar{x}_*V(1,1,\cdots,1)=V(\bar{x}_*,\bar{x}_*,\cdots,\bar{x}_*)\\&\geqslant V(x_*^1,x_*^2,\cdots,x_*^H)=W\end{aligned}\tag{2.4}$$

x_* 的不公平分配把 W 减少到它的理论最大值 $\bar{x}_*$ 以下，从而我们能用 W 与 $\bar{x}_*$，也就是它的理论最大值的比率测量**公平**。因此，由式子(2.2)，令

$$W=\bar{x}_*E\tag{2.5}$$

230 其中

$$\begin{aligned}E&=V(\frac{x_*^1}{\bar{x}_*},\cdots,\frac{x_*^H}{\bar{x}_*})=\frac{V(x_*^1,x_*^2,\cdots,x_*^H)}{\bar{x}_*}\\&=\frac{V(x_*^1,x_*^2,\cdots,x_*^H)}{V(\bar{x}_*,\bar{x}_*,\cdots,\bar{x}_*)}\end{aligned}\tag{2.6}$$

因此，公平 E 定义为实际的社会福利与完全公平时的社会福利的比率，它能取得的最大值为 1（完全公平），它能取得的最小值为 0（取决于所用的具体的社会福利函数）。

我们对公平指数 E 的解释是基于数量矩阵指数方法，见 7.2 节。在这个方法中，无差异曲线是用它们沿某个参照线到原点的相对距离来标注的，这里的参照线是图 9—5 中的完全公平线 OD，而不是达到它们的相对成本。因此，我们比较图中 A 点处现有的分配与沿完全公平线 OD 的假想的公平分配。重要的一点是认识到这里没有完全公平是可达的或可取的含义；极端特殊的情况除外，尝试达到完全公
231 平将会减少可供分配的总量，而在一类重要的问题中，完全公平甚至是不可达的。为了弄清楚公平度量的原理，从过 A 点的无差异曲线与 45°线的交点 B 开始。在该点，比如说，每个消费者拥有 x_*^e，从而社会福利是 $V(x_*^e，v_*^e，\cdots，x_*^e)=x_*^e$，它等于 A 点处的社会福利，也就是 $V(x_*^1，x_*^2，\cdots，x_*^H)$。因此，由式子（2.6），$E$ 等于 $x_*^e/\bar{x}_*$ 或 $0B/0C$。数量 x_*^e 被称为"公平分配等价"实际支出，并且由 $V()$ 的拟凹性，它显然小于或等于 $\bar{x}_*$。因此，用 x_*^e 改写式子(2.5)

$$W=\bar{x}_*E=\bar{x}_*(x_*^e/\bar{x}_*)=x_*^e\tag{2.7}$$

从而我们本质上是通过现有分配所在无差异曲线与 45°线的交点

来度量社会福利。

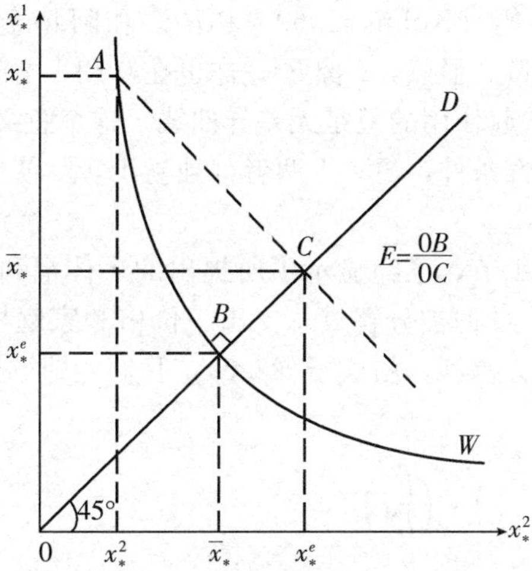

图 9—5　不公平度量

比较这个方法与阿特金森（Atkinson，1970）或森（Sen，1973b）中的阐述是有益的，后者类似于更常用的“货币度量”指数方法。在这里我们比较达到通过 A 的等值线的最小加总成本与达到 A 的实际加总成本。只要预算约束总是关于线 OD 对称，则成本最小点是 B 从而成本比率 $E=OB/OC=x_*^e/\bar{x}_*$。不论我们采用两种说明性的解释中的哪一种，导致的公平指数是相同的。不过，第二种解释的吸引力要少一些，因为正如已经论述的那样，加总预算约束关于公平线的对称是非常不可能的。

图 9—5 也解释了公平度量如何依赖于所考虑的 SWF 的类型，特别是无差异曲线凹的程度。如果我们只关注最贫穷者的福利，无差异曲线将是顶点在 B 的直角，并且感受到的不公平比所显示的更大，即使实际的分配是一样的。作为对照，如果 $V()$ 是功利主义的并且刚好等于 x_* 的和，则无差异曲线是与 45°分角线垂直的平行直线，从而不公平总是为 0，而社会福利与 $\bar{x}_*$ 一致。不公平度量对社会偏好的这种依赖性在似乎要求客观度量的情况下是不合适的，但我们将看到，通常的对不公平的“客观”度量只会掩盖隐含价值的判断。

在很多情况下，我们愿意度量不公平而不是公平，并且这可以通过直接定义

$$I=1-E \tag{2.8}$$

来实现，这是科姆（Kolm，1969，1976）和阿特金森（Atkinson，1970）提出的度量。显然，I 像 E 一样也在 0 和 1 之间。也要特别注
232 意虽然 $V()$ 在“起作用的只是无差异曲线”这个意义上是序数性的，但如果保持齐次性条件，E 和 I 两者都独立于实际使用的 V（）的基数化。

在以上的 9.1 节，已经显示了所提出的个体福利度量，$c[\psi(x, p, a), p^0, a^0]$ 如何被分解成总支出、价格和家庭构成指数。同样的技术可用于社会福利。由式子（2.5），我们立即得到两期 1 和 0 的下述等式

$$\frac{W_1}{W_0}=\left(\frac{\bar{x}^1_*}{\bar{x}^0_1}\right)\cdot\left(\frac{E^1}{E^0}\right) \tag{2.9}$$

为简单起见，仅考虑所有家庭都相同的情形，从而 a^0 和 a^h 消失，

$$\frac{\bar{x}^1_*}{\bar{x}^0_*}=\frac{\sum_h c^h(u^{1h},p^0)}{\sum_h c^h(u^{0h},p^0)}=\frac{\sum_h c^h(u^{1h},p^0)}{\sum_h c^h(u^{1h},p^1)}\cdot\frac{\bar{x}^1}{\bar{x}^0} \tag{2.10}$$

表达式 $[\sum_h c^1(u^{1h},p^1)]/[\sum_h c^h(u^{1h},p^0)]$ 是利用当期效用水平作为权数来比较 p^1 和 p^0 的总价格指数，从而式子（2.10）把 $\bar{x}^1_*/\bar{x}^0_*$ 分解为一个货币支出指数与一个总价格指数的商。用完全类似的方法，E^1/E^0 能分解为一个货币公平指数与一个度量价格变化偏向或偏离富人或穷人的程度的价格折算（price deflator）的商。这些突出特点在实际中可能是重要的；我们已经在第 7 章讨论相对价格变化如何不同地影响不同收入组，并且如果，比如像 20 世纪 70 年代在英国和美国一样，价格向不利于穷人的方向变化，那么这里采用的方法将会显示不公平的加剧，尽管货币支出的分布保持不变。类似的考虑可应用于当相对价格结构相差很大时比较国与国之间的收入或支出的分布。这里讨论的方法可用于比较从一个国家获得的不公平测度，用它自己的价格和其他国家的价格作为参照。两个测度的比较将显示哪个国家的价格结构是更公平还是更不公平。完全平行的说明适应于家庭构成的差异；如果获得收入的家庭其大小或基本需求不同，则相同的收入分配并不意味着相同程度的不公平。

那么这样的不公平测度如何与传统的总体的分布统计量如基尼系数或变差系数联系起来？我们将看到，根据前面讨论过的原则，这样的测度可以认为是由具体的社会福利函数导出的。使这些隐含的社会福利函数明确化，我们能更加清楚地看到每个度量隐含的分配公平 233
观。在这之前，考虑不公平度量的另一方法是有用的，这种方法不是从社会福利函数开始，而是从不公平的直接度量的公理方法开始。

三个特定的公理获得相当广泛的认同，至少在实践中。其中的第一个是平均独立性，即不公平不应该依赖于支出或收入水平，而仅依赖于它们的分布，这个假设类似于早些时候我们在社会福利函数讨论中的齐次性假定。第二个公理即匿名性也是熟悉的，像以前一样，如果支出用于基本必需品且价格得到校正，这也是合理的。第三个公理首先是由多尔顿（Dalton，1920）提出的，是转移支付原则，它要求支付从较富者到较穷者的转移必定减少不公平性，只要转移不足以改变他们的相对位置。这个能用熟知的洛伦兹曲线，即总的 x_* 的累积百分比与相应的累积人口的百分比的关系曲线来解释。图 9—6 表明了三个不同的洛伦兹曲线，A、B 和 C。分布 B 的洛伦兹曲线整个在分布 A 的外部，从而由洛伦兹曲线的定义，有可能通过一系列从较富家庭到较穷家庭的转移而实现从 B 到 A 的过渡。因此，任何满足转移支付原则的不公平度量表明 A 比 B 有较少的不公平性。类似地，

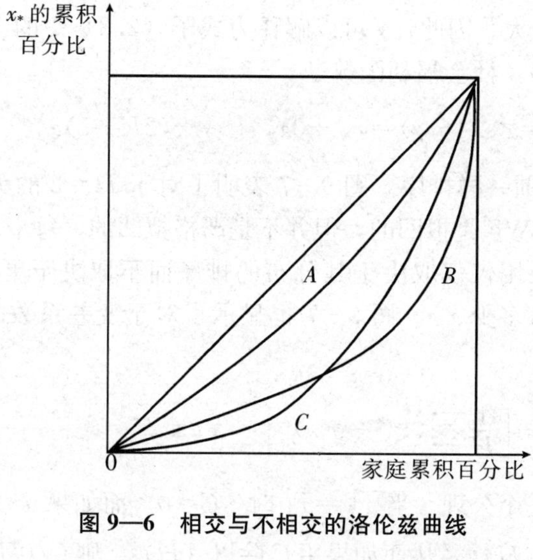

图 9—6 相交与不相交的洛伦兹曲线

234 C 比 A 更不公平。不过，因为 B 与 C 相交，它们的排序取决于精确的度量，并且容易看到为什么 B 和 C 的比较比 A 与 B 或 C 的比较涉及更复杂的道德判断。在上部分分配 C 比分配 B 更公平，但在下部分分配 B 更公平。哪种不公平更严重是一个包括转移支付原则在内的社会福利判断问题，如果通过选择某个不公平度量优于另一个的任意的方式解开这个循环结，我们实际上是在隐含地作出这种类型的价值判断。

如果我们回到我们原先对不公平 I 的定义，即方程（2.8），则正如我们将要解释的，如果构造是基于齐次的拟凹社会福利函数，则指数将自动满足转移支付原则。为了我们现在的目的，我们也可以认为其逆命题为真，即任何平均独立的、匿名的且满足转移支付原则的不公平测度可用于构造齐次的拟凹社会福利函数。为了解释这点，考虑两个等价形式的基尼系数

$$\gamma=\frac{1}{2H^2\bar{x}_*}\sum_1^H\sum_1^H|x_*^h-x_*^k|$$
$$=1+\frac{1}{H}-\frac{2}{H^2\bar{x}_*}(x_*^1+2x_*^2+\cdots+Hx_*^H) \quad (2.11)$$

这里 x_* 按下降的顺序排列从而 $x_*^1\geqslant x_*^2\geqslant\cdots\geqslant x_*^H$。完全公平，也就是 $x_*^h=\bar{x}_*$ 时，$\gamma=0$，而完全不公平时，$x_*^1=H\bar{x}_*$ 且 $\gamma=1-1/H\simeq 1$，如果 H 很大。因此，γ 可以解释为式子（2.8）中的 $1-E$，从而由式子（2.7），社会福利函数是

$$W_\gamma=\bar{x}_*(1-\gamma)=x_*^1+3x_*^2+\cdots+(2H-1)x_*^H \quad (2.12)$$

这里 x_* 像以前一样排序。图 9—7 表明了对于 $H=2$ 的无差异曲线。注意，虽然 SWF 是拟凹的，但并不是严格拟凹的，每个家庭的 x_* 的社会边际效用仅仅取决于其分布的排序而不取决于更加明显的指标：家庭拥有多少 x_*。图 9—7 也显示了对于变差系数的 SWF。不公平指数是

$$C=\left[\frac{1}{H}\sum(x_*^h-\bar{x}_*)^2\right]^{1/2}/\bar{x}_* \quad (2.13)$$

它显然满足三个公理。当 $x_*^h=\bar{x}_*$ 时，$C=0$，而如果 $x_*^1=H\bar{x}_*$，则 $C=(H-1)/(H)^{\frac{1}{2}}$，从而如果用 C 除以 $(H)^{\frac{1}{2}}$，则 $C/(H)^{\frac{1}{2}}$ 与基尼系

数介于同样的上下界之间。因此像以前一样应用式子（2.7）

$$W_C = \bar{x}_* - \frac{1}{H}\Big[\sum (x_*^h - \bar{x}_*)^2\Big]^{\frac{1}{2}} \tag{2.14}$$

它的等值线是如图所示的关于 45°分角线对称的抛物线。对不公平的 235
其他测度，可做类似的练习。

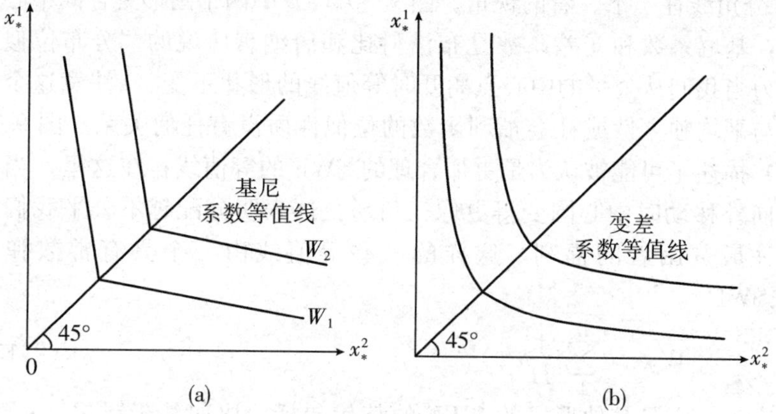

图 9—7　两个不公平指数的社会福利等值线

用社会福利表示的不公平指标的进一步含义最近已由布路科比和唐纳森（Blackorby and Donaldson，1978）获得，他们作出了对应于图 9—7 的三维图形。做这件事是特别重要的，因为两个消费者的情形是十分特殊的；比如，有两个消费者的情形，洛伦兹曲线能永不相交，并且转移支付原则本身就足以判断相对不公平性，具体的社会福利函数的作用也十分有限。对应三个家庭，考虑由 $x_*^1 + x_*^2 + x_*^3 =$ 常数所定义的三角平面或“单形”，见图 9—8，这对应于图 9—7 的三维情形，沿 45°轴从右上方往下看。再一次，必须强调这些点既不一定是可达的，也不一定是合意的；我们将把单形仅仅作为一个方便的平面，通过它采取社会无差异曲线的截面。从给定的分配 S 开始，布洛科比和唐纳森指出，根据任何拟凹匿名的社会福利函数，位于中部的不规则六边形 $SABCDE$（见图 9—8）必定是受到偏爱的。这也说明了为什么拟凹性隐含转移支付原则；任何从 S 的平均化的转移支付必定导致六边形从而导致偏好于 S 的点，而与所使用的具体的 SWF 无关。虽然六个顶点对于所有的 SWF 是无差异的，但单形中确切的无差异曲线将会随 SWF 的变化而变化。再次，罗尔斯福利函数 236

是一个有趣的极限情形，并且，利用这个准则，在用虚线补上的三角形内的任何点是更可取的，因为最坏者的状况有改进。非罗尔斯准则有更“圆的”等值线，因为如果有足够好的交换，福利最差者被允许变得更差。图 9—9（a）描述了基尼 SWF 的实际等值线（六边形）和变差系数 SWF 的实际等值线（圆周），它们对应于图 9—7 中从 45°分角线往“下”看的视角。图 9—9（a）中两个图形集合同中心说明，基尼系数和变差系数是布洛科比和唐纳森所说的“分布位似”，因为当我们从公平的中心点离开时等值线的形状不变。（注意这个性质与平均独立性或社会福利函数的位似性质没有任何关系）图 9—9（b）描述了可能被认为是更加合理的 SWF 的等值线；在这里，当我们向外移动时中心圆变得更像三角形，这表明分配越不公平我们越关注最贫困者的福利。这样的一些等值线由一个具有常数弹性的 SWF

$$W = \left(\sum_{1}^{H} \frac{1}{H} x_*^{h\rho}\right)^{1/\rho} \tag{2.15}$$

237 所产生，它是其他形式的 SWF 的替代包括，比如基于锡尔（1967）不公平的熵度量的 SWF，基尼系数和变差系数的分布位似性能被当作是支持这些其他类型指标的证据。

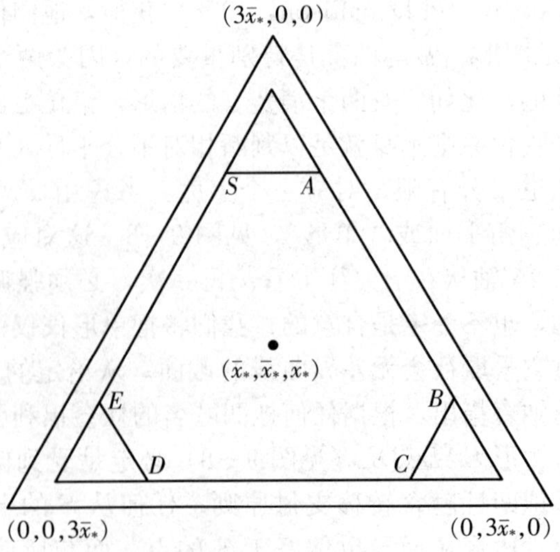

图 9—8　三个家庭的单纯形

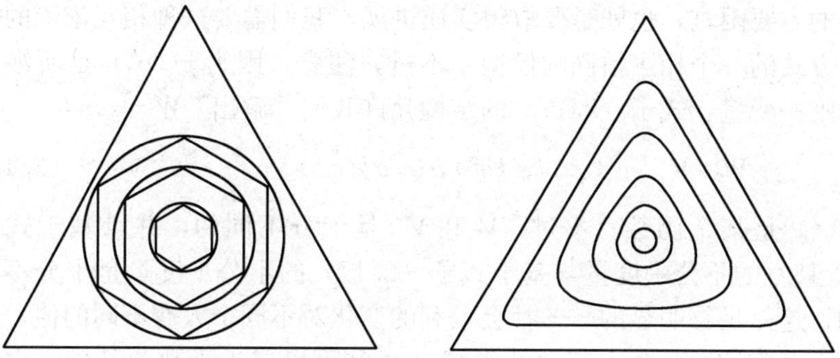

(a)　　　　(b)

图 9—9　三家庭单纯形中社会福利等值线

有可能从公理化角度和社会福利观点继续考虑不公平测度的其他广泛的性质，并且在本章的末尾给出了一个处理这些问题的文献的一个指南。不过，在结束本节的时候我们必须提出关于本节所讨论的概念的应用范围的忠告。在前面的部分我们论证了，从很多方面来看分配比较的最好解释是它们定义在个人面对的客观机会集上，并且个人福利水平仅仅是每个个体的机会集的标量加总测度。因此，社会福利函数仅仅是一个个人机会集的加权加总函数，这里个人机会集由式子（1.6）给出的校正了每个人实际支出的必需品需求来表示。这样的方法显然排除了像嫉妒和利他主义这样的现象。

不过，我们希望采用更广的福利观点并认识这样的效应。比如，考虑这样的情形，即每个家庭的福利依赖于各自的消费，通常通过 $v^h(q^h)$ 来刻画，但也依赖于整个社会的福利。因此有

$$u^h = \phi^h[v^h(q^h), W] \tag{2.16}$$

在这个分解形式中，商品的分配仍然是使得 $v^h(q^h)$ 最大，从而像以前一样，$v^h(q^h)$ 能被 x^h、p 和 a^h 的函数代替。社会福利再一次被定义在 u^h 上，但由于式子（2.16），它具有隐含形式

$$W = V\{\phi^1[v^1(q^1), W], \cdots, \phi^h[v^h(q^h), W], \cdots, \phi^H[v^H(q^H), W]\} \tag{2.17}$$ 238

利用这个形式，原则上我们可完全像以前一样做，定义 x_* 使之受到社会福利 W 的影响。实际上，很难看出在给定的分离假设下这如何实现，因为 W 的变化不会影响支出的构成。这突出了这种类型的方

法的主要困难，也就是要取得实质进展，我们需要这种相互依赖的作用方式的一个相当精确的模型。不过，注意，因为 $v^h(q^h)$ 是所涉及的唯一变量，式子（2.17）的结构允许我们“解出”W

$$W=V^*[v^1(q^1),v^2(q^2),\cdots,v^H(q^H)] \tag{2.18}$$

$V^*()$ 是某个函数。不过，V 和 V^* 是十分不同的，并且基于式子（2.18）的不公平度量与基于式子（2.17）的不公平度量是十分不同的；这是足够明显的——社会福利的变化对不同个人有不同的值。

还应该提出若干其他的告诫。x_* 测度以成本函数为基础，因此受到市场范围的限制，受到线性机会集假定的恰当性的限制。不过，再一次，为了考虑成本函数约束如失业或某些商品的配给的效应，可以对测度作出校正。关于时间段——支出在其上度量，一年或终生——我们说得很少，尽管这个问题在不公平的实际分析中是极其重要的。

练习

9.7 许多经济学家认为个人福利仅仅是个人自身利益的表示并且在社会福利表示中排除了嫉妒或利他主义的可能。你同意这个观点吗？如果承认嫉妒和利他主义的存在，在经济中商品的最优分配有何差异？

9.8 证明基于严格拟凹社会福利函数的不公平度量满足多尔顿的转移支付原则。功利主义的社会福利函数满足这个原则吗？

9.9 一个可能的不公平度量是对数方差，由 $V_L=H^{-1}\sum(\log x_*^h-\overline{\log x_*})^2$ 给出。证明如果 $x_*^i>x_*^j$，则当 $(\log x_*^j-\overline{\log x_*})/x_*^j>(\log x_*^i-\overline{\log x_*})/x_*^i$ 时从 i 到 j 的少量转移将增加 V_L。令 $x_*^i=(1+\theta)x_*^j$，证明，在保持 x_*^i 和 x_*^j 的比率不变的前提下，同时增加两者最终会使这个不等式成立。利用 V_L 作为不公平测度你能得出什么结论？如果已知 x_* 服从对数正态分布，V_L 是比较分配的一个适当的工具吗？

9.10*　证明，利用基于不同的（严格）拟凹对称社会福利函数的不同的不公平指标所导出的两个分配的排序总是相同的，如果相关的洛伦兹曲线不相交。

239 **9.11** 与式子（2.15）所定义的社会福利函数相关联的不公平指

数是什么？讨论它如何随 ρ 变化，并解释 ρ 所起的作用：(a) 对于不公平的认识和 (b) 说明分配非位似性的程度。

9.12* 在第 7 章中，距离函数 $d(u, q)$ 被用来定义数量指数 $Q(q^1, q^2, u)$，即 $d(u, q^1)/d(u, q^2)$。定义 $d(W, x_*)$ 为社会福利函数 $W=V(x_*)$ 的距离函数，证明公平度量 E 由 $E=Q(x_*, \iota\bar{x}_*; W)$ 给出，其中 $W=V(x_*)$ 而 ι 是分量的向量。证明，给定 $V()$ 的齐次性，E 不依赖于 W。反之，讨论当 W 不是位似时，即当社会无差异曲线的形状随国民福利系统地变化时不公平的度量问题。这可能是一个重要情形吗？

9.13 假定我们有非位似社会福利函数，$W=\log(x_*^1-\alpha)+\log(x_*^2-\alpha)$，这里 $\alpha>0$ 且 $x_*^h>\alpha$ 对所有 h 成立。证明如果我们继续定义 E 为 $x^e/\bar{x}$，其中 $W(x_*^e, x_*^e)=W(x_*^1, x_*^2)$，并且如果两个预算水平翻倍，则指数增加。你认为这是公平指数的一般特征吗？如果最低生活标准 α 依赖于过去的消费水平，那么跨期分配比较和截面分配比较的结果是什么？

9.14 证明社会福利函数 $W=\alpha-\sum\exp(-\gamma x_*^h)$ 有这样的性质：如果一个数量 k 被加到每个人的预算中，公平指数不受影响，但对于位似的社会福利函数来说，公平指数会增加，见科姆（Klom，1976）。如果预算等比例增加，这两个社会福利函数给出的公平测度会发生什么？科姆称第一个社会福利函数为“左倾”，与之相反他称位似的社会福利函数为“右倾”。在预算的绝对量等值减少或同比例减少的情况下，这个解释是否有效？

9.15 1 减去变差（2.13）的系数在科姆的意义上是“左倾”还是“右倾”？它是否与你对于分配的道德观一致？

文献注释

社会选择理论的文献是浩大的，最好的办法是向有兴趣的读者推荐阿罗（Arrow，1963）和森（Sen，1970）精彩的讨论。我们试图总结现代发展，与初期论文比较，它与效用函数有密切得多的直接关联，这使得该领域不仅与消费者理论而且与福利经济学其他分支有更加密切的联系。森（1977b）的 Walras-Bowley 讲稿给出了一个精彩的阐述和文献，后者是我们一个重要的参考。不过，除了达斯布雷蒙特和格瓦斯开创性的工作，我们想提到关于哈蒙德（Hammond，1976a）、斯特拉斯尼克（Strasnick，1975）、马斯金（Maskin，1978）、德斯奇姆普斯和格瓦斯（Deschamps and Gevers，1978）和罗伯特（Roberts，1980a，b）的工作；也见阿罗（Arrow，1977b）的一个简短许多但有用的评论。尽管我们试图利用前面一些章节的结果推广和统一我们的分析，但我们对于不公平的讨论是基于科姆（Klom，1976）、阿特金森（Atkinson，1970）和森（Sen，1973b）的工作。不公平的实证度量有很长的历史但与社会福利的明确关联是相当近期的事。对于与不公平相关的若干论题的进一步阅读，见考维尔（Cowell，1977）。对于价格效应和家庭构成的讨论以及一个实际的例子，分别见米尔鲍尔（Muellbauer，1975d）和米尔鲍尔（Muellbauer，1978a）。

第四部分

扩展与应用

第 10 章　商品质量与家庭生产理论

对于刚接触经济学的人来说，效用理 243
论通常显得比较空洞。本书主要关注的问题之一就是阐述在不同情况下如何利用适当的家庭偏好假设和家庭约束来丰富效用理论的内涵，理解特定的消费行为，确定特定的实证方法。就此而言我们已经有不少好的例子，比如，从易于处理又具有一般函数形式的恩格尔曲线与需求函数的选择，到把一组商品视为一个商品，一组家庭视为一个家庭的假设。有时候，究竟是对偏好还是对家庭所面临的约束设定限制，这之间的界限是很模糊的。例如，在第 8 章为了对不同构成的家庭之间的生活成本比较作出福利解释，我们不得不作出假设：家庭之间偏好的差异可以通过一些参数进行充分的描述，这些参数能够用价格或成本来解释。在一个例子中，适用于所有家庭的成本函数被定义在“经过调整的”价格上，调整价格是实际市场价格与随家庭规模而增加并反映较大家庭必须为它们的消费品进行支付的较高的“等值价格”的参数的乘积。从某种意义上说，这些参数是偏好参数，它们能被解释成不同家庭所面临的不同约束的度量。

将特定的假设加到家庭行为模型中最一般的方法也许就是通过众所周知的家庭生产理论：戈尔曼（Gorman，1956），贝克尔（Becker，1965），兰开斯特（Lancaster，1966a，b）是早期经典的参考文献。在这一方法中，它假定家庭是从一些基本的商品中获取效用的，而这些商品无法在市场中买到，但是可以利用从市场上买来的商品和闲暇作为投入要素，在家庭中生产出来。斯蒂格勒和贝克尔（Stigler and Becker，1977）利用这一方法解释了其他经济学家事实上没有解释而仅从偏好变化或个人之间的差异进行说明的现象，从而使这一方法具有威力。因此，他们用对音乐（毒品）欣赏技巧很关键的人力资本积累，来解
244 释人们对音乐（毒品）的嗜好；用与非习惯性行为相关的搜寻成本和积累的人力资本特性，来解释习惯和风俗的存在；用已经改变了的有关家庭生产函数的知识，来解释广告对于消费行为的效应；用一种被称为社会区分的商品，来解释流行和时尚。这一社会区分商品可以通过一些家庭购买的流行商品生产出来，也能被另一些家庭购买而消费掉。我们当然赞同他们方法论中对每个人都有相同且稳定的潜在偏好但家庭面临的约束存在差异的可能性的假设。我们唯一的怀疑在于，当相关变量无法观察到时，偏好与约束之间的边界就会非常模糊，而由这种方法所提供的“解释”有时会使简单问题复杂化。

对于不同观察特性的商品的质量和选择分析可能已经成为经济学的研究领域，在这一领域中家庭生产理论应用最多，但就像我们将在10.3节中看到的那样，这些论题的类似于第8章用到的更直接的分析方法通常更为方便。在经济学中质量的分析是一个重要的论题。例如，当一种新商品被引入时，国民收入统计学家需要对价格指数进行相应的调整。事实上，这将涉及寻找某一方法来比较新商品与现存商品，理想的是找到能将两者联系起来的无差异曲线。另一个重要的政策问题是究竟在什么水平下提供公共物品（如娱乐设施），而这类物品将不能完全按其价值索价。这又涉及通过将可观测到的行为与公共产品的需求相联系作出家庭无差异曲线的间接结论。比如，旅游往返

娱乐场所的费用，其他诸如使用设备（滑雪板、钓鱼竿等）成本以及居住旅馆的费用能被用来得出有关娱乐设施价值的结论。有一种联结现存商品与新商品或市场交易不能直接观察到的商品之间的无差异曲线的方法，是使用与这些商品有关联的规格变量。交通模式和通过位置区分的住宅的选择就是用可度量规格说明选择质量的量纲的两个例子。我们将考察使用这些信息的两种不同方法。

在 10.1 节中，我们总结家庭生产理论并讨论它的某些实证含义，在 10.2 节中运用家庭生产理论来度量质量的变化。而在 10.3 节中我们运用另一种我们认为对于商品品种的选择（例如某一品牌的牙膏）比家庭生产理论更相关的方法。它与家庭生产理论模型提供了使用规格信息的方法。10.4 节包含一个简短的非技术的经济学分析述评，245
它是有关由于不同质量的存在而引起的其他问题。

10.1　家庭生产理论

家庭生产理论是消费者理论和企业理论的综合。而后者与家庭决策是相关的，家庭决策又与作为产生效用的生产的投入品如市场商品、时间、人力资本及非市场商品的有效使用有关。例如，假设有两种非市场商品分别以 z_1 和 z_2 水平生产出来。在图 10—1 中，我们表示了生产可能性边界在给定的预算条件下能被生产出来的 z_1、z_2 的最大组合。正如我们将会看到的那样，在企业理论中有效生产问题也能被看成是标准的成本最小化问题。事实上，成本函数定义了生产可能性边界，比如在点 z^0，两种商品的边际转换率等于商品 2 与商品 1 的边际成本之比。这些边际成本 π_2、π_1 通常被称为商品的影子成本或影子价格。给定生产可能性边界，家庭要做的就是选择能使效用最大化的 z_1 和 z_2 的组合。在图 10—1 中，这在点 z^0 实现，所能达到的最高无差异曲线刚好在这点与生产可能性边界相切。一般说来，由于这是非线性的，这一高级阶段的最优化问题有可能比给定 z_1 和 z_2 计算最小成本的低级问题更复杂，而投入和产出的派生需求函数也会相当复杂。正如我们将会看到的，在概念的计算和派生需求函数的计量估计方面，影子价格对其操作的实现有很大帮助。在 10.2 节中，我们将会考察影子价格在另一方面的作用：即构造价格指数调整技术引起的变化。

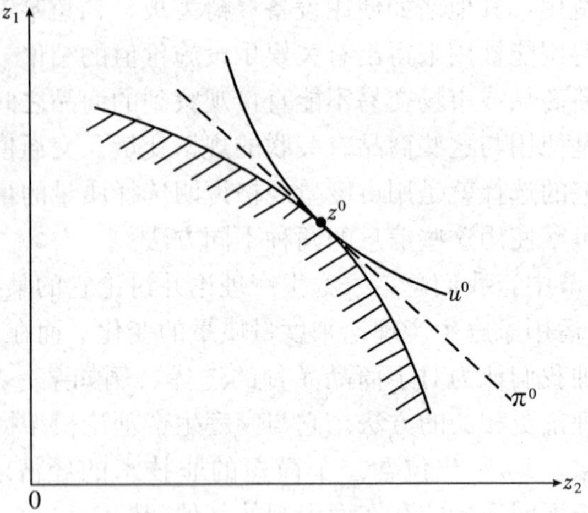

图 10—1　家庭生产模型中的选择问题

我们首先讨论低级阶段的最优化问题，并把消费者当成企业来看待。在原材料投入向量为 q，劳动投入向量为 ℓ_0，资本投入向量为 k 的情况下，企业的产出水平为 z。其目标是对于给定的 z 和 k 最小化短期成本 $x=p\cdot q+\omega\cdot\ell_0$，它将受到技术上的约束。我们忽略了通过考虑投资资本引起的跨期因素。解是一个函数

$$x=C(p,\omega, z;k) \tag{1.1}$$

这一成本函数与第 2 章得到的并在前面的章节中有不少运用的消费者成本函数有相似的性质。它是关于 p 和 ω 的正的线性齐次函数，z 的递增函数和 k 的非递增函数。同前，用导数形式有

246 $$q_i=\partial C(p,\omega,z;k)/\partial p_i=q_i(p,\omega,z;k) \tag{1.2}$$

和

$$\ell_{0r}=\partial C(p,\omega,z;k)/\partial\omega_r=l_{0r}(p,\omega,z;k) \tag{1.3}$$

式子（1.2）和（1.3）分别是在产出和资本向量条件下第 i 种商品和第 r 类劳动的派生投入要素需求函数。对 z_j 的导数为

$$\pi_j=\partial C(p,\omega,z;k)/\partial z_j=\pi_j(p,\omega,z;k) \tag{1.4}$$

它可理解为产出 j 的影子价格：它度量 z_j 的微小增加所引起的边际成本。如果短期内技术上是规模报酬不变的话，那么成本函数（1.1）

是 z 的线性齐次函数；产出增加一倍将会导致生产成本也增加一倍。那么根据欧拉定理有，

$$C(p,\omega,z;k)\equiv\sum_{j}\pi_{j}(p,\omega,z;k)z_{j} \tag{1.5}$$

现在考虑一个家庭，它从数量为 z 的非市场商品中获取效用，数量为 z 的非市场商品是由数量为 q 的市场商品，时间投入向量 ℓ_0，人力资本存量向量 k 以及消费耐用品生产出来的。我们可以把整个的最优化问题分成两个阶段考察。在低级阶段，要使生产 z 的成本最小化。就像企业一样，其解是式子（1.1)，但对消费者来说，x 是“完全收入”：外生的时间禀赋与非劳动收入之和。给定 x，式子（1.1）意味着图 10—1 所示的 z 空间的生产可能性边界。在点 z_0 的以虚线表示的切线斜率为 $-\pi_2(p,\ \omega,\ z^0;\ k)/\pi_1(p,\ \omega,\ z^0;\ k)$，这是商品 2 与商品 1 的边际转换率。 247

那么家庭最优化问题的高级阶段是选择 z 最大化

$$u=v(z)\quad \text{约束条件}:x=C(p,\omega,z;k) \tag{1.6}$$

这在图 10—1 中通过 u^0 的无差异曲线与预算约束线（1.1）相切的切点表示。关于时间处理的一个重要假设在此必须作出明确的说明。设 ℓ 为供给市场的劳动时间向量。那么 $\mu+\omega\cdot\ell=p\cdot q$ 则是市场约束。设 ℓ_0 是家庭生产的劳动时间向量，则 $F(q,\ \ell_0,\ z)=0$ 是联合生产函数。若 T 为时间禀赋，那么 $T-\ell_0-\ell$ 为闲暇时间向量且被隐含地处理为向量 z 的一部分。又注意到在一些 z 可以等同一些市场商品的意义上式子（1.6）是相当普遍的。在这种方法的某些运用中，假设了 $v(z)$ 是可分的子效用函数，用于生产 z 的市场商品没有出现在这个效用函数的剩余部分中。那么 x 就是生产 z 的市场商品的全部支出，继续第 5 章的分析，两期预算约束是可能的；也就是给定 x，z 的最优化配置与生产它的投入要素问题独立于其他家庭决策。

在某些问题中，家庭生产方法不仅仅是考察家庭决策的聪明或简洁的方法，而且是唯一合适的方法。当家庭基本上是由一个小型公司或企业和一个或多个消费者组成时就是这种情形；家庭式的农耕或店铺就是明显的例子。在这种情形下，我们能做的比对生产和消费进行概念上的区分要多得多。对于生产而言，企业或商店在给定投入条件下最大化利润就能保证效率；而对于消费来说，农户或店主可以将利

润当作约束条件来最大化效用。上述框架将是分析发展中国家仅能勉强糊口的农民行为的一种清晰的方法。

影子价格的作用

一般来说，非市场商品空间的预算约束是非线性的。但是，在最优点 z^0，标记为 π^0 的虚线是无差异曲线和预算约束线之间的分离超平面。而且在一个关于家庭生产的文献中经常用到的假设，即报酬不变的条件下，式子（1.5）是成立的，并且我们能够将这一问题重新
248 表述为选择 z 以最大化

$$u = v(z) \quad 约束条件: x = \sum_j \pi_j(p, \omega, z^0; k) z_j \tag{1.7}$$

在此我们注意到已将函数 π_j 用其最优值替代，这允许我们把影子价格 π_j 看成是外生的。因此问题（1.7）的解可写成以下形式

$$z_j = \hat{z}_j(x, \pi) \tag{1.8}$$

且记住 $\pi_j = \pi_j(p, \omega, z; k)$。因此，在式子（1.8）中，需求依赖于影子价格 π_j，而反过来 π_j 也依赖于需求。π_j 的内生性将式子（1.8）与一般的消费者需求函数区别开来，在一般消费者需求函数中对于单个消费者价格是外生的（虽然在完全一般均衡系统中价格对于系统来说当然是内生的，几乎与它们在这里的方式相同）。但是按两阶段方法，我们可将式子（1.8）看成是行为方程，尽管它是一个将内生变量与外生变量和其他内生变量联系起来的行为方程。因此式子（1.8）是一个模型中的结构方程之一，该模型还要加上关于 q、ℓ 和 π 的方程，即（1.2）到（1.4）。这样看待它的方式的好处在于方程（1.8）是由标准的满足线性预算约束的最优化问题产生的。这意味着现成理论、可能的函数形式和成熟的直觉的综合有助于对它们（非市场商品。——译者注）的解释和估算。与此相对照，从解（1.6）而得到的简化形式是

$$z_j = z_j(x, p, \omega; k) \tag{1.9}$$

代入到方程（1.2）和（1.3）中得到

$$q_i = q_i[p, \omega, z(x, p, \omega; k); k]$$

$$\ell_r=\ell_r[p,\omega,z(x,p,\omega;k);k] \tag{1.10}$$

这通常是极度非线性的。

贝克尔（Becker，1965），迈克尔和贝克尔（Michael and Becker，1973），贝克尔（Becker，1976）及其他人都十分强调影子价格 π_j 和需求函数（1.8）在家庭生产模型中的使用，参见在特利基（Terleckyj，1976）中的使用。例如，格罗斯曼（Grossman，1972，1976）对于医疗保健与健康之间的负相关关系（为什么身体不健康的人在医疗保健上支付更多的费用）有如下解释：较高的健康资本贬值率提高了健康的影子价格，从而导致健康资本需求数量下降。但是只要健康资本的需求价格弹性小于 1，产生健康资本的医疗保健需求就会增加。实际上，有时影子价格被当作独立于所消费的非市场商品数 249
量的外生价格。一般而言，这只有在技术上的严格假设条件下才有可能。正如我们所看到的，影子价格 π 独立于 z 的问题对于等价度量也是很重要的。米尔鲍尔（Muellbauer，1974c）指出，除非对偏好设定约束，否则在图 10—1 中的预算约束必是线性的，而这只有在成本函数是以下形式时才会发生，即

$$x=\sum \hat{C}_j(p,\omega;k)z_j \tag{1.11}$$

其中单个 $\hat{C}_j$ 函数给出了生产一单位 z_j 所需的单位成本。这是萨缪尔森（Samuelson，1966）和霍尔（Hall，1973a）关于非联合生产所得到的定理的结论，实际上式子（1.11）对应于不变报酬的生产函数形式，即

$$z_j=f_j(q_j,\ell_{0j};k) \quad 其中 \quad \sum_j q_j=q,\sum_j \ell_{0j}=\ell_0 \tag{1.12}$$

这一非联合假设意味着对任意产出 j，市场商品和时间投入能在独立的生产过程中进行可加性分解。像波拉克和瓦奇特（Pollak and Wachter，1975）谈到的那样，非联合生产是一个非常严格的假设，它表示家庭生产中消耗的时间不能产生直接的效用或负效用，除了减少留下的闲暇向量的数量。如果非联合生产是有效的，那么模型的作用是清晰的：z 空间的预算约束采取线性形式，消费者选择问题的维数从较多市场商品投入品减少到较少的非市场商品。从而工资率、价格或技术变化的含义能相对容易地分析。特别地，对应于线性预算约束的一般需求系统可以根据每个家庭的 z 而定义。即使是在这样的特

例中：虽然影子价格可以依赖于家庭之间不同的工资率和存量，但家庭总需求函数不太可能是简单明了的。然而波拉克和瓦奇特却有些过头，他们认为在更为复杂的联合生产情形下影子价格不具有分析上的有用性。如同我们知道的那样，结构方程（1.2）到（1.4）以及（1.8）都是可以从偏好的设定和成本函数（1.1）中推导出来的。巴尼特（Barnett，1977）指出，通过利用克服同时存在的偏差的方法（工具变量法）拟合方程（1.2）、（1.3）和（1.8）来估计结构参数比尝试拟合方程（1.9）和（1.10）这样的非线性简化形式可能更加简单也更便于解释。换句话说，即使是在联合生产条件下，家庭决策问题的两期分解在计量经济估计方面有相似之处。但是运用这一方法不
250 仅需要市场商品购买的微观数据，还需要非市场商品的生产数量 z，以及 ω 和 k 这些微观数据。若没有 z 的数据，我们一般不能从给定的简化形式（1.10）中确认结构参数。当然最后值得注意的是在技术条件不变的情形下，家庭生产方法形式上等价于标准的效用最大化问题。毕竟市场商品的预算约束是线性的，原则上我们总是能够在 z 可以利用给定的 q 向量生产出来的约束条件下通过最大化关于 z 的函数 $v(z)$ 来定义市场商品的效用函数。当然，在技术条件改变时，家庭生产方法形式上等价于定义在 q 上的效用函数中“品味”的变化。事实上家庭生产方法的主要目的之一在于避免任意可能的归因解释。

线性特征模型

现在我们来看看融合了联合生产并仍具有一些有吸引力的简单特征的模型。这是首先被提出来用于分析日常食物生产的线性生产模型，可追溯到科恩费尔德和斯蒂格勒（Cornfeld and Stigler，1945）以及丹齐格（Dantzig），见多尔夫曼、萨缪尔森和索洛（Dorfmann，Samuelson and Solow，1958）的著作。现有形式是由戈尔曼（Gorman，1956）发展的，兰开斯特（Lancaster，1966a，b，1971）对其做了更广泛的讨论。在这里生产函数为

$$z_j = \sum_i b_{ji} q_i \tag{1.13}$$

这表明一个单位的每种商品含有 b_{ji} 单位的第 j 种非市场商品。它通常被称作是线性特征模型，因为每种市场商品具有最终产生效用的不同特征。食物的例子有特别的启发意义：把 z_1 想像为总的卡里路数

量，z_2 为蛋白质的数量，z_3 为维生素 C 的数量，等等。顺便提一下，注意到如果商品 n_1+1，n_1+2，…，n 是因为它们本身而不是因为它们具有的特征被购买，我们可简单地写为 $z_{k+1}=q_{n_1+1}$，$z_{k+2}=q_{n_1+2}$，等等，这是式子（1.13）的特殊情形。

在这个模型中，其解定义了预算约束的成本最小化问题是一个标准的线性规划问题，见练习 10.5。现转而考虑关于 q 在预算条件 $x=\sum p_i q_i$ 下 $u=v(z)$ 最大化问题。对于购买的市场商品，它给出了没有拐点解时的一阶条件，即

$$\sum_j (\partial u/\partial z_j) b_{ji} = \lambda p_i$$

由于 $1/\lambda$ 为效用的边际成本，影子价格由 $\pi_j=(\partial u/\partial z_j)/\lambda$ 给出，所以我们有

$$p_i = \sum_j \pi_j b_{ji} \tag{1.14}$$

特征模型在图 10—2 中得到说明。标记为 1 到 6 的射线表示存在 251
于每种市场商品中的特征 1 和特征 2 的比例。在给定预算条件下，轨迹 AD 给出了所能达到的 z_1 和 z_2 的组合。例如，如果所有的预算全用在商品 1 上，那么点 A 就是可得到的 z_1 和 z_2 的组合点。注意商品 4 是无效率的：商品 3 和商品 5 的一个组合将给出商品 4 的特征且更便宜。如果无法除去市场商品中不需要的特征，那么生产可能性边界可能不能定义对 z_1 和 z_2 较小的值。在无差异曲线切点 B，其最佳选择是只购买部分商品 2 和商品 3，其余的商品则不购买。对于购买的商品 2 和商品 3，$p_2=\pi_1 b_{12}+\pi_2 b_{22}$ 以及 $p_3=\pi_1 b_{13}+\pi_2 b_{23}$，由两个式子可计算出 π_1 和 π_2。若没有拐角解，单个消费者将会购买与特征一样多的商品，并且如果 b_{ji} 能被精确地观察到，我们总是可以解联立方程组来计算出 π_j。但是在虚线表示的无差异曲线上的 C 点，只有商品 3 被购买，其边际替代率 $(\partial v/\partial z_1)/(\partial v/\partial z_2)$，大于 C 点左边的影子价格率但小于 C 点右边的影子价格率。

拐角解的存在增加了特征模型的计量经济学应用的难度，即应用
于加总水平和个体家庭水平下市场商品的需求研究。没有拐角解时， 252
我们能计算出 π_j（这对于那些因为本身而非特征被购买的商品正好是它们的市场价格），根据 $v(z)$ 的设定，根据观察到的聚集特征的

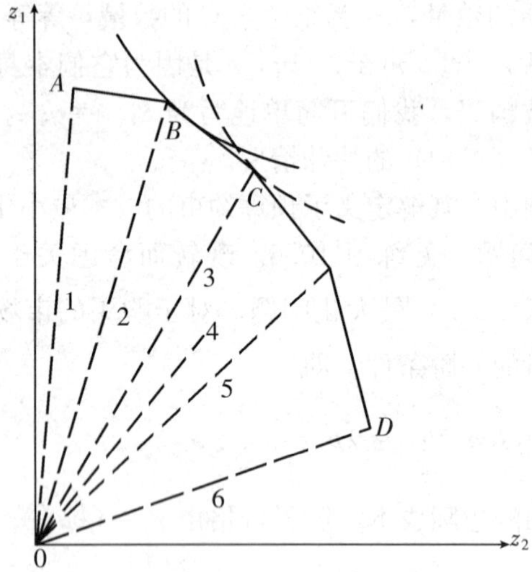

图 10—2　特征模型

商品的选择估算出 z 的隐含需求函数。但是这一观测到的选择的内生性甚至会引起统计问题。当有拐角解时，这是当购买的市场商品少于特征的数目时发生的情形，出现的离散选择问题原则上应该要明确处理，并且绝不简单。实际上，我们可以从邻近拐角的一个面上取影子价格或它们的平均数，然后按不存在拐角解的情形来处理。另一个方法就是用某一个非线性函数来逼近可能性边界 AD 并采用估计式子（1.8）或（1.9）的完全结构方法。

特征模型有一些有趣的含义。其中之一是关于价格效应的。假设在图 10—2 中，商品 3 变得更加昂贵。点 C 将会向内移动直到最终商品 2 和商品 5 的组合变得更有效率，在该点商品 3 的购买将降为 0 而商品 5 的购买数量变为正数。这一效应表明对于单个家庭而言，单个市场商品的派生需求有可能是相当不稳定的，且在某些点，对于相对价格的微小变化会十分敏感。随预算的扩大，类似的效应将会发生在非位似无差异曲线图中：如果初始的解在点 B，连续扩张的预算引起无差异曲线的变化，迟早会引起拐角解。因此在微观层次上，低档品十分普遍，事实上，就像吉芬商品一样，见利普西和罗森布鲁斯（Lipsey and Rosenbluth，1971）。假设在图 10—2 中 p_2 上涨，推动点 B 向原点的方向移动。可以很容易地画出无差异曲线使得预算的边际减少会增大比率 z_1/z_2，这容易导致当 p_2 上涨时实际增加商品 2

的购买数量。

相对于一般的非线性模型，特征模型的优势之一在于 z 相对容易测量；事实上，生产函数（1.13）的设定实际定义了当 b_{ji} 能被观察到时 z 是如何被测量的。但是若不经过一定的修改，特征模型并不十分适合于作为家庭之间劳动时间分配的理论。假设特征 j 是蛋白质。在给定人力资本和家庭耐用品的条件下，蛋白质是通过组合各种食品，并加上购买和烹饪时间产生的。使用一种劳动，线性模型为

$$z_j = \sum_{i=1}^{n_1} b_{ji} q_i + b_{j0} \ell_0 \tag{1.15}$$

其中 n_1 为食品的数目。但是以这种独立于被购买食品的种类的方式，简单地从劳动时间中获取蛋白质是不合理的。更加合理但又更加复杂的方法就是使 b_{ji} 成为不同食物的蛋白质含量和准备食物的时间的函数。 *253*

练习

10.1　给出格罗斯曼关于医疗保健的需求和健康资本的影子价格观点的正式解释。

10.2　假设，作为线性特征模型（1.13）的替代，我们有 z 的多重生成模型 $z_j = \prod_i q_i^{\beta_{ji}}$ [见戈尔曼（Gorman，1956，1976）]。对于购买的商品，证明没有拐角解时，有 $p_i q_i = \sum_j \gamma_j \beta_{ji}$ 并解释 γ_j 的含义。讨论不同家庭都面对相同的 γ 的可信性。那么从这一角度，这个模型是比线性特征模型更好还是更差？

10.3　在线性特征模型中对劳动时间的处理受到以上批评。假设

$$z_j = \sum_{i=1}^{n_1} b_{ji} q_i + \beta_{j0} \ell_{0j}$$

其中 ℓ_{0j} 是家庭总的生产时间 ℓ_0 投入到第 j 种非市场商品生产的时间，$\sum_j \ell_{0j} = \ell_0$，且 β_{j0} 是常数但却是无法观察到的参数。讨论工资在决定转换边界形状、π 的决定以及市场商品选择中的作用。

10.4　直观或正式地解释为什么在图 10—1 中我们可以预期约束是凸向原点的。为得到这个结果在技术上要作出什么假设？这些有限

制作用吗？

10.5 建立作为线性规划的特征模型的成本最小化问题，说明这个解如何能用来产生图 10—2 的扩展的预算约束。

10.6 假设一种非市场商品是“儿童服务”，它将反映儿童的数目和“质量”，而它的生产需要市场商品和时间，特别是主妇的时间。讨论相对于男性而言女性工资率的提高对产出的潜在效应，见贝克尔（Becker，1960）以及舒尔茨编辑的《政治经济学杂志》（*the Journal of Political Economy*，1973）中的有关产出的特别问题。

10.7 伊斯特林、波拉克、瓦奇特（Easterlin，Pollak and Wachter，1979）曾批评“芝加哥-哥伦布学派”对于家庭技术的货币方面的过多的强调，特别是主妇时间的机会成本。他们认为这种方法忽略了品味要素的重要性和多产的基本技术。讨论不发达国家中与产出经济学特别有关的问题。

10.8 比较家庭生产框架下嗜好分析与内生偏好假定——见斯蒂格勒和贝克尔（Stigler and Becker，1977）、菲利普斯（Phlips，1974）或波拉克（Pollak，1978）。

10.9 图示说明在线性特征模型中吉芬商品是如何产生的。

10.10 假设非联合生产函数（1.12）有柯布-道格拉斯形式，且对于 q_j 和 ℓ_{0j} 有不变报酬。推导影子价格函数 $\pi_j=\pi_j(p,\omega)$。

254 **10.11** 假设只有单一的劳动投入的非联合生产函数（1.12）的形式为 $z_j=\sum_i \beta_{ji}q_{ij}+\beta_{j0}\ell_{0j}$，其中 $\sum_j q_{ij}=q_i$ 以及 $\sum_j \ell_{0j}=\ell_0$。推导其影子价格函数并把这个线性生产模型与线性特征模型作比较。

10.2 家庭生产理论与质量测度的相关性

在质量调整价格指数的构造中我们将讨论质量的度量。给定这样的指数，相应的“容量”指数，即结合数量和质量的指数，可以通过用货币价值指数除以质量调整指数来构造。

1961 年美国国会的物价统计监察委员会报道说：“如果民意测验是由专门的经济学家和统计学家来负责，他们很可能清楚地指出（他们中的绝大多数）物价指数未充分考虑质量的变化的缺陷是这些指数最重要的缺点。”自 1961 年以来，随着格利切斯（Griliches，1961）具有影响力的论文的发表，这个主题的研究大量涌现，而且主要是在美国，特里普利特（Triplett，1975）对此有一个好的评述。与一般的看法相反，特里普利特认为官方认定的物价指数绝不会因为没有明确考虑质量变化的计算程序而自动有所偏差。大多数这样的指数是基于以高度分散价格信息为基础的指数的频繁链式连接，从而质量变化体现在一种商品对另一种商品的替代上，偏差得以避免（也可参看练习 10.12）。

关于质量调整价格指数的实证研究主要以被称为享乐技术的方法为基础，而且通常用家庭生产理论来说明这种方法的合理性。所采用的观点是一种商品的质量可与可度量的规格变量诸如大小、性能等相联系。例如，斯通（Stone，1956）把酒精的含量作为比较不同酒精饮料价格的方法。实证应用一般是将一类商品中不同品种的价格或价格的对数对这样的规格变量回归。不过，有两种主要的应用形式已经被使用：单一年份的横截面回归和合并（至少两年以上）时间序列/横截面回归。在本节中我们主要讨论第一种方法，而在下一节中我们看到，对于质量变化十分不同的视角，另一种方法更加恰当。

第一种形式是估计给定年份所讨论的商品的“特征”的影子价格。然后这些影子价格用以对两年内正进行比较的一些一般特征束定价。比如说，如果使用基年束，则可构造看起来与拉氏物价指数相似的指数。例如，以下的回归具有典型性 255

$$p_{it} = \sum_j \pi_{jt} b_{jit} + \in_{it} \tag{2.1}$$

其中 p_{it} 是第 i 种商品在时间 t 的价格，b_{jit} 是第 i 种商品在时间 t 的第 j 种规格变量的数值，π_{jt} 是第 j 种规格变量的影子价格，而 $\in_{it}$ 是扰动项。例如，在伯斯坦（Burstein，1961）和德瑞梅斯（Dhrymes，1971）对冰箱的研究中，b_{ji} 是诸如以下的变量：总立方容量、冰箱冷冻室的容量、各种度量特征的 0—1 变量如鸡蛋的搁架、自动除霜以及冰箱的两扇门。以上述估计为基础的质量调整拉氏物价指数用下式给出

$$\sum_j \hat{\pi}_{jt} Z_{j0} \Big/ \sum_j \hat{\pi}_{j0} Z_{j0} \tag{2.2}$$

其中第 j 种规格变量在基期的总水平为 $Z_{j0} = \sum_i b_{ji0} Q_{i0}$ ，Q_{i0} 为商品 i

在基期的总水平。

我们已经有意识地使用符号来表明式子（2.1）和（1.14）之间以及（2.2）和（1.5）之间的平行，事实上，家庭生产特征模型似乎是与这样的实证程序最匹配的模型。不过，让我们从一般的家庭生产模型开始并同时讨论生活成本指数理论。像第7章我们看到的，不变效用生活成本指数是对两个不同的价格向量下达到某个参照无差异曲线的效用的成本进行比较。家庭总成本最小化问题有解，以成本函数表示为

$$x=c(u,p,\omega;k) \tag{2.3}$$

将第一阶段成本函数 $x=C(p,\ \omega,\ z;\ k)$ 中的 z 用以 u、p、ω 以及 k 为自变量的希克斯需求函数来替代便可得到上式。由于在家庭生产框架下质量变化被当作是家庭技术的变化，因此两类成本函数（2.3）和（1.1）都需要用时间下标表明它们指的是哪种技术。

考虑了技术变化的生活成本指数能通过不同的方法来定义，这取决于我们希望获得的信息是什么。利用偏好、当前及基期技术的信息，以基期的无差异曲线作为参照的不变效用指数为

$$c^t(u^0,p^t,\omega^t;k)/c^0(u^0,p^0,\omega^0;k) \tag{2.4}$$

256 其中我们假设人力资本的存量与耐用品存量在比较中均保持不变。由于有关偏好的知识不大可能获取到，所以考虑指数（2.4）的一个上界作为它的近似值是有趣的，即：

$$C^t(p^t,\omega^t,z^0;k)/C^0(p^0,\omega^0,z^0;k) \tag{2.5}$$

在指数（2.4）和（2.5）中分母都是 x^0，但 $C^t(p^t,\ \omega^t;\ z^0,\ k)\geqslant c^t(u^0,\ p^t,\ \omega^t,\ k)$，因为水平为 z^0 的非市场商品一定能达到标记为 u^0 的无差异曲线，尽管一般来讲给定新的价格和技术时 z^0 的组合不是达到 u^0 的最便宜非市场商品的组合。如果我们进一步把信息要求减弱到仅有局部信息，像影子价格、当前和基期技术所传达的信息，那么我们现在问，度量

$$\sum_j \pi_j^t z_j^0 \Big/ \sum_j \pi_j^0 z_j^0 \tag{2.6}$$

在已知它是指数（2.4）的上界的意义上是否是（2.4）的令人满意的近似？让我们的讨论局限在报酬不变的技术要求上，那么总影子成本

相加等于由（1.5）表示的成本。如米尔鲍尔（1974c）表明的那样，在建立指数（2.6）和（2.4）之间的联系上仍然有一个困难。请看图10—3。指数（2.4）是如图所示的 x^*/x^0。它是由转换曲线 A^0B^0 和 A^*B^* 的相对位置定义的，而后者是由新技术和新价格给出的，但它与基期无差异曲线相切。在图中显示的那些切线中，标记为 π^0 的直线与基期边界相切于点 z^0；而标记为 π^t 的直线是对应于新技术和价格的边界 A^*B^* 与基期无差异曲线之间的切线。给定不变报酬，有

$$x^0 = C^0(p^0, \omega^0, z^0; k) = \sum_j \pi_j^0 z_j^0 \qquad (2.7)$$

$$x^t = C^t(p^t, \omega^t, z^t; k) = \sum_j \pi_j^t z_j^t \qquad (2.8)$$

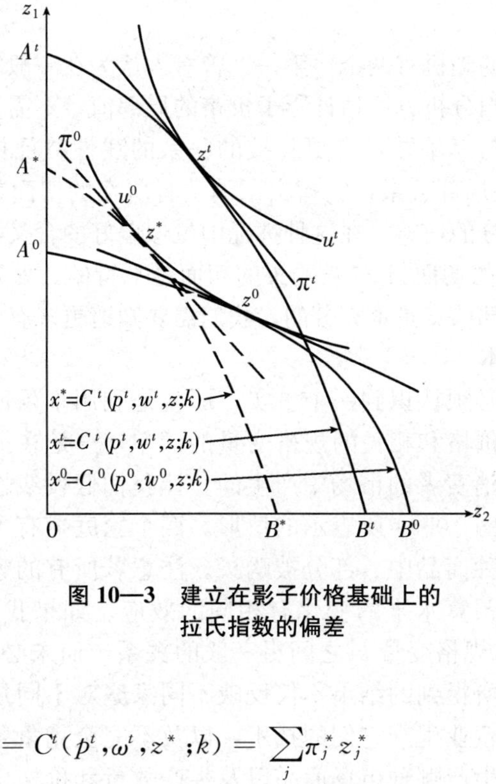

图 10—3　建立在影子价格基础上的拉氏指数的偏差

以及

$$x^* = C^t(p^t, \omega^t, z^*; k) = \sum_j \pi_j^* z_j^* \qquad (2.9)$$

指数（2.4）是

$$x^*/x^0 = \sum \pi_j^* z_j^* \Big/ \sum \pi_j^0 z_j^0 \leqslant \sum \pi_j^* z_j^0 \Big/ \sum \pi_j^0 z_j^0 \qquad (2.10)$$

因为 z^0 会产生效用 u^0，虽然 z^* 是在影子价格 π^* 下能达到 u^0 水平最便宜的方法。然而由于 π^* 与 π^t 可能不同，式子（2.10）中的最终形式仍不是可观察的指数（2.6）。

257 在两种情况下，如果规模报酬不变，不存在这一问题，并且有 $\pi^*=\pi^t$。第一种情况是上一节讨论过的非联合生产技术，它有成本函数（1.11）从而影子价格独立于 z。第二种情况当偏好是位似偏好时发生。给定齐次技术和位似偏好，扩张路径是通过原点的射线，在点 z^0 和点 z^t 处的切线必定有相同的斜率。在规模报酬不变条件下，边界曲线 A^*B^* 在点 z^0（疑为 z^* 之误。——译者注）处的影子价格 π^* 也应与边界曲线 A^tB^t 在点 z^t 处的影子价格 π^t 有相同的斜率。但是我们也需要假设在两个时期的存量 k 相同或 k 没有进入到影子价格中。

这样分析的动机有两个。第一，曾有人认为在一般家庭生产模型中利用享乐回归分析方法估计影子价格的局部值，不需要识别整个技术。第二，在与享乐技术有更直接的联系的线性特征模型中，式子
258 （1.14）仅反映局部关系：它指出了消费者所在的切面却没有给出边界曲线其余部分的信息。在这种情况中位似偏好的含义是明确的：它确保 z^t 被购买的切面与 z^* 被购买的切面是平行的。如果它们不是平行的，那么局部信息是不充分的，我们需要知道更多有关边界曲线的信息来比较成本。

现在我们必须认识到一个事实，那就是利用享乐回归计算所依赖的数据——价格和相关的规格变量的清单——是在拥有不同预算和偏好的许多消费者的市场中产生的。让我们假设线性特征模型是有效的并且有图 10—4 所表示的情形。四个家庭拥有不同的无差异曲线，全部五种商品中一部分被购买。注意若所有的家庭有相同的位似偏好，则预算水平的变化有相同的效应。如果我们大胆一些，拟合价格 p_i 与规格变量 b_{ji} 之间更一般的关系，而未必是线性关系，通常，这样做所得到的结果不仅反映不同家庭对不同规格变量的估计值，还反映企业生产它们的技术，以及不完全竞争条件下的定价策略。注意，生产哪种市场商品以及生产数量和价格生产是一个复
259 杂的一般均衡问题，它需要对企业和家庭之间的相互作用进行分析，而不是仅依靠在某一特定时间取 AB 的“快照”所能够作出回答的。

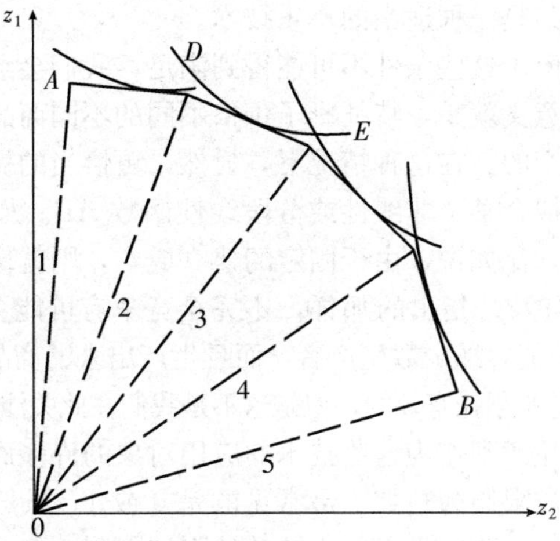

图 10—4　不同偏好条件下的消费者享乐价格曲线

为了使已估计的基期和当期的价格曲线 AB 用于质量调整的生活成本指数的构造，需要明确地处理总量问题。一般来说，在两个时期内市场的不同部分变化不同。在第 7 章中，从练习 7.4 和 7.5 我们注意到通常的官方（拉氏）指数 $P_L=\sum_i p_i^t \sum_h q_{ih}^0 \Big/ \sum_i p_i^0 \sum_h q_{ih}^0$ 是单个家庭指数 $P_h=\sum_i p_i^t q_{ih}^0 \Big/ \sum p_i^0 q_{ih}^0$ 的形如 $P_L=\sum_h x_h P_h \Big/ \sum_h x_h$ 的加权平均，也就是对每一个家庭的相对购买力进行加权。虽然这可能被认为是“非民主的”，但为了与这种方法论一致，非线性价格曲线 AB 原则上应与家庭预算分配的数据相匹配，这种数据决定 AB 上的不同部分的家庭总的相对购买力。不用说这并不是广泛使用的实证方法！但是作为第一个近似方法，我们可以通过所讨论的商品销售量的某一递增函数加权式子（2.1）中的观察值，事实上这种加权回归有时已经在实际中用到。

有一个问题随即产生：在什么情况下这一加总问题不会存在？如果所有的家庭相同且具有位似偏好，那么企业只有依据共同的切面来给市场商品定价。例如，若所有的家庭都具有相同的如图 10—4 中 DE 那种形状的无差异曲线，则不同商品的相对价格将不得不进行调整，使得最高点落在一条直线上。在这种情况下，市场商品的许多不同组合能产生相同的特征组合，所以每个家庭会面对相同的影子价格，而且线性回归是一种适当的享乐技术。

一般来说，由于这些条件不可能得到满足，我们会经常看到市场细分的情况，其意义就是，特征影子价格不同的不同商品是针对不同类型的消费者生产的。在这种情况下，显然，更恰当的做法是根据商品的合理划分来拟合某个非线性或分段线性函数 AB。如果生产中存在规模报酬递增，比如说，由于固定的建立成本，则就像施马尔恩西（Schmalensee，1978）指出的那样，不完全竞争有可能会出现，因为每一个细分市场只能容纳少数生产者，而且生产出来的商品的数量和质量的组合不可能是帕累托有效的，但是这不是我们在此关注的主要问题。

最后，应该注意到作为这些技术的应用对象的许多商品如大的耐用品，其购买量被限制为整数，最常见的是 0 或 1。虽然在线性特征
260 模型中我们可以加上购买量必须为整数的附加限制，但它排除了大部分线性切面的存在性——线性切面的存在性要求不同市场商品能组成不同数量的各种组合。这是在下节考察另一种更简单的替代方法的原因之一。

练习

10.12 在许多国家的官方物价指数的构造中，新商品的出现和消失被考虑进去。例如，对于彩电的引入，从某一年到下一年其通货膨胀率可用相对价格的平均数，或许是根据电视机的大小求相对价格，然后用每一种大小规格的相对销量来加权。在彩电上市的第一年，电视机的通货膨胀率包括用销量加权的彩电相对价格，而总通货膨胀率与前面年份的总通货膨胀率相联结可得到指数。由于存在规模经济、技术变化和竞争，彩电得到普及，价格也在下降，它们在指数中的权重增加。你对这一处理方法有批评意见吗？讨论如何用该享乐方法作不同的处理。

10.13 给定练习 10.10 中提到的非联合生产的柯布-道格拉斯技术，讨论家庭之间技术差异和随时间变化的技术变化是如何影响影子价格（和成本函数）的。你需要什么类型的数据和实证方法来运用这一模型估计市场商品的质量调整物价指数？

10.14 根据一种特定类型商品的享乐研究，估计相应的官方指数的质量偏差的程度。在这样的比较中主要的困难是什么？［见特里普利特（Triplett，1975）。］

10.15　假设横截面回归 $\log p_{it}=\sum_j \alpha_{jt}\log b_{jit}+\in_{it}$ 对若干年中的每一年都是独立进行的。讨论如何构造与指数（2.2）相似的拉氏类型的指数。是否有倾向于对数回归或线性回归的先验基础？

10.3　认识质量的另一视角

可以通过确定家庭生产函数并由此解释规格变量的作用，但我们在这里将选择另一视角。对于分析某一商品的不同种类有许多优点的一个方法是引进质量参数，并通过这些参数引入规格变量到效用函数中。我们将会看到，这种方法能用来解释享乐技术的第二种方法——而用家庭生产理论不容易解释。在这里，合并时间序列回归/横截面回归通常是用价格对数对规格变量回归，后者控制质量而时间虚拟变量表明在一般价格水平下不同种类商品的差异。

单一商品的简单再包装模型

为了给出背景，让我们回到费雪和谢尔（Fisher and Shell, 1971）提出并解答的问题。假设质量的变化只发生在一种商品身上，比如说商品 1。更高的质量会产生更高的效用，这表明要将质量参数 261
θ 直接引入到效用函数中

$$u=v(q_1,q_2,\cdots,q_n,\theta) \tag{3.1}$$

其中 θ 应当依赖于商品的可观测到的规格变量。费雪和谢尔提出要以这样的方法来调整 p_1，即不变效用的生活成本指数正确地将质量变化考虑在内。他们提出了一个类似的问题：在什么条件下对 p_1 的调整是“简单的”，比如说，它独立于 q 的消费数量。对应于式子（3.1）的成本函数是

$$x=\tilde{c}(u,p_1,p_2,\cdots,p_n,\theta) \tag{3.2}$$

假设 θ 的初始值是 1，那么我们通常能定义质量调整 p_1^* 使得

$$\tilde{c}(u,p_1^*,p_2,\cdots,p_n,1)\equiv\tilde{c}(u,p_1,p_2,\cdots,p_n,\theta) \tag{3.3}$$

假设我们要求对于 θ 的微小变化，到 p_1^* 的质量调整，即 $\partial p_1^*/\partial\theta$ 独立于所有的 q 和 u。可以证明，这要求

$$\tilde{c}(u,p_1,p_2,\cdots,p_n,\theta)=c(u,p_1/h(\theta),p_2,\cdots,p_n) \tag{3.4}$$

由于 $h(\theta)$ 与 θ 一样可当作质量指数，不失一般性，我们可以用符号 θ 来代替 $h(\theta)$，从而有

$$x=c(u,p_1/\theta,p_2,\cdots,p_n) \tag{3.5}$$

这导致需求函数 $q_1=(1/\theta)g_1(x，p_1/\theta，p_2，\cdots，p_k)$ 以及当 $i\neq1$ 时 $q_i=g_i(x，p_1/\theta，p_2，\cdots，p_n)$ 而且对应于效用函数

$$u=v(q_1\theta,q_2,\cdots,q_n) \tag{3.6}$$

实际上，式子（3.5）和（3.6）与巴顿（1964）提出的等价尺度乘积模型有着惊人的相似之处，即 $u=v(q_1/m_1，q_2/m_2，\cdots，q_n/m_n)$ 和 $x=c(u，p_1m_1，p_2m_2，\cdots，p_nm_n)$，这已在第 8 章讨论过。费雪和谢尔称式子（3.6）为质量变化的“简单再包装”模型。正如第 8 章一样，我们看到其技巧是设定出偏好参数，使得它们容易得到等价价格或等价成本的解释。此处，质量的改进完全等价于以相同的价格得到更大的旧商品篮子或是对单位旧商品支付更少的费用。事实上这一观点有较长的早期历史。在吸收了锡尔（Theil，1952—1953）观点的基础上，普雷斯和霍撒克（Prais and Houthakker，1955）认为某一商品的购买量能被看成是数量（比如用千克来表示）和质量（用相对于某一标准种类的商品的每千克的价格来衡量）的乘积。

简单再包装模型：多品种商品的情形

单一商品情形是高度简化的模型形式，简单再包装模型可扩展到
262 更现实的情形，即有同一类商品的若干品种可供家庭选择。为了确保这一结果成立，假设不同品种之间的无差异曲线是线性的（就是说这些商品是完全替代品），但它们与其他类型的商品不是完全替代的：

$$u=v\left(h\left(\sum_{i=1}^{r}\theta_i q_{1i}\right),q_2,\cdots,q_n\right) \tag{3.7}$$

图 10—5 表明商品 1 的两个品种商品组合的两条无差异曲线会产生相同水平的子效用 h。商品 1 的固定支出的预算约束是 AB，它所能达到的最高无差异曲线为 DB，它意味着只购买品种 2 而不购买品种 1。但是简单再包装模型没有解释为什么富裕家庭比贫困家庭经常更倾向于购买不同质量的商品。然而简单再包装模型到非位似再包装模型的

一个重要推广能解释这一现象。假设在式子（3.7）中我们令 $h=\sum\theta_i(u)q_{it}$，这相当于在式子（3.5）中用 $\theta(u)$ 来替代 θ。在这一设定下，品种之间的线性无差异曲线随家庭的生活变富裕而改变斜率，这可以解释贫富两类家庭作出不同选择的原因，也可解释普雷斯和霍撒克（1955）估算的"质量弹性"。实际上，我们希望家庭构成变量与效用水平一起进入到 θ 中。

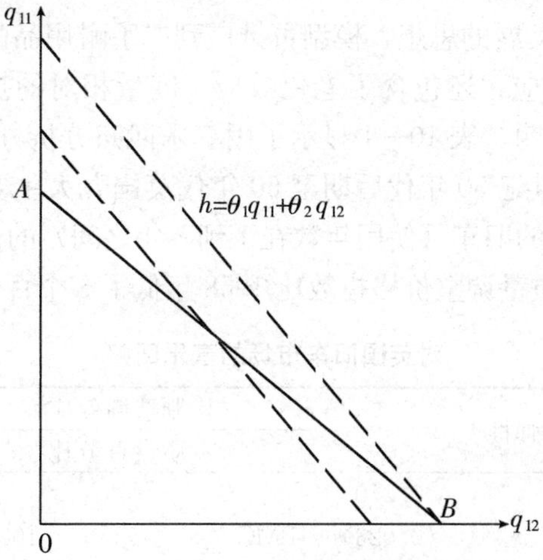

图 10—5　完全替代品

回到多少有些不现实的情形，即所有家庭的无差异曲线有相同的斜率，很显然，如果比率 p_{12}/p_{11} 不等于 θ_2/θ_1，那么两款商品不可能同时被购买。若两比率相同，效用理论并不能告诉我们个人如何选择品种的组合，但是在这种情况下，假设两款商品中的一定数量被购买不是不合情理的，至少可以在总量上假定。因此，在品种的截面数据中，如果所有家庭有相同的函数 $h=\sum\theta_i q_{1i}$，则所购买的商品的质量指数的相对值必定等于它们的相对价格。当存在多品种时，有一个形如 $p_{1it}=\theta_i p_{1t}$ 的倍数关系，其中 p_{1t} 是某一参照品种的价格，它被当作是商品 1 所有品种的一般价格水平的一个测度。如果增加一个额外的假设，即质量指数 θ_i 是规格变量 b_{ji} 的函数，我们有 263

$$\log p_{1it}=\log p_{1t}+f(b_{1i},b_{2i},\cdots,b_{ki}) \tag{3.8}$$

加入扰动项并采用通常的假设，即 $f()$ 是规格变量的对数线性函数，则我们得到了一个方程，它正好与较早定义的享乐技术中的第二种形式相对应。在合并时间序列/横截面分析中，$\log p_{1t}$项是用 0－1 型时间虚拟变量的系数度量的，除了参照年份外其他每一年虚拟变量均取值为 1。这些系数将会反映出相对于参照年份的价格变化情况。

这一技术受到前一节讨论过的同一市场划分的缺陷的制约，所以如果它被运用到所有截面家庭购买的商品的全部品种中，那么它不大可能有效使用。运用最先由卡根（Cagan，1966）提出再由霍尔（Hall，1971）发展的思想，模型可推广到二手耐用品的情形，除了规格效应和时间效应，还包含了老化效应、度量相对的折旧。作为该技术的应用上的说明，表 10—1 显示了用享乐回归分析方法拟合的结果，所用数据是 20 世纪 50 年代后期至 60 年代英国九大主要汽车制造商生产的 150 种型号的旧车（使用年数在 1 到 3 年之间）的价格数据。得出的 1969 年汽车质量调整价格指数比 1958 年低了 8 个百分点。

表 10—1　　对英国旧车市场的享乐回归

规格弹性		制造商效应		
			质量百分比	年限
刹车马力	0.370			
	(0.023)	BMC	100	0.131
长度	0.415			
	(0.068)	Ford	87.3－92.9	0.125
每加仑的英里数	－0.064			
	(0.041)	Vauxhall	93.4－100.9	0.157
宽度	0.264			
	(0.082)	Rootes	99.6－106.5	0.136
内部空间	－0.146	标准		
	(0.094)	Triumph	102.2－109.7	0.137
		Volkswagen	103.8－113.9	0.119
虚拟系数（%）		Humber	117.3－127.4	0.177
额外装置	101.8－107.0%	Rover	155.3－169.6	0.145
豪华装饰	85.6－91.2	Jaguar	135.3－147.7	0.189
动力刹车装置	101.7－106.0			

从表 10—1 中举例，刹车马力的系数 0.370 表明，若其他因素不变，我们预期刹车马力增加 1%。价格将会上升 0.37%。其标准误差为 0.023%。101.7 到 106.0 的范围是现有动力刹车装置 95%的置信

区间，这表明在其他因素不变条件下，我们对具有该特征的汽车能得到更高的价格是有信心的。运用享乐技术容易出现一些问题，比如，体现汽车内部大小和每加仑汽油所能行驶的英里数的系数为负，以及 264
豪华装饰引起的价格下降的系数特征。可能发生的情形是对于现有的长宽度而言，更高的内部空间意味着在设计约束下行李空间要受到限制。此处的问题在于粗略的大小变量与价格正相关，但家庭又将小型号及操作性能赋予较高价值。这对重量而言尤其如此，在美国的研究利用了这一点：横截面方程估计表明巧妙设计或使用更昂贵材料而降低重量的制造商没有受到市场的回报，尽管某种特定型号的价格反映出了市场对这种设计的积极评价。因此如果重量的系数对于回归方程中包含其他的与大小相关的变量十分敏感，那么我们应该不会感到惊讶。类似地，目前汽车豪华装饰大部分是由 Humber、Rover 和 Jaguar 生产，一旦上述规格变量的效应考虑在内，它们会要求大量的价格奖赏。当模型中的（罕见的）豪华装饰由其他制造商生产时，豪华装饰的负效应则可能反映了市场对其消极的评价。最后，相对于使用一年的汽车，老化效应会使使用年数为 2～3 年的汽车的价格每年成比例地下降。其标准误差大致在 0.01 到 0.03 之间，这反映了某些制造商之间的重要差别。

比较对不同制造商进行单独回归的拟合优度与面板回归的拟合优度，其结果会支持上述有关市场划分的观点。在 5%水平下的临界值 265
为 1.2，而实际的 F 统计量为 9。这意味着我们能够拒绝模型在整个范围内存在齐次关系的假设。

享乐价格函数的竞争均衡理论

正如我们已看到的，如果享乐价格函数反映的只是家庭偏好，那么所有家庭对于规格变量具有相同边际替代率的强假设条件是需要的。在本节的模型中，为确保不同品种的商品能实际被生产出来，不同企业之间生产一组给定规格的商品的成本必定是不同的。相反，如果在竞争条件下，家庭之间的边际替代率不同，但所有企业的不同规格之间的边际转换率相同，那么享乐价格函数仅反映边际转换率。在以上两种极端情况之间，我们希望在市场均衡时的享乐价格函数既能反映家庭的边际替代率的分布情况，又能反映企业的边际转换率的分布情况。这是罗森（Rosen，1974b）的一篇优秀的论文中的观点，我们将修改他的分析并把再包装模型的对偶方法用于多品种分析。

对于效用函数（3.7），其中 $h=\sum\theta_i q_{1i},\theta_i=\theta(b_i)$，其成本函数取函数（3.5）的形式

$$c(u,p_1^*,p_2,\cdots,p_n)=x \tag{3.9}$$

其中 $p_1^*=\min(p_{1i}/\theta_i)$。现假设由于企业报酬递减，许多品种被生产，因此家庭能够选择的规格空间是一个连续区域（连续统）。这将极大地方便数学分析。家庭对规格变量组合的最佳选择是通过最小化 p/θ 得到的。家庭必须将市场均衡的享乐价格函数 $p_1(b)$ 当成是给定的，并且 $p_1(b)/\theta(b)$ 关于 b 的最小化问题导致边际条件

$$\frac{\partial\log p_1(b)}{\partial b_j}=\frac{\partial\log\theta(b)}{\partial b_j} \tag{3.10}$$

这些在图 10—6 中解释，该图表示了享乐价格对数函数和质量指数对数关于第 j 个规格变量的部分变化。因为 $\theta(b)$ 随家庭构成的差异而变化，所以在非位似再包装模型中，给定效用水平，存在一族曲线 $\log\theta(b)$ 都与享乐价格对数曲线 $\log p_1(b)$ 相切。事实上，$\log\theta(b)$ 可以被理解为家庭准备为规格变量 b 的一个单位的变化支付的最大数
266 量，这样的曲线能够在比再包装模型更一般的情形下定义。如罗森（1974b）所显示，企业的类似保留供给价格可被定义，其中之一在图 10—6 中说明，它在享乐价格曲线的上方。

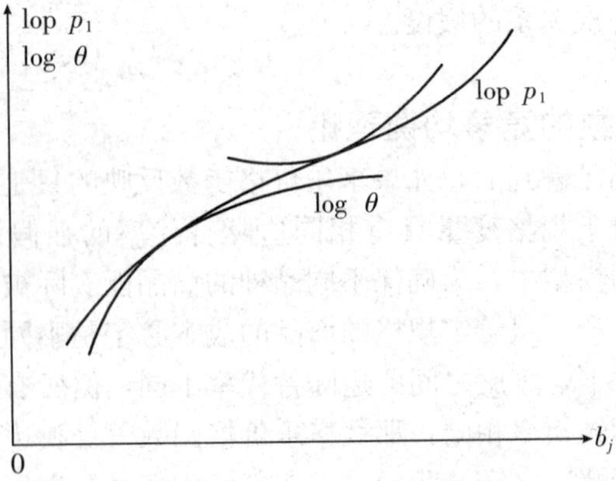

图 10—6　享乐价格曲线的包络性质

根据企业与家庭生产和消费的多品种商品的微观数据以及移位变量（shift variables）如收入、家庭构成、企业的要素价格等微观数据，支撑享乐价格曲线的结构关系能被确定。对于家庭而言，建立多款商品选择模型的明显的方法是估计市场享乐价格曲线，再用式子（3.10）得出相应的品种选择。

例如，如果我们采用下列简单结构

$$\log\theta(b) = \sum_j \Big(\sum_s \beta_{js} a_s\Big) \log b_j \tag{3.11}$$

$$\log p_1(b) = \sum_j \alpha_j b_j \tag{3.12}$$

其中 a_s 是第 s 个家庭变量——例如，构成和收入。那么由式子（3.10）可得

$$b_j \alpha_j = \sum_s \beta_{js} \alpha_s \tag{3.13}$$

它定义了第 j 种规格变量 b_j 的家庭需求函数。采用适当的误差项，利用线性回归方法能实现两期估计过程。

特别与上述模型相关的一个领域就是住房需求。在规格变量中，有诸如到市中心的距离、交通便捷性、房屋大小的度量、密度等等，尽管在这里一个困难的情况是其中的一些变量是 0－1 型的（有无车库），正如我们看到的，这需要特殊的统计技巧。现在有大量有关住房需求的横截面实证研究，住宅需求至少大致按这些思路可以合理解释——例如，见鲍尔（Ball，1973）以及金（King，1976）、鲍尔和柯万（Ball and Kirwan，1977）和奎格利（Quigley，1976）。 267

多品种商品的离散选择

虽然规格变量的连续性假设会导出十分漂亮的结果，但这通常是不符合现实情况的，特别是当生产边界的非凸性限制了生产品种的数目时。一个经典的例子是交通模式的选择，效用函数用于其分析，式子（3.7）是最合适的。当家庭在两种离散的选项中进行选择时，有关需求测度的实证性解释是选择一种或另一种的概率。它的原因容易理解，只要想到在连续计量经济需求函数中，解释的正是购买数量的期望值，观测值与期望值之间的差就是无法观察到的随机误差项。因此，如果我们把一种特定的选择（例如，乘公车去工作）记为 1，而

另一种为 0 的话，那么变量的期望值类似于 P，也就是特定选择的概率。

虽然在连续需求的研究中，不能观察到的随机误差项的概率分布几乎没有被强调，但在离散选择中，不能观察的随机因素对于待估算的概率函数的函数形式的选择是相当重要的。为了说明原因，考虑两个品种之间的选择，给定的效用函数为式子（3.7），其中 h 为

$$h=\theta_1(b_1, a, \in_1)q_{11}+\theta_2(b_2, a, \in_2)q_{12} \tag{3.14}$$

其中 a 表示家庭构成和预算变量的向量，$\in_1$ 和 $\in_2$ 表示家庭特征或两个品种的规格变量的无法观察的部分，或表示两者（家庭特征和规格变量）无法观察的部分。像我们已看到的，如果 $\theta_1/p_{11}>\theta_2/p_{12}$，品种 1 被选择，如果相反的不等式成立，则品种 2 被选择。因此如果 $\log\theta_1-\log\theta_2>\log p_{11}-\log p_{12}$，品种 1 被选择。现假设我们能写出 $\log\theta_i=\log\theta^0(b_i, a)+\in_i$。因此，如果

$$\begin{aligned}\in_1-\in_2&>[\log\theta^0(b_2, a)-\log p_{12}]-[\log\theta^0(b_1, a)-\log p_{11}]\\&=v_2-v_1\end{aligned} \tag{3.15}$$

268 品种 1 被选择。所以，如果 P 是选择品种 1 的概率，则 $P=1-F(v_2-v_1)$，这里 $F()$ 是 $\in_1-\in_2$ 的频率分布，即 $F(v_2-v_1)=P(\in_1-\in_2<v_2-v_1)$。

除了对 $\theta^0()$ 选择合理且方便的形式外，我们也必须对 $F()$ 作相同的事情。像德门西克和麦克法登（Domencich and McFadden, 1975）在他们的优秀著作中对城市旅游需求的独立选择问题分析的那样，有很充分的理由假设 $\in_i$ 服从 Weibull 分布或是极值分布。理由之一是这些分布相当有弹性，例如，它能非常接近正态分布，其次 P 是 logit（采用逻辑概率分布函数），容易拟合（比正态分布容易得多），最后当品种数目为 n 而不是 2 时，能立即推广至多项式 logit 的情形并且它也容易拟合。

随机变量 $\in_i$ 服从 Weibull 分布，如果有

$$F(v)=P(\in_i<v)=e^{-e^{-(v+\alpha)}} \tag{3.16}$$

其中 α 是控制分布位置的参数。像德门西克和麦克法登证明的那样，如果 $\in_1$ 和 $\in_2$ 都服从参数 α_1 和 α_2 的 Weibull 分布，那么

$$P(\in_1-\in_2>v_2-v_1)=\frac{e^{v_1-\alpha_1}}{e^{v_1-\alpha_1}+e^{v_2-\alpha_2}}$$
$$=\frac{1}{1+e^{(v_2-\alpha_2)-(v_1-\alpha_1)}} \tag{3.17}$$

它是变量为 v_2-v_1 的逻辑函数。从 n 个可能的品种中选择品种 1 的概率类似于多项式 logit：

$$P^*=\frac{e^{v_1-\alpha_1}}{\sum_{i=1}^{n}e^{v_i-\alpha_i}} \tag{3.18}$$

为运用式子（3.17），假设我们观测到 I_1+I_2 个家庭的样本，其中前 I_1 个家庭选择品种 1，其余的选择品种 2。那么观测到该样本的联合概率或似然估计量是

$$\mathscr{L}=\prod_{h=1}^{I_1}P_h\prod_{h=I_1+1}^{I_1+I_2}(1-P_h) \tag{3.19}$$

其中 P_h 是家庭选择品种 1 的概率，在替代 v_1-v_2 后它由式子（3.17）给出。式子（3.19）关于参数 α_1、α_2 和 $\theta^0()$ 中的参数被最大化。关于它的运用和离散选择的逻辑基础的更深一步探讨，见德门西克和麦克法登（1975）以及匡特（Quandt，1970）。

效用函数（3.7）的优点之一在于它除了是作为建立离散选择的概率模型的工具外，还决定在给定的可能的数量选择下，这个品种的多少被购买。例如，在非通勤旅行中，交通模式的类型和频率的选择都是不受限制的。在这种情况下，考虑当品种的价格变化时式子 269
（3.7）对于品种需求函数的含义。对于两个品种而言，品种 1 的需求曲线在 $p_{11}=p_{12}\theta_1/\theta_2$ 处不连续。但是家庭之间 $\in_1$ 和 $\in_2$ 的变化意味着在图 10—5 中直线 BD 对于不同家庭有不同的斜率，以至于当新家庭的选择从一个品种转向另一个品种时，品种 1 的总需求不同于个体需求，是价格的光滑连续函数。在这些情况下有关品种的需求函数的一个具体的例子会在以下的练习 10.22 中给出。

练习

10.16　给定简单再包装质量的变化，问什么时候商品质量的提高会减少购买量，什么时候商品质量的提高又能提高购买量？说明它

怎样依赖于商品自身价格弹性并用线性支出系统进行解释。

10.17 证明在式子（3.3）的情形下，如果质量调整 $\partial p_1^*/\partial b$ 独立于 u，p_3，p_4，…，p_n，但可能依赖于 p_2，那么成本函数必定具有形式

$$c(u,\theta(p_2,b)p_1,p_2,\cdots,p_n)$$

讨论它对于第一种商品质量变化对其他商品需求的效应的影响——见米尔鲍尔（Muellbauer，1975b，p. 281）。如果 p_2 是工资率，那么你会如何解释模型？

10.18 你认为引起享乐价格曲线形状逐年改变的主要因素是什么？讨论以下做法的利弊：一种做法是对邻近年份的数据进行合并回归，如式子（3.8），并链接逐年的变化；另一种做法是把各年数据合并在一个回归方程中。

10.19 假设根据式子（3.13）你要对 b_j 和家庭构成向量以及预算变量进行回归。讨论“约化形式”的参数 β_{js}/α_j 的经济含义，将与作为 a_s 的变化对 b_j 的效应的恰当测度的“结构形式”参数 β_{js} 当作参照。对于已运用简化形式的（大部分）研究中的解释有什么意义？

10.20 请问你如何推广结构享乐关系式（3.11）和（3.12）？讨论你的模型的估计程序。

10.21 在什么情况下 10.2 节中的线性特征模型与简单再包装模型是一致的？[见米尔鲍尔（Muellbauer，1974c，p. 990）。]

10.22 在练习 6.18 中，用现在的符号表示我们有 $h=q_{11}+\theta q_{12}$，且 θ 为家庭之间的密度分布，密度为 $\beta\theta^{\alpha-1}$。当潜在效用函数的形式为 $\log u=\gamma_1\log(q_{11}+\theta q_{12}-\delta_1)+\sum_2^n\gamma_i\log(q_i-\delta_i)$——它产生线性支出系统——找出单一家庭的 $E(q_{11})$ 和 $E(q_{12})$。进而找出 $E(p_{11}q_{11}+p_{12}q_{12})$。假设 p_{11} 和 p_{12} 总是以同一比例变化并且 θ 的分布是不变的。讨论把商品 1 的各个品种上的总支出用某个品种价格指数折算之后当作一个适当的数量变量对于需求研究的影响。

10.23 （续练习 10.22）假设 θ 的分布的均值不变，讨论分布的分散程度的变化如何影响品种 1 的自身的价格效应和品种 2 的价格变化对商品 1 平均需求的交叉价格效应。你能对品种之间的“紧密性”与替代程度的关系作出一般性的结论吗？

10.24　在式子（3.17）的情形中假设模式 1 是汽车旅行而模式 2 是坐红色的公共汽车。如果引入第三种模式，即乘蓝色的公共汽车旅行，它在其他方面与坐红色公共汽车旅行有相同的特性，证明汽车旅行的可能性会下降。如果乘坐红色和蓝色公共汽车被当作是同一模式，又会发生什么情况呢？当引入蓝色公共汽车后，比较服务频率（模式规格变量的一种）改变和不改变的两种情况。

10.25　在效用函数 $u=v(z_1, q_2, \cdots, q_n)$ 中，假设 z_1 是由 $z_1=\sum\theta_i q_{1i}$“生产出来”的，其中 θ_i 依赖于品种 i 的规格。讨论在 10.1 节中定义的影子价格 π_1 的有用性。假设我们推广生产函数到 $z_1=\sum\theta_i \min(q_{1i}, \beta_i \ell_{0i})$，其中 ℓ_{0i} 是家庭时间投入。探讨当不同的家庭面对不同的工资率时，运用这一模型对于交通模式及住房地点的选择问题的适用性。

10.4　质量的其他方面

商品质量概念在经济学上许多最有趣的内容没有包括在本书中，其中之一就是质量的供给。我们探讨哪些商品被生产出来，而不是列出一系列外生给定的商品清单并询问每一种商品要生产多少。直到最近，质量供给还是一个相对被忽视的问题，尽管与其紧密相关的论题在空间经济学和垄断竞争理论中已有长时间的研究。在质量空间问题中，竞争有可能局部化：价格或质量的微小变化只影响质量相似商品的需求。质量空间可以用 10.2 节中的特征或 10.3 节中的规格变量来定义。给定至少某一初始生产范围内的规模经济，企业将会成为寡头垄断者，在寡头理论中曾被研究过的种种问题会出现。是否存在进入阻止策略的合谋解？是什么控制着进入壁垒？广告是否也是一种进入壁垒？次优怎么是非管制解？管制可能采取什么形式？进一步的讨论和参考文献，读者可参阅斯彭斯（Spence，1975，1976），谢思斯基（Sheshinski，1976），迪克西特（Dixit，1979）以及施马尔恩西（Schmalensee，1978）。

质量分析的另一个重要的问题是信息。再一次，主要兴趣在于信息对市场表现的影响。许多工作曾遵循阿克罗夫（Akerlof，1970）

“柠檬市场”研究的线索——这里柠檬指旧车，卖者知道其车的低质量，但买者不知道。阿克罗夫阐述的观点大致如下：旧车的潜在卖主对旧车有其他的处理办法，但只有当旧车的价格等于或大于其他用途的价值时，旧车才会被出售。卖主清楚地了解他的车的质量但潜在买
271 主不清楚：在旧车市场上，买主仅仅了解旧车的平均质量，他们也只愿意支付反映这一平均质量水平的单一价格。但是，在这一价格下一些拥有高质量旧车的潜在卖主退出了市场。假设对于待售车的平均质量最初的价格水平太高。买主认识到这一点之后，价格会下降，更多的拥有高于平均质量的旧车的潜在卖主退出了市场。这将促使价格进一步下降。在理论上价格有可能会降到没有交易发生的那一点为止。这是一种极端的可能性——“劣币”驱逐“良币”的格莱辛定律——买主对于信息的一无所知的假设明显是过于极端了，例如，有可能以一定的成本对旧车的质量进行检测，或是卖主提供保证，或以声誉来进行保护。但是一般的观点是信息不对称会引起外部性从而导致一定程度的市场失灵。在刚才讨论的简单例子中，在均衡时边际卖主会出售一台高于平均质量的旧车：必须如此才能平衡非边际卖主的低于平均质量的旧车的销售。他的机会成本高于买主的边际收益，如果能消除信息不对称，市场中双方交易者的境况都将得到改善。

这就提出了从外界强加许可标准，或者事实上卖主联合起来建立他们自己的许可标准以确保最低质量的水平的问题——见利兰（Leland，1979）。如果买主对信息不是完全一无所知的话，那么就需要建立有关他们怎样学习，搜寻信息以及如何受广告影响的模型——见格罗斯曼和斯蒂格利茨（Grossman and Stiglitz，1976），科特威茨和马修森（Kotowitz and Matthewson，1979）。有一种可能性是买主可通过价格判断质量——见希特伍斯基（Schitovsky，1945），阿尔卡利和克力沃里克（Alcaly and Klevorick，1970）以及波拉克（1977）。其结果就是能相当简单地运用 10.3 节中的方法。例如，式子（3.11）和（3.12）中的 b 可用 $b_0^{1-\gamma}$（$\hat{p}_{12}/\hat{p}_{11}$）$^{\gamma}$ 替代，其中 $0<\gamma<1$ 且 $\hat{p}_{12}/\hat{p}_{11}$ 是两个品种的名义价格比率，b_0 有家庭之间的某一分布。γ 越接近于 1，家庭对质量的认识越是由名义价格比率支配。当名义价格是过去价格的加权平均时，这将价格滞后引入到品种需求函数中并且建立了长期和短期价格反映的差别。也许更有趣的是分析在寡头垄断行业的市场均衡下用价格判断质量的意义。

文献注释

本章的讨论已提到了许多参考文献。家庭生产理论的开山之作是列昂惕夫（Leontief，1947）有关弱分离性的论文。他将商品组的子效用水平解释为类似于 $u=v(z)$ 中的 z，但注意到弱分离性意味着每一个 z_i 是由市场商品中的非重叠商品组生产出来的。在空间经济学和住宅文献中可以找到相关的但又没有完全形式化的方法——例如，阿朗索（Alonso，1964），其中住房租金梯度使用了类似于影子价格 272
的概念，并且时间成本是一个重要的考虑因素——而在交通模式的选择中，例如，模式选择归结于匡特和鲍莫尔（Quandt and Baumol，1966）的模型。有关娱乐需求的文献，见克劳森（Clawson，1959），它也强调交通时间的成本是娱乐潜在价格的主要决定因素。

享乐回归思想好像是被通用汽车公司的经济学家考特（Court，1939）第一次使用。在本书中未提到的对汽车的其他研究成果有奥塔和格利切斯（Ohta and Griliches，1976）对二手美国车的研究，考林、卡宾（Cowling and Cubbin，1971，1972）以及卡宾（Cubbin，1975）对英国新汽车的研究。戈登（Gordon，1971）对厂商生产的耐用品研究做了一个综述。作为市场现象的享乐价格曲线这一概念明确地出现在霍撒克（Houthakker，1952）中。用于质量测度的线性特征模型的含义也在卢卡斯（R. E. B. Lucas，1975）、特里普利特（Triplett，1976）以及克力夫马肯（Klevmarken，1977）的研究中讨论过。奥塔（Ohta，1975）把具体环境下的享乐价格函数解释为对厂商的技术和定价实践的反映。简单再包装模型来源于费雪和谢尔（Fisher and Shell，1971）；米尔鲍尔（Muellbauer，1975a）运用对偶方法，简化、证明并扩展了他们的结果。在戴维斯（Davies，1974）中有更进一步的扩展。

有两类其他文献我们尚未提及。一是与效用理论和商品属性引入有关的测度和衡量方面的心理学文献。这些以及密切相关的市场营销方面的文献，广泛地利用产品属性、社会经济和态度变量来解释非常具体的微观经济现象，其综述研究见汉森（Hansen，1972）和伍德赛德、谢思和贝内特（Woodside，Sheth and Bennett，1977），以及特别强调购买行为的随机性的马西、蒙哥马利和莫里森（Massy，Montgomery and Morrison，1970）。这些现象中的一部分如对特定品牌的重复购买行为，想必人们本已认为应该，对经济学家是十分有趣的问题。但事实上相反，在市场营销文献中，人们一直对线性特征模型有一些兴趣，尽管市场划分被广泛运用，但实际上有关家庭生产、质量、位置选择的经济学文献至今没有对此进行深入广泛的探讨。部分原因也许是在市场营销文献中倾向于认为消费者是易受影响的，并寻找其影响的关键因素。这与经济学家将消费者看成基本上是理性的并倾向于把偏好当成是外生的观点更不一致。但无疑，在质量经济学、偏好变化经济学与营销研究之间实现更多的思想交流仍然有一定空间。

第 11 章　劳动供给

经济学中没有哪一部分能比劳动经济学更能引起争议；没有哪一部分比劳动经济学与其他学科有更紧密的联系。在这里，我们尝试把对劳动供给的分析从作为一个整体的劳动经济学中分离出来，但不可避免的是，在某种程度上，我们将不得不涉及更广泛的论题。该学科引起争议的一个方面在于研究它的不同方法的范围，一方面是传统研究方法，还有一方面是狭隘的新古典范式。而我们则是运用分析性的方法，但不是从狭义上考虑问题，遵循全书的宗旨，我们的目的在于构造与好的实证工作切合的模型。 273

本章分为三部分。第一部分将把第 4 章关于劳动供给的基本新古典模型的讨论推广到个人选择完全不工作的情形。在工作与不工作之间的选择问题称为参与决定，在 11.1 节中，我们将显示如何利用实际工资率与恰当定义的“影子”工资率之间的差异来分析这一问题。我们也将讨论参与率与就业者的劳动供给这两方面的计量经济分析含义。在 11.2 节中将分析去掉新古典模型中的线性预算约束假设的影响，并且对家庭所面临的约束采用更加现实的观点。本部分将处理由复杂的税收和社会保障体系引起的非线性问题，处理由雇主施加的工作时间的约束问题，最重要的是要处理看成是对工作时间的约束的失业问题。作为本章的结束，11.3 节将致力于长期劳动供给问题，特别涉及教育、培训、职业选择的问题。我们将主要讨论人力资本的方法、它与第 10 章的家庭生产理论的联系以及它对于提供收入分配的经济理论的作用。该部分最后将讨论作为能力甄别的教育的作用。

11.1 参与决定

由于过于简单化的假设，4.1 节中讨论的简单新古典劳动供给模
274 型只限于自由选择工作时间的工人。能把这个模型作为一个恰当的近似的人群是家庭中的辅助劳动力，特别是已婚妇女。然而，许多潜在的辅助劳动力选择不工作，这一情形在先前的讨论中已被假设排除了。在图 11—1 中显示了对应于两个工资率 $\omega_1(CAT)$ 和 $\omega_2(DAT)$

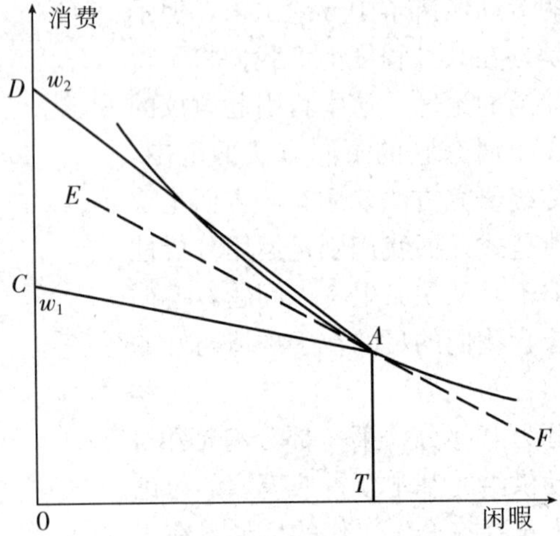

图 11—1　诱使参与工作所必要的最低工资

的预算约束。图中画出了通过点 A 的无差异曲线，它在点 A 的切线是虚线 EF。设 EF 的斜率为 ω^*/p；由于这是商品与闲暇在点 A 的边际替代率，那么 ω^* 就是在点 A 的影子工资率，见格朗劳（Gronau，1973）和赫克曼（Heckman，1974）。显然，如果实际工资率小于 ω^*，比如为 ω_1，那么工人会停留在点 A 而不会选择加入到劳动大军中去。同样地，如果实际工资 ω_2 高于 ω^*，则正的工作时间将会被提供。在介于两者之间的情形 $\omega=\omega^*$，工人"参加工作"但提供的工作时间为 0。

正式地［由第 4 章方程（1.12）］，闲暇需求 q_0 由 $g_0(\mu+\omega T,\omega, p)$ 给出，其中 μ 为非劳动收入，T 为时间禀赋，ω 为工资率以及 p 为价格水平。影子工资 ω^* 是使 q_0 等于 T 的 ω 的值，即

$$T=g_0(\mu+\omega^* T,\omega^*,p) \tag{1.1}$$

为了明确并得到具体的解，我们始终用 4.1 节中讨论的闲暇扩展线性支出系统进行详细说明。如果忽略了劳动时间为正的要求，这个模型的劳动供给函数则可用以下式子表示 275

$$\ell^*=(T-\gamma_0)(1-\alpha_0)-\frac{\alpha_0}{\omega}(\mu-p\gamma) \tag{1.2}$$

其中星号强调非负约束并没有考虑在内。这个模型的影子工资由 $\ell^*=0$ 的设定来定义，从而解出

$$\omega^*=\alpha_0(\mu-p\gamma)/(1-\alpha_0)(T-\gamma_0) \tag{1.3}$$

因此，实际劳动供给 ℓ 由以下式子给出

$$\ell=\ell^*=(T-\gamma_0)(1-\alpha_0)-(\alpha_0/\omega)(\mu-p\gamma) \quad \text{当 } \omega\geqslant\omega^* \text{ 时} \tag{1.4}$$

$$\ell=0 \quad \text{当 } \omega\leqslant\omega^* \text{ 时} \tag{1.5}$$

方程（1.3）、（1.4）和（1.5）或是由另一效用函数推导出的相似方程是新古典模型中分析劳动供给和参与决定的理论基础。正如我们将看到的，实证工作存在困难的主要源由在于不等式 $\omega\leqslant\omega^*$，它决定了方程（1.4）和（1.5）中哪一个被实际观察到。

请特别注意影子工资方程（1.3）。为了解释这个方程，我们可以考虑到一个家庭，其中主要劳动力的工作时间按习惯给定，我们感兴趣的问题是辅助劳动力的参与决定。主要劳动力的收入可以合并到外

生收入 μ 中。随着它们的增加，影子工资率 ω^* 也增加，参与工作变得更不可能。这也适用于跨期模型中资产变化的情况。相反，如果 μ 中含有较大的为负的组成部分，例如，偿还债务或利息的义务，那么影子工资会减少。参数 γ_0 能被理解为必要闲暇时间，在家庭之间它随成员的数量、孩子的年龄以及偏好的变化而变化。要注意的是通常伴随年幼孩子出现的高 γ_0 会增大 ω^* 而减小参与工作的可能性。

直到最近，甚至是现在在许多研究中，在横截面和加总时间序列分析中，方程（1.4）这种类型的方程被用来估计作为工资率的函数的工作时间。在加总时间序列研究中，参与率和工作时间有时被当作工资率和收入所解释的劳动供给的可以相互交替的测度，例如可参阅明塞（Mincer，1962）有关已婚妇女的工作参与决定的开拓性研究成果。而诸如欧文（Owen，1969，1971）、阿博特和阿什菲尔特（Abbott and Ashenfelter，1976）以及菲利普斯（Phlips，1978）等人的研究则利用参与条件下的个人劳动供给方程，例如方程（1.4），作为解释加总数据的工具。此处所采用的方法表明了为什么这样的研究即
276 使在人们能自由调整工作时间并面对外生的工资率的条件下也可能产生误导的一个原因。对应于 ω 和 μ 的变化的劳动总供给变化不仅是现已在工作的人们的劳动供给变化的结果——方程（1.4）——而且是 ω^* 相对于 ω 变化时人们加入或退出劳动市场所引起的劳动供给变化的结果。然而加总时间序列数据一致显示的是男性工作时间和工作参与率的长期下降以及女性参与工作的比率的长年上升的势头。大多数时间序列研究将这些效应归因于实际工资的上涨。对于男性而言，他们的影子工资低而工作时间相对较长，收入效应起了支配作用，以至于劳动供给曲线向后倾斜，至少在所观察到的范围内。然而对于女性而言，她们用于家庭的时间的高价值决定了相对高的影子工资，从而工作参与率和工作时间都比男性少。若工作时间更短，收入效应必然变得相对的不重要了，从而实际工资的上升是更多的女性参加工作和延长工作时间从而引起女性劳动供给增加的原因。特别要注意在家庭框架下劳动供给分析的重要性。

在横截面研究中，参与问题和在参与条件下的工作时间问题通常被作为两个独立的问题进行研究。对于工作时间的很多研究利用 ℓ 作为 ω 和 μ 函数的线性模型，有可能从效用理论角度来说明其合理性，见练习 4.8。有兴趣的读者可从凯恩和瓦特（Cain and Watts，1973）

主编的著作中找到这种文献的极好的范例。许多问题——闲暇、非劳动收入、工资率的度量、同步处理以及其他变量的引入——可能已超出我们现在讨论的范围。也许并不令人感到惊奇，这样的研究提供了广泛的结果；例如凯恩和瓦特提到了女性的补偿工资弹性从 0 到大于 2。但是男性的向后弯曲的供给曲线似乎大体上与证据相吻合。参与率的研究不仅关注工资效应，还关注家庭构成、工人的年龄、教育、工作经验、丈夫的工资和收入等等诸如此类的因素。在家庭的横截面分析中，工人要么参与工作要么不参与工作，因此参与变量是 0 或 1 型二分法变量。在一些研究中，这一二分法变量简单地对参与工作的决定变量回归，例如见博斯金（Boskin，1973）和格林哈尔（Greenhalgh，1980）。可证明这是一个合理的近似，并给出看似合理的结果，但是好得多的方法是直接利用明确的参与方程。这里我们遵循格朗劳（Gronau，1973）的方法，虽然我们仍然以线性支出系统中的例子为例。

设个体 h 的必要闲暇需求 γ_0 可写成 277

$$\gamma_0^h = a_0 + b_0 z^h + \in^h \tag{1.6}$$

其中 z^h 是构成变量（实际上是这种变量的一个向量），$\in^h$ 是个体 h 的“误差”项。如果 ω^h 是提供给 h 的工资，那么如果 $\omega^h > \omega^{*h}$，也就是，

$$\omega^h > \alpha_0(\mu^h - p\gamma)/(1-\alpha_0)(T - a_0 - b_0 z^h - \in^h) \tag{1.7}$$

h 将参与工作。为方便起见，假定 α_0，T，γ，p 在家庭之间不会变化。重写上式作为$\in^h$ 的条件，则参与工作的条件是（下式中的 $\in_h$ 疑为$\in^h$ 之误。——译者注）

$$\begin{aligned}(1-\alpha_0)\in_h < (1-\alpha_0)(T - a_0 - b_0 z^h) \\ -(\alpha_0/\omega^h)(\mu^h - p\gamma)\end{aligned} \tag{1.8}$$

因此，如果假定$\in$有一方便的密度函数，典型的是正态分布，不等式（1.8）将用分布函数、变量 z^h、ω^h、μ^h 以及参数给出参与工作的概率。如果这一概率为 π^h，我们有 H 个个体构成的样本，其中的前 R 个人工作，则这个样本的似然值是

$$\mathscr{L} = \prod_{h=1}^{R} \pi^h \prod_{h=R+1}^{H} (1-\pi^h) \tag{1.9}$$

对于 z、ω 和 μ 的给定数据，参数可通过非线性技术来估计。在 $\in$ 服从正态分布的情形下，这一估算技术被称为 Probit 分析。格朗劳（Gronau，1973）的研究遵循上述这些原则并使用了美国 20 世纪 60 年代的有关已婚妇女参与工作的调查数据，他发现 μ 对影子工资有强烈的正向影响，这与受年幼孩子的影响是一样的（年龄较大的孩子有相反的影响），而接受过高等教育的妇女更愿意参与工作。在其他研究中也会得到这些结论。

尽管可以肯定对于参与工作模型和工作时间模型分别做了许多有用的实证工作，但是对方程（1.3）到（1.5）这样的一个完整方程组的忽略产生了许多问题，而这些问题的讨论对经济理论和计量经济应用的相互作用提供很好的解释。这些都与方程（1.4）和（1.5）中的不等式条件的成立有关。其中最有趣的一个是“样本选择”的偏差，最早由格朗劳（Gronau，1974）注意到了。它体现为两种主要形式。第一种与忽略参与决定时工作时间的横截面分析的研究有关，第二种与未参加就业市场的个人所获出价工资的观察缺失有关。我们将先后处理这两个问题。

为了解释第一种样本选择偏差，考虑线性支出系统（1.4），其中 γ_0 由（1.6）给出，也就是

278

$$\ell^h=(T-a_0-b_0z^h)(1-\alpha_0)-(\alpha_0/\omega^h)(\mu^h-p\gamma)-(1-\alpha_0)\in^h \qquad (1.10)$$

参与决定由式子（1.8）给出，从而当上式右边为正时，劳动供给由式子（1.10）给出，否则劳动供给为 0。对于固定的 z^h 和 $\mu^h(>p\gamma)$，式子（1.10）的主要部分由图 11—2 中弯折曲线 $0AB$ 来表示。有一种对工作参与者的研究只是试图在式子（1.10）的基础上拟合 AB，这将带来有偏的参数估计，这是我们现在要解释的。问题在于误差项 $-(1-\alpha_0)\in^h=v^h$，比如说——有与 ω^h（μ^h 及 z^h）相关的非零平均值。这种情况发生是因为不等式（1.8）能有效地去掉 v^h 分布的下端，这一去除的部分依赖于外生变量的值。在图中竖线表示的是，比方说，μ 在 AB 附近的两个标准差；它们在下端从某一点到点 A 右边的部分被切掉了。如果 ℓ^h 的预测值大，不等式就没有什么效应，但在点 A 附近如图所示，接近于一半的分布被去掉了。也要注意的是一些闲暇偏好异常小的个人将在低于 OA 的工资水平下工作；当然，

这些个体不能被坐标轴下方的观测值所平衡。一个假设的散布与有偏的估计回归直线 $A'B'$ 一起被显示，后者由估计得出；在这种情况下，279
工作时间的工资效应被低估了。如果像有时会发生的那样，样本调查局限在那些 $\omega^h \ell^h + \mu^h$ 降至某一水平以下的“穷人”家庭，那么这种类型的偏差就会更严重。在图 11—2 中，落在拒绝区间中的个体不会被观测到，从而 μ 的一部分再次被去掉，但是这一次是与较大的 ω 和 ℓ 相对应的较大的 μ 的值。如图 11—2 所示，这甚至会进一步减小所估计的回归直线的斜率，尽管原则上，产生不同的偏差是可能的。

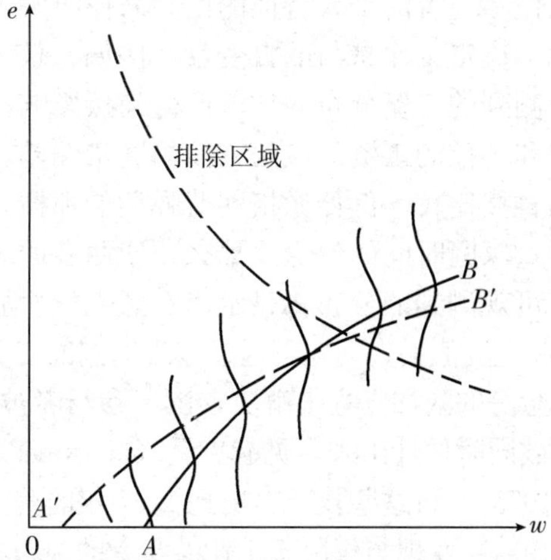

图 11—2　有关工作时间横截面分析中的选择偏差

这些问题可以通过同时充分利用参与工作和工作时间的信息来得以克服。再一次我们用线性支出系统来解释。让我们把 $-(1-\alpha_0)\epsilon^h$ 用 v^h 来表示，$f(v)$ 和 $F(v)$ 分别是 v 的密度和分布函数。基本数据是参加工作的 R 个个体的工作时间和所有参加工作与未参加工作的 H 个个体的收入和特征变量。给定线性支出系统和不等式（1.8），个体 h 参加工作的概率为

$$\pi^h = 1 - F[(\alpha_0/\omega^h)(\mu^h - p\gamma) - (1-\alpha_0)(T - a_0 - b_0 z^h)] \qquad (1.11)$$

由于变换的雅可比矩阵是单位矩阵，ℓ^h（$\ell^h > 0$）的密度简化为 $f(v)$。因而整个样本的似然值是

$$\mathscr{L}=\prod_{h=1}^{R} f(v^h)\prod^{H} h=R+1(1-\pi^h) \tag{1.12}$$

它结合了工作参与者与非参与者的信息。注意式子（1.9）与式子（1.12）是相似的，其区别是式子（1.12）将工作参与者的工作时间考虑在内但式子（1.9）却没有。

让我们转向第二个样本选择问题，也就是关于非参与者得到的工资出价的观测缺乏问题。我们只有满足 $\omega>\omega^*$ 的分布的部分观测值，而 ω^* 根本不是随机或代表性的选择。观测到的工资率不能直接利用，比如利用关于工作参与者的个人特征的回归来作出关于工资率复杂分析的推断。因此，决定工作参与的自变量，例如，孩子的数量，通过工作参与率对观测到的工资分布的均值产生间接影响，这将引起工作参与的工资效应和小孩的工资效应两方面的度量偏差。类似的偏差甚至会影响工资的直接比较。例如像格朗劳强调的那样，如果白人妇女比黑人妇女更看重家庭时间的价值，那么即使两者面对相同的未经调查的工资分布，可观测到的分布将显示出对黑人妇女显著的“歧视”。

关于 ω^h 的 A 观测值丢失问题可通过被观测到的工资的关于教育水
280 平、年龄以及经验等的附加方程来解决，由于参与者被包含在样本中，所以附加方程能被同时估计出来，见赫克曼（Heckman，1974）和赫克曼（Heckman，1979）。将这些技巧运用到 1967 年的美国样本中，赫克曼（Heckman，1974）发现与仅限于工作参与者的回归相比，包含非参与者使得孩子对年度工作时间（工作参与者的工作时间）的影响变得不显著了。而在只有工作参与者的回归中孩子的效应的显著性 t—比率为 9.4，似乎完全是由样本选择偏差引起的。赫克曼的结果使得 π^h 的估计成为可能，它是作为个体特征函数的参与工作的概率；表 11—1 是他的一个图表的复制。对于英国证据，见莱亚德、巴顿以及扎巴尔扎（Layard，Barton and Zabalza，1979）。

表 11—1　　　　工作的估计概率

6 岁以下儿童数量	受教育年限				
	8	10	12	14	16
0	0.30	0.39	0.47	0.56	0.66
1	0.09	0.13	0.18	0.25	0.32
2	0.013	0.025	0.04	0.065	0.09

资料来源：J. J. Heckman（1974），“Shadow prices，market wages and labour supply，” *Econometrica*，Vol. 42，pp. 679-694.

练习

11.1　如果在劳动市场中参与工作的成本是固定的，那么必须如何对式子（11.1）进行修正？给出图表说明并对每天或每周低水平劳动供给时间的观察讨论其结果。

11.2　利用 $\partial c(u, \omega, p)/\partial\omega = T$ 的关系来定义影子价格 $\omega^* = \omega^*(T, u, p)$，证明，若闲暇是正常商品，则 $\partial\omega^*/\partial u$ 为正。证明，如果商品 i 是闲暇的替代品，则 $\partial\omega^*/\partial p_i$ 为正，如果商品 i 是闲暇的互补品，则 $\partial\omega^*/\partial p_i$ 为负。解释这些结论。我们能如何解释导数 $\partial\omega^*/\partial T$?

11.3　在练习 4.8 中，成本函数 $c(u, \omega, p) = -\alpha(u, p)e^{\omega}/\beta(p) + \omega\gamma(p) + \delta(p)$ 被证明可以推出对 μ 和 ω 是线性的劳动供给函数。计算模型中的 ω^* 并解释它。ω^* 能为负吗?

11.4　家庭中大量债务（比如抵押，借贷）的存在通常被当作是为什么所得税税率上升应与劳动供给增加相关的一个原因。从以上的分析来评价这一观点。短期反应有可能与长期反应不同吗?

11.5*　对于在练习 4.7 中分析的成本函数而言，工资收入是 μ 和 ω 的线性函数，从而在横截面分析中，我们有 $\omega^h\ell^h = \alpha + \beta\omega^h + \gamma\mu^h + \in^h$。假设这个模型是正确的，且 $\in^h$ 独立同分布且均服从 $N(0, \sigma^2)$，但是总收入 $\omega^h\ell^h + \mu^h$ 大于某一固定水平 z 的家庭被排除在样本之外。推导 $E(v^h)$ 的公式，其中 v^h 是样本关系中的扰动项，证明它是 ω^h 和 μ^h 的减函数。如果样本关系是基于样本信息并利用普通最小二乘法来估计的，讨论 β 和 γ 的估计量的偏差。

11.6　假设在（1.8）中随机变量 $\in$ 服从 Weibull 分布，它的标准化的频率函数为 $P(\in \leqslant v) = e^{-\in^{-v}}$，见 10.3 节。试推导给定家庭的参与概率关于工资的弹性。 281

11.7　对于给定的家庭，它的行为由式子（1.10）支配，且 $\in^h$ 服从标准正态分布，推导劳动供给时间的期望值［参见托宾（Tobin，1958a），第 2 节］。

11.2　非线性约束和工作时间限制

非线性约束

至今为止我们使用的线性预算约束只适合于简单的税收体系，即只有总量补贴和与收入成比例的不变税率。事实上，大多数的西方经济有复杂的税收体系和社会保障体系。具有代表性的是，所得税体系是非线性的，边际税率随收入增加而增加，见图 11—3。预算约束曲线的形状依赖于个人或家庭的具体情况，例如它依赖于非劳动收入的多少和构成以及抚养人数。对于那些超过或接近退休年龄的人或者是因为其他原因能获取特殊补贴的人来说，非线性约束经常会更严重。在几乎所有的西方经济中被广泛讨论和引起争议的例子就是所谓的贫困陷阱。以英国为例，如果一个家庭因为其收入低于其一界线而有资格
282 获得家庭收入补贴（FIS），那么它也有资格获得经济调查补贴（调查经济状况，确定是否给予补贴。——译者注），这些补贴包括不必支付国民保健服务费用、学校免费午餐以及公共住房的房租折扣。家庭规模越大，获得的补贴越多。因为税收起点并未向上调整以完全弥补通货膨胀的损失，所以许多获得 FIS 的家庭也必须支付所得税。由于 FIS 占实际收入和收入界线之间的缺口的 50%，额外的收入将按 50%的税率收税再加上所得税的标准税率和国民保障捐款（一种社会保障税），总的边际税率接近 90%。如果额外的收入使家庭处在资格限制界线之上，预算约束就像图 11—4 表明的那样有一个急拐。在点 A 会产生贫困陷阱，对于多数家庭而言点 A 是最好的选择；实际上，看重闲暇且能获得完全信息的理性家庭不会选择 A 与 D 之间的任一点。

图 11—3　累进税率条件下的闲暇品预算约束

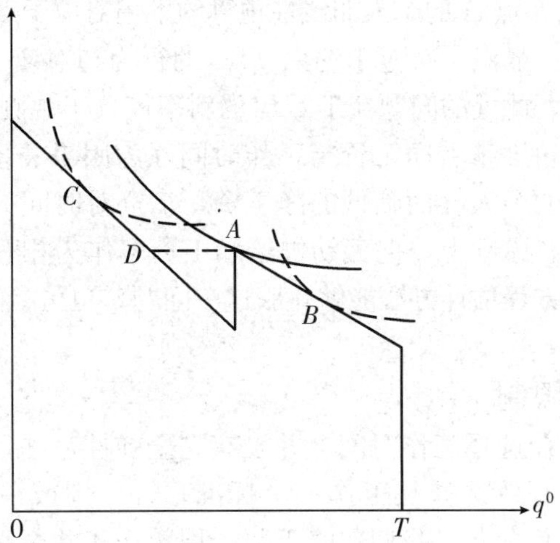

图 11—4　贫困陷阱

在实证分析中，这样的拐点可通过类似于上述参与决策中讨论的技巧用模型明确地说明。在图 11—4 所示的例子中，两条线段的最大可达效用被计算出来，例如，在点 C 和 B 以及拐点 A 计算。像以前一样，假设个人的特征或品味会发生变化，从而给定近似定义的反映品味差异的变量的分布，我们能够计算出随机选择的个体处于三类点中的每一点的概率。任一给定样本的似然函数是一个直接的推广并能够通过最大化给出参数估计。

像在图 11—5 中那样，没有产生拐点和其他非凸性，霍尔（Hall， 283

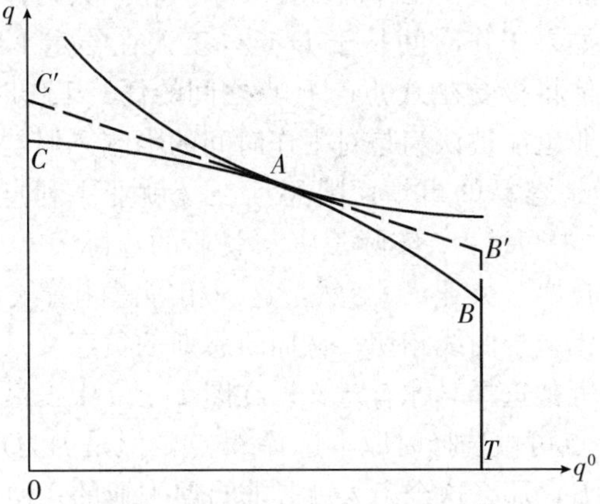

图 11—5　线性化凸性预算约束

1973b）曾提出在点 A 的个人非线性预算约束用对应于点 A 的切线的线性约束来代替。显然，对应于约束 TBC 的行为与对应于约束 $TB'C'$ 的行为是相同的。此处的问题在于 $C'B'$ 的斜率依赖于观测到的劳动供给，从而从估计的角度来看净工资与工作时间互为因果关系。因此，对闲暇有着低偏好的个人会面临低的净工资，工资对时间的效应的估计将是向下有偏的。原则上，把劳动供给和工资率作为相互作用的内生解释变量，联立方程估计方法能够克服这一问题，也可参阅 10.1 节。

工作时间的限制

许多工人在选择工作时间上并没有完全弹性，并且经常认为，至少在短期内，有效选择是工作一个标准日、一周或一年或根本不工作。为了理解其含义，我们忽略天数、周数、年的区别，并把每周的工作时间当成固定的 $\bar{\ell}$。如果个人选择工作，预算约束是 $pq=\omega\bar{\ell}+\mu$ 从而满足这一约束条件的 $v(q，T-\bar{\ell})$ 的最大化给出 $\psi(\omega\bar{\ell}+\mu，p，T-\bar{\ell})$ 的条件效用最大值（利用工作时间条件下的间接效用函数）。它与不工作的效用，$\psi(\mu，p，T)$ 之间的比较决定工作与不工作哪一个更好。借助这两者的比较，打算工作标准工作周的人数依赖于效用
284 函数中工资率、非劳动收入、能观测到的和不能观测到的特征的联合分布。注意，一般而言，无差异曲线在 A 点并不与 AB 相切。在图 11—6 说明的情形中，工人在点 A 的工作时间比在 AB 可达情况下选择的时间都长。但是，实际上，B 点是唯一的备选而且这一点的情况更差。这给了雇主在改变工作时间的要求上相当大的弹性。在如图所示的情形中，如果工作时间长于 D 点，工人在给定工资条件下只会选择不工作；他将接受在 A 点与 B 点之间的任一工作时间。

非自愿失业也能被认为是对工作时间的限制。但是，给出令人满意的定义并不是容易的事情。凯恩斯在《就业、利息和货币通论》(1936，p. 15）中写道："实际工资与就业的边际负效用的相等…相当于没有'非自愿'失业。"当然，这一相等意味着线性预算约束与商品—闲暇的无差异曲线相切，从而凯恩斯的负定义只有在预算约束线上任一点都可被选择时才有意义。在图 11—6 中，最清楚的定义是如果工人在 A 点可供选择时原本选择 A 点，但是因为点 A 不能被选而被迫选择点 B，那么这个工人就是非自愿失业的。但是，假设选择是在 B 点和 C 点之间进行，而不是 A 点和 B 点之间。选择 B 点的工

人还能当成是非自愿失业的吗？相对于点 A，他看上去是，然而相对于点 C，他则是"自愿"失业的。这个问题只有在承认特定技术水平下"正常"工资存在的情况下才能解决。如果与他的技术对应的正常工资 285
是在点 A，那么按社会习惯在点 B 的工人会被看成是非自愿失业的，即使点 C 是可选的。有不同偏好且在点 C 接受较低技术要求工作的人通常并不能当成是失业者，但在某种意义上也可看作是失业者。

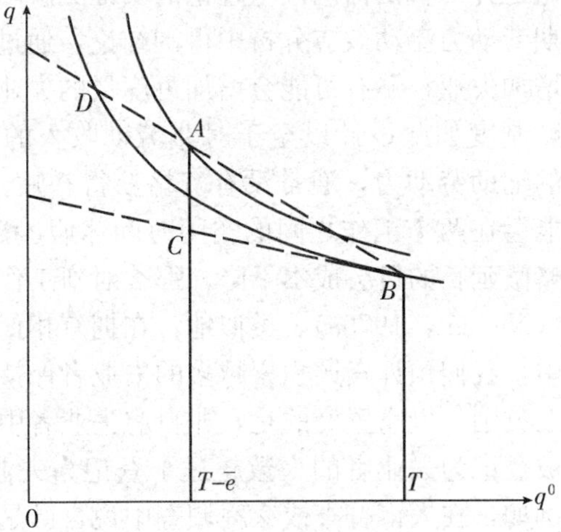

图 11—6　有限制的工作时间

如果我们从工人的角度来看这一分析的话，那么失业可简单地看作是可得工作机会的范围的不完全信息的结果。在这种情况下，如果工人认为进一步的信息搜寻会发现更吸引人的选择，那么拒绝比失业要好的已知机会对工人而言是有好处的。显然，不同工人的最佳信息搜寻量是不同的，这一点所提供的对失业的可能的解释促使一些经济学家完全否认非自愿失业的存在。然而，有相当多的证据表明绝大多数信息搜寻活动是有关工作的，大部分工人并非出于自愿而离职。此外，有人提出，由于不完全信息的存在，企业可能将工人的失业情况当作是他（不可观测到的）的工作能力的衡量指标，见斯彭斯（Spence，1973）和斯蒂格利茨（Stiglitz，1975b）。有人认为，根据工人所宣称的技术等级，相对缺乏生产能力的工人最有可能被那些以经验来观察工人生产的雇主所解雇。因此在随机抽取的个体样本中，失业工人的生产力水平低于平均水平。故遭非自愿解雇的工人所遭受的效用损失比无差异曲线表明的要更大些，例如，图 11—6 中的分别

通过 A 点与 B 点的无差异曲线，这是由该工人未来就业前景的负效应引起的。这个损失的一部分也是由工人自愿离职但又没有其他工作所引起的，这提供了在岗信息搜寻相对于失业时的信息搜寻的优越性的基础。但是，相似的论证也能解释非自愿被解雇的工人进行持续信息搜寻的部分动机。对潜在雇主来说，求职者从前的工作特征是其素质的信号。因此失业工人有拒绝比以前更差的工作而继续寻找的动力。因此这些论证并不否认信息搜寻理论的实证见解，例如，可从总需求效应或长期劳动力流动效应分析中得到结论，通过减少离岗搜寻信息的成本来增加失业补贴有可能会增加可度量的失业。但是，在美国和英国，补贴制度如此设计以至于对非劳动收入的变化敏感的工人，如家庭中的辅助劳动力，通常没有资格获得补贴。即使是这样，一些工人很可能会在两个工作之间的空闲时间休假，当他们失业时，
286 如果失业时间略微延长的机会成本下降，那么对新工作的选择会更挑剔，见尼克尔（Nickell，1979a）。类似地，在拥有相似技术和经验背景的失业工人中，我们预计资产积累越多的失业者保持的失业时间将越长。但至少在英国，毋庸置疑的是，非自愿失业者中由于没有资格获得补贴而不被登记为失业者的人数超过了登记为失业者的“自愿”失业者人数。例如，在人口普查或家庭调查中说自己是失业者的妇女实际上只有少于一半的人被官方登记为失业人员。

作出费力的、快速的区分的困难同样会出现在工作时间通常固定的情形。例如，在每天工作时间不同、每周工作天数不同或每年工作周数不同的工作之间的时间选择可能有一定范围。因此，长期的选择是在代表工作机会的不同点构成的集合之间的选择。但是，考虑调换工作的成本以及工人对现有工作比其他潜在的工作有更多的信息情况下，风险规避者有可能会停留在现有工作岗位上，即使他们在那一工资率下原本能够自由选择的工作时间与雇主设定的工作时间有很大的分歧。当然，对这一分歧是有限制的，但是，对短期分析而言，似乎有可能存在许多类型的工作，对其更实际的做法是把工作时间视为固定的或工资率由雇主任意设定。从某种意义上来说，对于那些在较高工资率下超时工作是普通现象的工作这一点甚至也是正确的。雇主和雇员之间的明确或隐含的合同通常明确规定雇员要按雇主的要求超时工作，从而正是需求条件而不是供给条件的变化解释了工作时间变化的原因。毕竟，企业一般是在相当无弹性的超时工资率下运作的，给

定具体的生产计划后，它不可能连续变动超时工资率以使劳动自愿供给与企业的需求平衡。

劳动合同理论认为，当工人在特定类型企业从事特定类型的工作时，不仅是工作时间，甚至还有失业都可能是工人"购买"的包装的一部分，见戈登（Gordon，1974）、贝利（Baily，1974）以及阿扎赖迪斯（Azariadis，1975）。假定工人被告知有关失业概率，但对风险和其他工作特征的态度不同，那么可以据此认为，工资补偿方面的差异和其他工作特征将会出现，从而工作包（job packages）的一种横截面均衡将会出现。从这一角度看，以弹性工资能实现市场出清为出发点的时间供给与需求的简单市场理论完全是不合适的。作为替代，不同规格组合的商品选择理论，似乎与工作包装的市场研究有关，见10.2 节和 10.3 节，这表明除了因为税收和超时工作引起预算约束的非线性性外，还有在工作时间供给的横截面研究中不把工资率当成外生变量的第二个基本原因。在市场横截面分析中，小时工资率在一定 *287*
程度上反映了作为工作包的一部分的其他规格。遵循 10.3 节中讨论的两阶段估计步骤，这提示我们对小时工资率和工作规格变量之间的关系进行拟合。假设个体工人在这一市场约束下选择劳动时间和其他工作规格，则可用拟合的市场曲线来估计结构方程。原则上，我们甚至能够用这一模型来讨论失业概率的横截面选择问题。然而要注意的是，在时间序列中，由于企业之间的平均失业率是变化的，这一模型并不能说明失业是由工人"选择"的。

工作时间的限制和加总时间序列的劳动供给研究

前一小节的分析的一个重要意义是试图利用时间序列数据并通过平均时间对工资率、价格、完全收入的回归来估计劳动供给方程。考虑图 11—7，它说明一个典型的雇员在每一个工资率下每天愿意工作时间的最大值和最小值。在正常工资水平下，如果每天工作时间少于点 A 所对应的时间，工人会离职。如果工人工作时间超过 ON，要支付超时的工资，如果要求工作的时间大于点 B 所对应的时间，工人也会放弃工作。"真实的"劳动供给曲线表明在工人能完全自由选择的情况下工作时间的供给量。如图 11—7 所示，随 ω 的增加，最小供 *288*
给和最大供给曲线会发生分叉；这不一定必然发生，但是报酬较高的工人有更大的弹性似乎是合理的。给定经济环境，包括商品市场的状况和在正常工资水平下额外劳动力的可得到性，雇主选择了沿线段 $C'B$（当商品的需求很大，新雇员市场很紧张时）或 AC（相反的情况）的点。每一个企业都面临不同的市场条件，对它们加总，“阶段”工资函数变得光滑，从而加总之后，我们观察到一条光滑的、向上倾斜的每天工作时间和平均工资率之间的关系曲线。这一曲线与真实的（没有观测到的）供给曲线之间的关系具有相当的任意性，观察到的关系既不是供给曲线也不是需求曲线。

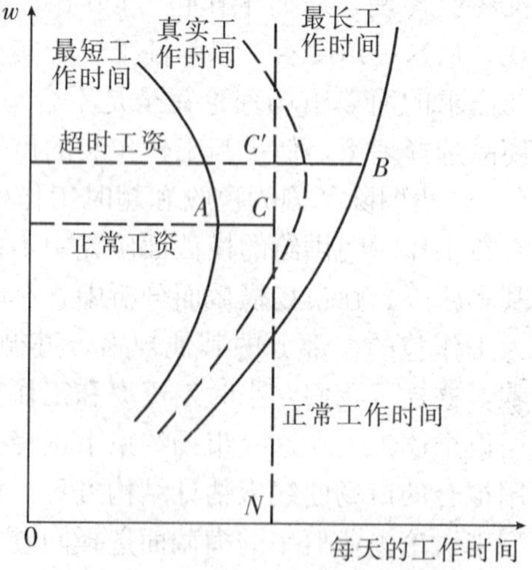

图 11—7　有超时奖励的工作时间弹性

雇员工作的天数问题也会出现在部门市场的分析中。假设市场中的实际工资高于市场出清水平。劳动市场不是拍卖市场，有很多理由说明为什么工资率可能是刚性的。例如，工会试图维持与其他行业之间的工资差别，因而阻止工资的下滑。即使没有这一行动，具有不完全信息的失业工人会相当理性地选择不降低工资要求，不会在低于现有工资率下提供服务，见 14.5 节。不论出于什么原因，在图 11—8
289 中实际工资 ω_1 产生由劳动需求（由于企业不会被迫雇用多于这一数量的工人）决定的就业水平 OL_1 以及失业水平 AA'。现假设需求上移到曲线 D_2，经济活动的扩张使这一部门的实际工资上升到 ω_2。那么就业水平会上升到 OL_2，简单拟合的曲线会穿过点 A 和点 B；只有在巧合情况下它才会与供给曲线相似，例如如果超时工作引起的失业水平是不变的或独立于劳动供给。

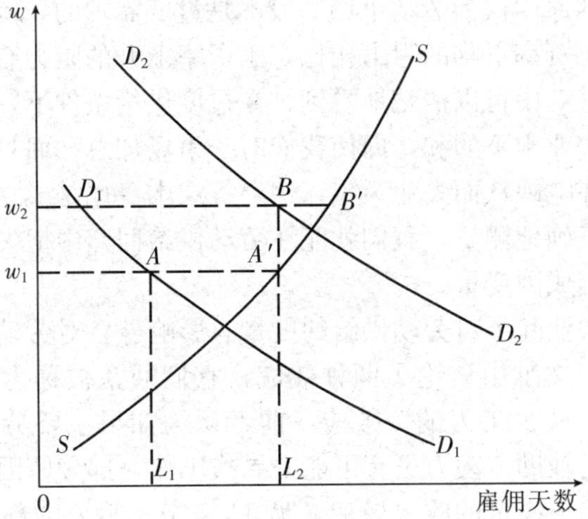

图 11—8　过度供给的部门劳动市场

在图 11—8 例子中的基本问题是由于过度劳动供给和外生决定的实际工资，劳动供给对于就业水平的决定不起任何作用，没有就业数量和工资的数据能够帮助确认这一点。并非所有的经济学家都同意劳动市场是按这一方式运行的，但图中所示的模型似乎比在交易发生之前工资率已调整到市场出清水平的模型更符合现实，后一种模型可以利用同时决定价格和数量的标准计量经济模型来分析。但是，如果市场持续处于需求过度状况，就业水平就由图 11—9 所示的供给曲线决定。 290

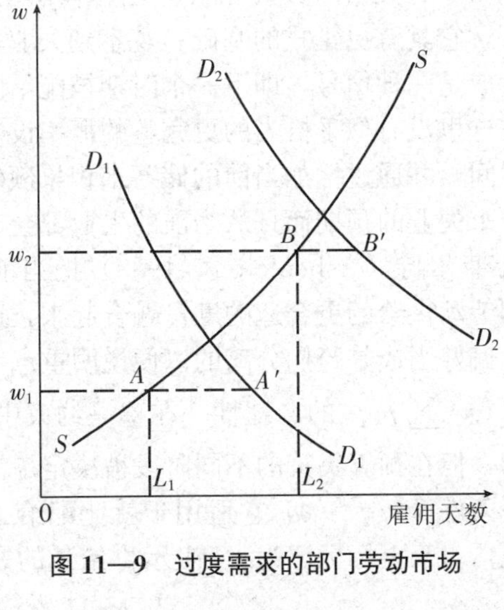

图 11—9　过度需求的部门劳动市场

然而有很好的原因认为劳动市场一般不是过度需求的，因为与过度供给条件下使工资率下降的阻力相比，工资率上升的阻力有可能较小。

从图 11—8 中可以清楚地看到，在过度供给条件下，劳动供给是就业水平和失业水平的和，即使我们对子市场加总，而且其中一些子市场可能存在空缺从而失业为零，这个等式本身也是成立的。如果失业水平可以正确地测量，我们就能在劳动供给回归中把失业水平与就业水平的和当成因变量。

非自愿失业除了对劳动供给的度量有影响外，对劳动供给本身也有间接影响。文献中讨论了两种效应，它们通常被称为“增加工人的”效应和“减少工人的”效应。前者认为如果主要劳动力失业的话，家庭中的辅助劳动力更有可能去寻找工作。部分原因是家庭收入下降引起的参与决定的收入效应，见 11.1 节；另外的部分原因是与配给有关的替代效应，见 4.3 节，这一效应使得辅助劳动力的非市场时间可以替代主要劳动力的非市场时间——例如，主要劳动力操持家务可以解放辅助劳动力使之可以自由选择劳动参与。这一效应在一定程度上依赖社会保障制度。在英国，其丈夫是失业者而妻子有工作的话，他们就会失去数量可观的国家补贴，这一净效应可能会阻止进一步的劳动参与。“减少工人的”效应的另一个解释建立在更弱的理论基础上，即在高失业水平下，失业工人对于获取工作的可能性将采取更悲观的态度，因而寻找工作变得更不积极，甚至会完全离开劳动市场。当然，也有另一有关联的因素可能起支配作用，并且从劳动供给的跨期观点来看，它具有更正式的基础。观察到失业率上升情况的工人有可能将其看成是一种信号，即下一个时期被配给的劳动时间有可能减少。即使在这里没有似乎恰当的更完整的概率设定，他们也可能想要工作更长时间，并通过增加当前的储蓄来积累额外的金融资产。

不仅从对未来失业的预期而且从当前的失业都会产生商品需求的溢出效应。阿什菲尔特（Ashenfelter，1980）把当前失业与作为就业与失业的和的劳动供给的更合适的度量融合起来，这是大有可为的领先研究。他将偏好当成是跨期分离的以便说明重点考虑静态预算约束 $\mu+\omega(T-q^0)=\sum p_k q_k$ 的合理性。在这一约束中，$-\mu$ 是储蓄，尽管它是内生的，但在预算决策的不同阶段被决定了。除此之外还必须增加附加限制条件 $T-q^0=\bar{\ell}$，它适用于就业配给工人。运用扩展的线性支出系统，对于上标标记为 s（表示供给）的完全不受约束的

工人，其商品需求和劳动供给方程是

291

$$p_i q_i^s = p_i \gamma_i + \alpha_i [\mu + \omega(T - \gamma_0) - \sum p_k \gamma_k] \quad (2.1)$$
$$\omega \ell^s = \omega(T - \gamma_0) - \alpha_0 [\mu + \omega(T - \gamma_0) - \sum p_k \gamma_k]$$

受约束的工人（上标标记为 c）被限定的工作天数为 $\bar{\ell}$（有可能但不必然为0），并选择商品需求量以最大化有约束条件的效用函数 $v(T-\bar{\ell}, q)$。这一扩展的线性支出系统有方便的性质，见练习11.10，即受约束的商品需求可以通过直观上简单的形式与无约束的需求相联系，即

$$p_i q_i^c = p_i q_i^s - [\alpha_i / (1 - \alpha_0)] \omega (\ell^s - \bar{\ell}) \quad (2.2)$$

从而由限制条件引起的预算赤字在商品之间分摊，其比例与无约束需求中“额外”支出的比例相同。如果，在任何时间比例为 σ 的工人受约束而且家庭之间的 α 参数是一样的，那么观察到的平均就业水平和商品支出，即 $p_i q_i^M$ 和 $\omega \ell^M$ 由下式给出

$$p_i q_i^M = p_i q_i^s - [\alpha_i / (1 - \alpha_0)] \sigma \omega (\ell^s - \bar{\ell}) \quad (2.3)$$
$$\omega \ell^M = \omega \ell^s - \sigma \omega (\ell^s - \bar{\ell})$$

由于就业水平等于劳动供给减去失业水平，失业率 u 从理论上说应该度量 $\sigma(\ell^s - \bar{\ell})/\ell^s$，因为（$\ell^s - \bar{\ell}$）乘以失业者的人数就是失业期间未工作的天数而 ℓ^s 乘以总劳动力就是完全就业天数。实际上，被度量的失业水平是相当不一致的。例如，在英国，失业水平是由登记在失业者职业介绍所的人员数量来度量的，但有大量间接和直接证据表明，例如，见戈德利和谢泼德（Godley and Shepherd，1964）以及乔希（Joshi，1981），并非所有的工人都登记了，而且对于已婚妇女和其他对于获取失业补贴有资格限制者或无资格者，登记比例是非常低的，随着登记的失业人数的增加，这一比例也会增加。即使在失业水平的度量更直接的美国，理论和实际也存在分歧，对于被度量的失业比例 u，阿什菲尔特直接假设如下形式的关系

$$\sigma(\ell^s - \bar{\ell})/\ell^s = a_0 u + a_1 u^2 \quad (2.4)$$

阿什菲尔特将式子（2.4）代入（2.3）并运用美国1930年至1967年的数据进行估计。他发现在扩展的线性支出系统中失业水平项的加入大幅度且显著地增加了似然值。此外，与未考虑非自愿失业的模型相

比，在决定劳动供给对工资和转移收入的影响上起主要作用的参数
292 α_0 几乎下降了 50%。注意在这一研究中，像许多其他研究一样，时间序列和横截面回归分析都将劳动供给当成受储蓄条件影响的变量，尽管非条件需求的推导需要用完全跨期模型分析。由于工资率的变化有可能影响未来的预期，储蓄行为和劳动供给将是联合内生变量，忽略这一点所得出的度量不能明确地解释为长期或短期的响应。

工作时间的限制和横截面研究

在劳动供给的横截面估计中，非自愿失业问题原则上与加总时间序列估计中一样严重。可以说过去大多数研究曾忽视了这一问题，尽管更近一些的研究中有一部分已能够把声称自己的工作时间比自己希望的更长或更短的个人排除在外。如果样本调查中被调查者能准确估计他们被过度雇佣或就业不足的程度，那么所获数据能被修正以给出实际的劳动供给。如果这一信息不能获得，一个办法就是从理论上确定失业的程度并且只使用失业的事实而非估计的数量。让我们来看看怎样做到这一点。

假设自愿劳动供给是 ℓ^s 的个人所报告的工作时间为 ℓ_h。这里有三种可能性：他可能报告说就业不足，这时有 $\ell_h^s \geqslant \ell_h$；他可能报告被过度雇佣，这时有 $\ell_h^s \leqslant \ell_h$；他可能报告说他在两个方向都没有配给限制，这时 $\ell_h^s = \ell_h$。若我们将劳动供给函数确定为 $\ell_h^s = \ell^s(X_h) + \in_h$，而 $\in_h$ 有分布函数 $F()$ 和密度函数 $f()$，我们就能将三个事件以及它们的概率（或密度）写出来并表示在表 11—2 中。

表 11—2　就业状况和概率

事件	条件	概率或密度
实业	$\ell_h^s \geqslant \ell_h \equiv \in_h \geqslant \ell_h - \ell^s(X_h)$	$1 - F[\ell_h - \ell^s(X_h)]$
过度雇用	$\ell_h^s \leqslant \ell_h \equiv \in_h \leqslant \ell_h - \ell^s(X_h)$	$F[\ell_h - \ell^s(X_h)]$
非配给	$\ell_h^s = \ell_h \equiv \in_h = \ell_h - \ell^s(X_h)$	$f[\ell_h - \ell^s(X_h)]$

假设观测样本 1 到 R_1 表示就业不足，$R_1 + 1$ 到 R_2 表示雇佣过度，$R_2 + 1$ 到 H 表示非配给就业。假定 $\in_h$ 独立于 X_h 且在家庭之间也是相互独立的，那么似然值（样本的联合概率密度）是（下式中的 $h = R + 1$ 疑为 $h = R_1 + 1$ 之误。——译者注）

$$\mathscr{L} = \prod_{h=1}^{R_1}\left[1 - F(\ell_h - \ell^s(X_h))\right]\prod_{h=R+1}^{R_2}\left[F(\ell_h - \ell^s(X_h))\right]$$
$$\prod_{h=R_2+1}^{H}\left[f(\ell_h - \ell^s(X_h))\right] \tag{2.5}$$

这是哈姆（Ham，1977）所用的方法，他的数据来自于密歇根大学收入动态调查资料。这是纵向观察资料，因而给出了工作配给发生的一些想法。在 1967 年中年龄在 25～50 岁之间的男性样本中，只有 293 28％的人在 1967—1974 年的任一时间中没有经历过配给约束。每年就业不足者或失业者的百分比在 3.5％～7％之间变化。因此配给限制的影响是不能忽略的。哈姆比较了利用普通最小二乘法对全部样本和删减样本拟合 $\ell^s(X_h)$ 的线性模型的结果与用极大似然法拟合两种样本的结果。虽然后面的方法给出了对男性自身的工资和他妻子的工资十分相似的反应，但种族、教育、孩子的个数和年龄这些变量的系数明显不同。极大似然法明确考虑了配给制度，因而种族的影响变得不显著了，而在完整样本和删减样本中它的系数显著为负。这表明，种族作为就业不足或失业的标志时，早期研究中估计的黑人的劳动供给低于白人的结论至少在一定程度上是站不住脚的。由于受教育更多的人失业的可能性更小，教育的估计效应下降也能作类似的解释。因此，一般而言，背景变量的效应变化说明早期研究中对这些变量的估计有可能存在严重的偏差。

练习

11.8　假定辅助劳动力的偏好表示为 $u=(q_0-z+\in)q$，其中 z 是随家庭中孩子数量而增加的变量，$\in$ 为随机变量，它表示工人之间偏好的差别。工人可在不工作或是以工资 ω 和固定工作时间 $\bar{\ell}$ 接受工作之间进行选择。证明 $\omega>\mu/(T-\bar{\ell}-z+\in)$ 是接受工作的必要条件，并将其与工作时间可自由选择时的参与条件进行比较。如果有条件为 ω_1，$\bar{\ell}_1$，ω_2，$\bar{\ell}_2$，… 的工作时会发生什么情况？解释工人接受每一类型工作的比例原则上是如何推导出来的。z 的作用是什么？

11.9　效用函数为 $u=(q_0-\gamma)\ q$ 的工人被一企业雇用，该企业支付的工资率为 ω，要求每周工作的小时数为 h。另一企业也提供就业机会，工资率为 ω^*，工作时间为 ℓ 小时。不存在其他任何工作岗

294 位。证明仅当 $h_1 \leqslant h \leqslant h_2$ 时该工人为第一家企业工作，并推导 h_1 和 h_2 的公式。超时工资支付制度对 $h_2 - h_1$ 有什么影响？

11.10 对于扩展的线性支出系统［第 4 章，式子（1.27）］，可扩展到许多商品中，写出非配给需求函数和施加固定工作时间约束的需求函数。证明这两类函数通过方程（2.2）互相关联。

11.11 在家庭供给模型中，$u=v(q_0^1, q_0^2, q)$，其中 q_0^1，q_0^2 分别是丈夫和妻子的闲暇时间。证明：当 q_0^1 和 q_0^2 是替代品时，具有完全补偿的失业工人 1 会引起工人 2 工作更长的时间，当 q_0^1 和 q_0^2 是互补品时，具有完全补偿的失业工人 1 会引起工人 2 工作更短的时间。讨论失业补贴是否依赖于 q_0^1 和 q_0^2 的替代程度？如果是，怎样依赖？你预计 q_0^1 和 q_0^2 之间的关系如何随家庭成员年龄的变化而变化？

11.12 接着练习 4.26，讨论当工人 1 失业时，$v(q_0^1, q_0^2, q)$ 的成本函数怎样转换为适当的有约束条件限制的成本函数。仔细解释每一个函数并分析它们在分析中的重要性。

11.13 假设二次税收约束被施加，使得预算约束变为 $p \cdot q = \mu + \omega \ell\left(1-\tau-\frac{1}{2}\alpha\omega\ell\right)$，其中 α 是某个正的参数。运用扩展的 LES 线性支出系统［第 4 章，式子（1.27）］证明有可能定义工资率 $\bar{\omega}$ 为 ℓ 的函数，使得当它代入一般需求函数时，将给出正确的选择。用几何方法解释为什么非劳动收入参数 μ 也必须被调整。提出一个不必明确解出 ℓ 的估计技术。

11.3 长期劳动供给

现在我们转向职业、教育年限及类型的长期选择的讨论，按通常的假设，这些是进入劳动市场的人所必须作出的选择。对于“人力资本理论”我们有很多要说，但侧重于作出决策的分析，给出了另一个与通常收入函数文献中有点不同的角度，收入函数是人力资本理论经常应用的一个领域。现在，让我们总结具体职业的非金钱优势或劣势并假设教育的不同水平会在一生的工作期间产生不同的收入流。像企业的资本投资一样，在教育中人力资本投资包括成本和长期积累的收益流。

现值最大化条件下的人力资本

忽略教育既是投资品也是消费品的可能性，消费者要在两个方面作出权衡，一方面是过去收入与教育成本；另一方面是未来收益流。假设个人能以给定的利率借款，那么定义在商品消费上的跨期效用函数在两个阶段中被最大化。在阶段 A，个人选择教育来最大化未来折算购买力的现值，而在阶段 B，个人在阶段 A 的现值基础上作出跨期消费计划。图 11—10 和图 11—11 分别表示一个简化了的两期例子中的两个阶段。如果学校教育年限为 s，$y_2(s)$ 是时期 2 的收入，它与 s 正相关，那么 s 的增加将会使消费者沿收入可能性边界 FDG 移向左边。根据定义，收入能力的现值是 $W=y_1(s)+y_2(s)/(1+r)$，其中 r 是利率，它关于 s 的最大值在 D 点取到。由于该点涉及与未来收入相比较低的当期收入，最优选择就是借入数量为 pq_1-y_1 的款项从而达到 E 点，在该点效用被最大化并满足收入能力现值等于购买力的现值这一约束条件：如果 p_2 是时期 2 的价格水平的期望值，这可以表示为 295

$$W=A+p_1y_1^R(s)+\frac{p_2y_2^R(s)}{1+r}=p_1q_1+\frac{p_2q_2}{1+r} \tag{3.1}$$

其中 A 是初始资产，y_1^R 和 y_2^R 分别是由 y_1/p_1 和 y_2/p_2 定义的实际收入水平。这一方程能够通过除以 p_1 产生一个价格水平固定、实际利率 r^* 由 $1/(1+r^*)=p_2/p_1(1+r)$ 定义的相应问题。

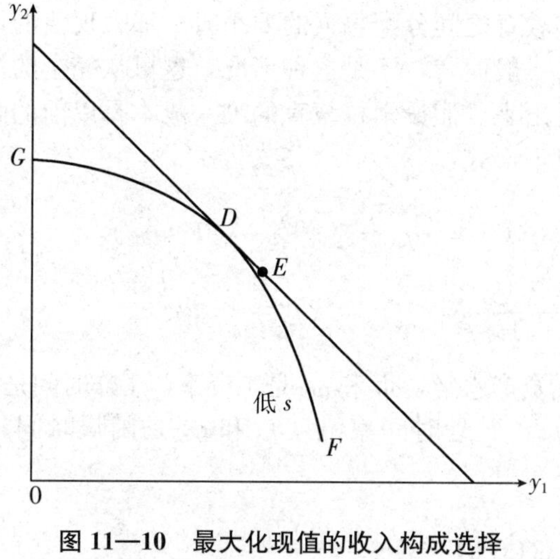

图 11—10　最大化现值的收入构成选择

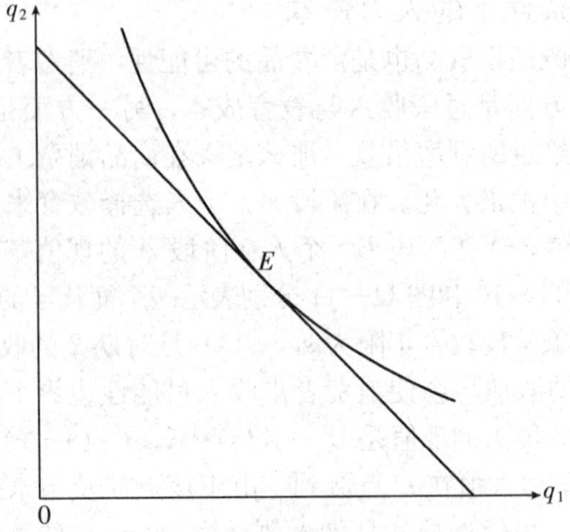

图 11—11　最大化效用的消费组合选择

正如欧文·费雪（Irving Fisher）最先指明的那样，正是跨期预算约束的线性性使得问题可以分成两个阶段，从而在不同阶段消费的
296 边际替代率与第一阶段 s 的选择无关。现值最大化的假设在有关人力资本的著作中几乎是普遍的。但是，这一假设只有在模型的另一个隐含假设条件成立时才有效，即闲暇时间无论是现在还是将来都是固定不变的，因此选择仅限于剩余时间在工作和学校教育之间的分配上。若闲暇时间是由惯例或其他方法确定——例如，如果消费者必须选择怎样在工作和教育之间分配每天的 8 小时，那么现值的最大化就是正确的。但是，一般而言，不是这种情况，这可从完全的涉及闲暇的两期预算约束看出来。假设学校教育的唯一成本是以前的收入，这一约束条件采取以下形式

$$A+\omega_1(s)(T-q_{01}-s)+\frac{\omega_2(s)}{1+r}(T-q_{02})$$
$$=p_1q_1+\frac{p_2}{1+r}q_2 \tag{3.2}$$

其中 A 是初始资产水平，ω_1 和 ω_2 是工资率，工作时间是 $\ell_1=T-q_{01}-s$ 和 $\ell_2=T-q_{02}$，T 是时间禀赋，q_{01} 和 q_{02} 是闲暇时间。式子（3.2）可被改写为

$$A+\omega_1(s)(T-s)+\frac{\omega_2(s)T}{1+r}$$

$$= \widetilde{W} = p_1 q_1 + \omega_1(s) q_{01} + \frac{p_2 q_2}{1+r} + \frac{\omega_2(s) q_{02}}{1+r} \tag{3.3}$$

但通过选择 s 最大化 $\widetilde{W}$，然后对于固定的 $\omega_1(s)$ 和 $\omega_2(s)$ 选择闲暇和消费，这样并不能实现 $u=v(q_1, q_{01}, q_2, q_{02})$ 的最大化。然而若 q_{01} 和 q_{02} 是外生给定的，那么它们能移到式子（3.3）的左边从而现值最大化又将是最优的。即使是这样，教育本身产生福利的可能性是人们认为现值最大化是一个过于简单的目标的另一个原因。但要注意的是，由于时间本身把分离问题引入决策中，一旦个人过了最初学校教育阶段，s 就会变成一个固定的参数，尽管这忽略了成人教育机会和对个人而言不是没有成本的培训机会。 *297*

在贝克尔的家庭生产理论中［见贝克尔（Becker，1975）第 3 章，特别是附录］，现值最大化不是效用最大化的一个步骤已被认识，至少在原则上是如此。就像我们在前面一章看到的，效用被定义在一种或多种最终家庭商品上，这些包括闲暇在内的由购买的市场商品作为投入要素而生产出来的最终商品可能是耐用品。因此十分一般地，教育投资可能是闲暇与其他市场投入要素一起产生的。实际上，在医疗保健上对商品和服务的支出也可被看成是人力资本的投入。我们又能把最优化在概念上分成两个阶段，其中使达到给定的最终家庭商品向量的市场成本最小的过程是一个阶段，见 10.1 节，但这与现值最大化是一个不同的步骤。

从某种意义上说，人力资本的文献分为两大类。其中之一（特别是，遵循明塞传统的工作）主要关注的是收入函数用于收入分布的分析，而收入函数与我们在前一章讨论的“享乐”价格特征函数类似。几乎在这一领域中研究的每个人都假设现值最大化。另一类文献［例如见盖兹和贝克尔（Ghez and Becker，1975）］主要关注的是个体家庭的消费支出和劳动供给的解释。在这些研究中，作为式子（3.2）的推广的生命周期预算约束是分析的核心部分，正如我们已经看到的，现值最大化在这里的讨论中没有用处（见 12.1 节）。

没有再教育投资的收入函数

尽管在现值最大化模型中存在限制性假设，但让我们在两期形式之外继续讨论这个问题。一个打算完成法定教育要求的个体可以作出的选择就是在 s 的基础上继续受教育的年限。注意现值方法并不否认

一个明显的事实，即选择是与老师、父母的建议有关并且会受到同辈
298 和兄弟姐妹的情况的影响，当然假定上述因素被认为是与最大化决策有关的信息。假设在受教育期间的收入为 0，以后的收入为 $y_\tau(s)$。那么目标就是最大化关于 s 的现值 W，即使这一目标是通过某种文化影响而不是个人的计算形成的。假设实际利率为常数并以实际值来度量收入，有

$$W = A + \sum_{\tau=1}^{s} \frac{0}{(1+r)^\tau} + \sum_{s+1}^{L} \frac{y_\tau(s)}{(1+r)^\tau} \tag{3.4}$$

其中 A 是金融资产的初始水平，L 是退休期。假设工作 $\tau-s$ 年后实际每年收入是起薪 $y(s)$ 与因子 $g(\tau-s)$ 的乘积。然后减去初始资产，净现值 V 为

$$V = W - A = \sum_{s+1}^{L} y(s) \frac{g(\tau-s)}{(1+r)^\tau} \tag{3.5}$$

$$= \frac{y(s)}{(1+r)^s}\left[\frac{g(1)}{1+r} + \frac{g(2)}{(1+r)^2} + \cdots + \frac{g(L-s)}{(1+r)^{L-s}}\right]$$

$$= \frac{y(s)}{(1+r)^s} G(L-s, r) \tag{3.6}$$

如果实际利率相对较高而超过最低要求水平的教育年限相对于工作跨度较小，那么随 s 变化，$G()$ 变化可以忽略。由于 $\log V = \log y(s) - s\log(1+r) + \log G$ 以及 $\log(1+r) \approx r$，我们可写出合理的近似

$$\log V \approx \log y(s) - rs + \text{常数} \tag{3.7}$$

注意 $\log V$ 的同样的近似可通过考虑连续时间而得到，见练习 11.14。

在早期人力资本理论，特别是明塞（Mincer，1958，1970，1974，1976）的工作中，方程（3.7）成为对数收入对教育回归的基础。论证如下：除了有关偏好的简化假设外，还包括不同工作的非金钱收益的无关性假设和每个人能以给定的利率借款的假设，假设利率对每个人而言是一样的，劳动市场是完全竞争的且能迅速出清，个人能准确预计未来收入，能力更强的人不能从教育中获得额外收入但能
299 从其他方面得到多倍的更高收入。而亚当·斯密的净收益相等的理论认为具有同一能力水平的人的 V（净现值）相等。其推理如下：对于给定某一能力水平的任一个人来说，若更高的 V 能够通过选择不同的教育水平而得到，获得这种教育水平的利益最大化追求者的额外增

加促使收入下降，从而在均衡时，同一能力水平的个人获得相同的 V。注意均衡只有在学校教育水平达到一些企业对雇佣工人所要求的水平时才能实现。如果我们进一步假设个体之间的工龄－收入因子 (age-earning profile) $g()$ 是相同的，那么由于同一能力水平的任一个体都预期获得相同的现值 V，因此有

$$\log y(s) = 常数 + rs + \in \tag{3.8}$$

其中 $\in$ 表示有乘积效应的能力差异和对均衡的暂时偏离效应。由于工作 $\tau - s$ 年后 $y_\tau(s) = y(s)g(\tau - s)$，方程（3.8）导致

$$\log y_\tau(s) = 常数 + rs + \log g(\tau - s) + \in \tag{3.9}$$

拟合回归得

$$\log y_\tau(s) = \beta_0 + \beta_1 s + u \tag{3.10}$$

明塞（Mincer，1976）发现对于美国而言，$\beta_1 = 0.070$（s. e. = 0.016），$R^2 = 0.067$。这个样本来自于普查的子样本，包括 1959 年的 30 000 名美国非农白人男性的年收入和教育水平，他们既非学生也非退休工人。普沙鲁普勒斯和莱亚德（Psacharopoulos and Layard，1979）发现对英国而言，$\beta_1 = 0.053(0.004)$，$R^2 = 0.031$，样本来自于 1972 年一般家庭调查中 7 000 名就业男性的年收入。

但是，与式子（3.9）相比，像式子（3.10）这样粗略的表示忽略了随年龄或劳动市场经验而变化的收入。事实上，把（$\tau - s$）加入方程极大地提高了拟合的准确性。经常通过以下回归做到这一点。

$$\log y_\tau(s) = \beta_0 + \beta_1 s + \beta_2(\tau - s) + \beta_3(\tau - s)^2 + \tilde{u} \tag{3.11}$$

由于我们观察到在工作周期中工龄收入因子不是常数且倾向于下降从而 β_3 是负数。包含有（$\tau - s$）的项通常被解释为“工作培训”或“再教育投资”，但同样能很好地反映出体现收入的时间因素的任何东西。我们下一步再回到对这个问题的讨论上来。明塞（1976）发现 $\beta_1 = 0.107(0.015)$，$\beta_2 = 0.081(0.001\,1)$，$\beta_3 = -0.001\,2(0.000\,022)$ 以及 $R^2 = 0.285$。而普沙鲁普勒斯和莱亚德（1979）发现对于英国男性而言 $\beta_1 = 0.097(0.003\,0)$，$\beta_2 = 0.091(0.002\,0)$，$\beta_3 = -0.001\,5(0.000\,039)$ 以及 $R^2 = 0.316$。注意在方程（3.10）中因为遗漏了（$\tau - s$）项，$\hat{\beta}_1$ 给出了回报率 r 的明显有偏的估计。因此式子（3.11）的估计给 300

出 $\hat{\beta}$ 的更大的数值并不令人惊讶，在该方程中 $\hat{\beta}_1$ 确实可以解释为回报率。

即使从本身角度看，就像亚当·斯密在 1776 年清楚阐明的那样，净收益相等原则应该把非货币的工作特征考虑在内，如噪音水平、工作的重复性等等。卢卡斯（Lucas，1977）把上述变量包括在收入回归分析中并且考虑了工作是否有工会组织的情况，他发现并不是所有的工作特征都有预期的信号，而且工会对收入有极大的正面效应。根据这一发现，它似乎会引起对斯密原则中隐含的竞争性假设的一些怀疑。

有再教育投资的收入函数

收入函数的人力资本解释可更明确地从投资理论导出，明塞和其他人使用这种推导把再教育投资并入模型中。首先，注意在式（3.4）中我们可以明确地把以前的收入看成是在时期 $\tau=0$ 到 s 之间的投资，我们把 y_τ 写成是这一时期人力资本积累存量 K_s 的函数，假设从时期 $s+1$ 开始没有进一步的投资发生。因此，

$$W = A + \sum_{\tau=0}^{L} (y_\tau(K_\tau) - I_\tau)/(1+r)^\tau \tag{3.12}$$

当 $\tau=0$ 到 s 时 $y_\tau=I_\tau$，当 $\tau=s+1$ 到 L 时 $I_\tau=0$，且 $K_\tau=K_{\tau-1}+I_{\tau-1}-\delta K_{\tau-1}$，该式确定了建立存量的递推关系，其中 δ 是人力资本存量的贬值率。但是要注意式子（3.12）并没有超出式子（3.4）的实证含义：它只是用有点不同的文字和符号简单说明了同一事情，并且我们通常无法理清收入增长和贬值各自的效应。只需简单地在形式上允许 $I_\tau>0$ 就很容易将它扩展到再教育投资的情形。利用这些投资来熨平工作生命周期的后期工龄收入因子的下降。随着个人接近退休并被迫离开劳动市场，用于进一步的资本积累的投资越来越缺乏生产力，这是由于资本收入的生命周期越来越短，因此衰减占支配地位，收入因子下降。该理论的困难在于再教育投资的概念很难与“经历”$(\tau-s)$之外的其他可观测到的任何因素相关联，而且假设拥有 $\tau-s$ 个时期劳动市场经验的所有个人都能获得相同程度的工作培训似乎是不合理的。另一方面，进一步教育或兼职的成人教育的时期能被观察到，已有估计它们的效应的尝试。

301 如果工作培训的投资成本体现在短期内的收入低于没有培训情况

下的工资，那么观察到的收入不是总收入 $y_\tau(K_\tau)$，而是净收入 $y_\tau(K_\tau)-I_\tau$。这使得 $y_{s+1}(K_{s+1})$ 的度量很困难，而 $y_{s+1}(K_{s+1})$ 是教育生产力的最直接度量。但是，如果净收益相等的原则成立，那么没有进行再教育投资且（比如说）每年有 y_{s+1}（K_{s+1}）的稳定收入流的人应与接受较低初始收入但得到后期较高收入作为补偿的人有相同的现值，再教育投资为正时就是这种情形。因此收入流必定交错，明塞认为这种交错倾向在大约十年工作之后发生，他称这十年为“超越”点。故他认为从对数净收益对教育年限的回归中计算的回报率，可以从有大约十年工作经历的人群中得出一个满意的估计。为支持他的论点，他引用美国的证据表明在不同经历的人群中，有大约十年工作经历的人群的 R^2 确实是最大的。单一超越点的严格证明不仅要求净收益相等的原则要成立，而且需要再教育投资方面的特殊假设，但缺乏作出再教育投资假设的特定基础。普沙鲁普勒斯和莱亚德通过对于英国有工作经历的人群的调查，没有发现在 R^2 中的常规的倒 U 形，因此他们质疑“超越”概念在分离教育投资效应与再教育投资效应方面的有用性。

收入函数和教育性投资的结构方法

至今为止，我们已接近明塞对收入函数的发展理论，但我们接下去不再继续。即使我们能接受一长串所需的假设来证明已考察的收入函数是合理的，那些假设不能构建分配理论，只能构建均衡条件——供给等于需求是给定市场中价格和数量的理论。已经被日益认识到，供给和需求的结构方程对于决定收入和教育水平的分布是必需的。因此让我们回到对受过教育的劳动力的供给结构的考察上来。

我们从放松我们作出的一些很严格的假设条件开始，尽管为了方便分析，我们将除去再教育投资所引发的复杂情况。回到式子 (3.4)，我们现在假设每一个个体 h 的能力向量为 a_h，甚至在某种长期均衡中，接受教育的个人以某种方式设法正确预测与给定的能力向量和各种教育水平相关的收入，我们将预期，以能力为条件并由市场决定的对数（收入）函数是凹的，正如图 11—12 表明的那样。出于 *302*
这一分析的目的，我们度量刚离开学校的人的收入，也就是 $y(s)$。现在考虑净现值 V 最大化问题，约束条件是观测到的市场收入函数。定义无差异线，即图 11—12 中一系列平行线，每一条都代表 V 的一个不同水平并由式子 (3.7) 给出且 $\log V$ 保持不变。观测到的约束条

件取以下形式 $\log y=\log y(a,s)$，它是凹曲线。在点 D，V 取最大值，此时我们有边际条件 $r=d\log y(a,s)/ds$。举一个具体的例子，假设

$$\log y=s(\beta_0+\beta_1 a+v)-\frac{1}{2}\beta_2 s^2 \tag{3.13}$$

其中 v 代表未能观察到的能力，$\beta_2>0$ 保证了该关系的凹性。因此有 $\beta_0+\beta_1 a+v-\beta_2 s=r$ 以及

$$s=(-r+\beta_0+\beta_1 a+v)/\beta_2 \tag{3.14}$$

303 这一结构性教育方程清楚地表明如果要估计形式为（3.13）的方程，就会存在一个潜在的很大的联立方程偏差，即使被度量的能力是外生的，因为教育水平是内生的。像方程（3.11）这样的回归方程会因为这一偏差和因遗漏了与教育正相关的能力度量而产生的偏差而受到影响。这表明教育的“回报率”有可能被方程（3.11）显著地高估。

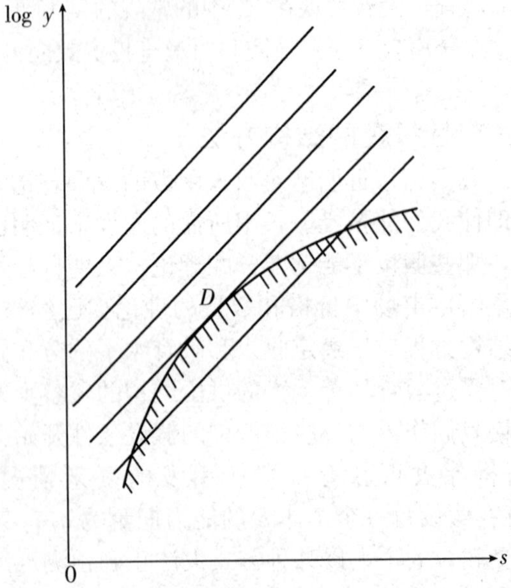

图 11—12　在观测到的收入函数条件下的现值最大化

自从贝克尔和奇兹威克（Becker and Chiswick，1966）以来，另一个重要修正是放松每个人都面临同一利率的假设，这引起了相当的重视。严格地说，如果有借款约束或信用要求，且这些通常是作为家庭之间利率差别的原因，那么边际投资资金曲线向上倾斜，因而利率

随贷款数量而变化。但是图 11—10 和图 11—11 显示的教育投资决策和跨期消费分配之间的分离是不可能的。那么正确的方法就是取一个关于偏好和作为可观察的家庭背景变量如财富的函数的非线性利率曲线的模型，并通过它计算出效用最大化的教育需求。最近的作者如罗森（Rosen，1977）、罗森和威利斯（Rosen and Willis，1979）等并没有考虑这些复杂情况，他们使用线性表达式（3.7），但 r 是家庭背景变量 z 的函数。例如，把 $r=\alpha_0+\alpha_1 z+v_1$ 代入式子（3.14），教育方程变为

$$s=\frac{-\alpha_0-\alpha_1 z-v_1+\beta_0+\beta_1 a+v_2}{\beta_2} \tag{3.15}$$

其中 v_1 和 v_2 是没有观测到的误差项。对于面板数据，如果假设个人或他们的顾问能无偏差地预测收入函数，那么简化形式（3.15）能用来预测 s，而且这一预测结果在估计收入函数（3.13）时能作为一个工具代替观察到的 s 而不造成联立方程偏差。

事实上，美国最重要的面板数据的来源之一，即 NBER-Thorndike 样本包含所有完成高中教育的男性。对于全部男性的整体，我们样本的来源，图 11—12 中所示的无差异线和约束线有一个分布，它产生教育年限的分布，其中一部分在高中以下。这一部分样本的删减意味着对这种数据的估计有必要像前面 11.1 节中那样进行修正，这是针对样本选择偏差。但是，甚至一个未删减样本中有可能有高得多的恰好完成高中学业的人数的比例，但没有超越图 11—12 中光滑的凹形约束所能解释的范围。对于少六个月而未完成高中学业的人来说，那六个月的回报有可能超过把有限的六个月时间花在高中教育以外的高等教育上的回报。因此，如图 11—13 所示，收入函数在高中学业完成点 s^0 有可能出现拐点，由于斜率在一定范围的无差异曲线在点 s^0 有切线，这一特征解释了在点 s^0 的高频率现象。这一分析和对样本选择偏差的处理可以被当作是罗森和威利斯（Rosen and Willis，1979）对 NBER-Thorndike 样本的精彩研究的动机。为了简化说明，我们假设经历一收入因子（earning-experience profile）$g(\tau-s)$ 在个体之间是相同的。这是极不可能的，罗森和威利斯允许 g 能变化，这给出了除收入函数之外的另一结构方程。由于他们没有使用超过点 s^0 的人的教育水平的信息，他们能运用 Probit 分析建立概率模型，这里假定给定的个体在简单的备选项 $s>s_0$ 和 $s=s_0$ 之间选择。 304

但是当 $s > s_0$ 时他们没有试图对 s 建模。

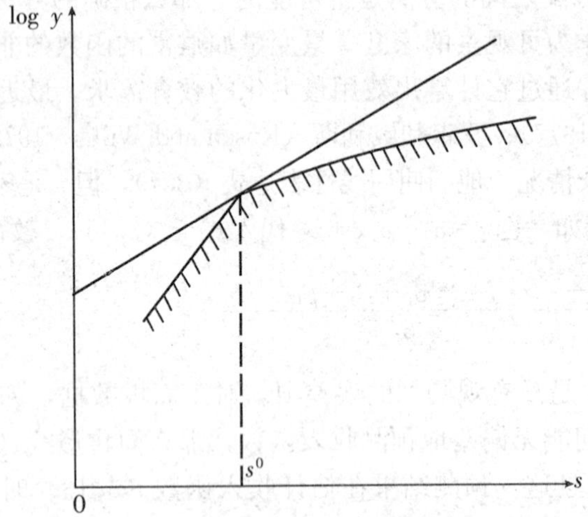

图 11—13　在高中学业完成处有拐点的收入函数

教育的选择，特别是是否完成高中学业的离散选择在形式上与职业选择很相似，而职业选择又与 10.3 节中分析的商品品种选择紧密相关。工作特征组合、家庭背景变量、货币奖励以及个体和工作的无法观察到的差异正好类似于第 10 章方程（3.15）中的规格变量、家
305 庭特征、价格和随机组成部分的作用。因此我们把这一分析法拿过来用于在个体水平上建立职业选择模型，通过个体加总得到每一职业的总供给曲线。这些供给曲线是高度相关的，它们的形状不仅依赖于家庭背景变量的总体分布和现有职业的特征，还依赖于无法观察到的差异的分布形状。

偏离明塞型的收入函数的结构方法开始与社会经济建模中常见的另一系统的结构方法相联系。这就是路径分析，这是非经济学家在社会科学中用于递归统计模型的术语。考虑一个简单的例子：

$$\begin{aligned} Y_1 &= \alpha_0 + \alpha_1 X_1 + \alpha_2 X_2 + \epsilon_1 \\ Y_2 &= \beta_0 + \beta_1 Y_1 + \beta_2 X_1 + \epsilon_2 \end{aligned} \tag{3.16}$$

其中 Y_1 = 儿子的测验分数（例如在智商测验中），X_1 = 父亲的教育水平，X_2 = 父亲的社会经济背景，Y_2 = 儿子的教育，ϵ_1 和 ϵ_2 是独立分布的随机变量。图 11—14 描述了从 X_1 和 X_2 并通过 Y_1 到 Y_2 的决策路径。事实上詹克斯等人（Jencks et al.，1972）估计的那些模型要大得多，通过使用标准化（均值为 0，方差为 1）数据，研究人员能结合几个不同的样本中的信息。在这一文献中备受关注又引起许多争议的问题是试图区分基因遗传能力的影响与其他家庭背景和机会的影响。从中得到一个教训是测试分数是外生能力的有偏度量。这表明测量误差可能是误差项和型如式子（3.15）的教育方程中的解释变量 a 及 z 之间的相关性的一个重要来源。另一方面，前面讨论的那一类 306
型的结构性模型提出了教育方程相对于收入函数是否真为递归关系的问题，而收入函数通常是路径分析中的最终方程。我们已经讨论了人们在对收入函数进行估计的基础上作出教育计划引起的联立问题。现在已有工作开始讨论既有联立问题又有测量误差问题的模型，这肯定是今后要进一步发展的一个领域。

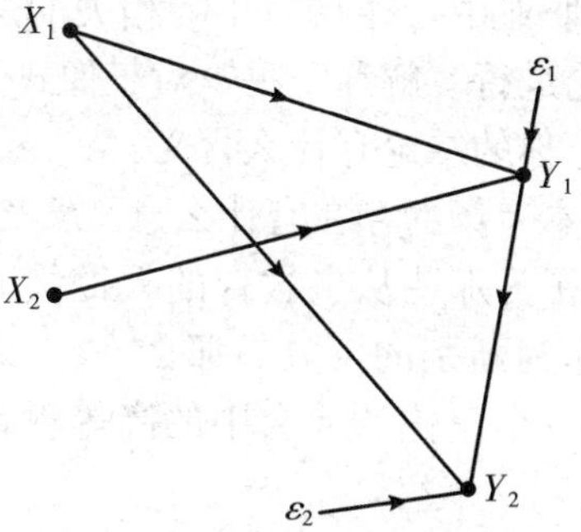

图 11—14　路径分析的简单图示

作为结束，我们讨论已经产生相当大争议的另一问题。人力资本的一些早期文献曾试图将明塞型收入函数中估计的回报率 r 解释为教育的边际社会效率。我们已经看到这一系数的估计是向上有偏的，它是由能力变量的遗漏和教育的内生性引起的。阿罗（Arrow，1973）、斯蒂格利茨（Stiglitz，1975b）以及信息经济学研究的其他作者提出了紧密相关的一个观点，即教育回报的部分（或原则上甚至全部）是纯私人回报，这是通过教育资历来“甄别”每个个体并划入高能力或低能力的人群来实现的。来看一个极端的情况，教育可能不能改变完成教育者的边际生产力而只是为他们贴上“标签”。当然，这一信息的价值对社会而言不会为零，因为它能帮助把劳动者安排到合适的岗位上去，但它不是通过收入方程中教育的系数来度量的。如果不同工作要求的教育程度相同，而这一教育程度可通过教育证书来检验并且它对企业而言是雇员边际生产力的合适预测器，那么我们已经讨论的教育结构模型就没有特别的意义了。但是正如赖利（Riley，1979）指出的那样，如果从这一角度来看工作之间有区别的话，那么就存在能被观察到的潜在实证差别。

练习

11.14 利用连续时间重复式子（3.4）到（3.7）的分析，证明可以达到相同的结果。

11.15 运用投资模型（3.12）和在任何年龄都可以进行人力资本投资的条件，计算 I_t 的最佳时间路径并讨论由此导出的收入因子。你认为对于什么类型的职业该模型可提供合理的描述？

11.16 在许多职业中，存在与年龄相关的递增的支付标准。这些能用人力资本理论进行“解释”吗？对于像式子（3.7）和（3.11）这样的方程的估计，你的结论有什么含义？

11.17 人力资本市场的存在有什么意义？

11.18 假设除了为那些从事教育的人提供消费收益外，高等教育唯一的作用就是作为甄别的工具。那么（a）课程类型和制度化的评估程序（b）作为一个整体的社会中的高等教育的最佳量，它们的意义是什么？

307 **11.19** 比较图 11—12 和 11—10 所示的分析。10.3 节中不同规格商品的品种的供给的竞争性决定的讨论，如何运用到收入函数中，而不必作出现值最大化的假设？

11.20 如果劳动市场是竞争性的，那么在每一个拥有相同家庭背景变量和能力的工人群体内，净收益相等的原则认为（假设偏好相同）存在基本的公平。在什么假设条件下这一结论可扩展到能力不同的工人群体？讨论家庭背景的变化是“非竞争性群体”产生的根本原因这一观点。你认为非竞争性群体产生的其他根源是什么？

11.21* 作为说明性方程（3.13）、（3.14）、（3.15）的基础的分析，如何扩展到经历一收入因子在横截面变化的情形——至少一个参数变化？见罗森和威利斯（Rosen and Willis，1979）。

文献注释

作为该学科迅速发展的反映，本章前两部分的内容几乎没有被包含在弗莱舍（Fleisher，1970）的在其他方面很优秀的著作中。早在道格拉斯（Douglas，1934）的著作中就清楚地阐述了在计算总劳动供给弹性时考虑广延边际和集约边际调整的必要性。长期以来人们就认识了在参与决策的横截面研究中参与概率是一个相关变量的事实，例如，凯恩（Cain，1966）拟合了线性概率函数。虽然普罗比特和托宾（Probit and Tobit，1958a）估计方法已被运用到了分析耐用品需求和交通工具类型的选择中，但是它们在实证劳动经济学中发展缓慢。直到 20 世纪 70 年代劳动参与决策才广泛地被看成是一个拐角解，与之相关的对工作时间和工资率的样本选择问题的讨论——见格朗劳（Gronau，1973）、本-波雷斯（Ben-Porath，1973）、凯恩和瓦特（Cain and Watts，1973）、赫克曼（Heckman，1974）以及许多随后的工作。我们曾略有提及的另一发展（见练习 12.10）是劳动力参与时间决策的分析；见赫克曼和威利斯（Heckman and Willis，1977）、赫克曼（Heckman，1978）、利拉德（Lillard，1977）以及赫克曼和麦柯迪（Heckman and McCurdy，1980）对这一问题进行进一步阐述的相关著作。

关于预算约束中的非线性问题以及处理该问题的劳动供给函数的估计的进一步阅读材料，见格林伯格和科斯特斯（Greenberg and Kosters，1973）、霍尔（Hall，1973b）、H. 罗森（1976）以及汉诺克和霍尼格（Hanoch and Honig，1978）。对于有关由贫困陷阱引起的非线性问题的英国证据见凯和金（Kay and King，1978）以及皇家关于收入和财富分配专门委员会（Royal Commission on the Distribution of Income and Wealth，1978）的报告。卡拉切克、梅洛和雷恩斯（Kalacheck，Mellow and Raines，1978）从隔年取样的国民纵向调查的一个样本中考虑了时间约束和失业对男性劳动供给的效应并且发现这种效应的重要性，而且他们认为在时间序列和横截面分析中工资率的变化对劳动供给作用是很不一样的，并且除非考虑到这些不同的作用，我们将得到产生较大误导的劳动供给估计量。阿什菲尔特和哈姆（Ashenfelter and Ham，1979）在分析来自于密歇根收入动态调查的纵向数据时把这两种因素都考虑在内了。

人类教育和技能的获得被认为是生产要素投资的一种形式的观点并不是新的——例如，见马歇尔（Marshall，1890）。与此紧密相连的观点也出现在弗里德曼和库兹涅茨（Friedman and Kuznets， 308

1954）中，在明塞（Mincer，1958）和舒尔茨（Schultz，1960）之后，实证研究文献开始迅速涌现。贝克尔（Becker，1964）是扩展理论基础的经典文献。从那以后，大量文献急剧增加。布劳格（Blaug，1976）是一个精彩的述评。S. 罗森（Rosen，1977）是一个详细讨论模型、数据和计量经济方法的实证研究的综述。罗森（Rosen，1972，1974）进一步分析了人力资本供给和需求的相互作用。凯恩（Cain，1976）比较了大多数人力资本研究者所遵循的劳动市场的竞争性方法与非竞争性群体以及劳动市场对偶假设的方法，而多林格尔和皮奥里（Doeringer and Piore，1971）则是劳动市场对偶性假设的主要支持者。阿特金森（Atkinson，1975）对劳动市场经济学中的收入分配的意义进行了很好的讨论。

对于职业选择的简单解释，见弗里德曼（Fredman，1962）的著名研究及弗里德曼和库兹涅茨（Fredman and Kuznets，1954）。使用面板数据的职业离散选择分析的应用仍然处在发展初期，但毫无疑问它将变成一个重要的研究领域。

正如我们所评论的，路径分析并不特别依赖于竞争性劳动市场的假设，但侧重于遗传和家庭背景对收入的影响。有关遗传成分的度量有较大争议，格利切斯（Griliches，1979）对试图辨别出遗传成分的兄弟姐妹研究进行了综述。戈德伯格（Goldberger，1977，1978）已指出，本质上所有的早期研究都存在着致命的缺陷。

第 12 章　消费函数和跨期选择

在第 4 章中，我们已经讨论了新古典 309
效用最大化模型的直接扩展，用于处理不同时间段消费选择问题。本章将从几个方向做进一步分析。12.1 节考虑了跨期计划的各个方面，特别是关于个体生命周期的问题。首先，此模型允许同时选择消费和劳动供给，我们讨论在可自由选择的情况下，如何预期消费者根据生命周期中价格和工资的变化对其工作和消费水平作出相应的调整。接着，我们又回到像第 4 章所讨论的劳动供给受约束的更通常的情形，并通过基于第 3 章中的 AIDS（Almost ideal demand system）的模型解释消费函数的导数。对消费函数和需求方程系统之间的关系也做了简单的考察。接下来，我们讨论了以借入限制或借贷的不同利率为形式的流动性约束，并强调了这种约束对提高边际消费倾向的影响。最后，我们讨论了分析消费总量、收入总量和财富总量之间关系的意义。12.2 节考虑收入和消费的动态联系，不仅在完全跨期模型之下，而且考虑了其他解释和计量证据。12.3 节是关于不完全信息的问题。和第 14 章中对不确定性的更充分的处理相比，这种分析是不正式的。然而我们揭示了通货膨胀加剧时，关于价格变化的不完美信息可能会系统地提高储蓄率。最后，12.4 节是关于跨期选择一致性的问题：当明天真的来临时，一个在不变的且能完美预见的经济环境中具有不变偏好的消费者，是否会兑现昨天为今天作出的决策？像大多数的悖论一样，这个问题是由误解造成的。即便如此，对相关问题的考虑会引发其他真正重要的问题。

12.1　跨期计划和生命周期

310 这一章几乎只讨论单个商品 q，并用下标表示它被消费的时期。把它视为希克斯加总也许是最简单的，实际上在没有特定的相反信息的情况下，消费者假设商品相对价格将来不会改变是合理的。另外，根据第 5 章讨论的弱跨期分离性，我们可认为消费者在两个阶段进行配置：首先是总消费，具体的商品支出以此为条件。然而，考虑到第 3 章中关于这样的方程系统的结论还存在疑问，探寻其他方法是重要的，我们将在下面对此做简要考虑。

生命周期中的消费和劳动供给

考虑在经济生命周期开始时的单个消费者，他可以自由地为现在和未来直到将来某个最后日期计划消费和闲暇。如果把家庭中的多个消费者—劳动者抽象化，并像以前一样，把当前看成第 1 期，第 L 期是最后时期，则相应的效用函数可写作

$$u=v(q_{01},q_1,q_{02},q_2,\cdots,q_{0L},q_L) \tag{1.1}$$

其中 q_{0t} 表示第 t 期的闲暇时间，q_t 表示第 t 期的消费。预算约束是第 4 章中方程（1.4）的跨期扩展，它要求商品和闲暇支出的当前贴现值应与“完全财富”（full wealth）的现值相等。后者定义为资产加

上时间禀赋的贴现值。因此，对于定义为

$$\rho_t=1/(1+r_t)(1+r_{t-1})\cdots(1+r_2),\quad t=2,\cdots,L \tag{1.2}$$

的贴现因子 ρ_t 和 $\rho_1=1$，预算约束是

$$\sum_1^L \rho_t p_t q_t+\sum_1^L \rho_t \omega_t q_{0t}=\widetilde{W}_1 \tag{1.3}$$

ω_t 是第 t 期的工资率，完全财富 $\widetilde{W}_1$ 是

$$\widetilde{W}_1=(1+r_1)A_0+\sum_1^L \rho_t \omega_t T \tag{1.4}$$

这里假设每一时期有相同的时间禀赋 T。

方程（1.1）和（1.3）定义了一个有线性约束的标准新古典效用最大化问题。注意：这个问题严重依赖于各家庭可以以相同利率自由借贷的假设。因此，跨期计划包含一组消费需求函数和劳动供给函数（$\ell_t\equiv T-q_{0t}$）。

$$q_t=\overline{g}_t(\overline{W}_1,\rho_1 p_1,\cdots,\rho_L p_L,\rho_1\omega_1,\cdots,\rho_L\omega_L)^{①} \tag{1.5}$$ 311

$$\ell_t=f_t(\widetilde{W}_1,\rho_1 p_1,\cdots,\rho_L p_L,\rho_1\omega_1,\cdots,\rho_L\omega_L) \tag{1.6}$$

这些方程属于标准类型，可用通常方式分析。特别注意式子（1.5）不是通常意义上的消费函数，即便对当期消费 q_1 而言也是如此。消费不是与收入、资产和价格相联系，而是与将来的时间禀赋、资产、工资和价格相联系。收入是模型的内生变量，由消费者选择；因此，收入不能出现在方程（1.5）的右边。既然 $t=1$ 是生命周期的开始，方程（1.5）中的指标 t 是年龄指标而不是指“真实”的时间，认识到这点是重要的。

如果认为“个人实际上可以实现这样的生命周期”的假设是合理的话，方程（1.5）和（1.6）就可以在实证中用不同年龄的个体的数据来实施。实际上，为了使预测更可靠，此模型通常受到很多限制。一种可能是让效用函数（1.1）具有直接可加性，即

$$u=\sum_1^L v_t(q_{0t},q_t) \tag{1.7}$$

---

① 这里的 $\overline{W}_1$ 疑为 $\widetilde{W}_1$ 之误——译者注。

这限制了在不同时期消费的可替代性，完全就像在静态分析中可加性限制了商品间的可替代性一样，参见 5.3 节。然而，在跨期选择中，我们或许不应认为不同时期有非常强的明确的替代性和互补性，从而在这种背景下，可加性可能更容易让人接受。进一步，因为不同时期的消费在某种程度上是可比较的，而不同商品的消费则不能比较，因此，函数 $v(t)$ 可以有相似的函数形式。特别地，常常假设方程（1.7）可写成

$$u=\sum_{1}^{L}\delta^{(t-1)}v^{*}(q_{0t},q_{t}) \tag{1.8}$$

$v^{*}()$ 是各时期的公共函数，没有用 t 编号。参数 δ，$0<\delta<1$，解释为消费者的不耐心程度的反映，因此，未来消费和闲暇的福利离现在越远其折扣越大。把 δ 和利率关联起来，我们把用 $\delta=1/(1+i)$ 定义的 i 想像为时间偏好利率。

效用函数（1.8）和预算约束（1.3）具有实证上的意义。在内点解，用下标表示偏导数，我们可以得到一阶条件

$$\begin{aligned}v_1^{*}(q_{0t},q_t)\delta^{(t-1)}&=\lambda\omega_t\rho_t\\ v_2^{*}(q_{0t},q_t)\delta^{(t-1)}&=\lambda p_t\rho_t\end{aligned} \tag{1.9}$$

312 λ 是某个（正）拉格朗日乘数。因此，把式子（1.9）转化为

$$\begin{aligned}q_{0t}&=\phi(\lambda\omega_t\rho_t/\delta^{(t-1)},\lambda p_t\rho_t/\delta^{(t-1)})\\ q_t&=\theta(\lambda\omega_t\rho_t/\delta^{(t-1)},\lambda p_t\rho_t/\delta^{(t-1)})\end{aligned} \tag{1.10}$$

对于具体的函数形式，式子（1.10）（$t=1$，…，L）加上预算约束（1.3）可给出 λ 的表达式，替换后将给出传统需求函数（1.5）和（1.6）。然而，在目前情况下式子（1.10）特别有用。函数 ϕ 和 θ 没有用 t 编号，量 λ 也没有用 t 编号，λ 代表 $\widetilde{W}_1$ 及所有非第 t 期的工资和价格的影响。因此，对于给定消费者，劳动供给和消费在生命周期中的变化完全依赖于 $\omega_t\rho_t/\delta^{(t-1)}$ 和 $p_t\rho_t/\delta^{(t-1)}$ 在生命周期中的变化。当函数 $v^{*}()$ 对于两个自变量是可加性可分时，v_1^{*} 将仅依赖于 $\omega_t\rho_t/\delta^{(t-1)}$ 而 v_2^{*} 仅依赖于 $p_t\rho_t/\delta^{(t-1)}$。因此，通过 ϕ，q_{0t} 完全由 $\omega_t\rho_t/\delta^{(t-1)}$ 的变化决定，而 q_t 由 $p_t\rho_t/\delta^{(t-1)}$ 决定。更一般地，式子（1.10）有交叉效应，并且可以证明 ϕ_2 和 θ_1——ϕ 和 θ 分别在关于第二个自变量和第一个自变量的导数——当闲暇和消费为替代品的情况下为正，而

在当闲暇和消费为互补品的情况下为负，参见练习 12.11。在任何情况下，ϕ_1 和 θ_2 总为负。

下面考虑图 12—1 的工资图。因为图 12—1 中的情况经常出现，把图 12—1 和式子（1.10）结合起来预测一生中闲暇和消费行为是很有趣的。因此，如果 $p_t\rho_t/\delta^{(t-1)}$ 不随年龄而变化，生命周期劳动供给模式将与这样的曲线有相同的一般形式，并且已经发现与此不相冲突的实证证据，如盖兹和贝克尔（Ghez and Becker，1975）的证据。 313
另一方面，消费在可加性情况下不随年龄而变化，如果闲暇和消费可相互替代，那么消费和劳动供给的模式相似，如果闲暇和消费互补，那么二者模式相反。消费变化的主要决定因素是 $p_t\rho_t/\delta^{(t-1)}$ 项，根据隐含在效用函数中的替代程度，此项可使消费转向相对便宜的时期。例如，如果利率不变，$\rho_t/\delta^{(t-1)}$ 可简化为 $[(1+i)/(1+r)]^t$，从而，当价格不变时，如果 $r>i$，消费将随年龄的增长而稳步上升（因外部收益率克服了不耐心）；如果 $r<i$，则消费随年龄的增长而下降。

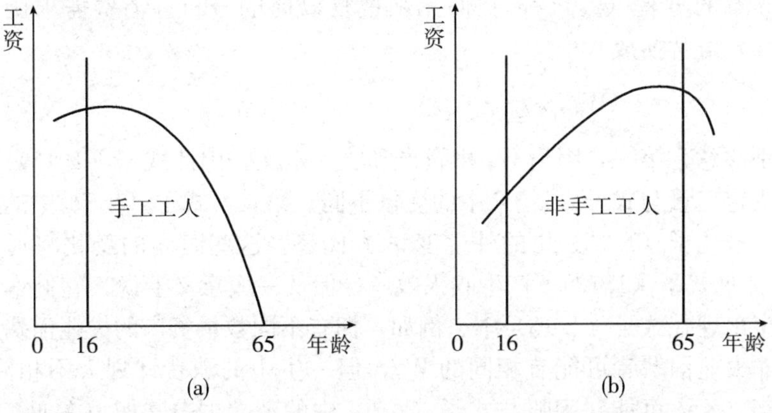

图 12—1　典型手工和非手工工人生命周期工资图

可以扩展此模型，使工资率成为接受教育所花时间的函数并因此可预测生命周期中的教育模式和人力资本的结构，参见盖兹和贝克尔（1975）。然而需注意的是，模型产生的结论的可靠性严重依赖于对跨期效用函数的具体形式所作的假设。这可能是足够合理的，但我们已讨论过的结论并非普遍有效，也没有包含在一般解（1.5）和（1.6）中。

具有劳动供给约束的消费

在许多情况下，更合理的做法是假定劳动者把他们的劳动供给当成是既定的，并根据未来的预期收入流而不是工资率来决定他们的跨期消费。如果把消费者预期在每一时期工作时间记作 $\bar{\ell}_1$，$\bar{\ell}_2$，…，$\bar{\ell}_L$，那么，如果增加 L 个限制，$q_{0t}=T-\bar{\ell}_t$，使 q_{0t} 成为外生变量，则决策问题仍然由式子（1.1）和（1.4）给出。因此，可把式子（1.3）和（1.4）改写成

$$\sum_{1}^{L}\rho_t p_t q_t = W_1 \tag{1.11}$$

$$\begin{aligned} W_1 &= (1+r_1)A_0 + \sum_{1}^{L}\rho_t \omega_t (T-\bar{\ell}_t) \\ &= (1+r_1)A_0 + \sum_{1}^{L}\rho_t y_t \end{aligned} \tag{1.12}$$

其中 y_t 指在第 t 期获得的收入。这是第 4 章分析的标准模型，参见第 4 章的方程（2.11），我们无须重复以前的分析。消费需求函数（1.5）可替换成

$$q_t = g_t(W_1, \rho_1 p_1, \cdots, \rho_L p_L, \bar{\ell}_1, \bar{\ell}_2, \cdots, \bar{\ell}_L) \tag{1.13}$$

特别注意，第一，因为 W_1 由资产和收入定义，因此式子（1.13）中的决定变量与式子（1.5）中的变量不同。第二，式子（1.5）中的工资率被式子（1.13）中的外生变量 $\bar{\ell}$ 代替。这些时间的变化将通过 W_1［见式子（1.12）］产生收入效应，但从一般意义上说，它们本身
314 必定出现在式子（1.13）中。例如，拥有不同数量资产的失业消费者和非失业消费者可能有相同的 W_1，但一生中的消费计划大不相同。仅当（不太可能）闲暇与式子（1.1）中的消费弱分离时（参见 5.1 节），$\bar{\ell}$ 才不会出现在式子（1.13）中。为记号方便，表示消费函数方程时，我们通常省略这些自变量，但除非作出相反的假设，则总是默认它们隐含地存在。

再次说明一下，式子（1.13）所给的生命周期消费计划最好通过一个具体的例子说明，尽管是一个相当一般的例子。因为最大化问题包含一个线性预算约束，所以偏好可以用贴现价格 $\rho_t p_t = p^*$ 的跨期成本函数 $c(u, p^*)$ 来刻画；对于效用最大化消费者，它的值为 W_1。因此，跨期 AIDS 可定义如下

$$\begin{aligned}\log W_1 &= \log c(u, p^*) \\ &= \alpha_0 + \sum_1^L \alpha_t \log p_t^* + \frac{1}{2}\sum_1^L \sum_1^L \lambda_{ts}^* \log p_t^* \log p_s^* \\ &\quad + u\prod_1^L p^{*\beta_t}t \end{aligned} \tag{1.14}$$

求导和重新排列［比较第 3 章式子（4.6)］，从 $t=1$ 这个时期看，跨期消费计划可由以下方程给出

$$p_t^* q_t = \alpha_t W_1 + \beta_t W_1 \log \frac{W_1}{p^*} + \sum_{s=1}^L \gamma_{ts} W_1 \log p_s^* \tag{1.15}$$

其中，P^* 是包含所有贴现价格 p_1^*，…，p_L^* 的价格指数。α_t 在整个生命周期相加为 1，可认为反映了一生中的需要（need）模式；如果，比如说，它们均匀分布，则 $\alpha=1/L$。式子（1.15）中最后两项在生命周期中相加为零。第一项表示财富增长引起意愿生命周期消费模式重新排列的方式；这似乎在大多数情况下可能较小。最后一项反映了利用相对价格低的时期进行的消费跨期重新安排。如果 $\beta_t=0$，$\gamma_{ts}=0$，模型可简化成柯布-道格拉斯形式 $p_t q_t=\alpha_t W_1$，正如第 4 章讨论的那样，这意味着不现实的高跨期替代。如果对每一个 t，$\gamma_{tt}>0$，这可用来简化式子（1.15）。

重新计划的效应

这种模型可用于在财富和价格条件下比较不同年龄组的消费行为，这里的价格是指劳动供给价格和消费价格的合并。按另外一种方式，正如我们将在下面所见，式子（1.13）能按年龄组加总从而导出对整个经济的意义。然而，请注意像式子（1.13）这样的方程，在生 315
命周期开始起就被消费者推导出来，这是建立在未来收入和价格的完全信息的假设之上的。这显然是不太真实的，我们可推测这种方程仅能给出计划中第一期的实际需求。随后，当获得新信息时，对未来的预期将被修正并规划新计划。特别地，考虑式子（1.12）定义的变量 W_1。随时间流逝，消费者将观察到实际收入和贴现率，因此，在生命周期的每一点，W_1 能被重新计算，这些估计一般都会不同，因为只有在时间点 L 上 W_1 最终的值才能确知。对于式子（1.13）和（1.15）中的价格变量同样如此。结果在生命周期的每一点，都有一

个不同的完整的生命周期消费计划与此时的 W_1 和价格的最优估计相对应。但这些计划通常基于这样的认识：根据新的信息，以前的消费水平不是最优。并且因为过去已不能改变，所以实际消费函数不是基于对 W_1 和价格的当前估计表示的式子（1.13），而是根据过去消费的影响作进一步修正。过去消费的这种影响可与配给相比，它有两种形式：一方面，以前的消费水平影响目前的资产水平，因而对现在和未来的消费有收入效应；另一方面，当消费者对过去过高或过低的消费水平进行补偿时可能出现替代效应。

这种效应不易在 AIDS 中解释，但如果我们考虑柯布-道格拉斯情形，从年龄 1 看，$p_t^* q_t = \alpha_t W_1$ 代表年龄 t 时最佳计划消费。这可更精确地写作

$$p_t^* q_t^1 = \alpha_t E_1(W_1) \tag{1.16}$$

其中，上标表示计划时间，$E_\tau()$ 是在 τ 时刻的（点）期望。当消费者真的到达年龄 t，关于 t 的计划将变为实际的 q_t^t，它是通过效用最大化计算的，其约束条件是在时刻 t 观察到的式子（1.12）和 q_1，q_2，…，q_{t-1}分别取实际值 q_1^1，q_2^2，…，q_{t-1}^{t-1}。在柯布-道格拉斯情况下，效用由 $\sum_1^L \alpha_\tau \log q_\tau$ 给出，如在时间 t 所见，生命周期问题是使它最大化并满足新得到的生命预算约束，$E_t(W_1) = \sum\limits_1^L p_\tau^* q_t$ 和以前的固定水平，$q_\tau = q_\tau^\tau$，$\tau = 1$，…，$t-1$。当然一般情况下，价格预期也已经改变，但我们为了说明的简便而忽略这一点。既然柯布-道格拉斯函数关于时间是可加性分离的，我们可以忽略效用中现在已经固定不变的前（$t-1$）项，因此，在时间 t 所见的消费者生命周期问题可以

316 改写为，选择 $q_t, \cdots, q_L$ 以最大化 $\sum\limits_t^L \alpha_\tau \log q_\tau$，约束条件是 $E_t(W_1) - \sum\limits_1^{t-1} p_\tau^* q_\tau^\tau = \sum\limits_t^T p_t^* q_\tau$，其解是

$$p_t^* q_t^t = \alpha_t^* \left[E_t(W_1) - \sum_1^{t-1} p_\tau^* q_\tau^\tau\right] \tag{1.17}$$

其中 $\alpha_t^* = \alpha_t / (1 - \sum\limits_1^t \alpha_\tau)$。如果偏好具有柯布-道格拉斯形式，此方程就给出个人在时间 t 的实际消费。当然这种例子很特殊，但它指出

了把式子（1.17）改写为其他两种形式的推广。首先，考虑时刻 t 观察到的 $\tau=1$，…，$(t-1)$ 时刻的最优消费水平；它们可写为 q_{τ}^{t}，$\tau=1,\cdots,(t-1)$，在目前情况下等于 $\alpha_{\tau}E_{t}(W_{1})$。由此可把式子（1.17）重新写为

$$p_t^* q_t^t = \alpha_t E_t(W_1) + \alpha_t^* \sum_{1}^{t-1} p_\tau^* (q_\tau^t - q_\tau^\tau) \tag{1.18}$$

式子（1.18）中的第一项是根据 $E_t(W_1)$ 而不是根据 $E_1(W_1)$ 重新估计的 $p_t^* q_t$ 的原有计划，而第二项表示对事后看出的过去消费误差的修正的影响。一般来说，实际消费和以现在的认识水平重新计算的最佳生命周期计划之间的关系比式子（1.18）复杂得多，但思想很明确并表明了应用最佳消费计划到现实数据中可能出现的误差。

式子（1.17）另一可选形式是基于这样的认识：当前贴现财富水平的当前预期 $E_t(W_t)$ 与 $E_t(W_1)$ 之间通过 $\rho_t E_t(W_t) \equiv E_t(W_1) - \sum_{1}^{t-1} p^* q_\tau^\tau$ 相关联，参见练习 12.6。将其代入式子（1.17）得到

$$p_t q_t = \alpha_t^* E_t(W_t) \tag{1.19}$$

因此，在此简单情况下，当前实际消费水平与当前财富水平相关，过去消费水平的影响也局限于后者。然而如我们将在 12.4 节中所见的，式子（1.19）依赖于柯布-道格拉斯效用函数是跨期分离的事实，并且一般来说，年龄 t 时的实际消费将依赖于 W_t 和过去消费的价值。注意，即使在最简单的表达式（1.19）中，α_t^* 既不与式子（1.16）中的 α_t 相等也不与式子（1.18）的首项相等。然而，把实际消费函数建立在生命周期计划如式子（1.13）的基础上，并考虑新信息的效应，为我们提供了消费和年龄之间关系的重要信息，它可用于微观研究和宏观研究。

在本节结束之前，注意像式子（1.19）所代表的总消费模型或像式子（1.14）和（1.15）一样应用于不同时间商品的希克斯加总的 AIDS 与应用于需求方程系统的 AIDS 之间的关系。首先注意，定义在 p_t 和 x_t 上并在第 3 章中讨论过的模型 LES（线性支持系统）或 *317*
AIDS 的存在性依赖于弱跨期分离性，它表明要求商品需求只依赖于本期价格和总支出的合理性。弱分离性也是每一时期价格平行移动这种假设的一种近似替代，而此假设是定义希克斯加总时所需要的：正

如我们在 5.2 节所见，它可用于给出像式子（1.19）和（1.15）这样的总量方程作为近似的合理性的说明。当然我们无须在两个不同的层次上使用相同的成本函数。因此，我们最好在商品详细分类层次利用 AIDS，在跨期加总层次使用 CES 或其他相对简单的形式。然而，像式子（1.13）或（1.15）这样的消费函数可能来自于比弱分离性范围更宽的假设（例如，隐含分离性或练习 12.9 中的例子）。接受这些假设意味着不得不放弃连接 q_t 与 x_t、p_t 的标准静态模型，但是考虑到关于此类模型的实证证据，这些假设或许是一个有益的发展。

有流动性约束的消费函数

到目前为止所讨论的所有模型都将消费行为与财富相连，财富体现为金融资产或未来收入的贴现。当前收入的重要性，仅仅在于它对后者的贡献，或者它本身作为后者的一部分的贡献，或者通过对未来收入预期的形成的贡献（参见第 4 章）。然而，大量关于消费函数的文献不是强调财富而是流动性，即支付消费的直接方法。对于不能借入或只能以违约利率借入的消费者来说，消费支出很可能受到已得收入的严重制约。为建立这种效应的模型，必须修改已讨论过的生命周期模型以考虑限制资产为负的约束。

在某些情况下，终生消费计划（1.13）可能不受影响。如果一个消费者足够幸运地在生命周期开始之时继承大笔金融资产或某人能预期在职业生涯开始时就有很高薪水，他们可能在一生中都是净债权人。然而，对于具有图 12—1（b）工资—年龄关系所示的收入图的消费者而言，对一生相对均匀的消费分布的需求意味着在生命周期的早期积累债务是最佳选择。对许多消费者而言这可通过向专门机构如建房互助协会或储蓄贷款协会借款买房实现。然而，如果这些需求不能满足，消费将低于在生命周期早期可借债情形下的水平；这可以用
318 以后较高的消费来补偿，但必须以净福利成本为代价，因为有强制的跨期重新安排。类似地，给定标准收入模式，对存在借入约束的消费者来说，净资产的持有总是至少不低于那些不存在借入约束的消费者，无论眼下约束条件是否实际发挥作用。不过，借入约束最重要的效应可能是提高了整个经济的边际消费倾向。很明显，对于借入数量低于期望值的受到约束的消费者，可获得资源的任何增量都会被花费掉。

我们可用图 12—2 中一个两期模型阐明这点。假设借入约束意味

着第 1 期结束时的资产，$A_1 \geqslant \overline{A}_1$，其中 $\overline{A}_1$ 是某个给定的数量。既然 $A_1 \equiv (1+r_1)A_0 + y_1 - p_1 q_1$，这个约束意味着 $p_1 q_1 \leqslant y_1 + (1+r_1)A_0 - \overline{A}_1$，也就是当前消费支出限于当前收入加上（减去）包括利息收入（支出）在内的当前资产（债务）的价值。不等式导致曲线 E_1D_1，E_2D_2 和 E_3D_3 中的垂直部分。如果我们不是假设绝对的借入约束，我们假设借入总是可能的，尽管借入利率高于贷款利率，则垂直部分被比预算约束左边更陡的线段代替。然而，在两种情况下，预算约束都有拐点。图中所示每一点都对应着一个不同的 y 值，从而 ABC 是 319
当前收入增长的扩展路径。受约束的消费者在预算约束的拐点，只要它保持这种状态，y_1 的增长，例如，从 D_1 点到 D_2 点就直接转变成 q_1 的增长。不过，最终在 D_2 点之上，当前收入增长将大到足以克服借入约束，沿非约束斜线上的各点将可达到。

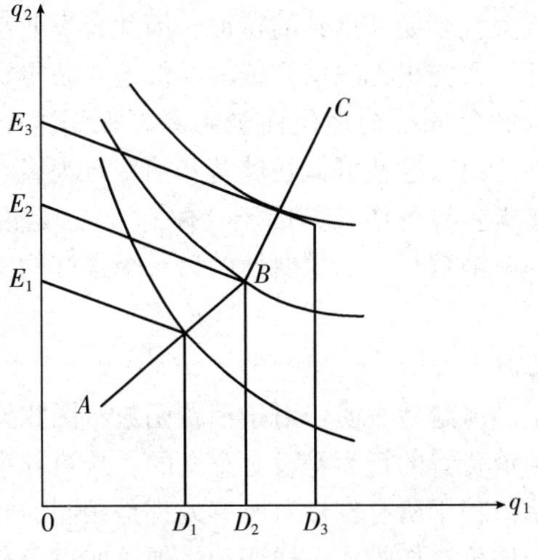

图 12—2　借入约束效应

在决定整个经济中当前收入对消费的决定程度时，哪些消费者是受约束的，哪些不受约束的问题是相当重要的。显然，那些拥有很多初始资产或很高当前收入的人不太可能想借入（或者如果他们想借入也会遇到很多困难）。反之，对未来收入的高期望也会导致借债的需要。举一实例，假设第一阶段的非限制消费计划是 $p_1 q_1 = \alpha_1 W_1$。这可通过柯布-道格拉斯效用函数或任何位似跨期效用函数来改进，例如，只要预期的跨期价格是常数就可以利用式子（1.15）中所有

$\beta_t=0$时的 AIDS 的位似形式。那么，如果 $\alpha_1 W_1 \geqslant y_1+(1+r_1)A_0-\overline{A}_1$，就需要借入。把式子（1.12）中的 W_1 代入，借入约束的强制性条件是

$$\sum_{2}^{L}\rho_t y_t > \frac{(1-\alpha_1)}{\alpha_1}[y_1+(1+r_1)A_0-\overline{A}_1] \qquad (1.20)$$

注意，既然 $(1-\alpha_1)/\alpha_1$ 随 α_1 下降，α_1 是对当前消费需要的度量，家庭是否受约束取决于预期、基本需要、收入和资产的平衡。当 y_1 增加，因为式子（1.20）右边增加，借入可能性减少，参见图 12—2。然而未来收入价值的预期可能随当前收入的增长而提高，这将扩大为了除去约束所需的 y_1 的增长，参见练习 12.4。

在不完美信息世界里，消费者面临借入约束可能有其他原因。债权人可能无法评估潜在借款人的还贷能力，并转而求助于被认为与不可观察的数量相关且容易观察到的特征。因此，失业消费者即使将来的收入潜力很好，目前也无法借到钱。类似地，获得资金的途径可能因性别、年龄、肤色或社会地位而被阻断。根据这个理论，我们预期，因为流动性约束，这些群体在储蓄和消费行为上有系统差异。没有这种认识，这类差异可能被归因于“偏好”，这是说明正确建立约束模型对我们理解消费行为的重要性的另一个很好的例子。

总消费的含义

320 以前的讨论已清楚地表明，对于消费函数试图找到加总行为反映某个有代表性的消费者的行为是没有意义的。从第 6 章可知，单期模型中的完全加总依赖于所有价格对所有人都是相同的假设，只允许收入变化。如果允许价格像收入一样变动，加总变得更加困难，允许它的条件相应地变得更严格。对于跨期选择问题，消费者不仅在收入和资产水平方面不同，而且在年龄、对未来价格和收入的预期以及他们受约束的程度也不相同。有些消费者可改变他们的工作时间，而有些却不能；有些人可以借债，而有些人却不能或只能以高利率借债。而对这些复杂情况，一种方法是像多尔德和托宾（Dolde and Tobin, 1971）所做的那样在关于人口结构、收入、资产分布以及约束发生率的“现实”假设下进行计算机模拟进而构建宏观消费函数。这可用于测量这些效应的重要性并被作为在宏观和微观水平上做进一步计量工

作的补充。另外，我们可分离出一系列孤立的效应，其中每一种都可能对整体行为的决定起作用，这是我们在此遵循的方法。

生命周期模型的宏观经济含义也许是最熟悉的，如果我们忽略遗赠，储蓄和资产积累的存在仅起到把购买力从一个时期传递到另一个时期的作用，因为没有什么根据假定财富增长引起生命周期的某些时期相对其他时期更受偏爱（即认为偏好在不同时期是近似位似的，是合理的），这一假设表明储蓄、消费和财富随时间成比例增长（倘若没有重大的意外因素，例如分配或是约束程度的根本变化）。因为对于一个给定收入增长率，长时间内收入和财富是成比例的，这就给出了储蓄率长期恒定的著名结论。支持这一命题的经验证据不像许多作者料想的那样具有说服力。当然库兹涅茨（Kuznets，1962）发现不仅在美国此比例事实上大约有一个世纪保持不变，而且事实上对于所有他获得的时间序列数据也是如此，储蓄随收入增长远低于依据各家庭短期时间序列数据或横截面数据推想的增长。然而有人提出对于美国的结论是许多干扰因素相互抵消的结果，参见弗里德曼（Fredman，1957，pp. 119－124），对大多数欧洲国家来说，储蓄率显示了随时间有向上趋势的证据，尽管这无疑可根据其他事实来解释，参 321
见，例如迪顿（Deaton，1975c）。

生命周期模型也告诉我们了许多关于人口统计变量、收入增长和储蓄之间的联系。尽管收入流量或消费需要在生命周期中都不会均匀分布，但当收入流量遵循图 12—1 所示的模式时，消费需要比收入流量可能更稳定。特别是家庭消费需求在组建家庭阶段达到最高，而收入流量在退休后降到最低。因此，生命周期的初始阶段可能是低储蓄阶段或负储蓄阶段。此后，储蓄成正值，在退休前某个时期达到峰值，峰值过后就是动用储蓄阶段。所以，消费和收入之间的加总关系依赖于人口的年龄结构和其中的不同年龄组的相对收入。因此，如果收入增长很快，那么当缺少从年轻人到老年人的较大的收入转移时，老年人将动用相对少量的积累资产而年轻人（或中年人）将储蓄相对多的收入。与一个收入长期增长较低的经济相比，这会导致较大的总储蓄率。如果在一个经济中具有较大比例的人群具有图 12—1 中左边的收入模式，这种效应可能被加强，因为具有这种收入形式的人在工作年限内可能会储蓄更多而退休后消耗更多的储蓄。类似地，在其他条件（包括人均实际收入）相同的情况下，快速增长的人口意味着人口中退休的只是小部分，也意味着总储蓄率高。一个暂时的生育高峰之后，当那些婴儿长大组成家庭的时候，可能引起总储蓄率短暂的小幅度降低，当他们达到收入潜能的顶峰时可能会引起储蓄率提高，当他们处于退休阶段时可能引起储蓄率更长时间更大幅度的减少。最后注意，没有遗产动机的情况下，生命周期模型表明在没有人口增长也没有收入增长的静态经济中，储蓄率应该为零。年轻人的储蓄被老年人的负储蓄恰好抵消。这些“增长率”效应被许多经济学家证实［参见，例如，莫迪利亚尼和布伦伯格（Modigliani and Brumberg，1955b），法雷尔（Farrell，1959，1970），托宾（Tobin，1967），拉塞尔（Russell，1977）］，而且有大量经验证据，一方面来自对国家之间储蓄率的观察［莫迪利亚尼（1970），萨里（Surrey，1974）］，另一方面来自对单个国家的时间序列结果的分析［参见斯通（Stone，1966）的表格或迪顿（Deaton，1972b）］。练习 12.5 提供了一个例子说明如何在相当特殊的情况下推导这种效应的简单公式。

322 当我们考虑到不同消费者面对不同类型的约束时，所有这些分析都必须修正。例如，如我们所见，可自由改变劳动供给的消费者的消费函数与那些劳动供给已预先确定的消费者不同。差异的程度依赖于约束的程度，因此，在加总的意义上，自我雇佣的工人比例在决定消费时是很重要的，对于受约束的工人，像失业预期这样的变量对当前储蓄和花费的决定影响很大。流动性约束从总体上看也很重要，正如我们所见，一个金融体系不发达的经济中有较高的平均储蓄率，因为流动性约束限制了许多消费者通过借款产生的负储蓄。总的边际消费倾向关键依赖于面临借债限制的消费者比例。总的来说，通过像式子（1.16）这样的不等式，此比例依赖于资产、需求、收入和期望的总体分布。尽管这种关系建立正式模型很困难，但一些一般的要点还是清楚的。如果有借入约束，完全生命周期模型在收入分配的较低端就不太恰当，例如当收入有短期下降时。如果不能借债，没有资产的消费者就无法维持消费。然而，即使在这里，生命周期模型也可给出同样的结果。如果连接未来与当前收入的预期是高度弹性的，那么即使在经济衰退的开始，因为对未来收入的预期会随着当前收入的减少而降低，则确实希望借债而不能借的家庭比例也可能很小。因此，预期的高弹性和借债约束的高弹性的意义相同，即高边际消费倾向。注意，在借债限制是强制性的意义上，许多资产雄厚的消费者可能会受影响，这些资产不易变现或变现费用昂贵或不能作为短期贷款的抵押品。这不仅可以应用于像旧的消费者耐用品之类的明显的非流动性资产，也可以应用到股票或政府债券。如果利率暂时走高或股票市场暂时低迷，非计划清算成本可能高至迫使消费者削减消费以适应当前收入的暂时减少。以上所有考虑表明边际消费倾向是当前经济条件的复杂函数，但它们肯定没有为以下的推测提供基础，即当前总收入的边际消费倾向应该很小，这与生命周期模型最粗略的解释一致。

使生命周期消费理论需要修正的另一重要影响（原因）是由国家提供储蓄机构和公共物品。在加总意义上，它们的支付源于税收，因 323
此，这种供给没有净收入效应，尽管这可以掩饰重要的分配变化。然而，补充一下，这些供应中许多充当私人支出或充当为未来而支出的私人供应的替代品。近年来，有许多关于所谓的超理性假设的讨论，即消费者拥有有关政府活动的完全信息并正确地估算其价值，特别是那些与作出跨期决策有关的活动［参见，例如，戴维和斯卡丁（David and Scadding，1974）和费尔德斯坦（Feldstein，1976b）］。因此税收的增加完全被储蓄的降低抵消，如果前者被国家用于积累实际财富，此举被认为减少了消费者将来对自己资产的需求。这些观点是关于财政政策“挤出”效应的争论的中心，此争论可追溯到货币主义者与凯恩斯主义者的早期论战，它与两次世界大战之间的那些年关于如何治疗失业的观点有关。近期和早期参考文献，可参考比伊特（Buiter，1977），汉考克（Hancock，1960），科克伦（Cochrane，1970）。这个方法的一个问题是它所包含的“加总谬误”；一个人可能知道他支付的税收是社会财富的组成部分，但他个人没有得到可以从中获利的任何保证。这和（明显无效的）关于消费者所拥有的信息量的假设是超理性假设观点，是受到反对的两个主要理由。然而，这并未使下列观点失效，即国家养老金计划或国家保险安排扩大范围之时，私人储蓄有所下降是合情合理的。确实，消费者需求结构的长期发展可由这种发展来说明，再次参见库兹涅茨（Kuznets，1962）。然而即使在消费者可获得很好信息的情况下（至少在长期内），我们未必能预期一对一的减少。

练习

12.1　盖兹和贝克尔给出的消费—闲暇模型中，效用仅由商品

q_1^*，…，q_L^* 定义，而这些商品是根据规模报酬不变的生产函数 $q_t^*=F(q_{0t}, q_t)$ 由闲暇和市场消费生产的。这种模型与本节讨论的模型有实质不同吗？解释如何不同？

12.2 使用图 12—2 或其他方法，与 4.2 节中讨论过的无约束存在的情形相比，分析在存在流动性约束时 r_t 的变化的收入和替代效应。

12.3 利用 AIDS 消费函数（1.15），分析未来价格预期对实际存在的借入约束的可能性大小的效应。如果家庭构成效应的巴顿模型可用于跨期情形（见 8.4 节），讨论哪类家庭最有可能受到约束。受到流动性约束的消费者比例是否有可能长期保持不变？

12.4 利用不等式（1.20）并假设 $\alpha_1=1/L$，说明预期弹性
324 不大可能足够高以至于 y_1 的增加使左边的增长大于右边的增长。你认为这个结论在多大程度上与效用函数的重新设定有关？讨论当前收入变化对受到流动性约束的消费者比例的效应的意义。

12.5 假设某经济中人口增长为零，利率为零，人口呈均匀分布，又设所有个体都一样，工作 N 年后退休，又过（$L-N$）年之后死亡。假设所有个体偏好相同，每个人在工作年限内收入相同，所有人选择把消费均匀地分配到生命中的 L 年内，存在一个稳定的收入增长率 g（即在所有年龄组之间，从而所有 0 岁的个人都有终身不变的收入，即 $e^{\tau g}$ 乘以 τ 岁时的个人终身收入，其中 $\tau\leqslant N$）从而证明储蓄率为

$$1-\frac{N}{L}\left(\frac{1-e^{-Lg}}{1-e^{-Ng}}\right)$$

证明对于适当的 N 和 L 的值，这和戴维森等人（Davidson，et al.，1978）发现的关系 $1-e^{-5.3g}$ 接近，参见下文。

12.6 年龄 t 时当前贴现财富定义如下

$$W_t = A_{t-1}(1+r_t)+y_t+\rho_t^{-1}\sum_{t+1}^{L} y_\tau\rho_\tau \qquad (1.21)$$

证明如果预期实现，则 $W_t=(1+r_t)(W_{t-1}-p_{t-1}q_{t-1})$。用 η_t 表示 t 和 $t-1$ 之间的贴现收入的期望的变化，即

$$\eta_t = E_t\left(y_t + \rho_t^{-1}\sum_{t+1}^{L} y_\tau\rho_\tau\right) - E_{t-1}\left(\rho_{t-1}^{-1}\sum_{t}^{L} y_\tau\rho_\tau\right) \tag{1.22}$$

证明 W_t 和 W_1 通过以下恒等式相联系

$$E_t(W_t) \equiv \rho_t^{-1}\left[E_1(W_1) - \sum_{1}^{t-1} p_\tau^* q_\tau^\tau + \sum_{2}^{t} \rho_\tau\eta_\tau\right] \tag{1.23}$$

12.7　跨期 LES（线性支出系统）具有效用函数 $\sum_{1}^{L}\beta_t\log(q_t - \gamma_t)$。推导出从生命开始起的生命周期消费计划，即方程（1.13）。证明有这种偏好的生命周期假设不能预期不变的长期储蓄率。为什么这样？你认为该结果是否定不变储蓄率的一个证据吗？

12.8　证明如果不能总是实现预期，具有如上 LES（线性支出系统）偏好、年龄 t 的个人的实际消费水平由以下方程给出

$$\begin{aligned} p_t^* q_t^t = {} & \alpha_t^*\left[E_1(W_1) - \sum_{1}^{t-1} p_\tau^* q_\tau^\tau + \sum_{2}^{t}\rho_\tau\eta_\tau\right] \\ & - \alpha_t^*\sum_{t}^{L}\gamma_t E_t(p_\tau^*) + \gamma_t p_t^* \end{aligned} \tag{1.24}$$

这里 $\alpha_t^* = \alpha_t/(1 - \sum_{1}^{t-1}\alpha_\tau)$，$\eta_t$ 如练习 12.6 中所定义。利用式子（1.23）改写式子（1.24）并解释由此导致的消费和当前财富之间的关系。

12.9　如果我们区分每一时期的个人商品，那么 q_{ti} 是在第 t 期对商品 i 的需求，则完全跨期 AIDS 为

$$\frac{p_{ti}^* q_{ti}}{W_1} = \alpha_{ti} + \sum_s\sum_j \gamma_{tisj}\log p_{sj}^* + \beta_{ti}\log\left(\frac{W_1}{P^*}\right)$$

α_{ti}，γ_{tisj} 和 β_{ti}（s，$t=1$，…，L，i，$j=1$，…，n）是参数。类似于第 3 章的式子（4.6）和（4.7），导出并解释 P^* 的一个形式。解释约束 325
$\sum_i\beta_{ti} = 0$ 并提出其他关于参数的合理约束。从此方程中导出消费函数并把你的结果和（1.15）作比较。

12.10　一个家庭最大化生命周期效用函数

$$u = \sum_{1}^{L}\alpha_t\log q_t + \sum_{1}^{N}\beta_t\log q_{0t} + \sum_{N+1}^{L}\beta_t\log T$$

这里第 $N+1$ 到第 L 期代表退休阶段且 $\sum_{1}^{L}\alpha_t+\sum_{1}^{N}\beta_t=1$ 。它面对新古典生命周期预算约束 $W=\sum_{1}^{L}\rho_t p_t q_t+\sum_{1}^{N}\rho_t\omega_t q_{0t}$ 。假设唯一可能的角点解是对于某些或全部时期家庭可能不参与劳动力市场。证明最优化问题的一阶条件是

$$q_t=\alpha_t/\lambda\rho_t p_t$$

和

$$q_{0t}=\beta_t/\lambda\rho_t\omega_t \qquad \text{如果 } q_{0t}<T(\text{即参与}>0)$$

$$q_{0t}\leqslant\beta_t/\lambda\rho_t\omega_t \qquad \text{如果 } q_{0t}=T(\text{即参与}=0)$$

家庭计划使哪一时期参与的可能性最小？比较家庭计划在所有 N 期都参与和计划在 $N_1<N$ 时退休两种情况下的 λ。

12.11 以下面的形式改写式子（1.9）

$$v_1^*(q_{0t},q_t)=\lambda\omega_t\rho_t/\delta^{t-1}$$

$$v_2^*(q_{0t},q_t)=\lambda p_t\rho_t/\delta^{t-1}$$

对两个方程都求全微分，解出由此得出的 dq_{0t} 和 dq_t 的联立方程。因此，推导出在上面方程（1.10）中 ϕ_1，ϕ_2，θ_1 和 θ_2 的符号。讨论前面在生命周期消费变化讨论中出现的术语“互补品”和“替代品”的使用。

12.2 收入和消费的动态学

12.1 节讨论过的消费函数的实际实施远不是那么直接。除已讨论过的加总问题外，还有难以克服的数据问题。尽管收入、消费、价格和利率至少在原则上可以恰当度量，但资产或预期却不是这样。在几个国家，资产数据是可获得的，或者来自于积累的储蓄数据，或者来自于根据遗产所作的推测。然而，这些数据几乎总被认为是很不可靠的，仅因为经常不能精确地考虑占很大比例的、不是由家庭所有而是由慈善机构和信托机构或是小规模的业主制企业所有的私有财富。这就表明，即使资产序列数据是可得到的，更可取的做法是依赖于替代变量法或不需使用资产数据的方法。这种状况对预期更困难，尽管目前有些工作试图使用消费者调查结果，大多数研究还是依赖于一些

替代变量技术。特别是，既然过去收入行为有可能包含可能的将来进程的信息，人们已把注意力集中到建立消费和收入的动态关系模型上来。虽然其他变量无疑是重要的，但曾经估计的大部分实证消费函数 326
的解释力来源于消费和收入的关系。因此，理解这种关系的性质的各种理论的含义以及观察实证估计证实或证伪它们都很重要。

生命周期模型的直接估计

弗里德曼（Fredman，1957）在他著名的消费函数研究中使用了一个有以下形式的模型

$$q_t = k y_t^p + \in_t \tag{2.1}$$

这里$\in_t$是即时消费，假定它和实际持久消费 ky_t^p 无关。数量 y_t^p 是“持久”收入，如我们在 4.2 节中所知，它可以被认为是这样一个数量，如果在生命周期中它作为不变流量被获得，其实际现值等于 W_1。正如已阐述的那样，这种解释意味着 k 至少应该是实际利率的一个函数。然而这里我们更关心 y_t^p 的解释及它与 W_1 的关系。关键问题之一在于这一结构如何建立未来预期收入关于当前收入变化的弹性的模型。弗里德曼假设持久收入与“即时”收入不相关（持久收入加上即时收入＝度量收入），这种情况只有在弹性接近于零时才出现。因此，如果这一假设被作为实证工作的前提，我们对短期边际消费倾向的大小问题的预先判断是偏向于非常低的值。不过弗里德曼把 y_t^p 的结构留给“实证观察”，在他自己的计量经济工作中，考虑到趋势增长率之后，从以下规则中构建持久收入

$$y_t^p = \lambda\left[\left(\frac{y_t}{p_t}\right) + (1-\lambda)\left(\frac{y_{t-1}}{p_{t-1}}\right) + (1-\lambda)^2\left(\frac{y_{t-2}}{p_{t-2}}\right) + \cdots\right] \tag{2.2}$$

即作为当前和过去的实际收入的加权平均，权数等比递减。因为，如果λ不太接近于零，那么（$1-\lambda$）^{t} 迅速变小，式子（2.2）中的无穷序列可截去有限项之后的部分。（弗里德曼实际上考虑了滞后 17 年的值，尽管对于他对λ的估计值的三分之一来说，只有前面 6 到 9 项有显著的权重。）

替代式（2.2）经常和（2.1）一起被广泛使用，但一般没有弗里德曼使用过的对趋势的修正。这种方法有很多理论上的困难。经常提 327
出的关于（2.2）的一个论点是在一定条件下，这样的计划将产生对

于未来实际收入的“最优”预测。实际上，萨金特（Sargent，1977）已证明如果实际收入遵循以下模式

$$(y/p)_t=(y/p)_{t-1}+a+u_t-(1-\lambda)u_{t-1} \tag{2.3}$$

这里 u_t 是个序列独立的误差过程，那么第 t 期计算的对 $(y/p)_{t+1}$ 的期望 $E_t[(y/p)_{t+1}]$ 由 y_t^p+a/λ 给出，参见练习 12.15。因此，如果在式子（2.1）中增加一个截距项，公式（2.2）可以被当作是至少提前一期的未来期望收入模型。这种方法的缺陷是显而易见的：没有理由假设实际收入确实遵循式子（2.3），至少没有经过检验，也没有理由假设提前一期的收入是持久收入所表示的相关理论数量。因此，像（2.2）这样的公式，即使对收入增长做了修正（式子（2.3）中的 a），也可能给出变量的不精确预测，这些变量无论如何只是相关量的一部分。例如，收入的变化率有可能是决定未来预期的一个重要变量，而且也许未来收入预期的最简单公式将包括当前收入和它的变化率。但如果真如此的话，消费函数中的收入滞后结构可能包含有**负**权数的项，从而式子（2.2）和其他包含正权数的表示都可能是不恰当的。这种批评不仅可适应于诸如式子（2.2）的递减等比滞后，也适应于消费函数中经常使用的所有范围内的低次阿尔蒙（Almon）多项式。消费函数中当然要求分布滞后，但重要的是它们的形式不能预先过于约束，估计的形式应当在更普遍的备选中进行检验。

像式子（2.1）这样的模型的分配滞后表述的另一缺陷是它们的不完备性。它们既没有考虑对失业的预期，也没有考虑当前通货膨胀率对未来收入水平的效应。类似地，在特定时间有可能获得高度相关的特定信息：例如，在政府的收入政策下，没有谁的收入增长超过10%。然而，可能最严重的是用仅仅依赖于收入的测度替代 y_t^p 时所隐含的资产缺失。这不仅意味着 A 的独立效应和 y 的效应混淆，而且因资产通过储蓄与过去的收入和支出相关，消费和收入间的滞后结构被进一步扭曲。也要注意我们丢失了资产作为过去、现在和将来的联系纽带所提供的重要的误差修正机制。如果在第 1 期，消费者犯了
328 错误，例如，消费比期望的更高，资产将比希望的水平更低，那么接下来的消费将会降低以作为补偿［参见例子（1.17）和（1.18）］。这种误差修正机制在（2.1）和（2.2）之类的模型中不存在，它们完全忽略了资产。

在安多和莫迪利亚尼（Ando and Modigliani，1963）的重要论文中，资产被赋予明确的作用。他们从位似模型着手，在此模型中，价格不变时每一年龄组的消费与 W_1 成比例，并通过假设资产、收入和预期收入的分布关于年龄结构都不变使该结论对加总水平成立。这产生了如下加总度量方程

$$p_t q_t = \beta_1 y_t + \beta_2 y_t^e + \beta_3 A_t \tag{2.4}$$

这里 y_t^e 是未来收入预期的总测度，β_1，β_2，β_3 是参数。安多和莫迪利亚尼提出了两种关于 y_t^e 的备择假设：第一，它和 y_t 成比例；第二，它与 y_t 以及用依赖于当前失业率的因子加权的 y_t 两者都相关。这是为了揭示失业者的较低收入预期。根据美国 1929—1959 年度数据，其中排除 1941—1946 年的数据，定义消费使之包括耐用品服务（参见 4.2 节），我们发现，必须通过差分去掉残差序列中的正的一阶序列相关。在此过程中，来自当前可支配收入的短期（一年）边际消费倾向是 0.55 或更大，而资产系数估计在 0.05 到 0.08 之间，这暗示着计划期限（平均生命周期）是从 10 年到 20 年。这一方法比弗里德曼的方法更加接近这一理论的本质。然而，再次注意，未来收入预期的替代变量尽管更加合理但仍未受到检验，从而资产度量自然存有疑问。而且水平方程残差中的强一阶自相关意味着这些问题可能有严重后果。我们将再回到这两个问题。

滞后因变量的作用

从关于消费函数的早期文献中，我们可以发现使用滞后消费和当前收入作为回归量大大地增加了解释力并给出了一个看起来与长期和短期证据都一致的模型。的确，最早由布朗（Brown，1952）估计的消费函数

$$q_t = \beta_0 + \beta_1 (y_t / p_t) + \beta_2 q_{t-1} + u_t \tag{2.5}$$

其中 y_t 经常包含资产收入（$r_t A_{t-1}$），已经比其他函数被更经常地估计
和使用。这一点可以直接发现或在大多数体现凯恩斯主义宏观计量经 329
济模型的本质的修正中发现。式子（2.5）的理论背景也不难发现；实际上最大的困难是对众多可能的解释进行区分。我们在这将遵循一些完全不同的路线，每个都会提供一些见解，即使它们并不是都相容。

此表达式最直观的理由是消费对当前收入的变化反应迟缓；尽管

当年消费与当年收入的关系比它与一年前或十多年前消费的关系更加密切，但今天的消费主要由昨天的消费决定。因此，β_1 和 β_3 之间的平衡依赖于观察期的长短。类似地，因为 $0\leqslant\beta_2<1$，短期边际消费倾向（β_1）小于或等于长期消费倾向 $\beta_1/(1-\beta_2)$。如果期限很短，这种现象肯定存在；消费者很难对尚未观察到的约束变化作出反应，换一个说法，我们也不会期望消费和收入存在逐日对应的紧密联系。在更长的时间中，这种现象可以被描述为“习惯刚性”——正如布朗的研究中所做的，或“消费惯性”。杜森伯里（Duesenberry，1949，p. 87）在其经典研究中提出了一个严密论证的讨论相似效应的例子。尽管他没有否认收入预期、资产、失业和已讨论过的生命周期效应的相关性，但他赋予消费者已经习惯的过去的消费水平最大的权重。引用他的话说：“高收入家庭在收入减少时…他们仍然生活在同一地区，保持和同一社会经济地位的人的联系…… 他们可以通过减少储蓄而不减少太多消费来消化收入的较大程度降低”。因此，在杜森伯里的公式中，当前消费与当前收入以及以前达到的最高消费水平有关。加上一个强烈的向上的消费的时间趋势，这给出了本质上和方程（2.5）相同的方程。

同时注意方程（2.5）与弗里德曼模型（2.1）和（2.2）紧密相关。使用滞后一期的方程（2.5）替换成原始方程中 q_{t-1} 并重复这一过程，我们得到：

$$q_t=\frac{\beta_0}{1-\beta_2}+\beta_1\left[\frac{y_t}{p_t}+\beta_2\left(\frac{y_{t-1}}{p_{t-1}}\right)+\beta_2^2\left(\frac{y_{t-2}}{p_{t-2}}\right)\cdots\right]+v_t \tag{2.6}$$

$$v_t=u_t+\beta_2 u_{t-1}+\cdots=\beta_2 v_{t-1}+u_t \tag{2.7}$$

除开截距项和自回归误差，这等价于把式子（2.2）代入（2.1）。因此，从我们的理论观点看，此方程有和弗里德曼模型一样的缺陷。
330 （不过注意，两个模型是不同的。即使考虑截距项，如果我们确定一个或另一个模型是正确的，以误差结构的差异为基础区分两种模型将是一件很简单的事，参见练习 12.17。）

得到同一结论的另一方法可以以社会学动机为基础，这在杜森伯里的分析中是很重要的。虽然关于什么决定偏好我们几乎没有讨论，效用理论里没有什么东西作为描述的工具排除不同消费者的行为和偏好的相互影响。相反，把偏好假设成外生的、神授的、不可改变的是不现实的。事实上，偏好是社会继承的和有条件的，并受技术公约和社会制度约束。同时，商品具有社会功能，特别是在人们的交往之中，参见，例如，贝克尔（Becker，1974）。个人需要通过他人为自己定位，并和他人交流这些定位以便他们得到所期望的对待；因此消费生命模式是身份定位的一部分。既然“归属于某一社会群体而不是其他”是身份感的一部分，在某种程度上，家庭不可避免地会模仿其他家庭的消费方式和市场行为。相反，有些行为是家庭会有意识地想避开的。强调商品社会功能的观点与 10.1 节解释的观点是不同的，后者认为人们购买市场商品不是为了商品本身，而是为了他们所产生的特征。这种模仿其他家庭的行为需要时间，特别是因为在观察个体认同的群体行为方面存在认识滞后。在加总的时候，这些相互作用的滞后会导致当前购买水平依赖于过去的购买水平。如果利用一个线性消费函数（虽然 y 也可以被 W 代替），关于这种效应的一个简单表述是可能的。假设对于家庭 h，有

$$q_t^h=\gamma_t^h+\beta y_t^h \tag{2.8}$$

这里 γ_t^h 反映了第 t 期的需要。假设 h 认同某个参考组 H，并是其中的成员，组消费 $q^H=\sum q^h$ 只能在一个时期滞后之后才能被观察。最简单的假设是

$$\gamma_t^h=\gamma_0^h+\theta^h q_{t-1}^H \tag{2.9}$$

因此，组之间的加总为

$$q_t^H=\gamma_0^H+\beta y_t^H+\theta^H q_{t-1}^H \tag{2.10}$$

它具有与式子（2.5）同样的形式。（然而，注意，这个例子是为了给出这个结果而构造的，从理论上来说，式子（2.8）和（2.9）的更令人满意的形式也容易构造出来。）

最后，考察滞后消费的作用的生命周期模型的含义是有启发意义 331
的。首先，考虑某一静态经济，没有收入增长或人口增长，新的储蓄与负储蓄持平从而净储蓄为零。对这样的经济，消费不变，并且为了简化，设消费需要在生命周期中分布均匀，则每一公民的消费也不变。因此，在个体和加总水平上都有一个完美的关系

$$q_t=q_{t-1} \tag{2.11}$$

此公式中，收入无论如何都不起作用。现在假设收入不是常数，而是以任意方式随时间变化，只要经历变化的人能够完全预测这些变化。如果我们继续假设需要是均匀分布的，那么式子（2.11）仍然对每个消费者都成立（虽然，如果生命周期新进入者的预期与已死之人的有系统的差异，则总消费将增加或下降）。所以，一旦把滞后因变量包括进来，那么完全预期到的收入变化对消费函数将毫无作用。这种论证显然可以扩展到包含其他类型信息如价格或资产的效应，并且这将导致以下情形，即除滞后消费以外，与当前消费相关的唯一变量是那些其价值在前一期未知的量。

霍尔（Hall，1977）已经证明给定对收入和其他假设的理性期望，以前的分析意味着以 q_{t-1} 为条件，在 $t-1$ 时期形成的对 q_t 的期望仅仅是 q_{t-1} 的函数，这样，如果函数是线性的，则消费遵循随机游走，即

$$q_t = \beta_2 q_{t-1} + v_t \tag{2.12}$$

这里 v_t 独立于第 t 期之前的变量。如果收入期望是理性的，反映未预期到的收入变化的 v_t 独立于所有过去的信息，包括收入滞后值 y_{t-1}。因而式子（2.12）和（2.5）一致，因为 y_t 可能包含第 $t-1$ 期未知的信息，尽管式子（2.12）并未说明省略资产、价格水平或其他与价格预期相关的变量的合理性。霍尔对式子（2.12）的推导依赖于二方面：一是偏好跨期可加性的假设；二是保证线性关系的各种近似。特殊形式在一般情况下不太可能有效，而在较宽松的假设下产生易于处理的结果似乎是困难的。然而，一般的观点无疑是有效的，并且它们的主要作用归功于预算约束而不是具体形式的偏好。一个在第 t 期时重新考虑他的财产水平的消费者有下式给出的贴现财富 W_t

332 $$W_t = A_{t-1}(1 + r_t) + \rho_t^{-1} E_t\Big(\sum_t^L \rho_t y_t\Big) \tag{2.13}$$

资产由以下方程决定

$$A_{t-1} = A_{t-2}(1 + r_{t-1}) + y_{t-1} - p_{t-1} q_{t-1} \tag{2.14}$$

把式子（2.13）和（2.14）结合起来得到

$$\begin{aligned} W_t = {} & (1 + r_t)(W_{t-1} - p_{t-1} q_{t-1}) \\ & + \rho_t^{-1}\Big[E_t\Big(\sum_t^L \rho_\tau y_\tau\Big) - E_{t-1}\Big(\sum_t^L \rho_\tau y_\tau\Big)\Big] \end{aligned} \tag{2.15}$$

消费由财富和价格决定，因此如果我们可以替换 W_t 和 W_{t-1}，式子（2.15）就建立了一种 q_t、q_{t-1}、价格、贴现率和预期变化之间的关系。例如，在可能的最简单的情形 $p_t q_t = \alpha W_t$ 下，式子（2.15）给出

$$p_t q_t = (1-\alpha)(1+r_t)p_{t-1}q_{t-1} + \alpha\rho_t^{-1}\left[E_t\left(\sum_t^L \rho_\tau y_\tau\right) - E_{t-1}\left(\sum_t^L \rho_\tau y_\tau\right)\right] \tag{2.16}$$

这在形式上与式子（2.2）相似，并可能在总量数据上与式子（2.12）一致。注意，式子（2.16）的最后一项反映了收入预期中未预料到的修正。

（2.16）这样的表达式，尽管因价格预期的变化和金融资产再评估被忽略而过于简化，却与式子（2.5）的实证结果一致，至少对于战后很长一段时间是这样，但也相当清楚地指明它的不足。从积极的方面来说，随机游走假设预言（y_t/p_t）和 q_t 的进一步滞后在式子（2.5）中是不必要的，霍尔在对这一假设所做的实证工作中发现，对于经季节性调整的战后美国季度数据而言，更长的滞后没有明显的作用。另一方面，仅当 y_t 中出现的新因素与 y_t 自身之间有一个不变的关系时，式子（2.5）才是（2.16）的一个好的替代，而且尽管这在 20 世纪 50 年代到 60 年代末可能是正确的，但从此之后就可能不再正确了。同样，式子（2.16）可以解释为什么，根据英国的数据，如果代表实际财富价值的变量包含在像式子（2.5）这样的方程中并使用更多的近期数据，则这样的变量将更加显著。很有可能的情形是，直到 20 世纪 70 年代通货膨胀迅速上升，资产的实际价值特别是流动性资产的实际价值的变化很好地被预测，从此之后的预测就相当糟糕了。同时，对式子（2.16）这样的方程的直接估计提出了构造预期变化的替代变量的棘手的问题。面对这些困难并考虑到滞后因变量的解释的模糊性，回到对诸如弗里德曼、安多和莫迪利亚尼的模型的估计是很诱人的，这些模型把消费和最终决定因素联系起来，无须滞后因 333
变量和为了除去自回归成分的变换。然而，这种做法极其危险。消费、收入、价格和资产都具有基本相同的趋势，所以它们之间的相关性和显著的回归系数可能仅仅是因为谬误相关问题。通常与这种消费函数相联系的高 t 统计值和低杜宾-瓦尔森（Durbin-Watson）统计量可以当作一个警示［比如参见，格兰杰和纽博尔德（Granger and

Newbold，1974)]，但常常被忽略。给定消费数据序列中显著的自回归因素，把滞后变量包括进来将主要使研究者免于最明显的伪相关。然而因为滞后因变量的引入导致关系瓦解而经常地把它们排除在外，既是政策效力的见证，又说明找到理论上令人满意的、胜过简单自回归的关系具有更大困难。

进一步的实证证据

最近关于消费和收入动态关系的英国实证证据在戴维森等人(Davidson et al.，1978）的著名论文中得到研究。这些作者从宽松的理论前提开始，但提出了对时间序列估计的一个系统的、精致的处理方式，从而他们的结果比以前的先验理论预见更理想。这项研究使用未进行季节调整的数据；1958（Ⅰ）至 1970（Ⅳ）的数据用于估计，接下来 1971（Ⅰ）至 1975（Ⅳ）的 20 次观察数据用于预测检验。样本时期之外的这 5 年的预测可以被认为是严格的检验；实际上许多经济学家声称英国经济在这两个时期经历了重大结构改变。使用季节数据对理论模型的实施提出了困难的问题，在这一模型中为避免麻烦，时期长度是抽象的。因为像式子（2.16）这样的方程中预期的改变仅在消费者制定新计划时才有效，所以本质问题是消费者在其之后重新估计他们的状况的时期。尽管许多消费者更经常地重新计划，年度似乎是最可能的选择。任何更短的时间包括消费者对收入、价格和其他变量进行季节修正，即使计划常常重新制定，与一年前的情况的比较可能起着重要的作用。因此，当我们观察季度数据时，滞后因变量可以是 q_{t-1} 也可以是 q_{t-4}，考虑同时包含两者的可能性是很重要的。
334 的。使用经过季节调整数据的变通办法并不吸引人；以调整过的形式公布的序列总是被独立调整的，从而调整过程在估计的动态结构中可能产生系统性偏差，参见沃利斯（Wallis，1974）。

戴维森等人考虑了许多以前公布的季度消费函数，包含式子（2.5）的几个变形。以下是以他们自己的数据估计的：

$$\hat{q}_t = 2\,556 + 0.20(y/p)_t + 0.35q_{t-1} + 16.3t + z_1$$
$$\quad\ (537)\quad (0.05)\qquad\quad (0.12)\quad\ (3.7) \qquad\qquad (2.17)$$

这里 t 是时间趋势，z_1 包括了一个虚拟变量（对于 1968 年第一季度）加上趋势性季节因子。或者，设 z_2 只含虚拟变量和常数季节因子而

不含时间趋势

$$\hat{q}_t = 509 + 0.18(y/p)_t + 0.75q_{t-1} + z_2$$
$$(142)(0.08) \qquad (0.11) \qquad\qquad (2.18)$$

最后使用 q_{t-4} 而不是 q_{t-1} 并增加 $\Delta_1(y/p)_t$，季度对季度向后一阶差分

$$\hat{q}_t = 734 + 0.28(y/p)_t - 0.09\Delta_1(y/p)_t + 0.59q_{t-4} + z_3$$
$$(112)(0.06) \qquad (0.06) \qquad (0.08) \qquad (2.19)$$

这里 z_3 再次包括了虚拟变量和常数季节因子（每种情况下，季节虚拟变量对第四季度来说为零）。这三个模型都拟合得相当好，最低的 R^2 也有 0.990；短期边际消费倾向很相近（0.20，0.18 和 0.19），后两个模型的长期消费倾向也很相近（0.72 和 0.68）。第一个模型具有 0.31 的长期边际消费倾向，反映了建立消费长期演进模型中时间趋势的重要性。在式子（2.19），通过 $\Delta_1(y/p)_t$ 把（$y/p)_{t-1}$ 包含进去这种情况证明是不显著的。这可解释为对随机游走模型的支持。

然而，我们发现这三种模型都不能让人满意。第一、第二个模型的残差中存在显著的四阶自相关，而第三个模型有强的正一阶自相关。此外，三种模型都不能通过预测检验；三个模型的预测均方误差与样本估计的标准差的平方比率分别为 6.5、9.5 和 6.45。因此作者们寻找既能解释这些证据［包括为什么式子（2.17）到（2.19）是错误的］又能通过预测检验的替代模型。最后，经过引人入胜的计量探索研究之后，可得到以下方程：

$$\Delta_4 \log q_t = 0.47\Delta_4 \log(y/p)_t - 0.21\Delta_1\Delta_4 \log(y/p)_t - 0.10\log(pq/y)_{t-4}$$
$$(0.04) \qquad\qquad (0.05) \qquad\qquad (0.02)$$
$$+ 0.01\Delta_4 D_t - 0.13\Delta_4 \log p_t - 0.28\Delta_1\Delta_4 \log p_t$$
$$(0.003) \quad (0.07) \quad (0.15) \qquad\qquad (2.20)$$

这里 Δ_4 是与前一年同一季度比较的差分，D_t 是虚拟变量，季节因子被发现是多余的。这个方程满足了所要求的标准，即可解释前面的结果又能通过预测检验。考虑 $\log q_t$ 对 $\log q_{t-1}$，$\log q_{t-2}$ 直到 $\log q_{t-5}$，$\log(y/p)_t$ 至 $\log(y/p)_{t-5}$，$\log p_t$ 至 $\log p_{t-5}$ 进行回归的模型，与之对照也不能拒绝模型（2.20）。因此，它可安全地被当作在计量经济上令人满意的滞后结构模型。根据迪顿（Deaton，1977）的早期理论工作，代表年通货膨胀率及其变化率的项（对于预测检验很关键）被引 335

入，这将在下节讨论。不过，我们已提出为什么未预料的价格变化对决定消费很重要，式子（2.20）中的各项也可用这种方式解释。

用不严格的方式来说，式子（2.20）与生命周期模型的预测并不一致。例如，从长期来看，储蓄率是（$1-e^{-5.3g}$），g 是实际收入的年增长率，与增长率效应的理论值大小一致，参见练习 12.5。从短期来看，滞后项 $\log(pq/y)_{t-4}$ 是误差修正或资产项；根据式子（2.16）或安多-莫迪利亚尼模型（2.4）的一阶差分——参见练习 12.12——滞后因变量的系数度量资产对消费的效应。然而，季度资产的边际消费倾向的估计值 0.1 说明或者 2.5 年是一个不真实的短期计划期限，或对于滞后因变量应作其他的解释。完全动态可通过逐项"分拆"式子（2.20）看出；在各种滞后长度 q_t 对（y/p）$_t$ 的弹性分别为：当滞后长度为 0 时，弹性为 0.26；当滞后长度为 1 时，弹性为 0.21；当滞后长度为 2 时，弹性为 0；当滞后长度为 3 时，弹性为 0；当滞后长度为 4 时，弹性为－0.16；当滞后长度为 5 时，弹性为－0.21。根据假设"只有没有预期到的收入要素对于消费的决定是重要的"，这种模式的权数似乎并不合理，从而似乎证伪了严格随机游走的假设。

最后，注意式子（2.20）几乎没有考虑可能与计算未来收入相关的其他信息。特别是，替代流动性条件的项有充分的理由能进一步改善方程。比恩（Bean，1978）把式子（2.20）当作出发点，他发现有一负符号的 $\Delta_1\Delta_4\log$（失业）提高了这个模型的解释力，这和失业的提高降低未来收入预期并因此削减当前消费是一致的。

练习

12.12 如果资产收入包括在当前收入内，证明资产满足 $A_t=A_{t-1}+y_{t-1}-p_{t-1}q_{t-1}$。因此，通过对安多-莫迪利亚尼方程（2.4）取一阶差分推导 p_tq_t，$p_{t-1}q_{t-1}$，y_t，y_{t-1}和未来期望收入的贴现之间的关系。证明：如果把消费支出的一阶差分对收入和滞后的支出进行
336
回归，那么后者的系数提供了资产的边际消费倾向的估计（负）。

12.13 用 $p_tq_t=b_1y_t+b_2A_t$ 近似安多-莫迪利亚尼方程，导出资产对收入的长期比率。文中给出的参数估计显示了这一比率的合理值吗？

12.14 有人认为式子（2.8）至（2.10）这样的社会相互影响模

型对单个商品（例如，新的电子小配件）比对所有消费品更令人信服，你同意吗？

12.15　假设 $(y/p)_t$ 满足关系（2.3）。用 $E_{t-1}[(y/p)_t]$ 定义 y_t^*，证明：(a) $y_t^* = (y/p)_t - u_t$，(b) $y_t^* - y_{t-1}{}^* = a + \lambda u_{t-1}$，(c) $y_t^* - y_{t-1}{}^* = a + \lambda[(y/p)_{t-1} - y_t^*]$。因此，证明由（2.2）给出的 y_t^* 和 y_t^p 之间的关系。

12.16　利用跨期 LES 的实际消费函数（1.23），导出连接 q_t 与 q_{t-1} 和预期变化的消费函数。讨论未预见价格变化对储蓄率的作用。

12.17　* 比较持久收入模型（2.1）和调整模型（2.5），把 $(y/p)_t$ 写作 z_t，p_tq_t 写作 c_t，那么竞争模型（competing models）是

$$H_0: c_t = \alpha + k\lambda \sum_1^{\infty} (1-\lambda)^r z_{t-r} + \in_t$$

$$H_1: c_t = \beta_0 + \beta_1 z_t + \beta_2 c_{t-1} + u_t$$

这里假设 $\in_t$ 和 u_t 分别是 H_0、H_1 的序列不相关误差过程，方差分别为 σ_0^2、σ_1^2。证明，如果 H_0 为真，则 $\beta_0 = \alpha\lambda$，$\beta_1 = k\lambda$，$\beta_2 = (1-\lambda)$，$\sigma_1{}^2 = \sigma_0{}^2[1+(1-\lambda)^2]$ 并且实际上 u_t 是移动平均误差。因此，给定 H_0 为真，导出 β_0，β_1 和 β_2 的 OLS 估计量的膨胀因子（plims）。类似地，给定 H_1，导出 α，k，λ 和 $\sigma_0{}^2$ 的表达式以及 $\in_t$ 的性质，并计算 α，k 和 λ 作为 β_0，β_1 和 β_2 的函数的 OLS 估计量的膨胀因子。[这个分析可用于检测此模型。首先，依次假设每一个正确，得出每一假设的极大似然估计或参数的其他一致估计。使用练习中的公式，这可用于其他模型的膨胀因子的估计并与实际得到的估计相比较。按这种方式，我们将拒绝 H_0 或 H_1，同时拒绝，或二者都不拒绝。参见帕萨兰和迪顿（Pesaran and Deaton，1978）中可找到概念上相同的练习。]

12.3 信　息

没有其他不完美信息问题比跨期计划中的不完美信息问题更为严重。在第 14 章我们将提供不确定性条件下选择的正式分析，但我们暂且对可能出现的问题进行一些非正式的分析。

误差和重新计划

从某种意义上讲，目前讨论过的跨期模型包含一个误差学习机
337 制，按照这个机制，他们计划一个模型，在其中每一时期都根据新经验和新信息重新作出计划。例如考虑未来通货膨胀率估计误差的后果。一个遵守式子（1.13）的消费者在其生命周期初始阶段拥有当前和未来的计划消费，即

$$q_t=g_t(W_1,\rho_1 p_1,\cdots,\rho_L p_L,\bar{\ell}_1,\cdots,\bar{\ell}_L) \tag{3.1}$$

现在假设 $\rho_2 p_2$ 所有未来价格水平的未来贴现被 $\in_2>0$，$\in_3>0$ 等等低估了。因此，q_1 应为

$$q_1=g_1(W_1,\rho_1 p_1,\rho_2 p_2+\in_2,\rho_3 p_3 \\ +\in_3,\cdots,\rho_L p_L+\in_L,\bar{\ell}_1,\cdots,\bar{\ell}_L) \tag{3.2}$$

只要当前和未来消费是总的互补品（非补偿意义下的互补品），$t=1$ 时的式子（3.1）意味着比（3.2）更大的 q_1。但因为错误地按照式子（3.1），家庭在时期 2 开始时的资产比它本来希望的要小。因此，时期 2 的消费比它本来应有的水平要低，有两个原因：实际终生消费力被削减；家庭不具有本来希望的资产水平，即如果能正确预见通货膨胀率时的资产水平，从而储蓄率上升。在通货膨胀加速的时期，似乎可能出现连续几个时期内下一期的价格水平接连被低估的情形。在这种情况下，每一次误差将使储蓄率高于它本来的水平，即通货膨胀率被正确预测时应有的水平。这些积累误差的影响，可能持续一些时间，甚至持续到通货膨胀预期回归正常之后。然而，如果通货膨胀率下降时，相反的影响可能出现并抵消以前的积累误差。

当前价格的不确定性

虽然关于价格的不确定性最明显的形式与未来的不确定性有关，甚至当前价格水平也不太可能确切地知道。消费者通常不会同时购买所有他们需要的商品，因此，他们只知道有关当前购买的商品价格的最新即时信息。同时，总价格指数（或绝对的价格水平）不能瞬时观察到；如第 7 章中讨论过的实际的指数，要求完整的一轮购买之后才能确定，而官方指数只在滞后多期后才公布。结果，至少个人消费者不可能区分相对价格变化和绝对价格变化。特别是，未预见到的绝对

价格变化将首先在个别商品未预期到的价格变化中被观察到，一些这样的变化将不可避免地被解释为相对价格变化。于是，考虑通货膨胀率有未预期到的上升的情形。在任何时间内不同消费者将购买不同的商品，而每件商品变得相对昂贵。结果，消费将下降；如果实际收入保持不变，储蓄将上升。 338

迪顿沿此线索构建了一个储蓄模型（Deaton，1977）。我们假设弱跨期分离性，从而在第 t 期，消费者想要在 n 种商品 q_{ti} 内分配 x_t 并能把 q_{ti} 看作仅仅是 x_t 和 p_{t1}，…，p_{tn} 的函数去处理。因此，如果符号"～"指计划的或预期的值，则以通常的方式，有

$$\tilde{q}_{ti}=g_i(\tilde{x}_t,\tilde{p}_{ti},\cdots,\tilde{p}_{tn}) \tag{3.3}$$

然而，购买商品 i 时，我们面对实际价格 p_{ti}，从而实际需求 q_{ti} 是

$$q_{ti}\cong g_i(\tilde{x}_t,\tilde{p}_t)+(p_{ti}-\tilde{p}_{ti})\frac{\partial g_{ti}}{\partial p_i} \tag{3.4}$$

方程（3.4）通过对某一时刻购买不同商品的所有消费者的加总而实现对所有商品进行加总。如果差额（$p_{ti}-\tilde{p}_{ti}$）完全是由对绝对价格水平（$p_t-\tilde{p}_t$）的错误预期引起的，则方程（3.4）的加总形式近似是

$$\log x_t\cong\log\tilde{x}_t+(1+\phi)(\log p_t-\log\tilde{p}_t) \tag{3.5}$$

ϕ 是等于 $\sum\tilde{w}_k e_{kk}$ 的一个负数量，其中 $\tilde{w}_k$ 是意愿预算份额，e_{kk} 是自价格弹性（以 $\tilde{x}_k$ 为条件）。数量 $\tilde{x}_t$ 可解释为来自加总跨期消费函数的 $p_t q_t$，因此，式子（3.5）暗示在其他基础上我们将选择的不论什么形式的消费函数中，应增加以未预见到的价格表示的项。

正如我们已看到的，包含未预见通货膨胀项的消费函数可很好地解释英国的经验，并且类似的模型对包括美国在内的其他国家都能很好地解释，参见迪顿（Deaton，1977）和霍华德（Howard，1978）。确实，如果没有这些项，几乎所有西方经济在 19 世纪 70 年代早期储蓄率的上升都很难解释。不过，正如我们对生命周期模型的讨论所表明的那样，这些项的产生可能仅仅是由于有关价格的新信息出现时对计划的重新修订。这种效应包括对实际资产未预期到的不断降低的重新评估，与之相伴的是未预期到的价格水平的上涨。因为两种解释都依赖于价格的未预期到的变化，所以不太可能设计一个在它们之间作

出可靠区分的检验。

最优计划的计算和实现

339 与信息缺乏问题紧密相关的另一个重要问题是消费者如何实际计算效用最大化的需求函数。从概念上说，甚至在第 2 章的单期分析中这也是一个问题，但它在跨期背景下变得尤其严重。显然，正如每本基础教材提醒我们的那样，未发现消费者在购物后马上计算，消费者也并不会为了使观察更新而成为一个足够精密的小型计算器以进行多期多商品最优计算。实际上这些问题若能真正解决，也是通过试错过程完成的。希望有更多的书而啤酒支付更少的消费者可能下次会改变行为；类似地，每个人都有超出预算而不能购买比已购买的东西更需要的东西的经历。很容易看到这种迭代过程能被设计出来并由此导出最优需求函数；事实上，如我们已看到的那样，资产的存在（或滞后因变量）是一个误差校正机制，在这种机制作用下，过去的过度开支降低了未来的开支。

即便如此，试错也需要时间，对于新刺激的最优决策不能立即形成。一旦认识到这点，我们必须承认外生因素、价格和收入可能在全部调整发生之前变回原来的水平。如果完全最优化需要很多信息，这是特别可能发生的，但一些信息是很难获得的。例如，在迪顿的通货膨胀和储蓄模型中，甚至在单期模型中，并非所有价格都被知道的事实意味着均衡也许从未达到过，因为需要花时间观察真实价格并修正错误。一般来说，行为精确地依赖于试错过程如何进行，或借用一个数学术语，依赖于消费者采用哪类算法求解他的最优化问题。但注意可能的情形是试图最优的结果可能远非最优，以致消费者放弃最优化的努力，而遵循某些要求更低、也许成本更低的行为规则来使他们自己受益。在本章讨论的跨期问题中，这些困难之所以都特别严重，部分原因是要求大量的信息（未来价格、收入、利率等等），同时也因为在这种情况下最优化过程自身的复杂性。与单期情形不同，这里不能对同一问题进行多种尝试；根据定义，跨期问题随时间而改变，同
340 时也必须解决它们。即使有解，可能也只有计划的最初部分被使用，因为当出现新信息时，接下来的重新计划通常会产生不同的结果。正如我们在第 14 章将见到的，对不确定性的正式讨论进一步增加了复杂性。

我们并不是试图贬低这些问题的重要性。事实上，确定合理的试错机制和考察这些机制如何与消费者获得信息的方式相互作用的尝试可能为将来的进一步研究提供富有前景的领域。但如果最优化行为接近实际结果，消费者必定能够简化选择问题。为此可使用希克斯加总的方法，这样，比如在计划未来的消费时，可假定相对价格的结构是不变的。另外，可分离性有利于定义在其上能形成战略假设的指数，在适当的假设下，未来消费可由类似于实际财富的指数表示，它和当前消费一起出现在效用函数中。用这种方式，复杂问题有时可简化为较简单的消费者似乎能够解决的问题。

练习

12.18　尽管一个消费者预期他还能活十多年，但当十年后的肥皂价格他完全不知道时，他实际上如何决定现在是否购买一块巧克力呢？为什么这种问题与在未来汽油价格未知时在当前购买汽车相比，没那么严重呢？

12.19　解释戴维森等人的方程，即作为达到消费和收入恰当关系的算法的（2.20）。如果收入以每年 3%的速度长时间增长之后，突然降至每年 2%，那么消费者的短期和长期反应是什么？

12.20　在迪顿（Deaton，1977）的储蓄模型中，通货膨胀效应依赖于数量 $\sum \tilde{w}_k e_{kk}$ 的大小。因为更精细的商品分解被区分时，自身价格弹性通常变得更大，所以分解层次越高，通货膨胀效应越大。为什么会这样？什么确定此模型中分解的程度？

12.4　跨期选择中的一致性

本章讨论过的模型中产生出来的实际消费水平是由一个持续的重新计划的过程产生的。在每一时期，消费者观察当前时期并观察未来，为整个将来做计划，但只执行涉及当前的那部分计划。这个时期过后，这个计划过程再重复下去。消费者从过去继承金融和其他资产的存量（股票），并且这把过去和现在连结起来。然而，这些可能并不是消费者从过去继承的所有东西，因为他的爱好可能由过去的经验而形成。这导致了文献中对此问题相当多的讨论：何时跨期行为是一 341

致的？当然，跨期行为不一致的一个原因是消费者所拥有的关于未来的信息不正确或不完全。因此，一般来说，他一般不会坚持较早时期为当期制定的计划。然而，即使消费者有完全信息，某种意义上是跨期不一致的行为也可能产生。

我们从讨论不会出现一致性问题的情形开始。可以证明这是最自然的起点，因为从根本意义上来说这个问题是人为的。假设在时期1，效用函数是

$$u=v^1(q_1,q_2,\cdots,q_L) \tag{4.1}$$

q_t 是第 t 期的消费向量。设跨期约束具有一般形式

$$G(q_1,q_2,\cdots,q_L)=0 \tag{4.2}$$

考虑在约束（4.2）下式子（4.1）关于 q_1，q_2，…，q_L 的最大化。设 q_t^* 为第 t 期的最优消费向量。那么关于 q_s，…，q_L 的问题

$$\max u=v^1(q_1^*,q_2^*,\cdots,q_{s-1}^*,q_s,q_{s+1},\cdots,q_L) \tag{4.3}$$

在约束条件

$$G(q_1^*,q_2^*,\cdots,q_{s-1}^*,q_s,q_{s+1},\cdots,q_L)=0 \tag{4.4}$$

下和以前一样有相同的解向量，即 q_s^*，q_{s+1}^*，…，q_L^*。原因很清楚：由定义，$v^1(q_1^*，q_2^*，\cdots，q_{s-1}^*，q_s^*，\cdots，q_L^*)$ 是可获得的最高水平的效用。它的含义足够明显但仍然有趣。倘若消费者直到$s-1$都实际完成了最优计划，那么在时间 s，式子（4.3）中最大化的效用函数在对应约束（4.4）下具有与原计划相同的关于 q_s，…，q_L 的解。如果我们愿意，我们可把式子（4.3）重新标记作 $v^s(q_s，\cdots，q_L)$，从而原问题化为一系列依赖于时间的最大化问题，如果信息不变，每一个问题都有自己的预算约束和与原计划一致的解。

注意，一般来说，效用函数 $v^s(q_s，\cdots，q_L)$ 依赖于条件变量 q_1^*，…，q_{s-1}^*。这意味着如果两个个体面临相同的剩余计划期限，s，$s+1$，…，L，具有相同的式子（4.1）代表的跨期偏好和相同的关于 q_s，q_{s+1}，…，q_L 的约束但有不同的消费历史，他们一般有不同的效用函数
342 并将在时期 s，$s+1$，…，L 有不同的行动。出于相同的原因，消费者当前和未来消费历史不仅依赖于当前财富水平 W_t 和当前价格及未来价格的预期，而且依赖于过去的消费水平。这还为生命周期消费函数中滞后因变量的存在性提供了另一个说明。正式地，消费计划一旦实施

就不能回溯调整，那么过去的消费决策可以当作配给并且 4.3 节的分析可用于决定它们引起的对最优非约束计划的修正。不过，如果消费水平 q_2，…，q_L 与 q_1 是弱分离的从而式子（4.1）具有 $v[q_1, v^2(q_2, \cdots, q_L)]$ 的形式，那么由式子（4.3）定义的“条件偏好”是 $v[q_1^*, v^2(q_2, \cdots, q_L)]$；由序数性，它与效用函数 $v^2(q_2, \cdots, q_L)$ 一样对 q_2，…，q_L 给出相同的行为。如果这对于每一期必须为真，那么在 $v^2()$ 中 q_3，…，q_L 一定是可分离的，在 $v^3()$ 中 q_4，…，q_L 一定是可分的，如此等等。因此，具体时期的效用函数必定有以下形式

$$v^s(q_s, q_{s+1}, \cdots, q_L) = F^s\{q_s, F^{s+1}[q_{s+1}, F^{s+2}(\cdots)]\} \tag{4.5}$$

这就是强递归条件，参见布洛科比等人（Blackorby and others，1978），但可由假设“在所有时刻未来与过去是可分离的”立即推出。当然即使在此情形下，过去的消费水平有收入效应，或更恰当的，资产效应，因为过去消费的变化通过当前资产的变化影响未来。然而给定当前财富水平，如果式子（4.1）使（4.3）定义的 $v^s()$ 有强递归形式（4.5），那么过去的消费水平对当前或未来计划没有影响。

用不同方法考察重新计划问题是可能的，正是这里可能产生不一致性。用这里的方法，简单假设在时间 s 消费者对于合适的贴现因子 $\tilde{\rho}_t$ 求解最大化问题

$$\max \tilde{v}^s(q_s, q_{s+1}, \cdots, q_L) \quad \text{约束条件是} \quad \sum_s^L \tilde{\rho}_t q_t p_t = W_s \tag{4.6}$$

用这种方式表达，以下现象就不会令人惊奇了：当偏好变化时，即使在相同信息的条件下，计划也会逐期变化。如果我们对 $\tilde{v}^s()$ 取具体形式，不一致性可能看起来更令人惊奇。例如，在斯特罗茨（Strotz，1956）引起争议的论文中

$$\tilde{v}^s(q_s, q_{s+1}, \cdots, q_L) = \sum_s^L \tilde{v}(q_t)\delta_{t-s} \tag{4.7}$$

这里 δ_0，δ_1，…，δ_{L-s} 是一系列常数贴现因子，它们反映不耐心的程度。实际上，对于一般贴现因子，因为 s 随时间向前移动，任意两个固定时期之间，例如，1978 年和 1979 年之间的边际替代率将根据从三年前还是四年前的观察而发生变化，因此，式子（4.7）与像式子 *343*

(4.1) 这样的稳定的潜在偏好结构的存在不吻合。因此，对于单个消费者的跨期选择，式子（4.6）不是建立行为模型的合理方法。即便如此，这种表述对其他问题是合适的，实际上这种表述在涉及连续几代人的未来计划的社会选择问题中已有研究，参见波拉克（Pollak，1976a），布洛科比等人（Blackorby et al.，1973）和哈蒙德（Harnmond，1976b）。在这样的情形下，式子（4.6）何时产生一致选择的问题变得重要，并且毫不奇怪，给定弱分离性对于一致的两期预算的必要性和充分性，条件是 $v()$ 必须强递归。然而我们必须强调，关于此问题的这种视角在当前的情形下没有很大的意思。

练习

12.21 按照式子（4.1）至（4.4）使用柯布-道格拉斯或 LES，定义新的逐期效用函数并验证信息不变时决策总是自我复制。

12.22 使用式子（4.1）和（4.3）证明柯布-道格拉斯效用函数 $\sum \beta_t \log q_t$ 和跨期 LES 效用函数 $\sum \beta_t \log(q_t - \gamma_t)$ 是强递归的。因此，利用对应于柯布-道格拉斯的函数（1.17）和（1.18）的分析以及对应于 LES（线性支出系统）的式子（1.23）的分析，用实例验证信息改变时，过去的消费水平仅对当前和未来决策有收入效应。

12.23 如果跨期选择基本上是理性的并在时间上是一致的，为什么消费者签署合同避免自己去做现在知道他们将来想做的事情？（例如，一个人参加聚会，恳请他的朋友让他在某一特定时间离开，而其实他并不想离开；或者一个富翁的信仰马克思主义的儿子，他知道当他大到可以继承遗产之时，他会足够明智而不会把财产捐给政党。）

文献注释

即便是全面回顾消费函数的文献的一个开端也是不可能的。优秀的文献参见埃文斯（Evans，1967），迈耶（Mayer，1972），费伯（Ferber，1973）和布林德（Blinder，1975）。也可参见托宾（Tobin，1968）精彩的综述。我们关注的生命周期模型源于费雪（Fisher，1907，1930）和拉姆齐（Ramsey，1928），但现代的研究工作开始于莫迪利亚尼和布伦伯格（Modigliani and Brumberg，1955a，1955b）的经典论文。参见安杜和莫迪利亚尼（Ando and Modigliani，1963）

以及莫迪利亚尼（Modigliani，1975）更近期的重述。我们的框架选择反映了我们相信这是唯一的完全一致的跨期选择模型。弗里德曼（Fredman，1957）的持久收入假设尽管对以后的研究有巨大的影响，但它有太多的不同解释从而不适合作为一般理论的基础。我们知道我们的方法可能对杜森伯里（Duesenberry，1949）的重要工作的处理不够恰当，但正如我们试图指出的，我们认为他的方法与我们的并不矛盾。

尽管文中给出了大部分的重要参考文献，以下的背景资料提示可能是有用的。能自由改变劳动供应的消费者与受配给约束的消费者之间的区分对于宏观经济分析非常重要。最近对此的认识和它对凯恩斯 344
消费函数的存在性的解释开始于克洛尔（Clower，1965），进一步的发展和参考，参见巴罗和格罗斯曼（Barro and Grossman，1976），马林沃德（Malinvaud，1977），米尔鲍尔和波特斯（Muellbauer and Portes，1978）。由流动性隐含的约束受到托宾（Tobin，1951，1972）和弗莱明（Flemming，1973）的重视。有关消费函数动态性的讨论是关于滞后结构的恰当的经济学和计量经济学的问题的更广泛争论的一部分。在经济学方面，特别是关于“理性预期”的工作，参见，比如卢卡斯（Lucas，1976），他甚至提出了建立消费者对政府政策变化的反应模型的可能性的相当基本的问题，霍尔（Hall，1978）的论文承袭这个传统。计量经济学家也开始强调研究一般性滞后结构和检验理论预设的重要性，参见，特别是米中（Mizon，1977），米中和亨德里（Mizon and Hendry，1979），戴维森和亨德里等人（Davidson and Hendry et al.，1978），亨德里（Hendry，1979），以及更广范围的讨论，赛姆斯（Sims，1979）。关于一些更小的问题，关于超理性论者的立场以及公共与私人储蓄可替代性的特定问题，参见卡根（Cagan，1965），费尔德斯坦（Feldstein，1974，1976a，1976b），以及有关英国研究的亨明（Hemming，1978）和思罗德戈尔德（Threadgold，1978）。关于计算最优计划问题和“认识它们”的影响问题，参见西蒙（Simon，1955，1978a，b）。关于跨期一致性，我们还没有讨论过的一个方法是明确地使效用函数依赖于过去的消费，参见戈尔曼（Gorman，1967），波拉克（Pollak，1970），冯·威茨沙克尔（Von Weiszäcker，1971），帕斯顿（Peston，1967）和菲利普斯（Phlips，1972）所使用的相当不同的方法；前三篇文献中，一致性问题以是否存在长期稳定的效用函数的形式出现。下一章我们将回到这一问题。

第 13 章　耐用品需求

345 为经济学的应用开发好的理论模型是一项艰巨的任务，也许建立耐用品需求模型是难中之难，特别是在加总时间序列数据中。一方面，好的模型应该是完整的，另一方面，模型的本质是抽象化：选择少量被认为是行为最重要的特征。抽象是必须的。这不仅是传递思想和信息的需要，而且因为大多数加总时间序列数据的分辨力是有限的。在耐用品需求领域，已出现了许多非常不同和看似相互矛盾的方法，而什么是中心问题尚未达成一致意见。

也许弄明白问题如何复杂的最佳办法是首先列出这一领域的所有经济学家都强调的各种主题或耐用品需求的特征。

（1）区分购买和消费是至关重要的。购买被认为是增加存量，而消费是造成存量损耗或物理磨损的原因，它由于存量的存在才得以实现。尽管常常假设消费和耐用品储备是成比例的，而且耐用品在物理上以不变比率衰减，但这仅仅是特例。

（2）超过一期的存量的存在意味着过去的决策影响现在的行为，正如现在的决策约束了将来的行为。

（3）购买决策可以根据新信息提前或延后。

（4）消费者信心、收入和价格预期是购买的重要决定因素。

（5）耐用品购买特别不稳定。

（6）区分新需求和替代需求是有用且重要的。

（7）是否购买某一耐用品是在两个离散的可选项之间做选择。原 346
则上它和非耐用品购买不同，对非耐用品的选择是在一个连续的范围内进行。

（8）离散选择导致的加总问题的困难。当我们说“代表性家庭每年购买 0.2 辆车”，我们可以理解这句话的意思，但为购买$\frac{1}{5}$辆汽车的决定而建模就没太大的意义。

（9）许多耐用品要么是新上市，要么是重大技术变革的结果。因此，关于它们的信息要在消费者中传播需要一些时间。

（10）耐用品存量和习惯“存量”在决定过去、现在和将来是如何联系起来这方面起着相似的作用，因此，必须用相同的工具进行分析。

（11）耐用品市场通常是不完善的，例如，发达的二手市场并不总是存在的，买方和卖方所拥有的信息也大不相同。这种现象使消费者面临着复杂的约束并有可能影响消费者的行为。

（12）调整成本或交易成本的存在使实际存量向意愿存量的调整滞后。

（13）因为购买的易变性，耐用品市场很容易出现超额需求的现象，也就是说供应商不能满足需求仍不能通过提价使市场出清。因此，一些购买者将受到非正式的必须等待购买的配给约束，而其他人的需求则可能转向可以获得但不太中意的替代品。

（14）新旧耐用品市场相互影响的方式很复杂，除非不同批次生产的耐用品根据事先估计是可完全替代的。这不太可能是真实的，比如，如果存在判断旧耐用品质量的信息问题。

并不是所有问题只出现在耐用品购买中，但其中大部分问题在耐用品购买中更严重。以上所列缺乏连贯性是对文献状况的反映。我们当然不会宣称每一点都同等重要（或甚至彼此一致），但它们涵盖了耐用品购买分析中经常提到的问题。我们从本章开始研究它们，但很清楚的一点是这些主题的多样性致使不能同时研究它们。

本章计划如下。前五部分略去了离散选择问题，并不是因为它不重要，而是因为在处理一些其他问题时可更清楚地看到离散选择的相
347 关性。此外，离散选择对横截面研究尤其重要。因此，我们宁可留到最后处理由横截面数据引出的理论上的特殊问题。13.1 节把 4.2 节的简单讨论扩展到耐用品需求的新古典主义模型，在此模型中假设市场运行是完美的。最起码这给出了一个讨论存量和流量，购买和消费之间的区别的一致框架。13.2 节用于讨论存量调整模型，它曾经并且仍然在应用研究中很流行。我们要处理的其中一个问题是观察它和一种像 13.1 节讨论过的以最优化行为为基础的方法之间的关系。特别地我们将考察调整成本是否可产生存量调整模型。13.3 节考虑的是一个替代模型，叫做相机重置（discretionary replacement）模型，此模型试图改善存量调整模型中对补偿投资的相当缺乏说服力的解释。13.4 节中我们回到流动性约束问题，比如像在 12.2 节中借入限制对消费函数效应的讨论。耐用品在许多情况下是非流动性资产，以其重置成本之类的价格出售它们是很困难的。我们将看到认识到流动性约束使 13.1 节中新古典模型导致的行为得到很大幅度的修正，并且流动性约束的存在以某种方式解释了最后一节提到的实证上的异常情况。

耐用品的离散选择现象和耐用品所有权在消费者总体中扩散的作用是 13.5 节的主题。13.6 节继续讨论消费习惯这一紧密相连的主题：正如我们将见到的，习惯可被视为可能依赖于家庭本身的消费、其他家庭的消费或像广告一样的外部刺激的存量。尽管经济学家真的有时把实证显著性归于习惯效应，而这时习惯效应实际上代表其他被省略的变量，但这一效应仍然具有理论上的合理性，尤其当它被认为产生于家庭之间的社会相互作用之时。

13.1 新古典主义模型

在 4.2 节中我们已讨论了一个两期新古典主义模型，其中有一种

耐用品，它的服务流与存量成正比。我们保留那里所有的假设但如第 12 章那样把范围扩展到生命周期。在那里我们已经广泛地论述了每一时期发生的计划和重新计划，以及有关偏好的限制过去决策对预算约束的效应的条件简化，参见 12.1 节和 12.4 节。把耐用品存量包含在效用函数中我们的分析仍有效。目前我们仅考虑第 1 期的决策，效用函数为

$$u=v(q_1,q_2,\cdots,q_L,S_1,S_2,\cdots,S_L,A_L/p_L;\bar{q}_{01},\cdots,\bar{q}_{0L}) \quad (1.1)$$ 348

这里 q_t 是在时间 t 非耐用品购买量的加总，L 是计划期限，A_L/p_L 是金融资产在第 L 期末的实际价值，它和 S_L 一起代表消费者的遗赠。和第 12 章一样，我们可以首先假设第 t 期的闲暇 q_0 是可以自由变化的并把工资率作为自变量求解需求。这里，我们忽略这种情形，只讨论时间限制为 $q_{0t}=\bar{q}_{0t}$的情形。我们因此把第 t 期的工资收入 y_t 当作预算限制中的外生变量。正如第 12 章一样，常数 $\bar{q}_{01}$，…，$\bar{q}_{0L}$成为效用函数的一部分并将作为条件变量出现在商品需求中，参见，例如第 12 章方程（1.13）。然而，此问题在第 12 章中已全面论述过，由于在此我们没什么可补充的，我们将忽略 $\bar{q}_{0t}$，并假设闲暇与消费具有可分离性，以此表明省略它们的合理性。在所有的市场都是完美的假设下，消费者面临参数价格，则如第 4 章方程（2.21）那样，逐期的预算约束具有以下形式

$$\begin{aligned} A_t &=(1+r_t)A_{t-1}+y_t-p_tq_t-v_td_t \\ &=(1+r_t)A_{t-1}+y_t-p_tq_t-v_t[S_t-(1-\delta)S_{t-1}] \end{aligned} \quad (1.2)$$

因为购买通过［第 4 章式子（2.20）］$S_t=d_t+(1-\delta)S_{t-1}$与存量联系起来。方程（1.2）把 A_{L-1}写成 A_L 的函数，把 A_{L-2}写成 A_{L-1}的函数，以此递推直到我们获得连接 A_0 和 A_L 的跨期预算约束。其形式如下

$$\sum_{t=1}^{L}\rho_t p_t q_t+\sum_{t=1}^{\tau}\{\rho_t v_t^*\}S_t+\rho_L A_L=W_1 \quad (1.3)$$

其中

$$W_1=v_1(1-\delta)S_0+(1+r_1)A_0+\sum_{1}^{L}\rho_t y_t \quad (1.4)$$

这里 $\rho_t = 1 \Big/ \prod_{s=2}^{t}(1+r_s)$ 类似于12.1节所定义的贴现因子，并且

$$v_t^* = [v_t - v_{t+1}(1-\delta)/(1+r_{t+1})] \tag{1.5}$$

是耐用品的使用者成本，就是4.2节所解释的租金等价价格。注意，生命周期中财富的现值 W_1 包括耐用品存量的初始市场价值。

在约束（1.3）下式子（1.1）的最大化现在是一个标准问题，在第1期的解为

$$\begin{aligned} q_1 &= g_1(W_1, \rho_1 p_1, \cdots, \rho_L p_L, \rho_1 v_1^*, \cdots, \rho_L v_L^*) \\ S_1 &= f_1(W_1, \rho_1 p_1, \cdots, \rho_L p_L, \rho_1 v_1^*, \cdots, \rho_L v_L^*) \end{aligned} \tag{1.6}$$

349 耐用品购买量由以下方程给出

$$d_1 = f_1(W_1, \rho p, \rho v^*) - (1-\delta)S_0 \tag{1.7}$$

这里 ρp 和 ρv^* 是长度为 L 的贴现价格向量和使用者成本向量。

从方程（1.6）可马上看出通过定义恰当的流量和价格，新古典主义方法把耐用品需求转换成完全类似于非耐用品需求的形式。方程（1.6）导致的这种类似非常方便，但我们必须再次强调购买价格。除了其他假设，还假设消费者能相当自由地以不变的、同样的利率自由贷出或借入，允许耐用品买卖价格相同，购买在数量上是连续的。

分解非耐用品消费和耐用品存量不会改变预算约束（1.3）的新古典主义的形式。因此，我们能应用第5章讨论过的预算和可分离性概念。给定弱跨期分离性，任何时期的需求都可写成那个时期的价格和总支出的函数，例如，见练习5.5。倘若我们正确地定义使用者成本 v_t^*，新古典主义模型甚至允许我们把耐用品存量需求纳入本书第2和第3章考虑的静态单期模型中，参见练习13.1。然而，注意使用者成本概念（1.5）将真正的跨期要素引入所有这些方程，从而，特别地，每一期预算依赖于耐用品的存量，这是第3章未曾考虑的事实。在许多商品都有一些耐用因素的意义上，当前时期预算的不正确定义和对隐含在使用者成本中的价格预期的省略，可能是为什么传统的条件需求函数被证明在统计上和理论上都是错误设定的，特别是它们对齐次条件的一致拒绝的更深层次的原因。要避免这些问题，除了跨期分离性外，我们必须假设耐用品和非耐用品之间也有可分离性，从而非耐用品的支出就能写成仅以非耐用品总支出为自变量的函数。

实际上，这不大可能成立；例如，家庭购买大多数原料是作为特定耐用品的互补品，而与之相对照的是，公共交通上的支出是汽车所有权的替代品，等等。

尽管我们相信新古典主义模型提供的见解是真实的，但要完全严格采用方程（1.6）或它们的单期对应部分是不可能的。一个直接的问题与租用价格 v_1^* 相关。正如我们曾指出的那样，持有耐用品的预期资本收益可能减少 v_1^*，从而它甚至可能会变成零或负数。根据理论，这会导致消费者为实现预期资本收益而引发无穷数量的商品需求。即使考虑到消费者方面的不确定性和供给方面的数量约束，价格 350
波动能很好地反映购买中强大的提前和滞后效应。即使粗略观察一些价格变化，比如说至少在英国的过去 25 年当中已经在耐用品市场发生的价格变化，我们发现，除非价格增长预期对实际价格变化很不敏感，服务价格偶尔才会降到很低水平。可是这些时期还是基本上和销售旺期不一致。图 13—1 显示了这些数据的一个图形：v_1^* 的构造是通过假设“下季度的价格 v_2 是通过应用最近的经验年度变化率来预测的”，细节请见米尔鲍尔（1981a）。使用 v_2 的实际数据使序列更加多变。

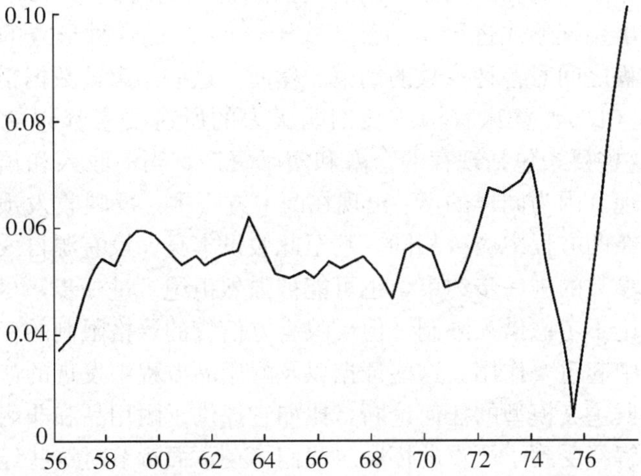

图 13—1　1955—1975 年英国消费者耐用品存量的使用者成本序列，由米尔鲍尔计算

资料来源：从“Testing neoclassical models of the demand for durables,” in A. S. Deaton, ed., *Essays in the Theory and Measurement of Consumer Behaviour*, Cambridge: Cambridge University Press, 1981a。

在价格变化的情况下，我们必须简要讨论一下耐用品需求的新古典主义理论中的价格外生性问题。根据模型，新旧耐用品是完全替代品，从而，在耐用品的简单供给和需求模型中，全部市场供给是 $(1-\delta)S_0$ + 新供给。假设新供给是 $F(v_1$，生产成本)。那么在市场均衡状态有 $(1-\delta)S_0+F(v_1$，生产成本$)=f_1(W_1$，$\rho_1 p_1$，…，$\rho_L p_L$，
351 $\rho_1 v_1^*$，$\rho_L v_L^*$)，这里 $v_1^*=v_1-(1-\delta)\rho_2 v_2$，$f_1()$ 是存量的总需求方程。由此可解出 v_1 和 $S_1=f_1()$ 作为 $(1-\delta)S_0$，W_1，$\rho_1 p_1$，…，$\rho_L p_L$，$\rho_2 v_2$，$\rho_2 v_2^*$，…，$\rho_L v_L^*$ 及生产成本的函数。我们如果相信这个模型，这些简化形式的方程是要估计的方程。然而，也许除长期之外，这个模型缺乏合理性。由于库存变化、生产变化和进口变化吸收了需求波动，新耐用品例如汽车的价格在短期内趋于固定。即使它们真的变化时，除了不断增长的额外生产能力可能反常地提高了单位成本之外，这种变化似乎更多的是对成本条件而不是需求条件的反应。例如，英国在 1974—1977 年经济萧条时期，汽车价格相对于其他商品急剧上涨。因此在季度模型中，把耐用品价格当作外生变量似乎是合理的。

米尔鲍尔（Muellbauer，1981a）更系统地看待这些证据。他利用非耐用品购买量和耐用品存量的英国季度数据对式子（1.6）的扩展线性支出系统形式进行了估计。式子（1.6）的这种形式的一个含义在于方程之间对各种参数的约束。然而，这些约束被数据拒绝。此外，式子（1.6）意味着构成长期购买力的所有要素都包含在变量 W_1 中。这些要素包括现存的金融和实际资产，当前收入和预期劳动收入的贴现。因为同样的 W_1 出现在两个方程中，反映收入预期的替代的参数在两方程中应该相同。甚至此假设本身，没有源自线性支出系统的对参数的进一步约束，也可能被强烈拒绝。进一步，尽管新古典主义理论不考虑借入限制，但反映官方信贷的严格限制的变量在耐用品方程中起重要作用。这些证据以及耐用品方程中发现的严重自相关使新古典主义模型的任何论断，比如它提供了耐用品和非耐用品需求的完全解释受到了严重的怀疑。我们将在下面章节对这些经验现象作一些可能的解释。

练习

13.1 如果式子（1.1）具有以下形式，

$$u = \sum_{i=1}^{n}\sum_{t=1}^{L}\alpha_{it}\log(q_{it}-a_{it}) + \sum_{t=1}^{L}\gamma_t\log(S_t-b_t)+\lambda\log A_L \quad (1.8)$$

其中 $\sum_{i=1}^{n}\sum_{1}^{L}\alpha_{it}+\sum_{1}^{L}\gamma_t+\lambda=1$，那么需求（1.6）是什么？以第1期的总支出为条件导出第1期的需求。比较预算约束 $\sum_{1}^{n}p_{i1}q_{i1}+v_1^* S_1=x_1^*$ 和预算约束 $\sum_{1}^{n}p_{i1}q_{i1}+v_1d_1=x_1$。讨论当式子（1.8）实际上有效时，拟合一个线性支出系统的静态形式可能的结果。

13.2　假设（例如，从跨期柯布－道格拉斯效用函数）存量需求具有形式 $v_1^* S_1=\beta_1W_1$ 和 $v_0^* S_0=\beta_0W_0$。代入购买方程 $d_1=S_1-(1-\delta)S_0$，讨论未预期到的价格和收入变化在决定耐用品购买中的作用。 *352*

13.3　当 $v_1^* S_1=\beta_1W_1$，假设 $(1-\delta)/(1+r_2)=0.9$ 和 $v_1=1$，计算 W_1 不变时存量需求关于预期价格 v_2 的弹性。由此讨论购买量 d_1 关于 v_2 的弹性的可能性大小。你发现这些结果的合理性如何？

13.2　存量调整模型和成本调整

自斯通和罗（Stone and Rowe，1957）、邹（Chow，1957）和纳洛夫（Nerlove，1956，1958）的工作以来，基于部分调整原则的模型广泛应用于耐用品需求。它提供了一个尽管特别但现成的对滞后引入行为方程的合理性的解释。首先把存量—流量关系［第 4 章，式子（2.20）］写成

$$d_1=(S_t-S_{t-1})+\delta S_{t-1} \quad (2.1)$$

总购买量等于净增加的存量加上物理损耗。存量调整模型假设存在某一意愿存量，比如说，$\tilde{S}_t$，假定在任何给定时期，实际净投资是为达到意愿存量水平所需净投资的固定比例。因此，对于 0 到 1 间的某个 k，有 $(S_t-S_{t-1})=k(\tilde{S}_t-S_{t-1})$。因此，从式子（2.1）可知

$$d_t=k(\tilde{S}_t-S_{t-1})+\delta S_{t-1} \quad (2.2)$$

通常，意愿存量 $\tilde{s}_t$ 被当作可支配收入 y^d、价格和其他相关经济变量的函数。缺乏存量数据时，经常利用科伊克（Koyck）变换把 S_{t-1} 从式子（2.2）中消去。例如，如果 $\tilde{S}_t=\alpha+\beta y_t{}^d/p_t$，因为 $d_{t-1}=S_{t-1}-(1-\delta)S_{t-2}$，则

$$
\begin{aligned}
&d_t-(1-\delta)d_{t-1}\\
&=k\alpha\delta+k\beta\left[\frac{y_t^d}{p_t}-\frac{(1-\delta)y_{t-1}^d}{p_{t-1}}\right]+(\delta-k)[S_{t-1}-(1-\delta)S_{t-2}]\\
&=k\alpha\delta+\frac{k\beta y_t^d}{p_t}-\frac{k\beta(1-\delta)y_{t-1}^d}{p_{t-1}}+(d-k)d_{t-1}
\end{aligned}
$$

所以，最后有

$$
d_t=k\alpha\delta+k\beta\frac{y_t^d}{p_t}-k\beta(1-\delta)\frac{y_{t-1}^d}{p_{t-1}}+(1-k)d_{t-1} \tag{2.3}
$$

例如，如果这是根据 1954 年到 1975 年英国数据对汽车的估计，括号中为标准误差，则 $k\alpha\delta=-763(287)$；$k\beta=0.187(0.050)$；$-k\beta(1-$
353 $\delta)=-0.146(0.042)$ 和 $(1-k)=0.200(0.266)$。R^2 和杜宾-瓦尔森统计量分别是 0.913 和 1.34。因此，调整系数 k 的估计值是 0.80，折旧率估计为 0.222。方程（2.3）可以通过允许 $\tilde{S}$ 依赖其他因素而扩展。目前情况下，相对于总价格指数的汽车价格被当作代表政府对消费者信贷限制程度的变量来试验；这些在耐用品方程中一般很显著［参见，例如，迪顿（Deaton，1976）和米尔鲍尔（Muellbauer，1980b）］，但这里尽管符号是正确的，却没有变量是显著的。尽管如此，许多研究者认为类似于式子（2.3）的结果比较令人满意，并且此模型被广泛使用。不过，注意这种技术不是真正令人满意的。如果除了序列独立的误差外式子（2.2）成立，科伊克变换将在式子（2.3）中产生一个移动平均误差过程，并且给定滞后因变量的存在，这将导致有偏性、不一致性和无效性。如果式子（2.2）中已经存在自相关，科伊克变换将使情况更加复杂，除非在初始误差是具有参数 $(1-\delta)$ 的一阶自回归过程的纯粹偶然情形。

另一更合适的估计技术是使用定义（2.1）并从某一任意固定点出发人为构造存量序列（这些任意固定点可被截距吸收）。可以对 δ 一定范围的备选值实施此过程以给出最低残差平方和的 δ 值。使用和以前相同的数据直接估计式子（2.2），我们再一次发现相对价格和信贷项的符号正确但不显著，而 δ 和 k 的最优值分别为 0.15 和 0.31。这

一最后的值离 0.8 还差很多，并且杜宾-瓦尔森统计量只有 0.81，这是有严重模型误差的表现。尽管可考虑一阶或更高阶的自相关，但这仅仅只能处理混乱的表象。相反，我们可这样解释这些结果，即表明 d_t 与（y_t^d/p_t）和 S_{t-1} 仅通过一个共同的趋势相关联，而且简单存量调整模型提供了一个对耐用品购买量的动态行为的远非充分的解释。

这些关于存量调整模型的实证问题对它作为耐用品购买量的加总时间序列分析的工具的有效性提出了许多质疑。但就我们提出来的形式，按实证传统，它不是一个合理的模型。有以下两个明显的批评。第一，假设调整系数 k 独立于经济变量是相当无道理的。例如，通过意愿存量引入信贷变量是不合理的。信贷限制如能起作用的话，可能通过调整过程起作用，但在简单的存量调整框架内，意愿存量是经济变量起作用的唯一渠道。第二，我们可能不想完全接受 13.1 节中的新古典主义理论，从使用者成本概念得到的见解，即如果资本收益可 354
以预期则现在购买是有益处的，是很难被否定的。即使如此，耐用品消费者需求的研究者一般使用存量调整模型的特定静态表示，它几乎不包括这样的效应。然而，有论证表明，在公司理论中，考虑到调整成本时，存量调整成本模型能以约束条件下最大化形式被赋予很好的跨期基础。例如，艾斯纳和斯特罗茨（Eisner and Strotz，1963）和纳洛夫（Nerlove，1972）表明当投资中有二次调整成本项时长期最大化利润如何给出投资需求方程，这些方程与存量调整形式的需求方程并无不同，除了调整发生的目标水平是外生变量预期的分布范式。如果能假设 S_0 进入效用函数使得效用不仅依赖于当前存量 S_1［加上式子(1.2) 中的其他变量］而且下降，S_1 和 S_0 之间的差距越大，下降越多，那么对于家庭行为有类似结果。这可解释为一种调整成本，尽管没有以货币的形式明确进入预算约束［参见练习 13.5 的说明］。

即使如此，调整成本的理论基础仍需进一步发展。它们是否应该来自交易成本、搜寻成本、供给约束、无借贷能力或缺乏清算旧耐用品而不遭受较大损失的能力？当然如果最后三个原因很重要，把这些效应当作消费者面临的约束的一部分而不是效用函数主观增加部分并由此尝试建立这些效应的模型就更有意义。也应注意如果调整成本增长不快于调整间隔成比例的增加，这一方法就会陷入严重困难之中。如果调整成本中有相当多的固定部分——这是极其合理的，消费者根本不会对存量的少量失衡作出反应进行投资，而会在值得这样做时进行彻底的调整。加总过程中，这些不连续性完全可能被平滑，但此过程需要用模型明确地说明而不是用一个神秘的代表性消费者来解释。所有证据都支持一个明确地将非线性约束模型化的方法，并且在 13.4 节我们将指出，无论是否存在调整成本，这种方法至少在原则上允许我们克服新古典主义模型的主要实证缺陷。

练习

13.4 二次调整成本是对称的并且存量调整对于意愿存量的正负偏差相应地也是对称的。如果存量调整是"非均衡"的替代，讨论对称的向上或向下的调整速度的合理性。

355 **13.5** 考虑以下有二次调整成本的二次生命周期效用函数

$$u=\sum_{1}^{L}\frac{1}{(1+\gamma)^{t}}\left[v(q_t,S_t)-\frac{c}{2}\{S_t-(1-\delta)S_{t-1}\}^2\right]$$

其中

$$v(q_t,S_t)=\alpha_1 q_t-\frac{\alpha_2}{2}q_t^2+\alpha_3 S_t-\frac{\alpha_4}{2}S_t^2$$

这将在约束（1.3）下被最大化并且最终资产 $A_L=0$，其中 W_1 由式子（1.4）定义。证明 S_t 的边际条件是关于 S_{t+1}、S_t、S_{t-1} 和 λv_t^* 的线性方程，其中 λ 是拉格朗日乘数。证明以 S_0 为条件的 S_1 的解关于 λ 是线性的并包含直到 L 期的预期租用价格。证明 q_1 关于 λ 也是线性的，因此讨论耐用品和非耐用品方程的不同动态结构。

13.6 根据第 10 章对质量和数量的区分，你是否预期总质量对收入和价格变化的短期反应和销售单位数量对此的短期反应是相同的，例如，在新汽车市场里？你是否认为存量调整模型对这两个方面都是同样适合的（或不适合的）？

13.3 相机重置模型

在耐用品讨论中，重置这个词可能指对物理损耗的补偿维护，也可能指一个物品对另一个物品的替代。13.2 节中的存量重置模型就它对重置的理解而言，是考虑第一种意义上的重置并把重置购买等同于

δS_0，这几乎可以作为定义。然而，如果我们考虑最重要的耐用品市场之一，即汽车市场，我们通常想到的是第二种意义的重置，即用一辆车换另一辆车。在英国和美国，几乎所有的新车都被家庭购买以替换以前的车辆。把这当作现有存量的固定比例而建模容易引起几个问题。首先，替代当前车辆可随时提前或延后，这取决于当前经济变量，这意味着任意一年实际替代的存量比例与因损耗而损失的比例可能大不相同。其次，购买新车的家庭并不是废弃旧车的家庭。以史密斯（Smith，1975）提出的基于密西根调查的证据显示新车大部分被较高收入群体购买，1 到 4 年后他们又购买新车来代替。因此，旧车慢慢流入较低收入阶层或作为较富裕家庭的第 2 辆或第 3 辆车。在静态存量均衡中，这种市场结构相对来说不重要；富人购买的新车可与废弃的旧车平衡，两类重置将会相等，如果不考虑提前或延后。但是，如果像几乎所有国家一样，总存量上升，新车置换旧车将比物理损耗的比例更大也更快。很明显这为存量调整模型的简单解释中的偏差和混淆提供了可能。 356

这些论点说明在建模中考虑提前或延后重置中的相机决策成分是大有益处的。史密斯（Smith，1974，1975）和韦斯汀（Westin，1975）提出了相机重置模型，这一模型在许多方面都是存量调整模型有吸引力的替代选择。史密斯模型（Smith，1975）可解释如下：令 R_t 为耐用品的重置需求。他写出

$$R_t = k_t R_t^* \tag{3.1}$$

这里 R_t^* 是正常的重置需求，k_t 表示因为当前和预期的实际经济环境而产生的对正常重置需求的偏差。史密斯提出利用调查数据使 R_t^* 成为有先验固定参数的汽车存量的函数。

表 13—1　　**被新车买主替换的旧车年龄**　　（%）

	1966	1968
少于 1 年	13.3	11.8
1 到 2 年	22.6	21.2
2 到 3 年	20.5	22.8
3 到 4 年	15.1	16.7
4 到 5 年	9.1	10.7
5 到 6 年	7.4	6.1
多于 6 年	12.0	10.7

资料来源：R. P. Smith（1975），*Consumer Demand for Cars in the U. S. A.*，Cambridge：Cambridge University Press，p. 92.

从像表 13—1 这样的美国调查数据中，我们能发现任何一年中任何一个年龄组的耐用品被重置的正常比例，因此给定过去购买行为的有关知识，可算出正常重置 R_t^*。既然 k_t 大于或小于 1 依赖于提前置换或延后置换在不久之前是否发生，k_t 能被作为当前变量——比如实际可支配收入、相对价格、消费者信心或失业率（作为收入预期的替代）——的函数以及作为这些变量的当前水平相对于不久之前的水平的差异或比例的函数。

这些基本上是韦斯汀（Westin，1975）的观点，只是他把模型写成可加而不是乘法的形式

357 $$R_t = k_t + R_t^* \tag{3.2}$$

对此我们可增加一个代表新需求的项，新需求依赖于 k_t 中某些或全部变量的当前水平，也依赖于过去的存量，以此反映大的继承存量影响当前购买的抑制效应（depressing effect）。韦斯汀估计了这样的模型，他选择估计 R^* 的参数而不是根据调查信息把它们强加进去，并对它的结果和存量调整模型的结果进行系统比较。每一情况中的因变量是美国 1953 年到 1972 年间购买新旅行车的总年度数字。以下是两个韦斯汀估计的有代表性的方程：

存量调整模型

$$\begin{aligned} d = {} & 9.8 + \underset{(3.84)}{0.025}\ \mathrm{YD} - \underset{(-2.94)}{12.3}\ \mathrm{PCR} - \underset{(-1.23)}{0.144}\ \mathrm{UE} + \underset{(3.58)}{0.070}\ \mathrm{ATT} + \underset{(2.25)}{0.296}\ \mathrm{STRIKE} \\ & - 0.35V_{-1} - 0.20V_{-2} - 0.11V_{-3} - 0.08V_{-4} - 0.08V_{-5} - 0.07V_{-6} - 0.06V_{-7} \end{aligned} \tag{3.3}$$

回归标准差是 0.355。

相机重置模型

$$\begin{aligned} d = {} & 19.1 + \underset{(3.36)}{0.018}\ \mathrm{YD} - \underset{(-2.79)}{9.4}\ \mathrm{PCR} - \underset{(-3.76)}{0.321}\ \Delta\mathrm{UE} + \underset{(1.83)}{0.030}\ \Delta\mathrm{ATT} + \underset{(4.00)}{0.476}\ \mathrm{STRIKE} \\ & 0.03V_{-1} - 0.03V_{-2} - 0.08V_{-3} - 0.12V_{-4} - 0.14V_{-5} - 0.13V_{-6} - 0.08V_{-7} \end{aligned} \tag{3.4}$$

回归的标准误差是 0.322，t 统计量在括号中给出。变量定义如下：YD=以 1958 年美元衡量的可支配收入，PCR＝新车的相对价格，UE=失业率，ATT＝消费者情感指数，V_{-i}＝已经使用了 i 年且当年初

仍在使用的汽车数，而 STRIKE 是表示罢工的虚拟变量。三参数阿尔蒙滞后用于限制各种制造年份的系数，其约束是 7 个时期后多项式为零。

在存量调整模型中，只有外生变量水平出现，因为它们必定被证明为意愿存量的决定因素，而在模型（3.4）中，一阶差分作为延后重置和提前重置的决定因素出现。如果我们试图以严格的存量调整模型的方式来解释模型（3.3），我们可以预期不断增加的汽车制造年份的系数构成递减几何级数。这反映了它们在效率上而非绝对单位上不断下降的价值。如果我们把 V_{-1} 和 V_{-2} 的系数作为代表，结果是超过 0.4 的年损耗系数和接近 0.75 的调整系数。这一折旧率高得不现实。358
然而，如果我们回到模型（3.4），我们看到模型（3.3）中 V_{-1} 的负系数反映了一个事实，即某年的高购买抑制了下一年的需求，并且如果转换因子 ΔUE 和 ΔATT 被明确地解释，这种效应消失。注意模型（3.4）中 ΔUE 和 ΔATT 有正确的符号，因此，如果在前一年信心低迷，失业高涨，新车购买就会延后，这强化了这一年里任何改善的效应。与模型（3.3）相比模型（3.4）的拟合程度的改进并不引人注意，这表明了模型（3.3）中过去的年份比较成功地吸收了相机购买的效应。值得注意的是，模型（3.4）中所有过去年份的存量系数均为零的联合假设在统计上是可接受的。尽管我们可以通过实际损耗预期某个效应，但这种损耗具有如此明显的趋势以致被吸收到其他变量之中似乎是合理的。最后注意，尽管两种模型具有非常类似的长期价格和实际收入反应，模型（3.3）暗示出高得多的短期效应。无疑，如果使用制造年份未被分解的存量调整模型更严格的形式，获取这些效应时更会误入歧途。

尽管模型（3.4）明显优于模型（3.3），我们不想暗示它是一个理想的公式。它不能考虑对价格预期所引起的投机购买，并且我们可能质疑是否提前或延后现象的发生必在 1 年以上。然而，相机重置模型的基本思想是吸引人的，值得起码像对待存量调整模型一样认真对待，因为它克服了后者对重置投资的僵化而简单的观点。它表明滞后存量在耐用品方程中有双重作用。一是在重置投资和长期饱和效应中作为所有权扩展的趋势成分的作用。二是替代不久之前的经济环境的作用。如果条件非常适宜，那么由此导致的提前购买短时间内会对当前购买有抑制效应。我们不能期望两种效应总是呈固定比例，并且模型（3.3）中过去年份吸收两种效应的事实使短期动态度量变得模糊。

因此，明确考虑第二种作用——即替代当前经济环境——的其他变量是有意义的。然而尚需观察能否以更系统的经济理论赋予相机重置模型更为坚实的理论基础。

练习

13.7 比较模型（3.3）和模型（3.4）中估计的短期和长期价格反应。

13.8 式子（3.3）与简单的存量调整方程（2.2）中几何损耗的假设如何相悖？

359 **13.9** 在新车和二手车市场模型中，新车价格由制造商决定，旧车价格在旧车市场中由竞争决定。讨论新车市场和二手车市场的相互影响对于新车出售的数量是否可能趋于稳定。在你的分析中，相当新的旧车的抵购价格的作用是什么？

13.4　销售约束和借入约束

如果 13.1 节中讨论的新古典主义模型是正确的，那么我们应该预期到对经济环境变化的反应非常明显地呈购买易变性。例如，假设收入 y_1 和未来收入预期 $y_1^e = \sum_2^L \rho_t y_t$ 下降。对存量 S_1 的需求也会下降，如果下降超过物理损耗 δS_0，那么购买成为负数。在新古典主义模型中，假设存量的清理是可能的并且可以以当前价格 v_1 出售。

因此，如果一致加总是可能的并且某些消费者的出售简单地被其他人购买，则无论一些消费者是否出售耐用品，加总方程的最终形式是相同的。当然在这种世界中，耐用品价格是外生的这种假设可能有些不合理，因为如果耐用品价格是外生的，所有调整负担会落在购买和出售上，购买和出售可能会变得不切实际地多变。然而，即使有价格调整，收入或预期收入的最终下降将立即导致购买的减少，当损耗减少存量，购买随后又会逐渐增加。同样，收入增加导致销售骤增，随后下降。正如我们在 13.1 节中所见到的，耐用品未来价格预期的波动也会引起相同的效应。因此，新古典主义模型很可能产生作为对经济环境变化的反应的强有力的提前和延后效应。

考虑连续时间的模型中，存量瞬时调整的假设所表现的缺乏现实性问题特别明显。这样的模型中收入的离散跳跃产生的流量率在一瞬间为无穷。但即使在排除这一极端情况的离散时间公式中，在一个时期内的完全调整看起来也不合理。在 13.2 节，我们可看到这种变化被某种调整成本阻止。尽管在某种程度上我们能够解释这些变化，比如通过与交易有关的成本，我们仍认为，通常模型设定基本上还是特殊的，并且要求成本的增加超过存量的成比例的变化也有点不现实。

我们现在考虑非流动性约束，它有点类似于调整成本的作用，但以消费者面临的预算约束的形式，它有更加明确的微观经济基础。两个最明显的非流动性约束是对旧耐用品销售的限制和对借入的限制。 *360*
在 12.1 节中，我们已看到借入限制对非耐用品需求的重要性，而在很多方面，借入限制对于耐用品有更明显的相关性。即使消费者预期耐用品价格在下一期会上涨很多，因此现在的购买将产生一大笔资本收益，但如果缺乏大笔流动性金融资产存量，他不能利用这种机会，他在借贷数量上受到限制。

对旧耐用品销售的限制也极大地妨碍了由预期的耐用品价格增加引起的提前购买。这是因为它们阻止了资本收益的实现，从而消费者只会提前购买他们想要持有的耐用品。当然，对旧耐用品销售的限制通常不是绝对的。相反，商品可行的销售价格通常大大低于可以买到商品的价格，甚至对于明显可转让的商品如汽车也是如此。新近购买的汽车以远低于其花费的价格出售的原因，并不是因为汽车买主把汽车开出展览厅时汽车经历了效用的急剧增加以致汽车损耗很大，而是因为阿克罗夫（Akerlof，1970）所说的“柠檬效应”，参见 10.4 节，它是指买方和潜在卖方掌握的有关汽车质量的信息不对称。后者害怕车主想卖的原因是这辆车是个“次品”（Lemon），即使不是，车主也没办法把信息传递给买主。柠檬效应的后果很可能是根本不能出售，或更一般的，不得不为买和卖支付交易成本，参见练习 13.15 和 13.16。特别地，柠檬效应限制或阻碍存量在当前期的消耗。

我们首先阐述借入和销售约束对于当前耐用品和非耐用品之间的选择的影响。假设在效用函数中，除 q_1 和 S_1 外都是常数。如果不允许任何借入，我们必定有 $A_1 \geqslant 0$，这意味着

$$A_1 = (1+r_1)A_0 + y_1 - p_1 q_1 - v_1[S_1 - (1-\delta)S_0] \geqslant 0 \qquad (4.1)$$

类似地，绝对销售约束 $d_1 \geqslant 0$ 导致 $S_1 \geqslant (1-\delta)S_0$。然而，这一约束的重要性不限于消费，还在于它暗示如果消费者放弃了一些耐用品存量，他们得不到任何东西作为回报。用经济学术语来讲就是耐用品销售价格为零。除了这两个约束还必须增加跨期预算约束，在固定的未来计划下它具有以下形式

$$W_1 - \text{计划未来支出} = p_1 q_1 + v_1^* S_1 \qquad (4.2)$$

361 因为 $v_1^* < v_1$，所以跨期约束（4.2）没有借入约束（4.1）那么陡峭。图 13—2 表示各种约束的位置并以阴影部分表示可达集合。注意，0ABC 区域是用阴影表示的；消费者可以通过不使用 S_1 而实现 S_1 的消费几乎为 0 的愿望。然而，出售却没有回报，可达集合在 BC 之间的边界部分变成了平行线。在图 13—2 中，消费者选择 X 点，在这种情形下，借入和销售约束都没有约束力。另一方面，在图 13—3 中，也许因为对耐用品更大的偏好或更低的初始资产，借入约束变得有制约作用，尽管销售约束仍没有约束力。图 13—4 和图 13—5 阐明了余下的两种可能性，分别是只有销售约束有约束力和两种约束都有约束力的情形。

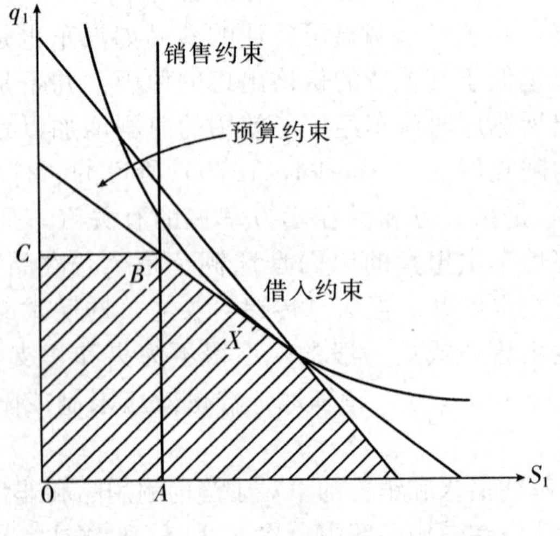

图 13—2 无约束力的销售和借入限制

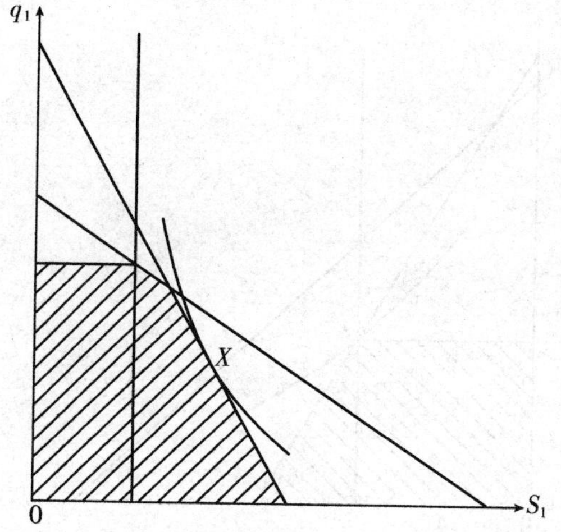

图 13—3 借入限制有约束力，销售限制无约束力

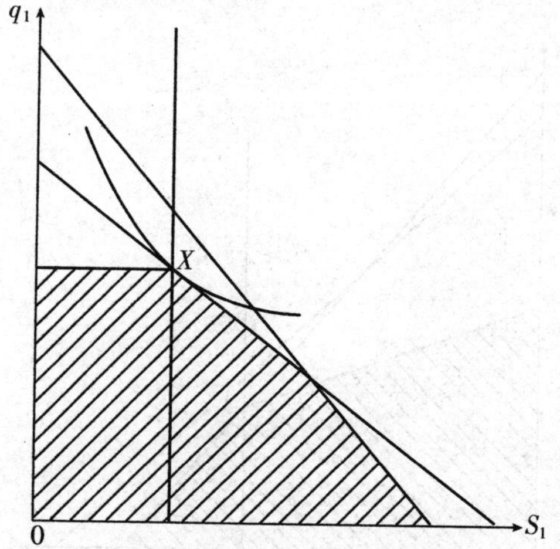

图 13—4 销售限制有约束力，借入限制无约束力

图 13—6 的情况值得说明，其中销售约束采用不那么极端的形式[试比较练习 13.16]。假设销售价格远远低于购买价格。这种情况下，在点 X，有可能通过放弃耐用品存量获得一些非耐用品作为回报。然而其数量远远少于为得到相同的耐用品存量增加而通过增购达到 X 点右边所必须放弃的数量。比较图 13—5 和图 13—6 可知，如果买价和卖价的差别很大，如图 13—5 所示，简单假设销售发生在价格为零处是个好的近似。 364

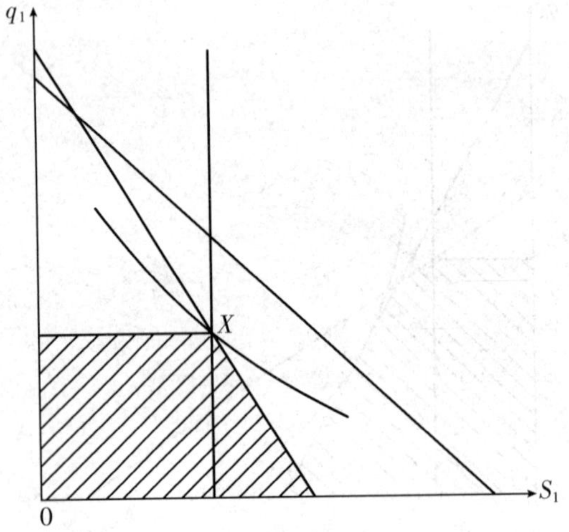

图 13—5 借入和销售限制都有约束力

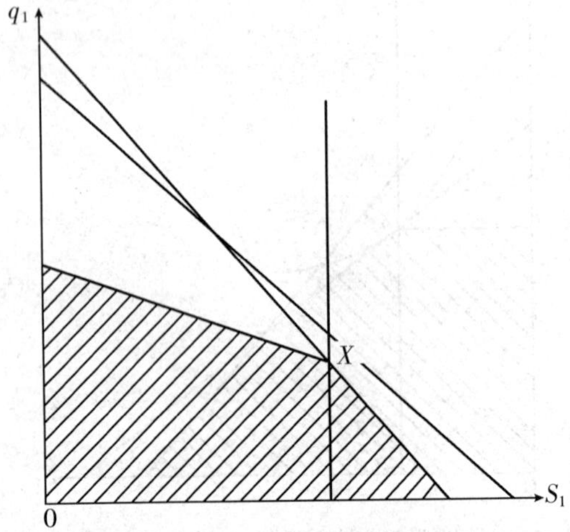

图 13—6 当买入价格超过售出价格时，借入和销售限制都有约束力

我们因此可看到这两种非流动性限制严重妨碍了由耐用品价格或收入的预期变化引起的流量变化。这里非耐用品和耐用品之间存在有趣的差异。对几乎没有金融资产的人而言，借入约束使得收入减少很快地转换为非耐用品消费支出的降低。持久收入假说中假定这种冲击大部分被吸收，与此对照，借入约束使非耐用品消费比没有借入约束

时更加多变。然而，对于耐用品购买，借入约束和销售约束通过阻碍调整具有完全相反的影响。

这两种约束在形式上与 12.1 节中的对借入约束的分析相似，也与在 11.2 节中对劳动力市场中受到配给或没有受到配给的家庭的分析相似。然而，因为数量约束可在两种市场出现，存在更多的不同约束机制是可能的。多期模型中，如果家庭预期在第 2 期及以后的各期除了第 1 期的约束外没有其他数量约束，那么存在四种约束机制是可能的，我们已在图 13—2 到图 13—5 中进行了解释。这不足以反映最低限度的现实，因为它不排除这种情形，即预期到下期的耐用品价格远远高于当期的消费者，为实现资本收益而买入大量耐用品。因此，我们也需要一个关于第 2 期的销售约束，在此我们理解销售约束仅仅是一种简化的说法，即家庭知道不可能以新价格卖出他的耐用品。如果我们还希望考虑第 2 期的借入约束，那么就必须考虑 16 种不同的约束机制，尽管把销售约束当成交易成本来处理的确可以简化分析，参见练习 13.16。因为主要由于预期收入或耐用品价格在第 3 期远远高于第 2 期，下一期的借入约束才很可能出现，所以消费者会简单认为第 3 期与第 2 期类似。

因为约束机制的划分依赖于偏好、资产、预期和收入，那么可能在任何时期不同家庭将面对不同行为约束机制。例如，如果当前收入下降进而对未来收入的预期也下降，一些家庭，特别是拥有的耐用品存量相对于其金融资产很大的家庭，可能希望以新耐用品的价格出售他们的一些耐用品存量。因为他们不能这样做，约束 $S_1 \geqslant (1-\delta) S_0$ 可能起制约作用，所以这些家庭的行为方程与那些拥有更多金融资产的家庭的行为方程不同，因为对他们来说，这些约束没有约束力。两 365
类家庭的非耐用品消费函数之间的差异可能小于耐用品购买或存量需求函数之间的差异，因此如果耐用品销售约束被当作（非凸的）交易成本一样对待，可得出相同的结果。因此在加总意义上，对非耐用品消费函数传统形式的偏离可能没有耐用品情形的偏离那么大。对于后者，总购买将是传统非销售配给方程的复杂的零和加权平均，加权因子本身对收入变化非常敏感。因此，非耐用品的加总消费函数中的收入动态变化在很大程度上将是财富项 W 的动态变化，而耐用品加总方程中的动态变化将会大不一样。这似乎是对于上面提到的实证发现，即两种方程的收入动态变化差异很大的合理解释。

各种对租借（贷）购买能力的约束对于英国耐用品需求的重要性也有实证支持。这些约束可通过改变可以借款家庭数量而起作用，而且它们的有效性是流动性约束重要性的证据。

这带给我们最后一个问题，即应用经济学家如何利用这些见解，尽管我们相信它们是令人信服的。成功估计多重约束机制的总量模型所需要的数据是很可能得不到的，一种可能的解决办法是模拟，以便了解主要约束机制模式和总需求本身是如何随经济环境改变的。事实上在第 12 章中，我们已经提到过由多尔德和托宾（Dolde and Tobin，1971）所做的这种研究，尽管没有应用到耐用品。这种实验也许能和估计联系起来以便观察在此讨论的方法在我们的实际建模中能走多远。这些工作有待去做。

练习

13.10 用练习 13.5 中的效应函数，在没有借入约束和没有下一期销售约束的预期的假设下（你不需要获得归属于跨期预算约束的拉格朗日乘数 λ 的分析解），比较当约束 $S_1 \geqslant (1-\delta)S_0$ 起制约作用和没起制约作用时 q_1 和 S_1 的方程形式。讨论在任何一个时期落入销售约束情形的家庭总比例的决定因素。

13.11 假设现在耐用品销售约束不起作用并预期它不会起作用，对雇佣购买约束的影响进行类似于练习 13.10 的分析。为简单起见，
366 假设在单个家庭水平上，这些约束具有 $A \geqslant \bar{A}$ 的形式，从而净金融资产不能降到低于某一更低的水平并且假设它们被预期到在下一期没有约束力。

13.12 在耐用品需求的时间序列实证工作中，研究者经常把租借购买能力的大小当作解释变量包括进来。讨论这种方法的有效性并提出其他可能的替代方法。

13.5 离散选择、扩散和截面分析

在对微观经济截面数据分析中，以至今为止我们一直使用的方式继续假定各种耐用品存量是连续变化的是不可能的。对于许多耐用品，是在所有权和非所有权之间选择，在离散选择情况下，通常认为

传统需求分析是不适当的。在本节中，我们以尽可能简单的方式介绍为建立这种选择模型所涉及的基本概念。

为使分析尽可能简单，我们以汽车所有权为例并假设可以以年度租赁费 v^* 拥有所有权。在总支出条件下的单期预算约束是

$$pq+v^*S=x \tag{5.1}$$

这里 p 是价格，q 是非耐用品数量，并且当拥有一辆汽车时 $S=1$，没有汽车时 $S=0$。单期效用（子效用）函数是

$$u=v(q,\ S,\ \in) \tag{5.2}$$

这里$\in$是个参数（或更一般地是一个参数向量），它对于每个家庭各不相同并吸收了没有反映在预算约束中的爱好或环境如家庭构成的差异。

图 13—7 分别解释了两个家庭 0 和 1 的选择，它们的无差异曲线分别是 I_0I_0 和 I_1I_1。如果家庭选择不要汽车，非耐用品消费是 x/p，而选择汽车的话，非耐用品消费降至（$x-v^*/p$）。如果 u_0 和 u_1 分别是与不拥有汽车所有权和拥有汽车所有权相应的效用水平，我们有

$$u_0=v\left(\frac{x}{p},0,\in\right) \tag{5.3}$$

$$u_1=v\left(\frac{x-v^*}{p},1,\in\right) \tag{5.4}$$

$u_1>u_0$ 的家庭将拥有车而 $u_0>u_1$ 的家庭将不拥有车。哪个家庭落入哪个类别取决于 x 和$\in$的值，它们是各家庭之间唯一不相同的变量。 367
如果我们暂时考虑一下有相同爱好参数$\in$和不同总支出 x 的家庭，则很显然对应于较穷家庭的 u_0 更可能大于 u_1。当非耐用品消费低时，与拥有汽车所有权的收益相比，任何未来非耐用品消费的进一步下降的边际负效用更大。然而，随着 x 的增加，非耐用品消费也增加，直到最后，倘若随着福利上升，对汽车的偏好并不改变，那么所有权的收益将超过 v^*/p 的降低所带来的负效用。这在图 13—8 中的点 $x_T(\in)$ 给出了解释，通常被称为“临界”支出。因此，当$\in$类型的家庭达到 $x_T(\in)$ 时，家庭将成为汽车所有者；在更低的收入水平时，人们宁愿不要汽车所有权。

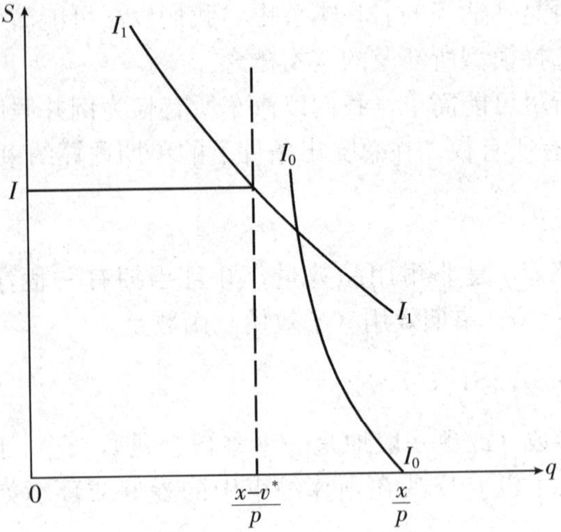

图 13—7　面临双重选择的两个家庭的选择

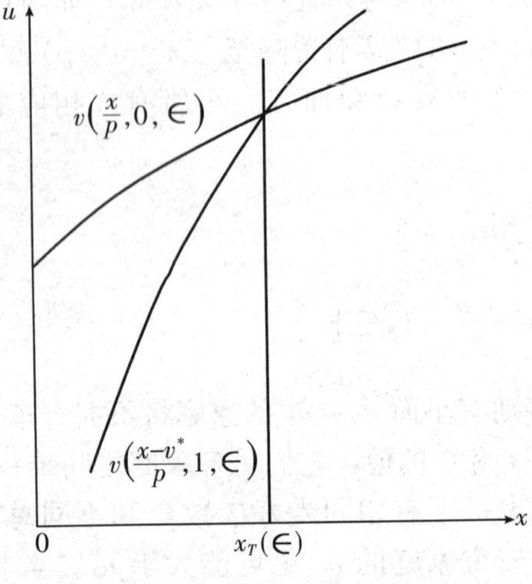

图 13—8　临界支出 $x_T(\in)$ 的推导

举一特例，如果效用由 $u=(S+a+\in)^{\alpha}q^{1-\alpha}$ 给出，其中 a 和 α 为参数，如果 $[(1+a+\in)/(a+\in)]>(x/x-v^*)^{(1-\alpha)/\alpha}$，就会拥有耐用品（参见练习 13.13）。为简单起见，取 $\alpha=\frac{1}{2}$。于是所有权条件可写成 $\in<x/v^*-1-a$ 或 $x/v^*>a+1+\in$。给定 x，前者告诉我们具有给定支出的一类家庭中有哪些将拥有汽车并且这依赖于家庭构成、

地域、农村或城市住宅等等，这些都可成为$\in$的一部分。给定$\in$，后者告诉我们给定类型的家庭的临界支出。注意，耐用品价格 v^* 和总支出 x 总是在表达式 x/v^* 中同时出现；我们也已经能够定义一个临界价格，低于这个价格将有购买发生。 368

一般来说，如果 $f(x, \in)$ 是 x 和$\in$的联合密度函数，那么支出为 x 并拥有耐用品 $g(x)$ 的家庭比例为

$$g(x)=\int_{-\infty}^{\phi(x/v^*)} f(x, \in)\mathrm{d}\in \Big/ \int_{-\infty}^{\infty} f(x, \in)\mathrm{d}\in \tag{5.5}$$

在本例中 $\phi(x/v^*)$ 是 x/v^*、(x/v^*-1-a) 的增函数，同时它定义了导致汽车所有权的$\in$的最高水平。方程（5.5）给出了联系任何收入阶层的汽车所有权与收入水平的“拟”恩格尔曲线的效用理论基础。这些已被广泛估计——参见克拉默（Cramer，1969）关于它们性质的精彩讨论以及艾奇逊和布朗（Aitchison and Brown，1957），派亚特（Pyatt，1966），布勒斯（Bonüs，1973）有关它们应用的例子。在传统的表达中，通常 x 被解释为收入，$\in$本身是临界收入水平，在此水平之上发生汽车所有权购买；因此，如果 $x<\in$，则 $S=0$；如果 $x\geqslant\in$，则 $S=1$。例如，如果我们假设$\in$的分布独立于 x 而且$\in$服从参数为 μ 和 σ^2 的对数正态分布，则式子（5.5）可替代为

$$g(x)=\operatorname{prob}(S=1;x)=\int_{-\infty}^{x} f(\in;\mu,\sigma^2)\mathrm{d}\in$$ 369

$$=\Lambda(x;\mu,\sigma^2) \tag{5.6}$$

这里 $\Lambda(x;\mu,\sigma^2)$ 是对数正态分布的累积分布函数。注意，在相当大的程度上式子（5.5）比式子（5.6）更一般，并且前者还有一个优点，即给定效用函数的某种方便的形式，式子（5.5）为价格或家庭特征这样的变量的进入提供系统性基础并提出临界收入水平的明确形式。

利用个体家庭的微观经济学调查数据，可通过极大似然原理直接估计这样的模型。如果我们忽略没有被$\in$所包含的偏好差异，那么式子（5.5）中的 $g(x)$ 是在家庭支出为 x 的条件下，一个随机选择的家庭拥有耐用品的概率。假设在我们的样本中有 n 个家庭，其中支出为 x_1，…，x_{n_1} 的 n_1 个家庭不拥有商品，而剩余的家庭拥有商品。模型参数可利用在 10.3 节中用于品种选择或 11.1 节中劳动参与的同一

技术来估计。在此情形下，似然估计为［比较第 10 章式子（3.19）和第 11 章式子（1.9）］

$$\mathscr{L}=\prod_{i=1}^{n_1}[1-g(x_i)]\prod_{i=n_1+1}^{n}g(x_i) \tag{5.7}$$

因为［$1-g(x)$］是不拥有所有权的概率。如果 $g(x)$ 从像式子（5.5）这样的效用函数导出，它依赖于效用函数的参数而参数则可通过运用非线性技术最大化式子（5.7）来估计。

关于宏观经济数据，我们对拥有商品的所有家庭的比例以及这一比例长期内如何随总收入、价格等移动更感兴趣。从式子（5.5）对 x 积分

$$所有者比例=\int_0^{\infty}\int_{-\infty}^{\phi(x/v^*)}f(x,\in)\mathrm{d}\in\mathrm{d}x \tag{5.8}$$

如果 x 和 $\in$ 是独立分布的，式子（5.8）将有一个更简单的形式。然而，即使在一般情况下，显然当平均收入上升或耐用品价格下降时，所有者比例将遵循上升的 S 形曲线或弯月形曲线。在任何收入群体中，某些比例部分将有足够低的成为所有者的临界值，并且随着进入更高的收入组这种比例将增加。因此，当平均收入增加，整个分布向上移动，家庭被提升到较高收入组并超过它们的个体临界值。刚开始，收入低，很少人能富裕到超过他们的临界值，平均收入的增长只能使数量很少的富人有能力购买。后来，当收入进一步增长或价格下降，从而许多家庭接近它们的临界值，收入的变化将产生更大的效应。在最后阶段，达到收入分布的贫尾（poor tail），尽管这可能比
370 富尾（rich tail）更厚，但最终将达到饱和，所有权再次变得对收入和价格变化没有反应。图 13—9 复制于迪顿（Deaton，1975c），显示了各欧洲国家电视机拥有量扩展的所有阶段；在这里 S 形或弯月形特征非常明显。值得注意的是，利用式子（5.8）可以找出与收入分布的明确关系。如果收入分布很不平等，可以预期所有权的扩展是漫长而缓慢的，只在最后阶段进展迅速。反之，如果收入分布非常均衡，S 形或弯月形曲线变得非常陡峭并且极限形式趋向直角阶梯状。据我们所知道，尚未尝试比较各国之间的扩展和收入分布模式，也许是因为缺乏后者的数据；即使如此，这仍是一个很有前景的研究课题。

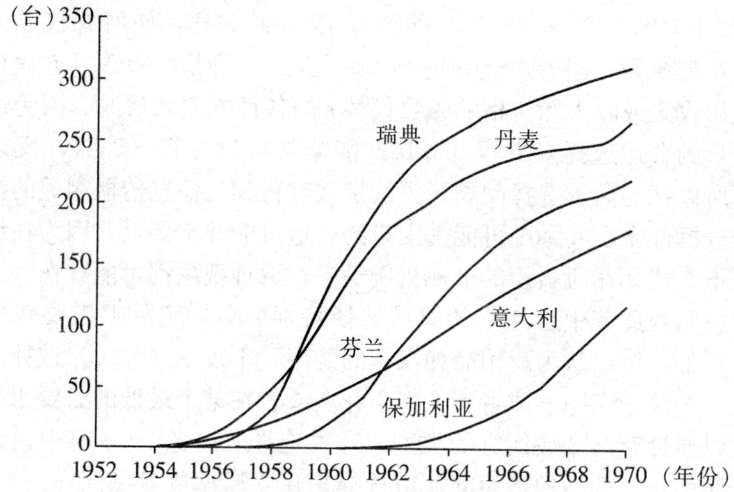

图 13—9 所选国家中每 1 000 人的电视机拥有量

实际收入增长允许越来越多的人参与购买，这样引起的所有权扩展只是产生图 13—9 中 S 形或弯月形曲线的几个过程之一。另一个重要情形是，一种新商品被引入，并且正是它的存在和特征的信息而不是较高的单位成本成为它扩展所有权的障碍。许多家庭小五金以及一些以前不曾知道的传统非耐用品可以归于这一类。艾恩芒格（Ironmonger，1972）给出了许多英国的例子，包括（令人吃惊的）茶叶、 *371*
香蕉、冰淇淋和牛奶这样的一些物品。这种情况下的一个有用的模型是“传染病”模型，它利用了信息传播与传染病传播之间的类似性。如果 N 是消费者中潜在的所有者（非免疫的）的数量而 v 是实际所有者（携带者）的数量，那么假定所有权变化率与所有者数量和非所有者数量皆成比例。因此，我们有

$$\frac{\mathrm{d}v}{\mathrm{d}t}=kv(N-v) \tag{5.9}$$

其中 k 是常数。另外，如果假设存在大量携带者又存在大量没被传染但可能被传染的消费者时，收入变化将引发更大的所有权变化，则收入而不是时间可被赋予驱动作用。方程（5.9）可通过替代 $z=v/(N-v)$ 而轻松解出，替换之后方程（5.9）变成 $\mathrm{d}\log z/\mathrm{d}t=Nk$，其解经替换后为

$$v=\frac{N}{1+\alpha e^{-nkt}} \tag{5.10}$$

α 是某个常数。方程（5.10）像方程（5.8）一样，使所有权成为时间的 S 形函数，当 $t=-\infty$ 时，$v=0$；当 $t=\infty$ 时，$v=N$。方程可以通过用收入或收入和价格的函数代替 t 的各种方式来修改。因为通过自变量的合适选择，方程（5.10）能非常接近方程（5.8），反之亦然，所以把与离散选择问题相关的扩散过程和与信息传播相关的扩散过程分拆开来在实际中可能是困难的。这可能并不要紧，因为在许多情况下，比如在所引用的电视机例子中，两种现象都可能存在。

我们在此节中已考察的离散选择特别简单，实际上需要较多修正。例如，可以认为耐用品如汽车的购买，不仅是（0，1）选择而且涉及一个决策问题：或者什么都不花费或者在某个最低的必要水平上花费以便拥有商品最便宜的类型。这种选择可以像 10.3 节中讨论的那样作为在备选品种之间的离散选择来建立模型或者以同样的方式，像 11.1 节中讨论的那样作为劳动参与决策来建立模型，我们在这里不重复这些分析。修正我们的简单静态框架是必要的。然而，在一个跨期模型中，困难之一是下一期可重新作出离散决策，从而甚至在有完美市场和没有 13.4 节中讨论的流动性约束的情况下，离散决策的次数大量增加。例如，一个家庭在考虑是否买新汽车时可以有几种选
372 择：继续使用旧车直到下一时期，现在卖出旧车但不买入替代品或买一辆不那么旧的二手汽车。

我们认为这类选择的离散性对于理解加总动态过程可能不是至关重要的。核心问题是我们已讨论过的流动性约束的存在性和由此导致的不同约束机制。这些约束机制彼此不同的事实意味着即使耐用品完全可以分割，我们需要把离散选择模型应用于截面数据以决定给定的家庭发现自己在何种约束机制下。在 13.4 节我们看到，一给定家庭是否在数量非约束状态下或是在新购买被限制为零的约束机制下依赖于一个包含财富和滞后存量的不等式。在微观模型中，我们需要在效用函数中包含一个偏好随机项，因此在这个不等式中也需要包含这样的项。由此导致的概率模型与第 11 章中提到的劳动力供给分析中对有拐点的预算线的处理是相似的。

练习

13.13 假设效用为 $u=(S+a+\in)^{\alpha}q^{1-\alpha}$ 其中 a 和 α 是参数，并且家庭面临预算约束 $pq+v^{*}S=x$。如果拥有耐用品则 $S=1$，如果没

有耐用品则 $S=0$。证明如果 $[(1+a+\in)/(a+\in)]>[x/(x-v^{*})]^{(1-\alpha)/\alpha}$，那么将拥有耐用品。

13.14　（续练习 13.13）如果 $\alpha=\frac{1}{2}$，证明所有权条件是 $\in<x/v^{*}-1-a$。因此，参见 10.3 节，在 $\in$ 遵循威布尔（Weibull）分布的条件下，找出总支出为 x 的家庭拥有耐用品的概率。如果 $\in$ 和 x 在家庭之间的分布是独立的且每个都遵循威布尔形式，找出拥有耐用品家庭的比例。

13.15　假设可拥有的耐用品数量是连续变量，但每次交易对单位存量变化支付固定费用 c，那么当偏好是跨期分离时，相关的单期预算约束是 $pq+v_1^{*}S_1+c\mid S_1-(1-\delta)S_0\mid=x$。用图解释此预算约束。给定练习 13.13 中的效用函数，显示在什么情况下存量分别是上升、不变或下降的。讨论此模型对于家庭重置决策的含义。

13.16　讨论练习 13.15 中定义的固定的单位交易成本，是否是家庭面对的耐用品买卖价格之差的效应（13.4 节中讨论过）的合理近似。讨论对交易成本的替代模型并用图表示：当 $S_1\neq(1-\delta)S_0$，则交易成本是 $c_1S_1+c_0S_0$，当 $S_1=(1-\delta)S_0$，则交易成本为零。就这个模型重复练习 13.15 要求的分析和讨论。这种模型在解释为什么大多数家庭不会每年换一次房子时效果如何？

13.17　根据 13.1 节对新耐用品和二手耐用品市场的相互影响的讨论，13.4 节中的对约束的讨论，13.5 节中的对离散选择的讨论，练习 13.16 对交易成本的讨论，提出二手房价格行为模型如何建立。房价通货膨胀本身会引起交易量上升吗？这种效应的大小如何通过限制利息支付的税收减免或对某些家庭以低于市场的利率所得到的补贴 373
进行征税而改变？

13.6　习惯和滞后

我们现在转到关于消费者支出方程的动态学的一些一般问题，特别是与滞后因变量存在性相关的问题。在这里继续讨论这些问题是因为作为过去行为的结果而发展起来的习惯与从过去购买中建立起来的耐用品存量非常相似。“动态”需求方程是耐用品研究最明显的要求，但考虑到习惯的普遍性，远远没有局限在消费者行为这个有限的领域内。

我们在本章，以及在 12.2 节中，已经遇到因变量滞后值在需求方程中出现的几种原因。最明显的原因是通过应用于跨期决策的财富约束中的金融和非金融资产存量的作用。在第 12 章，我们看到如果消费者耐用品和资产重估被忽略，可利用逐期预算约束来转换消费函数，预算约束控制了金融资产水平的变化，从而使全部资产被最后一期的非耐用品消费所取代。把耐用品包括进来后，逐期预算约束是(1.2)，它包括 $v_t d_t$ 项。很容易证明类似于第 12 章式子（2.16）的变换，在柯布-道格拉斯偏好下——比如说，将导致非耐用品消费函数，它不仅含有最后一期对耐用品和非耐用品的购买而且还含有往后两期的存量。

为什么滞后因变量出现在需求方程中的第二个原因在 13.2 节对调整成本的讨论中已经考察过了，这些成本既可以适用于耐用品也适用于一些非耐用品。搜索成本是使人们有像以前一样行动而不是连续重估备择行动路线的倾向的一个因素。耐用品调整成本完全可以用非耐用品消费的滞后值来反映。考虑某个家庭安装了中央电暖系统，面临电价相对于其他价格如天然气价格的大幅上涨。如果可以重新开始搜寻，它将安装天然气设备而不会用电取暖。然而，因为已经安装的电暖设备拆除费用昂贵且在旧货市场没有什么价值，因此继续使用直到坏掉应该是最优选择，因此，在未来的一段时间该家庭将继续消费昂贵的电能。在用电支出的时间序列数据中，这将体现为滞后电力消
374 费的正系数，对相对价格变化的调整需要很长一段时间才能完成。非耐用品和耐用品存量互补引出这种滞后反应的其他例子还很多。

对滞后内生变量的第三种解释，至少在耐用品存量情形中，在于 13.4 节分析的流动性约束。在那里我们给出了一个例子，其中有些家庭耐用品购买为零，其他家庭的购买为正并且与财富、收入和价格变量相关的滞后耐用品存量在决定赋予总购买的这两个组成部分的权重时起重要作用。

对滞后因变量的第四种解释在文献中备受关注，参见帕斯顿（Peston，1967）、波拉克（Pollak，1970，1976a，1978）、冯·威茨沙克尔（Von Weizsäcker，1971）及戈尔曼（Gorman，1967），并已被霍撒克和泰勒（Houthakker and Taylor，1966，1970）和菲利普

斯（Phlips，1972，1974）等人用于实证应用。这就是说偏好受以前消费经历的影响。通常模型是一个在个人主义背景下“近视”习惯的形成模型，近视是因为家庭做当前决策时没有考虑到未来的影响。此模型的一个普遍的形式是线性支出系统的一个修正形式，其中自愿消费水平成为滞后消费的函数。这种形式的系统早在 1959 年首次被斯通和克罗夫特-默里（Croft-Murray）估计，虽然他们利用实际数量向意愿数量的部分调整对模型给出了很不相同的解释，就如同传统线性支出系统给出的解释。这是说明在实证中推断哪一个理论最适合解释滞后反应的产生这一普遍困难的一个很好的例子。

人们有时称此“动态化”需求模型是处理耐用品需求的合适工具，但是因为它们通常是从满足单期预算约束的最大化单期效用函数导出的，这种模型甚至不能解释 13.1 节讨论过的最简单模型中出现的重要的预期因子。在跨期模型中，如果每一期的品味依赖于过去的消费且这一点被消费者预见，则从技术上来说模型是很难处理的，如果不承认信息的不完全或计算问题，它对观察到的行为的描述是非常不合理的。然而对于习惯形成有另一种解释，它不会引起这个问题，我们在 12.2 节中解释了这一点。

商品在人们之间的传播过程中具有社会功能。商品和时尚的传播是
一个家庭行为影响其他家庭而形成滞后行为模式的表现。在 12.2 节中， *375*
我们在一个简单线性的例子中看到如何通过跨家庭加总使家庭之间的滞后成为加总家庭的共同滞后。通过加总，我们得到菲利普斯（Phlips，1972），波拉克（Pollak，1970）和其他人在个体水平上揭示的同样的行为。相对于个人主义表述，“社会”表述具有一个优点。在个人主义表述中，存在一个困难，即一个理智的个体将意识到他的行为将改变他随后的偏好并在决策时试图考虑这一点。没有做到这一点有理由被认为是短视的。而跨期问题的非近视表述极其复杂。社会表述的优势是即使计划问题是跨期建立起来的，每个家庭如此之小，使他能安全地忽略从他自己的行动——通过集体行动——返回到他自己偏好的反馈。因此，总量水平的完全跨期需求模型很好地展示了这种滞后反应，如果它在个体水平上为真，我们将不得不称之为短视。我们对此模型的论证做得很好是因为我们选择了线性函数，但此基本观点是更具普遍性的。

为了比较，让我们简单考察，例如菲利普斯（Phlips，1972）所采用的个人主义表述。线性支出系统效用函数通过截距随时间的改变

进行修正：

$$\log u_t = \sum \alpha_i \log(q_{it} - \gamma_{it}) \tag{6.1}$$

这里 γ_{it} 依赖于 q_{it-1}，q_{it-2}，…菲利普斯定义

$$\gamma_{it} = \gamma_{i0} + \gamma_{i1}\theta_{it} \tag{6.2}$$

这里 θ_{it} 代表商品 i 的习惯存量，定义为 $\theta_{it} = q_{it} - \delta_i\theta_{it}$，其中 δ_i 是习惯衰减率。此式的离散时间近似是

$$\Delta\theta_{it} = q_{it-1} - \delta_i\theta_{it-1} \tag{6.3}$$

这意味着 $\theta_{it} = q_{it-1} + (1-\delta_i)q_{it-2} + (1-\delta_i)^2 q_{it-3} + \cdots$［霍撒克和泰勒（Houthakker and Taylor，1970）提出比（6.3）更复杂的近似，但这并不影响论证的本质。］如果式子（6.1）在静态线性预算约束下被最大化，我们得到第 3 章的标准需求函数

$$q_{it} = \gamma_{it} + \frac{\alpha_i}{p_{it}}(x_t - \sum \gamma_{jt} p_{jt}) \tag{6.4}$$

但这里

$$\gamma_{it} = \gamma_{i0} + \gamma_{i1}[q_{it-1} + (1-\delta_i)q_{it-2} + (1-\delta_i)^2 q_{it-3} + \cdots] \tag{6.5}$$

并用非线性极大似然估计法估计 γ、α 和 δ。对于 1929 年到 1970 年的美国年度数据，菲利普斯发现在包括几类耐用品的 11 种商品中，除
376 汽车、零件、家具和家庭设备之外所有 γ_{i1} 都为正，他把这解释为正习惯形成。γ_{i1} 为负的两类耐用品与存量调整原则一致，存量调整原则也预测到在一个解释购买的方程中 θ_{it} 的系数为负，因为在耐用品情况 θ_{it} 完全能解释为对存量的度量。δ_i 大部分处于 0.05 到 0.4 之间，表明了对大部分商品有相当长的滞后反应时间。

冯·威茨沙克尔（Von Weizsäcker，1971）、波拉克（Pollak，1970，1976a）、戈尔曼（Gorman，1967）及其他人曾讨论过的这个模型的一个有趣的特征是“长期偏好”问题。可以证明，对于 $0 < \delta_i < 1$，如果价格和总支出长期不变，那么最终需求将稳定于长期数量。此外，这些数量实际上与原效用函数的静态形式一致但效用函数的参数不同。很明显，在长期：$q_{it-1} = q_{it-2} = \cdots = q_i^*$。因此，$\gamma_{it} = \gamma_i^* = \gamma_{i0} + (\gamma_{i1}/\delta)q_i^*$。对于式子（6.1）给出的效用函数，最优化一阶条件是

$$\alpha_i/(q_{it}-\gamma_{it})=\lambda_t p_{it} \tag{6.6}$$

长期内它成为 $\alpha_i/(q_i^*-\gamma_{i0}-\gamma_{i1}q_i^*/\delta_i)=\lambda p_i$。但它等于

$$\alpha_i^*/(q_i^*-\gamma_i^*)=\lambda p_i \tag{6.7}$$

其中 $\alpha_i^*=\alpha_i/(1-\gamma_{i1}/\delta_i)$ 和 $\gamma_i^*=\gamma_{i0}/(1-\gamma_{i1}/\gamma_i)$ 是“长期效用函数”的参数。

波拉克（Pollak，1976a）曾考虑过这种长期效用函数存在的更一般条件，这些条件被证明是非常苛刻的。这是对冯·威茨沙克尔（Von Weizsäcker，1971）把长期效用函数解释为在某种意义上代表“真实”偏好受到批评的原因之一。一个更为现实的批评是存在其他一些我们已经讨论过的重要原因，说明为什么在对需求的实证研究中会出现滞后内生变量，故将福利判断建立在受到损害的估计之上——比如说，由于在预算约束中忽略金融资产而造成的损害——看起来似乎是高度危险的。不过，已经有了试图“修正”动态效应的各种指数的尝试。其中之一是菲利普斯（Phlips，1974）构造的他称之为“基数指数”的生活成本指数。他的一般构想可解释如下：基数生活成本指数是比率 $c_t(u_0,\ p_t)/c_0(u_0,\ p_0)$，其中 $c_t(u_0,\ p_t)$ 是在价格为 p_t、参数值为 γ_{it} 时，达到 u_0 的最小成本，$c_0(u_0,\ p_0)$ 是同样的概念在 p_0 和 γ_{i0} 的估计值。菲利普斯发现自愿消费水平的 γ_i 通常随着时间增长。因此，消费者即使在价格和总支出不变的情况下，保持以前同样的境况也需要更多的钱。所以，菲利普斯的基数指数比基于固定偏好的传统指数显示出在长期内生活成本的更大增长。

当偏好真的是内生变量时，关于福利度量的一般问题是很难处理的，特别是根据偏好的内生性是社会相互影响的结果的解释尤其如此。赫奇（Hirsch，1977）曾批评传统福利经济学中的个人主义，他认为这给出了经济增长收益和市场经济效率的误导性的评估。他声称消费外部性比传统能接受的更大，而且具有随经济增长而增长的趋势。众所周知，这种外部性引起了个人和集体理性之间的偏离。此外，还有很多他称之为“位置商品”的商品，其供应不能增加，例如用于休闲的土地。这样的经济增长永远不能把此类商品纳入大部分人可及的范围内，而且此类商品的获得由某人在购买力分布中的相对位置来规定。这种商品的存在表明个人福利的很大部分依赖于相对而不是绝对消费。一种含义是在增长和分配之间的权衡中，后者比个人主 377

义福利函数向我们所展示的更重要。

练习

13.18 定义滞后算子 B，使 $B_{xt} \equiv x_{t-1}$，令

$$A_t = \frac{y_t - p_t q_t - v_t d_t}{1+(1+r_{t+1})B}$$

和

$$S_t = \frac{d_t}{1-(1-\delta)B}$$

证明 W_t 是 W_{t-1}、W_{t-2}、劳动收入的滞后值、耐用品和非耐用品支出和未来贴现收入预期的函数。

13.19* （续练习 13.18）由此讨论耐用品存在对于 12.2 节中讨论过的霍尔的结果的含义，甚至可以考虑有完全金融市场的情形。

13.20 参见 10.1 节，斯蒂格勒和贝克尔（Stigler and Becker，1977）认为经济学家在大多数情形所称的“品味变化”（taste change)，例如习惯形成，当作约束中的变化能更好地加以分析。比较他们讨论的音乐欣赏的特别人力资本积累的例子与像式子（6.1）和（6.2）一样的习惯形成模型，对于后者，像音乐会门票和其他音乐材料的商品有受过去消费水平影响的相关的品味参数。讨论这两种方法是否有不同的福利含义。

13.21* “商品就是习惯形成”的认识如何影响未来的计划？参见菲利普斯（Phlips，1974)。

13.22 菲利普斯（Phlips，1972）实质上提出了以下估计程序：把式子（6.6）写成 $q_{it} = \gamma_{it} + (\alpha_i)/(\lambda_t p_{it})$，为了消去 γ_{it} 中观察不到的成分，应用科伊克转换 $\gamma_{it} - (1-\delta_i)\gamma_{it-1} = \gamma_{i0}(1-\delta_i) + \gamma_{i1} q_{it-1}$。将关于 λ_t 的序列当作每一轮估计后被更新的已知数据，估计由此产生的最小二乘结果。给出 α 和 γ 的第一组估计，你将如何计算关于 λ_t 的
378 序列？比较在此程序中隐含的关于随机误差项的假设和把式子（6.5）代入（6.4）后再用最小二乘法估计所隐含的关于随机误差项的假设。

13.23 假设在练习 13.14 中，第 t 期的效用函数是 $u=(S_t + a(1-P_{t-1}) + \in_t)^{1/2} q_t^{1/2}$，$P_{t-1}$ 是总体中在第 $t-1$ 期拥有耐用品的家庭比例。这是拥有耐用品“疾病”扩散的合理模型吗？用数学方法和

图示法证明当 x 为常数时，P_t 是如何与 P_{t-1} 相关联的。由此，通过与练习 13.14 比较，讨论 P_t 关于总体中 x 的平均水平的增长的反应速度如何被改变?

13.24　利用线性支出系统把 12.2 节中讨论的社会相互影响模型推广到具体商品的情形。

文献注记

耐用品需求的新古典理论与新古典投资理论十分相似，参见费雪（Fisher，1907，1930），赫希雷佛（Hirshleifer，1958），哈伍莫（Haavelmo，1960），艾斯纳和斯特罗茨（Eisner and Strotz，1963），卢卡斯（1967），乔根森（Jorgenson，1967），古尔德（Gould，1958）。公司投资方面一本有用的书是赫利威尔（Helliwell，1974），尼克尔（Nickell，1979b）是该学科中最好的教科书。尽管锡尔（Theil，1951）很早就讨论过消费者理论中存量的作用，廷特纳（Tintner，1938a，b）对生命周期理论的阐述被克拉默（Cramer，1957）扩展到耐用品存量。近期一个消费者等价于公司投资决策的很好的解释可见于迪沃尔特（Diewert，1974b），一个明确以新古典主义理论为基础的实证研究可见于赫斯（Hess，1977）。

部分或存量调整模型可依次追溯到古德温（Goodwin，1951）、切纳里（Chenery，1952）和科伊克（Koyck，1954），它们又是更早的投资加速器的推广，比如参见克拉克（Clark，1919）。它对于消费者耐用品需求的已知的最好应用是邹（Chow，1957，1960）、斯通和罗（Stone and Rowe，1957，1958）；其他应用可在哈巴格尔（Harberger，1960）中找到。威廉姆斯（Williams，1971）做了关于英国数据的实证研究，他非常注意对方程的随机设定。相机重置模型的先驱是布伦斯（Brems，1956），他卷入了与存量调整模型的倡导者纳洛夫（Nerlove，1957）的论战。曾经有过关于态度度量的使用的争论，例如密西根调查研究中心的指数，参见埃文斯（1969，第 6 章），贾斯特尔和瓦奇特尔（Juster and Wachtel，1972）和史密斯（Smith，1975）。

肯尼思（Keynes，1936）之后，流动性约束在战后文献中被广泛讨论。托宾（Tobin，1951，1972），多尔德和托宾（Dolde and Tobin，1971）是关键的参考材料。在一般均衡理论背景下，与非凸交易成本紧密相关的问题已经由 A. M. 乌尔夫和 D. T. 乌尔夫（Ulph，1975）给出综述，它对消费者行为的影响被扎贝尔（Zabel，1973）研究过，他是在风险行为这一框架内讨论的。因为我们把组合理论留到第 14 章，我们已忽略了把耐用品需求仅仅作为一定范围内具有不同程度的升值或贬值、到期日和风险的资产的一部分的考虑。除了在第 14 章中有关组合理论的参考文献，瓦特和托宾（Watts and Tobin，1960）及埃文斯（Evans，1965）包含实证应用，包括消费者耐用品。哈姆伯格（Hamburger，1968）是已经估计了密切相关的金融资产需求函数的研究者之一。

关于所有权或耐用品购买的截面数据分析不得不总是面临拥有或不拥有的离散选择问题。德·沃尔夫（De Wolff，1938）是 S 形或弯
379 月形恩格尔曲线的最早应用者之一。分析 0—1 变量的 Probit 技术在 19 世纪 30 年代生物统计学应用中得到了发展，参见芬尼（Finney，1947），并参见经典论文法雷尔（Farrell，1954）中，他第一次对耐用品需求的系统应用。他不仅用与我们在第 11 章讨论的效用理论非常相似的方式来分析离散选择，而且他的模型认真考虑了新旧商品市场的相互影响。我们在文中已提到过近期的参考文献，对此还应补充克拉默（Cramer，1962）、贝恩（Bain，1964）、伍（Wu，1965）、克拉格和尤勒（Cragg and Uhler，1970）以及克拉格（Cragg，1971）他们采用了一个明显的特征方法。优先模式，即家庭耐用品获取次序的规则，已被派亚特（Pyatt，1964）和帕劳什（Paroush，1965）分析过。比如说，后者发现收音机、煤气厨具、冰箱、洗衣机是最普遍的优先模式。

使效用函数参数依赖于过去消费的建议最初是在斯通（Stone，1954b）关于线性支出系统的经典论文中提出来的。关于习惯和内生偏好的进一步阅读材料可见于《经济理论杂志》1976 年的专题论文集以及莱宾斯坦（Leibenstein，1950，1974）、盖特纳（Gaertner，1974）和金提斯（Gintis，1974）。除菲利普斯（Phlips，1974）之外，关于如何估计这种模型的研究还有霍撒克和泰勒（Houthakker and Taylor，1966，1970）、菲利普斯（Phlips 1972）以及泰勒和韦斯伯斯（Taylor and Weiserbs，1972）。

第 14 章　不确定条件下的选择

在我们前面的讨论中，经常出现消费者在不确定条件下作出选择的问题。事实上，几乎所有的决策都存在不确定性，只要行为或决策和它的结果之间存在时间差，那么不确定性就不可避免，而不论这个时间差多么短暂。即使在一些最容易腐烂的商品的消费决策中，也总有一些不确定性。一块冰淇淋可能会在吃掉之前就融化；它的质量或味道可能与所期望的相差很大，消费之后，可能会也可能不会在某个不确定的时间引起消化不良。这些虽然是一些小事情，但在任何跨期决策——如是否购买小汽车、储蓄计划、选择作为财富形式的持有资产的种类——的考虑中变得极其重要。出于这些考虑，一个充分令人满意的对消费者行为的处理，从一开始就应该考虑到不确定性因素的存在。然 380

而，我们将看到，虽然一个前后一致并且表述恰当的不确定条件下的选择理论确实存在，但至今为止，它的应用范围非常有限，而且比在确定条件下的相应结果复杂许多。况且，无处不在的不确定性并不意味它总是重要的。

仅仅在过去的 20 年中，大体说来是从萨维奇（Savage，1954）的工作开始，不确定条件下的选择问题才有完全、公理化的处理。虽然，与确定条件下的选择公理一样，不确定条件下的选择理论也得到后续作者们很大的改进。而在此发展之前，阿罗（Arrow，1951a）曾对这个问题的其他方法有一个很好的综述。当时冯·诺伊曼和摩根斯坦（Von Noumann and Morgenstern，1947）推广了一种基于期望效用最大化的方法，但这种方法遭到不少批评。正如奈特（Knight，1921）指出的那样，许多经济学家认为，“风险”（risk）——概率是已知的或至少是可知的一种情形，与真正的不确定性即概率能否有意义地被定义都不明确的情形有重要的区别。与这有密切相关的是“重复性”问题；如果一种情形重复发生多次，概率可以根据不同事件发生的相对频率来定义，至少在直觉上，随着重复次数的增加，期望效用可以作为一个贴切的标准，使得到的平均效用很有可能趋近它的期望值。

381 公理化方法使得大部分这种讨论是不相关的，虽然不确定条件下的选择公理也经受了挑战，并且它确实比第 2 章中讨论过的公理更具说服力，但经济学家中似乎形成了比较一致的观点。其实，那些仍不接受期望效用方法的经济学家似乎也找不到普遍令人信服的反驳来支持他们的立场。因此，我们能在本章中提出不确定性条件下的“这个”选择理论。

14.1 节讨论不确定性是如何形成的，它基本上是后面各节的准备材料。在本节中，我们将介绍行为、状态、结果等概念，并简要讨论不确定条件下选择的最一般的方法，即状态—偏好分析。14.2 节对公理方法做一个极不严密的介绍。我们简要地讨论各个重要的公理，并试图从直观上说明这些公理如何导致“主观”概率的定义以及期望效用理论。那些对期望效用方法不愿深究而接受的读者，尤其是那些觉得没有必要对不确定事件附加主观概率作公理化解释的读者，可以跳过这一节，直接进入 14.3 节。这部分阐述期望效用理论在保险、赌博（gambling）以及在不同风险资产中财富配置的经典应用。风险规避概念也得到讨论和应用。14.4 节回到我们更关心的问题，在跨期选择情形下不确定性对储蓄的效应。在这个领域一般性的结论比较少，我们通过一个特例来讨论；尽管简单，但却能考虑许多可能性行为，并提供一些非常有启发性的结论。它还可以作为一个实际例子来说明怎样用期望效用模型导出一个具体的可检验的函数形式。最后，14.5 节讨论期望效用模型对消费者行为的另一个重要应用；这是搜寻问题，当一个消费者希望用最低的价格（或者以最高的工资被雇佣）购买一件商品，就得花时间去搜寻，以发现可行的价格。

14.1　不确定性的特征描述

我们在第 4 章讨论确定条件下的选择时，选择的对象是商品束。我们对选择行为和它的结果不加区分。事实上，由于行为是关于一个商品束的选择，而结果是对商品束的接受，所以只可能有细微的差别。另一方面，在不确定性条件下，任意一个给定行为的结果会因一些超出个人控制的事件的发生而改变，这些决定行为结果的外界事件，我们通常称之为自然状态、外部状态，有时也简称状态。明显的例子可能是明天的天气情况——晴或雨、股票市场的行情、政府决策的结果等等。本质特征是自然状态不受作出不确定性选择的个人的控制。因此，不确定性具有自然性的一部分特征，对个体是外生的。 382

因此，我们主要有三个核心概念即行为、结果和状态。一个行为可以被看作一个函数或映射，每个状态对应一个结果。因此，如果我们有三种状态和两种行为，我们就可以画出一个如表 14—1 所示的“支付矩阵”，其中 γ_{ij} 是出现自然状态 j 时行为 i 的结果。当然我们可以有连续变化的行为和状态，这可以用图 14—1 来说明。所示的两个行为分别为每个给定的状态变量的值指定了一个用数字表示的结果。注意：在图 14—1 中，行为 2 是一个“不变”的行为，即它的结果与自然状态无关。

表 14—1　　**支付矩阵**

行为	状态		
	1	2	3
1	γ_{11}	γ_{12}	γ_{13}
2	γ_{21}	γ_{22}	γ_{23}

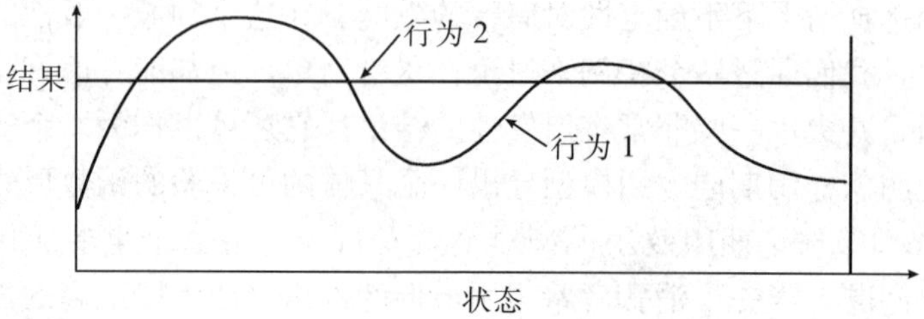

图 14—1　连续状态变量和连续结果变量

状态用来描述自然所有可能结果的特征。因此，状态集合包括了所有可能发生的事物。对大多数实例来说，这是一种过细的分类，我们希望只考虑相关事件。这可以通过直接把事件定义为自然状态集合的子集来做到。例如，天气状态包括风、雨、阳光、湿度、温度的各种可以想像的结合，然而这些不同的结合可分成两个集合，即“湿润”或“干燥”，这些对我们讨论的选择来说也许就足够了。通常，支付矩阵的列只与相互排斥的事件相关联而不是与初始的自然状态本身相关联。

建立了这一框架，在不确定条件下作出选择的最一般的方法是把效用描写成所有可能的自然状态的变量的函数。为了明确起见，用 $\theta=1, 2, \cdots, s$ 表示 s 个自然状态，并假设如果状态 θ 发生，则得到一个向量或一组结果 $\gamma(.,\theta)$。具体的元素 $\gamma(.,\theta)$ 或具体的值还取决于消费者选择的行为 α。因此，我们可以写出一个一般的效用函数

383
$$u=\zeta[\gamma(\alpha,1),\cdots,\gamma(\alpha,\theta),\cdots,\gamma(\alpha,s)] \tag{1.1}$$

以强调结果对行为和状态的依赖性，或者更加简明和类似于确定条件下的选择

$$u=\zeta[\gamma_1,\cdots,\gamma_\theta,\cdots,\gamma_s] \tag{1.1$'$}$$

消费者将从可选行为中选择一个行为或行为集，使得式子（1.1）最大化。注意式子（1.1）与第 10 章中家庭生产模型之间的相似性；这里的不同状态下的结果类似于特征，这里的行为类似于商品，函数 $\gamma(\alpha,\theta)$ 类似于生产技术。

弄清式子（1.1$'$）与确定性或实际效用函数之间的区别很重要。如果消费者有机会对确定性条件下不同的向量 γ 进行排序，且知道哪种状态会发生，则有关效用函数将和其他章中的效用函数一样是

$v(\gamma)$。进一步，注意（1.1）和下面的特殊情形是十分一致的

$$u=f[\pi_1 v(\gamma_1)+\pi_2 v(\gamma_2)+\cdots+\pi_s v(\gamma_s)] \tag{1.2}$$

这里的 π_1，…，π_s 是可以任意给定的其和为 1 的正数。等式（1.2）只不过是一般效用函数（1.1）的可加形式，从而此处的 $v()$ 仅是一般形式下的子效用函数。很显然，如果式子（1.2）成立，如果我们可以说自然状态（或事件）的概率有意义并且如果 π 可以看成是它的概率，那么讨论期望效用的最大化就有意义。我们将试图在下一节给出这些“如果”的合理解释，目前我们只简单注意一下式子（1.2）与一般形式（1.1）相比较而言有什么特殊性。

虽然大部分现代分析中使用式子（1.2），我们还是有必要来看看仅仅用式子（1.1）我们能走多远。这种一般方法通常称为状态偏好理论。具有代表性的例子讨论的是投资组合怎样在一个有风险和无风险的资产之间配置，详细讨论参见格林（Green，1976）。假设整个效用是总财富 A 和在两种状态 $\theta=1$ 和 $\theta=2$ 下最终资产的函数。这其 384
实可以看成是第 12 章中遗留问题的延续，即把投资组合在不同资产之间配置。注意我们作出了几个苛刻的分离性假设，使得效用仅仅是最终资产的函数，或者换一种说法，就是使投资组合结构独立于消费决策。我们将在 14.4 节中考察对这种观点的几种解释。

消费者有一个固定的初始资产 A_0，在货币和一种债券之间进行配置，前者没有利息回报，而后者在状态 1 时可获利，在状态 2 时受损。图 14—2 说明了这种情况；两条数轴表示在两种不同状态下最终资产的价值，直线 $0C$ 与两数轴呈 45°，由于它上面的点在两种状态中有相同的价值，所以它代表完全确定线。在这个例子中，存在一种价值确定的资产，从而整个投资组合投资于货币时，结果是 C 点。B 点表示把所有资产投资于债券时的结果，这里假设在状态 1 的收益大于状态 2 时的损失。显然，CB 上的点表示债券和货币的组合，而像 F 这样的点表示借钱来购买债券，像 E 这样的点表示卖空债券（到期日交割）以便持有现金。

注意（CB 两端的延长线除外）与 10.1 节中线性特征模型的相似之处。其中自然状态对应于特征，证券对应于商品。因此，不同特 385
征证券的存在（它们在不同的状态有不同的收益），使消费者“跨越”自然状态空间从而使不确定性的效应最小化。确实，在某些情况下，

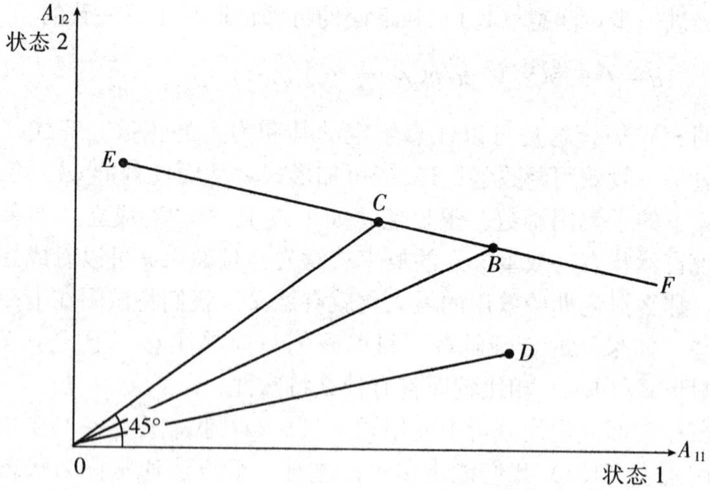

图 14—2　两种状态和两种资产的预算集合

有可能完全消除不确定性，尽管不一定是可取的。例如，在图 14—2 中，购买债券与位于确定性直线 $0C$ 的另一侧的第三种资产组合在一起将使我们到达 $0C$。实际上，如果不限制借入和卖空，在状态空间中具有不同直线的任意两种资产的组合，可以到达确定性直线。类似地，当存在 n 种自然状态时，相同的条件将使 n 种线性无关的资产可以实现确定性。我们也可以用 10.1 节中线性特征模型的其他结果来描述证券市场上投资者的行为特征。例如，消费者永远不会持有比自然状态数目更多种类的资产。类似地，有些资产是无效率的（比如当没有借入限制时图 14—2 中的 D 点），从而不会被持有。相反，在均衡时，所有证券的市场价格必定会调整，使得在这种意义上，所持有的证券都不是无效的。

在状态—偏好方法中，资产投资组合均衡仅仅只需要在图 14—2 中添加无差异曲线。然而这种无差异曲线和一般的无差异曲线有许多不同，我们有必要对此进行进一步的讨论。要点是，像式子（1.1）这样的效用函数不仅代表消费者对不同结果的偏好，而且代表了他对不同状态或事件的相对可能性的评价。如果明天下雨就得到 100 美元的条件礼物与如果明天天空落下火和硫磺石就获得 1 000 美元的条件礼物相比，偏好前者是完全理性的。这使我们从无差异曲线的形状中得到一些有趣的推断，这种无差异曲线在下一节的讨论中十分关键。

我们假设：消费者行为的结果在细节上是确定的，从而他只要在不同的结果之间进行选择，这些结果独立于它们发生时对应的状态。我们在后面还将回到这个假设。在图 14—3 的情形下，我们假设相同的最终总资产在两种状态下具有相同的价值。这一点并不总是成立的，例如，自然状态是“干燥”或“湿润”，我们考虑的不是财产而是雨伞。承认这种假设的有效性，我们来考虑无差异曲线在与确定性直线 $0C$ 的交点处的斜率。在图 14—3 中，曲线 II' 在 C 点的斜率由直线 AB 确定，直线 AB 的斜率给出一个比率，按这个比率，从确定性直线出发的消费者愿意以状态 1 中 1 单位可支付财富换取状态 2 中 1 单位可支付财富。既然两种状态下财富的价值相等，则与单位斜率的任何偏离都表示一种状态比另一种状态发生的可能性更大的消费者信念。在图 14—3 中，直线 AB 的斜率比（负）1 更陡，反映了状态 1 比 2 发 386
生的可能性更大的消费者信念。如果可以接受用概率描述可能性，并且如果 π 是状态 1 发生的概率，则直线 AB 的斜率是 $-\pi/(1-\pi)$，即状态 1 发生的可能性。这种讨论将在下一节进一步深化。

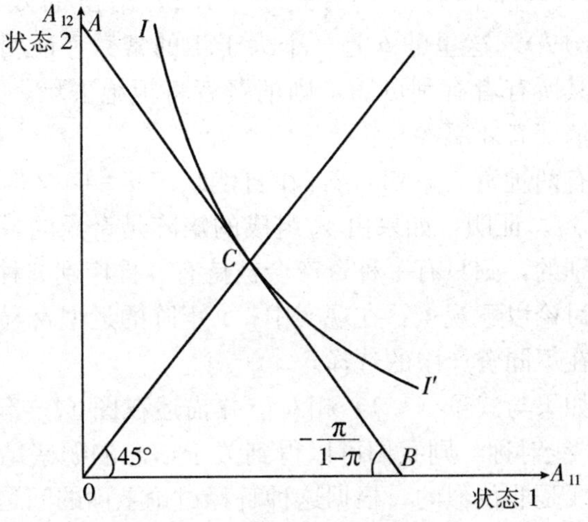

图 14—3 风险规避无差异曲线

最后请注意，如果给定消费者关于两种状态的相对可能性的主观信念，直线 AB 上的位置则表示对他自己来说是“公平的”赌博 (fair bet)，即与 C 点具有相同期望值的替代选择。然而，当效用函数 (1.1) 是拟凹时，无差异曲线将如图 14—3 中那样凸向原点，此时，消费者也不会接受即使根据自己对可能性的估计的公平赌博（博弈）。因此，我们可以把凸的无差异曲线等同于风险规避；这样的消费者愿意为规避不确定性而付出代价。相反，凹向原点的无差异曲线描述了爱好风险的消费者的特征，他们甚至愿意接受不利的博弈，而直线无差异曲线表示风险中性。

练习

14.1 在下列每一个不确定条件下的选择问题中，请尽可能准确地定义“状态”、“结果”和“行为”：

387 (a) 扑克牌游戏（考虑一些特例）；

(b) 选举中投票；

(c) 决定购买哪一种型号的小车；

(d) 决定是否购买一辆小汽车；

(e) 决定是否继续阅读这一章。

14.2 一种水果机每投一枚硬币可玩一次，可能得零枚或 10 枚硬币的回报。一个消费者具有式子（1.2）给出的效用函数，且 $v(\gamma)=\log(\gamma+b)$，这里的 b 是一个大于 1 的常数。证明：如果水果机的设置使其所有者有利可图，则消费者将拒绝去玩。当 $v()$ 具何种设定时，消费者才愿参与？

14.3 有两种资产 $i=1$，2，在自然状态 $j=1$，2 时，每单位投资的回报是 γ_{ij}。证明：如果由 γ_{ij} 组成的矩阵是奇异的，且如果两种资产是有区别的，则只有一种资产会被持有。推广到 n 种资产时的结果怎样？并讨论以下观点：在现实中，γ 矩阵的近似奇异性有效地限制了消费者在不同资产中的选择。

14.4 如果与式子（1.1）相对应并描述在图 14—3 中的无差异曲线关于 45°线对称，则我们可以得到关于信念的哪些结论？如果这种无差异曲线是非位似的，根据这种解释讨论上面的问题。

14.5 证明：可加的效用函数（1.2）意味着消费者对于任意两种状态的相对可能性的估计独立于其他状态的结果。证明这个结论对更一般的函数式子（1.1）不成立。如果条件不满足，那么讨论各种状态的概率是否有意义？（进一步的讨论见 14.2 节。）

14.2　不确定条件下的选择公理和期望值效用最大化

期望效用最大化是关于不确定条件下选择的一个非常简单的方法，具有几个明显的优点。它是到目前为止效用分析法的一个最明显的扩展，几乎没有人会否认期望效用最大化至少是理性消费者的行为目标之一。相对于式子（1.1），式子（1.2）的相对简单性和实证内容是另一个吸引人的优点。

在解释各种行为现象时假设的使用已有很久的历史渊源。在效用理论出现一个多世纪以前，最早的应用是丹尼尔·伯努力（Daniel Bernouilli）对圣彼得堡悖论的讨论。这个“悖论”内容如下：根据协议，如果正面在第 1 次抛投时朝上，彼得就支付给保罗 1 个金币；如果硬币正面在第 2 次抛投时首次朝上，他将付给保罗 2 个金币；如果硬币正面在第三次抛投时首次朝上，付 4 个金币；依次类推，如果硬币正面在第 n 次抛投时首次朝上，彼得将付给保罗 2^{n-1} 个金币。保罗需要支付彼得多少钱才能参与这个游戏？保罗赢钱的期望值由下式给出

$$\begin{aligned} E(\text{赢}) &= \frac{1}{2}\times 1+\frac{1}{4}\times 2+\frac{1}{8}\times 4+\cdots \\ &= \frac{1}{2}+\frac{1}{2}+\frac{1}{2}+\cdots=\infty \end{aligned} \tag{2.1}$$

之所以会出现悖论，是因为保罗，或者至少他（彼得）通常的对手不愿意支付一个相对较多且确切的有限数目来玩这种游戏。期望效用函数的解决方法是引进一个凹的子效用函数 v（财富），从而如果彼得的最初资产为 A_0，则彼得为参加游戏而愿意支付的数量 $P(A_0)$ 可由下式给出 388

$$v(A_0)=\sum_{1}^{\infty}\left(\frac{1}{2}\right)^{r} v(A_0-P(A_0)+2^{r-1}) \tag{2.2}$$

等式的左边是彼得不参加游戏时的效用；在这种情况下，他可以确定地得到 A_0。等式的右边是支付为 $P(A_0)$ 时的期望效用；每种效用结果都用相应的概率进行加权。如果 $P(A_0)$ 是彼得愿意支付的最大值，则这两种表示应该相等。例如，如果效用函数像伯努力建议的那

样是取对数形式时，则令 $A_0=100$，由（2.2）给出的 $P(A_0)$ 的值化为 4.4。

我们在 14.3 节中将看到，上述方法可类似地应用于保险和一般博弈。给出的悖论目前暂且用来说明问题。

期望效用方法尽管具有它的优点，但是，还是受到两个强有力的反对。第一是质疑把期望效用的最大化作为唯一目标的恰当性；第二个更具根本性的反对是，否认期望效用法中必不可少的概率的存在性或能有意义地定义。如果我们依次考虑这两个问题，则可先假设概率在给定的情形下，比如纸牌游戏中，被很好地定义。然后再考虑只玩一“局”游戏的个人。现实中，当存在多个可能的结果时，为什么期望效用是他关注的唯一目标呢？如果游戏重复许多次，赢钱总数除以游戏次数肯定会趋近赢钱的期望值。但即使这样，游戏参与者关心的还是赢钱的总数量（更大，而不是更小的风险）而不是平均值。使期望值成为最后结果的唯一方法是重复的次数趋于无穷大和赌注变得无穷小。但是，这种情形可使风险变得任意小，从而在极限状态，即使一个风险规避者在确定性和风险极小的公平的博弈之间也没有差异。如果赌注足够小，游戏重复次数足够多，则保罗愿意付给彼得越来越多的钱以参加斯登·博格游戏（虽然彼得是否同意参与游戏是另一个问题）。但就这个结果来说，期望效用的最大化是没有必要的；财富最大化也同样有效。

反对利用概率来描述不确定性的特征是更加深刻的问题，涉及一些基本的哲学问题。这个争论在本质上同贝叶斯与古典统计学家之间
389 关于是否能对假设的真伪附上概率值的争论一样。在我们目前的情形下，通常根据奈特的观点把这种差异描述为风险（概率可很好地定义，例如，或然游戏）和不确定性（概率不知道或不可定义）的差异。这样，在扑克牌中满堂红的概率就是可计算和有意义的。但是到 2000 年人类能否登上火星或者爱因斯坦的相对论是否正确的概率是没有意义的，也是不可知的。我们构造的公理的目的就是去解决这些问题。

在直接讨论这些公理之前，我们必须重申关于我们的基本概念的两个重要条件。第一个条件是，自然状态的发生独立于作出决策的个体的行动。这将排除道德风险这样一类重要问题的考虑。如，决策者作为参与者的网球比赛的结果，既不是一种“自然”状态，也不是自

然状态的子集，因而没有包含在这种分析中。道德风险这个术语用来表明保险公司在一些情形下不愿意承保的理由。第二个条件是，结果应该详细描述，以便包含代理人感兴趣的一切情况。我们在 14.1 节中曾简要地讨论了这个条件，正如那里的分析表明，这个限制条件非常重要，它意味着给定相同的结果，消费者在不同状态之间是无差异的。决策者必须只关心结果而不关心产生结果的事件。当然，只要指定足够广泛的结果就可以满足这一限制条件，但这可能引起过于一般化的问题，并且缺乏实际意义。

让我们引入一些简单符号；在式子（1.1）中我们把行为写成 α_1，α_2，…，用 γ_i 表示结果，θ 表示自然状态。一个事件，即自然状态的一个特定的子集用 E 表示，从而 $\theta \in E$ 意味着我们可以说 E 发生在自然状态 θ。

公理分成四组。第一组类似于第 2 章中的公理，它使我们可以定义如同式子（1.1）那样关于行为的效用函数。我们假设消费者可以对所有可能的行为进行排序，这种排序具有完全性（或连通性）、传递性和连续性。这样，如果 α_1 和 α_2 是两种行为，则根据它们在所有可能状态下的结果，我们有（这里$\gtrsim$意味着“至少同样偏好于”）：

$$\text{(a)}\ \alpha_1 \gtrsim \alpha_2 \text{ 或 } \alpha_2 \gtrsim \alpha_1$$

$$\text{(b)}\ \alpha_1 \gtrsim \alpha_2 \text{ 或 } \alpha_2 \gtrsim \alpha_3 \text{ 导致 } \alpha_3 \gtrsim \alpha_1 \qquad (2.3)$$

我们在此不打算给出连续性的正式定义，具体细节可参看阿罗（1973）。但是，正如第 2 章中一样，连续性意味着具有相近结果的行为其偏好也相近。这绝不是一个简单的假设，阿罗给出的例子值得引用：“假设行为 α_1 是在没有生命危险的条件下得到 1 美分，行为 α_2 是 *390*
在同样条件下什么也没得到，行为 α_3 是在一个非常小的死亡概率的条件下得到 1 美分。显然，α_1 偏好于 α_2。连续性要求当死亡概率足够小时 α_3 偏好于 α_2。”正如阿罗本人指出的那样，这个例子并非像它所显示的那么令人无法容忍。我们中的大多数人每天不得不为了很小的利益而冒着很大的生命危险；例如我们开车去工作或者穿过街道去买一盒巧克力。如果我们接受这一点和式子（2.3），我们就可以定义一个关于行为的效用函数，但这使我们得到的无非就是（1.1）。

第二个公理有许多不同名称：条件偏好阿罗（Arrow，1970a）、强独立性公理（Samuelson，1952a）或者确定性原则（Savage，

1954)。这个公理是所有公理中最有争议的一个，它使我们可以给式子（1.1）一个可加性结构。正如我们在第 5 章看到的，可加总性是一个作用很大且很强的假设，理解为什么与确定性的情况相比，在我们现在的讨论中它也是可接受的非常重要。我们从考虑事件 E 和它的补集 $\bar{E}$ 开始；如果 $\theta \in E$，则 E 发生，如果 $\theta \in \bar{E}$，则 E 不发生。在图 14—4 中，横轴被 A 点分成两部分以说明这种情况。考虑两种行为 α_1 和 α_2，如果 E 发生，它们有不同的结果；如果 E 没有发生，则它们的结果相同。再考虑另外两种行为 β_1 和 β_2，如图所示，如果 E 发生，则 β_1 和 β_2 分别和 α_1—α_2 有相同的结果，如果 E 没有发生，则 β_1 和 β_2 具有相同结果（但不同于 α_1 和 α_2 的结果）。强独立性公理断言：$\alpha_1 \succsim \alpha_2$ 当且仅当 $\beta_1 \succsim \beta_2$。如果此式成立，我们可以建立行为的一个条件排序。"给定 E"是因为在 $\bar{E}$ 上结果没有区别，这个条件排序将满足完备性、传递性和连续性，与行为在原先的无条件排序一样。其合理性解释所依赖的事实是 E 和 $\bar{E}$ 的相互排斥性。E 或者发生，此时，$\alpha_1 \succsim \alpha_2$，或者 E 不发生，此时，它们是等价的。由于两种
391 情况只有一种是可能的，为了能在 E 发生时对 α_1 和 α_2 排序，我们没有必要确切地知道什么是 α_1 和 α_2 在 $\bar{E}$ 发生时的结果。更清楚的表述是，如果我们知道一个事件不会发生，我们在可供选择的行为中进行选择时，就没有必要考虑这个事件的结果。

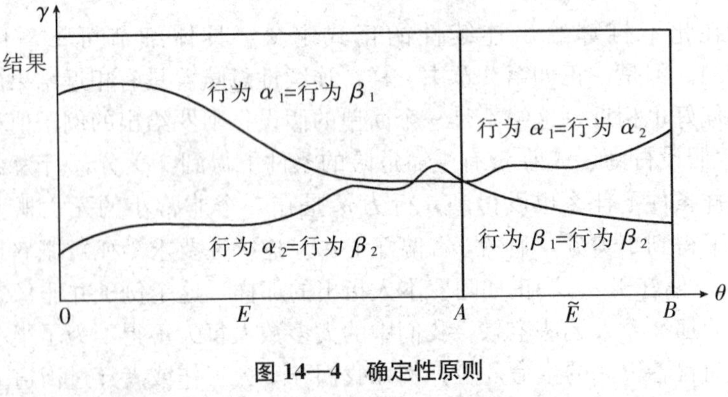

图 14—4　确定性原则

如果我们将图 14—4 具体化为一个涉及简单离散选择的例子，上面的问题也许更清楚。假设一个消费者必须在两种彩票 A 和 B 中选择。彩票 A：如果一个民主党员在 1992 年被选为总统，他获得 100 美元；如果一个共和党员被选为总统，则他获得 200 美元。彩票 B：

如果民主党获胜，他可得到 IBM 的一张股票，如果共和党获胜，他可获得 200 美元。称这种情况为情形（1），如表格 14—2 所示。表 14—2 中的情形（2）和情形（1）相比，除了当共和党获胜时，两种彩票都支付 500 美元外，其余和情形（1）相同。现在，既然这两个事件是相互排斥的（既是共和党又是民主党的总统是不可能），而且在两种情形中，当共和党获胜时，A 和 B 具有完全相同的支付，所以，只需考虑当民主党获胜时的结果。因为在两种情形中这些结果都相同，所以如果在情形（1）下 A 偏好于 B，则在情形（2）下 A 也一定偏好于 B，反之也成立。

表 14—2　　　　　　　　**彩　票**

情形（1）			情形（2）		
彩票	状态		彩票	状态	
	民主党	共和党		民主党	共和党
A	\$100	\$200	A	\$100	\$500
B	IBM 股票	\$200	B	IBM 股票	\$500

直观上，正是这种不同事件的相互排斥性使我们可以对效用函数施加可加性的结构。注意这里的情况和确定条件下的选择截然不同；在第 5 章讨论过的可加性要求（按我们的观点）在偏好下商品之间有难以接受的独立程度。例如，如果将表 14—1 中的状态改为商品（民主党＝汽车，共和党＝鞋子），支付是商品之间的不同组合，则消费将同时包括汽车和鞋子。因此，没有理由解释为什么对鞋子的偏好会独立于一个人拥有多少辆汽车。然而，实际上，只有一种状态实际发生，相互排斥的选择之间的偏好的可加性才是完全可接受的。

我们现在需要能够从行为的排序导出结果的排序，后者对最后一个公理是必不可少的，这个公理使我们能够利用主观概率来解释效用函数可加性结构。既然，我们已经根据其结果来评价行为并对其排序，我们也就能够通过产生这些结果的行为来给这些结果排序。特别地，我们假设存在（可能是假设的）一些不变的行为，使得对每一个结果来说，都存在一个在任何自然状态下都能产生该结果的一个不变行为（图 14—1 说明了一个不变行为的情况）。既然这些行为都已排序，因此结果也同样被排序。注意这种对结果的排序需要用到我们的初始假设，即结果的说明足够详细以至于对代理人来说状态本身没有价值。 392

最后一组公理与事件的排序及概率的定义有关。在这里，需要一些技术性的假设，参见阿罗（Arrow，1970a，pp. 69－88）；我们在此不打算讨论这些假设，而把注意力集中到对事件进行排序的方法上。在这种情况下，我们不是在处理排序，而是处理可能性排序。设想有两种结果 γ_1 和 γ_2，且 $\gamma_1 \gtrsim \gamma_2$。我们可以把它们想像为奖金，而且 γ_1 数值较大。当事人然后必须选择两个行为方案中的一个；其一是，如果事件 E_1 发生，他接受 γ_1，如果 E_1 不发生他接受 γ_2；其二是如果 E_2 发生他接受 γ_1，E_2 不发生时他接受 γ_2。如果他始终坚持选择前者，我们就可以说 E_1 至少和 E_2 有同样的显示性偏好，反之亦然。这里的一个关键公理是，即从这个实验中定义的“至少有同样显示性偏好”定义了事件空间的一个排序。这样，如果用结果 γ_1 和 γ_2 作为奖励时，E_1 与 E_2 至少有同样显示性偏好，则利用任意一对结果得到的结论也一样。如果不同的结果在不同的状态下有不同的价值，这个条件是不会满足的。

这四组假设足够证明德雷泽（Drèze，1974）所称的“道德期望理论”。该理论同时定义了一个效用函数和事件概率，从而最优选择涉及期望效用最大化。因此，如果行为 α_1 和 α_1 在自然状态 $\theta=1$，2，…，s 下具有结果 $\gamma_{1\theta}$ 和 $\gamma_{2\theta}$，则给定公理，我们可以定义概率 $\pi_\theta \geqslant 0$ 满足 $\sum \pi_\theta = 1$ 以及一个“子效用”函数 $v(\gamma)$，使得 $\alpha_1 \gtrsim \alpha_2$，当且仅当

$$\sum \pi_\theta v(\gamma_{1\theta}) \geqslant \sum \pi_\theta v(\gamma_{2\theta}) \tag{2.4}$$

函数 $v()$ 的定义可以相差一个单调的线性变换，令读者满意的是容易找到 $v()$ 的单调递增的线性变换使不等式（2.4）反向。因此，有人说不确定条件下的选择的效用函数是“基数的”，区别于我们迄今为止所考虑的序数效用函数。这是一种误导。显然，在我们以前的意义上，不论式子（1.1）还是式子（1.2）都不是基数的，如果通过使 $v()$ 的期望最大化达到最佳选择，则通过使 $v()$ 的期望的任何单调
393 递增函数的最大化，也能达到最佳选择。所以，虽然 $v()$ 本身可能是基数的，但有关的最大化并不是基数的。因此，对任何单调递增的函数 $f()$，我们可以把效用写成一般形式（1.2），即

$$u = f\Big[\sum_1^s \pi_\theta v(\gamma_\theta)\Big] \tag{2.5}$$

效用和概率的同时公理化是一个重大的成果，这个理论为本部分开头的争议提供了强有力的反驳。然而请注意，π_θ 之所以称为概率，是因为它满足概率的所有性质，从而能根据概率计算的一般原则进行操作。那些不愿完全接受将 π 看作概率而持保留态度的读者，完全有权这么做。有一些作者使用主观概率这个概念，还有一些称信念度（degree of belief）；实际上，后一概念和最后一组公理的讨论非常相似。在任何情况下，这些概率显然都是偏好的一部分；它们体现在一般函数形式（1.1）里，并能借助于后三组公理"分离"出来。

我们已经讨论了期望效用公式（2.3）在简单性和丰富的实证内容方面的一些实际优点。还应增加一点：主观概率或信念度的表示使我们可以对代理人可能在不确定条件下选择中学习的事实建立模型。事实上，任何不确定条件下选择理论如果不具有这个特征将是一个基本缺陷。在期望效用分析框架里，随着事件的发生，学习可通过概率 π_θ 的修正实现。因此，当事件发生后，根据贝叶斯定理，可将先验概率 π_θ 修正为后验概率 π_θ^*；看一个例子，穆德、格雷比尔和博斯（Mood，Graybill and Boes，1974，p. 36）给出

$$\pi_j^* = \text{prob}(\theta = j/E) = \frac{\text{prob}(E \mid \theta = j)\pi_j}{\sum_k \text{prob}(E \mid \theta = k)\pi_k} \qquad (2.6)$$

在式子（2.6）中，利用样本信息并通过似然函数 $\text{prob}(E \mid \theta=j)$，对先验概率 π_j 进行修正，所以后验概率是先验信念和观察到的证据的一个结合。当行为随时间演进时，后验信念将成为新的先验信念，并被进一步地修正，如此继续下去。在许多情况下，如果消费者通过学习了解他们的环境，并且环境又相对稳定，我们预期后验概率将收敛于客观"正确"的概率，至少在概率能够很好地定义的情况下是如此。通过这样一个过程，主观概率（它可能对不同的消费者而不同） 394
理论上可以与共同的客观概率趋向一致。然而在其他情况下，不确定性可能阻碍了信念收敛过程的发生。

至于表达式（2.3）的缺点，我们已经反复强调一个关键假设，即结果得到充分明确的说明，使得决策者在产生给定结果的不同状态之间是无差异的。在我们的印象中，许多应用很难严格满足这个限制条件。相对于理想行为的刻画，这个理论能否用来描述实际行动有一些争议。这个问题在有关确定条件下选择的处理研究中会产生，但在

本书中我们采用的观点是，虽然在确定条件下的选择公理可能是错误的，但是，至少在目前，毫不怀疑地接受这些公理并对消费者面临的约束的性质作深入的考察是一种更有发展前途的研究方法。在现在的情况下，这种观点仍然是站得住脚的，虽然不被普遍认同。最关键的问题是概率是偏好的一部分而不是客观上可证明的约束的一部分。同时，消费者在概率计算方面没有受到很好的训练；事实上，任何一个在纸牌、骰子和彩球游戏中不得不进行概率练习的人都知道，这种计算是多么的麻烦和复杂。因此，我们必须接受这样一个事实，即消费者经常接受一些不公平的博弈或者作出一些显然不是最佳的决策，其理由仅仅是因为信息不充分的直觉表明概率与概率原则显示的不一样。例如，考虑哈伯和鲁尼恩（Haber and Runyon，1973，p. 189）引用的一个例子。一个房间里有 30 个人，对房间里有两个或两个以上的人具有相同的生日这个事件进行打赌。许多人虽然接受每个生日日期是等可能的原理，但是不容易接受这个事件的概率是 70%的逻辑结果。在主观概率下，这种现象表现为选择的非一致性。一个在确定条件下做选择的消费者，只有他的偏好不能够传递时才会被欺骗。不确定性越大，欺骗行为也越盛行。

练习

14.6 我们把下面这个例子归功于阿莱斯（Allais）。考虑两个支付矩阵（比如用美元做单位）：

States（状态）		1	2	3
问题 1	α_1	1 000 000	1 000 000	1 000 000
行为	α_2	5 000 000	1 000 000	0
问题 2	α_1	1 000 000	0	1 000 000
行为	α_2	5 000 000	0	0

395 假设在两个问题中，状态的概率分别是 0.1、0.89 和 0.01。证明：确定性原则意味着问题 1 中 $\alpha_1 \gtrsim \alpha_2$ 当且仅当问题 2 中的 $\alpha_1 \gtrsim \alpha_2$。你是否同意阿莱斯（还有许多的其他人）发现的这个与直觉不相一致的结论：问题 1 中的 $\alpha_1 \gtrsim \alpha_2$ 与问题 2 中的 $\alpha_2 \gtrsim \alpha_1$ 被选择的可能性更大。这个替代选择是非理性的吗？

14.7　在练习 14.2 中，证明：如果 $v(\gamma)$ 被 $a+bv(\gamma)$ 代替 $(b>0)$，结果不变，但是用 $\exp[v(\gamma)]$ 代替 $v(\gamma)$，则结果不是不变的。这是否就意味着在不确定条件下，效用函数是基数的？

14.8　一位大学经济学老师知道他目前的听众中，比例为 p 或 $1-p$（这里 p 已知）的学生受过数学方面的教育，但忘了到底是哪个比例。他为每一个备选设定先验概率 0.5，并决定通过随机抽样来确定这个问题。试用贝叶斯法则（2.6）证明：如果样本为 1 的随机抽样得到一个学过数学的，则比例为 p 的后验概率也是 p；如果一个样本为 n 的随机抽样得到 r 个学数学的，则比例为 p 的后验概率是 $(p/(1-p))^{n-2r}:1$。

14.9　考虑下面著名的定理，例如，见利梅尔（Leamer，1978，p. 55）。如果在参数 M 和 σ^2 的条件下，x 是 n 个均值为 μ，方差为 σ^2 的独立同分布变量构成的向量，如果 μ 有一个均值为 m_a，方差为 v_a 的先验正态分布，则给定 x 和 σ^2 时，μ 的后验分布是一个均值为 m_b 方差为 v_b 的正态分布，m_b 和 v_b 由下式给出

$$m_b=(v_a^{-1}+(\sigma^2/n)^{-1})^{-1}(m_a v_a^{-1}+m(\sigma^2/n)^{-1})$$
$$v_b=(v_a^{-1}+(\sigma^2/n)^{-1})^{-1}$$

这里 m 是 x 的样本均值。试根据“从经验中学习”（learning from experence）对这些公式进行解释。并讨论一下，新的后验概率怎样才能在下一期成为先验概率？并说明 m_b 是怎样收敛于 μ 的。先验概率和样本信息在这些公式中有什么作用？利用这些模型去研究经济变量，如通货膨胀率，会有哪些困难？

14.3　一些标准应用：风险规避和财富配置

期望效用理论最直接、最著名的应用是效用被定义在一个变量上的情况，而不论这个变量是财富、金钱、收入还是消费。我们在前面简要地讨论圣彼得堡悖论时已看到这样的一个例子。如果我们把资产 A 看作一个相关变量，从而 A_θ 是自然状态 θ 发生时资产的价值，则消费者关心的是下式的最大化

$$u=Ev=\sum \pi_\theta v(A_\theta) \tag{3.1}$$

或者相应的积分最大化，如果自然状态变量是连续的。

这个公式在多大程度上与我们赋予资产的联系不同时期的消费的作用相一致，这一点并不是很明显。然而，正如我们所预期的那样，
396 在充分的分离性假设下，式子（3.1）有合理的解释。例如，考虑两期消费模型，消费向量分别为 q_1 和 q_2，q_2 具有弱分离性。因此，我们写出

$$u=v[q_1, v_2(q_2)] \tag{3.2}$$

它在约束条件 $p_2 \cdot q_2=(A_0+y_1-p_1q_1)(1+r)+y_2$ 下最大化，约束条件可简写为 $p_2 \cdot q_2=A_1+y_2$。如果 q_2 具有弱分离性，则第二期的需求仅是 A_1+y_2 和 p_2 的函数；因此，我们可得到一个直接—间接混合效用函数

$$u=v[q_1, \Psi(A_1+y_2, p_2)] \tag{3.3}$$

如果我们假设不确定性只限于 A_1——这是我们即将考虑的模型的基本思想，且如果式子（3.3）从而式子（3.2）对 q_1 和 q_2 来说是可加性分离的，则式子（3.3）的期望效用的最大化将涉及式子（3.1）的必要性。在这种情况下，把 u^* 看作式子（3.3）中 v 的期望值，消费者必定会最大化以下表达式

$$u^* = v_1(q_1)+\sum \pi_\theta v_2^*(A_{1\theta}+y_2, p_2) \tag{3.4}$$

其中 v_1 和 v_2^* 是某两个函数。视 y_2 和 p_2 为常数，不论 q_1 的最优值为多少，u^* 整体的最大化必然意味着 A_1 的配置应使等式右边第二项取最大值，而第二项可认为与式子（3.1）相当。注意，这个方程并没有断言 q_1 和第 1 期储蓄的最优选择独立于资产的预期，而只是说不论最优的储蓄水平是多少，相应资产的配置必须使式子（3.4）右边的第二项的值最大。

在这种模型设定中，式子（3.1）中函数 $v()$ 的凹性或凸性起关键作用。正如我们将看到的，风险规避发生在凹函数情形；注意这与我们在 14.2 节中风险规避更早的定义是一致的。如果我们把不同 A_θ 看作不同的物品，则函数 $v()$ 的凹性将保证整体效用函数的拟凹性，从而在状态空间里，无差异曲线都凸向原点。

我们可以用保险为例来说明式子（3.1）的风险规避。假设消费

者考虑购买一个住房火灾保险，用 A_2 表示没有发生火灾时的资产，$A_1(A_1<A_2)$ 是发生火灾后的资产。这种情形用图 14—5 中的凹函数 $v(A)$ 来解释。可如果用 π 表示火灾的概率，则资产的期望值为 EA，

$$EA=\pi A_1+(1-\pi)A_2 \tag{3.5}$$

期望效用由图中直线 BC 上的 D 点给出；因为函数 $v()$ 是凹的，期望值 Ev 小于期望资产的效用 $v(EA)$。事实上，对所有的凹函数来说，期望的函数值不小于函数值的期望（有时也称 Jensen 不等式）；从而任何有凹效用函数的消费者将偏好一个随机变量的期望的确定值，而不愿选择它的不确定的预期本身。换句话说就是，这样的消费 397
者愿意为规避风险而付出代价。

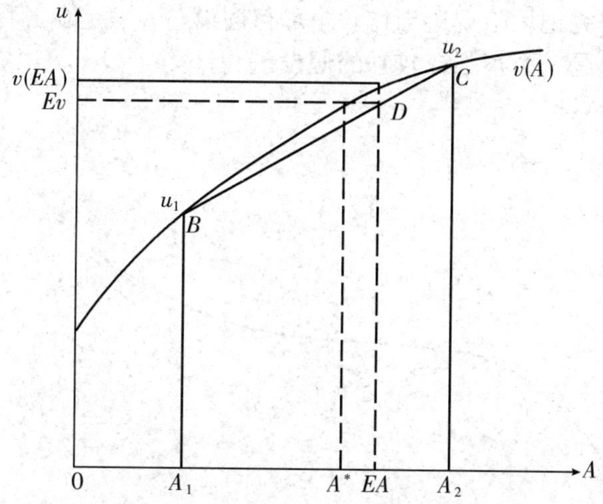

图 14—5　凹的风险规避效用

在图 14—5 中，确定性资产 A^* 与 A_1 和 A_2 不确定性预期值具有相同的效用，因此，消费者愿意支付高达 A_2-A^* 的“保险费”以获得当火灾发生时保险公司提供完全赔偿。$EA>A^*$ 的事实表明保险公司可得到利润。保险公司的最大期望利润等于保险费减去预期支出，即 $A_2-A^*-\pi(A_2-A_1)=EA-A^*>0$。

在我们继续正式的分析之前，考虑 $v(A)$ 是凸的而不是凹的这种情况。显然，这类消费者不仅不会拒绝公平的博弈，他甚至会接受一些不公平的博弈。不确定性有足够的吸引力，使他们为此付出代价。

当然，这样的行为是可以观察到的，甚至在很多情形下，可以从购买人身保险和火险的人身上观察到。这种行为促使弗里德曼和萨维奇(Friedman and Savage，1948）认为，典型的效用函数既不是完全凹的也不是完全凸的，而是如图 14—6 所示；当资产 A 价值较小时，效用函数是凹的，随着 A 的增长，效用函数逐渐变成凸的。这个结论可以解释为什么会经常同时存在规避很小概率的巨大损失的保险和
398 争取很小概率的巨大收益的博弈（gambling)，例如，在图 14—6 中位于 A 点的消费者会分别考虑 B 和 C。然而，这种构造可能导致其他财富水平下不明智的行为，例如，一个位于 C 点的富人不为可能发生的从 C 到 A 的巨大损失购买保险。也可以认为博弈是追求它本身的享受的一种活动，因此把它纳入这个分析框架是错误的。确实，近期许多研究把风险规避当作一个可行假设，并假定在各种财富水平上适用，这是一个很强或较强的假设。

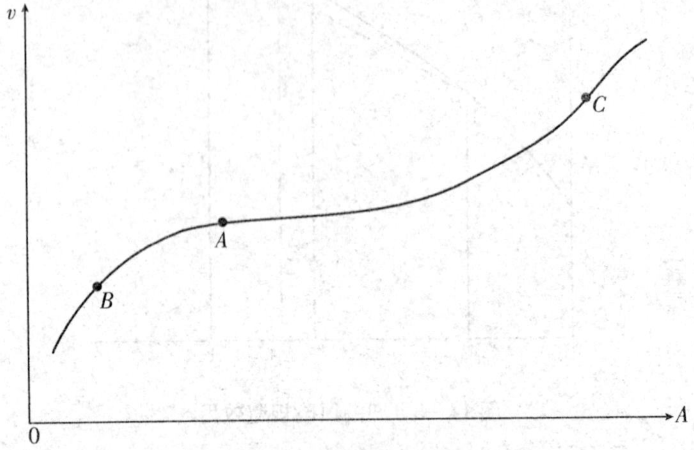

图 14—6　一个弗里德曼-萨维奇效用函数

风险规避的度量要归功于阿罗（Arrow，1970b）和普拉特(Pratt，1964）的工作。考察图 14—5，我们可以看到，$v(A)$（负的）二阶导数是凹性的一种度量，但是即使在 $v()$ 的线性变换下，它本身也并不是不变的。作为替代，普拉特定义了绝对风险规避度 ρ_A

$$\rho_A = -\frac{v''(A)}{v'(A)} = -\frac{\mathrm{dlog}v'(A)}{\mathrm{d}A} \tag{3.6}$$

通过考虑一个风险规避者面临一个小数额的公平博弈的例子可以对上式作一个简单的解释。同样，用 A 表示资产，B 是随机变量，且 $E(B)=0$ 是博弈的价值，$P(A)$ 表示消费者为了避免博弈而愿意支付的保险金。于是，由定义

$$v[A-P(A)]=E[v(A+B)] \tag{3.7}$$

如果我们把式（3.7）的左右两边在 A 点的值附近展开，可得到

$$v[A-P(A)]=v(A)-P(A)v'(A)+\cdots \tag{3.8}$$

$$E[v(A+B)]=v(A)+\frac{1}{2}E(B^2)v''(A)+\cdots \tag{3.9}$$ 399

上式用到 $E(B)=0$。因此，合并式子（3.8）和式子（3.9），得到

$$P(A)=-\frac{1}{2}E(B^2)\frac{v''(A)}{v'(A)}=\frac{1}{2}\sigma_B^2\rho_A \tag{3.10}$$

这里 σ_B^2 是博弈的方差。因此，当风险很小时，绝对风险规避度 ρ_A 的值等于个人为规避一单位的方差而愿意支付的最大保险金的 2 倍。特别要注意，像 $P(A)$ 一样，ρ_A 的值也依赖于 A。直觉表明，富人比穷人更能容忍风险，从而表明绝对风险规避度是递减的。

类似于绝对风险规避度，相对风险规避度 ρ_R 可定义为

$$\rho_R=\frac{Av''(A)}{v'(A)}=-\frac{\mathrm{dlog}v'(A)}{\mathrm{dlog}A}=\rho_A A \tag{3.11}$$

和式子（3.7）相似，当风险酬金和赌金都是用资产的比例来表示时，相对风险规避度 ρ_R 可以被证明是一个单位博弈方差的酬金的 2 倍。

阿罗（Arrow，1970b）广泛使用了这两个风险规避度概念来分析个人应该怎样在无风险资产（货币）和有风险资产（债券）之间配置其既定总财富。如果 A_0 表示初始资产，M 表示货币，r 表示债券的随机回报率，那么，最终资产 A_1 的大小由 $M+(1+r)(A_0-M)$ 决定，从而个人将选择 M 使下式达到最大值

$$E[v(A_1)]=E\{v[A_0+r(A_0-M)]\} \tag{3.12}$$

对于一个内部解，$0<M<A_0$，必定有

$$E\{v'[A_0+r(A_0-M)]r\}=0 \tag{3.13}$$

在式子（3.13）中对 A_0 求导，稍加整理后可得

$$\frac{\partial(A_0-M)}{\partial A_0}=-\frac{E[v''(A_1)r]}{E[v''(A_1)r^2]} \tag{3.14}$$

由于式子（3.14）的分母是负的（v 是凹函数），导数的符号与分子的符号相同。假设风险规避度递减的结论成立，从而 $\rho_A(A)$ 是 A 的递减函数。但是，由于债券持有量为正，$r>0$ 意味着 $A_1>A_0$，从而有 $\rho_A(A_0)>\rho_A(A_1)$，由定义后者为 $-v''(A_1)/v'(A_1)$。因此我们必有 $rv''(A_1)\geqslant -rv'(A_1)\rho_A(A_0)$。如果我们对这个不等式取期望值，由式子（3.13），我们得到 $E[v''(A_1)r]\geqslant 0$。反之，如果 $r<0$，则 $A_1<$
400 A_0，由上面的讨论再次得到 $E[v''(A_1)r]\geqslant 0$。类似地可以证明：递增的绝对风险规避度导致 $E[v''(A_1)r]\leqslant 0$。因此，当绝对风险规避度是财富的递增函数或递减函数时，风险资产是劣等商品或不是劣等商品。常识表明绝对风险规避度递减是一般规则。阿罗还证明了，当相对风险规避度分别是财富的递增、递减或恒等函数时，货币需求的财富弹性相应地大于、小于或等于 1。阿罗利用一个实证的发现即货币是一种奢侈品作为支持递增的风险规避度的证据，尽管不难找到其他的解释。

这个分析的一个推论是，二次效用函数用于正常行为的模型分析并不是一种合适的工具。为了说明原因，对于参数 α_0、α_1、α_2，令

$$v(A)=\alpha_0+\alpha_1 A-\frac{1}{2}\alpha_2+A_1^2 \tag{3.15}$$

为了保证凹性，假设 $\alpha_2>0$。注意，即使在最乐观的情形，这个公式也只可在有限的范围内使用，因为如果 $A>\alpha_1/\alpha_2$，$v'(A)$ 将变成负的。然而，我们可以得到一个更一般的结论

$$\rho_A=-\frac{v''(A)}{v'(A)}=\frac{\alpha_2}{\alpha_1-\alpha_2 A} \tag{3.16}$$

这是 A 的递增函数。因此，二次效用意味着面临相同风险时，富人比穷人愿意购买更多保险，和持有更多的现金及较少的风险资产（绝对值）。尽管阿罗-普拉特分析存在缺陷——这是我们即将讨论的，但这个论证应该足以把二次效用函数排除在严谨的讨论之外。

当我们试图把上面的分析推广到包括多种资产的情形时，会产生使用 ρ_A 和 ρ_R 来描述风险的行为特征的问题。卡斯和斯蒂格利茨（Cass and Stiglitz，1970）构造了一个包括一种安全资产和两种风险

资产的例子，当其财富增加时，一个相对风险规避度递增的投资者把更大比例的财富投到两种风险资产。这意味着我们在前面的分析中，不能把“债券”解释为有代表性的风险资产，而且，一般来说，单独的风险规避度在描述行为时作用不是很大。事实上，哈特（Hart，1975）已证明：只有当不同风险资产之间的最佳组合独立于财富时，阿罗的讨论才能对于货币和风险资产的整体成立。

其实，在我们的印象中，考虑多种资产或多时期的更一般的模型并没有帮助我们得到一目了然的结果。当然，大多数工作都是关于本节中所讨论的定性结论的推导。然而，构造资产的需求函数系统的具体、特定的函数形式的困难主要在于要寻找到一个具体的效用函数和一个具体的分布函数，并且二者组合在一起时，能得到期望效用的易 *401*
于操作的表示。因此，正如我们将看到的，许多实证性的工作都集中在我们下面要讨论的均值—方差法。下面的方法开辟了一个确定的途径，并且与均值—方差模型相关。这就是负指数效用函数的使用。它可以写成下面的形式：

$$v(A)=\alpha-\beta e^{-\gamma A} \tag{3.17}$$

α、β 和 γ 是常数，如图 14—7 所示。注意 $v(A)$ 是处处凹的，上囿于渐进线 α，并具有不变的绝对风险规避度 $\rho_A=\gamma$。如果我们现在假设有一个 A 的特定的分布函数，比如说 $F(A)$，则期望效用可由下式给出

$$\begin{aligned} u=\int v(A)dF(A)&=\alpha-\beta\int e^{-\gamma A}dF(A) \\ &=\alpha-\beta m(-\gamma) \end{aligned} \tag{3.18}$$

这里 $m(t)=\int e^{tA}dF(A)=E(e^{tA})$ 被称为关于 A 的分布的一个“矩量生成函数”；例如参见穆德、格雷比尔和博斯（Mood，Graybill and Boes，1974，p.72）。这种函数在数理统计上非常有用，它们的形式在理论分布中也很常见。因此，这种技巧能轻易地导出期望效用的函数形式。正如我们将看到的，当存在多种资产时这种技巧能直接应 *402*
用。例如，塞特（Saito，1977）利用这种方法和 γ 分布导出了资产的线性支出系统，并且，可以推测其他的分布将产生其他类似的模型。然而，这种技巧具有很多人为因素，效用函数和概率分布的选择是根据其操作特性，而不是根据它们和经济理论的一致性，所以诸如

塞特模型之类的模型缺乏足够的说服力也就不足为奇了。然而，这却不失为一种有希望的研究路径，并可能产生一些有用的结论。

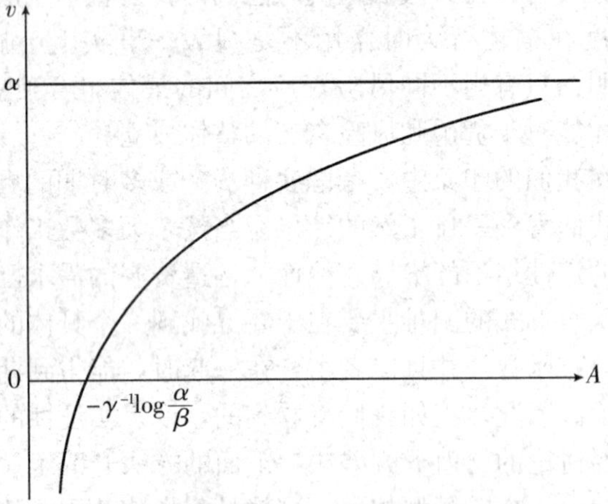

图 14—7　负指数效用函数

另一种实际方法是均值—方差模型，它与托宾（Tobin，1958b，1965）和马科维茨（Markowitz，1959）的名字联系在一起。事实上，关于在不确定条件下对货币和债券的需求的结果最初都出现在托宾1958年的经典论文里。其基本思想是，通过假设消费者只关心期望收益和风险两个基本量来简化期望效用的复杂性。这里的风险被定义为收益分布的标准差（或方差）。因此，在可达资产变量的方差和协方差所表述的约束下，消费者最大化某个均值和方差的函数。

显然，下面的结论一般是不正确的，即仅根据资产的均值和方差对投资组合的排序，就能复制出根据期望效用对完全分布的“真实”排序。然而，如果风险在某种意义上比较小，见萨缪尔森（Samuelson，1970）更详细的讨论，我们可以预期，均值—方差法会产生一个合适的近似。仅当下列两种情况中的一种发生时，即或者效用函数是二次的或者收益分布是正态的，均值—方差模型才是精确的，参见博奇（Borch，1969）和费尔德斯坦（Feldstein，1969）。我们已经看到了二次效用模型是多么的不如人意，并且现实中收益分布很少是正态的。因此，这些解释都没有给予均值—方差法一种一般性的支持。

然而，这种模型的使用比较简单。考虑图 14—8，它解释了三种资产 A、B、C 的期望—收益/风险的组合情况。一个风险规避者的无差异曲线如图 14—8 所示，而一个风险爱好者的无差异曲线向右下方倾斜，并凹向原点。通过在 A、B、C 之间配置总财富所能达到的点将取决于三种资产的收益分布怎样相关。先看 AB 组。假设 A 的收益为 k_1，方差为 σ_1^2，B 的收益为 k_2，方差为 σ_2^2，A 和 B 的收益协方差是 σ_{12}。如果投资组合中 A 的比例为 λ，B 的比例为 $1-\lambda$，则投资组合的收益是 $\lambda k_1+(1-\lambda)k_2$，标准差是 $[\lambda^2\sigma_1^2+2\lambda(1-\lambda)\sigma_{12}+(1-\lambda)^2\sigma_2^2]^{1/2}$。对于 σ_{12} 的不同值，通过变动 λ，从而可画出如图 14—8 中的各种组合。如果 A 和 B 的收益是完全正相关的，则 $\sigma_{12}=\sigma_1\sigma_2$，二 403
者的线性组合给出风险和收益的线性组合；因此，在这种情况下，直线是可行集。另一方面，如果完全负相关，$\sigma_{12}=-\sigma_1\sigma_2$，则 50∶50 的组合将可消除 D 点的风险（完全套期保值），组合的曲线是 ADB。收益独立（$\sigma_{12}=0$）的情形是中间情形 $AE'B$，其均衡是与 ADB 上的点相对应的 E'。注意，所示的 C 点是没有效率的，这种证券不会被持有。

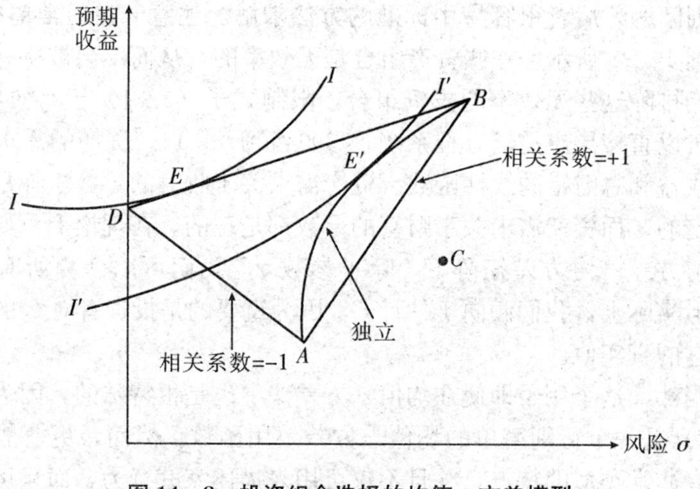

图 14—8　投资组合选择的均值—方差模型

为了说明一般方法，我们回到负指数效用函数，并假设收益分布是正态的。用 a 表示资产持有向量，k 为资产收益向量，即 $k_i=1+r_i$，这里 r_i 是资产 i 的随机收益。则期望效用可表示为

$$Ev=E(\alpha-\beta e^{-\gamma k\cdot a}) \tag{3.19}$$

如果假设 k 是服从均值 $\bar{k}$、协方差矩阵为 C 的多维正态分布，则 $k\cdot a$

是服从均值为 $\bar{k} \cdot a$、方差为二次型 $a \cdot Ca$ 的正态分布。因此，由正态分布的矩量生成函数有［见穆德，格雷比尔和博斯（Mood，Graybill and Boes，1974，p. 109）］

$$Ev=\alpha-\beta\exp\left[-\frac{\gamma}{2}\bar{k}\cdot a+\left(\frac{\gamma}{2}\right)^2 a\cdot Ca\right] \tag{3.20}$$

因此，期望效用的最大化精确等价于

404

$$\max \bar{k}\cdot a-\frac{\gamma}{2}a\cdot Ca \tag{3.21}$$

如果从这里出发，直接最大化式子（3.21），也许更符合均值—方差法的思想，但是这个例子也说明了正态分布假设的作用。然而，无论怎样合理，消费者的问题是选择 a 使式子（3.21）最大化，其约束条件是 $\sum a_i=A_0$ 以及通过允许或不允许卖空所施加的各种不等式约束，借入约束等。这使得复杂的期望效用最大化问题转化成标准的二次规划问题，后者很容易用标准的方法求解。注意，在通常情况下，正如图 14—8 所示，一些资产组合是无效率的，从而不会被持有。如果我们排除这些无效率的投资组合，限制式子（3.21）于有效资产，我们可以直接导出需求方程系统，参见练习 14.14。资产的需求将是期望收益和总财富的线性函数。资产需求关于收益的导数矩阵是对称和正定的，而资产需求关于财富的导数都是正的。在理论上，如果我们知道方差—协方差矩阵 C，除了参数 γ，我们可以计算所有的反应，但实际上，我们倾向于估计 C，因为重要的是投资者对 C 的认识而非它的真实值。

当然，这个例子即使在均值—方差法中也是很特殊的，因为式子（3.21）是一个特别简单的均值—方差效用函数。然而，更一般的模型具有非常类似的特点，并且不仅可用来描述家庭行为，而且可用来描述机构投资者的行为，参见马科维茨（Markowitz，1959）、赫斯特和托宾（Hester and Tobin，1967）以及帕金（Parkin，1970）。

练习

14.10 在单期中，一个消费者在状态 θ 时，得到一个不确定的支付 x_θ，并追求期望效用 $\sum \pi_\theta \psi(x_\theta, p)$ 的最大化，其 $\psi(x,p)$ 是间

接效用函数，p 是确定价格。证明：要使函数 $\psi()$ 具有不变的相对风险规避度 ρ，即 ρ 既不是 x 也不是概率 p 的函数，则相应的成本函数必须采用 PIGL 的形式（比较 6.2）节，$c(u,\ p)=[a(p)u+b(p)]^{1/(\rho+1)}$，其中 $a(p)$ 和 $b(p)$ 是（$\rho+1$）次齐次的。从直观上，你能解释一下为什么不变的相对风险规避度的条件将限制总支出在不同物品之间的配置方式？［见汉诺克（Hanoch，1977）］

14.11　一个消费者的效用函数 $v(A)$ 由 $\alpha_0+\alpha A-\frac{1}{2}\beta A^2$ 给定，初始财富为 W，在收益为 0 的货币 M 和风险收益率为 r 的债券($W-M$) 之间进行配置，即投资组合的价值是 $M+(1+r)(W-M)$。证明：M 的最佳数量是 $W-(\alpha-\beta W)\bar{r}/\beta E(r^2)$，这里 $\bar{r}$ 是 r 的平均值。根据课文中的说明，讨论这个结果的合理性，并解释为什么没有 r 分布的完全信息，却能得到一个具体的结果？均值—方差分析在此适用吗？如果适用，为什么？

14.12　在练习 14.11 的问题中，假设 $v(A)=e^{-0\gamma A}$，r 服从正态 405
分布 $N(\bar{r},\ \sigma^2)$，证明：$M=W-2\bar{r}/\gamma\sigma^2$。比较一下本题的结论和上题的结论，讨论哪一个更令人满意。

14.13　在图 14—8 所说明的均值—方差法中，证明：当收益之间的相关系数是 -1 时，如果资产 1 在投资组合中的比例 $\lambda=\delta_2/(\delta_1+\delta_2)$，则达到无风险的 D 点。再分别令 $\sigma_{12}=\sigma_1\sigma_2$ 和 $\sigma_{12}=-\sigma_1\sigma_2$，导出三角形 ADB 三边的方程，并证明图形的正确性。

14.14　证明：在预算约束 $\iota\cdot a=A_0$（A_0 是初始资产，ι 是单位向量）条件下，式中（3.21）的最大化给出需求

$$a=\gamma^{-1}\left(C^{-1}-\frac{C^{-1}\iota\iota'C^{-1}}{\iota'C^{-1}\iota}\right)\bar{k}+\frac{C^{-1}\iota}{\iota'C^{-1}\iota}A_0$$

并证明课文中的结论："资产需求关于收益的导数矩阵是对称和正定的，资产需求关于财富的导数都为正。"当 C 是奇异的或近似奇异时，有什么样的结果？并证明 A_0 无穷大时，该模型是无效的。

14.15　试用风险规避度的概念讨论：怎样去度量一个可加社会福利函数的不公平规避度？联系你的讨论与练习 9.14 以及具有常数替代弹性的福利函数（2.15）。

14.4 不确定条件下的跨期消费决策

在14.3节（原文为15.3节，疑误。——译者注）中，我们讨论的所有例子都是有关单期内财富的期望效用最大化。但不可避免，这种模型的应用非常有局限性，尽管有一些研究涉及多期的扩展，例如萨缪尔森（Samuelson，1969）、默顿（Merton，1969）和法马（Fama，1976）都证明了在更一般的情况下，单期行为的许多特征仍会出现，但是，这个分析框架对消费者行为中许多重要的问题不适合。特别地，我们希望认识到效用产生于消费，而不是财富，我们希望能够分析不确定性对消费和储蓄之间的选择的效应。对于这个问题的一般性解决方法甚至是难以想像的；在现实中，尽管存在现在和未来价格的不确定性，未来收入的不确定性，未来回报率的不确定性，甚至它们自身品味的不确定性，跨期决策仍然可以作出。有满足特定人群需要的具有不同收益率、不同增长率、不同期限的各种各样的资产种类。正如斯蒂格利茨（Stiglitz，1970）强烈指出的：即使对较安全的短期债券和风险较大的长期债券之间的区分也可能具有很大的误导性。如果一个消费者为未来几个时期做规划，那么只有通过持有一定
406 比例的长短期的组合才能避免风险。事实上，收入流可能是这样的（例如持续下降），以至于风险规避的消费者只持有长期债券。在这种情况下，“投机”既可指短期投机也可指长期投机。

显然，我们能希望做的最好的情况是分析一些简单的情形。也许最重要的一种情形是两期消费模型，在第2期，收入是不确定的。先考虑下面不断增加的不确定性对储蓄的影响的一个很有启发性的论点。未来收入更大程度的不确定性会使风险规避者的状况更差，因为损失的可能性比收益的可能性更大。因此，如果目前消费的是正常商品，则在目前收入不变的情况下，个人将减少消费，从而增加储蓄。正如我们将要看到的，这个观点基本上是正确的，尽管它忽略了这个问题的一个潜在的重要方面。事实上，桑多（Sandmo，1970）定义了两期情形下递减的绝对风险规避度，他证明了递减的绝对风险规避度是未来收入的不确定性增加引起储蓄增加的充分条件。不过，更详细的讨论更复杂，也更有趣。

关键的一点是，因为今天的消费发生在将来的收入确定之前，所

以当前的消费不是随机的，而未来的消费是一个随机变量。因此，一般来说，使边际替代率和相对价格相等是不可能的。图 14—9 中的两条预算线说明了 y_2 的两种可能的不同状态，其中 $y_{21}>y_{22}$。如果 y_{21} 能确切地知道，则消费由点 E_1 决定；类似地，对 y_{22} 和 E_2 有类似的讨论。现在消费者必须选择 q_1 并等待结果。如果他选择 q_{11}，他到达 E_1 或 E_{12}；在后种情况下，他最终落在很低的无差异曲线 u_4 上。类似地，如果他选择 q_{12}，他将得到 u_3 或 u_2；注意，u_2 比 u_3 高但低于 u_1。许多风险规避的消费者可能会觉得高储蓄的策略 q_{12} 是可取的；这将是一个最大最小化策略，因为 q_1 的任意其他的选择都有可能使效用下降到 u_3 以下，例如 q_1^*。然而，一般说来，这种极端的风险规避可能被认为成本太高，尤其是当更高的收入变得更可能时。因此，某个值 q_1^* 被选择取决于无差异曲线被赋予的特定数字，这些数字代表了消费者的风险态度。

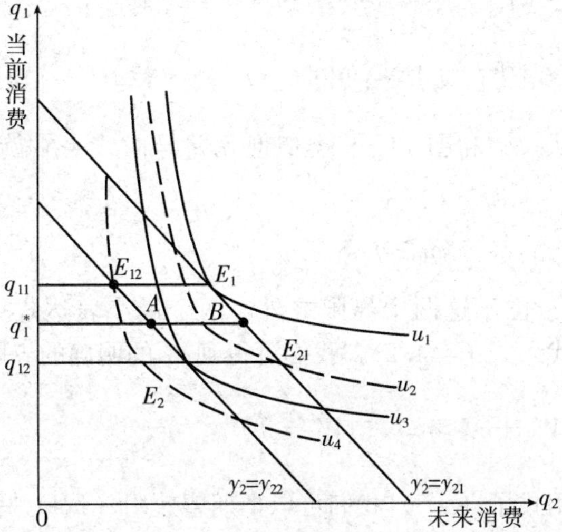

图 14—9　未来收入不确定时的当前和未来的消费

一个简单的例子可用来进一步说明这一点，同时可作为一个反例说明不确定性的增加必然引起储蓄增加的结论未必成立。假设当前和未来的消费是完全互补的，且风险规避用对数形式表示。因此

$$u=\log[\min(q_1,q_2)] \tag{4.1}$$

这里，为简单起见，我们不允许任何时间偏好。类似地，假设利率为 407

零，从而对于初始资产 A_0，预算约束为，例如

$$q_2=A_0+y_2+y_1-q_1=q_2(y_2,q_1) \tag{4.2}$$

让我们比较 $y_2=\bar{y}_2$ 的确定性情形与具有不确定性但具有相同期望，其中 $y_{21}=\bar{y}_2+\epsilon$ 的概率为 $n/(n+1)$，$y_{22}=\bar{y}_2-n\epsilon$ 的概率为 $1/(1+n)$ 的情形。这个思想是，n 很大，从而消费者面临一个非常小的失业概率比如 y_{22} 和一个大得多的保留低收入工作的机会。通过保持均值为常数 $\bar{y}_2$，我们可以分离出引入的不确定性的效应。

显然，在完全确定条件下

$$q_1=q_2=\frac{1}{2}(A_0+y_1+\bar{y}_2)=\frac{1}{2}W_1 \tag{4.3}$$

在不确定条件下，q_1 的选择必须使下式最大化

$$Eu=\left(\frac{n}{1+n}\right)\log\{\min[q_1,q_2(y_{21},q_1)]\}$$
$$+\left(\frac{1}{1+n}\right)\log\{\min[q_1,q_2(y_{22},q_1)]\} \tag{4.4}$$

显然（从一个和图 14—9 类似但无差异曲线是右旋的图得出），q_1 必须满足

408 $$q_2(y_{21},q_1)\geqslant q_1\geqslant q_2(y_{22},q_1) \tag{4.5}$$

因为，如果 q_1 位于这两个界限之外，两个最小表达式可同时增加。把上、下界代入式子（4.2），我们可得到 q_1 的明确的界限

$$\frac{1}{2}(W_1+\epsilon)\geqslant q_1\geqslant\frac{1}{2}(W_1-n\epsilon) \tag{4.6}$$

进一步，利用式子（4.5）我们可以把期望效用（4.4）写成

$$Eu=\left(\frac{n}{1+n}\right)\log q_1+\left(\frac{1}{1+n}\right)\log(A_0+\bar{y}_2-n\epsilon+y_1-q_1) \tag{4.7}$$

现在，对所有的 $q_1<[n/(n+1)]\ (W_1-n\epsilon)$，都有 $\partial Eu/\partial q_1>0$ 成立，从而如果 $W_1>n\epsilon$，则即使在最坏的情况下，正的消费值也是可能的。利用式子（4.6），我们可以得到 q_1 的解

$$q_1=\left(\frac{n}{1+n}\right)(W_1-n\epsilon)\qquad \text{如果 } W_1\leqslant\xi n\epsilon \tag{4.8}$$

$$q_1=\frac{1}{2}(W_1+\epsilon) \qquad \text{如果 } W_1 \geqslant \xi n\epsilon \tag{4.9}$$

这里 $\xi=[(2n^2+n+1)/(n^2-n)]$，当 n 比较大时，$\xi\simeq 2$。因此，对于 W_1 大于 $2n\epsilon$ 的消费者，失业的结果相对于他们的资产来说影响不大，随着不确定性的增加，这样的消费者实际上会增加他们的消费（从而减少储蓄）。和确定情况下相比，消费的增加是小的，但它的发生使得目前的消费和未来的消费水平处于恰当的比例，这是常见的情形。增加储蓄，虽然能减少风险，也有很大的可能性使消费者达不到他原来很有可能到达的无差异曲线，因此和风险本身一样，它的代价很高。对那些较贫困的家庭来说，同自己的财产相比，风险太大，为了风险规避和更多的储蓄，不得不放弃更大效用的机会。

虽然，这个例子比较特殊，但我们认为它说明了一些一般的原则。收入不确定性的增加可能会增加而不是减少当前的消费，但所获得的收益必定会被跨期最优选择的损失所抵消。注意这个例子加总的含义。就业预期的不确定性的增加主要会影响较穷的消费者，从而很可能使消费减少，且减少幅度会比仅仅由于预期财富净值的减少而预计到的减少更大。而另一方面，例如，高收入水平下所得税率不确定性的增加，完全可能增加而不是减少消费。

这里的分析只涉及收入的不确定性，而忽略了许多其他种类风险。储蓄回报率的不确定性几乎可用相同的方法来分析，同样可参见 409
桑多（Sandmo，1970）。回报的波动产生收入效应，例如见 4.2 节，在这个意义上说，对这种不确定性效应的分析类似前面的分析。然而，在回报率的情形中，如果消费者对不确定性增加的反应是增加储蓄，这样可能实际上增加风险，因为不确定性存在的空间更大。因此，即使在这个简单的情形中，很难得到任意一般性应用的具体解决方法。然而，这些分析的困难不应该模糊这样的事实，即对于消费者来说，资产需求，不论是关于货币、债券或房地产的需求，都应该建立不确定条件下跨期消费选择的模型。特别地，货币或债券的需求函数没有认识到由以上资产的存量所代表的未来消费，从而它们在理论上不令人满意而且可能具有实证误导性。建立在现实中易于操作且能充分处理回报率和未来收入的不确定性的模型是进一步研究中一个困难但重要的工作。目前，我们只能对已有的简化且不完全的分析表示满意（但也可参考练习 14.18）。

练习

14.16 两期线性支出系统具有效用函数 $u=\phi[\beta_1\log(q_1-\gamma_1)+\beta_2\log(q_2-\gamma_2)]$ 和预算约束 $A_0(1+r_1)+y_1+y_2/(1+r_2)\equiv W_1=p_1q_1+p_2q_2/(1+r_2)$。用价格 p_1 的折算得到 W_1^* 和实际利率 $(1+r_2)p_2/p_1$。并证明：u 作为 q_1 的函数由下式给出

$$u=\phi\{\beta_1\log(q_1-\gamma_1)+\beta_2\log[(1+r^*)(W_1^*-q_1)-\gamma_2]\}$$

从第一期开始看，哪一个变量受不确定性的约束？用公式表述消费者怎样选择 q_1 的问题。函数 $\phi()$ 在下列情况下的作用是什么：(a) 在确定条件下 (b) 在不确定条件下？你将怎样去解决这个问题？

14.17 讨论和比较下列论述：

(a)“未来不确定性的增加将引起储蓄下降，因为银行可能失败、失盗或仅仅由于通货膨胀，从而储蓄更有可能遭受损失。”

(b)“未来不确定性的增加将引起储蓄上升，因为资产是抵御灾难的唯一防护。”能否通过认识“收入”效应和“替代”效应来解决这个矛盾？

14.18 假设一个家庭在两期范围最大化期望效用。设预算约束为

$$p_2q_2=m_0+B_0+y_1-p_1q_1+k_1B_1+k_2y_1$$

这里 m_0 是初始货币持有量，B_0 是初始债券持有量，k_1B_1 是在第 2 期获得的因第 1 期持有债券 B_1 的总资本收益，k_2y_1 是第 2 期的收入。注意 k_1 和 k_2 是随机变量，但 p_2 不是。效用函数是

$$u=\alpha-\beta_1e^{-\gamma_1q_1}-\beta_2e^{-\gamma_2q_2}$$

假设 k_1 和 k_2 服从均值分别为 $\bar{k}_1$、$\bar{k}_2$，方差、协方差分别为 σ_1^2、σ_2^2、
410 σ_{12}的联合正态分布，求出作为 q_1 和 B_1 的函数的 $E(u)$。分别求关于 q_1 和 B_1 的最大值，并证明其解导致 $B_1=(\bar{k}_1/\gamma_2-y_1\sigma_{12})/\sigma_{12}^2$。这个例子对于用点期望代替资本的收益率$\bar{k}_1$和收入增长率$\bar{k}_2$进入消费函数的方式有什么意义？使用同样的效用函数，把这个模型和 4.2 节中讨论的例子进行比较，在那里不存在不确定性，资产的收益为 γ 但没有重新估值的问题。

14.5　其他应用：搜寻理论

正如几乎所有的经济决策都在某些方面受不确定性的影响，能够利用这个认识进行修正的经济理论的范围几乎也没有限制。近年来，出现了大量的文献，试图用各种各样的方法对代理人拥有的信息比完全竞争理论所假设的完全信息要少得多的事实建立模型。一个引起广泛关注的重要结论是这样一个事实：在许多情况下，消费者搜寻更充分的信息是有收获的。

关于这方面一篇有启发性的论文是斯蒂格勒（Stigler，1961）的《信息经济学》。斯蒂格勒考虑了面临同种商品价格分布的消费者的模型。不同的零售商索取不同的价格，虽然，假设消费者知道价格的分布，但没有调查的消费者无法知道哪一个经销商索取的价格最低。在概念上同样的情形是，一个正在寻找工作的工人为了工资水平必须访问雇主。搜寻本身有时间和货币成本，当搜寻越来越完全时，它的收益可能减少。

斯蒂格勒把每一次"搜寻"当作从一个已知分布中独立的随机抽取来建立模型。因此，如果 p_i 是在第 i 次搜寻时观察到的价格，$F(P)$ 是分布函数，则有

$$\text{prob}(p_i \leqslant P) = F(P) \qquad \text{对所有 } i \text{ 都成立} \tag{5.1}$$

因此，在 n 次搜寻中，

$$\begin{aligned} &\text{prob}[\min(p_1, p_2, \cdots, p_n) \leqslant m] \\ &= 1 - \text{prob}(p_i \geqslant m) \\ &= 1 - \prod_i \text{prod}(p_i \geqslant m) \\ &= 1 - (1 - F(m))^n \qquad (i = 1, \cdots, n) \end{aligned} \tag{5.2}$$

这个式子给出了 m_n 的分布，比如说，n 次搜寻后最低价格的分布。m_n 的期望值可由下式给出［见穆德、格雷比尔和博斯（Mood，Graybill and Boes，1974，p. 65）］

$$E(m_n) = \int_0^{\infty} [1 - F(x)]^n \mathrm{d}x \tag{5.3}$$

斯蒂格勒然后考虑了当完成了 n 次搜寻后再搜寻一次的期望收益 g_n。显然，

$$\begin{aligned} g_n &= E(m_n) - E(m_{n+1}) \\ &= \int_0^\infty [1 - F(x)]^n F(x) \mathrm{d}x \end{aligned} \tag{5.4}$$

式子（5.4）中被积函数的两部分都是正的，但指数为 n 的第一部分的幂总是在 0 和 1 之间。因此 g_n 是 n 的减函数。而搜寻的成本 c_n 既可能是不变也可能是递增的。例如，如果先前的工作机会仍然保留。因此，均衡可能在某个正 n 值达到，也可能在 $n=0$ 时达到，此时，搜寻就会终止。

在这个公式（5.4）中，收益函数 g_n 被简单地看作价格减少的期望。把 g_n 作为价格下降引起的（间接）效用增加的预期容易使我们的公式更加现实。这可以解释下面的事实，即消费者在考虑购买一辆小汽车或高保真设备时，比打算购买一块冰淇淋花更长的时间去搜寻有关信息。注意斯蒂格勒建立的模型使得在开始搜寻之前就能确定最佳的搜寻次数。麦考尔（McCall，1965，1970）和纳尔逊（Nelson，1970）指出：一种更好的策略是使用已获得的搜寻信息，因为如果消费者知道分布函数，那么当他看到一个价格时就会知道哪一个价格是可取的。再次令 m 是目前所观察到的最低价格，在此基础上再增加一次搜寻时 m 的期望值就是

$$\int_0^m (m - x) \mathrm{d}F(x) = \int_0^m F(x) \mathrm{d}x = g(m) \tag{5.5}$$

这里第二个积分是用分部积分法求出的。现在，如果 $c > g(m)$，进一步搜寻没有收益。因此，如果 c 是常数，我们可导出一个 R，使 $g(R) = c$，则搜寻的最佳策略是一直寻找直到找到一个低于 R 的价格（或一个高于 R 的工资）。由于显然的原因，R 被称作保留价格或工资。注意，R 一方面是搜寻成本的函数，另一方面，R 是价格或工资分布的形状的函数。

分布函数 $F()$ 为已知的假设显然对这两种方法来说都是很关键的。如果缺少这个知识（关于 F 的知识），则进一步搜寻可能是有利可图的，因为这样可以给出有价值的信息，可以作为对其他规则的反馈。因此，一个最佳策略可能是至少搜寻某个固定次数，然后设置一个保留价格，可以想像这是一个已经观察到的价格。

搜寻模型已经应用到经济学的许多领域，但最引人注目的应用是

它对劳动力市场上失业工人的行为分析，例如参见莫腾森（Mortenson，1970a，b）、费尔普斯（Phelps，1970）、卢卡斯和拉宾（Lucas and Rapping，1970）。然而，一个全面的分析需要将这些模型放在一般均衡分析框架内，而且不仅要考虑购买者的行为，还要考虑销售者的行为。这种扩展超出了本书我们设定的范围。 412

练习

14.19 一个失业工人正在搜寻工作。他知道工资 w 有一个法定的最低值 w_0，并且 $\xi=(w-w_0)$ 服从指数分布，即密度函数为 $f(\xi)=\alpha^{-1}e^{-\xi/\alpha}$，$\alpha$ 为参数。每多搜寻一次的成本是目前发现的最高工资。证明：如果成本大于额外一次搜寻成本的期望值时工人停止搜寻，那么当已发现的最高工资超过法定最低工资的数量为 0.57α 时，搜寻停止。你能构造一个更现实的停止法则吗？

14.20 将上题中的停止法则与斯蒂格勒方法所导出的停止法则进行比较。

14.21 即使消费者在食品上的花费要比高保真系统上的花费要多得多，但是，为什么他们会花很多时间去“搜寻”高保真系统，而花相对少的时间去“搜寻”食品？

文献注释

在不确定性条件下的选择经济学首先开始于拉姆齐（Ramsey，1931）。尽管德·菲内提（de Finetti，1931）、冯·诺伊曼和摩根斯坦（von Neuman and Morgenstern，1947）对不确定性的处理紧密相关，但直到萨维奇（Savage，1954）的著作《统计学基础》出版后，本章讨论的公理化方法才开始在经济学中被广泛接受。阿罗（Arrow，1951a）的经典论文对萨维奇的著作问世之前的情况进行了综述讨论。萨缪尔森的论文（Samuelson，1950a，1952a，1952c）（已方便地收集在萨缪尔森的论文集中）提供了一个经济学家“转变”的引人入胜的文献资料，对于澄清“确定性”原则极有帮助。公理化方法的现代讨论可在德雷泽（Drèze，1974）和阿罗（Arrow，1970a）中找到；后者尤其体现了这个问题的技术性困难。不确定条件下选择的基础讨论可以在一些教科书中找到，如鲍莫尔（Baumol，1977）和格林（Green，1976）。它们对已知概率作了关键性的简化；这无疑使阐述变得更加容易，但对于那些怀疑主观概率的人并没有说服力。雷法（Raiffa，1968）的描述很具一般性和易接受性。其应用可参见德·格鲁特（De Groot，1970）和雷法和施拉弗（Raiffa and Schlaifer，1961）。关于消费者是否会实际上最大化期望效用以及作为实际学习描述的贝叶斯法则的应用，西蒙（Simon，1978b）提供了一个有用的讨论和文献目录。

主观的解释具有超出经济理论的意义，与统计推断有关的贝叶斯方法有许多有助于推断的非常重要的工作。这些问题中有关推断的一些基本观点可参见巴尼特（Barnett，1973）。计量经济学中的贝叶斯方法尤其与德雷泽（Drèze，1972）和泽勒（Zellner，1971）的名字相联系，也可参见利梅尔最近的重要著作（Leamer，1978）。然而，注意经济理论中的主观概率与计量经济学以及统计学中主观概率不必一致，例如，就决策分析来说，接受本章分析是符合逻辑的，但不能用这种方法看统计推断。

413 关于各种特定的论题，除了本书给出的参考文献以外，萨缪尔森（Samuelson，1977）对圣彼得堡悖论以及相关问题进行了讨论。德雷泽（Drèze，1974）和雷法（Raiffa，1968）讨论了“确定性”原则的阿莱斯反例，见练习 14.6。本章简单介绍的状态—偏好分析方法的完整描述和应用归功于格林（1976），主要由图形表示，也可参见马林沃德（Malinvaud，1972）。利兰（Leland，1973）、伊肯和威尔森（Ekern and Wilson，1974）讨论了“跨越”（spanning）问题。阿罗（Arrow，1970b）有关风险承受（risk-bearing）方面的论文集不仅包含了已经提到的论文，而且包括有关风险规避和道德风险方面的论文；关于最后一个问题也可参见波利（Pauly，1968）。当有多种商品时，汉诺克（Hanoch，1977）在不变偏好下对于每个风险规避度的概念的含义作了很好的讨论。弗莱明（Flemming，1974）对萨缪尔森（Samuelson，1969）和默顿（Merton，1969）中不确定条件下消费的一般生命周期模型给出了一个清楚的阐述；在弗莱明（Flemming，1974）和弗莱明（Flemming，1978）中，负指数效用函数也得到了很好的应用。桑多（Sandmo，1974）就不确定条件下的跨期选择问题给出了一个评论和更多的参考文献。西布利（Sibley，1977）考察了永久收入假设的意义。罗思奇尔德（Rothschild，1973）、斯彭斯（Spence，1974）、李普曼和麦考尔（Lippman and McCall，1976）、斯蒂格利茨（Stiglitz，1975a）对本章最后部分的搜寻模型进行了综述。

参考文献

Abbott, M., and O. Ashenfelter (1976), "Labour supply, commodity demand, and the allocation of time," *Review of Economic Studies*, Vol. 43, pp. 389–411.

Afriat, S. N. (1967), "The construction of utility functions from expenditure data," *International Economic Review*, Vol. 8, pp. 67–77.

(1969), "The method of limits in the theory of index numbers," *Metroeconomica*, Vol. 21, pp. 141–165.

(1972), "The theory of international comparisons of real income and prices," in D. J. Daly (ed.), *International Comparisons of Prices and Outputs*, pp. 13–69, New York: National Bureau of Economic Resarch(NBER)

(1977), *The Price Index*, Cambridge: Cambridge University Press.

Aitchison, J., and J. A. C. Brown (1957), *The*

Lognormal Distribution，Cambridge：Cambridge University Press.

Akerlof，G.(1970)，"The market for lemons"，*Quarterly Journal of Economics*，Vol. 84，pp. 488-500.

Alcaly，R. E.，and A. K. Klevorick(1970)，"Judging quality by price，snob appeal，and the new consumer theory，" *Zeitschrift für Nationalökonomie*，Vol. 30，PP. 53-64.

Allen，R. G. D.(1949)，"The economic theory of index numbers，" *Economica*，Vol. 16，pp. 197-203.

(1958)，"Movements in retail prices since 1953，" *Economica*，Vol. 25，pp. 14-25.

(1975)，*Index Numbers in Theory and Practice*，London：Macmillan.

Alonso，W.(1964)，*Location and Land Use*，Cambridge：Harvard University Press.

Ando，A.，and F. Modigliani(1963)，"The 'life-cycle' hypothesis of saving：aggregate implications and tests，" *American Economic Review*，Vol. 53，pp. 55-84.

Antonelli，G. B.，(1886)，*Sulla teoria matematica della economia politica*，Pisa：Nella Tipografia del Fochetto，(trans. Chapter 16 of J. S. Chipman，L. Hurwicz，M. K. Richter，and H. F. Sonnenschein，*Preferences Utility and Demand*，New York，Harcourt Brace，1971).

Armington，P. S.(1969a)，"A theory of demand for products distinguished by place of production，" *International Monetary Fund Staff Papers*，Vol. 16，pp. 179-201.

(1969b)，"The geographical pattern of trade and the effect of price change，" *International Monetary Fund Staff Papers*，Vol. 16，pp. 159-178.

(1970)，"Adjustment of trade balances：some experiments with a model of trade among many countries，" *International Monetary Fund Staff Papers*，Vol. 17，pp. 488-526.

Arrow，K. J.(1951a)，"Alternative approaches to the theory of choice in risk-taking situations，" *Econometrica*，Vol. 19，pp. 404-437.

(1951b)，*Social Choice and Individual Values*，New York：Wiley.

(1963)，*Social Choice and Individual Values*，2nd edition，New York：Wiley.

(1970a)，"Exposition of the theory of choice under uncertainty，" in K. J. Arrow，*Essays in the Teory of Risk-Bearing*，Amsterdam：North-Holland.

(1970b), "The theory of risk aversion," in K. J. Arrow, *Essays in the Theory of Risk-bearing*, Amsterdam: North-Holland.

(1973), "Higher education as a filter," *Journal of Public Economics*, Vol. 2, pp. 193－216(1977). "Extended sympathy and the possibility of social choice," *American Economic Review*, Vol. 67(papers and proc.), pp. 219－225.

and F. H. Hahn(1971), *General Competitiue Analysis*, San Francisco: Holden-Day.

Ashenfelter, O. (1977), "Unemployment as disequilibrium in a model of aggregate labour supply," *Econometrica*, Vol. 48, pp. 547－564.

and J. C. Ham(1979), "Education, unemployment and earnings," *Journal of Political Economy* Vol. 87, pp. 99－116.

Atkinson, A. B. (1970), "On the measurement of inequality," *Journal of Economic Theory*, Vol. 2, pp. 244－263.

(1975), "*The Economics of Inequality*," Oxford: Clarendon Press.

Auspitz, R., and R. Lieben(1889), *Untersuchungen über die Theorie des Preises*, Leipzig: Duncker und Humbolt.

Azariadis, C. (1975), "Implicit contracts and unemployment equilibria," *Journal of Political Economy*, Vol. 83, pp. 1183－1202.

Baily, M. N. (1974), "Wages and employment under uncertain demand," *Review of Economic Studies*, Vol. 41, pp. 37－50.

Bain, A. D. (1964), *The Growth of Television Ownership in the United Kingdom*, Cambridge: Cambridge University Press.

Ball, M. J. (1973), "Recent empirical work on the determinants of relative house prices," *Urban Studies*, Vol. 10, pp. 213－233.

and R. M. Kirwan(1977), "Urban housing demand: some evidence from cross-sectional data," *Applied Economics*, Vol. 9, pp. 343－366.

Barnett, V. D. (1973), *Comparative Statistical Inference*, London: Wiley.

Barnett, W. A. (1977), "Pollak and Wachter on the household production function approach," *Journal of Political Economy*, Vol. 85, pp. 1073－1082.

(1979), "Theoretical foundations for the Rotterdam model," *Review of Economic Studies*, Vol. 46, pp. 109－130.

Barro, R., and Grossman, H. (1976), *Money, Employment and Inflation*, Cambridge: Cambridge University Press.

Barten, A. P. (1964), "Family composition, prices and expenditure patterns," in P. E. Hart, G. Mills, and J. K. Whitaker (eds.) *Econometric Analysis for National Economic Planning*, London: Butterworth.

(1966). *Theorie en empirie uan een uolledig stelsel van vraagvergelijkingen*, Doctoral dissertation, Rotterdam: University of Rotterdam.

(1967), "Evidence on the Slutsky conditions for demand equations," *Review of Economics and Statistics*, Vol. 49, pp. 77-84.

(1968), "Estimating demand equations," *Econometrica*, Vol. 36, pp. 213-251.

(1969), "Maximum likelihood estimation of a complete system of demand equations," *European Economic Review*, Vol. 1, pp. 7-73.

(1970), "Réflexions sur la construction d'un système empirique des fonctions de demande," *Cahiers du Séminaire D'Econometrie* No. 12, pp. 67-80.

(1974), "Complete systems of demand equations: some thoughts about aggregation and functional form," *Recherches Economiques de Louvain*, Vol. 40, pp. 3-20.

(1977), "The systems of consumer demand functions approach: a review," *Econometrica*, Vol. 45, pp. 23-51.

and E. Geyskens(1975), "The negativity condition in consumer demand," *European Economic Review*, Vol. 6, pp. 227-260.

and S. J. Turnovsky, (1966), "Some aspects of the aggregation problem for composite demand equations," *International Economic Review*, Vol. 7, pp. 231-259.

Baumol, W. J. (1977), *Economic Theory and Operations Analysis*, *4th edition*, London: Prentice-Hall.

and W. E. Oates (1974), *The Theory of Environmental Policy*, Englewood Cliffs, N. J.: Prentice-Hall.

Bean C. (1978), "The determinants of consumers'expenditure in the U. K.," Government Economic Service, Working Paper, 4.

Becker, G. S. (1960), "An economic analysis of fertility," in *Demographic and Economic Change in Developed Countries*, NBER, Princeton: Princeton University Press.

(1962). "Irrational behaviour and economic theory," *Journal of Political Economy*, Vol. 70, pp. 1-13.

(1964), *Human Capital*, New York: Columbia University Press.

(1965), "A theory of the allocation of time," *Economic Journal*, Vol. 75, pp. 493-517.

(1971), *Economic Theory*, New York: Knopf.

(1974), "A theory of social interactions," *Journal of Political Economy*, Vol. 82, pp. 1063-1094.

(1975), *Human Capital: a theoretical and empirical analysis with special relevance to education*, 2nd edition, New York: NBER.

(1976), *The Economic Approach to Human Behaviour*, University of Chicago Press.

and B. Chiswick(1966), "Education and the distribution of earnings," *American Economic Review*, Vol. 56(Papers and proc.), pp. 358−369.

Ben-Porath, Y. (1973), "Labor force participation rates and the supply of labor," *Journal of Political Economy*, Vol. 81, pp. 697−704.

Bergson, A. (1936), "Real income, expenditure proportionality, and Frisch′s` New methods of measuring marginal utility′," *Review of Economic Studies*, Vol. 4, pp. 33−52.

Berndt, E. R., M. N. Darrough, and W. E. Diewert(1977), "Flexible functional forms and expenditure distributions: an application to Canadian consumer demand functions," *International Economic Review*, Vol. 18, pp. 651−675.

Blackorby, C., and D. Donaldson(1978), "Measures of equality and their meaning in terms of social welfare," *Journal of Economic Theory*, Vol. 18, pp. 59−80.

D. Nissen, D. Primont, and R. Russell(1973), "Consistent intertemporal decision making," *Review of Economic Studies*, Vol. 40, pp. 239−248.

D. Primont and R. R. Russell (1978), *Duality, Separability and Functional Structure*, New York: American Elsevier.

and R. R. Russell(1978) "Indices and subindices of the cost of living and the standard of living," *International Economic Review*, Vol. 19, pp. 229−240.

Blaug, M. (1976), "Human capital theory: a slightly jaundiced survey," *Journal of Economic Literature*, Vol. 14, pp. 827−855.

Blinder, A. S. (1975), "Distrbution effects and the aggregate consumption function," *Journal of Political Economy*, Vol. 83, pp. 447−476.

Bliss, C. J. (1975), *Capital Theory and the Distrbution Of Income*, Amsterdam: NorthHolland.

Blokland, J. (1976), *Continuous Consumer Equivalence Scales*, Leiden: Stenfert Kroese.

Bonüs, H. (1973), "Quasi-Engel curves, diffusion, and the ownership of major consumer durables," *Journal of Political Economy*, Vol. 81, pp. 655−677.

Borch, K. (1969), "A note on uncertainty and indifference curves," *Review of Economic Studies*, Vol. 36, pp. 1−4.

Boskin, M. J. (1973), "The economics of labour supply" in G. Cain and H. Watts

(1973), *Income Maintenance and Labour Supply*, Chicago: Markham.

Boyce, R., and D. Primont(1976), "An econometric test of the representative consumer hypothesis," Vancouver: University of British Columbia, Department of Economics. Discussion paper no. 76-131.

Branson, W. H. (1972a, 1979), *Macroeconomic Theory and Policy*, New York: Harper & Row. First edition: 1972: second edition: 1979.

(1972b), "The trade effects of the 1971 currency realignment," *Brookings Papers in Economic Activity*, Vol. 1, pp. 15-67.

Brems, H. (1956), "Long-run automobile demand," *Journal of Marketing*, Vol. 20, pp. 379-384.

Brittain, J. A. (1960), "Some neglected features of Britain's income levelling," *American Economic Review*, Vol. 50(papers and proc.), pp. 593-603.

Brown, J. A. C. (1954), "The consumption of food in relation to household composition and income," *Econometrica*, Vol. 22, pp. 444-460.

and A. S. Deaton(1972), "Models of consumer behaviour: a survey," *Economic Journal*, Vol. 82, pp. 1145-1236.

Brown, T. M. (1952), "Habit persistence and lags in consumer behaviour," *Econometrica*, Vol. 20, pp. 355-371.

Buiter, W. H. (1977), " 'Crowding-out' and the effectiveness of fiscal policy," *Journal of Public Economics*," Vol. 7, pp. 309-328.

Burns, M. E. (1973,) "A note on the concept and measure of consumer's surplus," *American Economic Review*, Vol. 53, pp. 335-344.

Burstein, M. L. (1961), "Measurement of the quality change in consumer durables," *Manchester School*, Vol. 29, pp. 267-279.

Buscheguennce, S. S. (1925), "Sur une classe des hypersurfaces: *à* propos de I'index idéal de M Irving Fisher," *Recueil Mathematique* (*Moscow*), Vol. 32, pp. 625-631.

Byron, R. P. (1970a), "A simple method for estimating demand systems under separable utility assumptions," *Review of Economic Studies*, Vol. 37, pp. 261-274.

(1970b) "The resricted Aitken estimation of sets of demand relations," *Econometrica*, . Vol. 38, pp. 816-830.

Cagan, P. (1965), The *Effect of Pension Plans on Aggregate Saving*, Occasional Paper 95, New York: NBER.

(1966), "Measuring quality changes and the purchasing power of money: and exploratory study of automobiles," *National Banking Review*, Vol. 3, reprinted in Griliches(1971).

Cain, G(1966), *Married Women in the Labor Force*, Chicago: University of Chicago Press.

(1976,) "The challenge of segmented labor market theories to orhodox theory: a survey," *Journal of Economic Literature*, Vol. 14, pp. 1215-1257.

and H. Watts (1973), *Income Maintenance and Labor Supply, Chicago: Markham. Caplovitz, D.* (1967), *The poor pay more: consumer practices of low income families*, New York: Columbia University Press.

Carlevaro, F. (1976), "A generalization of the linear expenditure system," pp. 73-92 in L. Solari and J.-N. du Pasquier(eds.) *Private and Enlarged Consumption*, Amsterdam, North-Holland for Association Scièntifique Euroqeénne pour la Prevision Economiqueȧ Moyen etȧcong Long Term (ASEPELT).

Cass, D., and J. E. Stiglitz(1970), "The structure of investor preferences and asset returns, and separability in portfolio allocation: a contribution to the pure theory of mutual funds," *Journal of Economic Theory*, Vol. 2, pp. 122-160.

Chenery, H. B. (1952), "Overcapacity and the acceleration principle," *Econometrica*, Vol. 20, pp. 1-28.

Chipman, J. S. (1974), "Homothetic preferences and aggregation," *Journal of Economic Theory*, Vol. 8, pp. 26-38.

L. Hurwicz, M. K. Richter, and H. F. Sonnenschein(1971), *Preferences, Utility and Demand*, New York: Harcourt Brace.

and J. C. Moore (1976), "The scope of consumers' surplus arguments," in A. M. Tang, F. M. Westfield, and J. A. Worley(eds.), *Evolution, Welfare and Time in Economics: Essays in Honor of Nicholas Georgescu-Roegen*, Lexington Books.

Chow, G. (1957), *Demand for Automobiles in the U. S.: a study in consumer durables*, Amterdam: North-Holland.

(1960), "Statistical demand functions for automobiles and their use for forecasting," in A. C. Harberger(ed.) *The Demand for Durable Goods*, Chicago: University of Chicago Press.

Christensen, L. R., D. W. Jorgenson, and L. J. Lau(1975), "Transcendentallogarithmic utility functions," *American Economic Review*, Vol. 65, pp. 367-383.

Clark, J. M. (1919), "Business acceleration and the law of demand: a technical factor in economic cycles," *Journal of Political Economy*, Vol. 25, pp. 217–235.

Clawson, M. (1959), *Methods of Measuring the Demand for and Value of Outdoor Recreation*, Reprint 10, Washington D. C.: Resources for the Future.

Clower, R. (1965), "The Keynesian counterrevolution: a theoretical appraisal," pp. 103–125 in F. H. Hahn, and F. P. R. Brechling (eds.), *The Theory of Interest Rates*, London: Macmillan for the International Economic Association.

Cochrane, J. L. (1970), *Macroeconomics Before Keynes*, Glenview, Ⅲ: Scott, Foresman.

Court, A. T. (1939), "Hedonic price indexes with automotive examples," in *The Dynamics of Automobile Demand*, New York: General Motors.

Cowell, F. A. (1977), *Measuring Inequality*, Oxford: Allan.

Cowling, K., and J. Cubbin (1971), "Price, quality and advertising competiton," *Economica*, Vol. 38, pp. 378–394.

and J. Cubbin (1972), "Hedonic price indexes for U. K. cars," *Economic Journal*, Vol. 82, pp. 963–978.

Cragg, J. G. (1971), "Some statistical models for limited dependent variables with applications to the demand for durable goods," *Econometrica*, Vol. 39, pp. 829–844.

and R. S. Uhler (1970), "The demand for automobiles," *Canadian Journal of Economics*, Vol. 3, pp. 386–406.

Cramer, J. S. (1957), "A dynamic approach to the theory of consumer demand," *Review of Economic Studies*, Vol. 24, pp. 73–86.

(1962), *A Statistical Model of the owner-ship of Major Consumer Durables*, Cambridge: Cambridge University Press.

(1969), *Empirical Econometrics*, Amsterdam: North-Holland.

Cubbin, J. (1975), "Quality change and pricing behaviour in the U. K. car industry 1956–1968," *Economica*, Vol. 42, pp. 43–58.

Dalton, H. (1920), "The measurement of inequality of incomes," *Economic Journal*, Vol. 30, pp. 361–384.

d' Aspremont, C., and L. Gevers (1977), "Equity and the informational basis of collective choice," *Review of Economic Studies*, Vol. 44, pp. 199–209.

David, P., and J. L. Scadding (1974), "Private saving: ultrarationality, aggregation, and 'Denison's Law,'" *Journal of Political Economy*, Vol. 82, pp. 225-249.

Davidson, J. E. H., D. F. Hendry et al. (1978), "Econometric modelling of the aggregate time-series relationship between consumers' expenditure and income in the United Kingdom," *Economic Journal*, Vol. 88, pp. 661-692.

Davies, H. D. (1974), "The consumer's choice among qualities of goods," London: Birkbeck College, *Discussion Paper in Economics*, 26.

Deaton, A. S. (1972a), "The estimation and testing of systems of demand equations," *European Economic Review*, Vol. 3, pp. 390-411.

(1972b) "Wealth effects on consumption in a modified life-cycle model," *Review of Economic Studies*, Vol. 39, pp. 443-453.

(1974a), "The analysis of consumer demand in the United Kingdom, 1900—1970," *Econometrica*, Vol. 42, pp. 341-367.

(1974b), "A reconsideration of the empirical implications of additive preferences," *Economic Journal*, Vol. 84, pp. 338-348.

(1975a), *Models and Projections of Demand in Post-waz Britain*, London: Chapman and Hall.

(1975b), "The measurement of income and price elasticities," *European Economic Review*, Vol. 6, pp. 261-274.

(1975c), The structure of demand 1920—1970, Vol. 6, Section 2, *The Fontana Economic History of Europe*, Collins: Fontana.

(1976), "Consumption," in T. S. Barker(ed.) *Economic Structure and Policy*, London: Chapman and Hall.

(1977), "Involuntary saving through unanticipated inflation," *American Economic Review*, Vol. 67, pp. 899-910.

(1978), "Specification and testing in applied demand analysis," *Econcmic Journal*, Vol. 88, pp. 524-536.

(1979), "The distance function and consumer behaviour with applications to index numbers and optimal taxation," *Review of Economic Studies*, Vol. 46, pp. 391-405, and J. Muellbauer(1980), "An almost ideal demand system," *American Economic Review*, Vol. 70, 312-336.

Debreu, G. (1951), "The coefficient of resource utilization," *Econometrica*, Vol. 19, pp. 273-292.

de Finetti, B. (1937), "La prévision: ses lois logiques, ses sources subjectives," *Annales de l'Institut Henri Poincaré*, Vol. 7, pp. 1-68.

De Groot, M. H. (1970). *Optimal Stastistical Decisistions*, New York: McGraw-Hill.

Deschamps, R., and L. Gevers(1978), "Leximin and utilitarian rules: a joint character-isation," *Journal of Economic Theory*, Vol. 17, pp. 143-163.

de Wolff, P. (1938), "The demand for passenger cars in the United States," *Econometrica*, Vol. 6, pp. 113-129.

Dhrymes, P. J. (1971), "Price and quality changes in consumer capital goods: an empirical study," in Griliches(1971).

Diewert, W. E. (1971), "An application of the Shephard duality theorem: a generalized Leontief production function," *Journal of Political Economy*, Vol. 79, pp. 481-507.

(1974a), "Applications of duality theory," Chapter 3 in M. D. Intriligator and D. A. Kendrick(ed.), *Frontiers of Quantitative Economics*, Vol. II, Amsterdam: North-Holland/American Elsevier.

(1974b), "Intertemporal consumer theory and the demand for durables," *Econometrica*, Vol. 42, pp. 497-516.

(1976a), "Exact and superlative index numbers," *Journal of Econometrics*, Vol. 4, pp. 115-145.

(1980a), "Symmetry conditions for market demand functions," *Review of Economic Studies*, Vol. 47, pp. 595-601.

(1981), "Duality approaches to microeconomic theory," in K. J. Arrow and M. D. Intriligator (eds.), *Handbook of Mathematical Economics*, Vol. 2, Amsterdam: North-Holland.

(1980b), "The economic theory of index numbers: a survey," in A. S. Deaton (ed.) *Essays in the Theory and Measurement of Consumer Behaviour*, Cambridge: Cambridge University Press.

Dixit, A. K. (1976), *Optimization in Economic Theory*, Oxford University Press.

(1979), "Quality and quantity competition," *Review of Economic Studies*, Vol. 46, pp. 587-600.

Doeringer, P. B., and M. J. Piore(1971), *Internal Labor Markets and Manpower Analysis*, Lexington, Mass: Heath.

Dolde, W., and J. Tobin(1971), "Monetary and fiscal effects on Consumption," in *Consumer Spending and Monetary Policy: The Linkages*, Boston: Federal Reserve Bank of Boston, Conference Series, No. 5.

Domencich, T. A., and D. Mcfadden(1975), *Urban Travel Demand: a behavioural analysis*, Amsterdam: North-Holland.

Dorfman, R., P. A. Samuelson, and R. Solow (1958), *Linear Programming and Economic Analysis*, New York: McGraw-Hill.

Douglas, J. H. (1934), *The Theory of Wages*, *New York*: Macmillan.

Drèze, P. H. (1972), "Econometrics and decision theory," *Econometrica*, Vol. 40, pp. 1-17.

(1974), "Axiomatic theories of choice, cardinal utility and subjective probability: a review," pp. 3-23, in J. H. Drèze(ed.), *Allocation under Uncertainty: Equilibrium and Optimality*, New York: Macmillan.

Duesenberry, J. S. (1949), *Income, Saving, and the Theory of Consumer Behavior*, Cambridge, Mass.: Harvard University Press.

Dupuit, J. (1844), "De la mesure de I'utilité des travaux publics," *Annales des Ponts et Chauseés, Mémoires et documents relatifs à l'art des constructions et au service de l'ingénieur*, Vol. 8, pp. 332-375. Trans. in K. J. Arrow and T. Scitovsky(ed.), *Readings in Welfare Economics*, Homewood, Ill.: Irwin.

Easterlin, R. A., R. A. Pollak, and M. L. Wachter(1980), "Toward a more general economic model of fertility determination: endogenous preferences and natural fertility," in R. A. Easterlin(ed.) *Population and Economic Change in Developing Countries*, NBER.

Eisner, R., and R. H. Strotz(1963), "Determinants of business investment," in Commission on Money and Credit: *Impacts of Monetary Policy*, Englewood Cliffs, N. J.: Prentice-Hall.

Ekern, S., and R. Wilson(1974), "On the theory of the firm in an economy with in complete markets," *Bell Journal of Economics*, Vol. 5, pp. 171-180.

Engel, E. (1895), "Die Lebenskosten Belgischer Arbeiter-Familien früher and jetzt," *International Statistical Institute Bulletin*, Vol. 9, pp. 1-74.

Evans, M. K. (1967), "The importance of wealth in the consumption function," *Journal of Political Economy*, Vol. 75, pp. 335-351.

(1969), *Macroeconomic Activity, Theory, Forecasting and Control*, New York: Harper& Row.

Fama, E. F. (1976), "Multiperiod consumption-investment decisions: a correction," *American Economic Review*, Vol. 66, pp. 723-724.

Farrell, M. J. (1954), "The demand for motor cars in the United States," *Journal of the Royal Statistical Society*, Series A, Vol. 117, pp. 171-201.

(1959), "The new theories of the consumption function," *Economic Journal*, Vol. 69, pp. 678-696.

(1970), "The magnitude of rate of growth effects on aggregate savings," *Eco-*

nomic Journal, Vol. 80, pp. 873-894.

Feldstein, M. S. (1969), "Mean-variance analysis in the theory of liquidity preference and portfolio selection," *Review of Economic Studies*, Vol. 36, pp. 5-12.

(1974), "Social security, induced retirement, and eggregate capital accumulation," *Journal of Political Economy*, Vol. 82, pp. 905-926.

(1976a), "Social security and the distribution of wealth," *Journal of the American Statisical Association*, Vol. 71, pp. 800-807.

(1976b), "Social security and saving: the extended life cycle theory," *American Economic Review*, Vol. 66(papers and proc.), pp. 77-86.

Ferber, R. (1973), "Consumer economics, a survey," *Journal of Economic Literature*, Vol. 11, pp. 1303-1342.

Finney, D. J. (1947) *Probit Analysis*, Cambridge: camsridge University Press.

Fisher, F. M., and K. Shell(1971), "Taste and quality change in the pure theory of the true cost of living index," in Griliches, (1971).

Fisher, I. (1907), *The Rate of Interest: Its Nature, Determination and Relation to Economic Phenomena*, New York: Macmillan.

(1922), *The Making of Index Numbers*, Boston and New York: Houghton Mifflin.

(1930), *The Theory of Interest*, New Haven, Conn.: Yale University Press, 1930.

Fleisher, B. M. (1970), *Labor Economics: Theory and Evidence*, Engelwood Cliffs, N. J.: Prentice-Hall.

Flemming, J. S. (1973), "The cosumption function when capital markets are imperfect," *Oxfrd Economic Papers*, Vol. 25, pp. 160-172.

(1974), "Portfolio choice and liqudity preferences: a continuous time treatment," in H. G. Johnson and A. R. Nobay, *Essays in Monetary Economics*, Oxford: Oxford University Press.

(1978), "Aspects of optimal unemployment insurance: search, leisure and capital market imperfecions," *Journal of Public Economics*, Vol. 10, pp. 413-425.

Forsyth, F. G. (1960), "The relationship between family size and family expenditure," *Journal of the Royal Statistical Scoiety*, (Series A) Vol. 123, pp. 367-397.

Friedman, M. (1957), *A Theory of the Consumption Function*, Princeton: Princeton University Press.

(1962), *Price Theory: A Provisional Text*, London: Cass.

and S. Kuznets(1954), *Income from Independent Professional Practice*, New York: NBER.

and L. J. Savage(1948), "The utility analysis of choices involving risk," *Journal of Political Economy*, Vol. 56, pp. 279–304.

Frisch, R. (1932), *New Methods of Measuring Marginal Utility*, Tübingen: Mohr.

(1936), "Annual survey of general economic theory: the problem of index numbers," *Econometrica*, Vol. 4, pp. 1–39.

(1959), "A complete scheme for computing all direct and gross demand elasticities in a model with many sectors," *Econometrica*, Vol. 27, pp. 177–196.

Fuss, M., and D. Mcadden(eds.) (1978), *Production Economics: A Dual Approach to Theory and Applications*, Amsterdam: North-Holland.

Gaertner, W. (1974), "A dynamic model of interdependent consumer behaviour," *Zeitschrift für Nationalökonomie*, Vol. 34, pp. 327–344.

Geary, P. T., and M. Morishima(1973), "Demand and supply under separability," in M. Morishima (ed.), *Theory of Demand, Real and Monetary*, pp. 87–147, Oxford: Oxford University Press.

Ghez, G. R., and G. S. Becker(1975), *The Allocation of Time and Goods over the Life Cycle*, New York: NBER.

Gintis, H. (1974), "Welfare criteria with endogenous preferences: the economics of education," *International Economic Review*, Vol. 15, pp. 415–430.

Ghahe, F. (1973), *Macroeconomics: Theory and Policy*, New York: Harcourt Brace.

Godley, W. A. H., and J. Shepherd(1964), "Long-term growth and short-term policy," *National Institute Economic Review*, No. 27, pp. 26–38.

Goldberger, A. S. (1972), "Structural equation methods in the social sciences," *Econometrica*, Vol. 40, pp. 979–1001.

(1974), "Unobservable variables in econometrics," pp. 193–213 in P. Zaremska(ed.), *Frontiers in Econometrics*, New York: Academic.

(1977), "Twin methods: a sceptical view," in P. A. Taubman(ed.) *Kinometrics*, Amsterdam: North-Holland.

(1978), "The genetic determination of income: comment," *American Economic Review*, Vol. 68, pp. 960–969.

and T. Gamaletsos(1970), "A cross-country comparisom of consumer expenditure patterns," *European Economic Review*, Vol. 1, pp. 357–400.

Goldman, S. M. , and H. Uzawa(1964), "A note on separability in demand analysis," *Econometrica*, Vol. 32, pp. 387-398.

Goodwin, R. M. (1951), "The nonlinear accelerator and the persistence of business cycles," *Econometrica*, Vol. 19, pp. 1-17.

Gordon, D. F. (1974), "A neoclassical theory of Key nesian unemployment," *Economic Inquiry*, Vol. 12, pp. 431-459.

Gordon, R. J. (1971), "The measurement bias in price indexes for capital goods," *Review of Income and Wealth*, Vol. 17, pp. 121-175.

Gorman, W. M. (1953), "Community preference fields," *Econometrica*, Vol. 21, pp. 63-80.

(1956), "A possible procedure for analysing quality differentials in the egg market," Ames: Iowa State College, mimeo. (Reprinted in *Review of Economic Studies*, Vol. 47, 1980, pp. 843-856.)

(1959), "Separable utility and aggregation," *Econometrica*, Vol. 27, pp. 469-481.

(1961), "On a class of preference fields," *Metroeconomica*, Vol. 13, pp. 53-56.

(1967), "Tastes, habits and choices," *International Economic Review*, Vol. 8, pp. 218-222.

(1968), "The structure of utility functions," *Review of Economic Studies*, Vol. 35, pp. 369-390.

(1970), "Quasi separable preferences, costs, and technologies," Chapel Hill: University of North Carolina. Mimeo.

(1971), Lecture notes, London School of Economics. Mimeo.

(1976), "Tricks with utility functions," in M. Artis and R. Nobay (eds.) *Essays in Economic Analysis*, Cambridge: Cambridge University Press.

(1980), "Some Engel curves," in A. S. Deaton(ed.), *Essays in Theory and Measurement of Consumer Behaviour*, Cambridge: Cambridge University Press.

Gould, J. P. (1968), "Adjustment costs in the theory of investment of the firm," *Review of Economic Studies*, Vol. 35, pp. 47-55.

Granger, C. W. J. , and P. Newbold(1974), "Spurious regressions in econometrics," *Journal of Econometrics*, Vol. 2, pp. 111-120.

Green, H. A. J. (1961), "Direct additivity and consumers' behaviour," *Oxford Economic Papers*, Vol. 13, pp. 132-136.

(1964), *Aggregation in Economic Analysis*, Princeton: Princeton University

Press.

(1976), *Consumer Theory*, 2nd edition, New York: Macmillan.

Greenberg, D. H., and M. Kosters(1973), "Income guarantees and the working poor: the effect of income maintenance programs on the hours of word of male family heads," in G. G. Cain and H. Watts, *Income Maintenance and Labour Supply*, Chicago: Markham.

Greenhalgh, C. (1980), "Participation and hours of work for married women in Great Britain," *Oxford Economic Papers*, Vol. 32, pp. 296–318.

paper No. 25.

Griliches, z. (1961), "Hedonic price indexes for automobiles: an econometric analysis of quality change," in Griliches(1971).

(1971), Ed., *price Indexes and Quality Change: Studies in New Methods of Measurement*, Cambridge, Mass.: Harvard University Press.

(1974), "Errors in variables and other unobservables," *Econometrica*, Vol. 42, pp. 971–998.

(1979), "Sibling models and data in economics: beginnings of a survey," *Journal of Political Economy*, Vol. 87, pp. S37–64.

Gronau, R. (1973), "The effects of children on the housewife's value of time," *Journal of Political Economy*, Vol. 81, (Supplement) pp. S168–199.

(1974), "Wage comparisons—a selectivity bias," *Journal of Political Economy*, Vol. 82, pp. 1119–1143.

Grossman, M. (1972), *The Demand for Health: A Theoretical and Empirical Investigation*, New York: NBER.

(1976), "The correlation between health and schooling," in Terleckyj(1976).

Grossman, S., and J. E. Stiglitz (1976), "Information and competitive price systems," *American Economic Review*, Vol. 66, pp. 246–253.

Groves, T., and J. Ledyard (1977), "Optimal allocation of public goods: a solution to the free-rider problem," *Econometrica*, Vol. 45, pp. 783–809.

Haavelmo, T. (1960), *A Study in the Theory of Investment*, Chicago: University of Chicago Press.

Haber, A., and R. P. Runyon (1973), *General Statistics*, Reading, Mass.: Addison-Wesley.

Hall, R. E. (1971), "The measurement of quality change from vintage price data," in Griliches(1971).

(1973a), "The specification of technology with several kinds of output," *Journal of Political Economy*, Vol. 81, pp. 878–892.

(1973b), "Wages, income and hours of work in the U. S. labor force," in G. Cain and H. Watts (eds.), *Income Maintenance and Labor Supply*, Chicago: Markham.

(1978), "Stochastic implications of the life cycle-permanent income hypothesis: theory and evidence," *Journal of Political Economy*, vol. 86, pp. 971–987.

Ham, J. C. (1977), "Rationing and the supply of labor: an econometric approach," working paper 103, *Industrial Relations Section*, *Princeton University*, November. Hamburger, M. J. (1968), "Household demand for financial assets," *Econometrica*, Vol. 36, pp. 97–118.

Hammond, P. J. (1976a), "Equity, Arrow's conditions, and Rawls' difference Principle," *Econometrica*, Vol. 44, pp. 793–804.

(1976b), "Endogenous tastes and stable long-run choice," *Journal of Economic Theory*, Vol. 13, pp. 329–340.

Hancock, K. (1960), "Unemployment and the economists in the 1920s," *Economica*, Vol. 27, pp. 305–321.

Hanoch, G. (1980), "Hours and weeks in the theory of labor supply," in J. P. Smith (ed.), *Female Labor Supply*: *Theory and Estimation*, Princeton: princeton University press.

(1977), "Risk aversion and consumer preferences," *Econometrica*, Vol. 45, pp. 413–426.

and M. Honig(1978), "The labour supply curve under income maintenance programs," *Journal of Public Economics*, Vol. 9, pp. 1–16.

Hansen, F. (1972), *Consumer Choice Behavior*, New York: Free Press.

Harberger, A. C. (ed.), (1960), *The Demand for Durable Goods*, Chicago: Chicago University Press.

(1971), "Three basic postulates for applied welfare economics: an interpretative essay," *Journal of Economic Literature*, Vol. 9, pp. 785–797.

Hart, O. D. (1975), "Some negative results on the existence of comparative statics results in portfolio theory," *Review of Economic Studies*, Vol. 42, pp. 615–621.

Hause, J. C. (1975), "The Theory of Welfare measurement," *Journal of Political Economy*, Vol. 83, pp. 1145–1182.

Heckman, J. J. (1974), "Shadow Pries, market wages and labor supply," *Econometrica*, Vol. 42, pp. 679–694.

(1978), "A partial survey of recent research on the labor supply of women," *American Economic Review*, Vol. 68(papers and proc.), pp. 200–207.

(1979), "Sample selection bias as a specification error," *Econometrica*, Vol. 47, pp. 153–161.

and T. McCurdy (1980), "A life-cycle model of female labor supply," *Review of Economic Studies*, Vol. 47, pp. 47–74.

and R. Willis (1977), "A beta logistic model for analysis of sequential labor force participation by married women," *Journal of Political Economy*, Vol. 85, pp. 27–58.

Helliwell, J. (1974), "Aggregate investment equations: a survey of issues," in J. Helliwell(ed.), *Aggregate Investment*, Hammondsworth: Penguin Education, 1976.

Hemming, R. (1978), "State pensions and personal savings," *Scottish Journal of Political Economy*, Vol. 25, pp. 135–147.

Henderson, A. M. (1949—1950a), "The Cost of children," Parts I–III, *Population Studies*, Vol. 3, pp. 130–150, Vol. 4, pp. 267–298.

(1949—1950b), "The cost of a family," *Review of Economic Studies*, Vol. 17, pp. 127–148.

Hendry, D. F. (1980), "Predictive failure and econometric modelling in macroeconomics: the transactions demand for money," in P. Ormerod (ed.), *Economic Modelling*, London: Heinemann Educational Books.

Hess, A. C. (1977), "A comparison of automobile demand equations," *Econometrica*, Vol. 45, pp. 683–702.

Hester, D. D., and J. Tobin (1967), *Risk Aversion and Portfolio Choice*, Cowles Foundation Monograph 19, New York: Wiley.

Hicks, J. R. (1936), *Value and Capital*, Oxford University Press.

(1946), *Value and Capital*, 2nd edition, Oxford: Oxford University Press.

(1956), *A Revision of Demand Theory*, Oxford: Oxford University Press.

and R. G. D. Allen(1934), "A reconsideration of the theory of value," *Economica*, Vol. l, pp. 52–75, 196–219.

Hirsch, F. (1977), *Social Limits to Growth*, Henley-on-Thames: Routledge & Kegan paul.

Hirshleifer, J. (1958), "On the theory of optimal investment decision," *Journal of Political Economy*, Vol. 66, pp. 329–352.

Hollister, R. G., and J. L. Palmer(1972), "The impact of inflation on the Poor," in Boulding K. and M. Pfaff (eds.) *Redistribution to the Rich and the Poor*. Belmont, California: Wadsworth.

Hotelling, H. S. (1935), "Demand functions with limited budgets," *Econometri-*

ca, Vol. 3, pp. 66–78.

(1938), "The general welfare in relation to the problems of taxation and of railway and utility rates," *Econometrica*, Vol. 6, pp. 269–272.

Houthakker, H. S. (1950), "Revealed Preference and the utility function," *Economica*, Vol. 17, pp. 159–174.

(1952), "Compensated changes in quantities and qualities consumed," *Review of Economic Studies*, Vol. 19, pp. 155–164.

(1957), "An international comparison of household expenditure patterns commemorating the centenary of Engel's Law," *Econometrica*, Vol. 25, pp. 532–551.

(1960), "Additive preferences," *Econometrica*, Vol. 28, pp. 244–256.

and L. D. Taylor(1970), *Consumer Demand on the United States* 1929—1970, *Analysis and Projections*, Cambridge, Mass. : Harvard University Press. , 2nd and enlarged edition.

Howard, D. H(1978), "personal saving behaviour and the rate of inflation," *Review of Economics and Statistics*, Vol. 60, pp. 547–554.

Hurd, M. (1976), "The welfare implications of the unemployment rate," Technical Report 218, Standford: Institute for Mathematical Studies in the Social Sciences.

Hurwicz, L. , and H. Uzawa (1971), "On the integrability of demand functions," in Chipman et al. (eds.).

Ironmonger, D. S. (1972), *New Commodities and Consumer Behaviour*, Cambridge: Cambridge University Press.

Jackson, C. (1968), "Revised equivalence scales for estimating equivalent incomes or budget costs by family type," Washington, D. C. U. S. Department of Labor *Bureau of Labor Statistics Bulletin*, pp. 1570–1572.

Jencks, C. et al. (1972), *Inequality*, New York: Basic Books.

Jevons, W. S. (1871), *The Theory of Political Economy*, London: Macmillan.

Johnson, P. R. , T. J. Grennes, and M. Thursby(1977), "Devaluation, foreign trade controls and domestic wheat prices," *American Journal of Agricultural Economics*, Vol. 59, pp. 619–627.

Joreskøg, K. G. (1973), "A general method for estimating a linear structural equation systen," pp. 85–112, in A. S. Goldberger and O. D. Duncan(eds.), *Structural Equation Models in the Social Sciences*, New York and London: Seminar Press.

Jorgenson, D. W. (1967), "The theory of investment behavior," in R. Ferber (ed.), *Determinants of Investment Behavior*, New York: Columbia University Press.

Joshi, H(1981), "Secondary workers in the employment cycle," *Economica*, Vol. 48, pp. 29-44.

Juster, F. T., and P. Wachtel(1972), "Anticipatory and objective models of durable goods demand," *American Economic Review*, Vol. 62, (papers and proc.) pp. 564-579.

Kalachek, F., W. Mellow, and F. Raines(1978), "The male labor supply function reconsidered," *Industrial and Labor Relations Review*, Vol. 31, pp. 356-367.

Kay, J., and M. A. King(1978), *The British Tax System*, Oxford: Oxford University Press.

Keynes, J. M. (1933), "Alfred Marshall," in *Essays in Biography*, New York: Macmillan. (1936), *The General Theory of Employment, Interest and Money*, London: Macmillan.

King, A. T. (1976), "The demand for hoursing: integrating the roles of journey-to-work, neighborhood, quality, and prices," in Terleckyj(1976).

Klevmarken, A. (1977), "A note on new goods and quality changes in the true cost of living index in view of Lancaster's model of consumer behaviour," *Econometrica*, Vol. 45, pp. 163-173.

Knight, F. H. (1921), *Risk, Uncertainty and Profit*, New York: Houghton Mifflin.

Kolm, S. C. (1969), "The optimal production of social justice," in J. Margolis and H. Guitton, *Public Economics*, New York: Macmillan.

(1976), "Unequal inequalities I and II," *Journal of Economic Theory*, Vol. 12, 13, pp. 416-442, 82-111.

Konüs, A. A. (1924), "The problem of the true index of The cost-of-living" (in Russian). *The Economic Bulletin of the Institute of Economic Conjuncture*, Moscow, No. 9-10, pp. 64-71. English translation: *Econometrica*(1939), Vol. 7, pp. 10-29.

(1939), "On the Theory of Means," *Acta Universitatis Asiae Mediae* (Tashkent), Series Va, Mathematica, Fasc. 24, pp. 3-10.

and S. S. Buscheguennce (1925), "On the Problem of the purchasing power of money," *Voprosi Konyunktur*, II, pp. 151-172.

Kotowitz, Y., and F. Mathewson(1979), "Advertising, consumer in formation and product quality," *The Bell Journal of Economics*, Vol, 10. pp. 66-88.

Koyck, L. M. (1954), *Distributed Lags and Investment Analysis*, Amsterdam: North-Holland.

Kuznets, S. (1962), "Quantitative aspects of the economic growth of nations: Vll: The share and structure of consumption," *Economic Development and Cultural Change*, Vol. 10, no. 2, part 2, pp. 1–92.

Laidler, D. (1974), *Introduction to Microeconomics*, Deddington: Allan.

Lancaster, K. J. (1966a), "A new approach to consumer theory," *Journal of Political Economy*, Vol. 74, pp. 132–157.

(1966b), "Change and innovation in the technology of consumption," *American Economic Review*, Vol, 56, pp. 14–23.

(1971), *Consumer Demand: A New Approach*, New York: Columbia University Press.

Lau. L. J. (1980), "Existence conditions for aggregate demand functions: the case of multiple indexes," *Econometrica*, Vol. 48, forthcoming.

W. T. Lin, and P. A. Yotopolous (1978), "The linear logarithmic expenditure system: an application to comsumption-leisure choice," *Econometrica*, Vol. 46, pp. 843–868.

Layard, P. R. G., M. Barton, and A. Zabalza(1979), "Married women's participation and hours," *Economica*, Vol. 46.

Layard, P. R. G., and A. A. Walters (1978), *Microeconomic Theory*, New York: McGraw-Hill.

Leamer, E. E. (1978), *Specification Searches: Ad Hoc Inference with Nonexperimental Data*, New York: Wiley.

Leibenstein, H., (1950), "Bandwagon, snob and Veblen effects in the theory of consumers' demand," *Quarterly Journal of Economics*, Vol. 65, pp. 183–207.

(1974), "The economic theory of fertility decline," *Quarterly Journal of Economics*, Vol. 89, pp. 1–31.

Leland, H., (1973), "Capital assects markets, production and optimality: a synthesis," Technical Report No. 115, Stanford: Institute for Mathematical Studies in the social Sciences.

(1979), "Quacks, lemons and licensing: a theory of minimum quality standards," *Journal of Political Economy*, Vol. 87, pp. 1328–1346.

Leontief, W., (1936), "Composite commodities and the problem of index numbers," *Econometrica*, Vol. 4, pp. 39–59.

(1947), "Introduction to a theory of the internal structure of functional relationships", *Econometrica*, Vol. 15, pp. 361–373.

Leser, C. E. V., (1963), "Forms of Engel functions," *Econometrica*, Vol. 31, pp. 694–703.

Lewis, H. G., (1957), "Hours of work and hours of leisure," in *Proceedings of the Industrial Relations Research Association*, pp. 196–206. Reprinted in J. F. Burton, L. K. Benham, W. M. Vaughn, and R. J. Flanagan (eds.) *Readings in Labour Market Analysis*, New York: Holt, Rinehart and Winston.

Lillard, L. A. (1977), "Estimation of permanent and transitoy response functions in panel data: a dynamic labor supply model," BLS working paper, mimeo.

Lippman, S., and J. J. McCall(1976), "The economics of job search: a survey," *Economic Inquiry*, Vol. 14, pp. 113–126.

Lipsey, R. G., and G. Rosenbluth(1971), "A contribution to the new theory of demand: a rehabilitation of the Giffen good," *Canadian Journal of Economics*, Vol. 4, pp. 131–163.

Little, I. M. D. (1957), *A Gritique of Welfare Economics*, 2nd edition, Oxford: Oxford University Press.

Liuch, C., A. A. powell, and R. A. Williams(1977), *Patterns in Household Demand and Saving*, Oxford: Oxford University Press.

Lucas, R. E. (1967), "Optimal investment policy and the flexible accelerator," *International Economic Review*, Vol. 8, pp. 78–85.

(1976), "Econometric policy revaluation: a critique," pp. 19–46, in K. Brunner and A. Meltzer(eds.) *The Phillips Curue and Labor Markets*, Carnegie Rochester Conference Series on Public Policy, New York: North-Holland.

and L. Rapping (1970), "Real wages, employment and inflation", in E. S. Phelps et al. *Microeconomic Foundations of Employment and Inflation Theory*, New York: Norton.

Lucas, R. E. B. (1975), "Hedonic price functions," *Economic Inquiry*, Vol. 13, pp. 157–178.

(1977), "Hedonic wage equations and psychic wages in the returns to schooling", *American Economic Review*, Vol. 67, pp. 549–558.

McCall, J. J. (1965), "The economics of information and optimal stopping rules," McCall, J. J. (1965), "The economics of information and optimal stopping rules," *Journal of Business*, Vol. 38, pp, 300–317.

(1970), "Economics of information and job search," *Quarterly Journal of E-*

conomics, Vol. 84, pp. 113-126.

McClements, L. D. (1977), "Epuivalence scales for children," *Journal of Public Economics*, Vol. 8, pp. 191-210.

(1987), *The Economics of Social Security*, London: Heinemann.

McKenzie, L. W. (1956—1957), "Demand theory without a utility index," *Review of Economic Studies*, Vol. 24, pp. 185-189.

Malinvaud, E. (1972), *Lectures in Microeconomic Theory*, New York: American Elsevier. (1977), *The Theory of Unemployment Reconsidered*, Oxford: Blackwell.

Malmquist, S. (1953), "Index numbers and indifference surfaces," *Tradajos de Estadistica*, Vol. 4, pp. 209-241.

Markowitz, H. M. (1959), *Portfolio Selection*, New York: Wiley.

Marshall, A, (1890), *Principles of Economics*, London: Macmillan.

Maskin, E. (1987), "A theorem on utilitarianism," *Review of Economic Studies*, Vol. 45, pp. 93-96.

Massy, W. F., D. B. Montgomery, and D. G. Morrison (1970), *Stochastic Models of Buying Behavior*, Boston: MIT Press.

Mayer, T. (1972), *Permanent Income, Wealth and Consumption*, Berkeley: University of California Press.

Merton, R. C. (1969), "Lifetime portfolilo selection under uncertainty: the continuous time case," *Review of Economics and Statistics*, Vol. 57, pp. 247-257.

Michael, R. T., and G. S. Becker(1973), "On the new theory of consumer behaviour," *Swedish Journal of Economics*, Vol. 75, pp. 378-396.

Mincer, J. (1958), "Investment in human capital and personal income distribution," *Journal of Political Economy*, Vol . 66. 281-302.

(1962), "Labor force participation of married women: a study of labor supply," in H. G. Lewis(ed.), *Aspects of Labor Economics*, Princeton: Princeton University Press.

(1970), "The distribution of labor incomes: a survey with special reference to the human capital approach," *Journal of Economic Literature*, Vol. 8, pp. 1-26.

(1974), *Schooling, Experience and Earnings*, New York: NBER.

(1976), "Progress in human capital analysis of the distribution of earnings," in A. B. Atkinson (ed.), *The Personal Distribution of Incomes*, London: Allen & Unwin, 1976. Mishan, E. (1977), "The plain truth about consumer surplus," *Zeitschrift für Nationalökonomie*, Vol, 37. pp. 1–24.

Mizon, G. E. (1977), "Model selection procedures," in M. J. Artis and A. R. Nobay(eds.), *Studies in Current Economic Analysis*, Oxford: Blackwell.

and D. F. Hendry(1979), "An empirical application and Monte Carlo analysis of tests of dynamic specification," *Review of Economics Studies*, forthcoming.

Modigliani, F. (1970), "The life-cycle hypothesis and intercountry differences in the saving ratio," in W. Eltis, M. Scott, and J. Wolef (eds.) *Induction, Growth and Trade; Essays in Honour of Sir Roy Harrod*, Oxford: Clarenden Press.

(1975), "The life cycle hypothesis of saving twenty years later," in M. Parkin and A. R. Nobay (eds.), *Contemporary Issues in Economics*, Manchester: Manchester University Press.

and R. Brumberg(1955a), "Utility analysis and the consumption function: an interpretation of cross-section data," in K. K. Kurihara(ed.), *Post Keynesian Economics*, London: George Allen & Unwin.

and R. Brumberg(1955b), "Utility analysis and aggregate consumption functions: an attempt at integration", mimeo.

Mood, A. M., F. A. Graybill, and D. C. Boes(1974), *Introduction to the Theory of Statistics*, New York: McGraw-Hill.

Mortenson, D. T. (1970a) (eds.), "A theory of wage and employment dynamics," in E. S. Phelps et al. (eds.), *Microeconomic Foundations of Employment and Inflation Theory*, New York: Norton.

(1970b), "Job search, the duration of unemployment , and the phillips Curve," *American Economic Review*, Vol. 60, pp. 847–862.

Muellbauer, J, (1974a), "Recent UK experience of prices and inequality: an application of true cost of living and real income indices," *Economic Journal*, Vol. 84, pp. 32–55.

(1974b), "Household composition, Engel curves and welfare comparisons between households: a duality approach," *European Economic Review*, pp. 103–122.

(1974c), "Household production theory, quality, and the 'hedonic technique,'" *American Economic Review*, Vol. 64, pp. 977–994.

(1974d), "Inequality measures, prices and household composition," *Review of Economic Studies*, Vol. 41, pp. 493–504.

(1975a), "The cost of living and taste and quality changes," *Journal of Eco-*

nomic Theory, Vol. 10, pp. 269–283.

(1975b), "Aggregation, income distribution and consumer demand," *Review of Economic Studies*, Vol. 62, pp. 525–543.

(1975c), "Price change, quality change and depreciation in the British second-hand car market," London: Birkbeck College, Mimeo.

(1976), "Community preferences and the representative consumer," *Econometrica*, Vol. 44, pp. 979–999.

(1977a), "The cost of living," in *Social Security Research*, Her Majesty's Stationary Office(HMSO): london.

(1977b), "Testing the Barten model of household composition effects and the cost of children," *Economic Journal*, Vol. 87, pp. 460–487.

(1978a), "Distributional aspects of price comparisons," in R. Stone and W. Peterson(eds.), *Econometric Contributions to Public Policy*, New York: Macmillan for IEA:

(1978b), "Generalized aggregation in neoclassical labour supply", London, Birkbeck College, Mimeo.

(1980), "The estimation of the Prais-Houthakker model of equivalence scales," *Econometrica*, Vol. 48, pp. 153–176.

(1981a), "Testing neoclassical models of the demand for durables," in A. S. Deaton(ed.), *Essays in the Theory and Measurement of Consumer Behaviour*, Cambridge: Cambridge University Press, forthcoming.

(1981b), "Linear aggregation in neoclassical labour supply," *Review of Economic Studies*, Vol. 48, pp. 21–36.

and R. Portes(1978), "Macroeconomic models with quantity rationing," *Economic Journal*, Vol. 88, pp. 788–821.

Neary, J. P., and K. W. S. Roberts(1980), "The theory of household behaviour under rationing," *European Economic Review*, Vol. 13, pp. 25–42.

Nelson, P. (1970), "Information and consumer behaviour," *Journal of Political Economy*, Vol. 78, pp. 311–329.

Nerlove, M. (1956), "Estimates of the elasticities of supply of selected agricultural commodities," *Journal of Farm Economics*, Vol., 38, pp. 496–509.

(1957), "A note on long run automobile demand," *Journal of Marketing*, Vol. 21, pp. 57–64.

(1958), *Distributed Lags and Demand Analysis*, Agriculture Handbook No. 141, Washington, D. C.: U. S. Department of Agriculture.

(1972), "On lags in economic behaviour," *Econometrica*, Vol. 40, pp. 221–252.

Neumann, J. von, and O. Morgenstern(1947), *Theory of Games and Economic Behavior*, Princeton: Princeton University Press.

Nicholson, J. L. (1942—1943) "Rationing and index numbers," *Review of Economic Studise*, Vol. 10, pp. 68-74.

(1949), "Variations in working-class family expenditure," *Journal of the Royal Statistical Society*, (Series A) Vol. 112, pp. 359-411.

(1957), "The general form of the adding-up criterion", *Journal of the Royal Statistical Society*, (Series A) Vol. 120, pp. 84-85.

Nickell, S. J. (1979a), "The effect of unemployment and related benefits on the duration of unemployment," *Economic Journal*, Vol. 89, pp. 34-39.

(1979b), *The Investment Decision of Firms*, Cambridge: Cambridge University Press.

Niehans, J. (1971), "Money and barter in general equilibrium with transactions costs," *American Economic Review*, Vol. 61, pp. 773-783.

Ohta, M. (1975), "Production technologies of the US boiler and turbo generator industries and hedonic price indexes for their products: a cost function approach," *Journal of Political Economics*, Vol. 83, pp. 1-26.

and Z. Griliches(1976), "Automobile prices revisited: extensions of the hedonic hypothesis," in Terleckyj(1976).

Owen, J. D. (1969), *The Price of Leisure*, Rotterdam: Rotterdam University Press.

(1971), "The demand for leisure," *Journal of Political Economy*, Vol. 79, pp. 56-76.

Pareto, V. (1892), "La teoria dei prezzi dei signori Auspitz e Lieben e le osservazioni del professore Walras," *Giornale degli Economisti*, Vol. 4, pp. 201-239.

Parkin M. (1970), "Discount house portfolio and debt selection," *Review of Economic Studies*, Vol. 37, pp. 469-497.

Parks, R. W. (1971), "Maximum likelihood estimation of the linear expenditure system," *Journal of the American Statistical Association*, Vol. 66, pp. 900-903.

Parks, P. W., and A. P. Barten (1973), "A cross-country comparison of the effects of prices, income, and population composition on consumption patterns," *Economic Journal*, Vol. 83, pp. 834-852.

Paroush, J. (1965), "The order of acquisition of consumer durables," *Econometrica*, Vol. 33, pp. 225-235.

Pauly, M. V. (1968), "The economics of moral hazard," *American Economic Review*, Vol. 58, pp. 531–537.

Pearce, I. F. (1961), "An exact method of consumer demand analysis," *Econometrica*, Vol. 29, pp. 499–516.

(1964), *A contribution to Demand Analysis*, Oxford: Oxford University Press.

Pesaran, M. H., and A. S. Deaton (1987), "Testing non-nested non-linear regression models," *Econometrica*, Vol. 46, pp. 677–694.

Peston, M. H. (1967), "Changing utility functions," in M. Shubik(ed.), *Essays in Honor of Oskar Morgenstern*, Princeton princeton University Press.

Phelps, E. S., et al. (1970), *Microeconomic Foundations of Employment and Inflation Theory*, New York: Norton.

Phlips, L. (1972), "A dynamic version of the linear expenditure model," *Review of Economics and Statistics*, Vol. 54, pp. 450–458.

(1974), *Applied Consumption Analysis*, Amsterdam and Oxford: North-Holland.

(1978), "The demand for leisure and money," *Econometrica*, Vol. 46, pp. 1025–1043.

Piachaud, D. (1974), "Do the poor pay more?" London: Child Poverty Action Group *Poverty Research Series*, 3.

(1978), "Prices and the distribution of income," in*Royal Commission on the Distribution of Income and Wealth*, *Chairman*: *Lord Diamond*. Selected evidence for Report NO. 6: Lower Incomes. HMSO, London 1978, pp. 441–457.

Pigou, A. C. (1910), "A method of determining the numerical value of elasticities of demand," *Economic Journal*, Vol. 20, pp. 636–640.

Pollak, R. A. (1969), "Conditional demand functions and consumption theory," *Quarterly Journal of Economics*, Vol. 83, pp. 70–78.

(1970), "Habit formation and dynamic demand functions," *Journal of Political Economy*, Vol. 78, pp. 60–78.

(1971a), "Additive utility functions and linear Engel curves," *Review of Economic Studies*, Vol. 38, pp. 401–413.

(1917b), "Conditional demand functions and the implications of separable utility," *Southern Economic Journal*, Vol. 37, pp. 423–433.

(1917c), "The theory of the cost-of-living index," Research Discussion paper No. 11, Office of Prices and Living Conditions, Washington, D. C.: U. S. Bureau of Labor Statistics.

—— (1975), "Subindexes in the cost-of-living index," *International Economic Review*, Vol. 16, pp. 135–150.

—— (1976a), "Habit formation and long-run utility functions," *Journal of Economic Theory*, Vol. 13, pp. 272–297.

—— (1976b), "Interdependent preferences", *American Economic Review*, Vol. 66, pp. 309–320.

—— (1977), "Price dependent preferences," *American Economic Review*, Vol. 67, pp. 64–75.

—— (1978), "Endogenous tastes in demand and welfare analysis," *American Economic Review*, Vol. 68(Papers and proc.), pp. 374–379.

—— and M. L. Wachter(1975), "The relevance of the household production function and its implications for the allocation of time," *Journal of Political Economy*, Vol. 83, pp. 255–277.

—— and T. J. Wales(1979), "Welfare comparisons and equivalence scales" *American Economic Review*, Vol. 69, (papers and proc.), pp. 216–221.

Powell, A. A. (1974) *Empirical Analytics of Demand Systems*, Lexington, Mass.: Heath.

Prais, S. J., and H. S. Houthakker(1955), *The Analysis of Family Budgets*, Cambridge: Cambridge University Press; 2nd edition, 1971.

Pratt, J. W. (1964), "Risk aversion in the small and the large," *Econometrica*, Vol. 32, pp. 122–136.

Primont, D. (1977), "Necessary and sufficient conditions for the aggregation of cost of living subindexes," Vancouver: University of British Columbia, Department of Economics, Paper 77–113. Mimeo.

Psacharopoulos, G., and R. Layard (1979), "Human capital and earnings: British evidence and a critique," *Review of Economic Studies*, Vol. 46, pp. 485–503.

Pyatt, G. (1964), *Priority patterns and the Demand for Household Durable Goods*, Cambridge: Cambridge University Press.

Quandt, R. E. (1970) *The Demand for Travel*, Lexington, Mass: Heath.

—— and W. J. Baumol(1966), "The demand for abstract transport modes: theory and measurement," *Journal of Regional Science*, Vol. 9, pp. 201–214.

Quigley, J. M. (1976), "Housing demand in the short run: an analysis of polytomous choice," *Explorations in Economic Research*, Vol. 3, pp. 76–102.

Raiffa, H. (1968) *Decision Analysis: introductory lectures on choices under uncertainty*, Reading, Mass.: Addison-Wesley.

and R. Schlaifer(1961), *Applied Statistical Decision Theory*, Boston: Harvard Business School.

Ramsey, F. P. (1928), "A mathematical theory of saving," *Economic Journal*, Vol. 38, pp. 543-559.

(1931), "Truth and probability," in*The Foundations of Mathematics and Other Logical Essays*, London: Paul, Trench, Trubner.

Rawls, J. (1971), *A Theory of Justide*, Cambridge, Mass. : Harvard University Press; and Oxford: Clarendon Press.

Rees, A. (1973), *The Economics of Work and Pay*, New York: Harper & Row.

Riley, J. G. (1979), "Testing the educational screening hypothesis," *Journal of Politica Economy*, Vol. 87, pp. S 227-252.

Roberts, K. W. S. (1979a), "Possibility theorems with interpersonally comparable welfare levels," *Review of Economic Studies*, forthcoming.

(1979b), "Interpersonal comparability and social choice theory," *Review of Economic Studies*, forthcoming.

Rosen, H. S. (1976), "Tax illusion and the labour supply of married women," *Review of Economics and Statistics*, Vol. 58, pp. 167-172.

Rosen, S. (1972), "Learning and experience in the labor market," *Journal of Human Resources*, Vol. 7, pp. 326-342.

(1974), "Human capital and the internal rate of return," *Proceedings of the Industrial Relations Research Association*, 26th Annual Meeting, pp. 243-250.

(1974b), "Hedonic prices and implicit markets: product differentiation in pure competition," *Journal of Political Economy*, Vol. 82, pp. 34-55.

(1977), "Human capital: a survey of empirical research" in Ehrenberg, R. (ed.), *Research in Labor Economics*, Vol. 1, Greenwich, Conn,: JAI Press.

and R. Willis(1979), "Education and seif-selection" *Journal of Political Economy*, Vol. 87, pp. S 7-36.

Rothbarth, E. (1941), "The measurement of change in real income under conditions of rationing," *Review of Economic Studies*, Vol. 8, pp. 100-107.

Rothschild M. (1973), "Models of market organization with imperfect information: asurvey," *Journal of Political Economy*, Vol. 69, pp. 213-225.

Roy, R. (1942), *De l'utilité, contribution à la théorie des choix*, Paris: Hermann.

Royal Commission on the Distribution of Income and Wealth (1987), *Report*

No. 6): *Lower Incomes*, Command 7175, London: HMSO.

Russell, T. (1977) "Rate of growth effects on aggregate savings," *Review of Economic Studies*, Vol. 44, pp. 153–168.

Saito, M. (1977), "Household flow-of-funds equations," *Journal of Money Credit and Banking*, Vol. 9, pp. 1–20.

Samuelson, P. A. (1938), "A note on the pure theory of consumer behaviour," *Economica*, Vol. 5, pp. 61–71.

(1942), "Constancy of the marginal utility of income," in O. Lange, F. McIntyre, and T. O. Yntema(eds.), *Studies in Mathematical Economics and Econometrics*, Chicago: University of Chicago Press.

(1947), *Foundations of Economic Analysis*, Cambridge, Mass.: Harvard University Press.

(1950a), "Probability and the attempt to measure utility," *The Economic Review*, (Keizai Kenkyu), Vol. 1, pp. 167–173. Reprinted as Chapter 12 in J. E. Stiglitz (ed). *The Collected Scientific Papers of Paul A. Samuelson*, Vol. 1, Cambridge, Mass.: M. I. T. Press.

(1950b), "The problem of integrability in utility theory," *Economica*, Vol. 17, pp. 355–385.

(1952a), "Probability, utility, and the independence axiom," *Econometrica*, Vol. 20, pp. 670–678.

(1952b), "The transfer problem and transport costs," *Economic Journal*, Vol. 62, pp. 278–304.

(1952c), "Utility, preference, and probability," Chapter 13, pp. 127–136 in J. E. Stiglitz(ed.), *The Collected Scientific Papers of Paul A. Samuelson*, Vol. 1., M. I. T. Press.

(1956), "Social indifference curves," *Quarterly Journal of Economics*, Vol. 70, pp. 1–22.

(1965), "Using full duality to show that simultaneously additive direct and indirect utilities implies unitary price elasticity of demand," *Econometrica*, Vol. 33, pp. 781–796.

(1966), "The fundamental singularity theorem for nonjoint production," *International Economic Review*, Vol. 7, pp. 34–41.

(1969), "Lifetime portfolio selection by dynamic stochastic programming," *Review of Economics and Statistics*, Vol. 51, pp. 239–246.

(1970), "The fundamental approximation theorem of portfolio analysis in terms of means, variances, and higher moments," *Review of Economic Studies*,

Vol. 37, pp. 537–542.

(1972), "Maximum principles in analytical economics," *American Economic Review*, Vol. 62, pp. 249–262.

(1974), "Complementarity-An essay on the 40th Anniversary of the Hicks-Allen revolution in demand theory," *Journal of Economic Literature*, Vol. 12, pp. 1255–1289.

(1977), "St. Petersburg paradoxes: defanged, dissected, and historically described," *Journal of Economic Literature*, Vol. 15, pp. 24–55.

and S. Swamy(1974), "Invariant economic index numbers and canonical duality: survey and synthesis," *American Economic Review*, Vol. 64, pp. 566–593.

Sandmo, A. (1970), "The effect of uncertainty on saving decisions," *Review of Economic Studies*, Vol. 37, pp. 353–360.

(1974), "Two-period models of consumption decisions under uncertainty: a survey," in J. H. Drèze (ed.), *Allocation under Uncertainty: Equilibrium and Optimality*, New York: Macmillan; pp. 24–35.

(1976), "Optimal taxation: an introduction to the literature," *Journal of Public Economics*, Vol. 6, pp. 37–54.

Sargent, T. J. (1977), "Observations on improper methods of simulating and teaching Friedman's time-series consumption model," *International Economic Review*, Vol. 18, pp. 445–462.

Sato, K. (1972), "Additive utility functions and double-log consumer demand functions," *Journal of Political Economy*, Vol. 80, pp. 102–124.

Savage, L. J. (1954), *The Foundations of Statistics*, New York: Wiley.

Schmalensee, R. (1978), "Entry deterrence in the ready-to-eat breakfast cereal industry," *Bell Journal of Economics*, Vol. 9, pp. 305–327.

Schultz, H. (1938), *The Theory and Measurement of Demand*, Chicago: Chicago University Press.

Schultz, T. P. (1969), "An economic model of family planning and fertility," *Journal of Political Economy*, Vol. 77, pp. 153–180.

Schultz, T. W. (1960), "Capital formation by education," *Journal of Political Economy*, Vol. 68, pp. 571–583.

(ed.)(1973), "New economic approaches to fertility," *Journal of Political Economy*, Vol. 81, supplement.

Schumpeter, J. (1954), *History of Economic Analysis*, New York and London: Oxford University Press.

Scitovsky, T. (1945), "Some consequences of the habit of judging quality by price," *Review of Economic Studies*, Vol. 12, pp. 100–105.

Seade, J. (1978), "Consumer's surplus and linearity of Engel curves," *Economic Journal*, Vol. 88, pp. 411–523.

Sen, A. K. (1967), "Isolation, assurance and the social rate of discount," *Quarterly Journal of Economics*, Vol. 81, pp. 112–124.

(1970), *Collective Choice and Social Welfare*, San Fransisco: Holden Day; and Edinburgh: Oliver and Boyd.

(1973a), "Behaviour and the concept of preference," *Economica*, Vol. 40, pp. 241–259.

(1973b), *On Economic Inequality*, Oxford: Clarendon Press; and New York: Norton.

(1977a), "Starvation and exchange entitlements: a general approach and its application to the Great Bengal Famine," *Cambridge Journal of Economics*, Vol. 1, pp. 33–60.

(1977b), "On weights and measures: informational constraints in social welfare analysis," *Econometrica* Vol. 45, pp. 1539–1572.

(1979), "The welfare basis of real income comparisons: a survey," *Journal of Economic Literature*, Vol. 17, pp. 1–45.

Shephard, R. (1953), *Cost and Production Functions*, Princeton: Princeton University Press.

Sheshinski, E. (1976), "Price, quality and quantity regulation in monopoly situations," *Economica*, Vol. 43, pp. 127–137.

Sibley, D. S. (1977), "The demand for labour in a dynamic model of the firm," *Journal of Economic Theory* Vol. 15, pp. 252–265.

Silberberg, E. (1972), "Duality and the many consumer's surpluses," *American Economic Review*, Vol. 62, pp. 942–952.

Simmons, P. J. (1979), "A theorem on aggregation across consumers in neoclassicl labour supply," *Review of Economic Studies*, Vol. 46, pp. 737–740.

Simon, H. A. (1955), "A behavioural model of rational choice," *Quarterly Journal of Economics*, Vol. 69, pp. 99–118.

(1978a), "On how to decide what to do," *Bell Journal of Economics*, Vol. 9, pp. 494–507.

(1978b), "Rationality as process and as production of thought," *American Economic Review* Vol. 68(papers and proc.), pp. 1–16.

Sims, C. A. (1979), "Macroeconomics and reality," *Econometrica*, Vol. 48.

Singh, B. (1972), "Oh the determination of economies of scale in household con-

sumption," *International Economic Review* Vol. 13, pp. 257–270.
and A. L. Nagar(1973), "Determination of consumer unit scales," *Econometrica*, Vol. 41, pp. 347–355.
Slutsky, E. (1915), "Sulia teoria del bilancio des consomatore," *Giornale degli Economisti*,
Vol. 51, pp. 1–26. English trans. in *Readings in Price Theory*, G. J. Stigler and K. E. Boulding(eds.), Chicago University Press, 1952.
Smith, R. P. (1974), "A note on car replacement," *Review of Economic Studies*, Vol. 41, pp. 567–570.
(1975), *Consumer Demand for cars in the U. S. A.*, Cambridge: Cambridge University Press.
Solari, L., (1971), *Théorie des choix et fonctions de consommation semi-agrégées*, Geneva: Librarie Droz.
Sono, M. (1962), "The effect of price changes on the demand and supply of separable goods," *International Economic Review*, Vol. 2, pp. 239–271.
Spence, M. (1973), "Job market signalling," *Quarterly Journal of Economics*, Vol. 87, pp. 355–379.
(1974), *Market Signalling: Information Transfer in Hiring and Related Screening Processes*, Cambridge, Mass.: Harvard University Press.
(1957), "Monopoly, quality and regulation," *Bell Journal of Economics*, Vol. 6, pp. 417–429.
(1976), "Production selection, fixed costs, and monopolistic competition," *Review of Economic Studies*, Vol. 43, pp. 217–236.
Stigler, G. J. (1945), "The cost of subsistence," *Journal of Farm Economics*, Vol. 27, pp. 303–314.
(1950), "The development of utility theory," *Journal of Political Economy*, Vol. 58, pp. 307–27, 373–396.
(1954), "The early history of empirical studies of consumer behaviour," *Journal of Political Economy*, Vol. 62, pp. 95–113.
(1961), "The economics of information," *Journal of Political Economy*, Vol. 69, pp. 213–225.
and G. S. Becker(1977), "De gustibus non est disputandum" *American Economic Review*, Vol. 67, pp. 76–90.
Stiglitz, J. E. (1970), "A consumption-oriented theory of the demand for financial assets and the term structure of interest rates," *Review of Economic Studies*, Vol. 37, pp. 321–351.

(1975a), "Information and economic analysis," in M. Parkin, and A. R. Nobay, *Current Economic Problems*, Cambribge: Cambridge University Press.

(1957b), "The theory of screening, education and the distribution of income," *American Economic Review*, Vol. 65, pp. 283-300.

Stone, J. R. N. (1954a), *The Measurement of Consumers' Expenditure and Behaviour in the United Kingdom, 1920—1938*, Vol. I, Cambridge University Press.

(1954b), "Linear expenditure systems and demand analysis: an application to the pattern of British demand," *Economic Journal*, Vol. 64, pp. 511-527.

(1956), *Quantity and Price Indexes in National Accounts*, Paris, Organization for European Economic Cooperation.

(1966), "Spending and saving in relation to income and wealth," *L'Industria*, No. 4, pp. 1-29.

and G. Croft-Murray(1959), *Social Accounting and Economic Models*, London: Bowes and Bowes.

and D. A. Rowe(1957), "The market demand for durable goods," *Econometrica*, Vol. 25, pp. 423-443.

and D. A. Rowe(1958), "Dynamic demand functions: some econometric results" *Economic Journal*, Vol. 68, pp. 256-270.

Strasnick, S. L. (1957), *Preference priority and the maximization of social welfare*, Cambridge, Mass.: Harvard University doctoral dissertation.

Strotz, R. H. (1956), "Myopia and inconsistency in dynamic utility maximization," *Review of Economic Studies*, Vol. 23, pp. 165-180.

(1957), "The empirical implications of a utility tree," *Econometrica*, Vol. 25, pp. 269-280.

(1959), "The utility tree—a correction and further appraisal," *Econometrica*, Vol. 27, pp. 482-488.

Surrey, M. J. C. (1974), "Saving, growth, and the consumption function," *Bulletin of the Oxford Institute of Statistics*, Vol. 36, pp. 125-142.

Sydenstricker, E., and W. I. King(1921), "The measurement of the relative economic status of families," *Quarterly Publication of the American Statistical Association*, Vol. 17, pp. 842-857.

Taylor, L. D., and D. Weiserbs(1972), "On the Estimation of Dynamic Demand Functions," *Review of Economics and Statistics*, Vol. 54, pp. 459-465.

Terleckyj, N. (1976), *Household Production and Consumption*, New York: NBER.

Theil, H. (1951), *De invloed van de voorraden op het consumentengedrag*, Amsterdam: Poortpers.

(1952—1953), "Qualities, prices and budget enquiries," *Review of Economic Studies*, Vol. 19, pp. 129–147.

(1954), *Linear Aggregation of Economic Relations*, Amsterdam: North-Holland.

(1965), "The information approach to demand analysis," *Econometrica*, Vol. 33, pp. 67–87.

(1967), *Economics and Information Theory*, Amsterdam: North-Holland.

(1975), (1976), *Theory and Measurement of Consumer Demand*, Vol, I, Vol. II. Amsterdam: North-Holland.

Threadgold, A. R. (1978) "Personal savings: the impact of lite assurance and pension funds," Bank of England, Discussion Paper No. 1, London: Bank of England.

Tintner, G. (1938a), "The theoretical devivation of dynamic demand curves," *Econometrica*, Vol. 6, pp. 375–380.

(1938b), "The maximization of utility over time," *Econometrica*, Vol. 6, pp. 154–158.

Tipping, D. G. (1970), "Price changes and income distribution," *Applied Statistics*, Vol. 19, pp. 1–17.

Tobin, J. (1951), "Relative income, absolute income and saving," in *Money, Trade and Economic Growth (Essays in Honour of John Henry Williams)*, New York: Macmillan.

(1952), "A survey of the theory of rationing," *Econometrica*, Vol. 20, pp. 512–553.

(1958a), "Estimation of relationships for limited dependent variables," *Econometrica*, Vol. 26, pp. 24–36.

(1958b), "Liquidity preference as behaviour towards risk" *Review of Economic Studies*, Vol. 25, pp. 65–86.

(1965), "The theory of portfolio selection," pp. 3–51 in F. H. Hahn and F. P. R. Brechling (eds.), *The Theory of Interest Rates*, New York: Macmillan for the IEA.

(1967), "Life-cycle saving and balanced growth," in *Ten Economic Studies in the Tradition of Iruing Fisher*, New York: Wiley.

(1968), "The consumption function," in *International Encyclopedia of the Social Sciences*, Vol. III, pp. 358–368.

(1972), "Wealth, liquidity and the propensity to consume," in B. Strumpel,

J. N. Morgan, and E. Zahn(eds.), *Human Behaviour in Economic Affairs (Essays in Honor of George S. Katona)*, Amsterdam: Elsevier.

(1973), "Comment," *Journal of Political Economy*, Vol. 8, pp. S 275-278.

and H. S. Houthakker(1951), "The effects of rationing on demand elasticities," *Review of Economic Studies*, Vol. 18, pp. 140-153.

Törnqvist, L. (1936), "The Bank of Finland's consumption price index," Bank of *Finland Monthly Bulletin*, Vol. 10, pp. 1-8.

Triplett, J. E. (1957), "The measurement of inflation: a survev of research on the accuracy of price indexes," in P. H. Earl(ed.), *Analysis of Inflation*, Lexington, Mass,: Lexington.

(1976), "Consumer demand and characteristics of consumption goods," in Terleckyj(1976).

Uliph, A. M. , and D. T. Plph(1975), "Transactions costs in general equilibrium theory: a survey," *Economica*, Vol. 42, pp. 355-372.

Vartia, Y. O. (1983), *Relative Changes and Index Numbers*, Helsinki: Research Institute of the Finnish Economy.

(1983), "Efficient methods of measuring welfare change and compensated income in terms of market demand fouctions," *Econometrica*, Vol. 51, pp. 79-98.

Ville, J. (1946), "Sur les conditions d'existence d'une ophélimité totale etd'un indice duniveau des prix," *Annales de l'Université de Lyon*, Vol. 9, pp. 32-39. Translated in *Review of Economic Studies*, Vol. 19, (1951—1952) pp. 123-128.

Vol Weizsäcker, C. C. (1971), "Notes on endogenous changes of tastes," *Journal of Economic Theory*, Vol. 3, pp. 345-372.

Wallis, K. F. (1974), "Seasonal adjustment and relations between variables," *Journal of the American Statistical Association*, Vol. 69, pp. 18-31.

Watts, H. W. and J. Tobin(1960), "Consumer expenditures and the capital account," in I. Friend and R. Jones(eds.), *Proceedings of the Conference on Consumption and Saving*, Vol. 2, Philadelphia: University of Pennsylvania.

Westin, R. B. (1975), "Empirical implications of infrequent purchase behaviour in a stock-adjustment model," *American Economic Review*, Vol. 65, pp. 384-396.

Williams, R. A. (1971), "Demand for consumer durables: stock adjustment models and alternative specifications of stock depletion," *Review of Economic Studies*, Vol. 39, pp. 281-295.

Williamson, J. G. (1977), "'Strategic' wage goods, prices and inequality," *American Economic Review*, Vol. 67, pp. 29-41.

Willig, R. (1976), "Consumer's surplus without apology," *American Economic Review*, Vol. 66, pp. 589-597.

Wold H. (1943), "A synthesis of pure demand analysis, Parts I and II", *Skandinavisk Aktuarietidskrift*, Vol. 26, pp. 85-144, 220-272.

(1944), "A synthesis of pure demand analysis, Part III," *Skandinavisk Aktuarietidskrift*. Vol. 27, pp. 69-120.

(1953), *Demand Analysis*, assisted by L. Jureen, Uppsala: Almqvist, and Wiksells. Woodside, A. G., J. N. Sheth, and P. D. Bennett(eds.) (1977), *Consumer and Individual Buying Behaviour*, New York: North-Holland.

Working, H. (1943), "Statistical laws of family expenditure," *Journal of the American Statistical Association*, Vol. 38, pp. 43-56.

Worswick, G. D. N. and D. G. Champernowne (1954—1955), "A note on the adding-up criterion," *Review of Economic Studies*, Vol. 22, pp. 57-60.

Wu, De-Min(1965), "An empirical analysis of households'durable goods expenditure," *Econometrica*, Vol. 33, pp. 761-780.

Zabel, E. (1973), "Consumer choice, Portfolio decisions and transactions costs," Econometrica, Vol. 41, pp. 321-336.

Zellner, A(1971), *An Introduction to Bayesian Inference in Econometrics*, Now York: Wiley.

符号目录

经常用到的概念在全书中有统一的符号；因此在这个目录中，符号都在其首次出现的章节中列出。书中有些“非标准”概念，在各章节中使用了一些临时性的表示符号；这些概念在不同章节可能有不同的含义，因此它们没有包含在该目录中。

第 1 章

x	支出，预算或总支出
q_i	第 i 种商品的数量；商品 0 是闲暇
p_i	第 i 种商品的价格
y_t	第 t 期收入
ω	工资率
μ	非劳动收入
T	家庭的时间禀赋
$g_i(x，p)$	马歇尔或非补偿需求函数

ω_i	第 i 种商品的预算份额
e_i	第 i 种商品的总支出弹性
e_{ij}	第 i 种商品关于第 j 种商品价格的马歇尔需求弹性
R^2	决定系数
ι	分量均为 1 的向量

第 2 章

$\geqslant$	“至少一样好”的关系
q^j	商品束 j
$\sim$	无差异关系
$A(q^1)$	至少与 q^1 一样好的集合
$B(q^1)$	不比 q^1 好的集合
$v(q)$	效用函数
λ	拉格朗日乘子
$h_i(u, p)$	希克斯或补偿需求函数
u	效用水平
$\psi(x, p)$	间接效用函数
$c(u, p)$	成本函数
s_{ij}	补偿交叉价格效应
S	(s_{ij}) 矩阵或斯勒茨基矩阵
$d(u, q)$	距离函数
$a_i(u, q)$	补偿逆需求函数
a_{ij}	第 i 个逆需求函数关于第 j 种数量的导数
A	矩阵 $((a_{ij}))$ 或安托内利矩阵
r_i	规范化价格 p_i/x
s_{ij}^*	xs_{ij}
S^*	矩阵 (s_{ij}^*)
$\nabla f(x)$	第 i 个元素为 $\partial f(x)/\partial x_1$ 的向量

第 3 章

e_{ij}^*	补偿交叉价格弹性
P	价格指数

Δ	一阶微分算子
$d.w.$	德宾-瓦尔森常数
c_{ij}	$\omega_i e_{ij}^*$ 或 Rotterdam 系统中关于 $d\log P_j$ 的参数
b_i	Rotterdam 系统中的边际消费倾向
$a(p)$，$b(p)$	价格的函数
z^h	家庭 h 的人口

第 4 章

X	$\mu+\omega T$ 即包括时间禀赋的完全收入
τ	税率
ℓ	劳动供给
r_t	利率
A_t	t 期末持有的金融资产小平
y_t^*	第 t 期末实际期望收入
r_t^*	第 t 预未实际期望利率
p_t^*	第 t 预期价格的现值
ρ_t	贴现因子 $1/(1+r_t)(1+r_{t-1})\cdots(1+r_2)$
ρ_t^*	实际贴现因子 $1/(1+r_t^*)(1+r_{t-1}^*)\cdots(1+r_2^*)$
W_1	在第 1 期实现的终生财富
L	时间范围的长度
y^p	实际永久收入
S_t	第 t 期末的耐用品存量
δ	耐用品衰减率
d_t	第 t 期耐用品的购买量
v_t	耐用品价格
v_t^*	使用者成本或耐用品租赁等价价格
z	商品 1 的配给水平
p^-	排除商品 1 的价格向量
q^-	排除商品 1 的数量向量
$c^*(u, p, z)$	配给成本函数
$h_i^*(u, p, z)$	配给希克斯或补偿需求
s_{ij}^*	配给补偿交叉价格效应
p_1^*	（配给）商品 1 的影子价格

$\gamma(u, p^{-}, z)$	非配给商品的成本最小化支出

第 5 章

q_G	组内商品向量
$q_{\bar{G}}$	组外商品向量
$c_G(u_G, p_G)$	组成本函数
x_G	组支出
ω_G	组预算份额
ω_{iG}	组内预算份额

第 6 章

$\bar{q}_i$	第 i 种商品的平均购买量
$\bar{x}$	平均总支出水平
z^h	家庭特征
$\bar{\omega}_i$	第 i 种商品的平均预算份额，即 $p_i\bar{q}_i/x$
H	家庭数量
$\log Z$	锡尔关于分散程度的熵测度
K_0	分散度的指标
x_0	有代表性的预算水平
δ^h	总支出中家庭 h 的份额

第 7 章

$P(p^1, p^0; q^R)$	用固定篮子 q^R 作权重的价格指数
$P(p^1, p^0; u^R)$	利用无差异曲线 u^R 作参照的生活成本指数
$U(u^1, u^0; p^R)$	关于价格 p^R 的福利或实际消费指数
$Q(q^1, q^0; u^R)$	利用无差异曲线 u^R 作参照的数量指数
CV	补偿变化
EV	等价变化

第 8 章

a^h	家庭 h 的特征向量
m^h	等价尺度
m_i	关于第 i 种商品的等价尺度

m_0	一般或总等价尺度
$c(u, p, a)$	家庭特征为 a 的条件成本函数

第 9 章

x^h_*	实际家庭构成调整预算
$V(x^1_*, x^2_*, \cdots, x^H_*)$	定义在 x_* 上的社会福利
E	公平指标
x^e_*	均匀分布的等价实际预算
I	不公平指标

第 10 章

z_j	在家庭中生产的非市场商品的数量
π_j	关于 z_j 的影子价格
$C(p, \omega, z, k)$	市场价格为 p，工资率为 p，工资为 ω，资本投入为 k 时生产向量 z 的最小成本。
b_{ji}	在一个单位的市场商品 i 之中所包含的非市场商品 j 的数量
θ	质量指数
b	规格变量构成的向量

第 11 章

ω^*	影子工资
μ	失业比例
s	受教育时间
$g(\tau - s)$	工作 $\tau - s$ 年之后实际收入与最初实际收入的比率
$\mathscr{L}$	似然值
L	时间范围

第 12 章

$E_t(W_1)$	在时刻 t 计算的始于第 1 期的终生财富的点预期
Δ_4	4 阶差分算子

Δ_1	1 阶差分算子
Δ_{t-s}	在跨期可加效用函数时间偏好的比率

第 13 章

R_t	耐用品的替代需求

第 14 章

π_j	状态 j 的概率
E	期望因子
ρ_A	绝对风险规避度
ρ_R	相对风险规避度
$m(t)$	矩生成函数
$m(n)$	n 次搜寻后商品的最低价格
$F(x)$	（累积）分布函数

人名对照

主题索引

译后记

《经济学与消费者行为》是英国 Bristol 大学的安格斯·迪顿教授和伦敦 Brikbeck 学院的约翰·米尔鲍尔教授的一本经典著作，1980 年出版，1981 年、1982 年重印，1983 年修订后重印，从 1984 年至 1999 年又先后重印 13 次，在经济学界受到普遍欢迎。对于学习经济学的高年级学生和研究生来说，这是一本很好的参考书。两位作者长期从事消费者行为的研究，从理论模型到实际应用都有深入而广泛的研究。在本书中他们对相关领域的研究进行了系统的回顾，对消费者行为的研究范式和相关问题进行了全面的综述和总结，对模型的建立和实证检验都力求作出合理的解释，对各种方法的理论背景、应用范围及其缺陷做了富有启发性的评述。作者提供了大量的参考文献，可以帮助我们了解消费经济学研究的历史和现状，他们的评述能使我们更好地理解问题的背景和进一步研究的方向。关于消费者行为方面的研究，国内外的参考书都不多，这是一本难得的好书。

作为本书的译校者，我们感谢中国人民大学出版社的编辑对我们的信任和鼓励。为了保证翻译质量，我们尽了最大努力，在准确性和可读性方面我们也做了大量的工作。同时我们更正了原文中的一些印刷错误。

全书由龚志民、宋旺、解烜、向洪金共同翻译。具体分工如下：第1～5章、第9章、序言、目录，龚志民；第7章、第12～13章，宋旺；第6章、第10～11章，解烜；第8章、第14章，向洪金。

刘树人、崔景晨、田堃、付丽娜、刘聪、曹家瑛、李时华等反复阅读了本书的译稿，并做了部分校对工作，提出了很好的建议，避免了许多错误。刘庆田、洪福平、丁壮壮、李兵整理了书中文献，对他们卓有成效的工作表示感谢。对其他关心本书翻译工作的同事一并致谢。

全书由龚志民统一校对。限于我们的水平，疏漏在所难免。书中所有错误由本人负责，诚恳希望读者指正。

联系地址：gzm@xtu.edu.cn

龚志民

于湘潭大学商学院

Economics and Consumer Behavior, 1st edition, 0-521-22850-6 by Angus Deaton and John Muellbauer first published by Cambridge University Press 1980.

图书在版编目（CIP）数据

经济学与消费者行为/（英）迪顿著；龚志民等译．—北京：中国人民大学出版社，2015.11
（诺贝尔经济学奖获得者丛书）
书名原文：Economics and consumer behavior
ISBN 978-7-300-22127-4

Ⅰ.①经… Ⅱ.①迪… ②龚… Ⅲ.①消费经济学-研究 Ⅳ.①F014.5

中国版本图书馆 CIP 数据核字（2015）第 273560 号

诺贝尔经济学奖获得者丛书
经济学与消费者行为
安格斯·迪顿
约翰·米尔鲍尔 /著
龚志民　宋　旺
解　烜　向洪金 /译
龚志民　/校
Jingjixue yu Xiaofeizhe Xingwei

出版发行	中国人民大学出版社		
社　　址	北京中关村大街 31 号	邮政编码	100080
电　　话	010－62511242（总编室）		010－62511770（质管部）
	010－82501766（邮购部）		010－62514148（门市部）
	010－62515195（发行公司）		010－62515275（盗版举报）
网　　址	http://www.crup.com.cn		
经　　销	新华书店		
印　　刷	运河（唐山）印务有限公司		
规　　格	160 mm×235 mm　16 开本	版　　次	2015 年 11 月第 1 版
印　　张	31.75	印　　次	2023 年 1 月第 3 次印刷
字　　数	490 000	定　　价	79.00 元